국제통상 환경

이기환

INTERNATIONAL TRADE ENVIRONMENT

탑북스

머리말

오늘날 우리는 한치 앞도 알 수 없는 시대의 혼돈한 사회에서 살아가고 있다. 국제 정치, 국제 경제, 기술진보의 홍수, 다양한 문화와 풍습 그리고 다양한 사고와 의식 속에서 변화무쌍한 시대를 살아가고 있다. 우리 자신의 위치가 어느 곳에 있고 어느 방향으로 진행해야 할 것인지 조차도 감을 잡을 수 없는 시대이다.

국내적으로는 장기 저성장 국면, 북한 핵문제 및 여야 분열에 따른 국민들의 스트레스, 사드배치로 중국의 다양한 형태의 보복조치, 부족한 부존자원, 저 출산 고령화 문제, 빈부격차 및 임금 불평등에 의한 심리적 박탈감과 패배감, 노사문제로 인한 피로감과 대기업 일부의 성장 한계, 외국기업의 투자유인 감소, 한계기업의 증가와 새로운 먹거리 산업의 창출 부족, 또한 정치적・경제적 이해로 인한 각국의 다양한 무역보복조치 등 그 어느 시대보다도 혼란스러운 상황에 처해있다.

대외적으로는 세계화의 방향에 의한 국제질서의 조정, WTO의 탄생, DDA 협상 부진에 따른 국제기구로서의 역할에 대한 회의감, 탈세계화와 새로운 보호무역주의의 대두, FTA 등 지역주의도 확산되고 있다. 또한 미국의 금융위기와 EU 몇몇 국가의 재정위기, 주요국가의 경기후퇴로 인한 양적완화와 그 영향의 국제적 파급효과 및 미국의 양적완화 출구전략, 영국의 EU탈퇴, 자국중심의 민족주의 득세, 국제 원자재와 유가의 불확실성 및 자원의 무기화 확산 등도 진행되고 있다. 다른 한편으로는 유일한 초강대국 미국의 독주와 중국의 추격, 그리고 현재 진행되고 있는지도 모르는 4차 산업혁명의 시대에 살고 있다.

역사적으로 보면 산업혁명을 선점한 국가가 그 시대를 지배하고 있었다. 1차 산업혁명 시절은 영국, 2차와 3차 산업혁명 때는 미국이 그 시대를 이끌어 왔듯이 도래하는 4차 산업혁명의 승자는 앞으로의 시대를 이끌어갈 것임에 분명하다. 4차 산업혁명에서 세계경제 헤게모니를 잡기 위한 각국의 노력, 이러한 대내외 변화요인들은 국제통상환경에 주요한 변수임을 부인할 수 없다.

우리나라는 2016년 기준 경제규모 세계 11위, 무역규모 세계 9위, 외환보유고 세계 7위 및 국제 신용평가기관들의 평가기준 상위권 등 세계 경제사상 유례를 찾기가 힘든 괄목할 만한 성장을 이룩하였다. 그러나 천연 부존자원이 부족한 우리나라는 자원의 중요성은 더욱 커지고 자원민족주의가 강화됨에 따라 앞으로 부침이 많을 수 있다. 이처럼 어려운 상황에서도 우리나라가 더 성장하고 부강하기 위한 방법은 4차 산업혁명의 시대에 걸맞은 기술 및 경제 패러다임 개발이 필요하다. 더불어 새로운 보호무역주의의 확산 속에서도 타개할 수 있는 방안을 마련하여 무역을 강화하는 방향으로 극복해야 할 것이다. 우리나라는 지금까지 국제적인 변화요인에 잘 적응해 왔고, 앞으로도 4차 산업혁명 속에서 우리의 역량과 저력이라면 선두권으로 질주할 수 있을 것이다.

그동안 30여 년간 강의를 해오면서 급격히 변화하는 통상환경에 관한 현실적이고 시류에 맞는 교재의 필요성을 느껴왔었다. 본서는 이러한 점을 감안하여 여러 해 동안 축적해온 통상환경에 관한 자료들을 정리하고 분석하여 책으로 저술한 것이다.

본 교재의 내용은 총 13장으로 구성되어 있으며, 국제통상환경에 영향을 미칠 수 있는 흐름과 추세, 사례 및 현실을 중심으로 다루었다. 특히 국제비즈니스맨으로 현장에서 일을 할 때, 빠른 이해와 정확한 판단에 도움이 될 수 있는 내용이 되기를 희망하며 집필하였다.

본서의 출간을 기꺼이 허락하고 독려하여 주신 탑북스 김광식 사장님, 편집에 수고해 주신 주간님과 관계자에게 감사의 말씀을 드리며, 교정을 봐주신 추선애 교수님께도 감사의 말씀을 드립니다. 마지막으로 집필의 기회를 연구년으로 도와주신 동명대학교에도 감사의 글을 드립니다.

2018년 2월 중국 광저우에서

이기환

차례

제3장 국제통상환경의 변화(1)

제4장 국제통상환경의 변화(2)

제6장 주요 국가의 통상마찰

제7장 지역주의의 확산

第10장 국제원자재와 원자재 가격

第11장 민족주의의 변화

제12장 주요국가의 상관습(1)

제13장 주요국가의 상관습(2)

제 1 장 세계화와 4차 산업혁명

제1장 세계화와 4차 산업혁명

1. 세계화의 확산

1) 국제화와 세계화의 개념

오늘날은 국제화 시대를 넘어 공간적으로는 전 지구적이며 시간적으로는 동시대적인 소위 '세계화 시대'(global era)라 일컬어진다. 세계화는 영어의 globalization, 불어의 mondialisation에 해당하는데, 우리 사회에서는 지구화, 범지구화, 범세계화 등 다양한 용어로 혼용된 채 사용되고 있다. 우리나라에서뿐만 아니라 용어, 개념, 정의는 나라에 따라 다르게 나타난다. 이웃나라 일본에서는 '세계화'가 아니라 '범지구화'라는 용어를, 중국에서는 '全地球化(전지구화)'라는 용어를 사용하고 있다. 한편 북한에서는 세계화가 미국의 뜻이 관철된다는 의미에서 '일체화(一體化)'로 부르고 있다.

그러면 국제화와 세계화는 어떻게 얼마나 다른 개념인가? '국제화'와 '세계화'는 다른 차원의 개념인데, 이는 '국제'와 '세계'의 차이를 살펴보면 알 수 있다. '국제(國際)'의 '제(際)'는 '가장자리, 끝'을 의미하므로 '나라의 끝, 나라와 나라가 만나는 가장자리'라는 뜻이다. 따라서 나라와 나라가 만나 교류한다는 의미이고 '세계'는 '세대'(generation)를 의미하는 시간적 개념인 '세(世)'와 '동서남북'을 의미하는 공간개념인 '계(界)'로 이루어진 단어로 시공간이 압축된 용어이다. 그러므로 시공간 개념이 동시에 담겨있는 '세계화'는 '국제화'보다 훨씬 폭 넓은 개념이다.

따라서 국제화란 세계질서의 기본단위인 국민국가를 바탕으로 이루어지는 정치, 경제, 문화, 교육, 사회적 접촉, 거래, 교환, 교류가 증대하고 있는 현상을 의미한다. 그렇기 때문에 국가와 국가, 그 국가내의 기업과 기업 또는 개인과 개인의 관계가 양자적 관계로 전개되는 경향을 보인다. 반면에 세계화란 자본, 노동, 상품, 기술, 정보, 이미지, 환경이 주권과 국경의 벽을 넘어서 시공간적으로 조직, 교환, 조정되고 있는 현상을 의미한다. 그래서 모든 관계가 다자적 관계의 확대로 전개되는 양상을 보인다.

즉, 국제화가 기본적으로 국가라는 개념을 전제로 다른 나라로 진출하는 것이라면, 세계화는 세계경제질서를 글로벌스탠더드(Global Standard)라는 하나의 단일 기준으로 표준화하는 것을 의미하기 때문에 국적이라는 개념이 필요 없다. 세계화는 신자유주의의 논리에 입각하고 있는데, 신자유주의는 자유시장과 규제완화 및 재산권을 중시한다. 또한 준칙에 의한 소극적인 통화정책과 국제금융의 자유화를 통하여 안정된 경제성장에 도달하는 것을 목표로 한다. 따라서 세계화는 국제화와는 다르게 국경이라는 개념이 의미가 없다.

또한 국제화와 세계화의 근본적인 차이점은 경제적 의미의 국경, 국가의 경제주권, 상품·서비스·금융시장의 개방의 정도 등에서도 나타난다. 국제화 시대에서는 경제적 의미의 국경이 엄연히 존속하고 국가의 주권이 존중받았으나, 세계화 시대에서는 경제적 국경은 소멸되어 가고 있으며 국가의 경제주권도 줄어들어 가고 있다. 또한 시장개방도 국제화 시대에는 법률과 제도의 범위내에서 한정적으로 이루어졌으나 세계화에서는 무한정적으로 확대되어가고 있다.

국제화와 세계화를 기업경영에 적용을 한정한다면, 국제화란 기업경영에 있어 국가 간 국경의 개념을 인정하며, 자기 국가를 기초로 다른 나라와의 일정한 관계 하에 경영활동을 전개시켜 나가는 것으로 볼 수 있다. 반면 세계화란 국가 간 국경 자체의 한계나 차이를 뛰어 넘어 처음부터 지구촌 전체를 하나의 경영단위로 삼는 보다 공격적이고 기업가적인 기업활동을 말한다.

결국 국제화가 국경을 초월한 경제활동의 지역적 확대를 의미한다면, 세계화는 이렇게 국제화된 경제활동에 기능적 통합요소가 추가되면서 세계경제가 시공간적으로 단일시장화되어 가는 현상을 의미한다.

최근에는 경제의 세계화뿐만 아니라 문화의 세계화도 급속도로 진전되고 있다. 세계의 문화는 빠르게 동질화되어 가고 있는 현상은 고도로 발전되어 가고 있는 정보통신기술에 바탕을 둔 대중매체와의 결합이 촉발요인이라고 볼 수 있다.

2) 세계화의 배경

세계화는 다음과 같은 배경에서 확대되었다.

첫째, 오일쇼크로 인한 1970년대 초반과 80년대 초반에 닥친 세계적 불황이 팍스아메리카나를 구가하던 미국 헤게모니의 약화를 가져오는 계기로 작용했다. 일본과 독일이 새로운 경제대국으로 떠올랐으며, 그 결과 세계자본주의 체제의 세력구조가 다극화되었다. 또한 신흥시장의 외환위기로 경제위기 극복을 위한 막대한 달러의 수요는 자국의 외환 및 금융시장을 자유화하기 시작했으며, 국제금융시장의 발달을 가져왔다.

둘째, 교통수단과 기술혁신에 의해 빠르게 확장되었다. 즉, 고속 전철, 초음속 비행기, 초고속 수송선 등은 시간과 거리를 단축시켰으며, 인적 교류 및 이동이 활발해지고, 상품의 운반비용이 낮아져 이용률과 이용량이 증대하여 세계화를 촉진하는 배경이 되었다.

셋째, 통신기술의 발달을 들 수 있다. 컴퓨터 기술의 발전과 혁신으로 지식·정보의 처리와 전달 속도가 증가하였고, 위성 방송 및 다양한 서비스 망의 발달로 서비스와 자본의 이동비용을 대폭 감소시키는 결과를 초래했으며, 지구촌의 공동체 실현이 빨라지게 되었다.

넷째, 개혁과 개방화를 들 수 있다. 1989년부터 일어난 동유럽 사회주의권의 붕괴로 냉전체제가 공식적으로 종식되어 탈냉전의 시대가 시작되었다. 이 사건은 세계질서를 크게 바꾸어 놓았다. 각국은 자국의 이익을 위해 인적·물적 교류가 허용됨에 따라 국가와 민족, 기업과 개인 간의 자유로운 교류와 협력이 증대되었고, 세계경제는 서서히 자본주의 경제로 통합화되어 갔으며, 이것은 세계화를 진전시키는 계기가 되었다.

다섯째, WTO의 출범을 들 수 있다. WTO는 전 세계의 무역규범을 통일화, 통합화시켜 상품과 서비스상품에 대해 관세장벽과 비관세장벽을 낮추고 교역량의 증대를 이끌어왔다. 그리하여 상품과 서비스의 이동이 WTO의 규제 범위내에서 자유롭게 이동이 이루지는 계기가 확대되었다.

마지막으로, 신자유주의 대두를 들 수 있다. 신자유주의는 기업활동의 규제, 무역규제, 즉 관세 및 비관세장벽 등의 무역장벽을 배제하자는 사상이다. 바로 기업의 효율성과 이윤의 극대화, 규제철폐 등을 통한 자유경쟁 시장원리의 도입을 지향하고 있다.

3) 세계화의 특성

세계화의 특성은 다양한 형태로 살펴볼 수 있다. 일반적으로 언급되는 특성은 다음과 같다.

(1) 전 세계적인 상호의존의 심화

세계화는 재화, 자본, 인력, 서비스를 비롯하여 이미지, 문화, 신념, 정보, 정책, 유행, 환경, 규제에 이르기까지 거래나 소통이 가능한 것이면 무엇이나 지역적 경계를 초월하여 거래와 소통이 이루어지는 실정이다.

또한 사회관계가 국민국가의 영토적 경계를 가로질러 확장되고 있으므로 사회적 활동을 내부와 외부, 국내와 국외의 영역으로 구분하는 자체가 아무런 의미가 없게 되었다. 특히 다양한 인적 교류가 활발해지면서 서로 다른 생활방식과 사고의 상호작용에 따라 사회의 변혁 및 문화의 변동이 발생할 수도 있다.

세계와 상호의존의 심화 속에서 하나의 네트워크로 엮어지면서 시간과 공간의 의미가 재구성되고 있다. 시간과 공간에 대한 우리의 인식과 경험이 변하는 것이다. 하비(Harvey)는 시간-공간 응축(time-space compression), 즉 시공 간의 동시공존을 주장했다. 그것은 내가 어디에 있는가 하는 절대적 위치의 관념을 무의미하게 만든다. 내가 어디에 있는가 하는 공간적 위치가 어떤 사고의 형성이나 행동에 더 이상 구속력을 가지지 못한다. 대신 "내가 다른 지역과 연결되어 있는가, 있다면 어떻게 어느 정도 연결되어 있는가?"하는 상대적 위치가 현대사회 운영의 중심 개념이라고 보았다.

(2) 전 지구의 네트워크화

통신, 전자, 운수 분야에서의 첨단 기술발달은 시간과 공간의 의미를 새롭게 부여하는 토대가 되었다. 전자정보 등 과학기술의 발달은 각국 간에 존재하는 정치적인 의미의 국경을 허물고 전 지구를 네트워크화시킨 것이다. 책이나 텔레비전은 물론이고 인터넷과 같은 매체의 발달로 세계 여러 나라의 삶의 모습이 다른 나라에 널리 전파되어 기존의 생활양식에 변화를 가져오기도 한다. 초고속 정보통신기술의 발달은 전 지구를 네트워크화시켰을 뿐만 아니라 세계적 무역자유화에도 견인적인 역할을 수행하고 있다. 그것은 경제적 개념의 국경을 소멸시켜 세계시장의 통합화를 촉진한 WTO 협정이 발효된 데에도 그 원인이 있다.

종래 무역거래에서 실행되던 국제마케팅은 텔레마케팅으로 전환되었고 전통적 수출입거래는 인터넷 무역, 전자상거래(Electronic Commerce), 웹 상거래(Web Commerce)로 바뀌고 있다. 그리고 수출입대금 결제는 과거 신용장중심에서 이제는 전자결제시스템을 통해 실행되고 있다. 과거의 결제시스템이 완전히 바뀌고 있는 것이다.

특히 인터넷 교역은 전통적인 수출업자와 수입업자의 관계를 역전시키기도 한다. 인터넷은 상품과 서비스의 이동을 가능한 한 최대로 촉진시킬 수 있도록 어느 나라의 국경이나 자유자재로 들락거리며 규제도 제대로 받지 않는다. 인터넷 무역의 '무형성'은 이제 국내거래 뿐만 아니라 국제적 거래에서도 두드러지게 드러나고 있으며 앞으로도 무한 확대될 가능성이 있다.

(3) 금융시장의 변화

세계경제질서의 가장 두드러진 특징 중에 하나가 금융의 세계화로 인한 세계금융시장의 변화이다. 금융의 세계화는 그 동안 양자 간 협정에 따라 점차 확대되어 오다가 OECD의 자본이동자유화 규약과 국제투자 및 초국적기업에 관한 선언에 따라 더욱 더 확대되어 오고 있다. 금융의 세계화는 아직까지 타결이 되지 않고 중단된 다자 간 투자협정의 논의 이후 급속도로 진전되고 있다. 다자 간 투자협정은 투자장벽을 제거하고 국제자본이동을 촉진시킴으로써 금융의 세계화를 도모하기 때문이다. 이 협정은 타결 전 1998년 10월 프랑스가 빠지고 미국과 캐나다 NGO의 극심한 반대로 지금까지 유보된 상태로 진행되어 오고 있다. 금융의 세계화는 세계자본시장이 성장되고 통합됨으로써 촉진되고 있으며, 이 세계자본시장의 성장과 통합은 세계화의 엔진임에 분명하다. 국제자본이동의 근간인 외국 직접투자의 규모도 엄청나게 늘어나고 있는 것이 사실이다. 과거에는 미국과 더불어 해외직접투자를 많이 하고 있는 나라가 독일, 영국, 일본 및 프랑스 등이었으나, 오늘날에는 세계화의 혜택을 받은 신흥공업국들을 비롯하여 중국 등도 해외직접투자에 동참을 하고 있는 상황이다. 특히 2015년 한 해 동안 중국기업들은 글로벌기업 인수합병에 무려 135조원을 투자하였다. 중국이 2015년도 해외직접투자에서 전년대비 150억 달러 증가한 1,180억 달러를 기록하면서, Flow기준 글로벌 해외직접투자에서 미국에 이어 실질적인 2위의 투자대국으로 올라섰다. 결국 이러한 효과는 어느 경제주체에서나 다 같이 나타나는 것이 아니라 세계화의 동참의 적극성 여부에 따라 국가, 기업 등 경제주체에 따라 각각 다르게 나타나게 된다.

국제적으로 막대한 규모로 이동되는 자본은 산업에 직접 또는 간접적으로 투자를 위한 자금이거나 국가 간, 금융기관 간, 금융기관 · 기업 간 차관성격의 자금이다. 그리고 그것은 뮤추얼 펀드(Mutual Fund: 투자신탁기금)의 투자자금이거나 또는 헤지 펀드(Hedge Fund)의 투기자금이다. 세계금융자본은 최근에 혁신적으로 구축된 전자정보초고속망을 따라 하루 24시간 동안 지구 도처로 이동되고 있다. 특정 어느 나라 금융시장에 광속으로 들어왔다가 초광속으로 빠져 나가기도 한다. 이 자금은 투자수익이나 자본원본의 가치 보존 등을 위해 어느 때나 어느 나라를 가리지 않고 수시로 모든 국가를 드나들고 있기 때문에 '국적 없는 돈'(Stateless Money) 또는 '무국적 자본'이라고 일컬어지고 있다. 이 자본은 실물투자, 증권, 채권 등으로 투자수익의 취득, 환율 및 금리의 차를 얻기 위하여 부단하게 이동되기도 하고 심지어 투기를 노리기 위해서도 이동되기도 한다. 그래서 이 자본은 환율, 금리 등에 영향을 미치는 외환정책, 재정금융정책 등 정부정책에 따라 민감하게 반응을 한다. 금융의 세계화는 투자된 나라의 외환보유고를 고갈시켜 경제위기를 초래시키는 경우도 있다. 자본이동이 투기적 성격을 지니고 있는 경우에는 당해국의 보유 외환의 고갈, 외환위기, 금융위기 등을 초래시킨다. 1994년 멕시코, 1997년 동남아 국가들, 1997년 12월 한국 등에서의 외환위기가 좋은 예다.

(4) 세계성과 지역성의 공존

세계화는 단순한 세계적 통일체로의 표준화 과정이 아니다. 세계화는 유동성, 비결정성, 개방성을 기본 골격으로 한다. 따라서 세계화, 지역화, 지방화의 동시공존을 어떻게 이해할 것인가 하는 점이 과제이다.

세계화는 인간의 상호작용, 상호연관 및 상호인식을 세계라는 하나의 단일 공간 위에 펼쳐 놓으면서 상대방의 존재가치를 인정하는 공존의 논리에 기초하고 있다. 따라서 세계화의 생명력은 세계적인 것과 지역적인 것의 조화에 있다.

세계화의 중심 내용이 전 지구적 상호의존성의 심화이며 동시에 역사와 문화적 배경에 상관없이 모든 사회와 사람을 한곳에 포용하는 장을 마련하면서 다양한 문화적 가치를 인정하는 공존의 논리에 기초하고 있기는 하지만, 그렇다고 하여 국제사회의 불평등 관계가 소멸하였음을 의미하는 것은 아니다. 국가 간에는 경제적인 격차뿐만 아니라 문화의 교류 격차도 존재하고 있으며, 국내적으로도 문화혜택 및 경제의 격차가 엄연히 존재하고 있다.

(5) 행위주체의 다양화

과거에 국민국가가 유일하게 강력한 행위자였던 전 시대와는 대조적으로 세계화의 추동 세력은 고전적인 의미의 국민국가를 포함하여 자본(기업), 국제조직, 민간조직, 여러 형태의 사회운동(NGO) 등으로 다양화되어 있다. 시장개방과 자유무역을 기초로 하는 새로운 세계무역질서인 세계무역기구(World Trade Organization: WTO) 체제의 성립은 이러한 시장통합을 지향하는 움직임의 결과라고 볼 수 있다.

4) 세계화와 세계경제

냉전체제 이후 미국을 중심으로 하는 세계 자본주의 시스템이 세계 전역으로 확산되고 통합력을 더욱 강력하게 발휘하는 과정이 진행되었다. 각국은 자국의 이익과 시장개방문제 간의 딜레마에 빠지게 되었다. 경제부문에서 국경의 벽은 낮아지고 주권의 범위가 축소되며 초국가적인 사회조직의 영향력이 확대되는 결과가 초래되었다. 국내적으로 국제경쟁력은 약하지만 사회적 통합성을 유지하기 위해 정책적 보호대상이 되어 왔던 농업이나 중소기업을 비롯한 취약한 영역이 시장 원리에 맡겨지는 상황으로 나아가고 있다.

오늘날 세계경제의 특징 중의 하나는 생산의 세계화가 급진적으로 진전되고 있는 점이다. 세계경제를 구성하는 다양한 단위들의 통합과 초국적기업의 지배확대를 골간으로 하는 구조조정은 일국의 규모를 넘어 세계적 규모에서 이루어지고 있다. 이전 시기의 위기에 대한 재구조화가 대부분 주어진 지역단위(일국 내 범위)에 국한된 것인데 비해, 현재의 재구조화는 그러한 지역단위의 구조조정이 투자의 공간적 이동(국가내, 국가 간) 및 초국적기업의 성장과 결부된 조직통제 범위의 팽창과 결합되어 있다. 생산의 세계화를 촉진시키고 있는 주역이 초국적기업이다. 초국적기업은 거대한 자본, 첨단화된 기술, 우수한 경영능력, 방대한 판매망, 막강한 로비능력 등을 통해서 또는 모국의 정치적·경제적 비호를 받아가면서 세계 도처에 생산 및 판매거점체제를 구축하여 극대이윤을 추구하고 있다.

오늘날의 글로벌 경제는 비록 국민국가 차원의 경계와 국가의 역할을 완전히 붕괴시키지는 않는다고 하더라도 국민국가의 경제주권과 개별시장의 타당성을 강력하게 위협하고 있다. 즉, 경제의 체계적 상호의존이 심화됨에 따라 국민국가의 수준은 세계수준에 의해 통합되어지고 변화된다는 것이다. 국제적 규모의 경제에서부터 오늘날의 글로벌 경제로의 이전은 다국적기업(Multinational Corporation)에서 초국적기업(Transnational Corporation)으로의 변화에서 극명하게 나타난다. 초국적기업은 국경 없는 경제의 논리에 따른다. 자유로운 자본으로 특정한 국가적 정체성을 고집하지 않으면서 최고의 안정성과 수익을 위해 기꺼이 자리를 옮길 수 있으며 또한 실제로 옮긴다. 본부는 자국에 있어야 된다고 고집하지도 않는다. 특정 국가의 정책에 의해 통제되거나 제한될 수 없다. 따라서 초국적기업은 국제적 규제기준 이외의 모든 규제로부터 벗어날 수 있는 것이다. 초국적기업이야말로 국경과 국적을 초월하여 여러 나라에서 동계 자회사를 설립한 후 현지국 국민들을 경영에 참여시키면서 생산, 판매, 무역, 서비스, 연구개발 등 모든 활동을 추진하는 거대한 경제조직체라고 말할 수 있다. 바넷(R. J. Barnet)과 캐바나(J. Cavanagh)는 세계광역조직망을 가진 소수의 초국적기업이 새로운 세계경제구조인 세계문화바자(Global Cultural Bazaar), 세계쇼핑몰(Global Shopping Mall), 세계산업현장(Global Workplace), 세계금융조직(Global Financial Network)의 상업적 활동을 송두리째 장악하고 있다고 지적한 바 있다. 외국인직접투자도 초국적기업이 주도해 나가고 있는 것을 보면 초국적기업의 세계 경제적 역할이 매우 크다는 것을 알 수 있다.

초국적기업은 생산의 세계화를 촉진시켜 나가고 있을 뿐 아니라 서비스의 세계화도 확대시켜 나가고 있다. WTO 협정에 따라 서비스에 대한 최혜국대우와 내국민대우가 부여되게 되자 초국적기업은 서비스를 세계규모로 확대시켜 나가고 있다.

5) 세계화의 영향

일반적으로 세계화의 영향은 긍정적인 영향과 부정적인 영향으로 다음과 같이 나누어 볼 수 있다.

먼저 긍정적인 영향으로는 ① 효율의 극대화, ② 자원배분의 합리화, ③ 규모의 경제이익 초래, ④ 자유무역 이익의 실현 등을 들 수 있다. 부정적 영향으로는 ① 세계경제에 대한 일부 선진국의 패권적 지배, ② 국가주권의 침해, ③ 자주적 경제정책의 제약, ④ 경제주체의 대외의존도 심화, ⑤ 비교열위 산업의 퇴출, ⑥ 국가 및 계층 간 소득의 양극화 확대 등이 지적되고 있다.

즉, 세계화는 국가 간, 지역 간, 기업 간, 계층 간의 치열한 경쟁을 통해 효율의 극대화를 꾀할 뿐만 아니라 경쟁, 특화 등을 통해 자본, 노동 등 자원의 최적 배분을 초래시키는 역할을 한다. 세계화는 세계시장의 단일적 통합과 시장광역화를 통해 규모의 경제이익을 발생시키기도 하며, 무역장벽을 제거하고 자유무역의 이익 실현을 주는 역할을 하기도 한다.

다른 한편으로 세계화는 자본수출 및 경쟁력의 우위 등을 통해서 세계경제에 대한 일부 선진국의 패권적 지배를 강화시킨다. 따라서 세계화에 매몰된 일부 국가의 주권이 침해를 받을 수도 있다. 세계화는 상품, 서비스, 자본 등의 국제거래를 통해 각 경제주체의 대외의존도를 심화시키는 작용을 한다. 대외의존도의 심화가 자원이 부족하고 내수시장이 작은 국가에서는 경제발전을 위해 어쩔 수 없는 상황이 될 수도 있다. 세계화는 치열한 국제경쟁에 따라 각국의 비교열위산업을 퇴출시키기도 하며 국가 간, 계층 간 소득의 양극화를 확대시키는데도 영향을 미치고 있다.

6) 반세계화

세계화는 긍정적 영향을 발생시켜 세계경제와 인류에 커다란 이익을 가져다주는 데에도 불구하고 그 부정적 영향에 집중적으로 조명되고 있는 것은 매우 주목할 만하다. 그 이유는 세계화의 긍정적인 영향보다도 부정적 영향이 확산되어 각 경제 주체에 심각한 고통을 던져주기 때문인 것이다. 이미 이러한 문제점에 대한 경고가 1996년 스위스 다보스(Davos)에서 개최된 세계경제포럼에서 노출되었다. '지속가능한 세계화'(Sustaining Globalization)라는 주제를 걸고 개최된 이 포럼에서는 세계화가 계층 간 소득배분의 불균등을 초래시키고 근로자의 생존을 위협함으로써 자본주의의 심각한 재앙을 몰고 올 수도 있을 것이라는 예언이 나왔다. 하버드대학의 캔터 교수는 "기업이 노동자에게나 지역사회에서 그 본래의 사회적 임무를 제대로 수행하지 않는다면 세계 도처에서 세계화와 기업을 성토하는 지도자가 나타나고 노동운동이 재연될 것이다."라고 경고를 하기도 했다.

세계화에 대한 부정적인 영향은 세계화에 대한 비난으로 확대되고 반세계화 운동으로 나타나기도 한다. 반세계화 운동(反世界化運動, anti-globalization movement, counter-globalisation movement)은 '운동들의 운동'이라는 별명이 붙은 거대한 세계적 사회운동이다. 반세계화 운동은 주로 "세계 정의 운동", "대안 세계화 운동", "반 법인 세계화 운동" 혹은 "신자유주의 세계화에 반대하는 운동"이라 불리기도 한다. 이것의 핵심은 자본주의적인 세계화를 비판하는 것이다.

반세계화 운동의 참여자는 사회주의, 공산주의, 공동체주의, 생태주의, 아나키즘,

여성주의 등 특정한 이념이나 방향으로 묶을 수 없을 정도로 다양하지만, 그들이 공유하는 생각들은 대체로 같다. 이들이 비판하는 주된 대상은 바로 규제되지 않은 거대 다국적기업이다. 이들은 다국적기업들이 자신들의 경제적 힘을 가지고 정치인들을 움직여, 자신들에게 유리한 각종 무역협정들을 만들어 낸다는 점을 지적한다. 또한 이들은 다국적기업들이 이윤 극대화를 위해 작업장 안전표준규칙을 무시하며, 노동자들에게 부당한 처우를 하고, 환경 파괴에 일조한다고 주장한다.

반세계화 운동에 관련된 많은 인사들은 이러한 전례 없는 국제경제의 발전에 대해 "터보 자본주의"(Edward Luttwak), "시장 근본주의"(George Soros), "카지노 자본주의"(Susan Strange)와 같은 말로 비판하고 있다.

따라서 세계화는 세계 여러 나라의 국민들로부터 비난을 받아 오기 때문에 세계화가 효율성이 뛰어나지도 않을 뿐더러 훌륭한 개념도 아니라는 주장이 나오기도 한다. 세계화는 비도덕적, 비윤리적, 비인간적이며 냉혹한 것이라고 공격을 받아오고 있는 것도 사실이다.

2. 대국과 소국의 국제화 및 세계화

서구의 국제화는 18세기-19세기경에 시작되었고, 세계화는 냉전 종식 이후 급속히 추진되기 시작되었다. 세계화 추세 속에 세계는 강대국과 약소국으로 구분되기도 한다.

일반적으로 대국은 국력이 강하거나 국토가 넓은 나라, 소국은 국력이 약하거나 국토가 작은 나라를 말한다. 그러나 경제학적으로 대국과 소국은 국제시장에서 특정산품이 시장에 영향력을 행사할 수 있는지 여부이다. 영향력이 크다면 대국이고 작다면 소국이 된다.

오늘날 대국의 조건은 땅이 넓으며, 인구가 많고 부존자원이 풍부한 국가를 말한다. 여기서는 대국의 발전과정뿐만 아니라 소국으로서 어떻게 강소국으로 발전되어 왔는지를 살펴본다.

1) 대국의 국제화 및 세계화

(1) 미국

미국은 남북전쟁으로부터 제1차 세계대전이 발발하기까지 농업 중심 국가에서 도시적인 국가로 탈바꿈했다. 거대한 공장과 제철소들이 들어서고 도시는 급속히 성장하는 한편 대규모 영농사업들이 자리를 잡았고 1869년에는 최초의 대륙 횡단 철도가 완공되었다. 그 밖에도 석유, 철강 및 섬유 산업이 급속도로 발전했다. 그러나 남북전쟁 후의 급속한 산업발전에 의해 동업자 간의 경쟁이 격화되자 점차 중소규모의 기업이 대기업과의 경쟁에서 탈락됨으로써 1870년대 이후 기업집중에 의한 독점현상이 나타나기 시작했다. 그 가운데서도 전형적인 독점기업으로 출발하여 강력한 영향력을 발휘했던 것은 당시 미국 최대의 산업이었던 철도였다. 미국의 독점형성은 풀의 형태에서 시작하여, 1880년대부터 90년대에 걸쳐서는 트러스트의 형성이 지배적인 형태로 되었다. 독점형성이 가장 활발했던 1890년대 후반에는 주식회사에 의한 기업합동이 등장하여, 그것이 지배적인 형태로 되었다. 독점자본의 성립으로 폐해가 드러나기 시작하자 독점자본을 제한하기 위한 운동이 여러 방면으로 일어났는데 대표적인 것이 1890년 채택된 "셔먼 반트러스트법(Sherman Anti-Trust Act)"이었다.

제1차 세계대전 이후 유럽의 교전국들은 전쟁으로 막대한 피해를 입었으나 미국은 오히려 상대적인 면에서는 힘이 더욱 강화되었다. 미국 경제는 다른 여러 나라들이 전후의 불황에 시달리고 있던 1922년에 이미 회복단계에 접어들었으며, 1929년까지 '영원한 번영'을 구가했다. 미국 경제의 확대를 가져온 주요한 계기는 주택 건설, 고정자본의 갱신 및 신설, 자동차 등 신흥 산업의 급속한 발달이었고, 이것은 도로의 정비를 가져오는 계기가 되었다.

1920년대 미국 경제는 소위 '영원한 번영'을 구가하고 있었지만 그 이면에는 과잉생산의 경향이 점차 진행되고 있었다. 1920년대에는 생산과 자본의 집중이 급속하게 진행되어 독점이 심화되었고, 독점 대기업에 의한 생산 지배와 생산의 계속적 확대는 소비수요의 규모와 시장수요의 확대 속도를 점차 제약함으로써 불황을 초래하는 주요한 요인으로 작용하기 시작했다. 이렇게 미국에서 과잉생산의 경향이 현저해져 1920년을 분기점으로 하여 미국의 설비투자는 점차 하강하게 되었고, 1926년 이후에는 내구소비재에 대한 지출도 둔화되었다. 그런데 경기하강과는 대조적으로 주식투자에 대해서는 정도가 지나쳐 투기 붐이 조성되고 있었다. 주가

지수가 1929년 9월까지 엄청난 상승세를 보이다가 1929년 10월 24일 '암흑의 목요일'이 되자 뉴욕 주식시장은 붕괴하기 시작했다. 이러한 1929년 10월 주식시장의 붕괴를 계기로 미국에서 대공황이 발생하였다. 1933년 3월 금융공황의 와중에 대통령으로 취임한 프랭클린 루즈벨트(Franklin Delano Roosevelt)가 시행했던 일련의 공황대책이 '뉴딜정책(New Deal Policy)'이었다. 뉴딜정책은 수많은 관련 법안들을 통과시켰고 산업생산능력을 크게 제고하는 한편 상품들의 가격이 오르는 결과를 가져왔다. 뉴딜정책의 가장 핵심적인 정책 중 하나는 1935년 시행된 사회보장법이었다. 이 법을 통해 사회보험제도가 정착되었다. 이러한 뉴딜정책의 실천으로 급속한 경제성장이 이루어지게 되었다.

미국은 제2차 세계대전 이후 타의 추종을 불허하는 금융경제대국으로 부상하였다. 금융 면에서 미국의 금 보유는 1949년 말에는 최고 246억 달러, 1951년에는 전 세계 340억 달러 중 240억 달러를 보유하였다. 또 미국의 경제력을 바탕으로 출범한 IMF-GATT체제는 막대한 무역 흑자와 자산상의 순수입을 가져다주었다. 더욱이 마샬플랜(Marshall Plan)에 따라 전쟁으로 폐허가 된 유럽 국가에 경제적인 지원을 시작하자, 수많은 미국 물자의 시장을 유지하는 데에도 도움이 되었다.

현재 세계경제에서 미국의 비중이 감소하였다고 하더라도 미국을 대신할 만한 나라는 아직은 없다. 미국 경제는 중국과 일본에 비교해 보더라도 1.5배~3.5배 가까운 규모이고, 원천기술을 가장 많이 개발하여 세계경제에 활력을 불어넣고 있는 나라도 미국이다. 따라서 여기서 미국 경제의 약체화라고 하는 것은 상대적인 의미일 뿐이라고 할 수 있겠다.

현재 미국은 국제기축통화국으로 GDP, 무역, 제도 및 인프라 구축, 증시규모, 소비, 군사력 등 대부분 모든 면에서 전 세계적으로 앞서가고 있는 국가이다. 또한 세계 최대의 외자유입국으로 직접투자를 선도하고 있으며, 최고의 교육시스템으로 전 세계의 우수한 인재들을 흡수하고 있고, 일찍이 구조조정과 규제완화로 다른 국가보다 먼저 시장경제활성화에 주력하였다.

최근 나타나고 있는 미국 경제, 그리고 달러에 대한 신뢰 상실은 무역결제 시 화폐의 다변화 바람으로 표출되고 있기도 하다. 유럽연합이 사용하고 있는 유로화가 대표적인 사례이며, 중국의 위안화 사용량도 급격히 증가하고 있다.

미국의 오바마 대통령은 현재의 경제적 어려움을 타개하고 중국을 견제하기 위한 방향으로 "환태평양경제동반자협정(TPP)을 조만 간 마무리할 생각"이라며 "범대서양자유무역협정(TAFTA) 협상도 곧 시작할 것"이라고 2013년 연두교서에서 말했다. TPP는 환태평양자유무역협정(TPFTA)의 또 다른 이름이다. 미국과 캐나다·호주·브루나이·멕시코·칠레·말레이시아 등 10개국이 참여한다. 중국과 일본은 이 FTA에 참여하지 않았으나, 최근 일본은 참여하기로 했고, 트럼프 등장 후 미국이 빠진 TPP를 사실상 주도적으로 이끌고 있다. 한국은 이미 미국과 FTA를 체결한 상태이나 추후 참여하기로 하고 협상중이다. TAFTA는 미국과 유럽연합(EU) 28개국을 포괄하는 자유무역협정이다. 실제 TAFTA가 체결되면 세계 최대 자유무역지대가 탄생한다. 글로벌 국내총생산(GDP)의 50% 정도와 교역의 30% 정도를 차지한다. 미국이 추후 참여할 경우 TPFTA의 규모는 세계 국내총생산(GDP) 29%, 교역의 25% 정도다. 따라서 미국은 세계에서 글로벌화가 가장 앞서 있는 국가로 볼 수 있다.

(2) 중국

중국은 1949년 중화인민공화국 설립 후 국민당 관료자본의 몰수, 토지개혁과 재정개혁을 거쳐 1953년부터 제1차 5개년 계획을 시행하였다. 중국은 1950년대 이후 현실적 경제여건을 무시한 채 소련의 경제원조를 배경으로 급속히 추진된 중화학공업육성정책은 외화부족에 따른 사업부진으로 자원낭비와 경제침체가 유발되었다.

더구나 중국은 권력투쟁인 문화대혁명(1966~76) 및 당산대지진(1976)의 후유증에 시달렸다. 이에 따른 경기침체를 극복하기 위해 개혁·개방 전도사인 덩샤오핑을 내세워 정경분리원칙을 견지하게 된다.

1978년 덩샤오핑은 '흑묘백묘론(黑猫白猫論)'을 주창하면서 '사회주의적 시장경제 체제'로 완성되는 개혁·개방정책을 추진하기 시작하였다. 중국은 집단노동방식을 철폐하고 농민에게 토지경작권을 부여하는 '가정책임경영제'의 실시로 농산물 생산량이 획기적으로 증대하였을 뿐만 아니라 국영·집체(집단소유제)기업이 주종을 이루던 경제구조에서 민영기업을 허용함으로써 도시의 고용문제 해결과 시장경제의 기초를 마련하였다. 또한 자력갱생을 탈피하고 연해도시의 개방, 경제특구 설립 등 대외개방을 통하여 선진기술도입과 경제개발자금을 조달하고, 기업의 진입퇴출을 규율하는 회사법 제정, 국유기업 노동자에 대한 고용계약제 등 시장경제의 초석을 마련하였다. 중국은 단계적으로 개방지역을 연안에서 중국 전역으로 확대하게 되는데, 특히 1992년 덩샤오핑의 남순강화(南巡講話) 이후 개방을 국경지역과 내륙지역으로 확산시키게 된다.

1990년대 들어 '사회주의적 시장경제'(socialist market economy) 도입을 위한 제도개혁을 지속하게 된다. 그것은 외자유치의 촉진, 이중환율제 폐지와 경상거래 자유화, 민영기업을 위한 회사법 제정, 사유재산권을 인정하는 헌법 개정 등 여러 가지 정책을 펼치고, 상해·심천의 증권거래소 개설, 국유기업의 거래소 상장, 노동시장 규제완화를 위한 사회보장시스템 개혁 등을 추진하였다. 중국은 1990년대 초반 이후 민간부문의 역할 확대로 경제적 호황을 유지하였으며, 1990년대 말 아시아 외환위기과정에서도 7% 이상의 성장을 하였다.

2000년대에는 시장경제의 정착을 위한 구조개혁과 대외개방을 더욱 가속화시켰다. WTO 가입에 따른 중국시장 개방, 국유기업의 민영화 가속화, 부실금융기관의 구조조정, 환율제도의 개편, 물권법·반독점법 제정 등 제반 제도를 정비시켰다. 이러한 정책은 2001년 WTO 가입 이후 관세인하, 금융시장 개방, 외자유치와 해외투자 확대, 아시아권 국가와의 FTA 체결 등 개방 폭의 확대로 나타났다. 2008년 7월 금융위기 이후 위안화는 달러당 6.82 위안으로 고정(peg) 운용되었으나, 2010년 6월 기존의 달러화 페그제를 폐지하고 통화바스켓을 참조하여 조정하는 관리변동환율제도로 전환시켰다.

중국경제는 2010년 말 기준 경제규모 세계 2위, 교역규모 세계 2위, 외국인직접투자(FDI) 유치 세계 2위, 외환보유고 세계 1위의 경제대국으로 부상하였다. 2010년 말 기준 GDP는 5.88조 달러(40조 위안), 교역규모 2.97조 달러, FDI 순유입 1,057억 달러 그리고 외환보유고 2.85조 달러를 기록하게 된다. 1978년 이후 현재까지 평균소득이 약 56배 상승하였고, 평균 경제성장률은 연평균 10.0%에 이르는 경이적 성과를 달성하였다. 다만, 그동안의 수출주도형·외자의존형의 고도성장전략에 수반되는 지역·계층·업종 간의 격차가 확대되었고, 환경·에너지보전과 성장과의 부조화 등 중국경제의 모순이 나타나기 시작하였다. 제12차 5개년 계획('11-'15)은 국제금융위기를 대응하며, 2020년 전면적인 소강사회(小康社會) 건설을 위한 향후 5년 간의 경제사회 발전의 주요 목표를 제시하고 진행 중에 있다. 현재 시행되고 있는 제13차 5개년 계획(13·5계획)에서는 개혁과 조정이 주요 화두로 대두되고 있으며, '2개의 백년(兩個百年)'을 통한 '중국의 꿈(中國夢)' 실현을 위해 '네 개 전면(四个全面 : 소강사회 건설, 전면적 개혁심화, 전면적 의법치국, 전면적 당풍쇄신)'을 지도사상으로 제기하고 있다. 따라서 12·5계획을 계승하면서 공업선진국으로 도약하기 위해 '중국제조업2025' 전략을 제시하고, 신 성장 동력과 분배 및 대외개방을 강조하고 8대 중점 과제를 제시하여 나아가고 있다.

또한 중국은 중국내의 공급과잉 및 불균형 해소, 교역 확대와 위안화 국제화, 에너지 수송 및 안보 강화 등을 목적으로 시선을 해외로 돌려 '일대일로(一帶一路)' 전략을 추진하며 계속적인 경제성장을 추구하고 있다.

결국, 중국은 경제규모(GDP대비)가 2005년에 미국, 일본, 독일에 이어 세계 4위의 경제대국으로 부상했으며, 2008년에 독일을 제치고 세계 3위를 차지한데 이어, 2010년에는 일본을 누르고 세계 2위 경제대국으로 부상하였다.

2) 소국의 국제화 및 세계화

(1) 싱가포르

싱가포르는 1인당 GDP가 2016년 기준 52,960달러의 전형적인 도시국가이다. 싱가포르는 국토가 좁고 부존자원이 거의 전무한 여건을 극복하기 위해 정부주도로 대외개방형 경제를 추구함으로써 세계적인 비즈니스 중심지로 발전하였다. 정부는 경제성장에 총력을 기울였다. 주롱(Jurong)지역에 산업단지를 건설하고, 싱가포르에 투자하는 모든 외국기업과 투자자들에게 5~10년 간 법인세를 면제해 주는 텍스 홀리데이(tax holiday)를 실시하였다. 1970년대에 외자를 이용한 수출주도형 공업화를 추진하여 높은 성장을 이룩하였으나 1980년대에 들어 경쟁력이 약화되면서 전자・기계・제약 등 고부가가치 산업으로의 구조조정을 추진하였다. 또한 제조업과 금융, 물류, 통신 등 제반 서비스가 통합된 국제적 비즈니스 도시가 될 수 있도록 제조업과 서비스업의 공동발전 전략을 추진하고 있으며, 아시아 금융위기 이후 장기적인 성장을 위해 정부가 적극적으로 지식기반 위주의 경제구조 전환을 추진하여 미래산업 개척전략을 마련 중이다. 특히 연구개발, 교육, 의료분야에서의 허브를 추진하고 있으며, 카지노 2개소 개장을 포함한 복합리조트를 건설하는 등 관광산업 육성에도 노력하고 있다.

싱가포르 경제의 주요 특징은 다음과 같다.

첫째, 무역자유화 및 외자유치를 통한 세계적 비즈니즈 센터로서의 역할을 하고 있다. 중개무역항이라는 입지조건을 활용하기 위해 무역자유화에 나서는 한편, 외국인 투자유치를 위해 지속적인 투자환경 개선과 인센티브를 제공하고 있으며, 무역액이 GDP의 3배 정도이며 40% 이상이 중개무역으로 주류 등 일부 품목을 제외한 모든 물품이 무관세이다.

둘째, 세계적인 교통, 물류, 금융 및 원유 거래 중심지이다. 싱가포르항구는 총

5개 컨테이너 터미널과 45개 선석으로 구성되어 있는 세계 최대의 컨테이너 항구 중 하나로 세계 환적 량의 1/5 이상을 처리하고 있으며, 2014년 중 33,285천 TEU의 컨테이너를 처리하여 세계 2위를 차지하고 있다[2014년 순위 : 상해(1위), 선전(3위), 홍콩(4위), 닝보·저우산(5위), 부산(6위, 18,652천 TEU)]. 한편 창이공항은 100여 개 항공사가 주 6,300회 이상의 정기항공편을 운항하여 60개국, 210여 개 도시를 연결하는 세계 항공의 허브(2011년 기준)역할을 하고 있는데 2011년 중 승객 4,650만 명과 화물 187만 톤을 처리하였다(인천공항 : 70개 항공사, 176개 도시, 승객 3,300만 명, 국제화물운송 2위). 또한 외환거래 및 자산운용 분야에서 두각을 나타내면서 국제금융 중심지(런던, 뉴욕, 홍콩에 이어 세계 4위, 2011년 런던금융특구 발표)로 부상하고 있는데, 런던, 뉴욕, 취리히, 동경에 이은 세계 5위의 외환시장으로, 2011년 말 기준 110개 외국은행이 소재(외국은행 기준 세계 4위권)하고, 자산운용 규모가 1.4조 싱 달러(1.1조 미 달러) 내외이며, 이슬람 금융 등 새로운 금융영역으로 확장하는 전략을 추진 중이다. 2016년 기준, 싱가포르 금융시장은 런던, 뉴욕에 이어 홍콩을 뛰어넘어 세계 3위의 시장을 형성하고 있다.

또한 뉴욕, 런던에 이은 세계 3대 원유 거래시장으로 세계 최대의 선박용 석유 거래시장이며 아시아 최대의 석유제품 공급센터(아시아지역 석유제품 가격의 벤치마킹 대상)로 Shell, Esso, Caltex, BP, Mobil 등 세계 메이저 석유회사들이 진출해 있다. 무엇보다도 인구의 두 배가 넘는 1,300만 명의 관광객이 방문하는 관광 대국으로 적극적인 관광객 유치 및 연중 각종 국제회의, 전시・박람회 개최, 의료허브 및 교육허브 육성정책을 통해 외국인 유치 도모, 그리고 지속적인 관광객 유치를 위해 카지노를 포함한 복합리조트 건설 등 적극적인 전략을 펼치고 있다.

셋째, 서비스 중심의 산업구조이나 제조업 비중도 상대적으로 높은 수준을 기록하고 있다. 서비스업이 GDP의 68.5%로 산업의 주종을 이루며, 그 외 제조업 20.9%, 건설업 4.2%, 부동산 4.4% 등으로, 농림・어업이나 광업은 거의 전무(2013년 기준)하다. 서비스 산업은 싱가포르 경제의 중심이며 정부는 인프라 확충, 자유화 조치 및 인센티브 제공 등 지속적으로 서비스 산업을 지원하고 있으며, 제조업은 다국적기업의 유치 및 국내 기업과의 연계강화, 다국적기업의 판매망 이용 등을 통해 발전하고 있다. 과거 석유화학과 전기・전자 중심이었으나, 최근 바이오허브, 항공허브 육성에 중점을 두면서 생의학 및 기계류 비중이 확대되고 있다.

표 1-1 제조업 업종별 비중(%), 2011년 GDP 기준

화 학	전기 · 전자	생의학	정밀기계	운송기계	일반기계
9.0	29.2	22.4	12.6	15.6	11.3

자료 : 싱가포르 통상산업부(MTI)

넷째, 국영기업과 다국적기업이 경제의 중추적 기능을 수행한다. 정부 투자회사인 테마섹 홀딩스(淡马锡控股公司, Temasek Holdings)가 주요 기간산업(항만-PSA, 통신-SingTel, 항공-싱가포르항공, 금융-DBS, 방송-MediaCorp)의 최대 주주이며, 순수 민간기업의 역할은 상대적으로 미약하지만 이들 기업이 많은 자회사들을 거느리고 있어 정부연관기업이 1,000여 개 이상이다. 그러나 정부연관기업 등도 시장경제원리에 의해 전문경영인이 경영하고 있으며, 경제발전의 견인차 역할을 수행하고 있다. 특히 외국자본, 기술, 고급인력의 유입정책으로 9천여 개 이상의 다국적기업이 진출하면서 GDP의 40% 이상이 외국기업 및 외국인으로부터 발생하고, 총 투자의 90% 가까이가 외국인 투자로 구성되어 있다.

표 1-2 싱가포르 국제경쟁력 관련 주요 지표

항 목	순위	조사기관	비 고
2011 기업하기 좋은 국가	1위	World Bank Doing Business	2위:뉴질랜드,3위:홍콩 *한국 19위
2012 경제자유도	2위	Heritage Foundation Index of Economic Freedom	1위:홍콩, 3위:호주 *한국 31위
2016 국가경쟁력	4위	IMD World Competitiveness Report	1위:홍콩, 2위:스위스, *한국 29위
	2위	World Economic Forum Global Competitiveness Index	1위:스위스, 3위:미국 *한국 24위
2017 국가경쟁력	3위	IMD World Competitiveness Report	1위:홍콩, 2위:스위스, *한국 29위
	2위	World Economic Forum Global Competitiveness Index	1위:스위스, 3위:미국 *한국 26위

자료 : World Bank, IMD, WEF 및 각종 미디어.

표 1-3 주요 경제지표 추이

	2005	2010	2011	2012	2013	2014	2015	2016
경제성장률(%)	7.4	14.5	4.9	1.3	4.4	2.9	1.9	2.0
GDP(억$)	1,254	2,274	2,598	2,843	2,957	3,081	2,968	2,969
1인당GDP($)	28,498	43,865	49,271	53,515	54,776	56,319	53,224	52,960
실업률(%)	3.1	2.2	2.0	2.0	1.9	2.0	2.0	2.1
물가상승률(%)	0.5	2.8	5.2	4.6	2.4	1.0	-0.4	-0.5
수출(억$)	2,297	3,536	4,119	4,086	4,103	4,097	3,515	3,228
수입(억$)	2,002	3,109	3,660	3,799	3,731	3,662	2,970	2,778
환율(싱$/미$,연평균)	1.66	1.36	1.26	1.22	1.26	1.32	1.34	1.44

자료: IMF(GDP, 실업률, 물가상승률, 수출, 수입, 경상수지), WB(경제성장률, 환율)
싱가포르 MTI, 통계청.

싱가포르 경제는 2008년 금융위기 이후 정부의 경기회복정책에 힘입어 2010년 중 14.5%의 높은 성장을 기록하였으며, 2012년 까지 성장률이 둔화되었으나, 생의학 등 제조업 성장에 힘입어 2013년 4.4% 성장하였다. 이후 성장이 둔화되고 있는 추세이다. 2011년 중 수출 및 수입은 각각 전년 동기 대비 16.4% 및 17.7% 증가하였고, 총 교역 규모는 17.0% 증가한 7,779억 불을 기록하였으나, 이후 수출입 모두 큰 변화가 없는 정체상태이다. 2015년 세계경제의 불안정으로 수출과 수입 모두 상당히 추락했으며, 2016년에는 경제성장이 2.0%로 소폭 상승했으나 실업률 2.1%, 소비자물가 -0.5%, 환율은 1.44로, 그리고 수출은 전년 비 -5.1%(4,669억 S$), 수입은 -4.7%(4,033억 S$)로 더 나빠진 상황이다.

(2) 홍콩

2016년도 홍콩은 인구 737만 명으로 서울의 1.8배의 영토를 갖고 있다. 2017년 5월 스위스의 IMD에서 발표한 자료에 의하면 홍콩은 미국을 제치고 세계 1위의 국가경쟁력을 갖춘 국가로 등장했다. 경제성장률은 2016년 1.9%로 중국의 영향을 많이 받고 있어 불안한 상황이다. 그러나 홍콩경제가 여전히 활발할 수 있었던 원인은, 바로 홍콩의 기업환경에 있다. 홍콩의 기업환경은 전 세계 어디에 내놓아도 뒤지지 않을 만큼 굉장히 체계적이고 훌륭하다. 법률체계도 매우 잘 정비되어 있으며, 영미법을 기반으로 한 법률체계는 글로벌 기업들에게 친숙하다.

게다가 한국은 영업이익의 33%, 심지어 중국은 68%를 세금 혹은 강제 지출액으로 내는 데 비해, 홍콩은 23%이다. 차등세율을 적용하는 한국의 법인 소득세 최고세율이 22%임에 반해, 홍콩의 법인세는 16.5%, 비(非)법인세는 15%이다. 전문 서비스업 역시 톱클래스다. 홍콩 인재들이 중국어, 영어가 동시에 가능하기에 글로벌 기업 비즈니스를 진행하는 데에도 상당히 유리한 상황이다.

1997년 홍콩 주권의 중국 반환 이후, '일국양제(一國兩制)', '홍콩인에 의한 홍콩 통치' 원칙 등 고도자치제도(高度自治制度)를 유지하고 있으며, 홍콩 반환 시 50년간 현 체제의 유지가 보장되었다. 일국양제를 반드시 성공적으로 정착시켜야 하는 중국정부의 기본 입장(홍콩의 안정과 번영이 중국의 경제발전에 유리할 뿐만 아니라 향후 대만과의 통일을 고려)에 비추어, 홍콩에 대한 중국정부의 지원은 지속될 것으로 관측된다. 1997년 주권반환 이후 홍콩 행정수반 및 입법회 의원 선거 직선제 실시를 위한 '정치제도개혁' 문제가 정치현안으로 대두된 이후, 2007년 7월 1일 도널드 창의 제3대 행정수반 취임 후 2007년 7월 11일 직선제 실시에 관한 정부안(green paper)을 발표하였고, 2007년 12월 중국 전국인민대표회의는 직선제 도입과 관련 직선제 도입은 행정수반 선거의 경우 2017년, 입법회 선거의 경우는 2020년부터 가능하도록 중대결정을 하였다. 홍콩경제의 주요 특성은 다음과 같다.

첫째, 철저한 자유시장경제체제이다. 150여 년 간 영국의 통치를 받으면서 서구의 문물과 제도가 정착, 특히 서구식 자본주의에 기초한 상업·금융 등 서비스산업이 고도로 발달되어 있다. 민간기업의 경제활동 자유보장 및 외환의 자유이동이 가능한 무관세 지역으로 1994년 이후 미국 월스트리트저널 및 헤리티지재단 공동조사에서 경제 자유도 1위를 18년 간 고수한 지역이다. 홍콩에는 부가가치세, 관세가 없고, 금융소득(이자, 배당, 양도소득), 증여소득에 대해서도 과세하지 않고 있다. 단, 4개 품목(유류, 담배, 술, 메칠 알콜)은 소비세(excise duty)만 부과하고 있다. 또한 단순하고 낮은 세율의 조세 체계(이윤세 : 기업 16.5%, 개인 15%)를 갖고 있다. 홍콩은 내외국인 및 내외국기업 구별 없이 홍콩에서 발생한 소득에 대해서만 조세를 부과하는 조세회피지역(tax shelter)이다.

둘째, 3차 산업 위주의 산업구조와 높은 대외의존도를 갖고 있다. 서비스산업 비중이 92.7%(2016년)로 매우 높으며, 제조업은 심천, 동관 등 광동성 지역으로 생산기반을 이전함에 따라 지속적 감소 추세를 보이고 있다. 또한 2016년도 기준 총교역량(9,739억 달러)이 GDP의 305% 수준(수출 144%, 수입 161%)으로 높은 무역·

유통·물류의 중심지로 대외의존도가 매우 높다. 수입총액 5,139억 달러 중 약 88.8%가 홍콩을 경유 제3국에 수출하는 중계무역의 중심지이다. 따라서 2016년 기준 1인당 GDP는 43,400달러에 달하고 외환보유고는 3,862억 달러를 기록하고 있다.

셋째, 아시아의 국제금융 중심지이다. 홍콩은 동경, 싱가포르와 함께 아시아 최대 국제금융중심의 지위를 다투고 있으며, 중국투자를 위한 국제자금조달센터 역할을 담당하고 있다. Z/Yen Group 조사에 따르면 2017년 현재 홍콩은 아시아에서 두 번째, 세계에서는 네 번째(2009~2015까지는 홍콩이 세계 3위, 아시아 1위)로 큰 국제 금융허브로서 동아시아지역의 금융 중심지 및 중국투자를 위한 국제자금조달센터 역할을 담당하고 있다. 2016년 말 현재 세계 100대 은행 중 71개 은행을 포함 195개 은행(홍콩설립 54개, 외국지점 141개)이 영업활동을 하고 있고 홍콩에 사무소를 두고 있다. 금융산업은 홍콩의 4대 핵심산업 중 하나이다. 금융시장에서 거래되는 자금은 주로 미국계, 유럽계 등 국제자본이 자금의 수요처를 찾아 홍콩으로 이동하여 투자 또는 대출되는 형태를 띠고 있다. 외환시장의 일평균거래량이 US$ 2,900억 달러(BIS조사 기준)로 세계 5위를 차지하고 있고 주식시장은 시가총액(Market Capitalization) 기준으로 US$ 3조 1680억(2016년 기준)으로 세계 6위 규모(한국 16위, US$ 9,961억 달러)이며 상장기업 수는 1,973개이다.

넷째, 국제 비즈니스의 중심지의 역할을 하고 있다. 2008년 글로벌 금융위기로 홍콩내 외국기업의 활동이 다소 주춤했으나, 2010년 이후 외국기업의 홍콩 지·상사는 지속적인 증가 추세를 보이고 있는데, 2016년 아시아지역본부가 1,379개사, 아시아지역 지사·사무소가 6,607개사가 있다.

다섯째, 중국 본토와 경제통합을 가속화하고 있다. 2003년 6월 경제협력동반자협정(CEPA, Closer Economic Partnership Arrangement)체결, 주강삼각주(Peral River Delta) 지역 경제통합, 홍콩 금융기관의 위안화 영업 허용 및 중국기업의 홍콩거래소 상장 등 중국 본토와의 경제 관계가 심화되고 있다. 2016년 7월 1일부터 발효된 서비스 무역 자유화 협정(the Agreement on Trade in Service)은 홍콩의 앞선 서비스 산업이 중국에 진출하여 중국 서비스 산업 발전의 계기가 되고 있다.

여섯째, 유연한 노동시장을 갖추고 있다. 홍콩은 친기업적 성향을 가진 도시로서, 계약제 근로자가 많고 고용과 해고가 자유로운 편(경영상 이유의 해고인 경우, 정리해고수당을 지급해야 함)이다. 홍콩의 근로계약은 근로자와 사용자 간 자유로이 체결되며, 사용자는 계약기간이 지나면 조건없이 계약을 해지할 수 있다. 전문직 서비스업의 경우, 1년 단위 계약이 증가하는 추세이다. 현재 홍콩의 헌법에 해당하는 기본법(Basic Law)에는 노동 3권이 명문화되어 있지는 않다.

일곱째, 국유개념의 토지제도를 갖추고 있다. 홍콩의 토지는 국유이며, 정부가 자체적으로 운용·사용·개발하거나 개인 또는 법인의 사용·개발을 위해 증여·임대할 수 있는 권한을 가지고 있다.

(3) 유럽의 소강국

유럽의 소강국으로는 베네룩스 3국, 덴마크, 스위스, 스웨덴 그리고 핀란드를 들 수 있다. 유럽의 소강국들은 몇 가지 특징들을 가지고 있다.

첫째, 대외교역과 해외투자에 개방과 경쟁의 우선원리를 중시하고 있다. 이들 국가들은 특정산업을 보호하기보다는 정부규제를 완화하여 경제적 활력을 지속적으로 유지하고 있다. 벨기에와 네덜란드는 외국인 직접투자액이 GDP의 70%를 상회하고 있어 대외지향성이 그대로 나타나고 있다.

둘째, 유럽의 소강국들은 모든 산업을 고루 발전시키기보다는 선택과 집중에 따른 산업에 특화하여 자국에 맞는 산업구조를 구축하였다. 그리하여 글로벌 기업들이 등장했는데, 핀란드의 노키아, 네덜란드의 필립스, 스위스의 ABB와 노바티스, 스웨덴의 에릭스 등을 탄생시켰다.

셋째, 이들 국가는 국제금융 산업을 발전시켰다. 미국의 포춘지가 발표한 세계 500대 기업에 유럽 소강국 금융회사들이 15개 업체가 포함될 정도로 고부가가치 산업인 금융산업을 특화한 것이다. 대표적인 금융회사로는 ING, UBS, Credit Suisse, ABN Amro 등이 있다.

넷째, 유럽 소강국들은 부족한 천연자원을 대체하는 것은 인적자원이라는 것을 인식하고, 교육에 많은 투자와 과학기술 투자에 집중하였다. 따라서 GDP 대비 R&D 투자를 높이고 있다. 그리하여 핀란드와 스웨덴은 IT강국으로 전 세계를 선도하고 있다.

마지막으로 1980년대 초반 경제 불황기를 겪으면서 노동시장의 유연화를 도입하였고, 노동시장 유연화에 따른 사회적 불안을 해소하기 위하여 다양하고 효율적인 복지정책을 도입하여 해결하였다. 이러한 정책은 삶의 질 향상을 통해 노사간, 정규직과 비정규직 근로자 간의 갈등을 상당부분 완화시켰다.

특히, 유럽의 소강국 중 대표적인 국가인 네덜란드는 유럽 물류운송의 허브로서 유럽내 국제 화물운송 시장 점유율이 22%에 달한다. 현재 미국과 아시아 회사의 유럽지역 물류센터의 57%가 네덜란드에 위치하고 있다. 이는 유럽의 관문에 해당하는 지리적 요소, 충실한 사회기본 인프라(도로, 전력, 통신, 금융) 그리고 다국어 구사가 가능한 풍부한 고급인력의 활용이 가능한 네덜란드의 투자환경에 따른 결과이다. 물류산업은 네덜란드 GDP의 10%를 차지하고 있고 수입물품의 약 50%는 재수출되는 등 유럽내의 물류기지로서의 역할을 수행하고 있다. 네덜란드 물류협회(HIDC)의 2008년 자료에 따르면 네덜란드에 투자한 외국기업들의 약 70%가 네덜란드에 물류기지를 두고 있는 것으로 나타나고 있다. 네덜란드는 유럽 내 다른 국가에 비해서 상대적으로 인건비가 높고, 평균 근로시간이 적은 편(주당 평균 40시간)에 속한다. 근로 친화적인 고용환경과 근로자에 대한 권익보호를 우선하는 법령과 문화 때문에 종업원의 결근이 잦고, 정규직을 해고하는 경우에는 까다로운 법적 절차를 거쳐야 하는 단점도 가지고 있다.

앞에서 살펴본 소강국들의 특징들을 보면 개혁·개방정책, 대외지향 및 무역주도형 경제성장 전략 그리고 지식 지향형 인프라 투자에 집중하고 있음을 알 수 있다.

3) 한국의 국제화

(1) 한국의 국제화

한국의 국제화는 서구보다 훨씬 늦은 1960년대 초부터 시작되었다고 볼 수 있다. 이후 한국은 급속히 발전하면서 1990년대 들어와 세계화의 추세에 동참하게 된다. 1962부터 1차 경제계획을 수립하여 1982년까지 4차에 걸쳐 완성했으며, 1982년부터는 그 명칭이 “경제사회발전계획”으로 바뀌어 실시되고 있다. 60년대 초 우리 경제의 상황을 볼 때, 그 시점에서 가장 시급한 것은 도로건설, 공장건설, 항만건설 등 산업화의 추진이었다. 제3공화국 박정희 대통령 시절 가장 치중했던 것은 산업화였고, 우리 내수시장의 협소로 인해 수출주도형 경제정책을 사용했다. 그 당시 이것이 우리 경제가 당면한 가장 큰 도전이었고, 이를 성공시키기 위해서 정부는 모든 수단을 동원하였다. 필요하다면 과감한 특혜도 주었고, 외국자본도 과감하게 들여왔다. 그리고 기업이 필요하다면 정부의 재정지원을 통해 도로와 항만을 만들어 주었다. 그리하여 우리는 산업화 과정에 성공하게 되었다. 다른 나라가 100년을 거쳐 이룩할 성과를 불과 20여년에 이룩한 것이다. 지금 우리의 산업구조측면에서 보면 거의 선진국에 가깝다. 외국인이 서울과 부산, 창원, 여천만을 방문하게 된다면 말할 것도 없이 한국은 선진국이라고 생각하게 된다. 그래서 학자들은 압축적 성장을 했다고 표현을 한다.

이처럼 엄청난 성과를 이루기는 했지만, 이 과정에서 엄청난 문제가 생기기도 했다. 그 문제의 누적이 3공 시대부터 물가의 앙등이라는 형태로 나타나기 시작했고, 이에 5공 정부는 우리 경제의 최대 당면 문제를 산업화보다는 물가에 두었다. 그래서 80년대 초반부터 87년까지 역사상 가장 안정된 물가를 이루었던 것이다.

고도성장이 가능했던 요인으로는 ① 값싸고 풍부한 양질의 노동력, ② 순조로운 외자도입, ③ 정부의 적극적 지원에 의한 수출증대, ④ 베트남 특수 · 중동건설 붐 등 수요증대를 꼽을 수 있다. 고도성장의 성과로는 ① 경제규모의 확대와 경제구조의 고도화, ② 고용증대와 소득증대 등을 들 수 있다. 반면에 고도성장이 가져온 부작용으로는 ① 자본 · 기술 · 시장 등 경제의 대외의존도 심화 ② 외채누증, ③ 만성적 무역적자, ④ 농업 · 공업 간, 대기업 · 중소기업 간, 공업부문 간 불균형 심화, ⑤ 계층 간 소득격차 확대, ⑥ 물가상승, ⑦ 사치 · 낭비 · 퇴폐풍조 만연 등의 문제점을 낳았다. 그러나 가장 큰 문제점은 저임금 · 저곡가 · 장시간노동에 기반한 수출공업화정책으로 민중을 희생시키고, '선 성장, 후 분배 논리'를 내세워 민중의 생존권투쟁을 탄압하는 등 정치적 · 경제적 민주주의를 후퇴시킨 것이라 하겠다.

우리 경제는 2000년대까지 7~8% 성장을 하였으나 2008년 이후 성장이 둔화되기 시작했고, 현재는 2%대의 성장률을 기록하고 있다.

(2) 국제화의 기본방향과 과제

국제화의 궁극적 목적은 기업의 경쟁력을 국제적 수준으로 향상시킴과 동시에 한국경제가 경쟁력 있는 국제사회의 일원이 되는데 있다. 이를 위해서는 우리 경제가 생산요소의 공급, 사회간접자본의 공급, 각종 경제규제 및 법 · 제도 · 행정 · 사회 · 문화적인 여건 등 기업활동에 영향을 미치는 모든 부문에 있어 국제경쟁력을 유지함으로써 기업입지로서의 국제경쟁력을 확보할 수 있어야 한다.

이러한 국제화의 기본방향으로 먼저 공정한 경쟁체제를 국내외 시장에 고루 수용하고 내외국 기업이 다함께 참여하게 하는 가운데 우리 기업의 경쟁력을 국제수준으로 제고시키며, 규제완화와 자율화를 통해 국내외 기업활동의 자유를 내외국기업에 균등하게 보장하며, 국내시장의 전방위 대외개방과 한국기업의 적극적인 해외투자 및 세계화를 추진하면서 국제화 · 개방화 과정에서 발생하는 경쟁력 취약부문의 구조조정을 통해 효율화를 추구하는 것이다.

(3) 경제의 국제화를 위한 주요 과제

① 규제완화와 제도개선

신경제5개년계획에서 추진하는 규제완화와 금융자율화 등 제도개선을 통해 선진국 수준의 '공정한 게임규칙'이 내외국기업에 균등히 적용되도록 한국경제의 시장질서를 재정립할 필요가 있다. 기존의 각종지원 및 규제정책을 과감히 철폐하여 시장 및 기술여건 변화에 따라서 기업의 전문화와 다각화가 자율적으로 추구될 수 있도록 기업환경을 개선해야 한다. 그 결과, 왜곡된 경제유인체계를 교정함으로써 경제활동이 시장원리에 따라서 이루어지도록 하고 그에 따른 모든 거래비용이 최소화되도록 유도해야 한다.

② 시장개방과 대외진출

우리나라는 금융 및 서비스 시장개방, 외국기업에 대한 '내국인 대우' 확대 등 영업환경 개선을 통하여 해외기업의 국내진출 및 외국인투자를 적극 유치해야 한다. 이제 특정산업의 보호를 위해서 폐쇄적이고 배타적인 관행이나 보조금 등의 산업지원제도는 새로운 국제무역질서에서 용납되지 않기 때문에 산업무역관련 지원제도를 개선해야 할 것이다. 또한 한국기업의 적극적인 해외진출과 투자와 더불어 기업경영의 세계화(Globalization)를 유도하기 위해 여러 가지 규제나 장애물을 제거하는 것도 빠를수록 좋다.

③ 경쟁정책

현재까지 존재하고 있는 진입제한과 경쟁 제한적 각종 규제를 철폐하고, 경쟁정책의 합리화 및 행정절차의 간소화를 통해서 투명성·객관성을 확보함으로써 '국제시장' 개념에 입각한 경쟁정책을 확립할 필요가 있다.

④ 기업의 경쟁력 제고와 산업구조조정

내국기업의 경쟁력을 제고하기 위해 금리, 임금, 지가 등의 생산요소 가격의 안정을 유도하며 사회간접자본의 확충 및 기술개발, 인력개발을 적극 추진하여 국제사회에서 선도할 수 있는 인프라를 갖추어야 한다. 또한 개방화와 경쟁심화에 따른 구조조정의 부작용을 최소화하기 위하여, 경쟁력 상실부문(농업분야 등)의 활용도가 낮아진 자원과 인력을 활용도가 높은 타 부문으로 재배치 등의 시장원리에 입각한 산업합리화를 추진하는 것도 검토해야 한다.

⑤ 정치 · 행정 · 교육 · 사회 · 문화적 국제화의 추진

한국이 기업입지로서의 국제경쟁력을 유지하려면, 경제적 여건뿐만 아니라, 비경제적 측면에서도 국제경쟁력을 확보할 수 있어야 하기 때문에, 정치 · 행정 · 교육 · 사회 · 문화, 국민의식 등 각 분야에서도 국제화를 추진함으로써, 이들 분야가 기업의 경제활동에 제약이 되지 않도록 할 뿐만 아니라 대내외 기업 간에 차별적 여건이 조성되지 않도록 유도해야 한다.

한국정치의 후진성, 특히 정치시장의 독점성에서 연유하는 정치가의 질 저하와 정치권의 국가경영능력의 미숙현상을 조속히 해소하기 위해 무엇보다도 정치시장을 경쟁적 구조로 전환하여 정치가들 간의 경쟁을 촉진시키는 것이 필요하다. 그러기 위해서는 기존정당에 대한 기득권 보호적이고, 선거과정에서 진입비용을 높이고 있는 각종 비합리적인 정치관계 규제 및 법제도를 과감히 개혁하여야 한다.

또한 비경쟁적 그룹으로 고착되고 있는 공무원사회의 혁신 및 서비스정신 부재현상의 타파를 통한 행정능력의 국제경쟁력 제고 없이는 통합된 세계경제의 경영을 주도할 수 없음을 인식하여야 한다. 지나치게 경직적인 직업공무원제도로 인한 공무원사회의 독점화 현상을 타파하기 위해 비 고시출신 고급인력의 공무원 채용 길을 개방함으로써 경쟁을 촉진하고 혁신과 서비스정신을 자극하여 직업공무원들의 전문화를 도모하여야 한다.

앞으로 경쟁력의 원천을 물적 자원은 물론 인적 자원의 경쟁력에 의존할 것으로 기대되기 때문에 교육의 경쟁력 향상 노력을 기울여야 하며, 초 · 중 · 고등교육이 시험과 입시위주의 교육에서 벗어나 세계시민으로서의 국제적 시각을 갖춘 민주시민을 양성할 수 있도록 교육내용과 제도의 개선을 도모할 필요가 있다. 고등교육의 질을 향상시키기 위해서는, 독점 및 이익 집단화된 대학교수사회에 연구 및 교수에 있어서의 경쟁을 촉진시키고, 이를 위해 고등교육의 대외개방을 적극적으로 추진할 필요도 있다.

한편 한류의 영향으로 우리 문화의 해외 진출이 급속히 이루어지고 있지만 아직까지도 존재하고 있는 사회 · 문화적으로 폐쇄적이고 배타적인 의식 · 제도 · 관행 등은 조속히 타파하여, 국제화 · 개방화의 흐름을 적극적으로 수용하고 우리에게 유리하게 이용할 수 있는 자세를 갖추어야 할 것이다.

특히 우리 경제의 국제화 · 글로벌화 요구에 부응하기 위해서는 기업과 정부뿐만 아니라 전 국민의 경제의식과 세계관도 전환되어야 한다. 우리 국민의 문화의식도 외국문화에 대한 배타적인 자세를 벗어나서 국경 없는 지구촌의 일원으로

더불어 살아가는 지혜의 함양이 요구되고 있다.

(4) 한국의 위상

한국은 대외개방정책과 개혁정책의 추진으로 비약적인 발전을 이룩하여, 1950년대 폐허의 국가에서 지금은 세계 경제지표와 위상에서 두드러진 국가로 도약을 하였다. 주요내용은 다음과 같다.

표 1-4 2016년 기준 경제 지표상 한국의 위상

항 목	규 모	세계 순위
인구	5,169만 명	28
GDP	1조 4,981억 달러	11
1인당 GDP	27,633 달러	31
수출액	4,954억 달러	8
수입액	4,062억 달러	10
무역규모(수출액 + 수입액)	9,016억 달러	9
외환보유고	3,711억 달러	7
외국인투자(실행기준)	99억 달러	-
주식시장규모 (2017년 5월말 기준)	1,282,165.8백만 달러	국가순위:11 시장규모순위:14
정부 R&D 예산	19.6조원	6(절대규모)

자료: WTO, IMF, Business Insider, 과학기술 R&D, 국토교통부 보도자료.

3. 4차 산업혁명

클라우스 슈밥(Klaus Schwab) 회장이 2016년 1월 다보스 포럼(WEF; World Economic Forum)에서 '4차 산업혁명'(4th Industrial Revolution)이라는 화두를 세상에 던졌다. WEF는 『*The Future of Jobs*』 보고서를 통해 4차 산업혁명이 근 미래에 도래할 것이고, 이로 인해 일자리 지형 변화라는 사회 구조적 변화가 나타날 것이라고 전망하고 있다.

4차 산업혁명이라는 용어는 본래 2010년 발표된 독일의 「High-tech Strategy 2020」의 10대 프로젝트 중 하나인 「Industry 4.0」에서 제조업과 정보통신이 융합되는 단계를 의미하였으나, WEF에서 4차 산업혁명을 언급하며 전 세계적으로 주요 화두로 등장하게 되었다. 인더스트리 4.0은 기존 기계 생산체제와 사물인터넷이 결합한 완전한 자동화 생산체제를 의미한다. 최근 널리 쓰이는 '스마트 팩토리'의 개념도 이와 비슷하다.

4차 산업혁명이 왔는지, 올 것인지는 불분명하지만 앞으로 기존 패러다임으로는 설명하기 어려운 변화가 많이 일어날 것이라는 것은 분명하다. 우리가 인지하고 있지 못하는 사이에 제3차 산업혁명 시대를 살고 있는 것과 같이, 4차 산업혁명 또한 알지 못하는 사이에 우리를 둘러쌀 것이다.

1) 산업혁명의 과정

'산업혁명'이라는 단어 자체가 18세기 영국에서 일어난 경제·사회적 대혁신을 뜻한 이래 특정 현상을 지칭하기보다는 포괄적인 '혁신'의 개념으로 쓰이다보니 이른바 '차수' 구분 자체가 개개인이 정의하기 나름인 셈이다. 차수별 산업혁명을 주도한 기술을 중심으로 하면 그나마 이해가 쉽다. 18세기 중엽 일어난 '1차 산업혁명'은 증기기관이, 19세기 중엽 일어난 '2차 산업혁명'은 전기가, 20세기 중엽 일어난 '3차 산업혁명'은 컴퓨터가 주도했다는 것이 대체로 학계에 통용되는 개념이다.

그러면 4차 산업혁명은 무엇인가? 단정할 수는 없지만 그저 평면적인 기술이 아닌 기술과 기술의 만남이라고 볼 수 있다. 그 전까지는 기술의 발전을 위한 기반을 혁명이라고 한 것이고, 이제는 그 기반이 갖춰져 발전을 위한 발전을 할 수 있는 것이다.

표 1-5 산업혁명의 시작

	주도 기술	발생년도
1차 산업혁명	증기기관 개발	1784
2차 산업혁명	전기의 대량생산	1870
3차 산업혁명	컴퓨터제어자동화	1969
4차 산업혁명	각종 기술의 융합과 연결	?

1차 산업혁명은 영국을 강자로 만들었고 2차, 3차 산업혁명은 미국을 최강자로 만들었다. 도래하는 4차 산업혁명의 승자가 세계를 주도할 가능성이 크다고 볼 수 있는 것이다.

2) 4차 산업혁명의 개념

4차 산업혁명이란 한 마디로 '기하급수적 변화'이다. 우리가 한 걸음에 1m씩 걸어서 30 발자국을 떼면 우리는 30m를 간다. 이것이 산술급수적 변화이다. 그러나 우리가 만일 기계의 도움을 얻어 첫 걸음에는 1m, 두 번째 걸음에는 2m, 세 번째 걸음에는 4m, 이런 식으로 2배씩 30번을 걷는다면 우리는 얼마나 걷게 될까. 한마디로 10억m(1백만 Km), 즉 지구와 달 사이 거리의 2.6배 거리를 걷게 된다. 이런 것이 기하급수적 변화이다.

4차 산업혁명이 무서운 것은 그것이 기하급수적 변화를 가져오기 때문이다. 왜 1차, 2차, 3차 산업혁명과 달리 이것만 기하급수적 변화일까? 그 이유는 이것이 '융합의 혁명'이기 때문이다. 지금까지 인류가 개발한 모든 기술이 한꺼번에 융합되는 혁명이다.

4차 산업혁명을 미국에서는 AMI(Advanced Manufacturing Initiative), 독일과 중국에서는 '인더스트리 4.0'이라고도 한다. 스마트폰과 태블릿 PC를 이용한 기기 간 인터넷의 발달과 개별 기기를 자율적으로 제어할 수 있는 사이버물리시스템(CPS)의 도입이 이를 가능하게 하고 있는데 모든 산업설비가 각각의 인터넷주소(IP)를 갖고 무선인터넷을 통해 서로 대화하는 것이다.

4차 산업혁명은 인공지능기술, 사물인터넷, 빅데이터 등 정보통신기술(ICT)과 융합을 통해 생산성이 급격히 향상되고 제품과 서비스가 지능화되면서 경제・사회 전반에 혁신적인 변화를 가져올 산업현상인 것이다. 즉, 정보통신기술을 통해 생산기기와 생산품 간 상호 소통체계를 구축하고 전체 생산과정의 최적화를 구축하는 산업혁명을 말하는 것이다. 4차 산업혁명은 정보통신융합과 통합기계화로 이어지는 차세대 산업혁명인 것이다.

4차 산업혁명을 구현하기 위해선 스마트센서, 공장자동화, 로봇, 빅데이터처리, 스마트물류, 보안 등 수많은 요소가 필요하며 효율적인 추진을 위해서 표준화도 필요한데 독일과 미국은 표준통신에 잠정 합의해 이 분야를 선도할 채비를 이미 갖추는 등 세계는 빠르게 움직이고 있다.

3) 4차 산업혁명 적응 준비 국가

선진국들은 경제성장률이 정체 또는 둔화되자 4차 산업혁명을 중심으로 미래성장동력을 확보한 경제성장을 꿈꾸고 있다. 예로, 독일의 인더스트리 4.0 플랫폼, 미국의 산업 인터넷 컨소시엄, 일본의 로봇 혁명 이니셔티브 등을 들 수 있다.

2016년, 스위스 최대 은행인 유니언뱅크(UBS)가 전 세계 139개국을 대상으로 4차 산업혁명에 적응할 수 있는 준비가 얼마나 잘 돼 있는지 순위를 매겼다. 4차 산업혁명 적응 준비 국가 순위에서 한국은 24위, 대만이 16위이고, 중국이 28위였다. 메모리, 디스플레이 등이 세계 최고이며, 수출 규모로 세계 8위인 국가로 24위는 다소 의외의 결과이다. 그리고 미국이 5위, 일본이 12위라는 것도 상당히 의외이다.

표 1-6 4차 산업혁명 적응 준비 국가 순위

순위	국가
1	스위스
2	싱가포르
3	네덜란드
4	핀란드
5	미국
6	영국
7	홍콩
8	노르웨이
9	덴마크
10	뉴질랜드

UBS는 노동시장 유연성과 기술수준, 교육시스템, 사회간접자본(SOC), 법적 보호 등 5개 세부 항목을 평가해 순위를 도출했다. 한국은 노동시장 유연성이 83위로 하위권을 기록했지만 기술수준(23위)과 교육시스템(19위), SOC(20위) 등에서 높은 평가를 받아 종합 25위에 올랐다. 한국은 4차 산업혁명 적응준비가 앞선 국가들에 비해서 많이 부족하다는 사실을 통해 국정의 최우선정책으로 준비해야 한다는 점을 분명하게 제시했다.

다음 표는 앞서가고 있는 주요 선진국가가 미래사회를 변화시킬 수 있는 주요 변화 동인을 설정하고 주력 산업으로 여기는 분야이다.

표 1-7 국가별 미래사회의 주요 변화 동인

구분	주요 변화 동인
독일	빅데이터, 로봇, 자율주행 물류자동차, 스마트 공급망, 자가조직화 기술 등
영국	바이오 및 나노 테크놀로지, 차세대 컴퓨터, 가상현실, 홀로그램, 3D 프린팅 등
미국	클라우드, 자동화기술, 센서 및 커뮤니케이션 기술, 3D프린팅, 소프트웨어, 사물인터넷, 자율주행자동차 등
호주	클라우드, 사물인터넷, 빅데이터, 인공지능, 로봇 등

출처: Technology, Globalisation and the Future of Work in Europe(Oxford Univ., 2015); The Shape of Jobs to Come (Fast Future Research, 2010) 등 재구성.

하지만 최근 중국은 공유경제와 인공지능(AI)을 중심으로 4차 산업혁명에 앞서가고 있다. 중국은 과거 한국과 독일, 일본에 뒤져 있던 품질 및 제조 경쟁력을 디지털 트랜스포메이션(디지털 전환)으로 빠르게 따라잡고 있으며, 정보통신기술(ICT) 융합을 기반으로 4차 산업혁명 주도세력으로 부상했다. AI와 ICBM(사물인터넷, 클라우드컴퓨팅, 빅데이터, 모바일) 등 첨단 기술분야는 이미 미국과 어깨를 나란히 하고 있다. 얼굴인식 기반 간편 결제와 AI 탑재 드론(소형무인기) 등으로 전 세계 핀테크(fintech) 및 유통·물류 시장을 선도하고 있다. 중국 정부의 ICT 융합산업 육성정책과 BAT(바이두·알리바바·텐센트)의 글로벌 인수합병(M&A) 및 현지 창업 생태계 활성화 방안이 톱니바퀴처럼 맞물려 이룬 대약진(퀀텀점프)이란 분석이 나오고 있다.

4) 4차 산업혁명에서 거론되는 기술

슈밥 회장이 세계경제포럼에서 언급한 4차 산업혁명의 개념의 경우 기술 중심으로 봐도 이해가 간단하지는 않다. 그가 "물리학 기술, 디지털 기술, 생물학 기술 등 3개 분야의 융합된 기술들이 경제체제와 사회구조를 급격히 변화시킬 것"이라고 주장하며 제시한 '선도기술'만 10개, 관련 세부 '대변혁 기술'만 23개에 달한다. 10개 선도기술 중 물리학 기술로는 무인운송수단·3차원(D)프린팅·첨단 로봇공학·신소재 등 4개가 꼽혔다. 디지털 기술로는 사물인터넷·블록체인·공유경제 등 3개가, 생물학 기술로는 유전공학·합성생물학·바이오프린팅 등 3개가 각각 언급됐다.

우리나라의 김성천 한국소비자원 연구원은 4차 산업혁명을 주도하는 9가지 신기술을 소개하였는데, 그것은 인공지능, 빅데이터, 로봇, 사물인터넷, 가상현실(증강현실), 자율자동차, 드론, 3D프린팅, 블록체인 등이다.

한편 「The Future of Jobs」이 전망한 제4차 산업혁명의 주요 변화요인은 다음과 같다.

표 1-8 사회-경제학적 주요 변화 요인

주요 동인	비율(%)
업무환경의 변화, 업무의 유연성(Chang nature of work, flexible work)	44
신흥시장에서 중산층(Middle dass in emering market)	23
기후변화, 천연자원(Climate change, natural resources)	23
지정학적 불안감의 증가(Geopolitical volatility)	21
소비자의 신념 및 사생활 이슈(Consumer ethics, privacy issues)	16
노령화 사회(Longevity, ageing societies)	14
신흥시장에서 젊은 세대(Young demographics in emering market)	13
여성의 경제적 능력 및 열정(Women's economic power, aspirations)	12
급속한 도시화(Rapid urbanization)	8

표 1-9 기술적 주요 변화 동인

주요 동인	비율(%)
모바일 인터넷, 클라우딩 기술(Mobil internet, cloud technology	34
연산능력, 빅데이터(Processing power, Big Data)	26
새로운 에너지 공급 및 기술(New energy supplies and technologies)	22
사물인터넷(Internet of Things)	14
공유경제, 크라우드소싱(Sharing economy, croudsourcing)	12
로보틱스, 자동수송(Robotics, autonomous transport)	9
인공지능(Artificial Intelligent)	7
진보된 제조업, 3D 프린팅(Adv. Fmanufacturing, 3D printing)	6
진보된 소재 및 생명공학(Adv. Materials, biotechnology)	6

슈밥 회장의 정의를 보자면 4차 산업혁명은 새로 등장한 개념이라기 보다는 2010년 이후 부각된 신기술이나 유망기술 등을 총망라한 것에 더 가까워 보인다. 무인운송수단의 대표격인 드론이나 자율주행 자동차만 해도 이미 상용화됐거나 상용화 단계를 앞두고 있는 기술들이다. 사물인터넷이나 로봇공학 등은 컴퓨터나 네트워크를 기반으로 했다는 점에서 3차 산업혁명의 범주에서 벗어나지 않는다는 지적도 있다. 공유경제만 해도 '우버'(Uber)나 '에어비앤비'(Airbnb) 등의 글로벌 서비스로 이미 실현단계에 들어섰다. 이 때문에 4차 산업혁명을 두고 '실체가 없다'는 비판도 나온다.

4차 산업혁명의 '실체'에 대한 전문가들의 의견은 엇갈리지만, 4차 산업혁명에서 거론되는 기술들이 어떤 방향으로든 사회에 큰 변화를 가져올 것이라는 데는 별 이견이 없다.

5) 4차 산업혁명의 부정적인 면과 대응

4차 산업혁명으로 인한 효용성 증대와 경제성장의 잠재력 확충 등 4차 산업혁명이 몰고 올 미래사회에 대한 긍정적인 측면은 너무나 많다. 그러나 긍정적인 측면의 이면에는 생산성 혁신으로 더 많은 물건을, 더 적은 인력으로, 더 빨리 만들어낼 수 있기에 일자리 감소에 대한 우려가 가장 크게 제기되는 상황이다. 국제노동기구(ILO)는 2016년 7월 수작업을 대신하는 로봇의 확산으로 앞으로 20년 간 아시아지역 근로자 1억 3,700만 명이 일자리를 잃을 수 있다고 경고했다. 스위스 다보스포럼에선 4차 산업혁명으로 2020년까지 선진국에서 일자리 710만개가 사라질 것이란 예측도 나왔으며 그 대상이 주로 저임금 근로자들이 될 것이라고 했다. 이와 달리 4차 산업혁명의 수혜자는 이노베이터(혁신가), 투자자, 주주와 같은 지적·물적 자본을 제공하는 사람들로 결국 노동자와 자본가 사이 부의 격차는 갈수록 커지게 될 것이라고 한다. 물론 과거 1·2·3차 산업혁명 때도 기계가 일자리를 없앤다는 경고는 항상 제기됐지만, 사라진 일자리보다 더 많은 새로운 일자리가 생기면서 논란은 불식됐다. 그런 차원에서 4차 산업혁명으로 인한 미래는 아직 결정되지 않았다는 사실에서 단정하기는 이르다고 할 것이다. 결코 피할 수 없는 4차 산업혁명의 도래에서 생존과 번영을 보장할 것을 제대로 확보하는 문제는 국가와 정부의 가장 중요한 역할이고 책임이라 할 것이다.

또한 4차 산업혁명은 소비에서 혁명적이고 파괴적인 변화를 초래할 것으로 예상되고 있다. 즉, 신기술의 오작동과 안전사고, 차별, 프라이버시 및 특허권 침해, 해킹 등이 주요 위험요인이며, 안전이나 거래측면에서 새로운 위험과 불확실성 등으로 소비자 피해와 소비자 불만, 소비자 분쟁 등 새로운 문제가 발생할 것으로 예상하고 있다. 4차 산업혁명은 새로운 물품과 서비스, 시스템의 등장으로 기존 소비자이슈를 해결해주고 있지만 물품의 결함과 사이버보안침해 등 새로운 소비자이슈도 발생이 예상된다.

이미 독일이나 미국, 유럽연합(EU), 국제기구 등은 부분적이기는 하지만 4차 산업혁명 관련 소비자정책을 마련하고 있다.

독일은 산업 4.0(Industrie 4.0), 노동 4.0(Arteiten 4.0) 등은 물론 소비자문제전문위원회(SVRV)가 2016년 소비자권리 2.0(Verbraucherrecht 2.0)이란 의견서를 제출해 알고리즘 관련 내용을 제안했으며, 미국은 백악관이 빅데이터, 인공지능(Artificial Intelligence, Automation and the economy, 2016) 등에 관한 보고서에서 소비자프라이버시 문제를 검토했다. 유럽연합은 로봇법 연구를 추진해온 가운데 로봇의 법인격 부여 논의가 있었고, 2016년 개인정보보호규칙(2018년 시행)을 정비했으며, 국제소비자기구(CI)는 사물인터넷과 소비자보호에 관한 보고서(the Internet of Things and Challenges for Consumer Protection, 2016)를 발간했다. 우리나라도 2016년부터 4차 산업혁명을 대비하는 정책과 법안을 추진 중에 있으며, 무엇보다도 소비자분쟁해결을 위한 기준 정비와 사고 유형별 소비자피해구제시스템을 만들고 전문가 책임 재정립이 필요하다고 할 것이다.

[그림 1-1] 4차 산업혁명

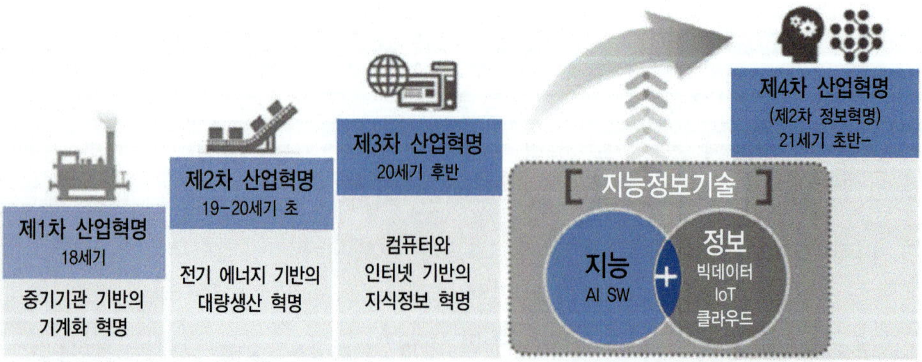

자료: 구 미래창조과학부 블로그

일대일로(一帯一路)

'일대일로' 전략은 중국과 동남아시아 · 중앙아시아 · 아프리카 · 유럽을 육로와 해로로 연결해 경제권을 형성하는 중국의 전략을 의미한다. 시진핑(习近平) 국가주석이 2013년 9월 카자흐스탄 방문 때 처음 주창했으며, 중앙아시아 및 동남아시아 순방 중 제시한 전략으로 육로를 연결한 '일대(一带)'를 가리키는 '실크로드 경제벨트(丝绸之路经济带)'와 '일로(一路)' 를 가리키는 '21세기 해상 실크로드(21世纪海上丝绸之路)'로 구성되어 있다.

'실크로드 경제벨트'는 ① 중국-중앙아시아, 러시아, 유럽(발트해) ② 중국-중앙아시아, 서아시아, 페르시아만 ③ 중국-동남아시아, 남아시아, 인도양 등을 잇는 도로 및 철도 건설을 중점적으로 추진하며, '21세기 해상 실크로드'는 중국 연안 항구에서 인도양, 남태평양 등을 거쳐 유럽으로 연결되는 고효율 운송통로 구축을 핵심 목표로 추진하고 있다.

'일대일로' 프로젝트가 완성될 경우 총 64개 국가를 포괄하는 경제회랑(经济走廊, Economic Corridor)이 구축된다. 해당 국가 및 지역의 총인구와 경제규모는 각각 전 세계의 63%(약 44억 명), 29%(약 21조 달러)를 차지하고, 무역규모는 23.9%에 달할 것으로 예상된다. 2049년 완공을 목표로 하는 '일대일로'는 동아시아와 유럽 경제권을 연결하는 초대형 프로젝트이므로, 중국정부는 '일대일로' 구상을 처음 제기한 후 현재까지 연선국가(沿線國家) 지도층과 회담을 지속하면서 '일대일로' 건설을 위한 기반을 다지고 있다.

즉, '일대일로'는 경제, 외교, 통상, 물류, 금융, 자원확보, 지역개발, 문화 및 관광 교류 등의 모든 영역이 총망라된 국제개발전략의 복합체로 협력의 구상이자 경쟁의 전략이 함축된 중국의 미래전략 프로그램이라고 할 수 있다.

중국의 '일대일로' 추진 배경은 중국내의 공급과잉 및 불균형 해소, 교역 확대와 위안화 국제화, 에너지 수송 및 안보 강화 등으로 볼 수 있다. 첫 번째는 중국은 주변국들의 인프라 투자를 증가시키는 과정에서 공급과잉의 부담을 분산시키고, 개발이 낙후된 서부 지역의 발전을 위해 '일대일로'를 추진하고자한 것이다, 두 번째는 최근 관세와 증치세(부가세)가 면제되는 경제특구인 '자유무역구'를 확대하면서 '일대일로' 연선국가들과의 교역이 확대되고 있는데, 이들 국가들과의 상품 및 자본 거래 활성화는 자연스럽게 위안화의 국제화 수준을 제고시킬 수 있다고 보는 것이다. 마지막으로 중국으로 수입되는 에너지의 대부분이 중동지역, 서남아시아, 동남아시아를 거치기 때문에 '21세기 해상 실크로드' 건설을 통해 안전한 수송로를 확보하는 것이 중국의 에너지 안보에 있어서 매우 중요한 과제라고 보기 때문이다.

'일대일로' 전략의 핵심 이념은 정책 소통, 인프라 연결, 무역 원활화, 자금 융통, 민심 상통 등 5대 이념을 바탕으로 이익공동체, 책임공동체, 운명공동체 등 3개 공동체를 지향하며, 평화 · 협력, 개방 · 포용, 상호이해, 윈윈을 바탕으로 '일대일로'를 추진하고 있다.

'일대일로' 주요 추진 현황은 2014년 11월 6일 베이징 APEC 정상회의에서 400억 달러 규모의 '실크로드 기금'의 설립을 발표하고 12월 29일 실크로드 기금을 설립하였으며, 2015년 7월 브릭스 국가 신개발은행(NDB)을 설립하였고, 2015년 12월에는 아시아인프라투자은행(AIIB)을 설립하였다. 2016년 10월 위안화는 국제통화기금(IMF) 특별인출권(SDR) 통화바스켓에 정식으로 편입하였고, 그해 11월 17일 UN 총회에서 '일대일로' 구상을 193개 회원국의 만장일치로 결의안이 채택되었다.

제2장 국제질서의 변화와 경쟁력

제2장 국제질서의 변화와 경쟁력

1. 국제질서의 변화

1) 중국의 부상

중국의 급성장과 급부상의 파급효과에 대한 논의는 오래전부터 국제관계의 화두가 되어 왔다. 최근 들어 구체적인 통계 수치가 공개되고, 국제사회의 전면에 나서면서 욱일승천하는 기세가 계속되고 있으며, 그 결과 미국에 버금가는 또 하나의 초강대국이 탄생될 것이라는 예측이 더욱 힘을 얻고 있다. 2010년 2분기 중국의 국내총생산(GDP)이 1조 3,400억 달러인 반면 일본은 1조 2,900억 달러에 그쳐, 세계 2위 자리를 40여 년 간 지켜왔던 일본을 경제규모에서 처음으로 능가하는 놀라운 현상이 현실화되었기 때문이다. 중국의 경제성장 속도와 일본의 경기침체를 고려하면 향후 일본은 중국이 차지한 2위 자리를 되찾기는 어려워 보인다. 한 마디로 경제규모에 관한 한 미국 이외에 중국과 견줄 국가는 당분간 나타나기는 힘들 것이다.

이상이 중국 급부상론의 핵심 내용인데, 논의에 더욱 힘을 실어주는 것은 14억 인구의 저개발 경제가 과거 20여 년 동안 10% 내외의 초고속 성장을 지속해왔다는 사실이다. 최강국 미국의 경제위기에도 불구하고 그 기세가 꺾이지 않고 있으며, 따라서 향후에도 현재의 추세가 이어질 것이라는 예측, 즉 중국 부상론은 현실화의 과정을 밟는 것으로 비쳐지고 있다. 연평균 10% 내외의 경제성장을 앞으로 20-30년 이어가는 경우, 경제규모의 최종 수치는 복리로 계산되므로, 중국이 미국의 경제규모와 같아진다는 간단한 계산에 기초한 예견 또한 끊임없이 제기되고 있다. 돌이켜 보면 지난 20여 년 동안 중국의 괄목할 성장을 정확히 예측한 경우는 많지 않았다. 하지만 과거의 예측이 현재 보기 좋게 빗나갔으므로 이제는 현실을 직시, 미국에 버금가는 초강대국 중국의 등장을 인정해야 한다는 것이 중국 부상론을 주장하는 전문가들의 입장이다.

특히 세계경제위기 이후 중국의 부상에 대한 논의가 새롭게 조명되고 있다. 중국은 부상 일정의 최종시점으로 건국 100년이 되는 2050년을, 그리고 중간 단계로 창당 100년이 되는 2020년을 설정하고 있다. 2020년 중국은 경제규모에서 미국을 능가하면서 세계 최대의 경제대국이 될 것이라는 예측도 있었다. 심지어 일부에서는 미국을 대체하는 새로운 패권국의 등장을 상정하기도 한다. 중국이 일반적인 예상보다 빠른 속도로 성장하고 있는 것은 분명하다. 개혁개방정책 이후 지난 30년 간 중국 스스로가 설정한 목표마저도 항상 조기 달성해 왔다. 더욱이 2008년 세계경제위기 이후 미국의 쇠퇴로 인해 중국의 상대적 부상이 더욱 두드러져 보이고 있다.

중국은 2020년경 동아시아에서 오늘날 미국이 누리고 있는 것과 같은 독점적 패권의 수준에 도달하기는 어렵겠지만 적어도 동아시아의 운명에 영향을 미칠 수 있는 역내질서의 새로운 '규칙 제정자'(rule maker)로서 등장할 것이며, 미국과 대등한 지위를 누리는 가운데 동아시아의 '공동 관리자'(joint dominator)로서 지역강국의 반열에 오를 수 있을 것으로 전망하고 있다. 한편 미래의 중국이 하드파워와 소프트파워가 부조화를 이루는 가운데 역내에서 자기의지를 배타적으로 투영하고자 시도한다면 오히려 주변국들과의 사이에 갈등과 마찰을 불러일으킬 수 있을 것으로 보고 있다.

요컨대 중국은 어느 때보다도 세계 초강대국으로의 부상에 대한 강한 의지를 표출하고 있다. 그런데 부상을 위해서는 국내체제 안정과 경제성장을 유지해야 하고, 미국의 견제를 극복해야 하는 과제를 안고 있다. 따라서 2020년까지 중국은 이러한 과제를 관리하고 해결하는 데 집중하면서, 중국 부상의 지역 기반인 동아시아에서 주도국의 위상과 영향력을 확보하는 데 초점을 맞출 것으로 보인다.

자유민주주의 체제의 서구 선진 자본주의 국가가 아닌 중국이 강대국으로 부상하는 것은 그 자체로 강대국의 정형에 대한 일반적 인식에 도전이 될 수 있다. 이른바 '신흥대국'(新興大國) 중국의 성격은 향후 10년 중국 부상의 진행 경로와 과정에 의해 좌우될 가능성이 크다. 특히 중국의 향후 10년의 부상과정은 동아시아를 중심으로 집중적으로 전개될 가능성이 높다.

2) EU의 통합

2007년은 유럽통합의 시발점인 '로마조약'이 체결된 지 50주년이 되는 해였다. 1957년 6개국으로 시작된 EU는 2017년 현재 28개국에 달하는 거대 경제통합체로 발전하였고 정치통합도 상당한 수준에 도달하였다.

유럽통합은 평화와 번영을 위해 다수 국가들이 자발적으로 주권을 포기하고 통합을 이룬 인류 역사상 최초의 사례이며, 역사적으로 전쟁이 가장 빈발했던 유럽지역에서 평화와 번영의 시대를 열었다는 점에서 그 의미가 크다. 특히 유럽은 80여 민족, 35개 종교, 37개 언어로 구성된 매우 이질적인 지역이어서 합의점을 도출하기가 어려운데도 불구하고 자발적 의지와 합의에 의해 통합이 추진되었다는 점에서 특기할 만하다. 국가 간 통합의 새로운 역할 모델을 제시한 유럽통합은 경제적으로도 의미가 크다. 경제통합의 가장 초기 단계인 자유무역지역인 NAFTA 및 ASEAN과 달리 EU는 통합 정도가 가장 높은 경제공동체를 형성하고 있다.

최근 유럽은 빠른 속도로 변하고 있다. 우선 정치-외교적 측면에서 지난 몇 년 사이에 유럽국가 정치 지도자 대부분이 40~50대의 친미 성향을 지닌 전후 세대로 교체되었다. 이를 계기로 그 동안 악화되었던 미-EU 관계가 점차 복원되고, 대외통상정책 기조도 실리 위주로 전환되어 아시아 국가들과의 FTA를 적극 추진하고 있다. 경제적 측면에서도 2000년대 초반의 활발한 구조조정 및 성장과 고용을 중시하는 신리스본 전략 추진에 힘입어 유럽경제는 남유럽의 위기 이전까지 미국을 능가하는 성장세를 보였다.

한편, 산업입지 측면에서는 동유럽이 제조업의 새로운 메카로 부상하고 있다. 유럽기업들은 동유럽의 저렴한 인건비와 낮은 법인세율, 우수한 시장 접근성을 활용하기 위해 서유럽의 생산거점을 대거 동유럽으로 이전하는 방식으로 분업체제를 구축하고 있다. 외국기업들도 유럽통합에 대응하기 위해 동서유럽을 아우르는 범 유럽 경영체제를 구축하는데 주력하고 있다. 유럽통합은 1970년대와 80년대 초반 정체기에 이르기까지 경제통합을 위한 정치통합으로 진행되어 오다가, 그 연속성 속에서 1980년대 중반 이후부터는 지구적 세계화에 대항하는 '작은 세계화'로 재촉진되었다고 할 수 있다.

정치통합과 경쟁력 강화라는 2가지 과제에 직면한 EU는 전환기에 놓여 있다. 먼저 EU헌법조약이 이르면 2008년 말 비준되어 일련의 체제정비과정을 거친 후 2010년경 정치통합이 완성될 전망이었으나, 현재는 상당한 기간 미루어진 상태다.

경제적으로는 노동시장의 유연성 제고, 서비스시장 개방, 혁신역량 강화 등 경제개혁이 지속적으로 추진되면서 잠재성장률도 2004년 2.4%에서 2010년 이후에는 3%로 상승하고, 정치통합과 경제개혁이 성공적으로 추진될 경우 2010년 이후 유럽은 제2의 르네상스를 맞이할 것으로 예상되었으나 남유럽의 재정 및 금융위기로 어려움을 겪고 있다.

유럽의 통합과정은 어디까지나 관세동맹에서 공동시장으로, 공동시장에서 다시 단일시장으로 전환되는 자본과 시장의 흐름을 주요 목표로 전개되어 왔다. 제2차 세계대전 이전의 이상주의적 전망이 세계화의 공세와 경쟁 속에서 경제적 효율성의 논리로 진행되어 온 것이다. 유럽 내부의 통합을 더욱 공고히 하기 위해 제도적 민주성을 확보하고 기존 회원국들 간의 유럽연합적 정체성을 수립하기보다 중·동유럽으로의 확대를 통해 시장논리를 더욱 확대해가는 것이 최근의 모습이다.

하지만 2016년 6월 23일 국민투표로 영국은 브렉시트를 결정하고, 2017년 3월 29일 테리사 메이(Theresa May) 영국 총리가 영국의 EU 탈퇴 방침을 공식 선언하였으며, 6월 19일부터는 EU와 브렉시트를 위한 공식적인 협상이 시작되어 EU는 장밋빛 미래만 있는 것은 아니다.

3) 각국의 군사력 강화

21세기 세계의 전략적 환경은 냉전해체 이후 새로운 긴장관계가 형성되고 있다. 이러한 전략적 환경은 동북아로부터 형성되고 있다. 미국의 대 아시아 전략인 "중국 위협론"과 미사일 방어체제(MD) 구축, 사드의 확장을 기반으로 한·미와 중국 간의 갈등, 미국과 러·중 간의 갈등, 중국과 인도 간의 갈등이 그것이다. 특히 미국의 중국봉쇄 전략에 맞선 중국의 움직임과 북한의 불안정한 정세, 더불어 일본의 보수 우파들의 '보통 국가화'를 위한 노력들까지 맞물리며 세계 군비경쟁은 동북아를 중심으로 나타나고 있다.

이러한 전 세계적 갈등은 차가운 평화(cold peace)의 형태로 유지되고 있다. 이렇듯 냉전(cold war)이 끝났음에도 패권국들은 힘의 균형 혹은 패권을 유지하기 위한 노력을 계속하며 군비지출 확대라는 형태로 나타나고 있다. 군비지출은 단순하게 국방부 예산으로만 이를 가늠할 수 없지만 현재의 전통적 안보상황을 진단하고 이후 상황을 가늠해 보는데 의미가 있다. 따라서 여기에서는 전 세계의 군비동향을 살펴보고자 한다.

세계 군사비 지출은 2011년 1조7380억 달러(약 2000조원)로 전년과 비슷한 수준이며 미국·영국·프랑스 등 서구 국가는 군사비 지출을 줄인 반면, 중국과 러시아는 이를 대폭 늘린 것으로 조사됐다. 스웨덴 스톡홀름 국제평화연구소(SIPRI)는 '세계 군사비 지출 보고서'에서 2011년 군사비 지출은 2010년보다 0.3% 늘었으나 물가 상승 등을 고려할 때 이는 전년과 비슷한 규모이며, 1998년 이후 줄곧 늘어나던 세계 군사비 지출이 13년 만에 증가세를 멈춘 것이라고 밝혔다. 이는 미국이 이라크에서 철군하고 아프가니스탄에 지출하는 군사비를 삭감하는 등 규모를 줄였고, 심각한 재정위기를 겪고 있는 대부분 유럽 국가들이 국방 예산을 삭감했기 때문으로 분석된다. 2011년 미국은 7110억 달러로 전년보다 1.2% 줄었지만 전 세계 군사비의 41%를 차지하는 압도적 1위를 유지했다. 영국은 전년보다 0.4% 줄인 627억 달러, 프랑스는 1.4% 감소한 625억 달러, 독일은 3.5% 줄인 467억 달러로 나타났다. 긴축정책을 펴고 있는 그리스(26%)·스페인(18%)·이탈리아(16%)·아일랜드(11%) 등도 군사비를 대폭 삭감했다.

반면 중국과 러시아는 군사비 지출이 증가했다. 중국은 전년보다 6.7% 증가한 1430억 달러로 2위를 기록했다. 중국의 군사비는 2002년과 비교해 10년 사이 약 2.7배로 증가한 것으로 기록됐다. 러시아는 전년보다 9.3% 증가한 719억 달러로 영국과 프랑스를 제치고 3위였다. 러시아는 최근 10년 간 군사비를 79% 늘린 것으로 나타났다.

지역별로는 유럽과 남·북아메리카에서 군사비 지출이 줄었지만 아시아·중동·아프리카에서는 증가했다. 아시아(오세아니아 포함) 지역은 중국을 제외한 나라들의 군사비 지출이 0.4% 줄었으나 중국의 군사비 증가로 전체 규모가 2.3% 늘어났다. 중국의 군비 확대는 인도·베트남 등 이웃 국가의 군사비 지출을 증가시키는 추세를 보이고 있다고 SIPRI는 진단했다.

미국 브라운대 왓슨 국제관계연구소가 2011년 여름 내놓은 '전쟁의 비용'(Costs of War)이란 보고서에 따르면, 미국이 2001년 9·11 테러 뒤부터 10년 동안 쓴 전쟁 비용은 어림잡아 4조 달러(최소 3조 7000억 달러, 최대 4조 4000억 달러)로 추산하고 있다. 여기에는 아프가니스탄과 이라크에서의 전쟁 비용, 그리고 그 비용을 마련하기 위해 발행한 미국 국채의 이자가 포함돼 있다. 스톡홀름 국제평화연구소(SIPRI)가 해마다 내는『군비·군축·국제안보 연감』2011년도 판에 따르면, 미 국방예산은 2001~09년 연평균 7.4%씩 늘어나 10년 만에 국방비가 2배가 됐다. 오바마 행정부 들어와서도 국방비는 크게 줄어들지 않았다. 최근 미국의 새로운 국방

전략 계획, '미국의 글로벌 리더십의 유지'(Sustaining U.S. Global Leadership)를 통해 국방비 감축을 계획하고 있으나 전 세계에서 차지하는 미국의 국방비는 여전히 방대하다.

표 2-1 세계의 군사력 순위 및 군사비 지출 순위

(단위: 억 달러, ( )안은 GDP 중 군사비 비율)

순위	2011년 군사력	군사비 지출순위	군사비 지출 2011년	군사비 지출 2014년
1	미국	1	미국 7,110(4.7%)	미국 6,542
2	러시아	2	중국 1,430(2.0)	중국 1,315
3	중국	3	러시아 719(3.9)	사우디 807
4	인도	4	영국 627(2.6)	영국 658
5	영국	5	프랑스 625(2.3)	러시아 639
6	터키	6	일본 593(1.0)	프랑스 520
7	한국	7	인도 489(2.6)	독일 461
8	프랑스	8	사우디 485(8.7)	일본 460
9	일본	9	독일 467(1.3)	인도 379
10	이스라엘	10	브라질 354(1.5)	한국 338
	북한(22위)	12	한국(12위) 276(2.8)	

자료: SPRI
2014년 군사비 지출 자료는 대만 중앙통신 2015년 11월 16일 보도한 내용
※ 미국의 GFP(Global Fire Power)가 2011년 분석, 순위는 핵보유 능력을 배제한 객관적 군사력 수치 (군인 수, 항공기, 탱크, 각종 무기, 항공전투력, 해상전투력, 군수지원 능력 및 경제수준)로 비교

미국에 대항하여 2005년부터 세계 2위로 올라선 중국의 군비지출도 무서운 기세로 가파르다. 최근 중국의 군비지출 추이 및 중국의 국가발전 목표를 살펴볼 경우 위협적이다. 중국은 '부국강병(富國强兵)'이라는 국가발전 목표와 함께 군비와 군사증강을 단행하고 있다. 중국은 1990년대 초 군사력을 100만씩 감축하며 세계적 군축 분위기에 동참하는 것처럼 보였지만 실제로는 2001년 400억 달러 규모에서 2011년 1430억 달러까지 늘렸다.

그러나 전문가들은 중국의 군비는 실제 이보다 훨씬 많을 것으로 예상하고 있다. 왜냐하면 중국 당국이 군사비 예산을 발표할 때 '해외 군비 구매', '중국내 국방산업체 보조금', '국방 관련 연구개발비 지출' 등을 빠뜨려 왔다. 만약에 이를 더할

경우, 중국의 군비 규모는 약 2배가량 증가되고 만다. 이러한 중국의 군사대국화 움직임은 여전히 헤게모니를 유지하고 있는 미국의 심기를 건드리지 않는 가운데 차근차근히 강성대국 건설에 한발 한발 내딛고 있는 형국인 것이다.

대만 중앙통신에 의하면 2014년 중국 군사비 지출액은 1315억 달러로 6542억 달러의 미국에 이어 세계 2위를 차지했다. 러시아 세계무기무역 분석센터가 집계한 2014년 세계 군사비 통계를 인용해 이같이 전하며 3위에는 807억 달러의 사우디아라비아가 이름을 올렸고, 한국은 338억 달러로 10위를 차지했다. 2014년 전 세계 군사비 지출액은 1조 6500억 달러이며, 미국이 단연 선두를 유지했지만 점유율은 지속적으로 저하되고 있다고 지적했다. 4위는 영국으로 658억 달러, 5위가 639억 달러의 러시아로 나타났다. 2013년에는 러시아가 4위, 영국은 5위였지만 루블화 가치가 대폭 떨어지면서 달러 환산으로 역전했다. 이 밖에 6~10위는 프랑스(520억 달러), 독일(461억 달러), 일본(460억 달러), 인도(379억 달러), 한국 순이다.

전문가들은 2030년경이 되면 중국의 공식 군사비가 미국의 군사비의 반 이상에 해당될 것으로 보고 있다. 미국의 군사비가 세계를 상대로 하는 것인데 비해 중국은 지정학적으로 중국대륙과 동아시아와 서태평양지역에 전액 투입하는 군사비이기 때문에 적어도 동아시아 태평양에서는 미국의 군사비와 맞먹는 군사비 지출이 가능할 것이란 전망도 나오고 있다.

2016년 초, 미국, 러시아, 영국, 프랑스, 중국, 인도, 파키스탄, 이스라엘, 북한은 대략 15,395개의 핵무기를 보유하고 있다. 그것들 중에서 4,120기가 작전 부대에 배치되었다. 그리고 대략 1,800여개의 무기들이 작전 태세를 갖춘 상태로 유지되고 있다.

중국의 군사비 지출 증가의 원인은 중국의 군 현대화와 미국의 대 중국정책에 기인한다.

표 2-2 주요 8개국 핵탄두 보유량(2011년 1월)

국 가	실전배치 핵탄두	비배치(교체 · 비축용) 핵탄두	총 계
러시아	2,427	8,570	약 11,000
미국	2,150	6,350	8,500
프랑스	290	10	300
중국		240	240
영국	160	65	225
파키스탄		90~110	90~110
인도		80~100	80~100
이스라엘		80	80
총계	**5,027**	**15,500**	**약 20,530**

자료: SIPRI

표 2-3 전 세계 핵무기 현황(2015)

Country	Deployed warheads	Other warheads	Total inventory
USA	1,930	2,500	7,000
Russia	1,790	2,800	7,290
UK	120	-	215
France	280	10	300
China	-	-	260
India	-	..	100-120
Pakistan	-	..	110-130
Israel	-	..	80
North Korea	-	(10)	(10)
Total	**4,120**	**5,310**	**~1,5395**

주: .. = not applicable or not available ; - = zero;
( ) = uncertain figure. All estimates are approximate and as of Jan. 2016.
자료 : SIPRI

IHS 글로벌 인사이트의 아시아·태평양 수석 이코노미스트인 라지브 비스와스(Rajiv Biswas)는 "중국은 전체 예산 중 점점 많은 예산을 국방에 쏟아 부을 능력이 있으며, 실제로 지난 20년 이상 지속적으로 군사력을 증강시켰다"고 말했다. 또 같은 기관의 아·태 책임자 새라 맥도월(Sarah McDowell)은 "중국이 미국의 새로운 아시아·태평양 집중 정책에 자극받아 군비 증강에 나설 것"이라며, "역으로, 그동안 중국 군비 확대가 미국의 태평양 중시 정책을 촉발한 측면도 있다"고 분석했다. 사우스차이나 모닝포스트는 26일 호주 시드니 국제법 센터의 벤 사울(Ben Shaul) 교수의 말을 인용, "중국의 군사력 강화에는 호주도 긴장하게 될 것이다. 중국이 자국에 대한 명백한 외부 위협이 없는 상황에서 군사력을 증강하면, 다른 나라들은 군사력을 외부로 투사하려 한다고 생각할 수밖에 없다"고 보도했다. 인도 첸나이 중국연구센터 책임자 DS 라잔(DS Rajan)은 "중국이 '평화적 부상'이란, 자국 이미지를 해치지 않기 위해서라도 국방 예산을 급증하지 않을 것으로 보이지만, 국방비 급증을 현실화한다면, 주변국들은 큰 우려를 갖게 될 것"이라고 말했다. 티베트 소요 사태 평정을 위해 중국군이 현지에 대거 배치되고, 남중국해에서 중국군의 활동이 강화되면, 인도는 물론, 필리핀·인도네시아·베트남·일본 등 아시아 각국이 군사적 긴장상태에 돌입하게 된다는 것이다. 이는 결국 아시아 각국을 군비경쟁으로 몰아갈 것이며, 베트남·인도네시아가 국내총생산(GDP) 성장률을 뛰어넘는 군비 증강에 나설 가능성이 높다는 분석이 나오고 있다. 중국 측은 이런 예상을 일축한다. 상하이 정법대 니러슝(倪樂雄) 교수는 "IHS의 예측은 과장된 것이며, 미국의 아시아 영향력 확대를 노리는 미국 정책에 맞춰 중국위협론을 조장하는 것"이라고 비판했다. 중국인민해방군 산하 국방대학의 마강 교수도 "IHS 제인스가 추산한 연평균 18.7% 증가는 근거가 없는 순전한 상상에 불과하다"고 말했다. 중국은 2000~2009년 국방비가 연평균 12% 증가했다.

중국의 부인에도 불구하고, 주변국들의 우려는 충분한 근거가 있다. 천빙더(陳炳德) 중국군 참모총장은 "중국의 군사적 하드웨어는 미국이나 다른 군사강국들에 비해 20년이나 뒤처져 있다"며, 강력한 군 현대화 의지를 밝힌 바 있다. 중국은 2011년 자국 국방 예산이 GDP의 1.5%에 불과해 미국(4.8%)이나 영국(2.75%)에 비해 지나치게 낮다며, 두 자릿수 국방비 증액을 당연시하고 있다.

표 2-4 세계 무기 수입·수출 국가 5순위(2008~2012, 2012~2016년 기준)

순위	수입국(세계 무기 수입대비 비중)		수출국		
	2008~2012	2011~2015	2008~2012	2011~2015	2012~2016
1	인도(12%)	인도(14%)	미국(30%)	미국(33%)	미국(33%)
2	중국(6%)	사우디아라비아(7.0%)	러시아(26%)	러시아(25%)	러시아(23%)
3	파키스탄(5%)	중국(4.7%)	독일(7%)	중국(5.9%)	중국(6.2%)
4	한국(5%)	아랍에미레이트(4.6%)	프랑스(6%)	프랑스(5.6%)	프랑스(6.0%)
5	싱가포르(4%)	호주(3.6%)	중국(5%)	독일(4.7%)	독일(5.6%)

자료: SIPRI, 2013, 2016, 2017. (www.sipriyearbook.org)

스웨덴 싱크탱크인 스톡홀름국제평화연구소(SIPRI)는 2013년 3월 17일 2008~2012년 세계 톱5 무기 수입국이 모두 아시아 지역에 몰려 있다며 이같이 밝혔다. SIPRI는 세계 톱 5 무기 수입국 중 1위는 인도(국제 무기수입 비율 12%)로 나타났으며 2위 중국(6%), 3위 파키스탄(5%), 4위 한국(5%), 5위 싱가포르(4%) 순이었다. 세계 톱 5 무기 수출국 가운데 중국이 1950년 통계 작성 이후 처음으로 영국을 제치고 5위를 차지했다. SIPRI는 2008~2012년 중국 무기 수출은 앞선 5년(8위)에 비해 162% 증가했다며, 이는 모든 국제 무기 수출에서 중국이 차지하는 비율이 2%에서 5%로 늘었음을 의미한다. 중국 무기를 가장 많이 구매한 국가는 파키스탄으로 중국 무기 수출의 55%를 차지했으며 그 뒤로 미얀마(8%), 방글라데시(7%)로 나타났다. 2008~2012년 세계 톱 5 무기 수출국 1위는 미국으로 전체 규모의 30%를 차지했으며 2위 러시아(26%), 3위 독일(7%), 4위 프랑스(6%) 등이었다. 과거 5위를 차지한 영국은 중국에 밀려 6위로 나타났다.

군사전문 연구기관인 스웨덴의 스톡홀름평화연구소(SIPRI)는 2017년 2월 20일 발표한 연례 무기판매 보고서를 통해 지난 5년 간(2012~2016년)의 무기 판매량이 1990년 이후 최대를 기록했다고 밝혔다. 시에몬 베세멘 SIPRI 선임 연구원은 "최근 5년 간 무기거래가 급증한 것은 지역분쟁을 겪고 있는 아시아와 중동 국가들이 안보를 위해 군비경쟁에 나서고 있기 때문"이라고 분석했다.

특히 중국, 파키스탄과 갈등을 빚고 있는 인도는 지난 2012~2016년 전 세계 무기 수입량의 13%에 해당하는 무기를 해외에서 사들이면서 세계 최대 무기 수입국으로 부상했다. 인도는 세계 최대 무기 수출국인 미국은 물론 러시아, 유럽연합

(EU), 이스라엘, 한국 등 다양한 나라에서 무기를 수입하는 것으로 조사되었다.

최대 무기 수출국은 미국으로 전체 무기 수출액의 33%를 차지했고, 러시아 23%, 중국 6.2%, 프랑스 6.0%, 독일 5.6% 순이다. 전체 무기 수출량의 75%를 5개 국가가 차지하고 있는 것으로 나타났다. 2011~2015년 기준, 한국은 2.6%로 10위 수입국으로 나타났다.

4) 북한의 핵무기 개발

1993년 3월 핵확산금지조약(NPT)의 탈퇴를 선언하며 시작된 북한 핵개발이 2013년 2월 12일 3차 핵실험에 이르기까지 두 차례의 남북정상회담, 미·중·일·러가 가세한 6자회담, 대북 경수로 지원, 유엔 안보리 제재 결의 등 각종 방안이 동원됐지만 북한은 핵개발을 포기하지 않았다. 북한은 20년 간 국제사회와 남한의 강경책엔 강경책으로 대응했고, 당근책엔 대가를 챙기면서도 일시적 핵동결 조치만 했을 뿐 핵폐기 조치는 하지 않았다. 90년대 극심한 식량난에 처한 '고난의 행군기'에도 핵개발을 지속했다. 김일성 주석→김정일 국방위원장→김정은 국무위원회 위원장으로 3대에 걸친 세습 속에 북한의 핵개발 야욕은 불변이었다.

93년 북한의 NPT 탈퇴 선언으로 1차 북핵 위기가 불거지자 김영삼 정부와 미국의 클린턴 행정부는 대북 경수로 제공이라는 당근책을 제시했다. NPT 탈퇴는 핵물질 농축과 재처리에 나서겠다는 핵개발의 시작 단계다. 클린턴 행정부는 94년 북·미 간 제네바합의로 북한 금호지구에 경수로를 지어주기로 약속했고 돈은 남한이 대기로 했다. 3년 후 북한은 영변 원자로의 폐연료봉 8,000개의 재처리 중단을 약속하며 식량 지원 등의 대가를 노렸다.

그러나 김대중 정부가 등장한 98년 북한은 돌변했다. 최고인민회의에서 김정일 국방위원장을 재추대해 김일성 주석 사망 후 시작된 유훈 통치를 끝내며 '김정일 시대' 개막을 선언하면서다. 북한은 그해 8월 장거리 로켓인 대포동 1호를 발사했다. 이에 김대중·클린턴 정부는 이른바 '페리 프로세스'로 핵 동결과 미사일 발사 중단을 시도했다. 로켓 발사를 중단하면 대북 경제제재를 해제하는 병행 방식이다. 이는 김대중 정부의 햇볕정책과도 맥락이 비슷했다. 이 같은 유화책 속에 2000년 첫 남북정상회담도 성사됐다.

부시 행정부가 등장하자 북한은 다시 대미 강경책으로 바꾸었다. 2002년 북한은 방북한 제임스 켈리 미 특사에게 고농축우라늄(HEU) 프로그램의 존재를 시인하며

2차 핵 위기가 불거졌다. HEU는 우라늄을 원심분리기에 넣고 돌려 농축시킨 뒤 무기급 우라늄으로 만드는 우라늄탄 개발의 출발점이다. 그해는 임기 말 레임덕에 빠진 김대중 정부가 대선을 치르며 대북 문제에 전력투구하기 어려운 시기이기도 했다.

2003년 노무현 정부와 부시 행정부는 고심 끝에 6자회담이라는 외교적 해법을 시도했지만 북한의 핵개발 의지 앞에서 결국 무용지물로 끝났다. 2005년 북한은 영변 원자로에서 폐연료봉을 다시 꺼내 이번엔 폐연료봉에서 플루토늄을 추출해 플루토늄탄을 만드는 또 다른 핵위협을 시작했다. 우여곡절 끝에 2005년 베이징 6자회담에서 '9·19 공동성명'으로 북한의 모든 핵무기 포기라는 합의가 이뤄졌지만 1년도 지나지 않은 2006년 7월 북한은 미국 독립기념일(미국 워싱턴 시간 7월 4일)에 대포동 2호를 쐈다. 유엔 안보리가 대북제재 결의를 채택하자 제재가 부당하다는 명분으로 그해 10월 9일 1차 핵실험까지 강행했다. 핵실험까지 계획한 치밀하게 준비된 행보였다. 북한은 벼랑 끝 전술 후엔 유화책을 구사했다. 다음 해인 2007년 10월 2차 남북정상회담이 성사됐고 12월엔 크리스토퍼 힐 차관보가 방북해 부시 대통령의 친서를 전달했다. 북한은 2008년엔 CNN 등 미국 언론까지 초청해 영변의 원자로 냉각탑 폭파를 전 세계에 중계하는 언론 플레이도 구사했다.

그러나 오바마 1기 행정부가 출범한 2009년 5월 북한은 2차 핵실험을 강행하였다. 미국의 정권 교체 후 대북 정책이 완성되지 않은 전환기 상황을 이용해 핵실험으로 허를 찔렀다. 3차 핵실험은 그 간 후견인 역할을 해 오던 중국을 포함한 국제사회의 경고에도 불구하고 2013년 2월 12일 이뤄졌다. 이명박·오바마 체제에서 남북 관계가 침체되고, 북·미 대화도 지지부진하자 역시 오바마 2기 행정부 출범에 맞춰 3차 핵실험으로 강공을 구사했다. 북한은 91년 남북이 함께 체결한 한반도 비핵화 공동선언에서 "핵개발을 않겠다"고 약속했었다. 그러나 지난 20여 년은 이와는 정반대로 진행됐고 3차 핵실험을 앞둔 2013년 1월엔 아예 "비핵화 공동선언은 백지화됐다"고 대남기구인 조국평화통일위원회를 통해 주장했다.

세 차례의 핵실험에 대한 북한의 공식 발표는 북한이 핵무기 기술 확보를 일관되게 추진했음을 보여준다. 북한은 "지하 핵시험을 안전하게 성공적으로 진행했다"(1차) → "폭발력과 조종기술에서 새로운 높은 단계에서 진행됐다"(2차) → "소형화·경량화된 원자탄을 사용했다"(3차)고 밝혔다. 첫 핵실험 성공 → 폭발력 강화 → 소형화 성공이라는 핵탄두 개량에 한 발씩 접근한 것이다.

북한은 SIPRI에서 추정하기는 약 10개의 핵무기가 있을 것으로 보고 있다. 북한의 핵무기 보유 규모 추정치는 상당히 다양하다. 북한이 핵탄두를 장착하고 핵탄두를 장착했다는 사실이 밝혀지지 않았음에도 불구하고 북한은 기본적으로 10개의 기본 핵탄두를 만들어 낸 것으로 추정된다. 이것은 사용 후 핵연료 연구 센터에서 생산한 사용 후 핵연료의 양으로 추정한 것이다.

한편 2017년 8월 5일 유엔 안전보장이사회(안보리)는 순회의장국 이집트의 주재로 회의를 열어 북한의 핵·미사일 폐기를 압박하기 위해 북한으로 흘러 들어 가는 자금줄을 차단한다는데 초점이 맞추어진 내용을 골자로 하는 새로운 대북 제재결의 2371호를 중국과 러시아를 포함해 만장일치로 채택했다. 지난달 북한의 두 차례에 걸친 ICBM(대륙간탄도미사일)급 미사일 시험발사에 대응한 안보리 차원의 새로운 대북제재로, 북한이 2017년 7월 4일 첫 ICBM급 미사일을 발사한 지 33일 만이다. 안보리의 대북제재 결의는 북한의 1차 핵실험에 대응한 2006년 1718호를 시작으로 1874호(2009년), 2087호·2094호(2014년), 2270호·2321호(2016년), 2356호(2017년) 등 이번까지 총 8차례다.

- ◆ 2087 : 2013년 12월 12일 북한의 장거리 로켓 도발 후 2014년 1월 22일 나온 유엔 안보리 대북 결의안이 2087호다. 대량살상무기(WMD)를 만들기 위한 물품 유입을 그물망식으로 차단하는 등 고강도 내용을 담고 있다. 결의안 채택 후 북한은 "비핵화를 포기하겠다"며 강하게 반발했다.
- ◆ 2371 : 주요내용은 북한의 석탄, 철, 철광석, 납, 납광석(lead ore) 수출을 전면 금지, 북한 해외 노동자 수출 동결, 조선무역은행과 만수대해외개발회사그룹, 조선민족보험총회사, 고려신용개발은행 등 4개 곳의 자산동결과 자유로운 여행 금지 등이며, 북한의 ICBM급 탄도미사일에 대해 '가장 강력한 용어'로 규탄했다.

표 2-5 북한 핵실험 역사

1985	12.12	북한 핵확산금지조약(NPT) 가입
1991	12.31	남북, 한반도 비핵화 공동선언 합의
1993	03.12	핵확산금지조약(NPT) 탈퇴서한 유엔 안보리에 제출
1994	05.19	탄도 미사일 발사
	06.13	국제원자력기구(IAEA) 탈퇴
	07.08	김일성 주석 사망
1995	12.15	북한에 경수로 공급하기로 결정
1997	10.31	영변 원자로 폐연료봉 8000개 밀봉완료
1998	08.31	장거리 로켓 발사
1999	05.25~28	윌리엄 페리 미대북조정관 방북
	09.15	미국, 온건·강경책 병행하는'페리보고' 의회보고
	09.24	미사일발사 유예(모라토리엄)선언
2002	10.26	북한 고농축 우라늄(HEU)프로그램 존재 시인
	12.24	영변 핵시설 봉인 제거 완료
2003	01.10	핵확산금지조약 탈퇴
2005	09.19	북핵 6자회담, 9.19공동성명
2006	02.16	방코델타아시아(BDA)은행 대북거래중단 선언
	03.10	부시대통령 '북한은 악의 축' 발언
	07.05	대륙간탄도미사일 발사
	07.15	안보리결의 1695호 채택
	10.03	북한 '안정성 담보된 핵시험 할 것'
	10.09	**1차 핵실험**
2009	04.05	장거리로켓 발사
	05.25	**2차핵실험**
	06.12	안보리 결의 1874호 채택
2012	04.13	은하3호 로켓 발사(실패)
	04.16	안보리 의장 성명
	12.12	은하3호 로켓 발사(성공)
2013	01.22	유엔 안보리 결의 2087호 채택
	01.23	비핵화 포기 선언
	02.04	국방부, 북핵실험 갱도 내부 사진 공개
	02.12	**3차 핵실험**
2015	12.10	김정은, 평천혁명사적지 시찰하며 "수소탄의 거대한 폭음을 울릴 수 있는 강대한 핵보유국이 될 수 있었다"고 첫 언급
2016	01.06	**4차 핵실험**
	09.09	**5차 핵실험**
2017	09.03	**6차 핵실험 : 북한은 "대륙간탄도로켓(ICBM) 장착용 수소탄 시험에서 완전 성공했다"고 주장**

2016년 이후 핵실험 및 미사일 도발 전체 일지

▲ 2016.01.06 = 수소탄 핵실험(4차 핵실험)
▲ 2016.02.07 = 평안북도 철산군 동창리서 장거리 로켓(광명성 4호) 발사
▲ 2016.03.03 = 강원도 원산 일대서 동해상으로 신형 300㎜ 방사포 6발 발사
▲ 2016.03.10 = 황해북도 황주 일대서 스커드계열 단거리탄도미사일 2발 동해상으로 발사
▲ 2016.03.18 = 평안남도 숙천일대서 노동계열 준·중거리탄도미사일 2발 동해상으로 발사
▲ 2016.03.21 = 함경남도 함흥 북방 일대에서 300㎜ 방사포 5발 동해상으로 발사
▲ 2016.03.29 = 강원도 원산 일대에서 단거리 발사체(300㎜ 방사포로 추정) 1발 발사
▲ 2016.04.01 = 함경남도 선덕 일대에서 신형 단거리 지대공미사일 1발 동해상으로 발사
▲ 2016.04.15 = 동해안 지역에서 무수단 계열 중거리 탄도미사일(IRBM) 1발 발사
▲ 2016.04.23 = 함경남도 신포동북방 동해상에서 잠수함발사 탄도미사일(SLBM) 1발 발사
▲ 2016.04.28 = 강원도 원산일대서 무수단 계열 중거리 탄도미사일(IRBM) 2발 발사 (실패)
▲ 2016.05.31 = 강원도 원산일대서 무수단 계열 중거리 탄도미사일(IRBM) 1발 발사 (실패)
▲ 2016.06.22 = 강원도 원산일대서 무수단 계열 중거리 탄도미사일(IRBM) 1발 발사 (새벽, 실패)
▲ 2016.06.22 = 강원도 원산 일대서 무수단 계열 중거리 탄도미사일(IRBM) 1발 추가 발사(오전, 성공)
▲ 2016.07.09 = 함경남도 신포동남방 동해상에서 잠수함 발사 탄도미사일(SLBM) 1발 발사(사출 성공)
▲ 2016.07.19 = 황해북도 황주 일대서 노동계열·스커드계열 탄도미사일 3발 동해상으로 발사, 2발 성공
▲ 2016.08.03 = 황해남도 은율 일대서 노동계열 탄도미사일 2발 동해상으로 발사, 1발 日 EEZ 낙하
▲ 2016.08.24 = 함경남도 신포 인근 해상서 잠수함발사탄도미사일(SLBM) 1발 발사, 日 방공식별구역 낙하
▲ 2016.09.05 = 황해북도 황주 일대서 노동 계열 탄도미사일 3발 동해상으로 발사, 日 방공식별구역 낙하

▲ 2016.09.09 = 합참 "北 풍계리서 규모 5.0 인공지진"… 5차 핵실험 강행 추정
▲ 2016.10.15 = 평북 구성시 방현비행장 인근에서 무수단 미사일 1기 발사
▲ 2016.10.20 = 평북 구성시 방현비행장 인근에서 무수단 미사일 1기 발사
▲ 2017.02.12 = 평북 구성시 방현비행장 인근에서 동해상으로 북극성-2 미사일 1기 발사
▲ 2017.03.06 = 평북 동창리 일대에서 동해상으로 스커드 개량형 추정 미사일 4기 발사
▲ 2017.03.22 = 강원도 원산비행장 일대 미사일 1기 발사했으나 실패 추정
▲ 2017.04.05 = 함경남도 신포 일대에서 동해상으로 불상발사체 발사
▲ 2017.04.16 = 함경남도 신포 일대에서 불상 미사일 발사를 시도했으나 실패 추정
▲ 2017.04.29 = 평안남도 북창 일대서 북동방향으로 미사일 1기 발사했으나 실패 추정
▲ 2017.05.14 = 평안북도 구성 일대서 미사일 1기 발사
▲ 2017.05.21 = 평안남도 북창 일대서 미사일 1기 발사
▲ 2017.05.27 = 장소 미상(북한 동쪽지역 추정) 지대공 미사일 발사
▲ 2017.05.29 = 강원도 원산 일대서 동쪽으로 지대지·지대함 복합 미사일 발사
▲ 2017.06.08 = 강원도 원산 일대서 동해방향 지대함 미사일 수발 발사
▲ 2017.07.04 = 평안북도 방현 일대서 동해방향 미사일 발사
▲ 2017.07.28 = 자강도 무평리 일대서 동해방향 미사일 1기 발사
▲ 2017.08.28. = 중거리탄도미사일(IRBM), 평양시 순안일대에서 일본상공을 통과해 북태평양방향으로 발사
▲ 2017.09.03. = 함경북도 길주군 풍계리 일대에서 규모 6.3 인공지진, 6차 핵실험 추정

5) 미국 대외정책의 변화

미국은 냉전체제 붕괴 이후 20년 간 새로운 질서를 모색하는 과정에서 가장 중요한 변수로 급부상하고 있는 중국에 대해 그랜드 전략이 부재한 가운데 갈등은 표면화되었다. 이에 오바마 행정부는 G2로서의 중국을 인정하고 전략적 협력관계를 모색했지만, 의도와는 달리 갈등은 심화되고 있다. 특히 동북아와 동남아시아에서의 권력재편은 본격적으로 진행 중이다. 미·중 양국이 아직은 지역의 안정 또는 현상유지라는 목표를 공유하고 있지만 미래까지 담보할 수는 없는 실정이다. 관여와 봉쇄를 오가는 미국의 양면적인 대중정책이 많은 약점에도 불구하고

최근까지 양국관계를 심각한 갈등구조로 치닫게 하지는 않았다. 그러나 그것은 정책의 효율성보다는 중국의 영향력이 지금처럼 강력하지 않았기 때문이기도 했다.

오바마 행정부가 제시한 G2의 세계는 전자인 상호의존적 관계의 모색을 의미한다. 현 국제정치에서 가장 중요한 두 국가라는 점은 누구도 부인하기 힘들지만, 이 개념이 가지는 진정한 효용성을 파악하는 것은 이제부터다. 신현실주의자들의 예측대로 미·소대결의 재현이 될 것인지, 아니면 자유주의자들이 주장하는 대로 세계화 속에서 공동운명체로서 긴밀한 협력관계가 될 것인지 아직은 판단하기 쉽지 않다. 분명한 것은 경제는 물론이고 군사안보 분야에서도 분명 껄끄러운 상대라는 것이다. 무엇보다 미국이 만들고 또 주도하려는 질서에 중국이 순응하며 공존할 것인지가 관건이다.

미국은 제2차 세계대전 직후 미국이 영국을 대체하며 패권으로 등장한 이후 1990년대의 10년 동안 최고의 전성기를 누렸다. 소련의 붕괴로 군사전략적인 경쟁자가 사라졌으며, 역사상 가장 많은 부를 축적한 기간이었다. 유일 패권체제는 미국으로 하여금 거의 모든 지역에서 거의 모든 이슈에 개입하게 했다.

다른 국가들은 미국과의 압도적인 힘의 차이로 인해 미국에게 도전 또는 반대하기보다는 동참(bandwagon)하는 것이 거의 규범처럼 되었다. 유고슬라비아 등 '실패한 국가'(failed states)들의 문제로 골머리를 썩기는 했어도, 일극체제의 안정성을 위협할 정도는 아니었다. 이러한 안정성을 바탕으로 미국은 국내정치적 요구에 더욱 집중하였고, 대외정책은 상당부분 국제기구를 통한 다자주의 접근을 모색했다. 당시 미국 내의 여론은 미국의 세계적 리더십은 유지하되, 지나친 개입을 자제하고 대외정책 예산을 삭감해야 한다는 요구가 점증하였다. 그러나 9.11 테러사건은 이러한 국면에 종지부를 찍었다. 미국으로서는 더 이상 국제정치의 안정성을 우선순위에 둘 수 없는 상황이 되었다. 더욱이 부시행정부는 이를 계기삼아 패권을 적극적으로 행사했다.

그러나 두 개의 전쟁을 수행하면서 미국의 힘은 과잉팽창을 했고, 그 후유증으로 패권약화는 물론이고, 미국의 합리적 리더십에 깊은 상처를 냈다. 오바마는 그것을 분명하게 인식했기에 일방적 강압과 군사력 과시가 아닌 설득과 동의를 구하는 새로운 리더십을 모색하게 된 것이다. G2라는 말은 그러한 변화의 시작을 알리는 것이라고 봐야 한다. 그러나 미국이 이러는 동안 급속한 경제성장을 바탕으로 중국의 부상은 가속도를 붙였고, 미국의 리더십과 영향력에 대한 도전이 가시화되었다.

안정과 공존을 위해 미국의 영향력 약화를 감수할 것인가, 아니면 중국과의 패권경쟁을 본격화해서 우위를 확실히 다질 것인지의 선택이다. 미국이 선택해야 할 시점이다. 그러나 그 선택이 보통 어려운 것이 아닌 딜레마 상황이다. 이런 식으로 계속 가다가 미국의 선택이 더 이상 의미가 없어지고, 신현실주의자들의 주장대로 미・중 갈등구조가 미국의 선택을 일방적으로 규정해버릴 수도 있다. 협력을 촉구하는 정치수사들이 난무하지만, 미국과 중국의 전략적 목표가 수렴되기보다는 갈등요소가 훨씬 우세해지고 있다. 북핵문제, 환율분쟁, 남중국해 영토분쟁, 대만 무기판매, 티베트문제 등 광범위한 분야에서 갈등은 이미 수면 위로 부상했다. 수교 이후 중국이 미국에 대해 이토록 강경한 입장을 내보인 것은 초유의 일이다. 중국과 치열한 경쟁 없이 패권을 유지할 수 없으며, 동북아 안정에 대한 위협을 각오하지 않고서는 우위를 점할 수 없는 상황이 이미 도래했는지도 모른다.

6) BRICs의 등장 및 경제 발전

2008년부터 시작된 글로벌 금융위기 이후 중국, 인도, 브라질, 러시아 등 BRICs 국가들을 중심으로 세계 경제 회복을 견인해 왔다. BRICs 개념이 등장한 2001년 이후 지난 10여 년 간 BRICs 국가들은 미국, 일본, EU 등 선진국들의 저성장과는 반대로 세계 경제성장률을 상회하는 등 고속성장을 지속하면서 세계경제 성장에 기여해 왔다. 세계 GDP성장률의 36.3%(PPP)를 기여하고 세계 GDP의 1/4(PPP) 이상을 차지하였다.

BRICs 개념은 경제성장 속도와 앞으로의 발전 가능성이 가장 큰 브라질(Brazil)・러시아(Russia)・인도(India)・중국(China) 등 4개국의 영문 머리글자를 딴 것으로 2001년 골드만삭스에서 처음 사용하였다. 2001년 이후 BRICs의 경제성장률 동향은 다음 〈표 2-6〉와 같다.

BRICs는 글로벌 경제위기로부터 세계경제를 지키는 버팀목으로서 2012년 전 세계 GDP의 20.1%, 전 세계 무역의 16.2%, 전 세계 수입시장의 15.5%를 차지하였는데, GDP 비중은 2001년 8.3%에서 2012년 20.1%로 2.4배 증가하였고, 무역 비중은 2001년 7.1%에서 2012년 16.4%로 2.3배 증가하였으며 수입 비중은 2001년 6.4%에서 2012년 15.5%로 2.4배 증가하였다.

표 2-6 BRICs 경제성장률 동향

(단위 : %)

	2001	2002	2003	2004	2005	2006	2007	2008	2009	2010	2011	2012	2013
브라질	1.3	2.7	1.1	5.7	3.2	4.0	6.1	5.2	−0.3	7.5	2.7	0.9	3.5
러시아	5.1	4.7	7.3	7.2	6.4	8.2	8.5	5.2	−7.8	4.3	4.3	3.4	3.7
인도	3.9	4.6	6.9	7.6	9.0	9.5	10.0	6.2	6.6	10.6	7.2	4.9	5.9
중국	8.3	9.1	10.0	10.1	11.3	12.7	14.2	9.6	9.2	10.4	9.2	7.8	8.2
미국	1.1	1.8	2.5	3.5	3.1	2.7	1.9	−0.3	−3.1	2.4	1.8	2.3	2.0
일본	0.4	0.3	1.7	2.3	1.3	1.7	2.2	−1.1	−5.5	4.7	−0.6	2.0	1.2
EU	2.2	1.3	1.4	2.3	2.2	3.4	3.2	0.3	−4.3	2.0	1.6	−0.2	0.2
세계	2.4	2.9	3.7	4.9	4.5	5.2	5.4	2.8	−0.6	5.3	3.9	3.2	3.5

BRICs 국가들의 최근 10년 간 수입시장 성장률은 미국, EU, 일본 등 선진국을 크게 앞지르고 있으며, 이는 BRICs 국가들이 빠른 속도로 거대 내수시장으로 성장 중임을 시사하는 것이다.

특히 선진국들의 GDP 비중과 무역 비중, 수입시장 비중은 2012년 현재 2001년에 비해 모두 뚜렷이 감소하였으며 수입시장 증가율 역시 BRICs 국가에 미치지 못하는 상황이다.

표 2-7 세계 수입시장에서의 BRICs 및 주요국의 비중 변화

	GDP		무역비중		수입시장 비중	
	2001	2012	2001	2012	2001	2012
미국	31.9	21.9	15.4	10.8	18.9	13.0
일본	12.9	8.3	5.7	4.5	5.1	4.8
EU	26.6	23.1	38.8	31.5	38.6	31.8
브라질	1.7	3.1	0.9	1.3	0.9	1.3
러시아	1.0	2.8	1.3	2.4	0.9	1.9
인도	1.5	2.7	0.8	2.1	0.8	2.5
중국	4.1	11.5	4.1	10.6	3.8	9.8
BRICs 4개국	8.3	20.1	7.1	16.4	6.4	15.5

자료 : Global Insight

[그림 2-1] BRICs 및 주요국의 최근 10년 간(2002~2012년) 연평균 수입시장 성장률

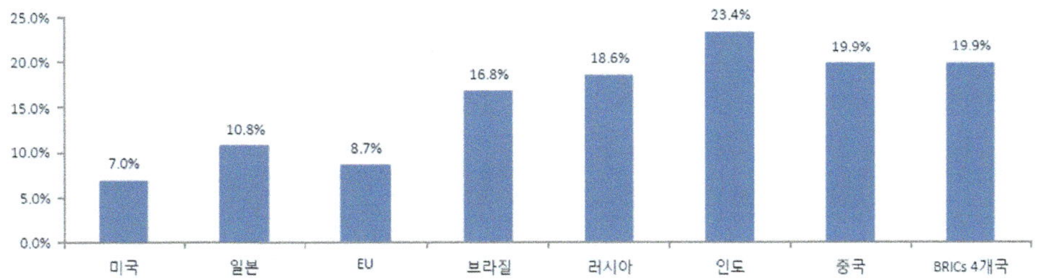

자료 : Global Insight

그러나 최근 유럽 재정위기와 미국 경기회복 지연 등 대내외 수요 감소로 과거에 비해 BRICs 국가들의 성장세가 둔화되고 있는데, 2012년 분기별 경제성장률은 지속적으로 낮아졌으며 2012년 연간 성장률 역시 최근 3년 이래 최저치를 기록하고 있다.

2008년 금융위기 당시 BRICs 국가들은 대규모 경기 부양과 확장적 통화정책을 통해 경기회복에 성공하였으나 이후 출구전략에 나서면서 내수소비가 위축되었으며, 유럽재정위기의 영향으로 수출마저 하락하자 성장률이 급격히 둔화된 것이다.

BRICs 각국의 2012년 경제성장은 과거에 비해 다소 둔화되었으나, 소매판매 등 일부 지표는 증가하는 등 소비시장으로서의 잠재력이 점차 드러나고 있다. 브라질은 적극적인 소비 진작책에도 불구하고 가계부채 증가에 따른 소비심리 위축과 산업생산 및 수출의 하락으로 2010년 1분기 이후 9분기 연속 성장률이 둔화되어 2012년 4/4분기 1.4%, 2012년 연간 0.9% 기록하고 있으며, 연간 소득대비 가계부채 비중은 31%(2008년) → 43%(2011년)로 높아졌다. 한편, 2012년 소매판매는 전년대비 8.4% 증가하였으며 이는 물가상승에도 불구하고 인구증가 및 임금인상과 실업률 감소로 인한 구매력 증가에 기인한 것이다.

러시아는 유럽재정위기 영향이 실물경제로 전이되면서 2/4분기 이후 성장률이 둔화되어 2012년 연간 3.4% 성장을 기록하고 있으며, 소매판매는 2012년 하반기 이후 상승세를 지속해 왔으며 자동차 판매량은 전년대비 10.6% 증가하였다.

한편 브라질・러시아・인도・중국・남아프리카공화국 등 신흥 경제 5개국으로 이뤄진 브릭스(BRICS)정상회의가 2017년 9월 3일 푸젠성(福建省) 샤먼(廈門)시에서 3일 일정으로 개최되었다. 특히 기존 5개 회원국 외에 이집트, 멕시코, 태국, 타지

키스탄, 기니 등 신흥 5개국을 초청국 자격으로 초청해 브릭스 외연확대를 통한 중국 주도의 자유무역연합에 대한 야망을 드러냈다. 이들 국가의 인구를 합치면 전 세계의 절반에 해당한다.

2. 국제 경쟁력 및 신용도 평가

1) IMD

스위스에 있는 국제경영개발연구원(International Institute for Management Development, IMD)에서는 매년 세계 주요 국가를 대상으로 국가경쟁력 평가를 내린다. IMD는 경쟁력을 "한 나라의 경제 환경 및 여건이 지속적으로 부가가치를 창출하여 국부를 증가시킬 수 있는 능력"이라고 정의하고 있다. IMD에서 매년 발표하는 국가경쟁력 지수는 국제통계와 설문조사 결과에 그 기반을 두고 있다. 2012년 5월 31일에도 『세계경쟁력연감 2012』를 발표했다. 경제력과 인적자원 역량 등을 종합적으로 평가한 결과 우리나라의 국가경쟁력은 조사 대상 59개 국가 및 지역 경제 가운데 22위를 차지했다. 1989년부터 IMD가 발표해 온 『세계경쟁력연감』은 해당 국가 지역 경제의 공식통계(3분의 2)와 민간기업 경영자를 대상으로 한 설문조사 결과(3분의 1)를 분석해 국가경쟁력 순위를 발표하고 있다.

2012년 IMD 국가경쟁력 평가 결과 홍콩이 1위를 차지했고 미국, 스위스, 싱가포르, 스웨덴 등이 뒤를 이었다. 아시아에서는 우리나라, 홍콩, 말레이시아를 제외한 모든 국가의 순위가 하락했다. 우리나라는 2008년 이후 3년 연속 상승해(2008년 31위 → 2009년 27위 → 2010년 23위 → 2011년 22위 → 2012년 22위 → 2013년 22위 → 2015년 26위 → 2017년 29위) 지난 1997년 IMD 조사 이후 최고 수준인 국가경쟁력을 2013년에는 22위를 유지했었다. 그러나 2015년의 평가에서 한국은 세계경제포럼(WEF)의 국가경쟁력 평가에서 2014년과 같은 26위를 기록했으나, 2017년도 평가에서는 3단계 추락한 29위이다. 한국은 2004년 29위를 기록한 뒤 2007년 11위까지 올랐지만 이후 하락세를 보이며 중국(18위)보다도 뒤처져 있다.

표 2-8 IMD 국가경쟁력 순위

순위	2017	2015	2014	2013	2012	2011
1	홍콩	스위스	스위스	미국	홍콩	미국
2	스위스	싱가포르	싱가포르	스위스	미국	홍콩
3	싱가포르	미국	미국	홍콩	스위스	싱가폴
4	미국	독일	핀란드	스웨덴	싱가폴	스웨덴
5	네덜란드	네덜란드	독일	싱가포르	스웨덴	스위스
6	아일랜드	일본	일본	노르웨이	카나다	대만
7	덴마크	홍콩	홍콩	카나다	대만	카나다
8	룩셈부르크	핀란드	네덜란드	UAE	노르웨이	카타르
9	스웨덴	스웨덴	영국	독일	독일	호주
10	UAE	영국	스웨덴	카타르	카타르	독일
11		노르웨이	노르웨이	대만	네덜란드	룩셈부르크
	한국(29위)	**한국(26위)**	**한국(26위)**	**한국(22위)**	**한국(22위)**	**한국(22위)**
	중국(18위)	중국(28위)	중국(28위)	중국(21위)	중국(23위)	중국(19위)
	일본(26위)	일본(27위)	일본(21위)	일본(24위)	일본(27위)	일본(26위)

평가 대상 63개국 중 홍콩·스위스·싱가포르가 1·2·3위를 차지했다. 일본은 2014년 21위까지 올랐으나 2015년에 27위로 내려왔고, 2017년 26위로 1단계 상승하였다. 아시아 국가만 보면 2017년 기준 홍콩 1위, 싱가포르 3위, 대만 14위, 중국 18위, 말레이시아 24위, 일본 26위, 태국 27위 그리고 한국이 29위로 나타났다. WEF는 스위스에 있는 국제평가기관으로 1979년부터 매년 국가 경쟁력을 평가해 발표한다.

한 국가의 경쟁력을 평가하는 데는 무려 346가지의 평가요소들을 고려하게 된다. 국가경쟁력은 주요 평가기준으로 경제 실적, 정부의 효율성, 기업 효율성, 인프라를 중심으로 하위 5개 요소까지 분석하여 순위를 결정하게 된다.

먼저 국제통계로서 29개 OECD 국가와 18개 신흥공업국 및 시장경제 참여국을 대상으로 국제기구, 지역 또는 민간기구, 그리고 각국 정부로부터 수집한다. 설문조사 결과는 매년 2월말 세계의 33개 IMD 협력기관의 협조를 통하여 총 4,160명의 최고경영자들을 대상으로 이루어진다.

표 2-9 평가기준과 요소

경제실적	정부의 효율성	기업 효율성	인프라
국내경제	국가재정	생산성	기본 인프라
국제무역	재정정책	노동시장	기술적 인프라
국제투자	제도적 기반	재정	과학적 인프라
고용	기업법률	경영기법	건강, 자유
물가	사회적 기반	태도와 가치	교육

현재 우리나라의 IMD 협력 기관 및 담당자는 前경기중소기업진흥재단 대표인 정진호 박사가 전경련산하 한국경제연구원 재직시 맡기 시작했고, 우리나라의 통계 데이터와 의뢰받은 설문 조사의 결과를 제공하고 있다.

IMD 방식은 각 국가의 상대적 경쟁력 격차를 8개 부문별 지표[거시경제지표, 국제화, 정부, 금융, 하부구조(SOC), 경영(기업), 과학기술, 인력]로 구성하고 이를 토대로 전체 경쟁력 지수를 산출한다. 이러한 8개 부문별 지표를 구성하기 위해 각 지표를 표준화한 후 상대적 순위를 표준편차로 가중평균하여 점수를 만들고 그 결과에 따라 순위를 정한다. 또한 지표를 구하기 위해 우선 각각의 기준에 따라 최상위 국가와 최하위 국가를 결정하고 나머지 대상 국가들의 상대순위를 결정해 나가게 된다.

우리나라는 이러한 국가경쟁력을 높이기 위해 국가경쟁력 강화위원회도 두고 있는데, 정부가 2008년 초에 설치한 대통령 자문기관이다. 국가경쟁력 위원회는 산업단지 공급가격인하 방안, 국토이용 효율화 방안, 교통운영체계 선진화 방안, 군사시설 관리 이전방안, 도로사업 효율화, KTX 고속철도망 구축전략 등 여러 방면에서 국가경쟁력을 한층 높이기 위하여 노력하고 있다.

한편 IMD는 2017년 세계디지털경쟁력(IMD World Digital Competitiveness)도 함께 발표했는데, 1위 싱가포르, 2위 스웨덴, 3위 미국이었고, 한국은 19위, 일본은 27위, 중국은 31위였다.

디지털 경쟁력 항목은 50개의 평가항목에 근거한 것이며, 그 중 3분의 1은 새로운 자료이다. 그리고 객관성을 유지하기 위해 IMD WCC 연감과 유사한 가중치를 가진 데이터와 설문 조사 데이터를 모두 사용하였다. 여기에 사용된 50개의 데이터는 9개의 하부지표로 분류했으며, 이것을 세 가지 요소로 분류했다. 이 세 가지

요소는 지식, 기술 및 미래 준비의 관점이다.

IMD의 세계디지털경쟁력 순위에서 상위 국가들은 훈련과 교육(스웨덴과 덴마크), 과학적 통합(미국 및 스웨덴), 지원 규제(싱가포르, 스웨덴, 핀란드), 기술 프레임워크(싱가포르, 덴마크), 적응적 태도(미국, 핀란드 및 덴마크)와 IT통합(싱가포르, 스웨덴 및 핀란드)에서 일관된 성과를 거두고 있다.

2) NBDO

2013년 1월 10일 국가브랜드위원회와 삼성경제연구소는 공동으로 국가브랜드지수 모델(SERI-PCNB NBDO)을 통해 2012년 국가브랜드를 조사한 결과, 전체 50개국 중 한국의 실체 브랜드는 13위, 이미지 브랜드는 17위를 기록했다. 한국은 실체와 이미지 두 부문에서 전년 대비 2단계씩 상승하는 저력을 보인 것이다.

이번 조사는 26개국 오피니언리더 1만 3500명을 대상으로 지난해 10월 20일부터 11월 19일까지 실시됐다. 한국의 브랜드는 이미지가 지난 2년 간 정체에서 벗어나 상승세를 보인 것이 특징이다.

표 2-10 SERI-PCNB NBDO 국가브랜드 순위

2012년 순위	실 체	이미지
1	미국	미국
2	독일	독일
3	프랑스	영국
4	영국	일본
5	일본	스위스
6	스위스	스웨덴
7	호주	캐나다
8	스웨덴	프랑스
9	네덜란드	호주
10	캐나다	네덜란드
비고	한국(13위)	한국(17위)

자료: 이동훈 외 2인, 2012 국가브랜드지수 조사 결과, 삼성경제 연구소, 2013.1.10.

미국의 경우 실체와 이미지 기준 모두에서 1위를 차지해 '브랜드 최강국'의 위상을 보여주었는데, 미국은 실체 순위 기준으로 4년 연속 1위를 차지했다. 미국은 이미지 기준으로는 조사 이래 처음으로 1위로 부상했다. 독일은 실체와 이미지 모두에서 2위를 차지했다. 프랑스는 실체에서 3위를, 이미지에서 8위에 올랐다. 영국의 경우 실체에서 4위를, 이미지에서 3위에 이름을 올렸다. 일본은 실체에서 5위를, 이미지에서 4위를 기록했다. 네덜란드는 이번에 처음으로 10위권에 진입했다.

전체적으로 이번 조사대상 50개국 중에서는 지난 2011년 대비 스위스(9위→5위), 영국(5위→3위)이 '이미지가 강한 국가'로 부상한 반면, 일본은 이미지가 추락(1위→4위)했다.

특히 한국의 경우 2012년 조사 결과 이미지가 경제협력개발기구(OECD) 국가 평균을 상회함으로써 대한민국 국가브랜드는 상승 기조에 접어든 것으로 분석됐다. 이는 가수 싸이의 '강남스타일'과 삼성전자 스마트폰 '갤럭시', 핵 안보정상회의 개최 등이 결정적 역할을 한 것으로 분석되고 있다. 실체 측면에서도 런던올림픽 종합 5위, 3대 신용평가사(무디스, 피치, S&P)의 국가신용등급 상향 조정, 베니스영화제 황금사자상 수상 등이 주효해 상승세를 보인 것으로 나타났다.

3) WEF

세계경제포럼(World Economic Forum)은 1971년 미국 하버드대 클라우스 슈밥 교수가 설립, 독립적 비영리 재단형태로 출범했다. 처음에는 '유럽인 경영 심포지엄'으로 출발했으나 1973년부터 참석 대상을 전 세계로 넓히고 정치인으로까지 확대했다. 1981년부터 매년 초 스위스 다보스에서 회의가 개최됨에 따라 다보스포럼(Davos Forum)이라고도 한다. 다보스포럼은 연차총회 외에도 지역별 회의와 산업별 회의를 운영하면서 세계경제문제에 접근해 왔다.

현재 미국과 유럽을 중심으로 1,200개 이상의 기업과 단체가 가입되어 있다. 세계의 정계・재계・언론계・학계 지도자들이 참석해 '세계경제올림픽'으로 불릴 만큼 권위와 영향력이 있는 유엔 비정부자문기구로 성장하면서 세계무역기구(WTO)나 서방선진 7개국(G7) 회담 등에 막강한 영향력을 행사하고 있다. 세계경제포럼 산하 국제경영개발원(IMD)이 발표하는 '국가경쟁력보고서' 등을 통해 세계의 경제정책 및 투자환경에 큰 영향을 미치기도 한다. 그러나 세계화와 시장개방을 주도하는 대표적 단체로 최근에는 반(反)세계화주의자들의 주요 표적이 되어 왔다. 현재 격월 간 기관지 「월드 링크」(World Link)를 발행하며 국가별 국제경쟁력을 담은 『세계경쟁력보고서』를 매년 발간하고 있다.

다음 표는 세계경쟁력 지수 2012-2013 및 2016-2017 순위와 하부평가요소이다.

2012-2013 세계경쟁력 지수의 전체 순위는 1위 스위스, 2위 싱가포르, 3위 핀란드 순이며 한국은 19위 중국은 29위를 기록하고 있다. 필수조건과 효율성 개선 측면에서는 싱가포르가 1위이고, 혁신과 고도화 요소에서는 스위스가 1위 일본이 2위를 기록하고 있다. 전반적으로 한국은 20위권이지만 혁신과 고도화 요소 분야에서는 27위로 경쟁국가에 비해 상당히 뒤져 있다.

세계경제포럼(WEF)의 2016-2017 국가경쟁력 평가에서 우리나라가 3년 연속 26위에 머무르고 있다. 타이완, 말레이시아보다 낮고 아이슬란드, 중국 등과 비슷한 수준이다. WEF 국가경쟁력 평가 결과에 따르면 우리나라의 종합 순위는 평가대상 138개국 중 26위로 지난해와 동일한 수준을 유지했다. 2007년 11위로 가장 높은 순위를 기록한 이후 2008년 13위, 2009년 19위, 2010년 22위, 2011년 24위로 하락세를 보였다. 2012년 19위로 반등했지만 2013년 25위로 떨어진 뒤 2014년부터 26위에 머무르고 있다.

표 2-11 세계경쟁력 지수 2012-2013 순위

순위	전체순위	필수조건	효율성개선	혁신과 고도화 요소
1	스위스	싱가포르	싱가포르	스위스
2	싱가포르	스위스	미국	일본
3	핀란드	홍콩	홍콩	핀란드
4	스웨덴	핀란드	영국	독일
5	네덜란드	아랍에미레이트	스위스	스웨덴
6	독일	스웨덴	캐나다	네덜란드
7	미국	카타르	네덜란드	미국
8	영국	룩셈부르크	스웨덴	이스라엘
9	홍콩	노르웨이	핀란드	영국
10	일본	네덜란드	독일	오스트리아
한국	19위	18위	20위	27위
중국	29위	31위	30위	34위

자료: The Global Competitiveness Report 2012-2013.

분야별로는 기본요인(18→19위), 효율성 증진(25→26위) 분야가 소폭 하락했다. 기업혁신 및 성숙도(22위)는 전년 수준을 유지했다. 12개 부문별로는 거시경제 상황(3위, 2계단 상승), 도로·통신·인프라(10위, 3↑) 등 경제기초환경 관련 순위가 상승했다. 거시경제 부문에선 인플레이션(공동1위), 국가저축률(8위), 재정수지(18위) 등 지표에서 순위가 올랐다. 노동(77위)과 금융(80위) 부문은 각각 6계단, 7계단 상승했지만 여전히 하위권에 머물러 있는 모습이다. 노동 부문의 경우 노사 간 협력(132→135위), 임금결정의 유연성(66→73위) 등이 오히려 뒷걸음질 쳤다. 보건 및 초등교육(29위, 6↓), 고등교육 및 훈련(25위, 2↓), 기업혁신(20위, 1↓) 등 부문에선 순위가 하락했다.

표 2-12 세계경쟁력 지수 2016~2017 순위

순위	전체 순위	필수조건	효율성개선	혁신과 고도화 요소
1	스위스	싱가포르	미국	스위스
2	싱가포르	스위스	싱가포르	미국
3	미국	홍콩	스위스	독일
4	네덜란드	네덜란드	홍콩	일본
5	독일	카타르	영국	스웨덴
6	스웨덴	노르웨이	카나다	네덜란드
7	영국	스웨덴	독일	핀란드
8	일본	뉴질랜드	뉴질랜드	이스라엘
9	홍콩	룩셈부르크	네덜란드	영국
10	핀란드	독일	일본	덴마크
한국	26위	19위	26위	22위
중국	28위	30위	30위	29위

자료: The Global Competitiveness Report 2016-2017.
주: 2016-2017 rank out of 138 economies.

표 2-13 세계경쟁력 지수 2016-2017 하부 평가요소

필수조건				효율성 개선						혁신과 고도화 요소	
제도	인프라	거시 경제환경	건강과 초등교육	고등교육과 훈련	상품시장 효율성	노동시장 효율성	금융시장 발전	기술적인 준비상태	시장 규모	경영 고도화	혁신

자료: The Global Competitiveness Report 2016-2017.

지난해와 비교해 순위가 상승한 국가는 네덜란드(5→4위), 스웨덴(9→6위), 영국(10→7위), 뉴질랜드(16→13위), 타이완(15→14위) 등이다. 개발도상국 중에선 인도(55→39위), 파나마(50→42위), 바레인(39→48위) 등이 여러 단계 상승했다.

한편 WEF의 미래의 세계 지도자(Global Leaders For Tomorrow)는 1953년생 이하의 젊은 정치 및 경제계 인물로 민간 및 정부 부문에서 괄목할 만한 업적을 성취하고 책임 있는 지위에 오른 사람들을 대상으로 전 세계적으로 매년 100명씩 선정된다. 이는 은퇴한 전 세계 정·재계 지도자 모임인 세계현인회의와 함께 세계경제포럼이 21세기 세계의 공동발전을 모색하기 위해 만든 전 세계적인 인재 네트워크이다.

4) 중국 사회과학원

중국과학원은 기초과학 및 자연과학 등의 연구를 하는 중국 최고의 학술기관으로, 1949년 11월 1일 설립된 중국의 국립 자연과학연구소이다. 중국 베이징에 본원을 두고 있으며 과학원 학부와 직속기구로 구성되어 있다. 전신은 중앙연구원과 베이징연구원이며 설립 당시 연구소는 20여 개, 연구 인력은 200여 명에 불과했다. 1959~1967년 중국의 '과학기술발전장기계획' 제정에 크게 기여했다. 1966년부터 10년 간 이어진 문화혁명 기간 동안 박해를 받기도 했으나 소련의 발전된 기술 도입을 통해 중국의 자동차, 컴퓨터, 반도체, 항공우주 등의 핵심기술 기반을 구축했다는 평가를 받고 있다.

처음에는 사회과학 부문인 '철학 사회과학부'도 함께 있었으나 1977년 중국 사회과학원으로 독립시킴으로써 자연과학 연구만을 위한 독립기구로 재탄생했다. 1997년 자연과학과 하이테크 영역을 고루 갖춘 과학기술 체제를 확립했다. 베이징 본사 외에 12개의 분소가 있으며 117개의 부속기관, 100개 이상의 국가 핵심 연구소를 운영하고 있다. 재직자 수는 2011년 현재 5만 명을 넘어섰다. 부속 대학으로 직속 연구원 양성 기관인 허페이[合肥]중국과학기술대학교가 있다.

중국 국무원(행정부) 직속 싱크탱크인 사회과학원의 도시경쟁력연구센터(城市競爭力硏究中心)가 2010년 10월 발간한 '2010년판 국가경쟁력 청서(藍皮書)'에 따르면 종합 1위는 미국이 차지했고 EU(유럽연합)와 일본, 한국이 2·3·4위에 올랐다. 이어 5~10위는 싱가포르·독일·영국·네덜란드·스위스·프랑스가 차지했다. 이번 발표를 놓고 그동안 서방 중심적인 국가경쟁력 평가 기준에 불만을 가졌던 중국이 아시아 국가들에 유리한 각종 경제지표 등을 평가기준으로 적용, 한국뿐 아니라 중국·싱가포르·대만 등 아시아 국가들의 순위가 전반적으로 상승했다는 분석이라고 볼 수 있다.

표 2-14 주요국 국가 경쟁력 순위(중국 사회과학원 도시경쟁력 연구센터)

순위	2010년 발표	2006년 발표
1	미국	미국
2	EU	독일
3	일본	일본
4	**한국**	영국
5	싱가포르	프랑스
6	독일	네덜란드
7	영국	아일랜드
8	네덜란드	캐나다
9	스위스	이탈리아
10	프랑스	벨기에
17	**중국**	
20		**한국**
34		**중국**

자료: 조선일보, 2010.10.27.

사회과학원은 ▲경제 총량 ▲경제 효율성과 구조 ▲발전 잠재력 ▲창신(創新·혁신) 능력 등 각 분야를 자체적으로 개발한 다양한 분석시스템을 적용해 평가했으며, 분석 대상은 전 세계 100개국의 1990~2008년 각종 경쟁력 관련 자료들이다.

사회과학원에 따르면 중국은 1990년에는 세계 73위에 머물렀으나 2008년(2010년 보고서)에는 17위로 도약했다. 사회과학원은 "중국은 종합경쟁력 면에서 2020년에는 G20(주요 20개국) 중 5강, 2030년에는 미국과 EU에 육박, 2050년에는 미국과 함께 진정한 의미의 세계 2강(G2)이 될 것"이라고 예상했다. 이에 대해 중국인민대학 사회학과 저우샤오정(周孝正) 교수는 "중국은 지금 빈부격차와 사법·수입 분배 불균형의 골이 더욱 깊어지는 심각한 상황에 있고, 이 두 가지 핵심 과제를 해결하지 않으면 세계 2강으로 발전하기 어렵다"고 말했다.

사회과학원이 지난 2006년 3월에 발표한 국가경쟁력 평가는 1~10위가 미국·독일·

일본 · 영국 · 프랑스 · 네덜란드 · 아일랜드 · 캐나다 · 이탈리아 · 벨기에 순이었다. 한국과 중국은 각각 20위와 34위였다. 사회과학원은 2006년에는 ▲경제성장률 ▲1인당 GDP ▲상품 및 서비스 수출 ▲노동생산성 등 2010년 발표 자료와는 다른 평가기준을 적용했다.

중국이 이번에 발표한 경쟁력 순위는 세계경제포럼(WEF)이나 국제경영개발원(IMD) 등 서방 기관이 평가한 순위와는 상당히 다르다. 2009년 WEF가 발표한 국가 경쟁력 순위는 1~6위가 스위스 · 스웨덴 · 싱가포르 · 미국 · 독일 · 일본 순이었고, 한국과 중국은 각각 22위와 27위에 머물렀다. IMD가 2010년 5월에 발표한 국가경쟁력 순위에서도 중국과 한국은 각각 18위와 23위에 불과했다.

5) 국제신용평가기관의 신용등급

국가 신용도는 그 나라에 수출, 자금대출 또는 투자를 하는 경우 손실발생 가능성을 의미한다. 일반적으로 국가위험이 높은 나라일수록 수입, 차관도입, 투자유치에 어려움을 겪을 뿐만 아니라 고위험에 상응하는 높은 가격을 지불해야 한다. 국가위험은 여러 국제신용평가기관, 국제상업은행 및 수출입은행 등에서 여러 가지 방법으로 평가를 하고 있다.

국가 신용등급은 일반적으로 한 국가가 채무를 이행할 능력이 얼마나 있는지를 등급으로 표시한 것으로 이해되고 있다. 국가 신용등급은 국제 금융시장에서 투자 여부와 해당 국가의 차입금리 등 투자조건을 결정하는 기준과 판단요소가 된다. 또한 국가 신용등급은 해당국의 금융기관이나 개별 기업의 신용평가에 있어서도 베이스가 되는 기준으로 적용된다.

세계적으로 국가의 신용등급을 산정하는 곳 중에는 스탠더드 앤드 푸어스(S&P), 무디스, 피치 등 세 군데가 정평이 나 있다. 이들 국제신용평가기관들은 국가신용등급을 기준으로 투자적격 여부를 판정하는데 장기채권의 경우는 대체로 B중 중상 등급 수준, 단기 채권의 경우는 A중 중저 등급 수준이 기준점이 되고 있다.

현재 Moody's, S&P, Fitch IBCA 세계 3대 신용평가사 이외에 각 국가 및 지역별로 34개 이상의 신용평가사들이 활동 중이다. 신용평가 결과는 단순히 투자자에게 투자의 기초자료를 제공하는 것뿐만 아니라, 1990년대에 이르러서는 재무건전성 감독의 수단으로 활용되기 시작하였다. 특히 금융기관이 등급이 낮은 증권을 일정량 이상 보유하는 것을 제한하는 건전성 감독의 수단으로 신용평가가 이용되고 있다.

영국의 피치 IBCA, 미국의 무디스와 스탠더드 앤드 푸어스(S&P)는 또한 세계금융시장을 좌지우지하는 세계 3대 국제신용평가기관이다. 이들 평가기관은 세계를 대상으로 채무상환능력 등을 종합평가해 국가별 등급을 발표하고 있다.

(1) 피치 IBCA(Fitch IBCA)

650여개의 비 미국계 금융기관 및 50여 개국의 신용도 평가로 유명한 IBCA 사(社)와 재정평가 등으로 잘 알려진 Fitch 사가 1997년 합병해 만들어진 회사다. 모기업은 프랑스의 피말락(Fimalac)사이다.

상환기간 1년 이상인 장기채권에 적용하는 '장기신용등급'의 경우 'AAA'부터 잠재적 불안정상태인 'BBB-'까지가 투자적격이며, 'BB+' 이하부터 투자부적격으로 분류하고 있다. 또 동일 등급 내에서 '+' 와 '-', 일반으로 우열을 표시한다. 상환기간 1년 미만인 단기채권에 적용하는 '단기신용등급'의 경우 F-1, F-2, F-3, B, C로 구분한다.

(2) 무디스(Moody's)

1900년 존 무디(John Moody)가 설립한 신용평가기관으로 미국 최초로 1909년 2백여 개 철도채권에 대해 등급을 발표하면서 미국 굴지의 신용평가기관으로 부상했다.

무디스는 상환기간 1년 이상인 장기채권에 적용하는 '장기신용등급'의 경우 'Aaa'부터 'Baa'까지를 투자적격 등급으로, Ba 이하는 투자부적격 등급으로 상정한다. 동일 등급 내에서 1·2·3으로 우열을 표시한다. 상환기간 1년 미만인 단기채권에 적용하는 '단기신용등급'은 prime 1(P-1), prime 2(P-2), prime 3(P-3), no trade(NT)로 구분한다.

(3) 스탠더드 앤드 푸어스(S&P)

회사채 신용평가를 하던 Poor's사와 Standard Statistics사가 1941년에 합병하여 오늘날의 S&P가 되었으며 현재는 맥그로-힐(McGraw-Hill)사의 자회사이다.

세계 60여 개국을 대상으로 정치상황, 경제구조, 경제성장 전망, 재정운용, 공공부채, 대외부채, 물가 부채상환능력 등 8개 부문 31개 항목에 걸친 투자환경을 조사해 등급을 발표한다. 상환기간 1년 이상인 장기채권에 적용하는 장기신용등급의 경우 'AAA'부터 잠재적 불안정상태인 'BBB-'까지가 투자적격이며, 'BB+' 이하부터 투자부적격으로 분류하고 있다. 또 동일 등급 내에서 '+'와 '-', 일반으로 우열을 표시한다. 상환기간 1년 미만인 단기채권에 적용하는 단기신용등급의 경우 A-1, A-2, A-3, B, C 로 구분한다.

표 2-15 신용평가 등급체계

	Moody's	S&P	Fitch IBCA	비고
투자적격	Aaa	AAA	AAA	매우 높은 신용도
투자적격	Aa1 Aa2 Aa3	AA+ AA AA-	AA	높은 신용도
투자적격	A1 A2 A3	A+ A A-	A	높은 신용도를 유지하고 있으나 예외적인 경우에는 금전적 의무이행 가능성이 저하될 수 있다.
투자적격	Baa1 Baa2 Baa3	BBB+ BBB BBB-	BBB	신용도가 양호하나 향후 부정적인 경제여건에서는 금전적 의무이행능력이 악화될 수 있다.
투자부적격	Ba1 Ba2 Ba3	BB+ BB BB-	BB	단기적으로 금전의무 이행능력이 있으나 향후 부정적 여건에서는 의무이행능력이 악화될 가능성이 높다.
투자부적격	B1 B2 B3	B+ B B-	B	향후 금전의무 이행능력이 있으나 향후 부정적 경제여건하에서는 채무이행능력이 상당히 손상될 수 있다.
투자부적격	Caa1 Caa2 Caa3	CCC+ CCC CCC-	CCC CC C	현재 금전적 의무이행 여부가 불확실한 등급을 말한다.
투자부적격	Ca	CC	DDD DD	현재 금전의무 이행여부가 매우 불확실한 등급을 말한다.
투자부적격	C	D(SD)	D	

한국의 신용등급이 사상 처음으로 S&P, 무디스, 피치 등 세계 3대 국제신용등급 평가기관에 의해 일제히 상승했다. 무디스가 2012년 8월 A1→Aa3, 피치가 지난 9월 A+→AA-, S&P가 지난 9월 A→A+로 한국의 신용등급을 상향 조정했다.

2015년 9월 15일 국제신용평가사인 스탠더드앤드푸어스(S&P)가 한국의 국가신용등급을 'A+'에서 'AA-'로 한 계단 상향 조정했다. AA-는 국가신용등급 중 네 번째로 높은 단계로 한국이 S&P로부터 받은 역대 최고 등급과 같다. 한국은 1995년 5월 S&P로부터 AA- 등급을 받았고 1997년 10월까지 이 등급을 유지했다. 하지만 1997년 12월 외환위기를 맞으면서 투자부적격 등급인 'B+'로 무려 10단계나 하락했다. 이 수준을 회복하는 데 18년이 걸렸다.

표 2-16	우리나라와 G20 국가 신용등급 비교

순위	국가	'14 GDP (10억 달러)	국가신용등급 비교					
			2008년9월 이전		2015년 9월			등급 변동
			S&P	무디스	S&P	무디스	Fitch	
1	독일	3,820	AAA	Aaa	AAA	Aaa	AAA	
1	캐나다	1,793	AAA	Aaa	AAA	Aaa	AAA	
1	호주	1,482	AAA	Aaa	AAA	Aaa	AAA	
4	영국	2,847	AAA	Aaa	AAA	Aaa(N)	AA+	AA
5	미국	17,416	AAA	Aaa	AA+(N)	Aaa(N)	AAA-(N)	
6	프랑스	2,902	AAA	Aaa	AA+(N)	Aaa(N)	AAA-(N)	
7	사우디	777	AA-	A1	AA-	Aa3	AA	
8	한국	1,449	A	A2	AA-→AA	Aa3→Aa2	AA-	
9	중국	10,365	A+	A1	AA-	Aa3	A+	
10	일본	4,769	AA	Aaa	A+	A1	A	

(1) 순위는 S&P 기준
(2) 국가신용등급 뒤 (N)은 부정적 등급 전망, (P)는 긍정적 등급전망
※ 비G20 국가 중 신용등급이 AAA인 국가(S&P 기준) : 스위스, 덴마크, 핀란드, 노르웨이, 네덜란드, 룩셈부르크, 싱가포르, 홍콩
(3) 영국은 브렉시트 이후 S&P와 Fitch 모두 AA로 2단계 하향 조정함
(4) 한 · 중 · 일 모두 2016년 8월 말 기준

S&P는 2016년 9월 15일 "한국은 앞으로 3~5년 동안 다른 선진국보다 더 높은 성장률을 유지할 전망"이라고 등급 조정 배경을 설명했다. 양호한 재정과 대외 건전성도 상향 조정의 이유였다. 이날 북한이 장거리 로켓을 시험 발사하겠다고 예고했지만 S&P의 신용등급 조정엔 영향을 미치지 못했다.

이로써 한국은 S&P · 무디스 · 피치의 3대 신용평가사로부터 모두 AA-(무디스 기준 Aa3) 등급을 받았다. 주요 20개국(G20) 중 3대 신용평가사에서 AA- 이상의 신용등급을 받은 국가는 한국 · 미국 · 독일 · 캐나다 · 호주 · 영국 · 프랑스 · 사우디아라비아 등 8개국뿐이다.

우리나라 국내총생산(GDP) 대비 연구개발(R&D) 투자 비중이 2년 연속 세계 1위에 오른 것으로 나타났다. 미래창조과학부는 4월 과학의 달을 맞아 국내 과학기술 수준에 대한 인식을 제고하기 위해 2016년 4월 발간한 「우리나라 과학기술 주요 지표 한눈에 보기」에서 우리나라의 GDP 대비 R&D 투자비중이 2014년 기준 4.29%로 이스라엘(4.11%), 일본(3.58%)을 제치고 세계에서 가장 많다고 밝혔다. 한국의 GDP 대비 R&D 비중은 2012년 2위에서 2013년 1위로 올라섰다.

한국의 R&D 투자규모는 605억 달러로 세계 6위였다. R&D에 가장 많이 투자하는 나라는 미국(4569억 달러)이고 중국(2,118억 달러), 일본(1649억 달러), 독일(1,099억 달러), 프랑스(638억 달러)가 그 뒤를 이었다. 2017년 현재 한국 R&D 투자 수준은 세계 상위권 수준이지만 R&D 투자 누적액은 여전히 선진국과 큰 차이를 보이는 것으로 나타났다. 이것은 미국, 일본 등은 이미 1970년대부터 GDP 대비 2% 이상을 R&D에 투자해왔지만, 한국은 1994년에야 처음 2%에 도달했기 때문이라고 설명했다.

표 2-17 주요국 국가신용등급 현황(2016.12. 기준)

구분	등급	Moody's	S&P	Fitch
투자등급	AAA(Aaa)	미국, 독일, 캐나다, 호주, 싱가포르	독일, 캐나다, 호주(-), 싱가포르, 홍콩(-)	미국, 독일, 캐나다, 호주, 싱가포르
	AA+(Aa1)	영국(-), 홍콩(-)	미국	홍콩
	AA(Aa2)	한국, 프랑스	한국, 영국(-), 프랑스(-), 벨기에	영국(-), 프랑스, 벨기에(-)
	AA-(Aa3)	중국(-), 대만, 칠레, 벨기에	중국(-), 대만, 칠레	한국, 사우디아라비아(-)
	A+(A1)	일본, 사우디아라비아	일본, 아일랜드	중국, 대만(+), 칠레
	A(A2)			일본(-), 아일랜드
	A-(A3)	말레이시아, 멕시코(-), 아일랜드(+)	말레이시아, 사우디아라비아	말레이시아
	BBB+(Baa1)	태국	멕시코, 태국, 스페인	이탈리아, 태국, 스페인, 멕시코
	BBB(Baa2)	필리핀, 이탈리아, 스페인, 남아공(-)	필리핀	
	BBB-(Baa3)	인도(+), 인도네시아, 터키(-)	인도, 이탈리아, 남아공(-)	인도, 인도네시아, 필리핀(+), 러시아 (-), 터키, 남아공

2006년에는 R&D 투자금액 중 23.1%를 기초연구비로 썼지만, 2016년에는 그 비율이 39%로 증가했다.

한국의 특허 출원은 1980년부터 2014년까지 34년 간 급격히 늘어 41.5배, 특허등록은 79.5배 증가한 것으로 나타났다. 특허 출원과 등록의 연평균 증가율은 각각 12.0%, 14.2%였다.

이 중 미국, 일본, 유럽 특허청에 모두 등록된 '삼극 특허'(三極特許, Triad Patent Families)의 등록 건수는 우리나라가 세계 4위였으며 국제표준화기구에 등록된 특허인 '표준특허' 보유 건수로는 세계 5위를 차지했다. 과학기술논문인용색인(SCI)급 논문 수도 크게 늘었다. 1981년에는 269건으로 세계 44위였지만 2014년에는 54,691건으로 12위 수준에 도달했다. 논문의 질을 평가하는 '피인용 상위 1% 논문'

역시 지난 10년 동안 3배 이상 증가해 2014년 기준 세계 13위를 차지했다.

공공연구기관의 R&D 사업화 성과도 향상 추세인 것으로 파악됐다. 공공연구기관의 기술이전 실적은 2005년 1,580건에서 2014년에는 8,524건으로 5배 이상 급증했다. 기술과 관련 서비스를 수출하는 일도 늘어 기술무역수지비가 2000년부터 가파르게 올랐다.

위 지표를 종합해 한국의 과학기술경쟁력을 평가한 결과 세계 상위권인 것으로 나타났다. 한국과학기술기획평가원(KISTEP)은 2015년 한국의 과학기술경쟁력을 세계 5위로, 독일 정부 산하기관은 한국의 혁신지수를 13위로 각각 평가했다. 블룸버그통신의 경우는 2014년과 2015년 한국의 과학기술경쟁력을 모두 1위로 평가해 최고점을 주었다. 블룸버그 통신의 평가가 특히 높은 것은 평가기준에 'GDP 대비 R&D 투자'가 큰 비중을 차지하기 때문이다.

우리나라는 성과가 가속화될 수 있도록 정부 R&D 혁신을 지속해서 추진해야 하며, 특히 창의적, 도전적 연구를 통해 연구개발의 질적 수준을 높이는데 주안점을 두어야 할 것이다.

표 2-18 한국의 WB · IMD · WEF 국가경쟁력 평가결과 추이

	세계은행(WB) 기업환경평가	국제경영개발연구원 (IMD)	세계경제포럼 (WEF)
2008년	23위	31위	13위
2009년	19위	27위	19위
2010년	16위	23위	22위
2011년	8위	22위	24위
2012년	8위	22위	19위
2013년	7위	22위	25위
2014년	5위	26위	26위
2015년	4위	25위	26위
2016년	5위	29위	26위
2017년	4위	29위	26위

자료: 기획재정부, 각 기관

제 3 장 국제통상환경의 변화(1)

제3장 국제통상환경의 변화(1)

1. 통상환경의 변화

1) 변화하는 세계경제와 통상환경

(1) 교역과 개방의 확대

현재의 세계경제는 재화 및 서비스교역의 증대 및 자본거래의 확대를 경험하고 있으며, 이로 인하여 국민경제 간의 상호의존성도 어느 때보다 높아졌다. 교역과 개방의 확대는 국제분업의 이득이 크다는 것을 반증하는 것이다. 한편 상호의존도의 확대로 대외적인 충격이나 정책변화가 국내 경제활동에 미치는 영향도 증가하고 있다. 또한 국가 간 통상마찰, 그리고 자유화에 대한 국민경제내 생산자와 소비자 간 갈등이 야기되고 있는 실정이다.

(2) 서비스와 자본거래의 확대

최근 국제경제거래의 확대는 ① 국가 간 물리적 거리를 단축시킨 통신·교통의 발달, 사회 및 문화적 변화, ② 관세 및 무역에 관한 일반협정(GATT) 및 WTO의 무역장벽 철폐, ③ 각종 형태의 RTAs 등 FTA의 확산, ④ 자본 자유화에 의한 금융 및 외환시장의 발달에 기인하고 있다.

서비스교역은 자유화에 힘입어 점차 증가추세에 있는데, 운수, 여행 등 전통적 서비스 이외에 금융, 유통, 의료, 교육 등에서도 교역이 활발해지기 시작했다. 특히 1980년대 이후 직접경영을 목적으로 하는 해외직접투자와 주식이나 채권 등의 금융자산에 대한 포트폴리오투자를 의미하는 간접투자가 급속히 증가하고 있으며, 1990년대에 들어와서는 자본자유화가 추진되면서 개도국에 대한 대규모 자금유입이 나타나고 있다.

(3) 다국적기업과 생산의 세계화

국제무역은 국민경제를 생산단위로 하여 국제분업을 촉진시키는 반면, 다국적기업은 국민경제 단위를 초월하여 세계경제를 유기적으로 통합하는 역할을 담당하고 있다. 생산의 세계화(Globalization of production)는 국내기업이 생산활동의 일부 또는 전부를 해외로 이전함으로써 다국적 생산체제를 구축하여 가는 과정을 의미(수출 → 독점계약을 통한 판매 및 서비스망 구축 → 유통망 투자 → 해외생산시설 구축)한다. 다국적기업에 의한 국제생산체제의 구축으로 국민경제 간에도 다각적이고 유기적인 분업체제가 성립하고 있다. 즉, 초보적 경제통합에서 심층적 통합으로 진전되는 상황이다.

(4) 지역주의의 확산과 광역화

지역화(Regionalization) 또는 지역경제통합(Regional integration)은 경제적 이해관계가 보다 밀접한 국가들끼리 특혜적인 무역 및 투자자유화를 통한 경제통합을 지칭한다. 세계무역기구(World Trade Organization: WTO)가 출범했음에도 불구하고 새로운 지역무역협정(Regional Trade Agreements: RTAs)의 체결은 확대되는 추세이다. 또한 기존의 지역무역협정도 새로운 회원국을 받아들이는 형태로 확대되고 있다.

(5) 세계경제의 다극화 심화

21세기는 초강대국 하나가 국제규범의 제정과 실행을 주도하기보다 비슷한 경제력을 갖는 지역경제권이 상호경쟁 및 협력하에 질서를 유지하는 다극체제가 될 것으로 보인다. 다극화현상을 뒷받침하는 증거로서 선진국 간, 그리고 선진국과 일부 개도국 간 경제력 격차의 감소현상을 들 수 있다. 경제규모면에서 미국, EU 및 일본 등 선진국들과 거대 공룡 중국이 선두를 지킬 것이나, 러시아, 브라질, 인도, 인도네시아 등 소위 'Big-4'를 위시한 개도국들의 비중이 크게 증가할 것으로 보인다.

(6) 새로운 통상의제의 대두

최근 선진국을 중심으로 투자, 경쟁정책, 노동기준, 환경, 부정부패 등 소위 신통상문제의 체제내 편입가능성에 대한 관심이 높아지고 있는 실정이다. 소위 밀레니엄라운드를 위시하여 새로운 통상규범 제정을 위한 노력이 가시화되고 있다. 신 통상문제들을 관통하는 하나의 공통분모는 소위 '공정한 경쟁여건'(level playing field)의 확보라고 할 수 있다. 각국 정부는 기업환경개선을 위한 대내외적 자유화를 경쟁적으로 추진할 수밖에 없을 것이며, 기업활동에 직접적인 영향을 주는 대내정책의 국제적 조화가 모색될 것으로 보인다.

(7) 국제기구의 성격 및 역할의 변화

급속한 국제경제 환경변화와 세계경제의 다극화는 기존 국제기구의 내부적 개혁과 기구 간 협력강화의 필요성을 제기하고 있다. 특히 WTO, IMF, OECD 등 국제기구의 역할이 중요하다. 그동안 국제기구는 주요 선진국들의 입김이 크게 작용해왔다. 이에 대한 반발로 중국을 위시한 개도국들은 중국 주도의 국제금융기구인 아시아인프라투자은행(AIIB)에 많은 관심을 가지고 있으며 동참을 하고 있다.

2) 시대별 무역환경의 변화

(1) 무역환경조성시대(1940-50년대)

전후 경제부흥과 무역확대를 위한 범세계적 협력기구 창설을 합의하게 되는데, 이것을 브래튼우즈(Bretton Woods) 체제라고 부른다.

외환의 안정과 대외경제의 자유화를 통한 국제거래의 원활한 교류 및 확대를 위하여 IMF(International Monetary Fund)를 설립하였고, 장기자본의 조달과 공급으로 전후 경제부흥과 경제개발을 위해 IBRD를 설립하였다. 또한 무역자유화를 위하여 GATT(General Agreement on Tariffs and Trade)를 창설하여 무역확대에 기여하였다.

(2) 무역자유화시대(1960년대)

1960년대 GATT를 중심으로 한 무역장벽의 대폭적 완화를 추구한 케네디라운드는 전반적으로 선진국을 중심으로 관세는 평균 35% 인하되었다. 이러한 관세인하는 자유무역의 확대에 크게 기여를 하게 되는데, 특히 유럽 여러 나라들이 상호무역을 늘려 나갔다. 또한 개발도상국들도 동서해빙과 함께 경제적 독립을 이루기 위해 노력하였는데, 유엔을 중심으로 '원조보다는 무역'을 외치며 선진국들의 파격적인 무역장벽의 완화를 요구하였다.

이리하여 1964년 유엔을 중심으로 유엔무역개발회의(UNCTAD)를 창설하게 된다. 개도국들은 UNCTAD를 통해 선진국에 일방적인 특혜관세를 요구하여 결국 1970년 일반특혜관세(GSP) 제도가 탄생하게 되었으며, 일부 개도국의 무역량은 급속도로 확대되어 갔다.

(3) 신보호무역시대(1970년대)

1960년대 미국은 해외군사비 지출과 무역수지 악화 등으로 국제수지 적자가 누적되어 왔다. 그 결과 기축통화(key currency)로서 달러가치의 신인도에 문제가 생기게 된다. 미국경제의 약화는 미국에게 보호무역의 당위성을 더해주기 시작하는데, 이 여파는 곧 전 세계로 파급된다. 결국 미국은 1971년 8월 15일 닉슨 대통령이 국제수지 개선과 달러방위를 위해 모든 수입품에 10%의 임시수입부가세를 부과하고, 금의 태환을 정지함(닉슨독트린 선언)으로써 지금까지 견지해온 GATT와 IMF 체제가 크게 동요되었다.

한편 일본은 급속한 수출신장과 외환보유의 증대로 경제대국으로 성장하여 국제자원시장에 등장함으로써 세계시장 판도를 크게 바꾸는 계기가 된다. 또한 유럽 지역경제협력체인 EC는 역내관세를 철폐하고 역외공통관세를 확립함으로써 유럽경제권을 완성, 세계경제의 블록화를 가속시키게 되었다.

특히 1973년, 1979년 1-2차 오일쇼크로 제3국가들의 등장과 자원의 무기화는 선・후진국을 막론하고 국제수지 방어를 위한 보호무역조치를 노골적으로 강화하기 시작하게 되는데, 이는 GATT체제가 지향하는 자유무역의 세계질서를 크게 위협하는 상황이 되었다.

(4) 관리무역시대(1980년대)

1980년대는 수출입품의 가격관리와 수량통제가 정부에 의해 관리되는 관리무역시대라고 볼 수 있다. 우선 가격면에 있어서 대부분의 주요 1차 산품들은 국가가 관리하는 가격으로 수출되든지 또는 국제상품협정이나 국제상품카르텔에 의해서 가격이 관리되어 왔다.

이러한 무역량을 관리하는 제도로서는 각국의 수량제한제도 외에 가격관리제도와 병행하여 수량관리가 이루어지고 있는데, 그 대표적인 것이 섬유류에 관한 협정(MFA; Multi-fibre agreement) 등이 있다. 무역 규범면에 있어서도 각국의 정부는 이른바 질서 있는 무역이나 자유무역의 관리를 외치면서도 정부가 깊이 개입하여 간섭하거나 관리하는 체제로 가고 있었다.

(5) 신자유무역시대(1990년대)

1980년대 중반부터 일본의 엄청난 무역흑자와 미국의 엄청난 무역적자 등 각국 간의 무역불균형이 심해지면서 다시 보호주의적인 색채가 짙어지기 시작하게 된다. 게다가 미국, 유럽 등 선진국들은 반덤핑관세, 쌍무적 개방 압력, 일방적 무역 보복조치 등을 남용하는가 하면, 철강 등의 경우 수출국에게 수출자율규제(VER)를 강요하였다. 더구나 섬유교역의 경우는 MFA에 따라 GATT체제에서 일탈했고, 농산물은 GATT의 취지와 어긋나는 비관세장벽이 폭넓게 인정되는 등 무역질서가 문란해졌다. 이에 1986년 9월부터 GATT의 8차 협상인 UR이 시작된다. 이 협상은 다자간협상으로의 큰 의미를 가진다.

결국 UR의 타결로 WTO 체제가 출범하게 되는데, WTO는 GATT를 이어받고 세계통상질서를 새로운 자유무역으로 이끌어가지 위해 강력한 법적 구속력, 국가간의 통상마찰시 단일한 분쟁해결절차 마련 등 GATT에 비해 권한과 역할이 크게 강화되었다.

(6) 다극체제 무역시대(2000년대)

2000년대 들어와 공정무역관점에서 과거처럼 일부 강대국이 주도하는 무역질서보다는 상대적으로 개도국의 입장과 입김이 커지게 된다. 각국의 산업과 무역은 무한경쟁시대에 진입하였고, 그동안 일부 개도국을 제외하고 대부분 소외되었던 개도국은 산업화와 목소리가 증대되었다. 그 예로 UR 이후 WTO 협상에서 개도국의 의견이 강화되었으며, 협상의 내용에 대한 조율도 크게 영향을 미치고 있다 (DDA협상 미타결).

최근 DDA협상과정에서는 전 산업분야에 걸친 공정한 룰(rule)의 강조 및 규범화가 이슈로 등장하고 국제사회의 질서와 합의, 정치 및 외교협상력의 중요성 증대의 필요성이 강조되었다.

(7) 신지역주의 보호무역시대(2010년대~)

2008년 국제금융위기 이후 세계 각국은 자국위주의 보호무역을 강화하려는 움직임이 나타나기 시작했다. DDA 협상이 지지부진하자 각국은 뚜렷한 지역주의화 경향을 보이기 시작했으며, FTA 협상타결은 유행처럼 번져갔다. 이것은 역내에서는 자유무역을 지향하지만 역외국가들에게는 장벽으로 작용하는 새로운 보호무역시대가 되어버린 것이다. 미국은 자국 경제를 살리기 위해 내부적으로는 양적 완화를 통해 경기부양을 하고, 외부적으로는 트럼프가 등장하기 전까지 FTA 등을 통해 제한적 개방정책을 확대해왔다. 중국은 세계 2위의 경제 대국으로 등장하면서 경제성장률의 저하를 양적 완화와 많은 국가들과 FTA를 확대하고, 새로운 활로로 해외투자를 추진하였다. EU와 일본도 경기부양을 위한 양적 완화와 FTA를 추진하고, 일본은 특히 TPP 등에 상당한 관심을 두고 새로운 활로를 찾고자 하였다.

최근 글로벌 주요 국가에 의해 취해지고 있는 보호무역의 조치는 대부분 보조금, 무역구제, 관세로 구성되어 있다. 보조금은 예전부터 주로 사용해 왔던 정책이며, 최근 무역구제(반덤핑 91%, 상계관세 7%, 세이프가드 2%)와 기술장벽, 검역조치의 활용 비중이 커지는 양상이다.

국가별로는 전체 무역제한 조치 중 미국이 차지하는 비중이 가장 크며, 그 외 러시아·인도·브라질·인도네시아 등 중견 신흥국의 비중이 확대되고 있다. 이와 같이 최근 신흥국의 무역제한 조치가 늘어난 것은 경제 저성장 기조가 고착화되면서 정부 차원에서 기초 체력이 약한 자국 산업을 보호할 필요성이 커졌기 때문이다.

품목별로 살펴보면 철강(제품), 기계·보일러, 전기전자기기 등 글로벌 시장 내 중국의 수출비중이 큰 제품을 중심으로 보호무역 조치가 확산되고 있다. 이는 업황 부진으로 경쟁이 심해지는 산업이라는 공통점을 가지는 동시에 중국의 수출비중이 큰 산업이란 특징이 있는데, 즉 미국 등 선진국이 중국을 견제하기 위한 목적으로 보조금, 무역구제 등의 조치를 활용한 것으로 보인다.

세계의 많은 국가들이 자국산업은 보호하고 해외 진출은 확대하되, 외국 상품의 진입은 비관세장벽과 FTA로 차별화하려는 경향이 뚜렷한 신지역주의 보호무역시대라고 할 수 있다.

2. GATT의 기여

1) GATT의 의의

GATT(관세 및 무역에 관한 일반협정)는 세계 각국의 관세를 인하하고 세계무역에 있어 모든 제한을 점진적으로 완화 또는 폐지함으로써 무차별 · 평등 · 호혜의 자유무역체제를 확립하는 데 있다. GATT의 근본 목표는 ① 생활수준의 향상, ② 완전고용의 달성, ③ 고도로 증가하는 실질소득의 확보, ④ 유효수요의 확보, ⑤ 세계자원의 활용에 있어서 일층의 신장, ⑥ 상품의 생산과 교환의 확대 등이다.

이와 같은 공통인식하에서 창설된 일반협정의 목적은 구체적으로 ① 관세 및 기타 무역장애를 실질적으로 경감하고, 국제통상에 있어서 차별대우를 배제할 것 등의 양자를 지향하면서, ② 상호적이고 호혜적인 약정을 체결함으로써 상기 6개 항목의 목표에 기여하려는 데 있다.

2) 설립 배경과 발전

관세 및 무역에 관한 일반협정은 19세기 후반 유럽에서 한때 달성되었던 유럽에서의 무역안정을 다시 한 번 이룩하고자 하는 GATT 초기 당사국들의 표현이었다. 1930년대는 경제적 민족주의가 전 세계적으로 만연되어 수출은 강화되고 수입이 통제되는 시대여서 관세인상, 수출보조, 수입할당, 자국화의 평가절하, 환율의 조작, 특혜제도에 의한 차별유지 및 물물교환 등 상업전쟁의 온갖 수법을 동원하여 인근 궁핍화정책을 각국이 추구하였고, 그 결과는 세계경제를 파괴시키고 제2차 세계대전을 일으키기에 이르렀다. 이와 같은 국가보호무역주의와 1930년대의 국제무역의 분열은 개방된 무역질서와 국가들이 그 질서를 확립하고 유지하는데 있어 협력해야 한다는 사실에 대해 공동의 관심을 불러 일으켰다. 정부 관리들은 1930년대의 인근 궁핍화정책들이 모두에게 경제적, 정치적 손실을 초래했다는 점을 인식했다. 따라서 경제적 민족주의로부터 탈피하여 무역에 관한 제한을 축소하고 통제하기 위한 기구가 창설될 필요성을 인식하게 되었다. 제2차 세계대전 후 승전국인 연합국 사이에서 보호주의적인 무역전쟁의 재연을 방지하고 자유롭고 무차별적인 세계무역의 확대를 위해서는 IMF와 IBRD를 보완해주는 새로운 국제무역기구가 필요하다는 인식이 나타났다. 이러한 배경에서 미국정부가 ITO의 설립을 추진하게 되었고, 1948년 3월 UN 무역고용회의로 불린 하바나 회의에서 53개국의 서명으로 ITO의 설립에 관한, 일명 하바나 헌장을 채택하였다.

하바나 헌장은 고용, 경제발전, 무역정책, 경쟁제한적 무역관행, 상품협정으로부터 엄격한 분쟁해결절차까지 광범위한 업무를 ITO에 위임하였다. 이에 따라 하바나 헌장은 목표가 너무 이상적이고 국제무역에 관한 규율도 지나치게 엄격하다는 참가국의 비난을 받았으며, 제안자인 미국에서도 ITO가 통상문제에 대한 입법부의 고유권한을 침해할 수 있다는 미국 의회의 부정적 태도로 인하여, 미국행정부가 ITO 헌장의 비준요청을 의회에 제출하지 않음에 따라 ITO의 설립계획은 완전히 무산되고 말았다.

이렇게 ITO의 설립은 결실을 보지 못하였지만, 하바나 헌장의 초안을 작성하기 위해 개최된 제3차 준비위원회(Preparatory Committee)는 미국의 제안에 따라 관세 및 비관세 무역장벽을 경감시키기 위한 잠정적 협정의 체결에 합의하였고, 1947년 4월부터 제네바에서 23개국이 참가한 가운데 관세인하협상을 실시하였다. 이 관세협상에서 이루어진 관세양허(tariff concession)와 하바나헌장의 초안 중 관세 및 무역에 관한 규정을 다자간협정 형식으로 집대성하여 정리한 것이 바로 '관세와 무역에 관한 일반협정'(GATT : General Agreement on Tariff and Trade)이다. GATT는 1948년 1월 1일 제네바회의에서 참가 22개국 중 8개국의 서명을 얻어 정식 발효되었다.

GATT는 원래 국제무역의 원칙을 규정한 잠정적인 협정에 불과할 뿐 아니라 필요한 행정적인 기능을 ITO가 수행한 것을 전제로 하고 있었기 때문에 엄밀한 의미에서 별도의 국제기구라고 할 수 없다. 그렇지만 ITO의 창설이 무위로 그치면서 GATT는 단순한 다자 간 무역협정 또는 협력체라는 설립목적과 다르게 발전하여 사실상 국제기구로서의 중요한 모든 특성을 갖추게 되었고 훨씬 넓은 역할을 수행하게 되었다.

GATT 가입국은 GATT가 발효한 1948년 당시 23개국에서 출발했으나, UR 협상이 진행 중이던 1991년 말에는 정식 회원국이 103개국, 준 회원국은 29개국으로 증가했다. 우리나라는 1966년 9월에 가입교섭을 시작하여, 1967년 4월 15일자로 GATT에 공식 가입하였다. 우리나라는 그동안 개도국 신분인 GATT 18조 B국으로서 국제적으로 공인된 무역규제를 행사할 수 있었으나, 1986-1988년 간 대폭적인 국제수지 흑자를 배경으로 1990년 1월부터 GATT 11조국으로 격상되어 원칙적으로 수입수량규제를 할 수 없는 선진국 신분을 갖게 되었다.

3) GATT(1947)의 규정체계 및 조직

GATT의 규정은 전문과 본문, 4부 38조로 구성되어 있다.

① 제1부(제1~2조) : 최혜국대우 및 관세에 관한 규정
② 제2부(제3~23조) : 주로 수입제한의 철폐에 관한 규정
③ 제3부(제24~35조) : 가입·탈퇴 등의 행정절차
④ 제4부(제36~38조) : 1965년에 추가된 개도국의 무역확대에 관한 규정

조직에는 총회·각료회의·무역위원회·사무국 등이 있으며 그 밖에 분쟁해결기구와 무역정책검토기구가 있다. 분쟁해결기구는 법적 구속력과 감시기능을 갖추고 무역 관련 분쟁을 담당하며, 무역정책검토기구는 각국 무역정책을 정기적으로 검토하여 정책을 투명하게 운영하도록 하고, 사전에 분쟁을 예방하여 다자 간 무역체제의 효율성을 높이도록 한다.

4) GATT의 다자 간 협상

GATT는 제네바라운드·안시라운드·토키라운드·딜론라운드·케네디라운드·도쿄라운드·우루과이라운드 등 다자 간 무역협상을 이끌어냈으며, 제8차 협상인 우루과이라운드를 마지막으로 1995년 1월 세계무역기구가 출범하면서 GATT체제는 막을 내렸다. GATT는 국제무역 환경의 변화에 따라 새로운 이슈가 등장하거나 회원국 간의 갈등요소가 나타날 때 '다자 간 무역협상'(MTN: Multilateral Trade Negotiation)을 통해 보완해 나갔는데, 이러한 다자 간 무역협상을 다른 말로 '라운드'라고 부른다. GATT의 주요 협상내용은 다음과 같다.

6차 협상인 케네디라운드에서는 당시의 모든 공산품에 대한 관세율을 일괄적으로 1/3 인하하는데 합의하였고, 개발도상국들도 본격적으로 협상에 참여하게 되었다. 그러나 케네디라운드는 점차 증가하는 '비관세장벽'(NTBs: Non-Tariff Barriers) 문제와 개발도상국 문제, 그리고 농산물 교역문제는 다루지 못했다.

도쿄라운드는 79년까지 6년 간 계속되었는데, 세계경제의 성장이 둔화되고 인플레이션과 실업문제가 악화되고 무역수지의 불균형이 심화되는 등의 어려운 여건 속에서, 그리고 각국이 보호주의 압력을 받던 시기에서 협상이 이루어졌다. 특히 70년대 중반에는 '신보호무역주의'라고 선진국 중심으로 관세보다는 비관세장벽을 통해서 외국상품을 차단하려고 하는 조치가 나타났다. 이는 각국의 정부가 주도적으로 자국시장을 보호하고 수출을 확대하는데 초점을 둔 것이다. 이러한 상황에서 열린 도쿄라운드의 가장 중요한 쟁점은 첫째, 무역에 대한 비관세장벽을 어떻게 규제하는가 하는 문제였다. 실제로 이전의 GATT 규정에 없던 정부의 보조금과 이에 대한 상계관세, 반덤핑 등에 관한 규정을 새로 만들고 비관세장벽의 제거와 감시를 위한 장치를 마련하였다. 둘째, 농산물교역 자유화 문제도 경쟁력이 강한 미국 농산물에 대한 자유무역 주장과 이에 반대하는 유럽공동체와 일본의 주장이 맞서 합의도출에는 실패했다.

표 3-1 GATT의 주요 협상내용

	명칭	참가국	협상기간	주요의제	기 타
1차	일반적관세교섭 (제네바)	23	47.04-47.10	45,000품목양허	
2차	일반적관세교섭 (Annecy, 안시)	31	49.04-49.10	5,000품목양허	
3차	일반적관세교섭 (토쿄)	38	50.09-51.04	9,700품목양허	
4차	일반적관세교섭 (제네바)	26	56.01-56.05	25억불상당의 관세인하	
5차	딜론라운드	26	61.05-62.07	4,400품목양허	
6차	케네디라운드	62	64.05-67.06	3만여 품목양허, 관세의 일괄인하방식 채택, 주요 선진국의 제조업분야 관세율 35% 인하	반덤핑 협정체결
7차	도쿄라운드	102	73.09-79.07	25,000개 품목 관세인하, 모든 무역장벽의 완화 및 철폐를 목적, 9개 선진국의 가중평균관세율을 7.0%에서 4.7% 수준으로 인하	GSP합법성 부여, 9개 MTN 협정체결
8차	우루과이라운드	125	86.09-94.04	서비스, 지적재산권, 분쟁해결, 섬유, 농업, 모든 회원국의 평균관세율 인하(33% 이상)	WTO 설립

특히 우루과이라운드(Uruguay Round)는 1983년 5월 윌리엄스버그 경제정상회담에서 미국과 일본에 의해 처음 문제가 제기된 이후, 1986년 9월 우루과이의 푼타델에스테(Punta del Este)에서 개최된 일반협정 각료회의를 통하여 협상의 개시가 선언된 후 7년만인 1993년 12월 15일 제네바에서 타결이 되었다. 무역의 자유화를 위한 제8차 다자 간 무역협상의 종합·결정체라 할 수 있다. 협상이 길어진 이유는 농업협상 때문이었다. 농업협상은 크게 수출국, 수입국 그리고 개도국으로 그룹이 나뉘어졌다. 수출국은 미국, 캐나다, 호주, 뉴질랜드, 아르헨티나, 브라질 등인데 미국을 제외한 국가들이 케언즈 그룹(Cairns group)을 결성하였는데, 이들은 농업의 특수성을 인정하지 않고 무역장벽도 낮추고 보조금도 없애 순수한 경쟁체제로 가야 한다는 의견이었다. 수입국들은 EU, 스위스, 노르웨이, 일본, 한국 등인데 이들 국가들의 농업의 절대경쟁력은 뒤떨어지지만 농업은 다른 산업과 비교할 수 없는 특수성, 소위 '비교역적 기능'(Non-Trade Concerns: NTC)이 있다고 주장했다. 그래서 보호하고 지원해야 하며 급진적인 개혁보다는 점진적인 개혁이 되어야 한다는 입장이었다. 개도국 문제는 미국을 비롯한 많은 국가가 한국은 개도국이 아니라고 주장하였으나, 우리나라는 "한국은 개도국 그룹의 일원이며 농업분야는 낙후되어 농업협상에서는 개도국으로 인정되어야 한다"고 강조하였다. BOP(저소득계층, Bottom of the Pyramid; BOP)품목에 대해서는 미국은 "관세화할 수 없고 현행관세로 개방하여야 한다"고 주장하였으나 한국은 수입자유화되지 않은 품목은 관세화 할 수 있다는 주장을 되풀이 하였다. 마지막 고위급(장관급)협상에서 한국 농수산부장관은 미국 농무장관 및 미국무역대표부 대표와 양자협상을 진행하여 한국의 쌀은 '특별대우'하되 1995년에 국내소비량의 1%에서 2004년에는 4%까지 최소접근물량을 늘리기로 하였다(일본은 4~8%). 또한 개도국 지위도 확보하였으나 BOP품목의 관세화를 관철시키지 못하고 개방 시기를 늦추거나 관세를 재조정해 올리는 대신 쿼터를 허용하는 수준에서 합의하였다.

이 협정으로 탄생된 세계무역기구(World Trade Organization, WTO)는 종래의 일반협정과는 달리 농산물, 서비스, 지적재산권 등 새로운 분야를 포함하고 있을 뿐만 아니라, 세계무역질서에 대한 규율을 획기적으로 강화하고 있어 해외의존도가 높은 우리나라 경제의 입장에서 볼 때 심각한 도전에 직면하게 되었고, 모든 국민들의 일상생활에도 직접적인 영향을 받게 되었다.

5) 일반협정의 기본원칙

(1) 수출입제한의 폐지

무역을 저해하는 효과가 관세보다도 직접적이며 강력한 것은 수출입 제한이다. 일반협정은 이러한 제한을 폐지할 것을 대원칙으로 하고 있다.

그러나 일반협정은 다음과 같은 몇 가지를 예외로 인정하고 있다.

① 국제수지상에 의한 제한
② 농수산물의 수입제한
③ 개발도상국의 경제개발을 위해 필요로 하는 수입제한
④ 국가무역기업에 의한 수입제한
⑤ 긴급조치조항에 의한 제한
⑥ 일반협정 총회에서 의무면제의 승인을 얻어 행하는 수입제한, 소위 웨이버(Waiver) 규정에 의한 수입제한
⑦ 기존특혜와 일반특혜의 인정
⑧ 관세동맹과 자유무역지역 및 공동시장은 역외국가와의 무역장벽을 늘리지 않는 한 인정

(2) 관세의 경감

일반협정은 관세에 관하여 ① 가맹국 상호 간의 교섭에 의하여 관세율을 가능한 한 인하하여 그 결과를 모든 가맹국에 균점시킬 것, ② 가맹국 간에는 일체 관세상의 특별대우를 하지 않을 것 등의 원칙을 세우고 있다. 이를 위해 일반협정은 많은 가맹국 간에 이국 간 교섭을 하여 그 결과를 얻어진 각국의 관세인하의 효과를 다른 가맹국에도 미치게끔 하는 새로운 방식을 채택하였다. 또, 케네디라운드에서는 보다 대폭적인 관세인하를 이끌기 위하여 일괄인하라는 새로운 방식을 채택하였다. 이들 교섭으로 인하된 관세율을 양허세율(concession tariff) 또는 GATT세율이라고 하는데, 일반협정에서는 양허세율을 초과하는 관세를 부과하여서는 안 된다고 규정하고 있는 바와 같이 여러 가지 범위를 정해 양허의 안정을 도모하고 있다.

(3) 무차별 최혜국대우의 확보

일반협정은 가맹국 간에 관세와 수출입제한 외에도 다음과 같은 사항에서 무차별최혜국대우를 부여할 것을 의무화하고 있다.

① 수출입에 관하여 부과되는 관세 이외의 과징금 및 수출입의 대외결제에 관한 과징금
② 관세나 과징금을 징수하는 방법
③ 수출입에 관련되는 규칙 및 절차
④ 수출품에 대한 내국세
⑤ 수입품에 대한 직접·간접적으로 부과되는 내국세나 내국과징금
⑥ 수입국내에서 수입품의 매매·수송·분배 또는 사용에 관한 법률·규칙·또는 요건 등의 무역조건

또한 일반협정은 수입품에 대한 내국세 등에 관해서는 국산품에 대한 취급보다도 불리한 대우를 하여서는 안 된다는 내국민대우 허용의 의무를 부과하고 있다.

(4) 상호주의(Reciprocity)

GATT 협정문에는 명백하게 정의되어 있지 않지만 상호적이고(reciprocal) 호혜적인(mutually acvantageous) 협정은 GATT 체제의 기본이 되며, GATT의 전문 및 여타 조항(제28조의 2, 제28조 및 제36조 등)에서 상호주의 원칙을 거론하고 있다. 이에 따라 GATT 회원국들은 관세양허상의 상호주의와 상호 간 양허혜택의 제공을 통해 무역자유화를 위한 노력에 동참해 왔다.

그러나 세계시장에서 개도국의 참여확대는 상호주의와 무차별주의 원칙에 대한 시비논쟁을 야기시켜 왔으며, GATT는 "불평등한 가운데 평등의 추구란 불공평하다"는 주제 아래 두 가지 중요한 방향으로 발전하게 되었다. 즉, GATT는 첫째, 회원 국가는 합의된 규정에 따라 개도국을 보다 유리하게 대우(차별)할 수 있고, 둘째 개도국으로부터 상호주의 원칙에 따라 관세양허를 기대할 수 없다는 예외규정을 두게 된 것이다.

GATT의 상호주의가 국제사회에서 어느 정도 타당한 것으로 인식되고 있는 것과는 달리, 미국의 상호주의는 무역협상의 무기로써 무역보복을 전제로 하는 공격적인 상호주의이다. 미국은 1971년 이후 무역적자가 계속 누적되자 그 원인이 외국시장의 폐쇄성에 있다고 보고, 이의 대응방안으로써 공정무역(fair trade)의 추구를 명분으로 한 상호주의를 채택하여 왔다. 즉, 미국이 외국에 대하여 인정하고 있는 것과 실질적으로 동등한 수준의 시장접근기회를 얻지 못하며 상대국과 동일한 수입제한 수단으로 보복을 할 수 있다는 것이다. 미국은 현재 통상법 301조 등

상호주의를 표방한 많은 법안을 마련하여 외국에 대한 통상압력을 가중시키고 있다.

(5) 기타 GATT의 주요 규정

① 수출

수출에 관한 규정은 GATT 협정문의 여러 조항에서 찾아볼 수 있다. 이 중에서 가장 중요한 것은 덤핑(제6조)과 보조금(제16조)에 관한 규정이라고 할 수 있다. GATT 협정문의 덤핑과 보조금에 관한 규정은 동경라운드에서 개별적인 협정체결로 대체되었다.

② 긴급수입제한조치(Safeguards)

GATT 협정문 제19조인 긴급수입제한조치 조항은 GATT의 대표적인 면책조항으로서 GATT가입국이 예상하지 못한 수입급증으로 국내산업에 심각한 피해(serious injury)를 실질적으로 주거나 줄 우려가 있다고 입증되는 경우에 일시적으로 수입제한조치를 취할 수 있도록 GATT가 합법적으로 제공하는 안정장치이다.

그러나 긴급수입제한조치는 모든 나라를 대상으로 무차별적으로 적용해야 하고 상대국의 보복가능성이 있기 때문에 많은 GATT 가입국들은 긴급수입제한조치 대신에 선별적으로 수입제한을 가할 수 있는 조치를 선호하였다. 그 결과 GATT 규정을 이탈한 수출자율규제(VER: Voluntary Export Restraints)와 시장질서유지협정(OMA: Orderly Marketing Arrangement) 등과 같은 편법적인 회색지대(gray area)조치가 성행하게 되었다.

③ 분쟁해결(Dispute Settlement)

분쟁해결절차는 GATT 체계 중에서 아마도 가장 중요한 부분이며 회원국가의 계속적인 관심대상이 되어 왔다. GATT는 어떤 회원국이 합의한 양허사항을 철회하거나 여타 의무를 이행하지 않는 경우 또는 GATT 협정문에 위배되는 무역관행을 범했을 경우에 피해국이 합당한 분쟁해결절차를 통해 가해국과 피해국 사이에 권리와 의무 간의 적절한 균형을 유지할 수 있도록 규정하고 있다(제22조 및 제23조). GATT 규정에 따르면 무역분쟁이 발생하면 우선 양국 간에 협의를 해야 하고 양국 간 협의에서 조정에 실패하면 분쟁해결을 GATT에 의뢰하는 제소가 이루어진다. 제소된 부분분쟁은 다시 당사국 간 중재가 시도되고 중재에 실패할 경우에는 패널이 설치된다. 패널은 조사판정의 결과를 이사회에 보고하고 이사회는 보고서의 채택 및 권고에 관한 결정을 내리게 된다. 이때 패소한 가해국이 이사회의 권고를 수락하지 않으면 피해국은 가해국에 대해 적절한 보복조치를 할 수 있는 권한을 이사회에 요구할 수 있다. 그러나 만약 가해국이 보복조치에 불복하는 경우에는 GATT에서 탈퇴할 수 있는 길을 열어 둘 뿐 강제적인 이행은 불가능하다.

3. WTO의 설립

1) WTO의 설립 배경

(1) GATT의 한계

GATT는 법적으로는 단순한 다자 간 국제협정의 하나에 불과하며 엄밀한 의미에서 법인격이 부여된 국제기구는 아니다. 따라서 GATT에 가입한 당사국들을 지칭하는 명칭도 가맹국이나 회원국을 의미하는 Member States가 아닌 체약국을 의미하는 Contracting Parties라는 용어를 사용하고 있다. GATT는 다음과 같은 한계를 내포하고 있어 변화의 필요성이 제기되고 있었다.

① GATT에는 법적구속력이 없었다.

GATT는 국제기구로서의 형식은 취했으나 체제성이 미비하여 분쟁이 발생한 경우 이를 해결할 수 있는 절차에 관한 규정이나 GATT를 위반한 체약국에 대한 효과적인 제제 수단이 마련되어 있지 않아 법적구속력이 없다는 점을 내포하고 있었다.

② GATT 내용에 관한 개정이 사실상 불가능하였다.

개정에 동의하지 않은 체약국은 개정내용에 기속받지 않도록 되어 있어 그 개정이 사실상 불가능하였다. 이 때문에 GATT는 국제무역의 새로운 발전내용을 적절히 수용할 수 없었고, 체약국들은 부속협정 등을 통하여 GATT 체제의 현실적응을 도모해 왔었다.

③ 예외조항이 다량 인정되었다.

GATT가 추구하는 관세 및 비관세장벽의 제거, 최혜국대우의 원칙, 내국민대우의 원칙 등에 각국의 현실을 인정한 많은 예외가 인정되어 무역의 자유화와 이를 통한 세계 인류의 공존공영이라는 GATT의 이상은 많이 퇴색될 수밖에 없었다.

④ 선진공업국 중심의 기구였다.

GATT는 1차 산품에 관한 협정을 제외시키는 등 국제무역의 단편적인 문제만 취급하였고, 1차 산품 수출국 및 개도국보다는 선진공업국 중심의 무역문제를 취급하는데 적당한 기구로 한계를 지니고 있었다.

(2) WTO의 설립 배경

WTO는 1994년 4월 15일 모로코의 마라케시에서 세계 125개국 통상 대표가 7년 반 동안이나 진행해온 우루과이라운드 협상의 종말을 고하고 '마라케시 선언'을 공동으로 발표함으로써 1995년 1월 정식 출범한 세계무역기구이다. 1947년 이래 국제무역질서를 규율해 오던 GATT 체제의 문제점들을 보완하여 대신하게 되었다. 그동안 GATT 체제는 국제무역을 관장하는 다자 간 수단으로 환율의 안정성 유지, 자유무역확대를 통하여 전 세계 경제 회복에 많은 성과를 거두었다. 그러나 80년대 들어 전 세계 경기침체로 각국의 시장보호 조치 강화, 보조금 지급 확대 등으로 GATT의 신뢰성 및 효율성을 저해시킨 데다가 경제의 세계화, GATT 관할 밖인 서비스 교역의 확대, 외국인 투자 신장 등 교역환경이 급변함에 따라 새로운 다자 간 규범제정 논의 필요성이 대두되었고, 세계무역 구조가 여러 가지로 변화를 보이고 있었다. 또한 무역구조가 점차 고도기술상품으로 바뀜에 따라 지적재산권과 관련한 분쟁이 자주 발생하게 되었으며 금융, 통신, 수송 등의 서비스 무역의 급증과 해외투자로 인한 마찰의 문제 등이 빈번하였지만 GATT규정으로는 해결할 수가 없었다. 따라서 GATT체제의 한계와 더불어 통상환경의 변화로 WTO가 새롭게 탄생하게 된 것이다.

2) GATT체제와 WTO체제의 비교

GATT체제와 WTO체제는 다음과 같이 표로 요약할 수 있다.

표 3-2 GATT체제와 WTO체제의 비교

구분	GATT체제	WTO체제	비 고
이 념	평등/자유	자유/공정	◦GATT는 법적 강제력이 없는 평화협정 ◦WTO는 평화유지군 성격의 강제력 보유(세계경제헌법)
무역규범의 제정	◦포괄적인 무역규범의 제정에는 실패 ◦보조금협정과 반덤핑협정의 제정	◦17개의 다자 간 협정과 4개의 복수 간 협정타결 ◦서비스협정(GATS)제정 ◦지식재산권(TRIPS)제정	◦WTO는 새로운분야의 포괄적 협정 제정
불공정무역 질서에 대한 강제적 규제 가능성 및 분쟁해결	◦강제적 규제수단 없음 ◦선진국들이 반덤핑, 긴급수입제한조치, 수출자율규제 등을 남용(수입규제조치에 속수무책) ◦무역관련규범(수입허가절차 · 해외투자등)의 불법화 ◦가맹국 간의 무역분쟁해결 권한과 능력을 갖추지 못함	◦강제적 규제수단 갖춤 ◦선진국들의 비관세장벽의 남용에 대해 억제가 가능해짐(국제무역규범의 내용과 이행절차가 보다 명확해져서 수입규제조치 억제가 가능해짐) ◦무역관련 규범의 명료화 ◦무역분쟁해결 권한과 능력을 갖춤	◦GATT는 예외규정이 많고, 체제 밖에서 불공정하고 자의적인 해결책을 모색하는 일부 경제강대국들에 대해 속수무책이었음 ◦WTO는 무역분쟁해결을 위한 상설기구(DSB)설치로 다수결에 의한 강제 집행권을 보유하여 협정위반국에 대해 신속한 제재가 가능해짐 ◦WTO는 무역분쟁해결절차 체계화, 일방적 보복조치 억제, 교차적 보복조치 인정으로 무역분쟁해결이 가능해짐
자유주의와 보호주의의 대립	◦쌍무적 무역규제 ◦신보호무역주의 시대	◦다자 간 무역규제 ◦국경 없는 자유 · 무한경쟁 시대	◦19세기 보호주의시대 → 제2차 세계대전 이후 1960년대까지 자유무역주의 시대 → 1970년대 이후 신보호무역주의 시대에서 다시 자유 · 다자주의시대로 복귀
시장개방 노력	◦관세인하에 주력하였고 관세인하를 통한 교역확대 지향 ◦비관세장벽 제거 노력에 큰 실적 없었음	◦관세인하는 물론 특정분야에 대한 무관세 도입으로 교역확대 기대 ◦비관세장벽의 철폐 강화	◦WTO체제하에서 관세율의 하향평준화 달성 및 완전무역자유화시대 진입이 가능해짐. 더욱이 GR · BR · TR · CR · IR 등을 통해 환경 · 노동 · 기술 · 공정경쟁 · 투자문제의 해결에 소홀한 국가에 대해 강력한 무역제재 목표 지향 ◦GATT체제하에서는 동경라운드에서 비관세장벽의 철폐노력을 했으나, 선언적인 정립수준에 불과하여 실효성은 미흡. WTO체제하에서는 모든 회색조치를 4년내 폐지하기로 하여 비관세장벽 철폐 강화
관장범위	◦주로 공산품을 중심으로 하는 상품교역에 한 함	◦상품교역 뿐만 아니라 서비스 · 지적재산권 · 무역관련 투자조치 · 농산물분야까지 확대	

4. 지역주의의 심화

1) 최근 지역주의 추세의 변화

(1) 지역주의의 범세계적 확산

냉전체제의 종식 이후 국제관계가 이념적 대결구조에서 경제적 실리추구를 위한 지역적 결합구조로 전환됨에 따라 인접국가 간의 경제적 보완성을 이용하기 위한 지역별 경제통합 움직임이 범세계적으로 확산되어 왔다. 특히 전후 다자주의를 이끌어 왔던 미국의 지역주의에 대한 시각이 1980년대 종반 이후 변화를 나타냄에 따라 이러한 추세는 가속화되고 있다.

지역별 경제통합 움직임은 북미지역의 북미자유무역협정(NAFTA)의 출범, 동아시아 지역의 ASEAN 자유무역지대(AFTA) 추진, 아태지역의 APEC의 출범 및 가속화뿐만 아니라 중남미지역과 서남아시아 및 중동부유럽에 이르기까지 범세계적으로 확산되었으며, 이미 오랫동안 통합을 추진해 왔던 EU도 회원국의 확대와 마스트리히트조약을 통한 심화과정을 가속화시켜 왔다.

지역주의화 추세로 인해 전후 1990년 이전까지 약 70개의 지역협정이 체결되었고, 1990-1994 기간 동안 총 33개의 새로운 지역무역 협정이 GATT에 통보되었으며, WTO가 출범한 이후는 급속도로 증가하여 2013년 1월 현재 누계기준으로 총 354건이, 2015년 9월 412건, 2017년 9월 7일 현재 448건이 WTO에 통보되어 발효중이다.

(2) 새로운 지역주의의 특징

1980년대 후반 이후 전개되고 있는 지역주의는 이전의 그것들과 구분되는 몇 가지 특징들을 나타내고 있는데, 이는 과거의 지역협력에서 흔히 볼 수 있었던 수평적 통합에 의한 집단적 보호주의 성격뿐만 아니라 수직적 통합과 개방성을 표방하는 광역협력 형태를 띠고 발전되고 있다는 것이다.

① 지역주의의 광역화

지역주의의 광역화 추세는 최근 세계경제의 3극화 현상이 가시화되면서 아시아 경제권, 미주경제권, 유럽경제권으로의 통합 움직임으로 나타나고 있다. 동아시아와 북미를 연결하는 아태지역은 역내국 경제의 특성상 당초부터 광역협력체로 출발하였으나 유럽은 EC를 중심으로, 미주는 NAFTA를 중심으로 하여 외연적 확대를 통한 통합의 방향으로 나아가고 있다. 그러나 이러한 지역적 광역경제권은 EU를 제외하고는 현 단계로서는 하나의 규범으로 운영되는 동질적이고도 제도적인 통합이라기보다는 소지역 경제통합체가 상호 중첩되어 나타나는 중층적 협력관계를 구축하고 있다.

최근에는 이들 광역경제권 간의 협력 움직임이 본격화되면서 북미와 아시아를 연결하는 APEC 이외에도 북미와 유럽, 아시아와 유럽(ASEM) 간의 무역 및 투자의 자유화와 원활화를 위한 대화가 활발하게 진행되고 있어 이들이 앞으로 다자주의와 어떠한 관계를 가지고 발전해 나갈지가 주목되고 있다.

② 수직적 경제통합

1990년대 이후에 나타나고 있는 지역주의의 특징 중 하나는 NAFTA나 APEC에서 보듯이 선진국과 개도국들 간의 상호보완적 분업관계에 입각한 수직적 경제통합으로 나타나고 있다는 것이다. 이는 경제다극화에 따른 광역경제권의 형성에 기인하는 바도 있지만 또 한편 개도국의 입장에서도 지구촌화되고 있는 세계경제에서 선진국들과의 분리된 국제분업 보다는 첨단기술 및 자본이동을 자유화함으로써 선진국과의 일체화된 분업관계를 선택하는 것이 유리하다는 인식에 기인하는 것으로 볼 수 있다.

③ 개방적 지역주의

최근의 지역주의는 차별적 역내무역자유화를 통한 집단적 보호주의에서 한 걸음 나아가 다자 간 무역자유화 협상에 집단적으로 대응하면서 무차별적 관세인하에 동조하는 등 역외지역에 대한 협력가능성과 개방성을 유지하고 있다. 이는 경제활동의 범세계화가 급속히 진행되고 다자주의에 입각한 WTO 체제가 출범하는 등 개방적 세계경제환경의 진전에 기인하는바 크다고 볼 수 있다.

2) 지역주의와 다자주의의 관계

(1) WTO체제하의 지역주의 정착

WTO 체제하의 무역환경이 GATT와 다른 것은 역설적으로 GATT에서 예외적으로 인정되어 왔던 지역주의가 오히려 보편화되고 구조적으로 정착되는 경향을 나타내고 있다는 점이다. 따라서 그 본질상 차별성을 띨 수밖에 없는 지역주의가 무차별주의에 입각한 WTO 체제와 어떠한 관계를 가지고 발전되어 나가느냐가 중요한 관심사가 되고 있다.

UR 협상 이전 GATT 체제하에서 지역무역협정은 GATT에 통보된 후 사후적으로 그 협정의 GATT 합치 여부만 검토하였다. 하지만 UR 협상에서는 GATT 24조의 실효성을 보완하는 차원에서 "GATT 24조 해석에 관한 양해사항"이 도출되었으나 지역주의를 효과적으로 통제하기에는 아직도 미흡했다. 따라서 WTO의 지역주의와의 관계는 지역주의 자체를 억제한다기보다는 이것이 다자체제에 입각한 WTO와 보완적인 관계를 가지고 발전할 수 있도록 견제한다고 볼 수 있다.

결국, 양자 간의 양립성 여부는 WTO 및 각 지역협정과의 양립성에 따라 선험적으로 판단되기보다는 WTO 체제의 운영에 따르는 지역협력체와의 현실적 갈등 문제가 어떻게 조정되는가 하는 것과 전반적인 세계경제환경이 이들을 어느 정도 개방적으로 유도할 수 있느냐에 따라 결정될 것이다.

(2) 개별 지역경제권과 WTO체제의 양립성

지역주의는 본질상 역내무역의 자유화라는 측면과 집단적 보호주의라는 두 가지 상반된 속성을 내포하고 있는 바, 한편으로는 다자협상과 비교하여 상대적으로 용이하고 신속하게 역내무역이 자유화에 이를 수 있고, 무임승차문제(free-rider problem)를 극복할 수 있다는 이점이 있는 반면, 다른 한편으로는 그것이 배타적인 집단적 보호주의로 흐를 경우 자원배분의 왜곡을 초래함으로써 궁극적으로는 세계 후생의 감소를 가져오게 될 가능성이 있다.

① 유럽경제권

EU는 UR협상에서의 농산물보조금 삭감이라는 부담에도 불구하고 공동산업정책(CAP)의 유지 등 유럽 통합의 핵심적 스케줄을 인정하는 선에서 협상을 타결시킴으로써 현실적으로 가장 역내지향적인 지역협력체임에도 불구하고 WTO와의 양립성을 확보하는 계기를 마련하였다.

EU는 WTO의 출범에 따르는 가장 큰 수혜자의 하나이므로 당분 간 다자주의보다 역내통합을 우선시할 것으로 예상됨에도 불구하고 WTO의 운영에 현저한 장애가 될 수 있는 마찰은 예상하기 어렵다.

② 북미경제권

NAFTA는 그 생성 동기나 운영의 주체로 볼 때 보호주의적 위협으로 나타날 가능성은 매우 낮으며, 따라서 WTO와의 마찰의 소지도 적다고 할 수 있다. 다만 자동차, 섬유 및 의류, 일부 가전산업 등에서의 원산지 규정이 역내외 차별화를 심화시킬 수 있으나 기본적으로 WTO와의 마찰로까지 발전하지는 않을 것으로 보인다.

그러나 NAFTA가 미주전역을 대상으로 하는 FTAA(미주자유무역지대)로 발전되는 경우에는 NAFTA와는 달리 상당한 정도의 무역전환을 수반할 수 있을 뿐 아니라 타지역 경제권이 블럭화를 유발함으로써 세계교역환경을 악화시킬 수도 있다.

③ 동아시아경제권

동아시아지역은 역내경제의 특성상 제도적이고 유기적인 통합은 이루어져 있지 않지만, 역내 선진국과 신흥공업국 그리고 개도국 간의 보완적 분업관계를 통해 기능적으로 통합된 하나의 지역경제권을 형성하고 있다. 그러나 무역과 투자의 대 역외의존도가 높아 전반적으로 블럭화에 취약한 구조를 갖고 있으므로 일찍부터 다자적 WTO 체제를 지지하여 왔으며, 이러한 성향은 APEC의 개방적 지역주의를 통해서도 반영되고 있다.

WTO에 대한 이 지역의 적극적인 지지에도 불구하고 국가 간 개방의 정도의 차이와 역내 주요국가의 심각한 대 역외 무역불균형으로 말미암아 WTO 협정의 이행과정에서 미국, 유럽 등과의 마찰의 소지가 있다. 이러한 외부로부터의 압력이 심각한 성장제약요인으로 작용할 경우, 이 지역의 집단적 교섭력을 제고시키기 위한 대응적 블럭화에 대한 요구가 강화될 가능성이 있으며 이는 WTO의 기능을 제약하는 요인으로 작용할 수 있다.

기본적으로 각각의 지역협력체는 독립적으로는 WTO 체제의 정착과 이해관계를 같이 하고 있다는 점에서 양립가능성을 암시하고 있으나 단기적인 차원에서 협력체 간 상호보완적 발전의 관건은 미국 중심의 NAFTA와 유럽의 EU가 WTO의 이행을 둘러싸고 동아시아 제국과 시장개방 및 무역정책 조정을 어떻게 이루어 가는가에 따라 달라질 것이다.

④ 아세안

아세안은 주요 세계시장 지역이 되어가고 있다. 10개국으로 뭉쳐 있지만 정치, 경제, 문화, 종교 및 모든 면에서 상이한 지역이다. 6억 5천만 명에 육박하는 인구와 경제발전을 바탕으로 국제무역과 투자에 용이한 단일 지역을 만들었다. 아세안은 미국, 일본, 호주, 중국 및 한국 등 많은 국가들의 투자 대상지역이 되었으며, 최근에는 EU도 관심을 쏟는 지역으로 부상하였다.

(3) 경제의 범세계화에 의한 지역주의의 개방화 촉진

지역주의의 성격은 일반적으로 지역협정의 내용에 의해서 뿐 아니라 이를 둘러싸고 있는 세계경제환경에 의해 크게 좌우된다. 이러한 시각에서 볼 때 1990년대 이후의 세계경제환경은 지역주의의 개방화 추세를 가속화시키는 방향으로 작용해 왔다고 할 수 있을 것이다.

WTO가 출범하면서 다자차원의 무역자유화의 영역이 확대되고 있고 반덤핑, 분쟁해결절차 등 무역관련 국제규범의 강화로 공정무역의 기반이 강화되면서 지역주의화 추세에도 불구하고 다자적 자유무역이 국제무역에서의 주류를 형성하고 있다. 이에 따라 각 지역협력의 추진과정에서도 대외적으로 개방적 지역주의와 WTO 합치성을 표방하는 것이 일반적인 추세가 되고 있다. 이 과정에서 각 지역협력체의 역외국에 대한 차별적 정책의 범위나 정도가 축소되어 왔을 뿐 아니라, 나아가서는 AFTA-APEC-WTO의 경우에서 보듯이 소지역협력-광역협력체-다자체제의 관계에서 이들이 상승적으로 각 차원에서의 자유화를 촉진하는 현상도 나타나고 있다.

한편 원거리 정보통신기술의 발달과 각국의 산업구조의 고도화에 기인하는 경제활동의 범세계화(globalization)는 생산, 금융 등에서의 통합을 가속화하였으며 이는 지역주의화 추세에 대한 억제요인으로 작용하고 있다. 즉, 자원배분의 경제적 효율성을 극대화함으로써 산업의 경쟁력을 확보한다는 측면에서 세계 차원의 경제통합은 역내통합에 우선하게 되는 것이다.

제4장 국제통상환경의 변화(2)

제4장 국제통상환경의 변화(2)

1. 새로운 보호무역주의의 강화

1) 보호무역정책의 목표

일반적으로 무역정책의 목표는 국내산업의 보호, 국제수지 개선, 완전고용 달성(고용증대), 물가안정, 자원의 효율적 배분 그리고 경제성장이다. 한 국가가 보호무역주의를 채택할 때는 일반적으로 다음과 같은 경우이다.

(1) 국내생산과 고용증대

보호무역조치를 통해 외국제품의 국내가격을 올릴 경우 국내소비자의 후생은 감소하더라도 국내제품의 생산이 증가하고, 그에 따라 해당산업의 고용이 증가하거나 그렇지 않더라도 실업발생을 억제하고자 할 때 선택하는 경우도 있다.

(2) 규모의 경제 효과로 인한 국민경제의 발전 촉진

특정산업의 육성을 위한 국내시장 보호의 경우 해당산업은 규모의 경제 효과를 얻을 수 있게 되어 단위당 생산비용이 하락하고 자본축적과 기술향상이 가능해질 수 있다. 결국 해당산업의 발전은 연관산업으로 파급되어 국민경제 전체의 발전을 촉진시키게 된다.

(3) 국가안보측면

국가안보에 필수적인 주요 식량, 기간산업 등 특정산업의 경우에는 이를 보호하여 육성하거나, 또는 일국 경제의 전반적인 대외의존도를 낮추면서 균형 잡힌 산업구조를 추구할 뿐만 아니라 비상사태에 대비해야 할 때에도 도입하는 경우가 있다.

2) 보호무역주의 변화

제2차 세계대전 이후 자본주의 경제는 통화적 측면에서 외환 환율의 안정을 추진해 온 IMF와 통상적 측면에서 무역자유화를 실현해온 GATT의 양 체제내에서 1970년대 초까지 고도성장과 안정기를 유지하여 왔다. 그러나 1970년대 초 석유파동과 그에 뒤따른 자원파동, 세계적인 경제성장의 정체, 국제수지의 불균형, 실업자의 격증, 인플레이션의 심화, 수요부진 등 세계경기가 침체국면으로 접어들자 자국의 방어책으로서 각국은 여러 가지 무역제한 수단으로 수입을 규제하기 시작했다. 즉, 자유무역주의가 후퇴하고 선진국이 주도하는 보호무역주의가 강화되기 시작하였다.

보호무역주의는 원래 공업화 단계가 뒤떨어진 개발도상국가가 선진공업국의 수출공세로부터 자국의 유치산업을 보호하려는 의도에서 대두되었다. 1970년대 초 이후에 나타난 보호무역주의는 선진국 상호 간의 수입규제와 개발도상국의 수출에 대한 선진국의 수입규제가 중심을 이루고 있다는 점에서 전통적 의미의 보호무역주의와는 그 성격을 달리하고 있다.

이와 같이 1970년대 초 이후에 나타난 세계적인 보호무역주의 현상을 신보호무역주의라고 부른다. 이러한 신보호무역주의의 추세는 우리나라와 같이 수출주도형 경제성장 전략을 추구하는 나라에는 큰 타격이 아닐 수 없었다.

최근 국제통화기금(IMF)은 반세계화와 고립주의 확산이 우려되는 상황에서 보호무역 배격을 위한 국제적 정책공조 노력이 중요하다고 권고했다. IMF는 2016년 8월 27일 발표한 보고서에서 최근의 세계무역 증가세 둔화의 주요요인을 분석하고 이에 대한 정책방향을 제시했다. IMF는 세계무역 증가세의 현저한 둔화현상을 세계경제 여건, 무역정책, 글로벌 가치사슬(GVC, 상품 또는 서비스를 생산하기 위해 원재료·노동력·자본 등의 자원을 결합하는 과정)의 측면에서 다각도로 분석했다.

분석에 따르면 세계무역량의 연평균 증가율이 1985~2007년 사이에는 세계 국내총생산(GDP) 증가율의 2배 이상이었지만 지난 2012년에서 2015년 사이에는 급격히 둔화되어 오히려 세계 GDP 증가율은 소폭 하락했다. 선진국은 유로존 부채위기 직후인 2012년에 실질수입 성장이 급감하다 점진적으로 회복세를 보이고 있다. 반면 신흥국은 중국의 수입 둔화, 원자재 수출국의 수출가격 하락 등의 영향으로 2014년 이후 실질 수입 성장이 급격히 둔화되고 있는 추세다.

분야별로는 상품 및 서비스 무역량의 연평균 증가율이 2003~2007년 각각 9.5%, 9%였으나 2012~2015년 각각 3%, 5.5%로 감소했다. 서비스 무역의 성장이 상품분야보다 더 양호한 것은 새로운 사업 모델 등장과 정보통신 기술의 발전에 따른 디지털서비스(검색엔진, 소셜 미디어 등)의 급격한 팽창으로 인한 결과다. 상품무역의 성장 둔화는 글로벌 투자 둔화에 따른 자본재, 중간재 및 내구 소비재에 대한 무역 감소에 따른 결과라고 IMF는 분석했다.

전 세계적인 경기 둔화와 보호무역주의 심화도 세계무역 둔화에 영향을 미쳤다고 평가했다. 세계경제가 저성장을 지속하고 있고 중국 경제의 재균형정책(투자→소비, 수출→내수 중심)으로 인한 투자 증가세 및 수출 성장 둔화가 세계무역에 부정적으로 작용했다는 것이다.

2008년 이후 비관세장벽(반덤핑, 상계관세)이 강화되는 등 보호무역주의가 심화됐다는 점도 무역량을 감소시키는 데 일조했다. 2012~2015년 보호무역조치의 적용을 받은 상품의 실질 수입증가율은 2003~2007년 대비 약 7.5%포인트 감소했다.

IMF는 "경제성장과 세계무역의 선순환구조를 회복할 필요가 있다. 단기적 내수부양, 생산성 제고를 위한 구조개혁을 통해 경제성장을 촉진할 경우 세계무역도 동반성장할 가능성이 있다"고 밝혔다. 그리고 무역장벽 해소를 위해서는 ① 무역관련 글로벌 규제협력, ② 서비스무역 장벽 제거, ③ 국제적 자유무역 이니셔티브 추진 등을 병행해야 한다고 제언했다. IMF는 관세 등 무역비용이 감소할 경우 장기적으로 평균 1~6%의 실질임금이 증가할 것으로 전망했다.

3) 최근 보호무역주의의 경향

2008년 미국발 글로벌 금융위기가 실물경기 둔화로 이어지는 조짐이 나타나면서 전 세계적인 경기침체가 본격화하는 가운데 세계 곳곳에서 자국산업 보호를 위한 보호무역주의가 확산될 징후가 보이고 있다. 최근 미국에서 열린 G20 회의에서 각국 정상들이 경제성장과 자본이동을 방해하는 과도한 규제를 피하고 무역, 투자 장벽과 수출 제한 등을 자제하기로 합의했음에도 불구하고 세계 각국에서 보호무역조치들을 도입하려는 움직임이 감지되고 있다.

미국은 2012년 11월 5일 버락 오바마 민주당 후보는 대통령 당선 후 발표한 경제정책에서 노동과 환경, 미국 근로자 보호를 위해 공정무역을 강화하겠다는 방침을 천명하였다. 또한 민주당은 금융위기로 자금난에 빠진 자동차 업계에 대한 긴급 구제금융 방안을 추진하는 등 본격적인 자국 산업보호에 나서고 있다.

이에 유럽은 미국이 자동차 산업 지원에 나설 경우 유럽도 자국 내 산업보호를 위한 공동해결책을 모색할 것이라고 밝혔으며, 중국 정부는 12월부터 수출환급금 비율을 높여주기로 하는 등 자국산업 보호에 전방위로 나설 태세를 보이고 있다. 이 밖에 러시아, 남미 공동시장 등에서도 수입관세 인상 등 수입 장벽을 강화할 움직임이 나타나고 있다. 표면상으로는 자유무역을 내세우면서도 실제적으로는 자국산업 보호를 위한 조치들을 준비하고 있는 것이다. 그야말로 새로운 보호무역주의가 고개를 내밀고 있는 모습이다. 최근 각국정부는 자국 산업을 지원하기 위한 여러 가지 정책들을 실행하고 있는데 대표적인 것들은 다음과 같다.

(1) 자국산 구매 유도

① 미국 : 경기부양법안의 미국산 구매(Buy American) 조항
EU 등 주요국의 반발로 완화되었으나, 세계적으로 보호주의 확산 우려를 낳고 있음

② 프랑스 : 자동차 산업 구제금융 지원을 대가로 한 자국산 부품의 일정비율 사용에 대한 의무화 시도

③ 중국 : 장비제조업 진흥계획안을 통해 자국산 기계설비 구매 유도

(2) 부실산업 구제를 위한 정부자금 지원

① 미국 및 프랑스는 자동차 산업에 구제금융 지원

② EU는 유제품에 대한 수출보조금 부활

표 4-1 주요 국가의 관련조치

국가 명	관련 조치
미국	* 부실 산업에 대한 정부 자금 지원 -2008년 12월 빅 3(174억 달러) 및 자동차 부품업계에 대한 지원(100억 달러)을 필두로 다른 업계에서도 미국 정부를 대상으로 자금을 요청하고 있는 상황 * 최대 바이어 중 하나로 부상한 미 정부의 경기부양 사업추진 시 미국산 우선구매 (Buy American) -EU 등 각국 반발로 상원에서 바이 아메리칸 조항을 국제협정 틀에서 위배되지 않게 운영하기로 완화(2009.2.4) -외국인 고용 제한내용 포함키로 구두 표결(2009.2.6) * 바이오 디젤에 대한 보조금 지급 -2004년부터 갤런 당 1달러씩(톤당 300달러) 세금 환급(tax credit) 형식으로 바이오 디젤 업계에 보조금을 지급해옴 -2008 에너지 세금 법안에 동 조치의 연장이 포함되어 2009년까지 보조금 지급 연장 결정
프랑스	자동차 구제금융 지원 대가로 자국 부품 사용 유도 -자동차 산업 위기 극복을 위해 50억~60억 유로 규모의 펀드 조성 추진중 -구제금융 지원 대가로 자국 부품 일정 비율 사용 의무화, 생산시설 해외이전 및 감원계획 취소를 요구
중국	자국산 기계설비 구매 유도(장비제조업 진흥계획 요강,2009.2.4) -국산 기계설비 사용 기업에 대한 리스크 보상제 -수출자금 대출 규모 확대를 통한 수출지원
EU	유제품에 대한 수출보조금 부활 -2007년 수출보조금을 중단하였으나, 최근 유제품 가격의 지속적 하락으로 시장에 개입, 유제품 수매와 수출보조(가격차 환급)를 실시함 (2009.1.23)

트럼프가 45대 미국 대통령에 취임하면서 미국 우선주의를 근간에 두고 강도 높은 보호무역주의를 예고했다. 무역정책을 담당하는 내각들도 트럼프 성향을 담은 인사들로 임명됐다. 의회 동의가 필요한 자유무역협정 개정은 쉽지 않기 때문에 미국 행정부는 재량적으로 시행 가능한 범위 내에서 보호무역 수단을 강구할 전망이다. 오바마정부에서도 활용됐던 반덤핑 및 상계관세 부과는 트럼프 정부에서 확대될 것으로 보인다. BHC법에 근거한 환율조작에 대한 제재, 지식재산권 보호 관련 법 집행, 자국산업 보호를 위한 세이프가드 집행 등이 예상된다.

트럼프의 보호무역주의 칼날은 중국에 집중될 전망이다. 다만 중국에 대한 강도 높은 무역장벽 채택 가능성은 미미하다. 미국 소비자 후생 악화로 이어질 뿐만 아니라 중국의 반발 및 보복 가능성도 부담이다. 가능성은 낮으나, 미국과 중국 간 통상마찰이 심화될 경우 한국은 중국에 대한 중간재 수출 비중이 높아 피해가 불가피하다. 미국 시장내 중국과 미미한 수출경합도를 감안할 경우 한국 수혜는 제한적일 가능성이 높다. 보호무역주의 움직임 속에 한-미 FTA도 거론된다. 트럼프 행정부는 서비스 및 농산물 시장의 추가 개방을 요구할 가능성이 높다.

미국과 캐나다, 멕시코 등 3개국은 2017년 8월 16일부터 20일까지 미국 워싱턴에서 북미자유무역협정(NAFTA·나프타) 1차 재협상을 시작하였다. 이번 재협상에서 주목되는 점은 3개국 간 관세제로 정책의 기준이 되는 '원산지 규정' 부문이다. 현재는 일정 비율의 국내산 부품을 사용하면 국내산 제품으로 간주돼 수출입시 관세가 철폐된다. 자동차의 경우 부품의 62.5% 이상을 국내에서 조달한다면 제로 관세를 적용할 수 있다. 그러나 미국 측은 역외 부품 사용을 차단하기 위해 국산 부품 활용 비율과 범위를 확대하는 방안을 검토・추진할 전망이다. 또한 트럼프는 문재인 대통령과의 전화회담을 통해 "한국은 미국의 훌륭한 동맹"이라면서 "미국의 국방예산 지출과 무역 적자를 시정하고 공정한 관계를 발전시켜 나가기 위해 한미 FTA 개정이 필요하다"고 말했다.

4) 세계 보호무역주의의 동향

(1) 세계 보호무역조치 동향

최근 글로벌 금융위기 및 유로지역 재정위기 등으로 글로벌 경기불황이 지속됨에 따라 보호무역조치가 증가하는 추세이다. 2011년 10월 중순~2012년 5월 중순 사이 7개월 간 신규 무역제한조치가 182건(무역구제 78, 국경조치 72, 수출규제 19, 기타 13)이 취해진 것만 보더라도 각국의 보호무역조치들은 증가하고 있음을 알 수 있다. 이들 신규 무역제한조치는 세계 총수입의 0.9%에 해당하는 교역에 영향을 미치는 것으로 파악되고 있다(2009년 11월 이후 누적조치는 세계총수입의 2.9%에 해당).

그동안 WTO 및 FTA를 통해 관세장벽이 완화됨에 따라 최근 보호무역주의적 조치는 대부분 수입규제조치, 기술규제, 위생검역 등 비관세장벽의 강화 형태로 나타나고 있다. GATT/WTO 협정상 규정되어 있는 무역구제조치나 안전, 환경, 위생 등을 위한 국내 규제 및 조치를 모두 '비관세장벽'으로 규정할 수는 없으나, 국내산업 보호를 위장한 조치들이 증가할 경우 보호무역주의 강화로 볼 수 있다.

표 4-2 신규 무역제한조치

유형	2010년 10월 중순~ 2011년 4월 중순	2011년 5월 중순~ 2011년 10월 중순	2011년 10월 중순~ 2012년 5월 중순
무역구제	66	63	78
국경조치	78	48	72
수출규제	30	34	19
기타	10	10	13
합계	184	155	182

자료: WTO(2012), Report on Trade-related Developments.

이러한 조치에 대하여 2012년 6월 29일 WTO 사무총장 보고서에 따르면 파스칼 라미 WTO 사무총장은 신규 무역제한조치의 성격이 예전의 위기대응을 위한 일시적 조치가 아닌, 자국 산업보호를 통해 이들 산업을 주요 성장동력으로 육성하려는 장기정책으로 변질되고 있다고 우려하고 있다.

한편 무역상 기술장벽(TBT) 현황을 보면 기술규제 통보건수가 매년 1,000여 건 이상으로 증가하는 추세이며, 특히 중국, 인도, 동남아, 중동 국가들의 기술규제가 증가하면서 인증획득 등에 따른 시간·비용의 증가로 국내 수출업계에 부담으로 작용하고 있다.

표 4-3 기술규제 통보건수

구분	2007	2010	2012	2014	2015	2016
통보문 건수	1,032	1421	1,556	1,534	1,437	1653

자료: WTO, Consumer products dominate discussions at standards and regulations committee, 2017. 3.29.~30.

(2) 주요국별 잠재적 보호무역주의 사례

글로벌 금융위기를 계기로 산업정책 측면의 보호주의조치 등 잠재적 무역제한조치는 점차 확산되고 있다. 잠재적 무역제한조치란 자국의 특정산업에 대한 지원을 비롯해서 수입승인과 검사증명 등 무역활성화를 가로막을 우려가 있는 조치들을 지칭하는 것이다.

Global Trade Alert에 의하면 글로벌 금융위기가 본격화된 2008년 11월 이후 도입된 보호주의적 조치 가운데 산업에 대한 보증 및 국가지원 조치가 27%(361건)로 가장 큰 비중을 차지하고, 이어서 무역구제조치 25%(315건), 관세조치 15%(178건), 수출세 또는 수출제한 7%(90건), 기타 무역제한조치 순이었다.

미국의 경우 오바마 대통령은 제조업 육성을 위해 제조업 증강법(Manufacturing Enhancement Act)을 승인(2010. 8. 11)하였는데, 제조업 증강법은 수입 원자재에 부과하는 관세를 감축·폐지 또는 자국 제조업 보호를 위한 관세부과가 핵심 내용이다.

전 세계 희토류 생산량의 95% 이상을 담당하는 중국은 최근 희토류를 국가전략자원으로 규정하고 환경보호 등의 명분을 들어 생산, 유통, 수출에 대한 전면적인 관리(수출 쿼터 축소 등)를 시행하고 있다. 또한 석유, 출판물, 오락영상물의 경우 수입허가증을 갖고 있는 국영 무역회사나 국무원의 승인을 받은 국유기업으로 수입자를 한정하고 있으며, 기술표준이나 포장, 라벨링, 안전규정 등에서도 중국기업들에 유리한 조건을 적용하고 있다. 한편 수입식품에 중문 라벨 부착을 의무화하고 일반적 사항 외에 수입업자의 정식명칭, 주소, 연락처 등까지 표기하도록 하여 수출입업자의 부담을 가중시키고 있으며, 특히 외국기업의 경우 인증에 과다한 비용과 시간이 소요되고 있으며, 외국의 적합성 평가기관의 공장실사 결과 적용을 허용하지 않고 있다.

EU는 2012년 1월 1일부터 CE(conformite europeenne) 마크부착 의무화, 환경 관련 외국항공사 규제 등을 시행 중에 있다. EU 집행위원회는 안전, 건강, 환경, 소비자보호 관련 제품에 대해 CE 마크 부착을 의무화하고 있으며, CE 마크 없는 제품의 역내유통은 금지하고 있다. 또한 외국 항공사에 대해 탄소배출권 매입을 의무화함으로써 미국, 중국 등의 반발을 초래하고 있는 상태이다.

일본은 글로벌 금융위기 이후 보호무역조치에 대해 반대 입장을 표명하였으나, 환경규제를 강화하는 추세이다. 일본 내에서 식품, 화학·의료 제품의 안전과 신뢰에 대한 관심이 증폭되면서 관련 규제 및 관리체계가 확대·강화되고 있으며, 2009년 "화학물질 심사제조 규제법"개정안을 마련하여 신규 화학물질의 제조 또는 수입 시 사전신고를 의무화하고 있다.

인도는 관세당국이 원산지증명서를 처리할 때 복잡한 행정절차나 까다로운 기재사항을 요구함에 따라 한국기업들이 원산지증명을 포기하여 특혜관세를 받지 못하는 경우가 발생하고 있다. 또한 새로운 품목에 대해 사전 공지 없이 강제적인 인증을 도입하고, 이러한 인증에 대해 충분한 대처시간이 주어지지 않아 사실상의 수입제한조치로 작용하고 있는 실정이다.

브라질은 자동차산업 보호를 위해 2011년 12월부터 수입산 자동차에 한해 공업제품세(IPI, 부가가치세의 일종)를 30%포인트 인상하고 적용기간을 2012년 말에서 2017년까지 연장하였다. 그리고 2012년 3월부터 섬유, 신발, 장난감 등 저가 수입산 제품의 대량 유입을 억제하기 위해 화물통관 검사 강화조치(Operacao Mare Vermelha)를 실시하여 수입억제 효과를 도모하고 있다.

러시아는 2012년 8월 30일자 러시아 연방법 N128-FZ와 정부령 N870에 따라 9월 1일부터 자동차 사용세(utilization fee)가 추가적으로 부과되고 있다. 사용세는 일종의 환경분담금으로 폐차시 발생하는 비용을 사전에 징수하는 세금이다. 향후 폐기시 안전한 처리 및 재활용을 약속하는 국내산 자동차에 대해서는 사용세가 적용되지 않는 반면, 외국산 자동차의 경우 관세 적용 시 세금이 자동적으로 같이 부과된다. 이 외에 러시아 정부는 자동차, 항공, 조선 등의 분야에서 정부조달시 자국상품 우대조치 관련 법안 및 보조금 지원 법안 등 자국산업 육성을 위한 각종 정책을 도입하고 있다.

말레이시아는 2010년 1월 1일에 개정된 '국가 자동차 정책'을 통해 중고자동차 부품 수입금지, 중고차 수입금지, 승용차 수입 승인(import license) 수수료 부과 등의 정책을 실시하고 있다.

태국의 무역제한조치는 기술표준 및 품질표시 인증 관련 제도가 주를 이루며, 태국 산업표준원의 강제 품질규격 인증제도가 대표적이다. 이 인증제도는 표면적으로는 안전, 소비자 보호 등을 목적으로 하지만 실질적으로는 철강, 전기제품, 자동차 등 태국이 중점 육성하는 산업의 보호를 목적으로 활용되고 있다.

인도네시아는 검역 강화, 광물자원 수출제한 등 수출입 규제를 도입하고 있는데, 2012년 6월 농업부장관령 제15호를 통해 과실·채소 등 신선농산물에 대한 검역을 강화하고 수입통관 항구를 축소하였다. 또한 2012년 5월 무역부장관령 제23호를 통해 65개 광물자원에 대한 수출허가 요건을 강화하였다.

터키는 2011년 10월 술·담배·휴대폰·자동차에 대한 특별소비세를 전격 인상하여 수입을 억제하고, 세수증가를 도모하고 있다.

최근 1년 간 보호주의 정책을 가장 많이 도입한 국가는 러시아로 모두 64건이었으며 뒤를 이어 아르헨티나, 인도 순이었다. 적용 품목수로 보면 베트남과 베네수엘라, 카자흐스탄 순으로 가장 많았고 대상국가로 보면 중국이 으뜸이었다.

(3) 한국에 대한 수입규제 동향

한국에 대한 수입규제 건수는 2011년 16건에서 2012년 9월 현재까지 20건으로, 한국 제품에 대한 세계 각국의 신규 수입규제조사 건수가 증가하는 추세이다.

유형별 수입규제(누적 건수 기준)는 반덤핑 96건, 반덤핑・상계관세 공동 4건, 세이프가드 20건으로, 반덤핑이 규제의 대부분(80%)을 차지하고 있다.

표 4-4 연도별 신규 수입규제 제소 건수

구분	2007	2008	2009	2010	2011	2012.9
건수	10	17	16	18	16	20

자료: 외교통상부.

누적 건수 기준으로 볼 때, 국가별 수입규제는 인도(23건), 중국(17건), 미국(12건), 터키(10건) 등 4개국 규제가 과반을 차지(62건, 51.7%)하고 있으며, 품목별(누적 건수 기준)로는 화학(45건), 철강(37건), 섬유(16건) 관련 규제가 98건으로 81.7%를 차지하고 있다. 화학은 중국・인도(31건), 철강은 미국(8건), 섬유는 터키(5건)가 주도하고 있다.

2012년 20건의 신규 수입규제 대상품목의 수입규제조치로 인한 국가에 대한 수출액은 해당 품목 전 세계 수출의 약 6.3%(같은 기간 우리나라 총 수출액의 0.3%)를 차지하는 것으로 분석되고 있다.

표 4-5 유형별 신규 수입규제(반덤핑, 상계관세, 세이프가드) 제소 건수

	반덤핑	세이프가드	반덤핑/상계관세	계
2014	14	15	3	32
2015	14	17	3	34
2016	30	11	1	41
2017상반기	16	5	-	21

자료: KOTRA, 각 연도 상・하반기 對韓 수입규제 동향 전망.

2014년도 이후 우리나라에 대한 반덤핑, 상계관세, 세이프가드의 신규 제소건수를 보면 전체적으로 제소 건수가 증가하고 있다. 2014년 32건에서 2015년 34건 그리고 2016년에는 41건으로 급증했다. 특히 2016년에는 반덤핑 제소가 30건으로 전년도에 비하여 2배 이상 증가하였다.

2017년 상반기에 새롭게 조사 개시된 21건 중 7건이 미국에서 제소된 것이며, 일본, 캐나다, 호주(각 1건)를 제외한 나머지 11건은 모두 신흥국에서 발생하였다. 규제유형은 반덤핑 16건, 세이프가드 5건이며, 품목별로는 화학제품 9건(반덤핑 7건, 세이프가드 2건)으로 최다이며, 철강금속 7건(모두 반덤핑), 섬유 2건(반덤핑), 전기전자 2건(세이프가드), 기타 품목 1건(세이프가드)으로 나타났다.

표 4-6 2016년 우리나라에 대한 비관세조치 현황

구분	위생 및 식물위생 조치	비관세 장벽	반덤핑	특별긴급수입제한조치	수량제한	관세율 쿼터
누적 건수	554	798	35	39	92	67

자료: WTO, NTMs(non-tariff measures) by WTO member and geographical regions, 2016.12.31.

WTO에 따르면 2016년 한 해 동안 취해진 우리나라의 비관세 수입제한 조치는 비관세장벽 798건을 포함하여 전체적으로 1,585건으로 해마다 급증하고 있는 실정이다.

최근에는 각국의 산업피해를 최소화하고 보호하기 위해 관세, 비관세 조치 등을 사용하는 일반적인 무역규제뿐만 아니라 수출제한조치까지 등장하고 있다. 보호무역 조치는 크게 네 가지로 구분된다. 관세인상, 수입절차 강화, 자국산 사용 의무화, 반덤핑, 세이프가드가 바로 그것이다. 경제위기에 처한 선진국은 무역흑자국인 한국에 대해 통상압력을 강화화고 있고 신흥국도 한국기업에 대한 견제를 본격화하고 있다.

(4) 한국기업과 외국기업 간 소송

최근 한국제품이 각국의 주요 견제 대상으로 부상함에 따라 한국기업과 해외기업 간 특허소송건수는 2009년 154건에서 2011년 말 278건으로 2년 만에 80.5% 증가하였다.

특히 삼성 대(對) 애플의 소송은 현재 9개국에서 50여 건이 진행 중에 있었다. 또한 코오롱과 듀폰 간 특허소송(영업비밀)의 경우 미국 버지니아 지방법원은 코오롱의 아라미드 섬유에 대해 20년 간 전 세계 생산·판매 금지 판결을 내린 상태이다(2012. 8. 30). 다만 코오롱이 제기한 '집행정지 가처분신청'이 받아들여져(9. 21), 최종 판결까지는 아라미드섬유의 생산·판매가 가능한 상황이다. 2009년 듀폰이 자사가 개발한 아라미드 섬유에 대한 기술을 코오롱이 빼돌렸다며 1조원에 이르는 손해배상을 청구하면서 시작됐다. 당시 코오롱은 "아라미드 섬유는 1979년부터 독자 개발한 기술이고, 듀폰이 코오롱의 미국 진출을 방해하고 있다"며 맞고소 했다. 지리한 소송전의 시작이었다. 그러나 코오롱은 2015년 5월 1일 듀폰의 영업비밀 침해를 사실상 인정하고 3000억 원에 달하는 배상금을 물어주기로 하면서 6년 간의 법정공방을 끝냈다. 코오롱이 영업침해를 인정하고 거액의 배상금을 부담하면서까지 듀폰과의 소송을 마무리 한 것은 소송 부담에서 벗어나 불확실성을 제거하는 동시에 미국 시장에서 하루빨리 아라미드 섬유 영업을 재개하는 것이 무엇보다 중요하다고 판단했기 때문이다.

미국의 우리나라에 대한 지재권 침해 조사는 1999년 9건에서 2011년 69건으로 급증한 상태이다. 그러나 우리나라는 자체노력으로 인해 2017년 4월 28일 발표한 '2017년도 스페셜 301조 보고서'에서 감시대상국(Watch List)에 포함되지 않았다. 2009년 최초로 감시대상국에서 제외된 이래 9년째다. 미국 무역대표부(USTR)가 발표한 중국, 인도 등 11개 나라가 '우선감시대상국'(Priority Watch List)으로 지정되었으며, 캐나다, 멕시코 등 23개 나라가 '감시대상국'으로 지정되었다. 우리나라는 우선감시대상국과 감시대상국 리스트에는 포함되지 않았으나 중국, 대만 등 11개국과 함께 합법적인 소프트웨어의 사용을 위해 정부가 더욱 노력을 기울여야 할 나라로 평가되었다. 전 세계 불법 소프트웨어의 시장 규모는 2015년 기준 520억 달러(한화 약 58조 3440억 원)에 달하는 것으로 추산되고 있다.

표 4-7	삼성 대 애플의 소송 현황	
국가	현황	비 고
미국	애플 유리	애플의 압승, 미국 2차 특허소송 최종심만 남음
일본	삼성 유리	삼성 의견 인정, 양사 합의철회
한국	삼성 유리	의견 인정, 양사 합의철회
네덜란드	혼조세	작년 8월 애플의 삼성 제품 가처분 금지 신청 판결 후, 삼성전자가 애플 제품을 대상으로 제기한 4건의 통신 표준특허 침해 가운데 1건에 대해 삼성 승소, 양사 합의철회
영국	삼성 불리	애플이 제기한 다른 소송 여전히 진행 중, 양사철회
호주	삼성 유리	항소심 승리해 판매금지 요청 기각됨, 본안 소송 진행 중, 양사 합의철회
독일	혼조세	지역별(뒤셀도르프, 만하임, 뮌헨)로 본안 소송 진행 중이나 우선 애플의 삼성제품의 판매 금지 요청이 받아들여진 상태, 양사 합의철회
프랑스/이탈리아	혼조세	삼성의 판매 금지 가처분 기각 상태, 양사 합의철회

자료: KOTRA 실리콘밸리 무역관, 각 일간지.

(5) 대응방안

① 보호무역조치 대응

첫째, 전통적 수입규제조치에 대한 대응으로 세계경제가 단기간에 회복되기 어렵다는 점에서 보호무역조치 증가세가 당분간 지속될 것으로 예상됨에 따라, 우리나라는 국제기구 및 포럼을 통한 국제적 공동대응을 강화하고 양자 간 협력채널 활용 등을 통해 수입규제에 대한 조기 종결을 추진해야 할 것이다. 또한 현재 추진 중이거나 향후 추진 예정인 FTA에 대해서는 효과적인 수입규제 대응수단을 마련해야 하며, 모니터링 수출통계 및 마진 분석 등 사전 예방책뿐만 아니라 사후적으로는 적극적 의견개진을 통한 조기 철회를 유도하고 업계와의 협의를 통한 자발적 가격인상 약속 등을 활용할 필요가 있다.

둘째, 점증하는 잠재적 보호무역조치에 대한 대응방법으로 먼저 능동적·선제적 대응을 강화할 필요가 있다. 세계 각국의 기술규제에 대한 모니터링 및 현지 업계와의 정보교류 등 사전 대응방법을 강화하고, 기술표준의 조화(harmonization) 및 상호인정협정(MRA) 등을 추진할 필요가 있다. WTO의 『World Trade Report 2012』에 의하면 기술규제는 특히 중소기업 수출에 미치는 영향이 크며, FTA/RTA

체결국 간의 기술표준 조화 및 상호인정은 무역전환효과로 인해 비회원국에 끼치는 피해가 큰 것으로 보고되고 있다.

다음으로 정부 간 상호인정협정(MRA) 체결에 다소 부담이 있을 경우, 특정 제품군을 중심으로 현지 인증기관과 자국 인증기관 간의 협력을 강화함으로써 비관세장벽의 감축을 유도할 필요가 있다. 특허는 소송 및 결과에 따른 비용이 천문학적인 점을 감안해 지식재산권 등 특허에 대한 국내 인식 제고, 법적·제도적 조사 분석을 통해 지식재산 관리와 활용에 필요한 인프라를 구축해야 한다.

한편 환경규제는 도입동기를 정확하게 식별하기 어려우므로 상대국의 정책동향을 미리 파악하고 사전적인 대응책을 마련할 필요가 있으며, 우리나라의 환경보호 및 규제도 국제기준으로 향상시킬 필요가 있다.

마지막으로 상호인정협정(MRA) 체결을 통해 상대국가의 인증취득 지원 및 공통기준 개발 등 협력 추진이 필요하며, 교역량이 많은 품목(휴대폰, 타이어 등) 중 현행 환경표지대상 제품군 및 향후 개발 가능 품목군을 중심으로 상호 공통기준을 마련하여 해외 수출지원을 강화할 필요가 있다. 희토류 같은 희귀자원 및 광물자원 수출제한조치에 대해서는 수입선을 다변화하고 기술을 확보하며 자원을 재활용하고 전략적 비축을 추진하는 등의 대응방안이 필요하며, 또한 현지 광물자원 가공업에 기업들이 전략적으로 진출하는 것도 필요하다.

② 보호무역주의 관련 수출파급효과 대응

첫째, 동남아 등 신흥시장 중심으로 수출시장 다변화를 통해 일부 국가에 수출이 집중되어 수입규제조치의 주요 대상이 되지 않도록 사전 예방이 필요하다. 전 세계적으로 지역별 권역별 생산 및 수출 거점 마련이 필요한데, 특히 미국시장 공략을 위해서 멕시코와의 조기 FTA의 타결을 검토할 필요가 있다. 또한 무역금융 지원 확대 및 단일화된 해외시장 정보창구 운영 등 중소기업의 신흥시장 개척을 위한 지원이 요구된다.

둘째, 기존의 수출마케팅에 한류 등 문화요소를 결합한 새로운 형태의 마케팅 전략 도입으로 한국제품에 대한 선호도 및 브랜드 인지도를 제고해야 한다. 현지 여건에 맞는 라벨링 광고 및 한국과의 문화교류 등을 통해 제품에 대한 공감대를 형성해야 하며, 브랜드 친밀도를 제고시켜야 한다.

셋째, 수출품의 철저한 현지화 전략을 통해 수입규제조치를 원천적으로 극복할 필요가 있다. 즉, 전략적 생산거점을 활용한 적극적 현지화 추진이 필요한데 현지 생산과 수출을 병행하는 구조로 이들 제품이 현지에서 생산된 제품이라는 인식을 확산하고, 일자리 창출을 통해 현지 경제에 직접 기여하고 있음을 홍보하는 등 이미지 제고에 주력해야 한다. 이미 일본은 1980년대 수출자율규제 등 자율감축에서 1990년대 이후 적극적으로 현지 생산설비 건설을 통한 현지화 전략을 채택하여 수입규제 및 대미 통상마찰을 해소한 바 있다.

2. 디지털무역 발전

앞으로 세계경제는 경제침체가 계속될 것으로 예상되며 세계 각국의 무역 전문가들은 디지털무역의 중요성을 강조하고 있다. 디지털무역은 인터넷 등의 전자상거래를 통해 상품과 서비스의 거래가 이루어지는 무역을 말한다. 디지털경제가 무형의 데이터 교역, 소규모 기업 및 개인의 참여 확대, 아이디어의 자유로운 이동, 무료 콘텐츠의 증가를 만들어 21세기 무역시장을 새롭게 규정할 것으로 보고 있다.

디지털무역은 거래비용을 축소할 수 있고 세계시장에 즉각적인 접근이 가능하다는 점에서 주목받고 있다. 이러한 트렌드에 따라 세계무역기구(WTO)를 비롯한 국제기구는 디지털무역 인프라 구축 정책을 수립하고 있다. 최근 서울에서 열린 '2016 산업통상포럼 국제컨퍼런스'에서 이샤오준(易小准) 세계무역기구 사무처장은 "무역금융과 전자상거래를 중심으로 무역개혁이 필요하다. 개발도상국에 더 많은 디지털 인프라와 기술을 제공해 디지털 발전을 도모해야 한다"고 말했다.

1) 국제무역의 패러다임 전환

알리바바(Alibaba, 阿里巴巴)그룹 시장조사기관인 알리리서치(阿里研究院)의 자료에 따르면 세계 전자상거래 규모는 2014년 2360억 달러, 2015년 3080억 달러를 기록하며 1년 만에 1.3배 증가했다. 2020년에는 9940억 달러 규모를 예상하며 2014년의 4배 수준까지 증가할 것으로 내다봤다.

한국에서도 디지털무역이 확산되고 있다. 2015년 한국의 전자상거래 수출은 2014년(3,600만 달러) 대비 173% 이상 증가하면서 1억 달러를 돌파했다. 한류의 영향으로 K-소비재의 수요가 급격히 늘어난 것이 원인이다.

한국무역협회는 최근 보고서를 통해 디지털무역이 국제무역의 패러다임을 근본적으로 전환시키고 있다고 분석했다. 디지털무역으로 예상되는 변화로는 ① 디지털 상품, 가상재화, 데이터 무역의 증가, ② IT기술 활용으로 서비스의 무역 확대, ③ 국경 간 B2C 거래 확산으로 창업부터 세계시장을 목표로 하는 마이크로 글로벌 기업 등장, ④ 중간재 교역이 위축되고 글로벌 밸류체인 축소로 생산기지형 개도국의 비교우위 잠식, ⑤ 기업·국가 간 경쟁 압력심화로 제품수명 단축 등이 꼽혔다.

무역협회는 특히 3D 프린팅으로 맞춤형 생산이 가능해지면서 기존의 글로벌 밸류 체인이 축소될 것으로 전망했다. 국가 간 디지털 정보 교환이 증가하면서 공급망이 축소되기 때문이다. 파괴적 혁신 모델의 확대는 제품수명을 짧게 만들어 세계적 기업의 경쟁 압력이 심해질 것으로 예상된다. 이는 산업장벽을 무너뜨려 신규 업체의 진출을 활발하게 만들 것으로 보인다.

컨설팅 업체인 맥킨지(McKinsey)는 디지털무역을 통해 상품무역 대신 비디오게임이나 문화콘텐츠 등의 데이터 무역이 확대될 것이라고 전망했다. 디지털무역을 중요시하는 무역흐름에 따라 정책을 수립하고 인프라를 구축하는 것은 한국무역에 긍정적인 요소로 작용할 수 있다.

세계적인 경영 컨설팅 회사인 보스턴 컨설팅 그룹(Boston Consulting Group, Inc.)은 2016년 디지털 기술이 세계경제에 미친 영향을 약 4조2000억 달러로 산정했다. 이는 전 세계 국가별 GDP로 치자면 세계 5위에 해당하는 경제규모이다(2016년 미국의 총 경제규모는 약 18.5조 달러). 디지털 경제의 규모는 인터넷의 보급속도와 밀접하게 연관되어 시장을 확장해 왔기 때문에, 향후 디지털 기술을 기반으로 하는 경제활동의 시장규모는 계속해서 성장할 것으로 전망된다.

[그림 4-1] 디지털 무역의 흐름

자료 : CRS리포트

2) 미국과 중국의 디지털무역

미국과 중국을 비롯한 세계 각국은 이미 디지털무역의 중요성을 인지하고 이와 관련된 정책을 추진 중이다. 미국은 디지털 재화의 무관세 관행을 유지하고 있고 국경 간 정보 이동자유화 등의 전자상거래 자유화를 추진하고 있다. 독일 '디지털 아젠다', 멕시코 '국가 디지털 전략' 등 세계 주요국들은 디지털경제 추진 정책을 시행하고 있다. 디지털경제 발전 정책에는 전자·정보통신 인프라 구축과 전자정부 서비스, 공공정보 접근성 확대, ICT 관련 기술 교육 확대 등의 방침이 포함되어 있다.

그중에서도 중국의 활약이 두드러진다. 6억 9000만 명의 인터넷 이용자와 5억 9000만 명의 모바일 인터넷 사용자를 기반으로 고성장 기조를 보였다. 중국정부는 전자상거래를 활성화시키기 위해 '선성장 후관리' 정책으로 전자상거래 시장을 육성했다. '전자상거래 시범도시 지정', '중소기업의 전자상거래 활용 보편화', '국경 간 전자상거래 활성화' 등이 대표적이다. 가장 주목할 만한 정책은 물류비용을 낮췄다는 것이다. 중국은 물류기업의 진입을 확대했다. 중국 정부의 정책으로 2013년 중국내 물류업체만 약 70만개며 택배업체는 7500개가 있는 것으로 나타났다. 진출기업이 많아지자 자연스레 물류시장의 경쟁이 심화됐고 이는 가격경쟁으로도 이어졌다. 낮은 물류비는 중국 디지털무역의 성장요인이 됐다.

중국의 대표 택배업체인 위엔통택배(圆通速递)는 전 세계 25개국의 50개 택배업체로 구성된 '글로벌택배연맹(全球包裹联盟)'을 설립했다. 2016년 기준, 중국의 국제택배 사업량은 6억 2000건으로 연간 44.9% 증가했다. 글로벌 전자상거래 택배업무는 주로 미국의 페덱스(FedEx), UPS, 독일의 DHL 등 다국적기업 위주로 이루어졌지만, 중국 택배 시장의 구도가 차츰 안정되면서 중국 업체들의 글로벌 시장 진출이 가속화되고 있다. 중국 택배기업의 최대 장점은 신속한 물류 시스템이다.

3) 디지털무역 관련제도 준비

OECD 디지털 경제에 따르면 OECD 회원국 대부분이 디지털경제 발전 정책을 적극 시행중이다. ICT 기술, 인프라, 발전을 넘어 교육, 보안, 환경 등의 이슈를 포함하는 정책을 추진하고 있다. 디지털무역이 확산되고 있음에도 불구하고 한국에는 이를 활용할 수 있는 플랫폼과 전문인력이 부족한 실정이다.

한국의 디지털무역 수준은 OECD 상위권이지만 ICT 서비스, 디지털 플랫폼의 경우 타 국가에 훨씬 모자란다. ICT 서비스의 세계시장 점유율은 0.5%로 아주 미미하다. 전자상거래 플랫폼도 마찬가지다. 디지털 인프라와 인적 자본에 지속적인 투자를 해야 하고 마이크로 글로벌 기업 육성, 통상정책에 대한 새로운 접근, ICT 서비스 경쟁력 제고 등 다각도에서 체계적인 지원책을 마련해야 한다. 특히 불필요한 규제완화와 법제도 개선 등 자유로운 기업환경을 마련해야 한다.

디지털무역이 세계무역의 대안으로 떠오르며 국내외적인 관심이 높아졌다. 이샤오준 사무총장은 "2017년 말에 여는 장관급 회의에서 무역개혁의 해결점을 제시할 것이며, 디지털무역 발전을 위해 필요한 것을 파악하고 있으며 이와 관련된 내용이 논의되고 있다"고 밝혔다. 세계적인 차원의 디지털무역 인프라 구축이 본격화되는 것이다.

한국에서도 디지털무역의 중요성을 인지하고 있다. 이상진 무역위원회 상임위원장은 "전자상거래를 활성화하기 위해 온라인 관세문제 등을 해결해야 한다"며 디지털무역의 중요성을 강조했다. 그러면서 "한・중・일은 2015년부터 디지털 마켓의 단일화 구축에 합의했다. 따라서 앞으로 온라인 전자상거래 규모는 더 커질 것으로 예상한다"고 말했다. 자세한 통관절차 또는 품목별 관세율은 관세법령 정보포털 또는 전국세관 수입통관 부서를 통해 확인할 수 있다.

한편, 디지털무역에 대한 정책 필요성에 대해 세계적인 공감대가 형성되어 많은 논의가 이루어지고 있으며, 향후 맺어지는 무역협정 조항에도 디지털무역에 관한 조항이 추가될 것이라는 예측이다. TPP의 협상 조항에는 디지털무역에 대한 관련된 조항이 포함돼 있으며, 트럼프 행정부가 추진하고 있는 NAFTA 재협상에도 관련 조항이 포함될 것이라는 관측이다.

4) 디지털무역 시대의 극복해야 할 무역장벽

WTO 등 무역 관련 기관은 디지털시대의 국제무역거래에서 무역장벽으로 작용할 수 있는 요인을 해결해야 하는데, 다음과 같이 열거하고 있다.

(1) 데이터 국지화(Data Localization)

데이터 국지화는 국가 간 데이터 이전을 제한하도록 하는 규제로 기업 및 기관 등이 자료를 수집한 국가 내에서만 데이터를 저장하고 처리해야 한다. 그렇기 때문에 다국적기업들의 경우 사업을 운영하는 각국에 데이터 센터를 따로 설립해야 한다.

WTO는 국제 무역환경에서 각국의 데이터 국지화 정책이 디지털 무역환경에서 장벽이 될 수 있다고 비판하면서도 국경 간 데이터 이전이 개인정보의 보호, 유해콘텐츠 전파의 예방, 특정 IP에 대한 접근 제한 등을 이유로 시행되고 있음을 인정하고 있다. 이를 시행하고 있는 대표적인 국가는 중국, 인도네시아, 나이지리아, 러시아, 터키와 베트남으로 각국 정부는 개인정보의 보호와 국가 안보를 근거로 해당 규제의 존속을 주장하고 있다. 2017년 7월 12일 애플은 중국내 자체 데이터 센터를 설립하기로 했다고 발표했다. 이것은 중국에서 수집한 정보의 처리와 저장을 위한 것으로 중국내 디지털 국지화에 관한 규제에 의한 결정이었다.

(2) 지식재산권의 침해

미 상무부는 지식재산권에 관련한 시장규모가 2014년 약 6조 6000억 달러를 기록했으며, 당해 미국 총 GDP의 38.2%를 차지한다고 발표했다. 해당 분야는 미국 서비스 수출 부문의 12.3%를 차지하는 등 미국 서비스 시장 내에서 상당한 비중을 차지하고 있다. 그러나 디지털 기술의 발달로 불법다운로드나 상표의 복제, 위조, 인터넷 IP의 도용 등으로 인한 침해가 과거보다 기하급수적으로 늘어났으며 해외에서 발생하는 경우가 많아졌다. 2016년 세계 짝퉁 시장 규모는 약 5000억 달러(약 569조원)이고, 이 중 84%가 중국과 홍콩에서 생산된다는 것이 OECD의 분석이다.

미 무역대표부 USTR은 인터넷을 통한 거래, 무역의 경우 소비자가 구매 전에 판매자와 제품의 지식재산권 도용 여부에 대한 충분한 조사를 하기 힘들고 판매자가 허위 마케팅을 할 수 있음을 인정했다. 인터넷을 통해 지식재산권이 침해된 경우 해당 상품을 판매・제공한 검색엔진이나 플랫폼 서비스 공급자의 책임 소재에 대한 각국 간의 법률적 판단이 다를 수 있어 무역장벽으로 작용될 수 있는 것이다.

미 의회조사국은 인터넷 서비스 공급자의 책임소지에 대해 미국과 다른 입장을 보이고 있는 나라로 프랑스와 독일, 이탈리아, 인도, 베트남을 꼽았다.

(3) 정부 차원의 인터넷 접속 통제

정부에서 특정 웹사이트의 접속을 방해하거나 아예 차단하는 경우, 혹은 특정 정보를 걸러내는 경우도 무역장벽으로 작용될 수 있다.

예를 들어, 중국의 경우 정부차원에서 웹사이트 등의 접속을 제한・통제하고 있어 'Great Firewall'이라고 하기도 한다. 중국의 만리장성이 GreatWall이라고 불리는 것을 인터넷 보안을 위한 방화벽인 Firewall에 빗대어 표현한 것이다.

중국은 국가신문출판광전총국(China's State Administration of Press, Publication, Radio, Film and Television and the Ministry of Industry and Information Technology)에서 외국 미디어가 온라인상에 콘텐츠를 발행하는 것을 금하고 있다. 100% 중국인이 소유한 회사 콘텐츠의 온라인 발행만 허용하며 외국 기업과의 파트너십도 허용하지 않고 있다.

미국은 인터넷 공급자의 정보 필터, 사용자의 접속 차단 등을 금지하고 있으나, 유럽의 경우는 트래픽 량에 따라 사용자의 인터넷 접속이 통신 공급자에 의해 달라질 수 있다.

(4) 각국의 서로 다른 디지털 규제로 인한 무역장벽

지난해 프랑스는 인터넷상의 '잊혀질 권리'(right to be forgotten)를 보호하지 않았다는 이유로 구글을 제소한 사례가 있다. 잊혀질 권리는 인터넷상에서 수집 가능한 개인의 기록이나 정보를 해당 개인이 이를 원치 않을 경우, 관련 정보의 삭제를 인터넷 서비스 공급자에게 요구할 수 있는 권리이다. 구글은 유럽지역 도메인에서의 기록은 삭제했으나 세계 도메인에서는 삭제하지 않아 피소됐으며, 프랑스는 이 때문에 자국 및 EU의 규제를 전 세계에 적용시키려 한다는 비난을 받기도 했다.

또한 국제기준에서 크게 벗어나는 국가 차원의 법령 혹은 지역내 규제를 가지고 있는 경우, 국제기준을 준수하는 ICT 제품이라 할지라도 특정한 국가 혹은 지역의 네트워크 체제와 연결되지 않거나 고유 규제에 따라 생산된 하드웨어와 호환이 되지 않는 경우 무역장벽으로 작용할 수 있다.

3. 브렉시트와 환경변화

2016년 하반기는 영국의 유럽연합(EU) 탈퇴인 '브렉시트'(Brexit)사태로 인해 세계경제가 혼란에 빠진 상태로 시작됐다. 당장 금융시장이 민감하게 반응해 금값과 원-달러 환율, 그리고 엔화가치가 뛰었으며, 주요 증시는 폭락했다. 전문가들은 브렉시트는 빙산의 일각에 불과하며, 이와 같은 현상은 전 세계적인 저성장과 고립주의 확산의 일례에 불과하다고 말한다.

브렉시트는 Britain(영국)와 Exit(탈퇴)를 합성하여 만든 말이다. 영국이 EU에서 이탈하는 것을 의미한다. 브렉시트는 그렉시트(Greece + Exit)에서 어원을 찾을 수 있다. 2010년에 그리스가 국가의 위기로 인해 유럽 주요국인 독일, 프랑스, 영국 등과 이해관계로 인한 의견차이가 있었을 때 그리스가 협상에 유리한 국면을 차지하기 위해 EU탈퇴를 주장했던 것이다.

영국은 유럽연합 중에서도 잘사는 나라이므로 매년 큰 부담금 내고 있다. 그러나 중요한 결정은 독일과 프랑스가 주도하거나 결정 권한을 더 가지고 있기 때문에 불만이 생길 수밖에 없었다. 2014년 현재 영국의 EU 부담금은 49억 유로(약 6조 4,500억원)로 독일, 프랑스에 이어 3번째로 많다. 영국이 EU로부터 받는 예산 규모는 회원국 중 12번째로 독일과 프랑스에 비교해 보아도 상대적으로 적다. 그리고 그리스, 스페인 등 남유럽의 재정위기는 유럽연합의 재정위기로 파급되어 피해를 입는다는 영국민들의 생각과 영국에서는 매년 30조원에 달하는 자금을 투입하고 있지만, 그에 대한 대가도 없으며, 이끌고 나갈 힘도 없다는 점이다. 더구나 유럽연합 정책에 따라 난민을 대량으로 받아들여야 하며 경제적, 정치적 부담이 크기 때문에 이탈을 원하게 되었다.

유럽연합(EU) 지도부가 외치는 구호는 '더 큰 유럽'(more Europe)이다. 유럽 대륙을 하나로 묶어 인적·물적 자원이 활발하게 교류된다면 회원국이 경제·정치·안보 등 모든 면에서 시너지 효과를 얻어 번영을 누릴 것이라는 구상이다. 하지만 장벽을 허문 유럽 대륙에선 이주 노동자에게 일자리를 빼앗긴다는 불만이 터져 나왔다. 개방과 통합의 결과로 얻은 건 번영이 아니라 오히려 빈부 격차만 커질 뿐이었다. 여기다 EU의 난민 수용정책으로 사회가 불안해졌다고 여기는 사람들의 분노가 하늘을 찔렀다.

비록 브렉시트 찬반 투표권은 영국인들에게만 주어졌으나, 이는 비단 영국만의 문제가 아니다. 타격은 EU 전체로 퍼지고 있다. 오늘날 EU는 경제난과 재정정책, 난민수용을 둘러싼 국가 간 갈등으로 심각한 분열양상을 보이고 있어 브렉시트로 인해 결속력이 시험받고 있다.

KOTRA는 브렉시트로 인해 EU 회원국 중 영국을 제외하고 가장 많이 타격을 받는 나라가 네덜란드가 될 것이라고 봤다. 국제금융센터의 보고서에 따르면, 네덜란드는 영국과의 교역의 비중이 높을 뿐만 아니라 합작기업이 많아 부정적 영향이 상대적으로 더 클 것으로 분석됐다. 이에 네덜란드내 전자제품 및 자동차제품 생산량이 5% 이상 감소할 수 있다는 전망도 등장했다.

여기에 네덜란드 또한 EU를 탈퇴해야 한다는 여론이 커져 리스크가 증대될 전망이다. 네덜란드에서는 2016년 4월에 있었던 EU-우크라이나 FTA 국민투표에서 61%가 반대해 EU의 회원국 중 네덜란드만이 유일하게 비준하지 않아 EU 정책에 대한 네덜란드의 반대여론이 명확하게 드러난 적이 있었다. 심지어 네덜란드는 그나마 EU에 우호적인 편이라는 조사결과도 등장했다. 퓨리서치 센터(Pew Research Center)에서 4월 4일부터 5월 12일에 걸쳐 EU의 주요 회원 10개국 시민들에게 EU

에 대한 호감도 조사를 실시한 바에 따르면 전체 평균은 호감이 51%, 반감이 47%로 나타났다.

EU에 대한 호감도가 72%로 가장 높은 나라는 EU 기금의 최대 수혜국으로 꼽히는 폴란드였다. 그 다음은 헝가리(61%)와 이탈리아(58%)였으며, 그 외의 국가들에서는 호감과 반감의 차이가 10%p 이내로 비슷하거나, 오히려 반감이 호감보다 높은 것으로 나타났다. 네덜란드는 호감이 51%, 반감이 46%로 평균에 가까운 수치를 나타냈으나, 이는 10개국 중 5번째의 순위였다. 다만 영국보다도 EU에 대한 비호감 응답이 많았던 스페인은 브렉시트 투표 이후인 6월 26일 실시된 총선에서 친 EU 정당이 우세를 보이며 고립주의 움직임에 경계감을 보였다.

브렉시트는 1945년 제2차 세계대전 종전 후 71년 간 유지됐던 미국 주도의 글로벌 정치와 경제질서에 일대 지각변동을 몰고 올 것으로 전망된다. 미국이 만들어온 세계 질서를 대체할 '포스트 1945체제' 가능성도 거론된다. 『미국의 1968년』 등을 저술한 역사학자 찰스 카이저(Charles Keizer)는 "브렉시트는 제2차 세계대전 이후 미국이 주도해 온 서구 문명에서 '최악의 퇴보'로 기록될 것"이라고 말했다.

당장 미국이 '팍스아메리카나'(Pax Americana)의 핵심 축으로 삼았던 전통적 자유경제 체제에 대한 의구심을 확산시키고 있다. 브렉시트 여파로 공화당 도널드 트럼프가 주창하는 보호무역주의는 어느 때보다 재조명받고 있다. 그는 공화당 경선 기간 내내 자유무역협정(NAFTA, 한미자유무역협정) 등 미국이 맺고 있는 무역협정의 폐기와 개정을 주장했다.

여기에 세계은행, 국제통화기금(IMF) 등 미국이 전후 주도해 온 세계 금융질서도 거센 변화와 도전에 직면할 것으로 보인다. 2015년 6월 중국 베이징에선 57개국 대표들이 모여 중국이 세계은행 등에 맞서 창설한 아시아인프라투자은행(AIIB)의 첫 공식 회의를 열어 미국을 긴장하게 만들고 있다.

브렉시트는 미국이 주도해 온 서방국의 안보 지형에도 거대한 변화를 예고하고 있다. 영국이 북대서양조약기구(NATO : 나토)에는 잔류한다고 밝혔지만 경제적으로 깨진 유럽이 군사적 연합을 이전 수준으로 유지하기는 어렵다.

이러한 세계질서의 새로운 변화는 신고립주의(neoisolationism)와 보호무역주의를 표방하는 국수주의에 입각한 자연적인 몸부림이며 결국은 자기들이 먹고사는 문제가 초미의 관심이고, 다른 민족이나 국가를 돌볼 여지가 없다는 것이며, 이러한 풍조의 원인은 전 세계가 거의 다 산업화가 되어 수출이 한계가 있으며 또한 분쟁으로 인한 이민자들의 처리문제도 골머리가 되지 않을 수 없다는 것이다.

4. 트럼프 등장과 미국의 보호무역주의 강화

미국발 보호무역주의로 반덤핑·상계관세 화살이 빗발치고 있고, 분쟁은 격해질 전망이다. 한국무역협회에 따르면 2013년부터 미국의 반덤핑·상계관세 조사 개시 건수가 크게 늘었다. 2017년 1월부터 4월까지 조사개시 건수가 28건으로 이미 2016년(53건)의 절반을 넘어섰다. 미국은 현재 전 세계를 대상으로 2013년 이래 총 392건의 반덤핑·상계관세를 부과 중이다. 국가별로는 중국이 153건으로 가장 많고, 인도 32건에 이어 한국이 24건이다.

표 4-8 미국의 대 세계 반덤핑 및 상계관세 규제 현황(단위 : 건)

국가	중국	인도	한국	대만	일본	브라질	터키	멕시코	인니	베트남	전 세계
반덤핑	110	19	18	22	17	11	8	12	9	9	301
상계 관세	43	13	6	1		4	6	1	4	3	91
합계	153	32	24	23	17	15	14	13	13	12	392

자료: USITC(기간 : 2013년 ~ 2017년 4월) https://www.usitc.gov/trade_remedy.htm

이와 함께 미국은 반덤핑·상계관세 절차법을 강화하면서 고율의 관세를 적용하고 있다. 대표적인 예로 미국 상무부는 조사대상 수출기업이 "정보제공 요구에 최선을 다해 협조하지 않았다"는 점을 이유로 미국 측 제소기업이 제공한 '불리한 가용정보'(AFA, Adverse Facts Available)를 사용해 높은 덤핑마진을 산정하고 있다. 2015년 이후 조사 개시된 기업별 총 247건 중 60건에 대해 AFA 조항이 적용됐다. 중국이 19건, 일본 6건, 한국과 이탈리아가 각 5건 등이다.

2015년 이후 2년여 간 AFA 조항이 적용된 기업들의 덤핑마진은 평균 50%를 상회하고, 최대 200% 이상의 고율 마진이 산정되기도 했다. AFA 규정의 목적은 조사대상 기업들의 성실한 정보제공을 유도하기 위함이나, 본질적으로는 미국 상무부가 징벌적 관세를 부과하는 도구로 사용한다는 지적이다. 트럼프 미 대통령은 2017년 4월 20일 상무부가 수입산 철강제품의 미국 국가안보에 대한 영향 조사를 개시하도록 행정명령에 서명했다.

트럼프의 대선공약은 '미국 우선주의'(America First)를 골자로 하고 있다. 이는

TPP를 반대하고 멕시코와 중국에 관세를 인상하겠다는 무역협정에서 가장 잘 나타난다. 미국에선 트럼프 대통령이 취임하자마자 행정명령을 통해서 환태평양경제동반자협정(TPP) 탈퇴, 북미자유무역협정(NAFTA) 개정을 추진키로 했고 특정국가 몇 개를 거론하면서 환율조작을 경고하고 나서는 등 보호무역정책 기조를 분명히 하고 있다. 중국을 환율조작국으로 지정하는 것이 글로벌 무역/통상의 정의구현을 위해 중국이 환율개혁을 하도록 유도하는 가장 효과적인 수단이라고 판단하고 있다.

2016년 10월 기준, '심층분석대상국' 지정 관찰대상국은 중국, 독일, 일본, 한국, 대만, 스위스 6개국이다. 무역촉진법 2015 내 제7장 환율조작부분[BHC(베넷/해치/카퍼) 법안]에 따르면, ① 무역수지, ② 경상수지, ③ 외환시장개입의 기준항목 중 2가지 기준치를 초과할 경우, 관찰대상국(Monitoring list)으로 지정한다.

미국 재무부에서 환율조작국을 지정하는 조건 중 중국이 지속적으로 초과하는 것은 바로 무역수지 항목이다. 기준치는 대미 무역수지 흑자 200억 달러이나, 실제로 10월 기준 연간 무역수지 흑자 규모는 3,497.3억 달러로 기준치의 약 17배 수준에 달한다.

만약 트럼프 행정부가 중국의 대미 무역수지 흑자 규모를 줄이는데 초점을 맞춘다면, 환율조작국 지정 혹은 위안화 절상 유도 등 무역전쟁으로 이어질 수 있는 수단보다는 중국의 대미 수입규모 확대를 유도할 수 있다

2016년 기준 미국 수입시장 점유율은 중국이 21.5%, 한국이 3.2%로 중국이 절대적으로 높다. 그러나 미국의 10대 수입상품(HS 6단위 기준)은 한국 점유율이 중국을 상회한다. 한국의 대미 수출은 부품과 소비재(승용차)가 큰 비중을 차지하고 중국의 대미 수출은 주로 소비재(내구재 및 반내구)와 자본재(기계류) 중심이다. 또한 2016년 10월 미 재무부의 환율보고서(FX Report)를 보면 중국의 대미 흑자가 우리보다 10배 이상 많지만 경상수지 흑자만을 놓고 보면 중국은 2.4%에 불과한데 한국은 7.9%에 달하고 있다.

미국과 중국의 통상마찰이 심각해질 경우, 물론 중국에 중간재를 수출해서 중국이 재수출하는 AV 기기, LCD 등의 타격은 있을 수 있다. 그러나 미국 수입시장에서 한국과 중국 간의 수출 경합도가 높은 전기기기, 컴퓨터 및 통신기기와 기계류의 대미 수출이 증가할 가능성이 있다.

한편 미국과 중국과의 통상마찰은 외교와 안보로까지 이어질 수도 있다. 미국과 대만 그리고 일본까지 이어지는 중국 고립작전으로 반영될 수 있기 때문이다.

사실상 '북한'으로 이어지는 중국과의 관계와 우리나라의 우방인 미국과의 관계에서 '지정학적' 리스크가 부각될 수 있다. 이는 우리나라의 경제와 안보 모두에 불안감이 확대될 수 있다.

5. 신흥국 경제의 부상

신흥국 경제의 부상은 글로벌 경제위기 이후 본격화됐다. 미국 월가의 도미노 파산으로 선진국 경제위기가 표면화된 탓이지만, 그 근저에는 미국과 중국이 대표하는 글로벌 불균형이 자리 잡고 있다. 불균형 해소과정에서 빚잔치를 벌여온 선진국 진영의 글로벌 파워가 위축되는 반면, 더욱 씀씀이를 키우게 되는 신흥국 진영의 발언권이 강해질 것은 예측 가능한 일이었다.

신흥국 경제는 비교적 튼실한 재정과 탄탄한 제조업 기반으로 높은 성장세를 구가하며 글로벌 경제의 주요한 성장동력으로 부상했다. 2012년의 경우 신흥국 경제의 글로벌 GDP 비중은 49.8%(PPP기준, IMF)로서 위기 직전 2007년 44%에 비하면 눈에 띠게 높아졌다.

신흥국 경제의 부상은 대외신인도의 척도라 할 수 있는 국가 신용등급의 변화에서도 확인된다. 기축통화 발행국인 미국의 신용등급이 2007년 AAA에서 현재 AA+로 강등된 것을 비롯(S&P 기준), 유로존의 재정위기를 겪으면서 프랑스도 같은 기간 AAA에서 AA+로 내려앉았다. 그리스, 스페인, 포르투갈, 이탈리아 등 유럽 재정위기의 진앙지 국가들은 더 말할 필요가 없다. 반면 금융위기 전과 현재를 비교해 신용등급이 개선된 곳은 중국, 브라질, 한국, 홍콩, 인도네시아, 말레이시아, 대만 등 대부분 신흥국 그룹이며, 특히 아시아 신흥국의 위상 강화가 두드러진다.

그러나 신흥국 경제도 2012년 들어 주요 수출시장인 선진국 경기침체가 장기화하면서 성장세가 주춤하는 양상을 보이고 있으며, 특히 재정파워가 상대적으로 취약하거나 제조역량이 뒤처진 국가들이 경기 부침을 크게 겪었다. 전체적으로 중국을 제외한 나머지 BRICS 국가들이 대외적 충격에 취약한 모습을 보이고 있으나, 중국을 중심으로 한 동아시아 경제권이 내수 성장과 자원 우위를 앞세워 상대적으로 높은 성장세를 유지하고 있다.

특히 아시아권의 부상은 일정 부분에선 선진국 진영도 바라던 바였다. 위기극복을 위한 글로벌 협조게임에서 아시아 등 신흥국들의 역할이 절실했던 것이다. 대표적인 것이 'G20' 정상회의이다. 1999년 이후 20대 경제대국의 재무장관 회담에 머물렀던 G20 회의가 2008년 정상회의로까지 격상된 것은 높아진 신흥국들의 위상을 인정해야만 실질적으로 거시경제 정책에서의 공조나 금융규제, 국제금융기구 개편 등에서 성과를 낼 수 있었기 때문이다. G20엔 2010년 정상회의 개최국 한국을 비롯한 중국, 인도, 인도네시아 등 동아시아 신흥국들이 다수 포함돼 있다.

그러나 향후에도 협조게임 양상이 지속될 지는 미지수이다. 선진국 진영에서 G20이란 협상채널이 지나치게 다원화되어 비효율적이란 비판이 제기된 데다, 재정위기가 심화하면서 협조게임을 지속할 명분과 체력이 점차 고갈되고 있다. 두 진영은 이미 글로벌 금융위기 타개만큼 중대한 지구촌 이슈였던 기후변화협약에서 첨예한 입장 차이만 드러낸 채 의미 있는 결실을 맺지 못했다.

2013년 이후는 높아진 아시아 신흥국 진영의 경제위상 만큼 갈등의 파고도 높아질 공산이 크다. 특히 지역안보 및 통상 현안에서 중국의 목소리가 커져 미국과의 신경전이 불가피할 것이다. 미국은 2011년 말 미군의 호주 주둔을 신호탄으로 아시아 시장에서 자국의 전략적 이해를 관철시키겠다는 개입 방침을 분명히 했다. 국력의 외연을 아시아권으로 넓히고 있는 중국과의 갈등은 필연적이다. 미국은 지난해 중국이 인접국들과 벌인 여러 영토분쟁에서 상대국 입장을 두둔한 데 이어 중국 정부가 전략적으로 육성해온 태양광 패널에 대해서도 250%에 달하는 고율의 반덤핑 관세를 부과하는 강수를 뒀다.

경제성장이 유망한 4개 국가들을 묶어 브릭스(BRICs)란 신조어를 탄생시킨 짐 오닐(Jim O'Neill) 전 골드만삭스(The Goldman Sachs Group, Inc.) 이코노미스트가 2013년에는 민트(MINT)라는 신조어를 만들었다. 민트는 멕시코와 인도네시아, 나이지리아, 터키의 앞 글자를 따서 만든 신조어다. 민트 국가들이 가진 이점으로 풍부한 인구를 꼽았다. 터키를 제외한 국가들의 인구는 모두 1억 명을 넘는다. 멕시코와 인도네시아, 나이지리아의 인구수는 각 세계 11위, 4위, 7위다. 터키는 17위다. 이들 국가들은 브릭스가 상대적으로 주춤한 사이 눈에 띄게 주목받는 국가들이다.

6. OPEC의 영향력 약화

국제에너지기구(IEA)는 '2012년 세계 에너지 전망'을 통해 2017년에는 채굴기술 발달로 비전통 화석에너지 개발이 이어지면서 미국이 세계최대의 석유 및 천연가스 생산국이 될 것이라고 전망했다. 같은 이유로 석유수출국기구(OPEC)도 11월 연차보고에서 2016년까지 OPEC산 원유에 대한 세계수요가 감소할 것이라는 전망을 내놓았다.

지하 2,000m 이상의 암석층에 매장된 셰일가스(shale gas)는 수년 전부터 수평채굴, 수압파쇄, 지하지층구조 시뮬레이션 기술 등이 복합적으로 발전하면서 개발 코스트가 떨어져 생산량이 확대되어 왔다. 이러한 셰일가스의 개발은 천연휘발유인 NGL(Natural Gas Liquids)의 생산 확대, 타이트오일의 개발 확대로 이어지고 있다. 셰일가스 개발 붐은 자원량이 많은 비전통 자원 전반에 대한 개발 의지를 고취시키면서 중국, 중남미, 유럽 등 지역으로도 확산되고 있다.

에너지 수요 측면에서는 중국경제의 성장세 둔화의 영향이 나타나고 있다. 중국은 생산가능인구가 점차 감소하기 시작하면서 노동력의 무제한 공급 가능 경제에서 노동력 공급 제약 경제로 변화될 것으로 보인다. 중국경제의 성장세 둔화로 인해 자원에 대한 수요 증가 패턴이 과거 고성장 시기에 비해 달라질 가능성이 있다. 국제에너지기구(IEA)는 2012년 연차전망을 통해 중국의 에너지 수요 증가율이 2000~2010년 평균 7.3%에서 2010~2020년에는 3.4%로 절반가량 하락할 것으로 전망한 바 있었다.

수요는 둔화되는데 공급은 확대되면서 에너지 가격은 지난 10년에 비해 더딘 상승세를 보일 가능성이 높아 보인다. 특히 석유공급 능력 확대가 북미 등 비교적 정세가 안정된 곳에서 집중되면서 석유공급 차질에 대한 불안감이 다소 낮아질 수 있을 것으로 기대된다. 다만 세계석유 공급의 40% 이상을 차지하는 중동 및 북아프리카 지역의 종교 갈등과 민주화 욕구 등은 잠재적인 불안요인으로 남아 있을 전망이다.

에너지 교역의 흐름에도 변화가 있을 것으로 예상된다. 최대 에너지 사용국인 미국은 최근 3년 간 석유와 천연가스의 순수입량이 각각 23%, 35% 감소한 반면 석탄 수출은 2014년에 사상 최고치를 기록하였다. 아울러 비전통 화석 에너지의 생산 확대가 중국, 아르헨티나, 폴란드 등으로 확산되면서 에너지 수출입 구조의 변화가 나타나고 있다. 미국은 천연가스 수출국으로 부상하였고 러시아는 천연가스 수출을 동북아로 전환하는 등 에너지 교역 구조가 변화하고 있다.

최근 들어 국제유가는 매우 안정적인 움직임을 보이고 있다. 중동산 두바이유는 2010년 배럴당 78달러에서 2011년에는 105달러로 36% 상승한 후 2012년에는 109달러로 3%의 낮은 상승에 그쳤다. 2013년에는 석유, 천연가스, 석탄 등의 수요가 지난 10년처럼 빠르게 늘어나지 않고 오히려 감소추세에 있었다. 석유시장은 미국을 중심으로 비 OPEC의 석유공급이 늘어나면서 초과공급 상황이 발생해 유가가 제한적인 하향세가 이어졌다.

장기적으로는 국제유가가 배럴당 100달러를 넘는 수준이 유지되어야 비전통 자원과 신재생 에너지에 대한 투자 기조가 이어지면서 에너지 공급 쇼크의 발생이 억제될 수 있는 실정이다.

2015년 이란의 핵협상 타결로 이란산 원유가 국제 원유시장에 복귀하고 사우디아라비아의 감산 거부 등으로 국제유가가 하락세를 유지하고 있는 상황에서 미국산 원유까지 가세하자 유가는 가파르게 떨어지기 시작했다. 2017년 8월 현재 두바이유 현물가격은 배럴당 50달러 전후에서 유지되고 있다.

과거와 달리 OPEC은 전통 석유 등의 추가 생산 여력에 한계가 있는데다 민주화 압력이 고조되면서 복지재정수요를 충당하기 위한 고유가를 유지할 필요가 있어 보이지만, 결국 경합관계에 있는 에너지 생산 확대에 제동을 걸기 위한 대규모 증산 전략을 OPEC이 강구하기는 어려울 것으로 보인다.

세계 에너지 시장에서는 수요가 지난 10년처럼 빠르게 늘어나기는 힘든 반면 공급은 기술혁신을 발판으로 확대 속도가 높아질 것이다. 당분간 세계 에너지 시장이 안정된 모습을 유지할 것이며 상대적으로 OPEC의 역할은 약화될 전망이다.

7. 세계 경기침체의 극복과 노력

2012년 9월 6일, 유럽중앙은행은 스페인· 이탈리아 등의 재정위기극복을 위해, 미국은 9월 13일에 주택시장의 회복을 통한 인위적인 경기부양을 위해 주택모기지증권(MBS)의 무제한 매입을 하겠다는 제3차 양적 완화 통화 확대책을 발표하였다. 또한 중국은 1조 위안 규모의 공공사업 프로젝트추진을 승인하였고, 일본도 일본은행을 통한 양적 완화책을 실시하였다.

이처럼 세계주요국의 양적 완화를 통한 경기부양책은 세계적인 규모의 자산버블로 이어질 것이라는 경고의 소리가 높아지고 있는 것이 현실이다. 2010년의 QE-2(2차 양적완화)에서도 경기부양의 효과는 미미했던 반면 미국의 신용평가 하락이라는 초유의 사태를 경험하기도 하였다.

주식을 비롯한 자산버블의 경고가 높아지는 가운데 우리나라는 부동산 등 거품이 꺼지면서 이에 따른 경기침체가 예고되고 있다. 2017년 초에 수립한 3%대의 목표경제성장률도 2%대로 하향 예측되고 있는 가운데 수면위로 떠오른 1,388조에 달하는 가계부채 문제, 520조에 달하는 자영업자 부채문제, 이에 연동한 하우스푸어(House poor)・렌트푸어(Rent poor)의 문제뿐만 아니라, 지방정부의 채무를 제외한 적자성 채무와 금융성 채무를 나타내는 국가채무는 627.1조로 밝혀졌다. 이에 따른 1년 간 이자부담액만 해도 조세수입 대비 국가채무 이자지출 비율의 2015년 기준 8.8%이다. 이제부터 주요 국가들은 경기부양을 위해 어떠한 정책으로 어떻게 극복해 가는지를 살펴보기로 한다.

1) 유럽중앙은행의 긴급통화거래(OMT)

2012년 9월 6일 유럽중앙은행이 금융통화정책회의를 통해 독일의 반대를 무릅쓰고 국가채무 위기를 겪는 이탈리아와 스페인 등의 정부국채를 매입하겠다고 함으로써 사실상 무제한 양적 완화정책인 긴급통화거래(Outright Monetary Transactions, OMT)를 실시하겠다고 발표하였다. 이로 인해 미국의 다우지수는 전일 대비 244포인트나 폭등하였으며 유럽의 주요증시도 폭등하였다. 일본과 한국도 2% 이상 급등하였다. 금값이 트로이온스당 1,740달러대로 급등하였고 7%대를 웃돌던 스페인, 이탈리아의 10년 만기국채수익률은 5%대로 급락하였다.

채무위기 국가들의 재정건전화 노력을 전제로 "긴급통화거래(OMT)를 통해 시중에 풀린 화폐는 불태화조작(sterilization operation) 통해 곧바로 회수하게 되며, 유럽안정화기금과 합의를 한 국가를 대상으로 매입한 정부국채에 대해서도 해당국가의 채무상환에 문제가 생겼을 경우에 다른 채권자에 앞서 상환우선권을 요구하지 않을 것이며, 재정건전화 합의사항을 준수하지 않을 경우에는 국채매입을 중단할 것"이라고 유럽중앙은행의 마리오 드라기(Mario Draghi)총재는 말했다.

(1) 유럽의 양적 완화정책 실시 배경

유럽은 상당한 경제침체에 빠져있고 디플레이션 위기에 직면한 상황이다. 이미 금리는 0.05%까지 낮추었지만 효과는 보지 못하고 있는 상황이다. 저금리정책 및 재정정책 효과도 한계 노출로 정책수단도 한계(기준금리가 이미 매우 낮은 수준)에 와 있는 상황이다. 2014년 유럽 내 인플레이션은 ECB가 목표로 하는 인플레이션에 비해 낮은 2009년 이래 처음으로 마이너스 성장을 기록하였다. 또한 통화의 평가 절하를 통한 수출 경쟁력 확보도 필요한 상황이다. 그래서 유럽은 마지막 수단으로 이 양적 완화를 시행하게 되었다.

(2) 유럽의 양적 완화 전략

재정긴축이행을 조건으로 한도가 없는 무제한 국채매입을 도입하고, 2011년 12월 이후 회원국 은행에 대해 약 1조 유로 규모로 3년 만기 장기대출 프로그램 운영하고 있다. 방법으로 유럽중앙은행(ECB)에서 600억 규모의 커버드 본드를 매입하는 정책과 영국 영국중앙은행 BOE는 1750억 파운드 규모의 자산매입 프로그램을 시행하기로 하였다. 유럽은 상당히 급박한 상황이다. 그리고 유럽중앙은행은 엄청나게 국채를 매입하고 있으며, 심지어는 마이너스 금리를 기록하는 국채까지 매입하였다.

이러한 유럽중앙은행의 조치는 유로화의 증발(增發)을 통해 채무위기를 겪고 있는 국가들의 국채를 개인투자자나 기관투자자와 마찬가지로 잔존기간 1~3년짜리 정부국채를 유통시장에서 직접 매입하여 국채가격은 올리고 수익률은 하향 조정하겠다는 의도이다.

그러나 유럽중앙은행이 무제한으로 위기국가들의 국채를 매입해 준다고 해서 채무위기가 해소되리라고 보기는 어렵다는 우려를 불식시킬 수 없다는 것이 현실이다.

2016년 6월 영국의 EU 탈퇴선언 이후, 아직까지도 브렉시트 때문에 여전히 EU는 시끄럽다. 영국이 탈퇴와 동시에 경제협력에 관한 협상을 시작하자고 제안했지만 EU는 단칼에 거절하며 체리피킹(cherry picking, 자신에게 유리한 것만 취하는 행동)을 막겠다는 의사를 분명히 밝혔다.

유럽경제는 금융위기 이후 침체에 빠져 실업률이 치솟아 경제성장률은 마이너스로 돌아섰다. 이후 꾸준한 구조조정을 해온 결과 문제가 많았던 남유럽국가들의 실업률도 많이 낮아졌다. 현재 유럽경제는 임금이 늘고 소비심리가 살아나 경제성장이 이루어지고 있는 상황이다.

2) 미국의 정책 변화

2008년 9월 미국의 대형투자은행 리먼 브러더스(Lehman Brothers)가 무너졌다. 리먼 사태는 세계적인 금융위기로 번졌으며 대응에 나선 각국의 정부들은 모든 수단을 동원하였고, 돈을 대량으로 찍어 죽어가는 은행을 회생시키고 일부은행을 국유화를 하였다. 미국은 GM, 크라이슬러 같은 사기업에도 공적 자금을 투입하였고, 연방준비은행은 편법을 동원하여 투자은행을 지원하였다. 사회간접자본은 건설뿐만 아니라 에너지 등 미래형 사업에도 돈을 쏟아 부으면서 금융 시스템의 붕괴를 진정시키려고 노력하였다. 그러나 위기극복을 위해 각국의 중앙은행이 찍어낸 돈으로 인해 정부의 재정적자가 증가하였다.

결국 2011년 금융위기는 국가 재정위기로 변형되어 몇 년 간 미국의 경기회복에 발목을 잡고 있었으며, 이로 인해 세계경제는 깊은 수렁 속으로 빠져 들었다. 자본주의의 맹주라는 미국은 2011년 사상 처음으로 국가신용등급 강등이라는 치욕을 맛봐야 했다. 국제 신용평가회사인 S&P사가 1941년 미국에 국가신용등급을 부여하기 시작한 이후 처음 있는 일로서 미국 정부의 재정적자가 더 이상 감당하기 힘든 수준에 이르렀다는 이유로 최고 등급인 AAA에서 AA+로 한 단계 낮추었다.

2010년에 6,000억 달러 규모의 QE-2와 2011년 4,000억 달러규모의 장단기국채매매조작(Twist Operation)을 실시한 FRB의 버냉키 의장은 2012년 9월 13일 제3차 양적 통화확대책(QE-3)을 실시한다고 발표하였다. 경기가 회복될 때까지 유동성을 사실상 무기한 공급하고 모기지 금리를 2015년까지 낮추겠다고 발표한 제3차 양적 완화는 8.1%를 기록한 실업률이 7%로 떨어질 때까지 매달 400억 달러어치의 주택저당채권(MBS)을 추가로 매입하겠다는 것이 주요 골자이다. 이러한 QE-3로 인하여 세계주요증시의 주가는 일제히 급등하였다. 다우지수는 253포인트 상승하여 2007년 말 이후 최고치인 13,593포인트를 기록하였다. 유가는 다시 배럴당 100달러를 돌파하였고, 금값도 치솟는 등 QE-2때와 마찬가지로 글로벌 인플레이션이 재현되는 조짐이 나타났다.

3차 양적 완화조치를 반대해왔던 제프리 래커 미국 리치먼드 연방준비은행 총재는 "추가적인 경기부양을 위한 통화정책은 인플레이션 기대심리의 안정을 위협하게 될 것이고, 제3차 양적 완화조치가 경제에 도움이 되지 않을 것"이라고 단언했다. QE-3에 따른 해외유동성이 한국 등 신흥국 경제로 과다하게 흘러들어오면서 원자재 가격 상승과 급격한 자본 유입의 형태로 발전하면 수출의존도가 높은 국가들이 곤경에 처할 수도 있으며, 인위적인 달러약세정책으로 한국을 비롯한 신흥 경제국들이 강점을 발휘해왔던 글로벌 수출시장 지형을 바꿔 놓을 수도 있다.

또한 미국은 EU와 FTA 협상을 개시한다고 발표했다. 협상이 성사될 경우 세계 무역에는 엄청난 변화를 몰고 올 전망이다. EU 28개국과 미국을 합친 GDP는 지난해 기준 33조2600억 달러(약 3경 5500조원)로 전 세계 GDP의 47%에 육박한다. 두 지역 간 교역량도 전 세계 교역의 30%를 차지해 협상이 실현되면 세계 최대 시장이 탄생하게 된다. 이 때문에 세계무역기구(WTO) 중심의 다자 간 무역협상이 힘을 잃을 것이라는 위기감도 나오고 있다. 오바마 행정부는 국내적으로는 수출 증대를 통한 일자리 창출, 대외적으로는 중국 견제를 국정목표로 삼고 있다. TPP와 TTIP는 교역 확대를 통해 미국내 일자리를 늘릴 수 있는 유효한 수단인 동시에 중국을 경제적으로 에워싸는 효과를 발휘할 수 있다. 결국 TPP와 TTIP는 오바마 2기 행정부가 '두 마리 토끼'를 잡을 수 있는 절묘한 카드라는 분석이다. TPP란 아시아·태평양지역 경제의 통합을 목적으로 추진되는 다자 간 무역협정이다. TPP는 중국을 경제적으로 고립시킴으로써 동남아시아 진출을 견제하는 효과적인 수단이 될 수 있다.

그러나 2017년 1월 미국의 트럼프정부가 출범하면서 미국의 무역정책은 보호무역주의로 바뀌어가고 있다. 트럼프는 TPP탈퇴와 NAFTA의 재협상(탈퇴 포함)을 발표했고, 다른 국가들과 체결한 FTA도 재협상을 하겠다고 공헌하고 있다. 미국발 새로운 보호무역주의가 출범하기 시작한 것이다.

3) 일본 중앙은행의 포괄적 금융완화정책

일본 중앙은행은 지난 2010년 10월부터 장기금리하락을 유도하기 위해 국채와 ETF, 부동산 투자신탁 증권인 J-REAT, CP(기업어음), 회사채 등을 매입하기 위한 자산매입기금의 설치를 골자로 하는 '포괄적 금융완화정책'을 발표·시행하여 왔다. 이를 근거로 설치된 자산매입기금은 출범당시에 약 35조 엔으로 출발하였고, 이후 몇 차례 증액을 하였고 2012년 8월에는 약 70조 엔으로 늘어났다.

일본경제는 경기회복이 급격히 둔화되면서 수출 감소와 상품수지 적자가 지속되고, 결국 2012년 9월 19일 일본 중앙은행의 시라카와 총재는 유럽과 미국, 중국, 아세안 등 세계경제의 둔화와 함께 침체되는 일본경제에 활력을 주기 위하여 자산매입기금을 기존 70조 엔에서 80조 엔(1조 달러)으로 10조 엔을 증액한다는 양적 통화 확대책을 발표하였다. 이번 대책은 증액된 10조 엔으로 단기국채를 2013년 6월까지 5조 엔을, 장기국채를 2013년 12월까지 5조 엔을 투입하여 매입하겠다는 것이 주요 골자이다. 이처럼 일본은행이 추가적인 자산매입기금을 확대한 주된 이유는 미국의 QE-3로 인해 일본 엔화의 강세가 예측되자 이를 방어하기 위한 조치라는 것이다.

더구나 2012년 12월 새로 출범한 일본 아베 신조(安倍晋三) 정권이 무제한 금융완화와 재정 지출 확대를 선언하면서 엔화 가치는 연일 내리고 있다. 이미 세계 금융시장엔 최근 몇 년에 걸쳐 양적 완화를 시행한 미국 등의 통화정책 때문에 돈이 대거 풀려 있는 상태이다. 일본은행까지 움직여 물가상승률 목표치 2%를 설정, 2014년부터 무기한 양적 완화 등의 정책을 밀어붙인 아베 정부의 압력에 미 달러 대비 엔화 환율은 상승했다(통화가치 하락).

일본경제는 여전히 부진하다. 민간 소비가 그다지 늘지 않고 있고 기업 투자도 마찬가지다. 이미 장단기 금리가 모두 마이너스로 전환된 상황이라 일본은행이 대처할 여지도 거의 없는 상황이다. 무시무시한 제로금리제약(Zero Lower Bound) 문제가 나타나기 시작했다. 그리하여 아베 신조 일본 총리는 2016년 8월 새로운 경기부양책을 발표하였다. 미 달러화 기준으로 2016년에 450억 달러, 2017년에 600억 달러의 저리 대출 지원이었다. 일본은 2017년 현재 수출 및 민간소비를 중심으로 완만한 개선흐름을 유지하고 있는 상황이다.

4) 중국의 경기부양

2008년에 글로벌 금융위기가 증폭되면서 중국 정부는 이에 대응하기 위한 경기부양을 위해 푼 4조 위안과 지난 2010년에 실시된 FRB의 QE-2로 인해 투기자금이 부동산과 증시에 유입되면서 부동산투기 거품과 인플레가 가속화되자 긴축정책을 적극적으로 실시하였다. 중국은 2012년 1분기 실질GDP 성장률이 전년 동기대비 8.1%를 기록하면서 전년도 4분기의 8.9%에 이어 경기둔화세가 지속되고 있다. 이에 대한 우려로 아시아개발은행(ADB)은 미국과 유럽의 경기불황에 따른 수출 감소와 중국정부의 소극적인 경기부양책에 때문에 중국의 2012년 경제성장률 전망치를 8.5%에서 7.7%로 하향 조정하였다.

현실적으로 급속히 수출이 둔화되고 있는 가운데 2012년 9월 13일 미국의 3차 양적 완화책 이후에 위안화 환율이 강세를 보이면서 상하이 종합주가지수가 하락하고 있으며 내수경기 또한 침체되고 있다. 이에 대한 대책으로 중국 인민은행이 금융완화책을 실시하고 1조 위안 규모의 인프라 건설사업 등을 승인・실시하고 있지만 쉽사리 경기회복의 돌파구를 찾지 못하는 것으로 보여 지고 있다.

2015년 말 기준 중국의 GDP 대비 기업부채 비율은 170.8%로 2010년 이후 지속적으로 상승하고 있다. 이는 신흥국과 주요 20개국 평균보다 약 70%p 이상 높은 수준이다. 한편, 2016년 1월~5월까지의 중국 국유 기업의 부채비율은 197%에 이른다. 중국의 은행감독관리위원회 자료에 의하면, 2016년 12월 기준 중국은행의 부실채권 규모가 약 1조 5천억 위안, 부실채권 비중이 1.81%, 가계부채비율도 44%로 11년 만에 최고치를 기록하고 있다. 중국 기업의 영업이익 대비 부채비율은 약 4배로 아시아(3.4배), 동유럽(2.3배) 등 여타 신흥국보다 크게 높은 수준인데, 중국의 경제성장 둔화가 지속될 경우 한계기업 파산 우려가 증폭될 것으로 보인다. 또한 2016년 5월까지 중국 역내 회사채 시장에서 발생한 채무불이행은 총 22건으로 2015년 한 해와 동일한 수준이다. 이러한 중국 기업부채의 위험은 금융시장 불안에 그치지 않고, 실물경제 성장에 상당한 장애요인으로 작용할 수 있다고 IMF는 지적하였다.

중국의 부실채권 급증은 글로벌 금융위기 이후 중국 정부가 시행한 4조 위안 규모의 경기부양책과 실물경기 둔화가 원인으로 꼽힌다. 즉, 중국 정부가 경기부양을 위해 부채 확대를 용인한 것이 문제가 된 것이다.

그럼에도 불구하고 중국정부의 다양한 노력으로 2017년 현재 중국은 소비 및 투자가 양호한 가운데 수출이 호조를 보이면서 성장세가 확대되는 기류이다. 이것은 2015년 말부터 시작된 중국 정부의 경기부양 조치들이 경제 각 부문에 걸쳐 가시적인 성과를 나타내고 있는 것으로 볼 수 있으나, 정부 당국의 미세한 정책 조정과 관련하여 불확실성이 고조되거나 국내 자본의 해외유출 압력이 재개될 경우, 중국의 경제 성장세가 급격히 위축될 가능성도 있다.

5) 한국의 경기부양

한국은 2010년부터 성장률이 지속적으로 둔화되어 왔다.

한국은행은 2012년 1분기 실질 GDP가 작년 4분기에 기록했던 0.4%에 비해

0.5% 상승한 0.9%를 기록하면서 전년 동기대비 2.8% 성장했다고 발표하였다. 그러나 체감경기와 달리 실질성장을 했다는 한국은행의 발표를 분석해보면 정부예산이 상반기에 조기 집행된 결과 때문이지, 수출과 내수경기의 호조에 따른 결과가 아니라는 것이다. 최근 두 차례의 '재정보강대책'이라는 경기부양책을 발표하면서 기준금리 인하를 두 달 간 보류했던 한국은행은 기준금리를 2012년 10월 11일에 25bp를 인하한 2.75%로 인하하였다. 이후 기준금리를 계속 인하하여 2016년 7월 1.25%까지 내렸다. 이러한 금리수준은 2017년 8월까지 이어지고 있다. 이렇게 기준금리를 인하한 주된 이유는 부동산경기가 하락하고 내수경기가 침체되고 있는 가운데 한국은행으로서는 물가상승 압력 속에서 금리인하 외에는 별다른 정책적 대안이 없었기 때문으로 여겨진다.

한국정부는 2016년 6월 28일, 20조원 규모의 경기부양책을 내놨다. 한국경제가 침체에서 벗어나지 못해, 최근 정부는 성장률 전망치를 3.1%에서 2.8%로 낮췄으며 물가상승률 목표치가 1.5%에서 1.1%로 낮춰 잡았다(연초 목표 2%). 수출이 2015년 1월부터 지속적으로 떨어져 17개월 연속 하락세를 걷고 있으며, 1분기 가계부채는 작년대비 11%가 높고 소비자 심리 역시 악화되고 있었기 때문이다. 2017년 새로운 문재인 정부가 들어오면서 일자리창출을 위한 11조 333억원 규모의 추가경정예산안(추경)이 국회 본회의를 통과하였고, 제반 정책들을 검토하며 경기부양을 위해 시동을 걸고 있다. 중국 경기둔화, 미국 금리인상, 국제유가와 더불어 브렉시트가 경제충격요인으로 더해진 상황으로 브렉시트와 사드문제가 촉매제로 작용했다고 할 수 있으며, 바로 이러한 재정정책이 발표된 것은 상당히 긍정적이라고 할 수 있다. 2017년 9월 현재, 정부의 적극적인 부양책과 세계경기의 완만한 상승세로 한국은 수출이 10개월 연속 증가를 시현하고 있다.

한국은 장기적으로 침체에 빠져 있는 경제의 회복과 도약을 위해서 브렉시트와 사드문제보다도 당장의 실업폭풍을 몰고 올 수도 있는 구조조정을 본격적으로 진행할 시기가 되었다. 우리나라가 국제경쟁력 확보를 위해서는 과감한 R&D 투자, 국제수준에 맞는 제도정비, 4차 산업혁명에 대비한 구조조정 및 준비, 그리고 선진화된 노사문화 정착 등 시급히 해결할 문제들이 많다.

6) IMF 총회의 노력

2012년 10월 14일 도쿄에서 열린 국제통화기금(IMF) · 세계은행(WB) 연차총회가 있었다. 이번 연차총회 참가국들은 세계경제가 심각한 하강 위험에 직면해 있다는 것에 공감하고 대책을 논의했다. IMF는 위기의 원인 제공자를 유럽과 미국 등 선진국으로 보았고 위기의 해법도 제시했다. 하지만, 미국 등 선진국이 경기 후퇴를 막기 위해 손쉽게 동원하고 있는 금융완화에 브라질과 인도 등 신흥국은 인플레이션으로 득보다 실이 크다며 반발했다. 주요 내용은 다음과 같다.

첫째, IMF는 연차총회 직전 2012년 세계 경제성장률 전망치를 3.3%, 2013년 전망치는 3.6%로 예상했었다. 이는 지난 7월 전망치보다 올해 성장률은 0.2%포인트, 내년 전망치는 0.3%포인트 하향 조정한 것이다. 짧은 기간에 성장률 전망치가 떨어졌다는 것은 그만큼 세계경제의 감속 속도가 빠르다는 의미다. 이번 연차총회에서 참가국들은 위기감을 공유했다.

국제통화금융위원회(IMFC)는 성명에서 "세계 경제성장이 감속하면서 큰 불확실성과 경기하강 위험이 남아있다"고 진단했다. 그러면서 중요한 경기대책을 효과적으로 제때 실시하는 것이 중요하다고 강조했다. 크리스틴 라가르드 IMF 총재도 "최대의 변화는 경기감속이 선진국에서 신흥국으로 파급되고 있는 것"이라고 지적했다. 경제의 위축은 선진국에서 신흥국으로 전염되고 있다는 것이다.

둘째, IMFC는 위기의 진원인 유럽과 미국 등 선진국에 해법을 제시했다. 재정위기에 빠진 유럽에 대해서는 은행감독을 일원화하고, 5천억 유로로 설립한 상설 구제금융기관인 유로안정화기구(ESM)를 적극 활용하라고 주문했다. 미국에 대해서는 연말 이후 대형 세출삭감과 감세종료로 예상되는 급격한 긴축인 '재정절벽' 타개와 재정재건이 시급하다고 지적했다. 재정건전성이 선진국 최악인 일본에는 올해 예산운용에 필수적인 국채발행 법안의 조속한 처리와 중기 재정건전화 계획의 차질 없는 실천을 주문했다. 하지만, 선진국들은 자국 이기주의와 정치 일정에 발목이 잡혀 위기 대응에 제대로 나서지 못하고 있다. 유로존은 금융시스템이 불안한 스페인 은행에 자본을 투입할 방침이지만 재정감축 목표 강제 부과에 대한 경계감으로 스페인은 자본투입 요청을 미루고 있다. 그리스에 대해 IMF는 25%에 달하는 실업을 완화하기 위해 재정감축 시한을 2년 연장해야 한다고 강조하지만 유럽 경제의 키를 잡은 독일은 긴축을 예정대로 실시해야 한다는 입장이다.

라가르드 총재는 세계경제의 성장을 막는 가장 큰 장애물은 정부부채라고 강조하며 대책을 촉구했지만, 미국의 재정적자는 4년 연속 1조 달러를 넘었고, 일본은 200%가 넘은 국가부채비율을 줄이지 못하고 있다.

셋째, 연차총회 기간 내내 선진국과 신흥국은 세계 경제 위기에 대한 대책을 놓고 설전을 벌였다. 미국과 유럽, 일본 등 선진국은 그동안 지속해온 금융완화 정책의 효과를 평가하고 앞으로 이 기조를 유지하기로 했다. 하지만, 신흥국들은 선진국의 무차별 금융완화가 통화전쟁을 유발하고 인플레이션을 부추기는 등 부작용이 크다고 주장했다.

인도와 중국, 브라질 등 신흥 5개국(BRICS) 재무장관·중앙은행 총재는 따로 회의를 열고 독자적인 대응책을 협의했다. 이들 국가는 "금융완화만으로 문제가 해결되지 않는다. 유럽 역내의 은행감독 일원화와 각국의 재정 규율이 실천되지 않는 것은 문제이다"라고 비판했다. 또 선진국이 금융완화로 금리를 내리거나 돈을 풀 경우 상대적으로 금리가 높은 신흥국은 통화가치 상승으로 수출이 타격을 받을 수 있다고 우려했다. P.치담바람(P. Chidambaram) 인도 재무장관은 선진국의 금융완화에 대해 "물가 상승과 곡물 가격의 급등을 불러 신흥국 경제에 마이너스로 작용하고 있다"고 주장했다.

2014년 10월 11일 미국 워싱턴에서 폐막한 2014 국제통화기금(IMF)·세계은행(WB)연차총회에서 국제통화기금(IMF)은 장기 저성장(Secular Stagnation)에 대한 해법으로 '구조개혁과 선진국과 개도국을 넘나드는 인프라스트럭쳐 투자'를 제시했다. IMF는 각국의 상황에 맞게 통화정책과 선제적이며 과감한 재정정책을 펼치되 구조개혁을 앞당길 것을 촉구했다. IMFC는 공동선언문에는 세계 각국의 통화정책의 필요성은 인정하면서도 선진국 통화정책의 최종적 정상화(미국 의미)는 견고한 성장과 물가 안정에 따라 결정되어야 하며, 통화정책 정상화가 원활한 소통을 바탕으로 신중하게 시행된다면 파급효과와 역파급효과를 최소화하고 세계경제에도 도움이 될 것이라고 언급했다. 아울러 선진국 통화정책은 '장기간의 확장적 통화정책'(일본 등 의미)과 일부 자산시장에서의 과다한 위험부담 행위에 대응해 적절한 미시 및 거시건전성 조치가 필요하다고 강조했다.

한편 2016년 연차총회에서는 수요의 둔화와 생산성 하락 등으로 세계경제가 구조적 취약성에 직면해 있다고 진단하고, 세계화와 기술발전의 긍정적인 영향에도 불구하고 강화되는 보호무역주의는 세계경제를 위협하는 요소가 되고 있다고 지적하였다. 연차총회는 대응책으로 5가지 정책을 제시하였다. 그것은 성장친화적 재정정책, 완화적 통화정책, 과감한 구조개혁, 금융건전성 확보 그리고 국제공조의 강화이다.

제 5 장 WTO의 등장

제5장 WTO의 등장

1. WTO의 개요

세계무역기구(WTO, World Trade Organization)는 회원국 정부들이 다른 회원국들과의 통상문제를 해결하기 위해 찾는 대화의 장이다. WTO는 1986년부터 1994년까지 이루어진 우루과이라운드협상(UR)의 결과로 1995년 1월 1일 출범하게 되었다. WTO 체제의 원칙은 차별 없는 교역, 교역의 자유화, 예측 가능성, 공정경쟁의 촉진, 경제개발 및 개혁의 장려이며, 설립목적은 무역자유화를 통한 전 세계적인 경제발전을 이루는 것이다.

2. WTO의 일반 및 각료회의

1) 사무국

사무국은 스위스 제네바에 소재하며, 영어, 불어, 스페인어 3개 국어를 공용어로 사용하고 있다. 2016년 말 현재 Roberto Azevêdo WTO 사무총장 이하 약 634여 명의 직원들이 근무 중이다. 또한 사무국은 여타 국제기구와 마찬가지로 각 회원국들의 분담금으로 운영되고 있으며, 2017년 예산은 197,203,900 스위스 프랑(CHF)이다. 로베르토 아자에도는 WTO의 여섯 번째 사무총장이다. 그의 임기는 2013년

9월 1일부터 4년 간 실시되었으나, 2017년 2월 28일 열린 총회에서 WTO 회원국들은 2017년 9월 1일부터 4년 임기로 Roberto Azebeido를 재임명하기로 합의했다. 그리고 4명의 사무차장은 나이지리아의 요노프 프레데릭 아구에르(Yonov Frederick Agah), 독일의 칼 브로네르(Karl Brauner), 미국의 데이비드 샤크(David Shark), 중국의 이오샤준(Yi Xiaozhun)이다. 그들의 임기는 2013년 10월 1일에 시작되었다.

2) 회원국

2012년 8월 22일 러시아의 WTO 가입이 발효됨으로써 156번째 회원국이 되었으며, 8월 24일 바누아투가 가입함에 따라 WTO 회원국은 총 157개국이 되었다. 그 이후 여러 나라가 가입을 하였고, 아프가니스탄이 2016년 7월 29일에 164번째 회원국으로 가입이 되었다. 2017년 8월말 현재 회원국은 가입국이 더 늘지 않아 164개국이다.

3) 의사결정방식

WTO는 회원국 정부에 의해 운영이 된다. 모든 주요한 결정들은 각료회의, 대사 또는 대표단을 통해 전체 회원국들에 의해 이루어진다.

WTO는 기본적으로 과거 GATT 체제와 같이 합의제(consensus)를 원칙으로 하지만 합의가 이루어지지 않을 경우에는 다수결 투표에 의하여 의사를 결정한다. 의사결정의 신속성을 확보한 것이다. 그러나 회원국의 권리나 의무를 변경하는 사항 또는 협정 조문을 수정하는 사항 등 중요한 수정변경의 경우에는 단순한 과반수 표결이 아닌 2/3 또는 3/4 이상의 동의를 규정하고 있다.

구체적으로는 상품협정, 서비스협정, 지식재산권, 협정조문 중 최혜국대우와 관련되는 조문과 관세양허에 관하여는 전 회원국이 수락하지 않는 한 개정할 수 없도록 규정하고 있다.

4) 우리나라와 WTO

우리나라는 1967년 4월에 GATT 회원국이 되었으며, 1995년 1월 1일 WTO 출범과 함께 WTO 회원국이 되었다. 그동안 우리나라는 무역규모 기준 세계 10위권 이내의 무역대국으로 성장하였으며, WTO 가입을 통해 무역규모를 확대하고 무역상대국을 다양화하여 우리 경제에 활력을 불어넣고 있다. 2012년 현재 WTO 사무국에 5명의 한국 직원이 일하고 있으며, 김철수 WTO 사무차장을 배출한 바 있다. 2012년 우리나라의 WTO 분담금은 5,293,499 스위스 프랑(CHF)으로 전체 예산의 약 2.727%를 차지하고 있다.

5) GATT와 WTO

WTO의 전신인 관세 및 무역에 관한 일반 협정(GATT, General Agreement on Tariffs and Trade)은 제2차 세계대전 이후 출범하여 우루과이 라운드까지 총 8차 협상을 진행하였으며, GATT 체제를 대체하는 항구적이고 강력한 새로운 세계무역기구를 탄생시켰다.

6) 협정문 및 양허표

WTO 설립협정은 우루과이라운드 협상 결과로 체결된 협정으로 세계무역기구 설립을 위한 마라케쉬협정(Marrakesh Agreement)이라 불리고 있다. 또한 양허표는 우루과이라운드 협상 이후 각 회원국들이 WTO사무국에 제출한 것으로 크게 상품 및 서비스로 구분되어 있다.

7) 각료회의

최고 의사결정기구인 각료회의는 최소 매 2년마다 개최되어야 하며, WTO 다자무역협정하의 모든 분야에 대한 결정권을 갖고 있다. 2005년 홍콩 각료회의에서 이미 모든 수출보조금을 폐지한다는 선언이 이루어졌으며, 2008년에는 수출보조의 완전 철폐와 수출신용 등 기타 수출지원 정책의 활용을 제한하는 내용의 농업협상 4차 의장수정안이 수립됐다.

제9차 WTO 각료회의에서 DDA 협상 의제 중 무역원활화, 농업 일부, 면화, 개발·최빈개도국 등 4개 분야로 구성된 '발리패키지'를 타결했다. 이와 더불어 잔여 DDA 협상을 마무리하기 위한 작업계획 마련에 합의하였다. 제10차 각료회의가 2015년 12.15-18일 간 케냐의 수도 나이로비에서 개최되었다.

WTO 제10차 각료회의에서 농업분야 수출경쟁 분야가 타결됐다. WTO 각료회의에서 합의된 농업 수출경쟁 이슈의 상세내용으로는, 먼저 농업 수출보조 관련, 선진국은 각료결정 채택 즉시, 개도국은 2018년 말까지 완전 철폐하고, 이행기간 중 규율을 강화하기로 결정했다. 다만, 우리나라를 포함한 개도국은 마케팅비나 물류비 용도에 한정하는 조건으로 2023년 말까지 수출보조금을 지급할 수 있는 유예기간을 부여받았다.

[그림 5-1] WTO의 조직(WTO organization chart)

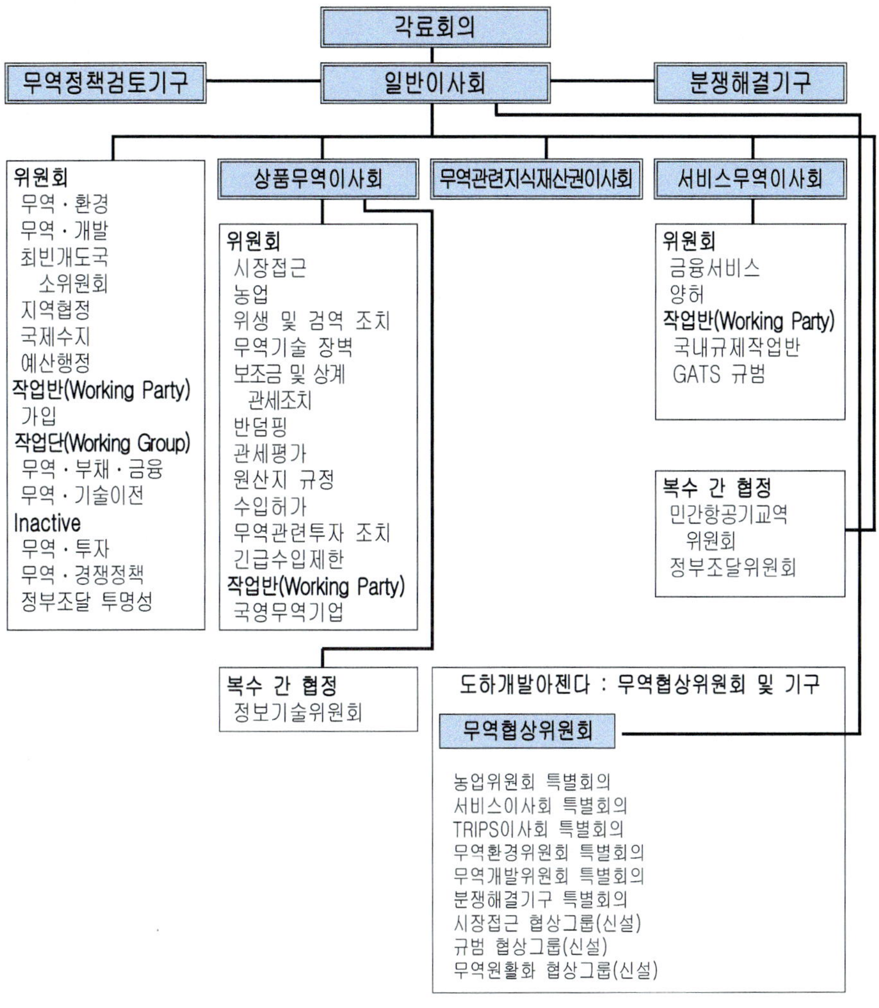

자료 : WTO organization chart(https://www.wto.org/english/thewto_e/whatis_e/tif_e/org2_e.htm)
외교부, WTO 자료.

한편, 농업 수출신용, 수출 국영무역기업, 해외 식량원조 등 수출보조와 유사한 효과를 가지는 조치에 대해서도 규율을 강화하기로 했다. 이에 자국이 수출하는 농산물을 수입하는 외국 업체에게 신용 혜택을 부여하던 국가들은 선진국에게는 2017년 말, 개도국은 2020년 말부터 대출 상환기간을 18개월 이상으로 설정할 수 없게 됐다.

또한 수출 국영무역기업의 수출 독점력에 의한 무역왜곡을 줄이도록 노력하고 해외 식량원조가 수혜국의 식량 생산과 제3국의 수출에 악영향을 발생시키지 않도록 해야 한다. 특히 162개 WTO 회원국들의 이번 합의로 인해 우리나라 농산물 수출지원정책도 변화가 있을 전망이다. 우리나라는 직접적 수출보조금은 지급하지 않으나, 개도국 지위를 근거로 연간 약 300억 원 규모의 수출물류비를 지원하고 있어, 2023년 말 이후 정책변화가 요구되는 상황이다.

케냐 나이로비에서 막을 내린 제10차 세계무역기구(WTO) 각료회의는 농업수출보조 철폐 등 획기적 주요 성과를 거뒀지만 그동안 WTO 협상의 근간이 되어온 도하라운드(DDA) 체제에 대한 한계를 다시금 노출함으로써 사실상 회원국들이 DDA를 포기했다는 지적이 제기되고 있다. 지난 2001년 카타르 도하에서 야심차게 출범했던 DDA가 지난 14년 간 회원국 간 이견으로 지지부진한 상태를 겪어 온데다 기술 분야(IT) 등 근래 국제무역환경의 변화 속에 더 이상 효율적인 무역자유화 협상방식이 되지 못한다는 선진국들의 입장이 확고한 탓이다.

이번 나이로비 회의는 기존 DDA의 협상 지침(mandate)에 대한 회원국들의 이견이 여전하고, 한편에서는 지금까지 협상 의제로 오르지 않았던 새로운 사안들에 대한 논의와 소규모 무역패키지들에 치중하는 계기가 마련됨으로써 WTO 협상 체제에 대한 전환의 계기가 마련된 것으로 평가받고 있다.

WTO 각료회의

제1차 각료회의 1996.12. 9-13 싱가포르
제2차 각료회의 1998. 5.18-20 제네바
제3차 각료회의 1999.11.30-12.3 시애틀
제4차 각료회의 2001.11. 9-13 도하
제5차 각료회의 2003. 9.10-14 칸쿤
제6차 각료회의 2005.12.13-18 홍콩
제7차 각료회의 2009.11.30-12.2 제네바

제8차 각료회의 2011.12.15-17 제네바
제9차 각료회의 2013.12. 3- 7 발리
제10차 각료회의 2015.12.15-18 나이로비
제11차 각료회의 2017.12 예정 부에노스아이레스

3. WTO의 특징

1) 분쟁해결기구의 설치

우루과이라운드 협정은 분쟁해결 각 단계의 소요시간에 대해서는 다소 신축성을 지니지만 사건이 해결되는데 필요한 전체 소요시간에 대해서는 보다 엄격한 원칙을 도입하였다. 분쟁해결 양해는 WTO가 제대로 운영되기 위해서는 신속한 분쟁해결이 필수적이라는 것을 강조하고 있다. 이 양해는 절차 및 분쟁해결을 위한 작업계획과 관련된 상당히 세부적인 사항을 명시하고 있다. 모든 과정을 거치는 경우, 일반적으로 최초 판정시까지 약 1년 이상이 소요되지 않아야 하며, 상소가 될 경우에는 15개월을 넘기지 않아야 한다. 시한에 대해 달리 합의할 경우 다소 신축적으로 운영될 수 있으며, 긴급한 사건의 경우(예를 들어 부패할 우려가 있는 상품의 경우)는 가능한 한 빨리 종결될 수 있도록 절차가 진행된다.

우루과이라운드에서 채택된 이 양해는 사건에 패소한 국가가 판정의 채택을 막는 것이 불가능하도록 하였다. 이전의 GATT 절차에서는 판정이 컨센서스(consensus)로만 채택되어 한 국가라도 반대하면 채택되지 않았다. 지금은 판정을 거부하기 위한 컨센서스가 형성되지 않는 한 판정은 자동적으로 채택된다. 즉, 판정을 막으려는 국가가 분쟁의 상대국을 포함한 다른 모든 WTO 회원국들을 설득해야 하는 것이다.

비록 절차의 상당부분이 일반적인 법정과 유사하기는 하나 선호되는 해결책은 해당국들이 문제를 상호 간에 논의하여 스스로 해결하는 것이다. 그러므로 절차의 제1단계는 해당 정부 간의 협의이다. 그리고 다음 단계로 넘어갔더라도 협의와 중개는 언제든지 가능하다. 분쟁을 해결하는 것은 모든 WTO 회원국으로 구성되는 일반이사회의 다른 형태인 분쟁해결기구의 책임이다. 분쟁해결기구는 사건을 검토하기 위해 전문가 '패널'을 구성하는 권한을 가지고 있으며 패널의 판정 또는 상소기구의 결과를 채택하거나 거부하는 기능을 가지고 있다. 또한 분쟁해결기구는 판정과 권고사항의 이행을 감시하고 한 국가가 판정결과에 따르지 않을 경우 보복조치를 승인하는 권한을 갖고 있다.

(1) 절차

◆ 1단계 : 협의(최대 60일까지)

다른 어떤 조치를 취하기 이전에 분쟁 당사국들 간에 스스로 이견을 해결할 수 있는지 보기 위해 협의해야 한다. 협의가 실패할 경우 분쟁당사국들은 WTO 사무총장에게 중재 또는 다른 방법을 통해 도와줄 것을 요청할 수도 있다.

◆ 2단계 : 패널(최대 45일 이내에 패널 임명, 이후 6개월 이내에 패널 절차 종료)

협의가 실패할 경우, 제소국은 패널 임명을 요청할 수 있다. '방어하는' 국가는 패널 구성을 한번은 막을 수 있지만 분쟁해결기구가 두 번째 회합할 때에는 패널 임명을 막을 수 없다. 단, 패널 임명에 반대하는 컨센서스가 형성되는 경우는 예외이다.

공식적으로 패널은 분쟁해결기구가 판정 또는 권고를 내리는 것을 도와줄 뿐이다. 하지만 분쟁해결기구에서 컨센서스 형성으로만 패널보고서의 채택을 거부할 수 있기 때문에 패널의 결정을 번복하기는 어렵다. 패널의 판정은 인용된 협정에 기초해야 한다.

패널의 최종보고서는 일반적으로 6개월 이내에 분쟁당사국들에게 제출된다. 부패할 우려가 있는 상품과 관련된 사건 등과 같은 긴급한 경우에는 제출시한이 3개월로 단축된다. 협정은 패널이 어떻게 작동하는가에 대해 상세하게 규정하고 있다. 주요 단계는 아래와 같다.

- 1차 심리 이전 : 각 분쟁당사국들은 패널에 자국의 주장을 서면으로 제출한다.
- 1차 심리 : 제소국 및 피제소국의 주장 청취
  제소국 또는 제소국 그룹, 피제소국 및 해당분쟁에 이해관계가 있다고 판단하는 제3자 참여국은 1차 심리에서 자신들의 주장을 발표한다.
- 반박 의견 : 당사국들은 서면으로 반박의견을 제출하고 제2차 심리시 구두로 논거를 제시한다.
- 전문가 참여 : 분쟁당사자 중 한쪽이 과학적 또는 다른 기술적 문제를 제기할 경우 패널은 전문가들과 협의하거나 자문보고서를 작성하기 위한 전문가 검토그룹을 임명할 수 있다.

- **보고서 초안** : 패널은 분쟁당사자들에게 그 보고서 중 사실 및 양측 주장이 담긴 서술적 부분을 제출하고 2주의 의견제시 기간을 준다. 이 보고서 초안은 판정 및 최종결론을 포함하지 않는다.
- **잠정보고서** : 패널은 판정 및 최종결론을 포함한 잠정보고서를 양측에 제공하면서 1주의 검토기간을 준다.
- **검토** : 검토기간은 2주를 초과할 수 없다. 이 기간 중 패널은 양측과 추가적인 회의를 개최할 수 있다.
- **최종보고서** : 최종보고서가 양측에게 제출되고 3주 후에는 모든 회원국들에게 회람된다. 패널이 분쟁의 대상이 된 조치가 WTO 협정 또는 의무를 위반했다고 결정할 경우 그러한 조치를 WTO 규범에 합치하도록 고칠 것을 권고하며, 이를 어떻게 수행할 것인지에 대한 제안도 포함할 수 있다.
- **판정으로의 전환** : 최종보고서는 그 보고서를 거부하는 컨센서스가 없는 한 60일 이내에 분쟁해결기구의 판정 또는 권고가 된다. 양측은 보고서에 불만을 가질 경우 상소할 수 있다.

(2) 상소

분쟁당사국 중 어느 한쪽이 패널의 결정사항에 대해 상소를 요청할 수 있다. 어떤 경우에는 양측 모두가 상소하기도 한다. 상소는 법적인 해석과 같이 법률적 사항에 대해서만 검토해야 한다. 즉, 기존 증거를 재검토하거나 새로운 쟁점을 검토할 수 없다. 각 상소건은 분쟁해결기구에 의해 임명되고 WTO 회원국을 광범위하게 대표하는 7명으로 구성된 상설 상소기구 위원 중 3명에 의해 검토된다. 상소기구 위원들의 임기는 4년이다. 위원들은 각각 법률이나 국제무역 분야에서 저명한 인사들이어야 하며 어떤 개별 정부와도 연계되어서는 안 된다.

상소보고서는 패널의 법적 판정이나 결론을 유지, 수정 또는 번복할 수 있다. 상소절차는 일반적으로 60일을 넘기지 않아야 하며, 절대로 90일을 초과할 수 없다. 분쟁해결기구는 30일 이내에 상소보고서를 채택하거나 거부할 수 있으나, 거부는 컨센서스로만 가능하다.

한 사건에 대해 결정이 내려진 다음에도 전통적인 제재수단인 무역 제재가 가해지기 전에 거쳐야 할 단계가 있다. 이 단계에서 최우선 목표는 패소한 '피제소국'이 문제가 된 정책을 분쟁해결기구(DSB: Dispute Settlement Body)의 판정 또는 권고에 합치하도록 바꾸도록 하는 것이다. 분쟁해결협정은 "분쟁해결기구의 판정이나 권고에 신속하게 따르는 것이 분쟁을 효과적으로 해결하여 모든 회원국의 이익을 도모하기 위해 중요하다"고 강조한다. 피제소국이 패소할 경우 패널보고서 또는 상소보고서의 권고를 따라야 한다.

[그림 5-2] WTO 분쟁해결 절차도

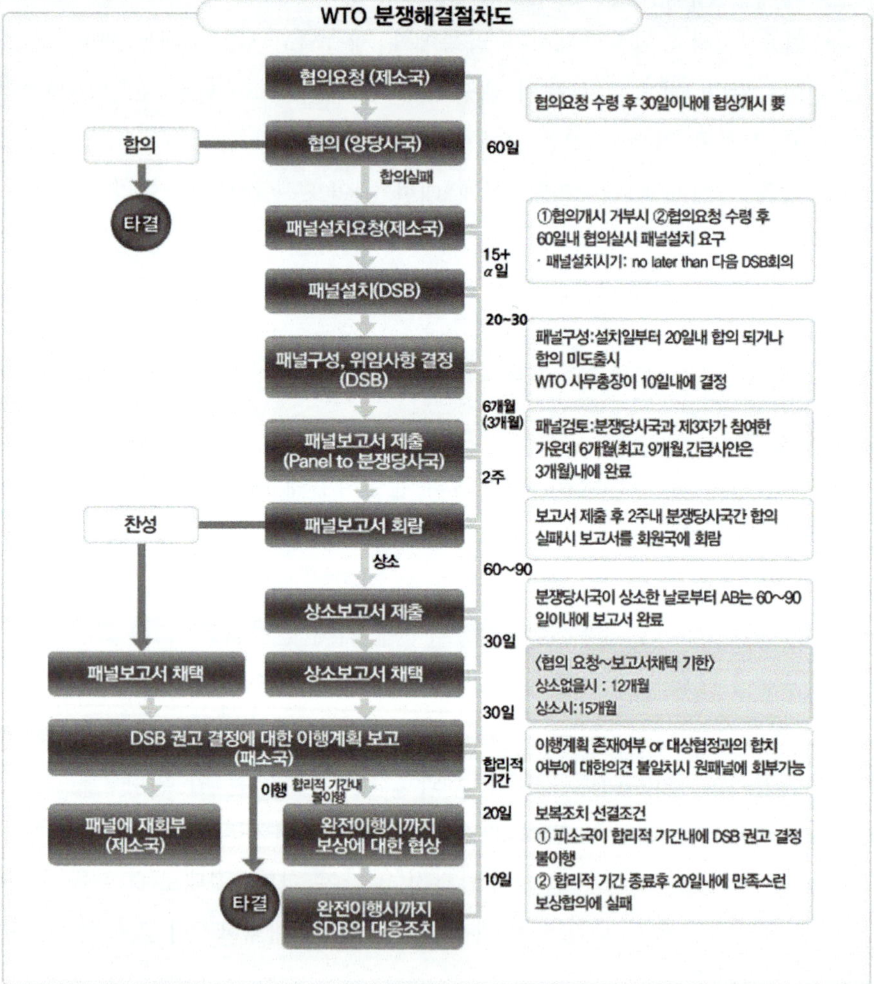

자료 : WTO, UNDERSTANDING THE WTO: SETTLING DISPUTES, The panel process. (https://www.wto.org/english/thewto_e/whatis_e/tif_e/disp2_e.htm)
외교부, WTO 분쟁(http://www.mofa.go.kr/trade/wto/dispute/index.jsp?mofat=001& menu =m_30_100_30)에서 그림을 인용.

보고서의 채택 후 30일 이내에 개최되는 분쟁해결기구에서 보고서 이행의 의사를 표명해야 한다. 권고의 즉각적인 이행이 현실적으로 어려울 경우 이행을 위해 '합리적인 기간'이 주어진다. 이 기간 동안 이행되지 않을 경우, 제소국 또는 제소국 그룹과 협상을 통해 상호 수용 가능한 보상안(예를 들면, 제소국의 이해가 있는 분야에 대한 관세감축 등)을 결정한다. 20일이 지나도 만족할 만한 보상안에 합의가 이루어지지 않을 경우 제소국은 분쟁해결기구에 피제소국을 상대로 제한된 무역제재인 양허 또는 의무의 정지를 부과하기 위해 승인을 요청한다. 분쟁해결기구는 '합리적인 기간' 종료 후 30일 이내에 무역제재 부과를 승인하여야 하는데 승인하지 않기 위해서는 이를 거부하는 컨센서스가 이루어져야 한다. 제재는 원칙적으로 분쟁의 대상이 된 분야와 동일한 분야에 부과된다. 하지만 이것이 현실적이지 않거나 효과가 없는 것으로 증명될 경우 동일한 협정내 다른 분야에 대해서도 제재가 가해질 수 있다. 그 대신 만약 이 조치도 효과적이지 않거나 현실적이지 않고 상황이 충분히 심각하다면 다른 협정하에서의 조치도 가능하다. 이와 같은 절차의 궁극적인 목적은 해당 조치가 효과적이면서도 관련이 없는 분야에 부작용이 미치는 것을 최소화하는 것이다. 모든 경우에 분쟁해결기구는 채택된 판정이 어떻게 이행되는지를 감시한다. 분쟁이 궁극적으로 해결될 때까지 미해결 분쟁은 분쟁해결기구의 의제로 남아있어야 한다.

(3) WTO 분쟁해결의 의의

① WTO 분쟁해결의 개념 및 의의

WTO가 1995년 1월 새로운 세계무역질서의 형성이라는 과제를 안고 출범한 지 22년이 경과되었다. 국가 간의 교역은 많은 분쟁이 발생할 수밖에 없으며, WTO에서의 분쟁은 기본적으로 약속을 어긴 데 대한 것이다. WTO 회원국들은 다른 회원국들이 무역규범을 어겼다고 생각할 경우 일방적인 조치를 취하지 않고 분쟁해결을 위한 다자체제를 사용하겠다고 합의하였다. 즉, 이전에 합의한 절차를 따르고 판정을 존중하겠다는 것을 의미한다.

WTO는 명실상부한 국제기구로서 잠정적 성격의 GATT체제의 한계를 극복하고 공정한 다자 간 자유무역 체제의 확립을 위한 노력을 다각도로 전개해 온바, 특히 분쟁해결제도의 강화 및 정착은 WTO 체제 출범 이후 가장 괄목할만한 성과를 거두고 있다. WTO는 세계에서 가장 활발한 국제 분쟁해결기구 중 하나이다. 1995년 이래로 500여건의 분쟁이 WTO에 제소되었고 350건 이상의 판결이 내려졌다.

2008년 글로벌 경제위기 이후로 천연자원과 농수산물을 포함하여 다양한 공산품까지 분쟁이 확대되는 추세이다. WTO 출범 이후 제소 또는 피소에 의해 1건 이상 분쟁 해결절차를 활용한 국가는 총 105개국으로, 우리나라는 10번째로 분쟁 해결절차를 빈번하게 활용하고 있다.

② 분쟁절차를 이용하는 주요 국가

우리나라는 물론 다른 나라도 자국의 통상이익 보호를 위해 WTO 분쟁해결절차를 적극적으로 활용 중에 있다. 분쟁해결절차를 받고 있는 주요 국가들은 다음과 같다.

표 5-1 WTO의 분쟁절차 이용하는 주요 국가 (1995~2017.2월, 단위 : 건)

	국가명	제소	피소	총계
1	미국	114	129	243
2	EU	97	84	181
3	캐나다	35	19	54
3	중국	15	39	54
5	인도	23	24	47
6	브라질	30	16	46
7	아르헨티나	20	22	42
8	일본	23	15	38
9	멕시코	23	14	37
10	대한민국	17	16	33
11	인도네시아	10	14	24
12	칠레	10	13	23

출처 : http://www.wto.org/

주 : 피소의 경우, 1개 사안에 여러 국가의 제소가 있어서(공동제소 등) 각 제소국들에 따른 개별적인 분쟁번호가 부여되면 피소 1건으로 산정하지 않고 분쟁번호 개수를 피소 건수로 산정함.

(4) WTO 분쟁해결의 특징

① 분쟁해결 분야에서의 효율성 및 신뢰도 제고

과거 GATT 체제하에서는 각 분야 협정별로 별도의 분쟁해결절차가 규정되어 일관성 있는 분쟁해결절차가 미비했으나, DSB(Dispute Settlement Body)는 WTO 분쟁

해결의 유일한 기구로서 패널의 설치, 상소, 최종보고서 채택 및 보복조치의 승인 등 WTO 분쟁해결절차 전반을 관할하는 통합된 분쟁해결제도를 채택하고 있다.

GATT 체제하에서는 상소제도가 없어 비전문가로 구성된 패널의 판정내용에 대해 이의를 제기하는 경우도 있었으며, 또한 분쟁해결절차 단계별로 엄격한 시한이 정해져 있지 않아 절차가 지연되는 등 분쟁해결절차의 효용성이 떨어졌었으나 DSB에서는 상소제도 도입 및 분쟁해결절차 단계별 시한을 엄격히 제한하고 있다.

② 의무적 분쟁해결절차 확립

과거 GATT 체제하에서는 컨센서스 방식에 따라 일방 분쟁당사국의 패널 설치 또는 보고서 채택의 저지가 가능했으나, WTO의 DSB에서는 패널설치 및 패널/상소기구 보고서 채택에 대한 거부는 컨센서스 형성으로만 가능하도록 규정함으로써 일방회원국의 절차진행 저지가 불가능하게 되고, 판정결과의 법적 기속력을 확보하고 있다.

③ 무역 강대국의 일방조치 금지

WTO 분쟁해결절차에 의하지 않고는 조치를 취할 수 없도록 규정하여 미국의 슈퍼 301조 등의 일방주의(unilateralism)를 방지하고 있다.

(5) 분쟁 사례 : 패널 절차의 시간표

1995년 1월 23일 베네수엘라는 미국이 가솔린 수입에 대해 차별적인 규정을 적용하고 있다고 분쟁해결기구에 제소하고 미국과의 협의를 공식적으로 요청했다. 약 1년 후인 1996년 1월 29일 분쟁해결 패널은 최종보고서를 완성했다. (그 즈음 브라질이 동일한 내용으로 제소함. 1996년 4월 이 분쟁건에 합류했으며 같은 패널이 두 사건을 동시에 심의했다.) 미국이 상소했고, 1996년 5월 20일 상소기구가 작성한 보고서가 채택되었는데 사건이 처음 제소된 이래 1년 4개월이 소요된 것이다. 미국과 베네수엘라는 6개월 반 만에 미국의 이행 조치사항에 합의했다. 양측은 상소가 종료된 후 1996년 5월 20일부터 1997년 8월 20일까지 15개월을 조치사항의 이행기간으로 합의하였다.

이 사건은 미국이 국내에서 정유한 가솔린에 비해 수입 가솔린의 화학적 특성에 대해 더 엄격한 규정을 적용했기 때문에 발생했다. 베네수엘라와 브라질은 미국의 가솔린에 동일한 기준이 적용되지 않아도 되었기 때문에 즉, 내국민대우 원칙을 위반하였으며 일반적인 WTO 규범상의 건강 및 환경 보전 관련 조치에 대한 예외에 의해 정당화되지 않았으므로 불공정하다고 주장하였다. 분쟁 패널은 베네수엘라와 브라질의 주장에 동의하였고 상소보고서는 패널의 결론을 재확인하였다(다만 패널의 일부 법리 해석은 수정). 미국은 그 규정을 15개월 내에 수정하기로 베네수엘라와 합의하였고 1997년 8월 19일 새로운 규정안에 서명하였다고 8월 26일 분쟁해결기구에 보고하였다.

2) 무역정책검토 : 투명성 확보

(1) 무역정책검토제도의 의의

무역에 관련되어 있는 개인 및 기업들은 교역조건에 대해 가능한 많이 알아야 한다. 따라서 무역규제 및 정책의 투명성은 매우 중요하다. 이는 WTO에서 두 가지 방법으로 이루어지고 있다. 각 회원국들은 정기적인 '통보'를 통하여 WTO 및 상대회원국에게 특정조치, 정책 또는 법률을 통지하여야 한다. 이와 함께, WTO는 각 회원국의 무역정책을 정기적으로 검토하는 무역정책검토제도를 시행하고 있다. 이 같은 검토제도는 우루과이라운드협정의 일부분이나, 이는 협상 중에 타결된 사항으로 우루과이라운드가 종결되기 몇 년 전부터 시작되었다. 참가국들은 1988년 12월에 개최된 각료회의에서 우루과이라운드의 중간평가로서 이러한 검토제도의 도입에 합의하였다. 무역정책검토제도(Trade Policy Review Mechanism)는 UR협상의 15개 의제 중의 하나인 GATT 기능강화분야 협상에서 GATT 체약국들의 무역관련 법, 제도 및 관행을 정기적으로 평가하기 위하여 무역정책검토제도를 실시하기로 하였다. 결국 무역정책검토제도는 1989년 4월 무역협상위원회(TNC)에서 합의되어 1989년 12월부터 실시되고 있다.

무역정책검토제도는 회원국들의 무역관련 제도에 대한 명료성을 위해 정기적으로 검토하는 제도이다. WTO협정에서는 회원국들의 무역정책과 관행에 대한 명료성을 제고하고 이를 통하여 WTO체제를 더욱 강화할 목적으로 무역정책검토제도를 WTO의 중요한 기능으로 채택하고 있다.

(2) 무역정책검토제도의 실시 방법

최초의 검토회의는 1990년에 개최되었다. 당초 무역정책검토는 GATT하에 운영되었으며, 핵심 검토대상은 GATT와 같이 상품교역이었다. 1995년 WTO 창설에 따라 검토 범위는 WTO와 같이 서비스 및 지식재산권을 포함하도록 확대되었다. 무역정책검토의 중요성은 무역정책검토기구(Trade Policy Review Body)가 WTO 조직상 상위 서열에 있다는 점으로도 알 수 있는 바, 무역정책검토기구는 WTO 일반이사회의 또 다른 모습이다. 무역정책검토의 목표는 다음과 같다.

- ○ 정기적인 감시를 통한 국가의 무역정책 관행의 투명성 및 이해 제고
- ○ 당면 과제에 대한 일반국민 및 정부 간 논의의 질적 향상

무역정책검토는 회원국들의 무역정책 및 관행에 중점을 두고 있다. 그러나 회원국들의 보다 광범위한 경제 및 개발 관련 필요사항, 정책 및 목표, 직면하고 있는 대외 경제환경 등을 함께 고려한다. 다른 WTO 회원국들에 의한 이와 같은 '회원국 간 검토'(peer review)는 각 회원국들이 WTO 규정과 규율을 보다 엄중히 따르고, 자신들의 약속을 지키도록 장려한다. 실제로 무역정책검토는 크게 두 가지의 결과를 가져온다. 즉, 여타 회원국들이 검토대상국의 정책 및 상황을 이해할 수 있도록 하며, 회원국들이 검토대상국의 WTO 체제 내에서의 성과에 대해 평가함으로써 검토대상국 정책에 대한 피드백(feedback) 역할을 한다. 특정한 기간에 걸쳐 모든 WTO 회원국들은 면밀한 검토를 받도록 되어 있다. 동 검토의 횟수는 국가의 규모에 의해 결정된다. 가장 큰 4개 교역국(the "Quad"; 유럽연합, 미국, 일본 및 캐나다)은 2년마다 검토를 받는다. 그 다음의 16개 국가(세계교역비중 기준)들은 4년마다 검토를 받는다. 나머지 국가들은 6년마다 검토를 받으며, 최빈개도국에 대해서는 기간이 일시적으로 연장될 수 있다.

회원국 하나에 대한 무역정책검토를 위해서는 2개의 문서가 준비된다. 검토대상국이 작성한 정책보고서와 WTO 사무국이 독립적으로 작성한 상세보고서가 그것인데 이 두 보고서는 무역정책검토기구의 회의록과 함께 즉시 공개된다. 무역정책검토제도 검토결과는 검토 즉시 공표되며 차기총회에서 채택된다.

4. WTO의 기본 원칙

WTO의 차별 없는 교역은 최혜국대우(Most Favored Nation Treatment: MFN)와 내국민대우(National Treatment: NT) 원칙을 들 수 있다.

모든 회원국에 최혜국대우와 내국민대우를 부여함으로써 교역 상대국 간 차별

대우를 금지하고 있다. 자유무역협정은 예외로 인정이 되고, 불공정한 교역을 하고 있는 상대방 국가에 대한 조치, 일부 서비스 분야에서는 제한된 상황에서 차별이 가능하다.

1) 최혜국대우 원칙

어떤 회원국의 특정상품에 부여되는 특혜는 다른 회원국의 동종 상품에 즉시 그리고 무조건적으로 적용되어야 한다는 것으로 사실상 '무차별 동등대우'를 의미한다. 특정국가와만 교류 또는 교역을 하고 싶어서 해당국가와 양허요구와 양허를 체결한다 하더라도 양허요구 또는 양허를 한 나라와 안한 나라에 대하여 차별을 둘 수 없으므로 결과적으로는 한 국가에 대한 양허는 바로 모든 회원 국가에 대한 양허와 같다는 것을 의미한다.

2) 내국민대우 원칙

수입국내에서 외국물품이나 외국기업을 국내의 그것과 동등하게 대우한다는 것으로 국내의 조세나 규제 등에 있어서 수입물품이나 외국기업을 국내물품이나 국내기업보다 불리하게 대우해서는 안 된다는 것을 의미한다.

3) 기타

GATT의 경우, 관세인하의 문제는 어느 정도 해결했으나, 비관세 장벽에 대한 내용은 규정정립에 그쳤다. 보다 자유로운 교역(Freer trade: gradually, through negotiation)을 위하여 WTO는 관세인하뿐만 아니라 비관세 조치 완화를 통한 교역의 자유화를 추진했다.

또한 관세 및 시장개방 일정 등에 대한 양허를 각 회원국들이 제시하게 했으며, 수입물량에 대해 상한선을 설정하는 쿼터나 기타 조치의 사용을 억제함으로써 예측가능성(Predictability: through binding and transparency)을 확보하고자 했다. 그리고 무역정책검토제도 및 각종 통보의무 부여 등을 통해 각국의 관행 및 절차의 투명성도 증대되었다.

또한 공정경쟁의 촉진(Promoting fair competition)을 위해 덤핑과 보조금 지급에 대한 반덤핑관세와 상계관세의 부과를 허용하고 있으며, WTO협정의 상당 부분은 농업, 지식재산권, 서비스 등의 공정경쟁을 지원하기 위한 것이다. 또한 개발도상국들에 대한 경제개발 및 개혁의 장려(Encouraging development and economic reform)를 하고 있다. WTO체제는 경제개발에도 기여를 하고 있다. 그렇지만 개발도상국들이 협정을 이행하기 위해서는 융통성이 필요하다. 그리고 협정 자체는 개발도상국들의 특별 원조와 무역 양보를 허용하는 GATT의 초기 조항들을 계승하고 있다.

5. DDA협상

1) 개요

세계무역기구(WTO) 도하개발아젠다 협상(DDA: Doha Development Agenda)은 2001년 11월 카타르 도하에서 개최된 제4차 WTO 각료회의에서 출범했다. DDA는 우루과이 라운드 협상에 이어 제2차 세계대전 이후 아홉 번째 시작된 9차 다자 간 무역협상이며, WTO 출범 이후 첫 번째 다자 간 무역협상이다. '개발'이라는 이름이 붙은 것은 앞선 협상들과 달리 개도국의 개발에 중점을 두어야 한다는 개도국들의 주장을 반영했기 때문이다.

2001년 협상을 출범시켰을 때의 계획은 2005년 이전에 협상을 일괄타결방식이라는 방식으로 종료한다는 것이었다. 그러나 농산물에 대한 수입국과 수출국의 대립, 공산품 시장개방에 대한 선진국과 개도국 간의 대립 등으로 인해 아직까지도 협상이 계속되고 있다.

- **일괄타결방식**: 최종적으로 모든 분야에 대해 동시에 합의를 추구하는 방식 (Nothing is agreed, until everything is agreed)

DDA의 협상 의제는 ① 농산물, 농산물을 제외한 나머지 상품(공산품 및 임수산물), 서비스 시장의 개방, ② 반덤핑, 보조금, 지역협정, 분쟁해결에 대한 기존 WTO 협정의 개선, ③ 관세행정의 개선 등을 추구하는 무역원활화, 환경, 개발, 지식재산권 등 크게 세 그룹으로 나누어진다. 이에 따라 농산물, 비농산물(NAMA : nonagricultural market access), 서비스, 규범(반덤핑 및 보조금), 환경, 지식재산권, 분쟁해결, 무역원활화, 개발 분야에 대해 협상 그룹이 설치되어 2002년부터 본격적인 협상이 진행되었다.

2) DDA협상 출범 배경

UR협상에서 농업, 서비스뿐만 아니라 공산품분야에서도 무역장벽이 남아있고, UR협상 이후 국제무역에서 나타난 새로운 문제에도 WTO가 적절히 대처할 필요가 있다는 인식이 확산되었다. 그리하여 제2차 WTO 각료회의에서 농업, 서비스뿐만 아니라 다양한 분야에서의 무역자유화 협상을 준비하기로 했다. 제3차 WTO 각료회의에서 뉴라운드 출범을 위한 협상을 개시하였으나, 선진국 위주로 논의가 전개된 것에 대한 개도국들의 반발과 반덤핑, 농업 등 협상의제에 대한 주요국 간 합의도출 실패로 뉴라운드 출범이 무산된다. 시애틀 각료회의 이후 WTO는 계속 협의를 진행하고, 이러한 협의를 기초로 2001년 초 WTO 일반이사회에서 제4차 각료회의를 1월 카타르 도하에서 개최하기로 결정한 이후 뉴라운드 출범을 위한 논의가 다시 본격화되었다.

3) DDA의 협상방식과 협상체계

(1) 협상방식

도하아젠다 협상은 모든 WTO회원국들의 효율적인 참여를 원활하게 하기 위해 투명하게 진행된다. 일부 분야 협상결과만을 선별적으로 받아들인다면 협상자체가 의미 없기 때문에 UR협상과 마찬가지로 일괄타결방식이 적용된다.

(2) 협상체계

WTO에서 가장 중요한 기구는 각료회의와 일반이사회이다. 각료회의는 최고의 의사결정기구로서 회원국 대표들이 원칙적으로 2년에 한 번씩 모여 주요 시안을 결정하며 신설기구인 일반이사회는 각료회의의 결정을 집행하며 평소에 각료회의의 임무를 대행한다.

각료회의가 WTO의 최고 의사결정기구이기 때문에 제5차 각료회의는 도하 아젠다 협상의 진전 상황을 점검하고 필요한 결정을 채택할 예정이다.

4) DDA의 협상원칙

도하아젠다 협상은 모든 WTO 회원국들의 효율적인 참여를 원활하게 하기 위해 투명하게 진행되며, 참여국에게 이익이 균형 있게 분배되도록 협상이 이루어진다. 도하아젠다 협상의 결과는 WTO의 일반원칙에 따라 모든 회원국들에 적용된다.

① 국제 무역 및 투자에 있어 차별이 없어야 한다.
② 협상을 통해 시장개방 및 자유화를 추진해야 한다.
③ 구속력 있는 약속을 제시하여 예측가능성을 높인다.
④ 공정경쟁을 촉진한다.
⑤ 경제개발 및 개혁을 장려한다.

5) 도하개발 아젠다의 주요 이슈

(1) 농업협상

농업분야는 우루과이라운드 이전에는 국제무역협상의 논의대상에서 제외되었으나, UR협상에서의 합의에 따라 시장개방의 원칙이 처음으로 적용되었다. 농업분야의 합의내용은 다음과 같다.

① 농업협정 제20조에 따라 2000년부터 시작되어 진행중인 농업협상의 성과를 인정하고, 공정하고 시장지향적인 무역체제 수립이라는 농업협상의 장기목표를 재확인한다.
② 시장접근의 실질적 개선, 수출보조의 점진적 폐지를 목표로 하는 협상을 추진하되, 이것이 진행중인 농협협상의 결과를 예단하지 않는다는 조건을 명시한다.
③ 회원국의 제안서에 나타난 비교역적 관심사항(Non-Trade Concers: NTC)을 유념하고, 농업협상 과정에서 이를 교려한다.
④ 개발도상국에 대한 우대조치가 협상의 모든 요소에 본질적인 부분임을 인정한다.
⑤ 2003년 3월 31일까지 보조금과 관세감축 등에 대한 세부원칙을 결정하고 제5차 WTO 각료회의 전까지 이 세부원칙에 따른 각국별 이행계획서를 제출한다.
⑥ 2004년 12월 31일까지 도하개발 아젠다의 일환으로 농업협상을 타결한다.

그러나 농업협상은 수입국과 수출국 간 입장 차이가 있을 뿐만 아니라, 기본골격 합의와 이후 각종 의장문서를 통한 개도국에 대한 특혜대우의 확대를 계기로 선진국과 개도국의 입장차로 인해 수입선진국 그룹, 수출선진국 그룹, 수출개도국 및 수입개도국 그룹으로 크게 나누어져 자국의 이익을 대변하게 된다.

표 5-2 주요 그룹별 입장

수입선진국	EC, 일본, 스위스, 노르웨이	점진적인 자유화를 원하고 있어 자국의 일부 민감한 농산물들을 보호하기 위해 일반적인 관세 감축 공식과 다른 방식을 적용하기를 희망
수출선진국	호주, 뉴질랜드	대폭적인 관세감축과 보조금 감축을 주장
수출개도국	브라질, 아르헨티나, 태국	선진국이나 개도국 모두 상당한 수준의 시장개방이 필요하다는 입장
수입개도국	한국, 인도, 중국	자국농민 보호를 위해서 중요한 품목에 대해서는 특별히 예외적인 대우가 필요하다는 주장

자국의 입장을 효과적으로 협상에 반영하기 위해 EC나 미국과 같은 큰 국가들을 제외한 다른 국가들은 동조그룹을 형성한다. G-10은 수입국 그룹으로서, 수입선진국은 물론 우리나라, 대만, 이스라엘과 같은 수입개도국도 같이 참여하고 있다. 수출국 그룹인 케언즈(Cairns)그룹은 내부적으로 선진국과 개도국 간 입장차가 발생하고 개도국 중에도 일부 품목에 대한 민감성을 중요시하는 국가들이 생겨 상당수 이슈에서 입장을 같이 하기 힘들어진 면은 있으나, 기본적으로 수출이익을 대변하고 있다. 한편, G-20이라는 개도국 그룹이 생겨 선진국의 보조금과 시장개방을 강력히 주장하고 있다. G-33이라는 개도국 그룹은 개도국의 특별한 품목에 대해서 관세감축의 예외를 주장하고 있다. 우리나라는 G-10과 G-33 그룹에 참여하고 있다.

우리나라는 각국의 민감성을 보호할 수 있는 점진적인 시장개방이 바람직하다는 기본 입장 아래, 국내 취약분야에 대한 보호장치 마련을 위해 적극적으로 협상에 참여하고 있다. 관세감축 폭에 있어 예외를 인정받을 수 있는 민감품목(sensitive product) 및 특별품목(special product)을 최대한 확보하고, 농업개혁에 필요한 보조금 제도를 유지할 수 있도록 유사 입장 그룹들과 긴밀한 공조를 모색하고 제안서를 제출하는 등 활발한 활동을 펼치고 있다.

(2) 서비스 협상

1970년대 이후 급증하는 서비스 교역에 대한 국제규범의 필요성에 대한 인식이 높아지게 되었으며, 서비스는 농산물과 함께 우루과이 라운드 협상을 통해 처음으로 시장개방 협상으로 포함되게 되었다. 서비스무역에 관한 일반협정(GATS: General Agreement on Trade in Services) 제정은 우루과이 라운드 협상의 가장 중요한 성과의 하나로 꼽힌다. GATS 제정으로 서비스 교역을 다루는 최초이자 유일한 다자무역규범이 탄생하게 된 것이다.

서비스 협상은 전체 12개 분야 155개 세부 업종을 대상으로 진행되는데, 크게 두 가지 면에서 농업, 비농산물 등 타 협상 분야와 차이를 가지고 있다.

첫째, 자국이 원하는 분야만을 자발적으로 선택하여 개방할 수 있도록 신축적으로 추진하는 이른바 포지티브 방식(positive system)을 취하고 있다는 점이다.

둘째, 모든 상품에 대한 관세인하율을 다자적으로 정하는 공식(formula) 접근방식을 취하는 상품분야와 달리, 서비스 협상은 각국이 스스로 개방할 서비스 업종과 그 폭에 대해 시장개방계획안(양허안)을 제출하고, 여러 교역 상대국에 대해 같은 수준의 시장개방을 요구하는 과정을 반복하는 양자협상(request/offer approach) 방식을 채택하고 있다.

협상 진전을 위해 우선 필요한 것은 3차 시장개방계획안(2차 수정안) 제출시한을 설정하고, 본격적인 시장개방(양허) 협상을 전개하는 것이다. 그러나 각 회원국이 이미 2차례에 걸쳐 자국의 시장개방계획안을 제출한 상황에서 의미 있는 3차 시장개방계획안을 내놓기 위해서는 농업과 비농산물에서의 돌파구 마련이 필요한 상황이다. 이는 농업과 비농산물 협상에서 돌파구가 마련되지 않고 있는 상황에서 무리하게 수정안을 제출하도록 할 경우 각국의 수정안 제출이 부진하거나 제출된다고 하더라도 낮은 수준의 개방안이 제출될 우려가 있기 때문이다.

우리나라는 우리에게 상업적으로 의미가 큰 서비스 분야에 대해 타 회원국의 시장개방 요구를 강화해 나갈 계획이다. 우리나라는 그 동안 해운, 건설, 통신, 금융, 유통 등 소위 5대 인프라 서비스(infrastructure service)에 대한 타 회원국의 시장개방을 지속적으로 요구해 왔다. 현 단계에서 우리와 FTA를 체결하고 있지 않으면서, 상업적 이해관계가 높은 국가들에 우선순위를 두어 우리 관심분야에 대한 시장개방 요구를 앞으로 계속 강화해 나갈 계획이다.

(3) 공산품 협상

공산품 관세인하는 지금까지 8차례의 국제무역협상에서 심각하게 논의해 왔으며 성과도 많았다. 관세협상이 없었던 지난 1950년부터 1961년까지 세계총생산(GDP)과 세계총수출이 각각 1.6배, 2.1배 증가했으나 GATT 체제하에서 처음으로 관세협상이 이루어진 1961년 이후 1999년까지 기간에는 총 수출 증가율이 총 생산 증가율을 훨씬 상회하였다.

GATT 체제하에서 관세협상의 성공적 이행이 지난 40여 년 동안 세계경제의 안정적인 성장에 견인차 역할을 해온 것으로 평가된다. 국제무역계의 일각에선 이런 주장을 하기도 하지만 관세는 WTO체제하에서 유일하게 허용되는 무역장벽으로서 종전과 다른 의미를 가지고 있다. 종전에는 관세가 외국상품의 수입을 막는 무역장벽으로서의 역할, WTO 체제하에서는 회원국들이 활용할 수 있는 유일한 국내산업 보호수단인 것이다.

주요국의 관세율이 크게 낮아진 최근에도 상대국의 관세수준에 관심이 높은 것은 당연한 것이다. 특히, 선진국의 경우 평균관세율은 낮지만 섬유, 신발산업의 관세율이 매우 높으며 개도국의 경우에는 아직도 평균 관세율이 20%수준을 상회하고 있다. 이에 따라 도하 아젠다에서는 관세 협상의 범위와 목표, 협상방식, 협상기준세율 등에 대한 논의가 주요 의제로 다루어질 것이다.

(4) 반덤핑협상

덤핑은 수출자가 국내의 거래가격에 비해 싼 가격으로 제품을 수출하는 행위를 가리킨다. 덤핑행위는 일반적으로 비교우위에 입각한 국제무역을 왜곡하고 시장질서를 어지럽히기 때문에 WTO 체제하에서 허용치 않는 불공정무역으로 간주된다.

WTO 반덤핑협정은 이러한 불공정무역에 따라 실질적인 피해가 발생하는 경우 수입국이 반덤핑관세를 부과할 수 있도록 허용하는 세부적인 규정을 하고 있다. 덤핑행위는 비난받아 마땅한 행위지만, 수입국의 자의적인 반덤핑관세의 운영 또한 국제무역을 위축시키는 요인이 되고 있다. 따라서 도하 개발아젠다 협상에서는 반덤핑제도의 발동요건, 덤핑마진결정, 재심절차 등을 개선하여 국제교역질서를 확립한다는 본래의 목적에 맞게 WTO 반덤핑협정의 개정문제를 논의하게 된다.

(5) 비농산물

DDA 협상이 2001년에 출범한 이래 비농산물 시장접근 협상은 협상 세부원칙의 기본골격을 도출하고, 주요 사항별 논의를 통해 합의점을 모색하는 과정을 거쳐

왔다. 기본골격 합의에는 관세율이 높을수록 감축 폭이 커지는 관세감축공식 및 관세감축공식 적용 시 개도국에게 어떤 형태의 대우를 부여할 것인지, 분야별 자유화 협상 및 비관세장벽 해소 등에 대한 기본 내용이 수록되어 있다. 2005년 12월 홍콩각료회의에서는 선진국과 개도국에 각각의 계수를 부여하는 관세감축공식(스위스 공식)을 바탕으로 모든 비농산물 품목에 대한 일괄감축방식을 채택하게 되어 협상의 바탕을 마련하게 되었다.

우리나라는 다자무역체제의 최대 수혜국으로서 DDA 협상의 결과로 전 세계적으로 비농산물 분야의 관세장벽이 감축 또는 철폐됨으로써 시장개방이 확대될 것을 기대하고 있다. 이러한 맥락에서 우리나라는 과감한 관세감축을 지향하는 관세감축공식을 지지하고 있다.

아울러, 우리의 수출전략 및 경제성장 동력 창출에 중요한 역할을 하는 산업분야를 중심으로 분야별 자유화 논의에 적극 참여하고 우리나라와 비슷한 입장을 가지고 있는 국가들과 공조그룹을 형성하여 활발히 활동하고 있다. 그리고 우리 기업의 해외시장진출에 걸림돌로 작용하고 있는 비관세장벽 해소를 위해 주요 분야별 논의에 적극 참여하고 있다. 한편, 우리의 취약한 산업분야에 대해서는 시장개방의 충격이 가급적 완화되도록 협상전략을 모색 중이고, 다양한 협의 계기에 우리의 입장을 충분히 전달하는 노력도 진행 중이다.

(6) 무역 원활화

WTO(세계무역기구) 차원에서 무역원활화(Trade Facilitation)는 도쿄라운드에서부터 협상의제로 논의되기 시작하였으며, 1996년 제1차 싱가포르 각료회의 선언문에서 투자, 경쟁, 정부조달의 투명성과 함께 무역원활화(따라서, 이들 4개 이슈를 싱가포르 이슈로 지칭)에 대한 분석작업 진행을 하도록 규정하기도 하였다.

2004년 8월 1일 합의된 기본골격 합의문인 이른바, 7월 패키지에서 싱가포르 이슈 중 무역원활화 협상만이 DDA 협상의 정식 의제로 포함되었다. 무역원활화 협상의 세부원칙을 담고 있는 7월 패키지 부속서 D에는 GATT 제5, 8, 10조의 명확화 및 개선 외에도 개도국 특별대우 부분이 대폭 반영되었다.

2005년부터 본격적인 협상이 시작되어, GATT 제5, 8, 10조 및 대 개도국 지원방안에 대한 전반적인 논의가 진행되었다. 우리나라, 미국, 유럽연합, 일본, 캐나다 등 무역원활화 규범 제정을 지지하는 콜로라도 그룹(Colorado Group)이 GATT 제5, 8, 10조 관련 제안서를 제출하면서 회의를 주도해 나갔고, 아세안 및 아프리카 개도국은 핵심그룹(Core Group)을 형성하여 대 개도국 지원방안에 대한 논의가 중심이 되어야 함을 강조했다.

2005년 12월 홍콩 각료회의에서는 협상을 종결할 전반적인 시한에 유의하고, 이를 위하여 조속히(early enough) 조문화(text-based) 작업을 시작하라는 권고를 받았다. 이에 따라 2006년도 이래로 무역원활화 협상은 GATT 제5, 8, 10조와 관련하여 그 간 제출된 제안서들을 토대로 조문화 협상 개시를 위한 준비작업으로 진행되고 있다.

또한, 그 간 선진국·중남미 개도국 그룹과 개도국 핵심 그룹 간 입장이 현저히 대립되어온 대 개도국 지원방안과 관련하여, 2007년부터는 양측 그룹에 속하지 않고 중립적인 위치에 있는 아르헨티나의 주도하에 대 개도국 지원방안 논의를 위한 공통된 토대를 마련하기 위해 노력 중이다.

(7) 지식재산권

대부분의 통상협상에서 그러하듯이 DDA 협상에 있어서도 지식재산권 분야는 가장 논란이 많은 분야 중 하나이다.

포도주와 증류주의 지리적 표시(GI, Geographical Indication) 통보 및 등록을 위한 다자등록처 설립 문제, GI 특별보호대상 확대문제, 무역관련지식재산권(TRIPS, Trade Related Intellectual Property Rights) 협정과 생물다양성협약(CBD, Convention on Biological Diversity)과의 관계 등 주요 의제에 있어서 이론적이고 원칙적인 문제에서부터 회원국 간 의견대립이 지속되고 있다.

- 지리적 표시: 상품의 품질, 명성 등이 특정 지리적 근원에서 비롯하는 경우, 생산자와 소비자를 보호하기 위해 그 생산지를 알리는 표시

먼저 GI 다자등록처 설립 문제는 TRIPS 협정 제23조 4항에서 협상개시를 지시하고 있는 기 설정의제(built-in agenda)로서 DDA 협상 의제에 포함되었다. EU, 스위스 등 구대륙 국가는 참여가 의무적이며 법적 구속력이 있는 다자등록처의 설립을 통해 GI를 보다 강력히 보호할 것을 주장하고 있는 반면, 미국과 호주 등 신대륙 국가는 과도한 행정적 부담과 국내 지재권 보호체계와 상충되는 문제점을 들어 비 구속적이고, 자발적인 다자등록처의 설립을 희망하고 있다.

GI 특별보호대상 확대문제는 현행 TRIPS 협정상 포도주와 증류주에 부여되고 있는 여타 GI 품목 보다 높은 수준의 보호를 낙농업 제품 등 여타 품목에도 확대할 것인지 여부에 대한 논의이다. EU, 스위스 등 영어, 프랑스어, 스페인어 등 세계

주요 공용어의 발원지로서 식민지 역사를 통하여 여타 국가의 지명에 막대한 영향을 끼쳐 온 구대륙 국가는 특별보호대상을 모든 품목에 대해 확대할 것을 주장하고 있는 반면, 미국과 호주 등 구대륙국가와 언어 및 지명을 공유하고 있는 신대륙 국가는 이에 반대하고 있다.

TRIPS 협정과 CBD와의 관계 문제 역시 유전자원(genetic resources) 보유국의 주권적 권리를 인정하는 CBD 협정(생물다양성 협정, the convention on biological deversity) 반영을 위해 TRIPS협정 개정을 주장하는 개도국과 협정개정이 불필요하다는 선진국 입장이 대립하여 논의에 진전을 이루지 못하고 있다. 유전자원 부국인 인도, 페루, 브라질 등 개도국은 특허 개발에 사용된 유전자원의 출처공개를 특허허용의 새로운 요건으로 추가해야 한다고 주장하나, 유전자원을 활용한 생명공학 기술이 발달한 선진국들은 출처공개 의무화에 반대 입장을 표명하고 있다.

(8) 기타 협상

DDA 규범협상은 2001년 11월 도하각료회의에서 현행 반덤핑협정, 보조금협정 및 지역협정의 기본원칙과 개념을 유지하면서 관련 규정을 명료화하고 개선하도록 하는 협상지침을 합의함에 따라 상기 세 분야별로 협상이 시작되었다. 이 중 반덤핑 분야는 가장 활발하게 논의가 이루어지고 있는 분야로 개정항목을 발굴하여 항목별로 구체적 개정문안을 논의하고 있다. 보조금 분야는 협상 주도 그룹이 없어 협상이 부진한 상태이나, 2003년 수산보조금은 일반보조금과 다른 별도 규율체계가 필요하다는 점에 합의가 이루어진 후 보조금 협상의 일환으로 수산보조금의 규율문제가 활발히 논의되고 있다.

규범협상그룹의장은 2007년 11월 그간 진행된 협상 경과를 종합 고려하여 반덤핑협정 개정안, 보조금협정 개정안, 수산보조금에 대한 규율문(보조금협정의 부속서로 첨부)을 제출하였다. 이후에는 동 의장 문서를 중심으로 협상이 진행되어 왔고, 2008년 5월에는 그 간의 협상 동향만을 기술·정리한 의장 작업문서가 제출되었다.

도하각료선언문(2001년 11월)은 반덤핑협정, 보조금협정, 지역협정의 규율을 명확히 하고 개선한다는 목적하에 협상을 진행하도록 하고 있다. 이를 위해 협정의 기본개념, 원칙, 목적, 유효성 및 그 수단은 유지하도록 하고 수산보조금 관련 규율문제도 검토하도록 하고 있다.

우리나라의 입장은 다음과 같다.

- 반덤핑 조치의 남용을 방지하는 방향으로 반덤핑협정을 개정해야 한다는 입

장하에 특히 제로잉(zeroing), 재심절차, 일몰, 최소부과 원칙 등의 규정을 강화할 것을 주장하고 있다.

- 상계관세조치가 수입규제조치로 활용되지 않도록 관련 조항의 강화를 지지하고 있으며, 개도국에 대한 허용보조금 범위 확대 문제는 우리나라와의 경쟁관계를 감안하여 유보적 입장을 취하고 있다.
- 과잉어획 또는 과잉능력을 야기하는 등 수산자원에 직접적으로 부정적인 영향을 미치는 수산보조금만 금지되어야 하며, 수산지원 보존문제는 효율적인 어업관리제도의 운영을 통해 적정 수준의 수산자원을 유지할 수 있다는 입장이다.
- 지역협정에 대한 WTO 차원의 규율을 강화한다는 차원에서 관련 규정의 개선을 지지한다.

6) 도하 아젠다의 필요성

자전거가 계속 페달을 밟아야 넘어지지 않고 달릴 수 있듯이 자유화가 계속되어야 세계 무역질서가 지탱된다는 이론이 있다. 무역자유화가 미치는 영향은 소득향상에 그치는 것이 아니라, 소비자에겐 제품을 골고루 선택할 수 있게 해주는 등 다양한 이익을 가져다주고, 생산자에겐 경쟁력 있는 제품생산에 특화함으로써 생산성을 높일 수가 있다. 물론 무역자유화로 인해 모든 나라와 계층이 이익을 얻는 것은 아니지만 총이익은 손실을 크게 웃돈다.

7) 도하 아젠다와 세계화의 관계

세계화, 정보화가 심화될수록 국제적 분업이 활성화되고, 시장경제에 따라 경제 전반의 효율성이 제고될 수 있다. 역사적으로 볼 때 세계화는 세계무역 증대 및 안정적 경제성장의 환경을 조성한 것으로 평가된다.

그러나 세계화, 정보화가 좋은 것만은 아니다. 우선 인터넷과 통신기술의 발전에 따라, 국제 자본이 거의 아무런 제약 없이 국경을 넘나들면서 정부의 통제권을 벗어나 국가운영에 교란요인으로 작용하고 있다. 세계화의 진행에 따라 노동, 환경 등에 대한 규제조치의 실효성도 감소될 수밖에 없으며, 이에 따라 노동단체와 환경단체의 반발도 점차 조직화되고 있다. 또한 세계경제의 위기요소가 복합적으로 작용하면서, 세계화의 긍정적인 효과가 국가 간에 공평하게 분배되지 않음에 따라 반세계화의 물결이 거세게 일고 있는 것도 현실이다.

제6장 주요 국가의 통상마찰

제6장 주요 국가의 통상마찰

1. 통상마찰의 심화

1) 통상마찰의 개념

통상마찰이라 함은 일반적으로 국제무역이 행하여지는 과정에서 어느 특정 국가가 자국의 경제사정이 크게 악화되거나, 또는 교역상대국과의 무역으로 말미암아 자국의 경제적 이익이 감소되고 있다고 판단할 경우 보호조치를 취하거나 무역상대국에 시장개방을 요구하는 등 각종 공세를 펼칠 때 무역 상대국이 대응해 나가는 과정이라고 할 수 있다.

이러한 마찰현상은 초기에는 개별상품 중심으로 야기되었으나, 점차 제도 및 관습 등에 이르기까지 광범위하게 파급되고 있다. 통상마찰의 대상 역시 상품거래에만 한정되지 않고 서비스, 금융, 직접투자 등 국경 간 이동이 가능한 것이면 어느 것이나 다 포함될 뿐 아니라 국가의 정책적 대립에서부터 국민의 감정적 대립으로까지 전개되고 있다.

통상문제는 순수한 경제현상으로의 측면뿐만 아니라 정치적 색채를 강하게 띠기도 한다. 급격한 산업 구조조정에서 국내산업을 보호하기 위한 수입제한 정책 등은 국내의 쇠퇴산업군에 속해 있는 이해당사자들의 압력을 받게 되고, 또 다른 산업에 있어서는 소비자들의 경제후생 증대와 분배관계에 영향을 받아 보호주의를 확산시키게 된다.

즉, 통상마찰이란 특정국이 어떤 이유로 무역에 대하여 영향을 주는 조치를 하거나 또 하려고 했을 경우에, 이 조치에 의하여 불이익을 받거나 받을 우려가 있는 상대국과의 사이에서 발생하는 분쟁이라 할 수 있다.

2) 통상마찰의 원인

국제무역의 당사국은 비교생산비원리에 따라 시장메카니즘에 의한 무역이익을 얻게 되며, 무역이익으로 인한 소득은 다시 재화의 소비에 지출되고, 기업의 생산활동이 늘어나면 고용은 증가하게 되고 소득으로 이어져 순 순환을 이끌게 된다. 그러나 실제로는 경제이론과 꼭 맞는 것만은 아니다.

특히 생산요소 중 노동의 경우, 임금의 경직성, 산업 간 이동의 제약, 경기의 후퇴, 저성장 등으로 말미암아 산업구조조정이 이루어질 때 실업문제가 발생될 수도 있다. 이 경우 비교생산비원리를 중심으로 한 무역이론의 제 조건이 현실과 동떨어진다면 통상마찰의 원인이 될 수도 있다.

(1) 일반적 원인

① 무역수지의 불균형

통상마찰의 가장 관계가 깊은 요인은 무역수지의 불균형이다. 일반적으로 저성장하에서 무역수지의 불균형이 지속될 때, 적자국에서는 보통 수입경쟁산업이 축소되는데 수출산업 내지 내수산업의 확장이 이것을 보장하기에는 불충분하다. 더욱이 수입경쟁산업에서 수출산업 내지 내수산업으로의 전환 능력이 약화되면, 수입경쟁산업이 축소됨에 따라 큰 곤란을 받게 된다. 따라서 무역적자국에서는 자국생산물 전체에 대한 수요의 저조 및 산업전환에 따른 조달 코스트라는 두 가지 부담이 생기고, 결국 실업이 증가하게 된다. 이러한 현상을 무역흑자국으로부터 발생한 실업의 수출 또는 근린(인근)궁핍화 정책이라고 부르는데 무역적자국의 입장에서는 이러한 부담이나 코스트가 심각한 문제로 대두되며, 이에 따라 양국 간 통상마찰의 문제가 발생하게 된다.

② 산업구조조정의 지연

경쟁력이 저하된 업종이나 사양산업은 기술개발, 생산성 향상을 위한 신규 설비투자, 기타 경영합리화에 의한 비용절감 등을 통하여 경쟁력을 강화하든지 아니면 업종전환 또는 산업의 구조조정을 해야 한다. 그러나 업종전환 및 산업구조 조정은 상당한 기간과 비용이 드는 것은 물론 신규업종에 관한 생산기술과 노하우 등의 능력 결여, 신규분야에 대한 투자의 위험회피, 노동자 재교육 등의 여러 가지 문제점이 많기 때문에 그 실현은 매우 어려운 실정이다. 이 경우 정부의 다양한 보조금이나 정책자금이 지급될 수 있는데, 이것이 상대국의 무역마찰을 일으키게 하는 요인이 될 수도 있다.

③ 특정상품의 불균형적 구조

일반적으로 통상마찰은 전반적으로 무역수지의 적자에서 오는 충격보다는 특정품목이 특정국가와의 불균형적인 무역구조를 야기시킬 때의 충격으로 말미암은 마찰의 빈도가 더 많다. 이러한 경우 그 품목의 국내생산업체 및 관련 이익단체들의 압력이나 정치적 요인 등이 작용하게 될 때 통상마찰은 커지게 된다.

가령 과거 일본 무역구조의 특징을 보면, 수출은 특정품목에 집중되고 있고, 수입은 완제품수입 비율이 현저히 낮은데, 이러한 일부품목의 집중호우식 수출증가는 쌍방 간에 심각한 통상마찰 문제를 야기시키게 된다. 이것은 기본적으로 수출상대국에 산업조정의 시간적 여유를 줄 수가 없는데, 이로 인하여 통상마찰이 발생할 수도 있다.

④ 이해관계자의 대립

무역흑자국의 수출산업은 이 산업이 급속히 국제경쟁력을 강화하여 수출이 대폭적으로 증가할 수 있다. 국내시장뿐만 아니라 수출시장의 확대에 따라 이 산업은 더욱 팽창하게 되고 더욱 확장하여 많은 이익을 누릴 수 있게 되는 반면, 적자국의 수입산업은 수입품의 증대로 인해 자국의 생산시장을 축소하지 않으면 안 된다.

이러한 어려움을 타개하기 위하여 이 산업의 생산업 단체나 노동조합 등 이익집단은 자국의 국회 및 정부에 강력한 보호조치를 요청하게 되는데, 그 결과 수입국 정부와 수출국 정부 사이의 미묘한 대립관계가 통상마찰문제를 일으키는 기본적인 요인이 된다.

(2) 구조적 요인

① 경제 과학기술적 요인

경제 과학기술면에서의 마찰현상은 단기적, 중기적 관점으로 구분할 수 있다.

우선 단기적으로는 국제석유파동 이후 각국의 과학기술적 대응 및 경제운용방식의 차이(금리 및 환율정책) 또는 세계경제관점에서 일부 선진국가들의 정책적 대응의 불충분 등이 오늘날 통상마찰에 직간접으로 영향을 미치고 있다. 그리고 중기적으로는 미국 등 선진국이 석유위기 이후 채택한 국내 석유자원의 보전 및 수입에너지에로의 의존정책은 국제수지의 압박요인으로 작용하게 되었다. 또한 세계경제의 비중에 미국의 상대적 지위 저하, 중국의 급격한 부상, 일본과 서독 등의 상대적 지위향상 및 신흥공업국과 브릭스의 경제규모 확대 등에 따라 마찰가능성이 더 심각하게 대두되고 있다.

특히 선진 각국은 첨단기술부문에 있어서의 기술우위 확보를 위하여 막대한 R&D투자를 하고 있는데, 이는 첨단기술부문에서의 우열이 앞으로 각국의 경쟁력과 지위를 결정하는 중대한 요소라는 인식에 따른 것이다. 이와 같이 기술개발경쟁 또는 기술전쟁이 심화되는 과정에서 각종 마찰이 제기되고 있다.

② 정치적 요인

선진국들은 경제의 상대적 지위 저하와 더불어 행정부로서 의회의 요구를 거절하지 못하고 문제해결을 위해 자국중심주의 및 보호주의를 채택하는 경우가 있다. 이 경우 경제적 불균형 국가에 대한 속죄양을 찾게 된다. 이러한 사정하에서 국가 간 통상마찰을 해결하기 위하여 세계는 불필요하게 정치 경제화하는 경향이 있다. 이렇게 발생한 각국 간의 개별적 통상마찰은 경제적 해결의 접근방법 보다는 오히려 미묘한 정치학적 해결의 접근방법이 유효할 수도 있다.

③ 문화적 요인

오늘날 지구상의 200여 국가들은 각자 특유한 문화와 전통을 가지고 있는 바, 이들 국가 간의 거래에 있어서 정치, 경제관계에 못지 않게 문화의 차이, 즉 이미지와 인식의 차이에서 오는 마찰도 각 국가 간의 상호 의존관계가 깊어짐에 따라 중요시 되고 있다.

예를 들면, 미국의 대일 이미지는 일본은 불공정한 대외거래를 하고, 시장개방을 싫어하는 경제 강국이면서도 방위에는 무임승차하는 이기주의자이며, 개인보다는 집단에 강한 나라라고 인식되고 있다. 반면 일본의 대미 이미지는 미국과 일본은 우방이고 제국주의적인 강국이며 미국을 보다 유리한 그들의 상품시장으로 여기고 있는 바, 이처럼 문화적 요인의 이미지 및 인식의 차이에서도 통상마찰이 야기된다.

(3) 국내적 요인

① 국민적 합의 불균형

GATT 등의 국제기구가 과거 취해온 다자 간 무역협상에서의 취약점으로 지적된 것 중의 하나는 무역왜곡정책을 취하는 국가에 대한 대응이다. 왜곡정책에 대응하기 위해서는 자국의 이익을 위한 구조조정, 보호조치 제고 등의 정책개혁이 필요한데 이것에 대한 국내적인 합의를 얻기가 어렵다.

사실상 국제환경 변화와 산업의 비교열위에 적절히 대처해 나간다는 것은 많은 어려움과 모험을 수반하기 때문에, 일반적으로 기업가들은 이에 대응하는 정책적 산업조정을 회피하는 경향이 있다. 동시에 경쟁력이 취약한 생산자들을 지원하는 정치적 압력만 가중되어 그로 인한 부담을 감수해야 함으로 합리적 요구와는 정상적으로 균형을 이루지 못하는 상태가 될 수도 있다. 이러한 불균형은 실제로 특정집단의 이익만을 고려하는 행정조직에 의해 발생하며, 대부분의 국가에서 나타나는 공통적 현상이다.

② 압력단체의 영향력 증대

국가 간의 통상마찰은 당사국의 행정부가 자유무역이라는 국제적이고 장기적인 목표에 합의하고 양국 우호관계의 증진이라는 보다 광범위한 시각에서 가능한 국내 보호주의 세력의 압력을 무마시키려는 방향으로 유지되어 왔다. 그러나 오늘날 단기적으로 근시안적인 이익을 추구하는 국내 이익집단의 영향력을 통제할 수 있는 강력한 공적 권위의 결핍으로 너무나 쉽게 정치문제화되고 있으며, 그 마찰은 더욱 가속화되고 있다.

이러한 현상은 행정부의 정책결정자가 관료적 차원에서 정책이 수행되지 않고 학연, 지연, 혈연, 로비스트와 밀접한 관계 그리고 의회 및 정치·경제적인 국내 압력단체 등과의 다원적 협상과 타협에 의한 정책이 수립되는 것이 일반적이다. 이 또한 문제해결을 어렵게 하고 있다.

③ 불투명한 정책결정

각국은 보호주의가 가져올 국내적 영향에 대해 인식하고, 인식능력을 제고시켜 국내 또는 국제적 경제관계의 상호의존성의 확산으로 초래하게 될 각종 부작용을 최소화하려고 한다.

아울러 국제여건의 변화에 따른 산업조정을 촉진시키기 위해서는 광범위한 국내 각 계층의 이해와 합의를 도출해야 하고, 산업조정을 회피하려는 국내생산자들의 보호주의 요구가 국민경제에 미치는 부담을 적극적으로 인식시키는 것이 중요하다. 그러나 대부분의 나라에서 내부의 동의 없이 실행되고 있는 불투명한 정책결정은 통상마찰의 또 다른 원인이 되고 있다.

2. 주요 국가의 통상마찰

1) 미국과 중국의 통상마찰

버락 오바마(Barack Obama) 대통령 집권 2기와 시진핑(習近平) 국가부주석 중심의 5세대 지도부 체제의 주도권 싸움에 이어, 2017년 미국의 새로운 대통령인 도날드 트럼프와 중국의 실세 시진핑 주석 체제로 들어간 미국과 중국 간에는 새로운 통상마찰이 심화될 조짐을 보이고 있다. 세계경제의 양대 축인 G2 간 무역갈등의 불똥이 양국에 대한 의존도가 높은 우리나라에도 영향을 줄 가능성이 우려되고 있다.

미국 국제무역위원회(ITC)는 2012년 중국산 태양광 패널에 대해 최고 250%의 반덤핑 관세를 부과하였다. 무역분쟁에 있어 200%가 넘는 추가 관세가 부과된 것은 이번이 처음이다. 미 정부는 2012년에만 중국 정부를 3차례 세계무역기구(WTO)에 제소한 상태다. 미 정부는 중국의 희토류 생산 감축 및 수출 규제, 중국의 미국산 자동차에 대한 33억 달러 규모 관세 부과, 중국의 자국 자동차 및 자동차 부품에 대한 보조금 지급 등이 무역 관련 규정 위반이라며 WTO에 제소했다.

중국에 대한 통상압력은 오바마 2기 행정부에서도 더욱 강화되었다. 저성장·고실업 문제 타개를 위해 오바마 대통령이 재임 중 마련했던 수출시장 확대 및 자국산업 보호 정책에 더욱 박차를 가했기 때문이다. 이러한 미국의 움직임에 대해 중국도 강경하게 대응하여 왔고 양국 간 통상 마찰은 더욱 커져 왔다. 중국은 미국의 WTO 제소에 맞서 미 의회가 2012년 3월 수출 보조금에 대한 상계관세 권한을 미 상무부에 부여하도록 제정한 법안이 무역 관련 규정에 어긋난다며 WTO에 맞고소 했다. 중국은 또 미국산 에필클로로히드린(ECH)에 대한 반덤핑관세 부과기간을 5년 연장키로 했다.

중국은 지난 2013년 12월 3일 미국이 중국산 수입품에 대해 덤핑조사를 진행할 때 부당한 관행을 적용하고 있다며 소송을 제기했다. 이에 WTO 분쟁조정위원회는 2016년 10월 19일 미국이 중국에 취한 반덤핑관세 중 13건은 WTO 협정을 위반한 것이며, 미국의 '표적덤핑'(targeted dumping)과 '제로잉'(zeroing) 등을 통해 관세를 부과한 것은 불법이라는 중국 측의 주장을 받아들였다. 표적덤핑은 특정지역이나 소비자 그룹, 또는 블랙프라이데이와 같은 특정시기를 겨냥해 수입된 제품에 대해 덤핑이 있었다고 판정하는 것이다.

위원회는 표적덤핑과 관련해 미국 상무부의 제로잉 관행은 협정에 위배된다는 점을 분명히 했다. 제로잉은 덤핑 마진을 계산하면서 운임과 관세 등의 이유로 수출품 가격이 일반적인 현지 가격보다 높은 경우에 그 차이를 제대로 적용하는 것이 아니라 단순히 '제로(0)'로 잡는 것이다. 이는 수입제품에 대한 반덤핑 관세를 높이는 경향이 있다.

2017년 1월 취임한 미국의 새로운 대통령 도널드 트럼프는 비즈니스맨적인 성향이 강하고, 시진핑 중국 국가주석은 정치적인 성향이 강해서 두 사람의 니즈가 다르다. 장기적으로는 협상이 가능하겠지만 그때까지 통상마찰은 심화할 수밖에 없다. 특히 중국이 WTO 시장경제지위를 인정해주지 않은 미국, EU(유럽연합) 및 일본에 통상압력을 행사하고 있는 상황이어서 마찰이 지속될 것으로 예상되고 있다. 중국은 2016년 12월 미국과 EU, 일본이 중국에 시장경제지위를 인정하지 않고 있다며 WTO에 소위원회 판정을 요구하며 제소했다. 중국이 시장경제지위를 획득하면 중국이 미국이나 EU가 부과하는 반덤핑관세 등에 대항할 수 있는 수단이 생긴다는 점에서 시장경제지위 부여 여부는 큰 경제적 이해가 걸린 사안이다.

한편, 미국 국제무역위원회(USITC)가 2017년 3월 공개한 내용에 따르면 중국에서 생산되는 테트라플루오르에탄이 공정한 수준의 가치보다 낮은 가격으로 미국에서 판매되는 것으로 파악했다. 테트라플루오르에탄은 자동차 에어컨의 냉각제 등에 사용되는 화학제품이다. 중국산 제품으로 미국 산업이 피해를 받고 있다는 구체적 정황이 제기되면서 미국 상무부가 이 제품의 수입과 관련, 중국에 대해 반덤핑관세 명령을 내릴 것으로 보인다. 반덤핑관세는 최대 167%에 이를 것으로 전망된다.

또한 미국 상무부 국제무역청(ITA)은 2017년 3월 30일 중국 후판에 대해 반덤핑관세 68.27%, 상계관세 251%를 부과하여 총 319.27%의 관세폭탄을 부과했다.

[그림 6-1] 시장경제지위를 인정해 주지 않음에 따른 덤핑판정 및 덤핑마진 산정

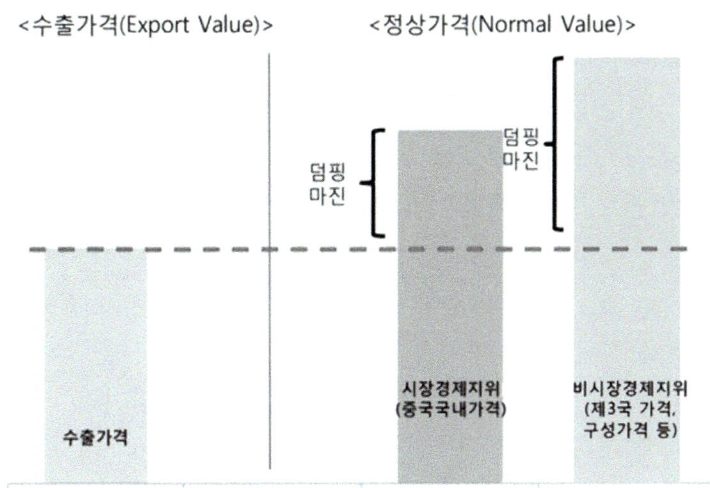

자료 : 한국무역협회 국제무역연구원

미국과 중국의 중국 내 소송에서 일부 미국이 승소한 경우도 있는데, 다음과 같다.

(1) 미국 트럼프 대통령의 중국 내 'TRUMP' 상표 소송

- 2006년부터 2016년 말까지 트럼프 측이 지속적으로 패소함.
- 2006년 11월 중국인 둥웨이(董伟) 'TRUMP' 상표 출원(제37류) 제출
- 2006년 12월 7일 트럼프 'TRUMP' 상표 출원(제37류) 제출
- 2009년 11월 30일 상표등록 일부 거절 통지, 재심청구
- 2014년 재심청구 거절, 삼심 청구, 재 거절
- 베이징시 제1중급법원에 소송, 패소
- 베이징시 고급법원에 항소, 2015년 5월 18일 패소
- 2015년 6월 2일부터 상표무효 선고 소송
- 10여 년의 법정 다툼 끝에 2017년 2월 14일 'TRUMP' 상표등록 성공
- 중국 외교부 겅솽(耿爽) 대변인은 2017년 2월 17일, "트럼프의 중국 건축업 분류(제37류)에서의 'TRUMP' 상표등록 성공은 중국상표주관부서에서 일관적으로 중외상표권리인의 합법적인 상표 권익을 평등하게 보호하며 법률과 규정에 의해 관련 상표출원을 심사함을 보여준다"고 피력하였다.

(2) 마이클 조던의 '乔丹'(챠오단, 중국어 브랜드) 상표 소송

나이키사는 중국의 조던체육회사에서 등록한 '乔丹' 계열 상표가 Michael Jordan의 성명권을 침해했다는 이유로 여러 차례 상표 이의를 제기하였으나 상표평가위원회로부터 이의가 거절된 후 상표행정 소송을 제기하였다.

2012년 2월 23일 나이키 사는 Michael Jordan을 대리해 Michael Jordan을 원고신분으로, 국가상표평가위원회를 피고로, 중국의 조던체육회사를 제3자로 해 베이징 제1중급 법원에 소송했으나 1심(2014년 10월 27일), 2심(2015년 7월 27일) 모두 패소하였다.

그러나 2016년 12월 8일 중국 최고인민법원에서 '乔丹'의 상표가 Michael Jordan의 성명권을 침해하고 상표법을 위반했으므로 1심과 2심을 모두 취소하고 상표위원회에서 다시 심의하라고 판결하였다.

이 판결에 대해 최고인민법원 원장 저우챵(周强)은 제12기 제5차 전국인민대표대회 업무보고 시, '乔丹'(챠오단, 중국어 브랜드) 계열 상표분쟁사건 처리는 중국의 지식재산권보호를 강화하는 입장과 결심을 보여준다고 지적했다.

(3) 애플 상해지사, 베이징 지재권국 대상 행정소송

'휴대폰(100C)' 디자인 특허권자인 선전시 A사는 애플 상하이지사와 베이징 B사가 베이징 공인스타디움(工人体育场) 쇼핑센터에서 판매하는 iPhone 6과 iPhone Plus 휴대폰이 자사의 디자인특허권을 침해했다고 베이징 지재권국에 특허침해분쟁 처리청구를 제기하였다.

베이징 지재권국에서는 2016년 5월 10일 애플 상하이지사와 베이징 B사가 판매하는 iPhone 6과 iPhone Plus의 디자인특허침해를 인정하고 판매금지 처분을 내리게 된다. 이에 애플 상하이지사와 베이징 B사가 불복해 행정소송을 제기했다.

2017년 3월 24일 베이징 지재권 법원에서는 원고 애플 상하이지사, 베이징 B사가 피고 베이징 지재권국과 제3자인 선전시 A사에 대한 특허침해 행정처리 행정분쟁사건에서 베이징 지재권국의 해당사건판결 '특허침해분쟁 처리결정서'를 취소하고 애플 상하이지사와 베이징 B사의 관련 행위가 선전시 A사의 디자인 특허권을 침범하지 않았다고 판결하였다.

한편, 트럼프 대통령은 2017년 8월 14일 미 무역대표부(USTR)가 중국기업의 미국 지식재산권 침해내용을 조사하도록 하는 내용의 행정명령에 서명했다. USTR은 중국에서 사업을 하는 미국 기업들이 중국 정부로부터 독점적인 지적정보에 대한

누설을 강요받는 행태와 중국의 지식재산권 침해 등을 조사하게 된다. 조사는 최대 1년 간 진행될 전망이다. 미국은 중국이 수출하는 각종 위조 상품과 불법 복제품 등에 따른 지재권 침해 규모가 한 해에 최대 6000억 달러(약 685조원)에 이를 수 있는 것으로 추정하고 있다.

USTR은 미국 기업 특허를 포함한 영업기밀 절도와 불법복제 등을 전방위로 조사하는 것은 물론 중국 정부의 막후지원 여부 등을 파악해 1974년에 제정된 무역법 301조에 따라 보복관세를 일방으로 매기고 통상 보복조치를 단행할 수 있다. 세계무역기구(WTO)에 중국에 대한 범칙금 부과 등을 요구할 수도 있다. 이 때문에 이번 행정명령이 중국과의 무역전쟁으로 이어질 가능성이 크다. 중국은 미국이 301조 적용 등으로 무역전쟁을 일으킨다면 미국 역시 무역보복을 당할 것이라고 경고하기도 했다.

트럼프 대통령이 이번 행정명령을 서명한 것은 중국이 대북문제에 적극적으로 나서라는 압박용이라는 해석이 많다. 트럼프 대통령은 대선 당시 중국 환율조작국 지정, 45% 관세 부과 등 대중국 통상공약을 약속했으나 북핵 해결을 이유로 연기해왔다. 이번 행정명령도 몇 주 전 발령될 것으로 예상됐지만 7월 북한의 대륙간탄도미사일(ICBM)급 미사일 시험발사에 따른 유엔안전보장이사회 대북제재 결의 등에서 중국의 협조를 끌어내기 위해 유보됐다.

2) 미국과 EU의 통상마찰

미국과 EU 간에는 그 동안 여러 차례의 무역마찰이 있었지만 대체로 원만하게 해결이 되었다. 이것은 EU가 정치, 군사, 경제면에서 미국의 절대 파워를 인정했기 때문이다. 하지만 EU가 경제, 정치 통합을 서두르면서 미국과의 갈등이 확대되어 미국의 이라크 공격을 둘러싸고 빚어진 대립이 미-EU 간 갈등을 표출시킨 도화선 역할을 하였다.

최근, 구글을 겨냥하던 유럽연합(EU)의 규제 칼날이 미국 정보기술(IT) 기업 전반으로 확대되고 있다. 버락 오바마 미국 대통령까지 나서서 유럽의 이런 행동을 보호무역주의라며 비판하였고 유럽과 미국 간의 통상마찰로 이어지고 있다.

2015년 5월 파이낸셜타임스(FT)에 따르면 유럽연합 집행위원회(EC)는 구글에 대해 착수한 반독점 혐의 조사를 미국 IT 기업 전반으로 범위를 넓힌 '디지털 단일시장'(digital single market)초안을 승인하고 연내 조사를 시작할 계획이라고 밝혔다. 이는 미국 IT 기업을 대상으로 한 EU의 규제를 더욱 강화하려는 첫 번째 단계였다.

구글을 겨냥하던 유럽연합(EU)의 규제 칼날이 미국 정보기술(IT)기업 전반으로 확대되었다. 에어비앤비나 우버와 같이 공유서비스에 대해서도 EC는 이들 플랫폼이 공유경제를 이유로 시장에서 권력을 남용했는지에 대해 검토할 계획이다.

2015년 10월 6일 유럽사법재판소는 지난 2010년 유럽연합과 미국 정부 사이에 체결한 유럽연합 회원국 국민의 개인정보를 미국으로 전송하여 저장할 수 있도록 허용하는 '세이프 하버협정(Safe Harbour Agreement)'을 무효화하는 판결을 내렸다.

유럽사법재판소의 이브 보트 사법검사는 오스트리아인 막스 슈렘스(Max Schrems)가 아일랜드 정보보호위원회와 유럽연합 집행부 정보보호 담당 집행위원을 상대로 낸 고발 사건에 대한 기소의견에서 유럽연합과 미국 사이에 체결한 '세이프 하버' 협정은 유럽연합 회원국 국민의 개인정보를 제대로 보호하지 못하고 있고, 유럽에서 수집한 개인정보가 제3국(미국)에서 불충분하게 보호받는 것은 유럽 실정법 위반이라고 밝혔다(기소문 c-362/14).

이러한 검찰 측 기소의견에 대해 유럽사법재판소는 판결문에서 유럽사법재판소는 개별 국가의 정보보호에 대한 기소권 문제에 대한 해석을 담당하지는 않지만, 유럽연합과 미국 정부 사이에 체결한 세이프 하버 협정의 실효적 성격에 대한 판단을 할 수 있다고 밝혔다. 또 "만일 미국 정부가 유럽연합의 개인 사생활 보호와 효율적인 법질서에 상응하는 입법을 통해 개인정보 보호를 위한 실효적인 조치를 취하지 않는다면 세이프 하버 협정은 무효"라고 밝혔다.

이 지침은 원칙적으로 유럽연합의 법률보다 낮은 수준의 개인정보 보호 관행 혹은 법률 체계를 가진 국가에서 유럽연합 시민을 보호하기 위해서 해당 지역에도 유럽 법률을 적용할 수 있도록 했다.

지금까지도 유럽연합의 일부 회원국은 제3국에서 발생한 사건도 자국에서 기소하고 재판할 수 있는 기소 및 재판권을 검찰과 법원에 부여하고 있으며, 제3국에서 발생한 반인륜 반인권적 행위에 대한 재판권도 폭넓게 인정하고 있다. 이러한 지침이 개별 회원국의 개인정보 보호법으로 정착되면서 가장 큰 타격을 입은 것은 미국과 중국이다.

2015년 9월까지 미국 상무부에 등록한 세이프 하버 대상 기업은 IBM, 마이크로소프트, 제너럴 모터스, 아마존, 구글, 페이스북 등 약 5,500개였다.

표 6-1 EU와 미국의 무역전쟁

경 쟁	세 금	규 제
EC는 구글이 온라인 검색 지배력을 불법적으로 사용하고 있다고 비난함, 또한 구글이 통신사들과 안드로이드 운영체제((OS)관련 불공정계약을 하고 있다고 비난함	애플, 스타벅스, 아마존 등은 EU 회원국에서 고의적으로 세금을 낮추는 행동을 하고 있다고 조사받고 있는 상황	EC는 구글과 아마존 등에 검색결과나 이용자 자료 활용 등에 대한 조사를 진행중. 프랑스와 독일에서는 규제를 강화해야한다고 촉구하고 있음.

자료: FT, 2016.8.25.
중앙일보, 구글・애플・페북 겨냥한 EU, 미국과 IT 주도권 전쟁, 2017.6.29.

프랑스와 독일은 미국 IT그룹에 대해 EC가 더욱 강경한 노선을 취할 것을 촉구하고 있다.

미국에서는 유럽의 조치에 대해 비난의 목소리를 높이고 있다. 2015년 미국과 EU는 폭스바겐이 배출가스 저감장치를 눈속임한 사건을 두고 신경전을 벌였다. 2016년 8월엔 EU가 애플에 130억 유로(약 16조원) 벌금을 물리자 바로 다음 달 미국이 도이체방크에 140억 달러(약 17조원) 벌금으로 응수했다. 구글이 EU 경쟁법을 위반했는가를 놓고도 미국과 EU는 맞서 있다. 또한 2017년 3월 미국은 후판의 수입에 프랑스 기업은 148.02%, 벨기에 51.78%, 이탈리아 22.19%의 반덤핑 관세를 물어야 한다는 판정을 내렸다.

유럽연합(EU)은 2016년 4월 20일 구글의 모바일 운영체제(OS) 안드로이드가 반독점법을 위반한 것으로 규정했다. 유럽연합(EU)의 마그레테 베스타거 EU 경쟁담당 집행위원은 "1년 동안 이뤄진 조사 결과 구글이 시장지배적 지위를 남용한 것으로 판단했다. 구글 앱을 사전 설치할 것을 요구했다는 점이 판단의 근거"이라고 밝혔다. 그러면서 "구글은 모바일 앱 및 서비스와 관련해 소비자가 선택할 폭을 제한했고 다른 기업의 기술 혁신을 막았다고 본다"고 설명했다. EU는 이번 구글 안드로이드 조사 결과를 근거로 구글에 지난해 핵심 부문 매출의 10%에 해당하는 최대 74억 5천만 달러의 과징금을 부과할 수 있다.

미국과 EU에서는 특정기업의 시장독점을 규제하는 반독점법이 강력한 위력을 발휘하고 있다. 미국에서 동종업체의 기업연합(카르텔)이나 기업활동(트러스트) 행위를 처벌하기 위해 1914년 발효됐다. 반독점정책을 시행하는 나라는 한국을 포함해 80여 개국에 달한다. IT산업의 공룡 마이크로소프트(MS) 역시 EU로부터 10여년간 4차례 반독점 위반 소송을 당해 30억 달러(3조 2천 600억원)의 벌금을 납부했다. 당시 타격으로 MS는 검색, 앱 등에서 구글에 밀려 유럽시장의 90% 가량을 내줬다.

한편, 유럽연합(EU)은 2017년 6월 17일 구글이 반독점법 위반 혐의로 10억 유로(한화 약 1조 2700억원) 이상의 과태료를 부과하기로 결정했다. 유럽연합 집행위원회(EC)는 구글이 자사 검색엔진으로 특정제품을 검색할 때 구글 쇼핑에서 취급하는 제품에 대한 링크를 두드러지게 표시했다는 혐의로 지난 7년 동안 조사를 벌여왔다. 과태료는 구글 모회사인 알파벳의 연매출(900억 달러)의 10% 내에서 부과될 수 있기 때문에 액수가 더 늘어날 가능성도 있다.

구글이 유럽연합 집행위원회(EC)의 결정에 반발, 유럽사법재판소에 항소한다면 확정판결까지 수년이 걸릴 수도 있다. 이번 조사로 구글의 특정 검색결과를 강조하는 검색 결과에도 영향을 미칠 가능성도 있다. 이에 앞서 유럽연합 집행위원회(EC)는 구글이 안드로이드 기기 제조업체에 자사 앱을 선탑재하도록 강요하고, 경쟁자 광고 네트워크에서 광고주가 구매하기 어렵도록 지배력을 남용한 부분에 대해서도 조사하고 있다.

3) EU와 중국의 통상마찰

프랑스 SEB회사(원고)와 광둥 치평스테인레스제품유한공사(广东旗峰不锈钢制品有限公司-피고)의 특허발명권 침해분쟁 소송이 중국 법원에서 있었다. 프랑스 SEB회사는 중국에서 특허번호 ZL95109146.8인 '압력조리용기 클램프 개폐 제어장치(压力烧煮容器锁紧夹具的开启和关闭的控制装置)'의 발명특허 권리자인데, 2011년 7월 19일 SEB사는 광둥치평의 압력솥이 발명특허를 침해했다고 판단하고, 이에 대리인을 통해 공증인원의 감독하에 피고의 경영장소에서 KE-D0002형 압력솥(扣式压力锅) 2개를 구매하고 이를 법원에 발명특허 침해 증거로 제출하였다. 2011년 8월 2일 법원에 특허권침해로 소송했고 1심 법원에서 피고의 침해행위를 인정해 30만 위안 배상판결을 내렸다. 하지만 피고가 불복해 항소했지만 2014년 12월 3일 2심 법원에서 원심판결을 유지한다는 판결을 내렸다.

7년여에 걸친 중국과 유럽연합(EU)의 나사 분쟁에서 중국의 승리로 막을 내렸다. 중국은 2009년 1월 자국산 나사 제품에 대해 EU가 최고 85%의 반덤핑 관세를 부과하자 10억 달러 규모의 수출이 제한을 받으며 자국의 기업 1천700여 곳과 직원 10만여 명의 권리를 침해받았다며 이를 WTO에 제소했었다.

세계무역기구(WTO)는 2016년 1월 18일 중국산 나사류에 대한 EU의 반덤핑관세 부과 조치가 WTO 규칙을 위반했다고 심의 결정했다. 이는 중국이 EU를 상대로 WTO에 제소한 첫 소송에서 승리를 거둔 것이다. 나사류는 나사, 너트, 볼트, 와셔(자릿쇠)의 총칭으로 중국은 이들 제품의 최대 생산국이자 수출국이다.

중국은 EU와의 무역분규에서 처음으로 보복권을 얻게 되었고, EU가 현재의 반덤핑 관세 부과 조치를 철회하지 않으면 중국도 보복조치를 취할 권리를 인정받게 된다. 이렇게 되면 중국은 EU가 자국에 수출하는 화물에 대해 100%의 관세를 부과할 수 있다.

중국 정부는 당시 반덤핑 조치에 따라 2008년만 해도 15억 5,300만 위안(2,839억원)에 달했던 중국 기업의 나사류 매출이 2009년 5억 7100만 위안(1,044억원)으로 격감하면서 큰 손실을 입은 것으로 파악하고 있다. 중국의 나사류 기업이 지난 7년 간 입은 손실에 대해서는 WTO의 소급적용 불가 원칙에 따라 배상받을 방법은 없다.

EU는 공급과잉으로 고통받는 유럽 철강업체들의 숨통을 틔워주기 위해 중국산 건설용 고성능 콘크리트 보강 철근(HFP rebars)에 향후 5년 간 관세 18.4~22.5%를 부과하기로 2017년 6월 29일 결정했다. 지난 1월에는 관세 9.2%를 부과하기로 했지만 업계에서 관세가 지나치게 낮다는 불만이 제기되자 이번에 관세를 더 끌어올린 것이다. EU는 현재 중국산 철강에 대해 37건의 반덤핑・반보조금 제재를 가하고 있고 15건에 대한 조사를 진행 중이다.

EU와 중국은 2016년 6월 베이징에서 열린 정상회의를 통해 중국 업체들의 철강제품 덤핑수출을 함께 모니터링하기로 합의하면서 통상마찰이 완화되는 것처럼 보였지만 이번 덤핑관세 부과로 갈등이 재 점화됐다. 중국은 "정당화될 수 없는 보호무역주의"라며 반박했다.

미국의 파리기후변화협정 탈퇴 선언에 즈음해 새로운 국제공조의 기준이 될 것으로 기대를 모아온 유럽연합(EU)과 중국의 '기후변화 대응을 위한 공동선언'이 통상마찰로 불발됐다. 탄소배출량 세계 1위 중국과 3위 EU가 파리협정 이행과 '녹색 동맹' 구축을 강조한 공동선언을 발표, 파리협정 당사국에 새로운 리더십을 제시할 것이라는 기대가 컸었다. 그 간 중국의 값싼 철강 제품과 태양전지판에 반덤핑 조치를 취해온 EU는 중국에 무역불균형 문제를 또다시 지적하였고, 또 EU 측은 유럽 투자자가 중국 투자에 어려움을 겪고 있으며, 중국에 진출한 기업이 불공정 규제로 차별받고 있다고 불만을 제기했다.

중국은 리커창 총리가 공동선언을 발표하는 조건으로 세계무역기구(WTO)의 '시장경제국 지위'를 인정해줄 것을 요구했지만, EU 측이 이를 받아들이지 않은 것이 채택 불발의 결정적 요인이 된 것으로 알려졌다. 중국의 WTO 가입 이후 15년 간 적용되어 온 중국의 비시장경제지위가 2016년 12월 11일 종료된다는 조항에 대해 중국과 주요 제소국 간 해석이 엇갈리고 있다. 중국은 조항 만료와 동시에 시장경제지위를 자동으로 획득한다는 입장인 반면 미국과 일본은 최근까지 계속해서 중국을 비시장경제국으로 간주하겠다는 입장을 재확인하였다. EU도 보호조치를 신설한 후 시장경제지위를 부여하는 조건부 방안을 검토 중이다. 적극적인 반덤핑 제소를 통해 대중국 수입을 규제해온 미국, EU, 일본 등 수입국은 중국에 시장경제지위를 부여하게 되면 과거만큼 높은 반덤핑관세를 부과할 수 없게 되는 점을 우려하고 있다. 반면 세계에서 가장 많은 반덤핑 제소를 당하고 있는 중국은 고율의 반덤핑 관세를 회피하려는 경제적 유인이 크다.

나사류 분쟁 외에도 중국과 EU는 수년전부터 철강, 태양광 패널, 이동통신 장비, 포도주 등 다양한 품목에서 덤핑과 불법 보조금 지급 문제로 무역분쟁을 벌여왔다.

4) 한국과 중국의 통상마찰

우리 수출은 미국과 중국에 대한 의존도가 40%에 육박한다. 한국과 중국 양국의 교역의존도는 계속 높아지는 추세다. 한・중 양국은 1992년 수교 이후 무역의존도가 서로 상승하면서 2015년 기준 한국의 대중국 수출의존도는 26%에 달한다. 중국의 한국 수출의존도도 7.1%로 전체 교역국 중 4위다. 따라서 이들 시장이 흔들리면 수출 나아가 경제까지 악영향을 받을 수 있다. 특히 중국의 무역의존도는 매년 심화되어 왔다.

한국과 중국의 교역이 늘면서 중국의 무역제재도 급증하고 있다. 1992～1999년 총 343건에 불과하던 중국의 대한국 관세 및 비관세 조치 실행 건수가 2000~2008년 814건에서 2009~2015년 기간에는 1,597건으로 급증했다. 특히 위생 및 검역(SPS) 건수는 1992~1999년 사이에는 한 건도 없었지만 2000~2008년 249건, 2009~2015년에는 887건까지 급증했다. 기술장벽(TBT) 건수 역시 1992~1999년엔 한 건도 없었지만 2009~2015년에는 681건으로 늘었다. TBT란 기술규정, 표준, 시험인증(적합성 평가절차)과 관련해 무역에 장애가 되는 조치를 말한다.

표 6-2 한국 기업에 대한 중국의 비관세장벽(2014년)

장벽	사례(건)	비중(%)
통관	89	33.0
기술장벽	79	29.3
투명성	39	14.4
기타	30	11.1
가공무역	23	8.5
지식재산권	5	1.9
위생검역	5	1.9

포스코는 2016년 7월 중국 정부가 부과한 '방향성 전기강판'의 반덤핑 조치에 관해 중국 정부와 행정소송을 벌이고 있다. 최종 판결까지는 1년 이상의 시간이 걸려 2017년 말이나 2018년 초에야 결과가 나올듯하다. 포스코는 국가 간 세계무역기구(WTO) 제소 등은 고려하고 있지 않은 것으로 보인다. 중국 상무부는 2016년 4월 "한국, 일본, 유럽연합(EU) 철강업체들의 덤핑 판매로 중국 철강업계에 실질적인 피해를 주고 있다"며 방향성 전기강판에 관한 반덤핑 예비조사를 실시했다. 이후 7월 향후 5년 간 한국, 일본, 유럽연합(EU)이 중국에 수출하는 방향성 전기강판에 관해 37.3~46.3%의 반덤핑관세를 물리기로 결정했다. 포스코가 생산하는 방향성 전기강판에 매겨진 반덤핑관세는 37.3%로, 예비판정 14.5%의 두배 이상으로 늘었다. 방향성 전기강판은 변압기나 모터의 철심재료로 주로 쓰이는 강판이다. 전기차, 하이브리드카, 신재생에너지 소재 등에 사용된다.

사드 배치 이후 취해진 중국의 보복성 제재가 가장 큰 이슈이다. 한국은 고고도 미사일 방어체계(THAAD · 사드) 배치 등에 따른 갈등과 앞으로 정치 관련 불확실성이 있어서 무역이 다소 영향을 받을 수 있어 중국과 무역마찰은 앞으로 지속될 가능성이 크다.

중국은 2017년 춘제(春節·음력설)를 앞두고 한국행 전세기 운항 연장을 불허한 데 이어 한국의 전기차 배터리 사업에 제재를 가했다. 이는 한반도 사드 배치에 큰 불만을 표시해온 중국이 한국을 상대로 보복 조치를 강화하려는 것이다. 중국이 한류 연예인의 중국 방송 등의 출연을 금지한 금한령(禁韓令)에 이어 올해부터는 관광분야는 물론 제조업으로까지 제재하고 있는 것이다.

5) 한국과 미국의 통상마찰

미국은 하이닉스반도체(현 SK하이닉스)에 대한 채권단의 구조조정 조치를 정부 보조금으로 간주해 2003년 6월 하이닉스 디램(DRAM)에 상계관세를 부과했다. 상계관세란 수출국이 특정산업에 장려금이나 보조금을 지급해 상품의 가격경쟁력을 높일 경우, 수입국은 그 수입상품에 대해 보조금액에 해당하는 만큼의 관세를 부과하는 것을 말한다.

우리 정부는 WTO 제소를 통해 2004년 12월 미국의 조치가 WTO 보조금협정에 위배된다는 판정을 이끌어냈다. 하지만 이후 미국이 WTO에 항소했고 2005년 원심 판정은 뒤집어졌다. 이후 우리 정부는 유럽연합(EU)과 일본 등에도 잇달아 상계관세 공격을 받았다.

2008년과 2009년 EU와 일본은 상계관세를 철폐했고 미국도 2011년 상계관세 요율 조정에 합의했다. 당시 정부는 '시장 자율적 구조조정' 보다는 큰 틀을 정하고 은행들이 자금지원에 자발적으로 나선 것이었는데 소송 과정에서는 이 부분이 제대로 전달되지 않았기 때문이었다.

존슨앤드존슨의 자회사 얀센과 한국의 셀트리온과의 특허분쟁에서 항체 바이오시밀러(바이오의약품 복제약) 램시마(미국 내 제품명 인플렉트라)의 미국 판매를 둘러싼 소송이 제기되었다. 미국 특허청은 앞서 2015년 4월 레미케이드 물질특허 무효 의견을 유지한다는 최종 권고 통지를 내렸었다. 하지만 얀센은 이에 불복해 통지 한 달 뒤인 지난해 5월 특허청 상급 기관인 특허심판원(PTAB)에 레미케이드 물질특허 재심사에 대한 항소를 제기하였다. 그 결과 2016년 11월 16일 미국 특허심판원이 최종적으로 셀트리온의 손을 들어준 것이다. 한편 얀센은 특허청 물질특허 무효에 대한 재심사 뿐 아니라 지방법원 소송을 통해서도 특허권을 주장해왔다. 그러나 미 지방법원 역시 2015년 8월 레미케이드의 물질특허 무효 판결을 내린 상태였다. 램시마는 미국 존슨앤드존슨의 류마티스관절염 치료제 '레미케이드'의 바이오시밀러다.

2016년 9월 미국 정부가 한국산 철강재 냉연강판에 최고 64.68%의 반덤핑·상계관세를 부과하겠다는 방침을 최종 확정했다. 한국 업체에 부과된 관세율 가운데 포스코와 포스코대우(옛 대우인터내셔널)가 반덤핑 6.32%, 상계 58.36% 등 총 64.68%로 가장 높았다. 현대제철은 반덤핑 34.33%와 상계 3.91% 등 총 38.24%였고, 나머지 업체들은 총 24.24%였다.

우리나라 공정위는 2016년 12월 28일 미국 통신용 반도체 회사인 퀄컴에 1조 300억원의 과징금을 물렸다. 동시에 불공정 거래관행을 바꾸라는 시정명령도 내렸다. 1조원이 넘는 과징금은 공정위 역사상 가장 큰 액수다. 당연히 퀄컴은 반발했다. 시정명령엔 집행정지를 신청하고 소송도 제기할 태세다. 통신용 칩셋 시장의 일인자인 퀄컴이 순순히 물러날 것 같지 않다. 문제는 통상마찰이다. 공정위는 공정한 절차를 밟아 퀄컴을 징계했다고 설명한다. 그러나 미국 정부가 어떤 반응을 보일지는 미지수다.

월풀은 지난 2011년에 삼성전자와 LG전자가 한국에서 만들어 미국에 수출한 세탁기를 대상으로 반덤핑관세를 부과해야 한다고 제소했다. 이에 따라 미국 상무부는 2013년 국내산 세탁기에 관세를 부과했지만 한국정부가 WTO(세계무역기구)에 반덤핑 협정위반으로 소송을 제기, 2016년 9월 승소했다.

2017년 5월 말 월풀은 삼성전자와 LG전자가 우회 반덤핑 등의 방식으로 세탁기를 들여와 과도하게 낮은 가격으로 판매, 자국 산업이 피해를 보고 있다는 취지로 ITC에 청원했고 ITC는 최근 이 같은 청원을 받아들여 조사를 시작했다. 월풀이 ITC에 청원한 배경은 최근 미국 시장에서 삼성과 LG전자의 점유율이 차츰 높아지고 있는데 따른 위기감이 작용한 것으로 풀이된다. 시장 조사업체 트랙라인에 따르면 올해 1분기 미국 세탁기 시장에서 삼성전자가 19.7%의 점유율을 기록해 월풀(17.3%)을 제치고 1위를 차지했다. 특히 삼성전자는 미국 가전시장에서 지난해 17.3%의 점유율을 기록, 연도별로 처음으로 월풀(16.6%)을 제쳤다. LG전자도 지난해 미국 가전시장에서 15.7%의 점유율을 기록해 월풀을 턱밑까지 쫓았다.

미국 정부가 월풀의 청원을 받아들여 삼성전자와 LG전자 등의 수출품에 세이프가드를 발동할지 관심이 집중된다. 미국에서 국내 가전업체에 대해 세이프가드를 발동한 사례는 없었다.

ITC는 통상 조사에 착수할 경우 120일 이내에 피해 여부를 따진 뒤 60일 이내에 피해 구제 방안을 내놓아 대통령에게 보고한다. 대통령은 보고받은 시점부터 30일 이내에 결정을 해야 한다. 사안이 복잡하다고 판단되면 피해여부를 따지는 기간이 120일에서 150일로 늘어난다.

2017년 들어 4월까지 미국 정부가 조사를 시작한 수입규제 건수가 지난 해의 절반을 이미 넘어섰다. 한국무역협회와 외교부는 '수입규제 강화 대응 설명회'에서 미국의 수입규제 강화 현황을 발표하였는데, 지난 1~4월 미국의 반덤핑・상계관세 조사개시 건수는 28건에 달했다는 것이다. 미국의 수입규제 조사개시 건수는

2012년 16건에서 2013년 57건, 2014년 37건, 2015년 64건, 2016년 53건으로 차이는 있지만, 2013년 이후 꾸준히 증가하는 추세다. 2017년 4월까지 진행한 28건은 이미 지난해의 절반을 넘어선 수치다.

전 세계 각국은 자국 철강산업을 보호하기 위한 무역조치를 강화하고 있으며, 우리나라는 2017년 8월 현재 19개국에서 87건의 조사 및 수입규제를 받고 있는 상황이다. 특히 미국의 경우 수입산 철강재의 점유율이 25% 수준에 불과함에도 미국 정부 및 국회, 철강업계는 한 목소리로 자국 철강산업 보호를 위한 각종 규제 강화 필요성을 제기하고 있다. 이러한 보호무역주의 강화는 미국 뿐 아니라 유럽연합(EU), 동남아 등 선·후진국을 가리지 않고 전 세계적으로 확산되고 있다.

한편 도널드 트럼프 통상 라인의 주요 축을 이루는 초강경 보호무역주의자인 피터 나바로(Peter Navarro) 백악관 국가무역위원회(NTC) 위원장이 삼성과 LG의 대미 관세 회피 행위를 정면으로 비난하고 나섰다. LG와 삼성이 덤핑관세 확정 판정을 받은 이후 미국의 관세를 회피하기 위해 중국에서 베트남과 태국으로 생산지를 옮겨 다녔다며 이는 명백한 무역 부정행위(trade cheating)이므로 즉각 중단해야 한다고 주장했다. 최근 삼성과 LG는 미국과의 무역 마찰을 줄이기 위해 미국 내 가전공장 설립을 추진하고 있다. LG전자는 미국 테네시주 클라크스빌에 세탁기 공장을 신설하기로 했고, 삼성전자는 올 상반기 중 미국 내 용지 선정 작업을 완료할 방침이다. 우리나라는 이러한 불합리한 수입규제에 대해 국제규범에 입각해 WTO 제소, 양자협의 등 정부가 활용가능한 모든 수단을 활용해 단호하게 대응하여 극복해야 할 것이다.

6) 한국과 일본의 통상마찰

일본이 2006년 1월 하이닉스반도체 D램에 대해 27.2%의 향후 5년 간 상계관세를 부과키로 한 가운데, 우리 정부도 일본에 대해 세계무역기구(WTO) 제소를 검토키로 하는 등 한·일 간 통상마찰이 본격화되기 시작했다.

2016년 12월 한·일 양국 간 철강 통상 마찰에 대한 긴장감이 높아지고 있는 가운데 한국 산업자원부와 일본 경제산업성이 지난주 철강부문 회담을 열었다. 양측 대표는 이날 한일 철강 무역에서 통상 마찰 우려가 부각될 경우 대화 채널을 통해 반덤핑(AD) 조치에 앞서 사전 논의한다는 원칙을 세웠다. 이는 미국의 AD 관세 부과 등의 보호무역주의가 강화되면서 한국, 일본, 중국을 중심으로 한 통상

분쟁의 위기감이 높아지고 있기 때문이다. 일본 측은 이날 최근 한국산 철강재 수입이 급증하고 있다는데 주목하고 있다고 하였다. 한국의 대일본 수출은 6월 26만6000톤(반제품 포함)에서 7월 26만5000톤, 8월 29만7000톤, 9월 31만5000톤, 10월 33만4000톤으로 매월 증가세를 기록했다. 특히 일본 측은 한국산 열연 수입이 급증하고 있다는 점을 지적했고, 반대로 한국 역시 일본산 열연 수입이 늘어나고 있다는 점을 설명하는 등 양국 간 철강 무역에서의 불만을 확인한 것으로 알려졌다.

2011년 3월 일본 동부에서 규모 9.0의 대지진으로 발생한 쓰나미가 후쿠시마에 위치한 제1 원전을 덮쳤고 원자로에서 수소폭발이 일어났다. 이 사고로 방사성물질이 인근 지역으로 확산하자 우리 정부는 즉각 후쿠시마를 포함한 주변 8개 현, 50개 수산물의 수입을 금지했다. 2013년 일본 도쿄전력이 원전에 오염된 물이 바다로 유출된다고 발표하자 우리 정부는 '임시특별조치'를 내고 후쿠시마 주변 8개 현에 대한 모든 수산물의 수입을 금지했다. 일본은 이에 반발해 WTO 위생검역(SPS)위원회에 2013년부터 2015년까지 특정무역현안(STC)으로 5차례에 걸쳐 문제를 제기했다. STC는 WTO에 통보됐거나 통보되지 않은 규제가 자국의 수출에 심각한 영향을 미친다고 판단될 때 WTO를 통해 교역상대국에 이의를 제기하는 절차다. 이에 그치지 않고 2015년 5월 일본은 WTO에 우리 정부의 수산물 수입규제가 부당하다며 분쟁해결 양자협의를 신청했지만 한·일 간 이견은 좁혀지지 않았다. 일본은 결국 WTO에 분쟁을 해결할 패널을 설치해달라고 공식 요청했다. WTO는 2016년 2월 우루과이와 프랑스·싱가포르로 구성된 패널 3인을 구성하고 공식적인 분쟁해결에 나섰다. 이번 분쟁의 결론은 올해 3월께 나올 것으로 전망됐었다. 하지만 후쿠시마산 수산물에 대한 방사능 오염 여부를 두고 양국이 치열한 과학적 논쟁을 벌인 탓에 결과가 미뤄졌다.

한편 일본 정부는 2016년 6월 9일 일본제 공기압 밸브에 대한 한국 정부의 반덤핑(AD) 관세 부과에 대해 WTO에 제소하여, 7월 4일 1심에 해당하는 패널이 설치되었다. 이에 앞선 지난 4월 양국은 양자협의를 실시했으나, 적절한 조치라는 한국의 입장과 밸브의 용도가 다르기 때문에 경쟁관계가 아니라는 일본 입장의 간극이 메워지지 않았다. WTO 패널의 검토 대상은 한국 정부에서 2015년 1월에 확정한 일본제 공기압 밸브에 대한 반덤핑관세 부과 조치이다. 한국 정부는 2015년 8월 19일부터 5년 간 일본에서 한국에 수출되는 공기압 밸브에 대해 통상 8%의 관세에 더해 11.66~22.77%의 반덤핑관세를 추가로 부과하기로 결정했다. 이번 반덤핑관세 부과는 2013년 12월 T사 등 한국 기업 11개사가 일본 제품의 덤핑 판매로 국내 산업이 피해를 받고 있다며 반덤핑 조사를 신청한 후, 1년 간의 조사를 실시한 후 2015년 1월 최종 확정된 것이다. 조사 개시 당시 신청인이 주장한 덤핑률은 98.7%이며, 신청자는 일본 수출자가 국내 산업의 생존을 위협하는 약탈적 덤핑을 하고 있다고 주장하였다. 반덤핑 관세율은 SMC 11.66%, CKD와 그 밖의 공급자는 23.97%이다.

2017년에는 부산 총영사관 앞 위안부 소녀상 설치를 빌미로 일본 정부가 일방적으로 한·일 통화스왑 협상 중단을 선언하여 결렬된 상태이다.

7) 한국과 EU의 통상마찰

지난 1997년 IMF(국제통화기금)위기 이후, 한국은 조선, 반도체, 자동차, 전자업종에 대한 대대적인 구조조정을 단행했다. 구조조정 작업이 마무리 단계에 접어든 2000년대 초반 일부 업종에 대한 경쟁국들의 공격이 시작됐다. 2002년 10월 유럽공동체(EC)는 IMF 위기 이후 우리 정부가 조선업 구조조정을 위해 부당한 보조금을 제공했다며 이를 세계무역기구(WTO)에 제소했다. 2년 간의 심리 끝에 WTO 분쟁조정패널은 한국의 손을 들어줬다. 2004년 12월 패널은 일반 금융기관들의 경우 정부의 위임 또는 지시를 받아 구조조정에 참가했다는 증거가 없고, 수출입은행 등 공공성이 인정된 6개 금융기관 역시 상업적 고려에 의해 대우조선해양 등의 구조조정 절차에 참가했다고 판단했다. 최종적으로 한국 정부의 구조조정 조치는 WTO 보조금협정상의 정부 보조금에 해당하지 않는다고 결론을 내렸다.

2006년 2월에 우리나라는 EU로부터 총 9개 품목이 규제를 받았고, 이 중 반덤핑 및 상계관세 규제를 받고 있는 품목이 6개 품목이고 신규 조사 1건, 재심 조사 2건 등이었다. 신규 조사가 시작된 대표적인 품목이 냉장고인데 2005년 6월 EU에 현지 투자된 미국계 가전사 월풀이 한국산 양문형 냉장고에 대해 반덤핑 제소를 한 이후 이에 대한 조사가 시작되었다.

한편 2003년부터 규제가 시작된 하이닉스 D-RAM 분쟁과 관련해 우리 정부는 WTO에 EU의 상계관세 부과조치를 제소했는데, 2007년 WTO 분쟁조정패널에서 EU의 상계관세율 산정방식이 보조금 협정에 부분적으로 위반된다고 판정했다. 이에 따라 하이닉스 반도체의 일부 제품들에 대해 일정한 상계관세 감축 폭이 제시되었다.

최근 EU의 대 한국 수입규제는 총 5건이며, 해당품목은 철강 및 금속 3건, 화학제품 1건, 종이류 1건이다. EU 집행위는 한국산 테레프탈산(PTA) 품목에 대한 반덤핑 조사 결과, 미소마진에 해당되어 관세부과 없이 조사를 종료한다는 결정문을 채택하고, 나머지 4건은 관세가 부과되었다. 그 내용은 다음과 같다.

표 6-3 EU의 대 한국 수입규제 현황(2017년 6월 7일 기준)

품목	유형	조사개시	최종판정일	판정결과
철강제 관연결구류 · 철강금속	반덤핑	2001.06.01.	2002.08.24.	확정관세율: 44%
철강로프 및 케이블 · 철강금속	우회덤핑(중국)	2009.08.12.	2010.05.11.	확정관세율: 60.4%
실리콘메탈 · 화학	우회덤핑(중국)	2006.04.20.	2007.01.19.	확정관세율: 49%
규소방향성 전기강판 · 철강금속	반덤핑	2014.08.14.	2015.10.30.	확정관세율: 22.5%
경량감열지 · 종이류	반덤핑	2016.02.18.	2017.05.03.	확정관세: 톤당 104.46 유로
테레프탈산 및 그 염 · 화학	반덤핑	2016.08.03.	2017.06.07.	관세 미부과

자료: KOTRA 브뤼셀 무역관

8) 미국과 일본의 통상마찰

트럼프 정부 시기의 미 · 일 관계는 2017년 2월 10일 진행된 미 · 일 정상회담에서 윤곽을 일부 드러냈다. 트럼프 대통령과 아베 총리는 이 자리에서 △확고한 일본 방어 △아시아 · 태평양(아태)지역에서 미국의 영향력 강화 △미 · 일 양자 무역협정 논의 등을 골자로 한 공동성명을 채택했다

그러나 경제 · 통상 분야에서 미국과 일본의 갈등이 예상된다. 이번 정상회담에서는 △미국의 TPP 탈퇴에 따른 미 · 일 양자 간 협력 △무역투자에 관한 높은 기준 설정 △시장장벽 감소 △경제 및 고용성장 기회 확대 등 총론적 성격의 합의만 명시했다. 하지만 무역자유화 전략과 다자주의를 중시한 오바마 정부와 비교할 때 트럼프 정부는 안보보다 경제를 중시하고 미국 중심의 일방적인 접근이 두드러진다. 트럼프 정부는 아시아 국가를 상대로 동맹 여부를 막론하고 양자적 접근을 통

해 환율 및 무역역조 시정, 시장 개방 등을 압박할 것으로 예상된다. 트럼프 대통령은 대선 기간에 대일 무역적자의 시정 필요성을 제기했는데 향후 레이건 정부 때의 '슈퍼 301조' 같은 무역보복 조치를 동원할 가능성도 배제할 수 없다.

일본의 무역자유화 정책 역시 재조정이 불가피할 것으로 보인다. 아베 내각은 TPP를 미·일 동맹의 상징이자 일본 경제의 부활을 위한 구조개혁의 핵심 동력원으로 간주해 2016년 11월 의회가 TPP 비준을 통과시켰다. 트럼프 정부가 TPP 탈퇴를 선언한 상황에서 일본은 △미국 없이 새로운 TPP 체결을 추진하고 추후 미국의 참가를 유도하는 방안 △유럽연합(EU) 및 동남아, 남미 국가와 자유무역협정(FTA) 체결을 가속화하는 방안 △주요 무역상대국과 양자 FTA를 우선 추진하는 방안 등을 놓고 고민할 것으로 보인다.

미국 국제무역위원회(ITC)는 2017년 6월 일본과 터키산 콘크리트 보강용 철근에 대해 206.43 ~ 209.46%의 반덤핑관세를 적용하기로 결정했다. ITC는 일본과 터키산 철근이 부당하게 저렴한 가격으로 미국에 수출되고 있는 점을 인정해 이 같은 반덤핑관세를 적용하기로 했다. 도널드 트럼프 행정부 출범 후 일본제품에 반덤핑관세를 부과한 것은 두 번째이다. 앞서 미국 상무부는 지난달 일본과 터키산 철근에 제재 관세를 부과할 방침을 정했으며 이를 독립적으로 조사하는 ITC와 최종적으로 확정했다. 상무부 결정으로는 일본 죠난(城南) 제강소와 교에이(共英) 제강에 최대 209.46% 반덤핑관세를 적용했다. 다른 회사의 철근에는 206.43%의 관세를 징수한다. 트럼프 행정부는 이와는 별도로 미국 통상확대법 232조에 따라 안전보장상 이유를 들어 철강제품의 수입을 일부 제한하는 방안을 검토하기 시작했다. 상무부는 현재 수입 증대로 인한 미국 내 공급력 저하가 국방상 위협을 주고 있는지를 조사하고 있다. 대응이 필요하다고 판단하면 상무부는 트럼프 대통령에 수입제한 조치 등을 권고할 전망이다.

9) 중국의 기타 마찰

(1) 중국 MES와 선진국의 마찰

시장경제지위(Market Economy Status, MES)는 과거 사회주의체제 국가의 덤핑 수출을 규제하기 위해 도입된 개념이다. 한 국가의 원자재, 제품가격, 임금, 환율 등이 정부가 아닌 시장에 의해 결정되는 경제체제라는 사실을 교역 상대국이 인정할 때 부여하는 지위다.

중국의 WTO 가입의정서 제15항의 반덤핑 절차를 살펴보면 중국기업이 시장경제 조건에 부합한 제조·판매 과정을 증명하지 못할 경우 수입국은 중국내 가격 대신 제3국 가격, 구성가격 등 다른 기준을 정상가격으로 적용할 수 있다. 다만 제15항은 어떤 경우라도 가입 후 15년이 되는 시점에 이 같은 사항이 만료된다고 규정했다.

앞서 중국은 WTO가 시장경제지위를 인정하지 않았던 2004년 4월 뉴질랜드 정부를 시작으로 현재 80여 개국에게 시장경제지위를 부여받았다. 한국정부도 2005년 11월 교역액 1000억 달러 이상의 5대 교역국 중 처음으로 중국의 시장경제지위를 인정했다.

중국은 2001년 비시장경제지위를 15년 간 적용받는 조건으로 WTO에 가입했고 지난해 만료됐다. 하지만 미국, 유럽연합(EU), 일본은 중국의 WTO 가입 조건이 만료된 현재까지도 중국을 시장경제지위로 인정하지 않아 통상마찰이 심화되는 상황이다. 미국, EU, 일본은 "중국의 인위적인 값싼 제품이 흘러들어와 미국과 EU 산업 등에 심대한 영향을 줄 수 있다"는 불안감과 경계심 때문에 중국의 시장경제국 지위 요구를 거부해 왔다.

이에 중국은 앞으로 자국을 비시장경제국가로 취급하려면 WTO 반덤핑 협정에 따라 수입국이 이를 입증해야 한다고 주장한다. 반면 미국, EU, 일본 등은 WTO 반덤핑협정이 일부 조항만 종료되는 것이고 다른 조항을 근거 삼아 중국을 계속 비시장경제국가로 취급하겠다는 입장이다.

결국 중국은 자국을 비시장경제국으로 간주한 반덤핑 판정이 계속되자 2016년 12월 12일 WTO에 제소했다. 과거 사례를 참고하면 상소기구의 최종 판정이 나오기까지 통상 2~3년이 소요될 전망이다. 최종 판정까지 미국, EU, 일본은 중국을 비시장경제국으로 간주한다. 또한 반덤핑 절차 개정, 상계관세 활용 등의 다른 형태로 수입규제 조치를 강화해 중국의 대외무역 환경은 앞으로도 녹록하지 않으리라고 예상된다.

중국의 국가별 수출 비중은 미국(24%), EU(20%), 일본(8%)이 52%를 차지한다. 세 국가에 수출되는 반덤핑 대상 제품의 비중은 약 70%다. 중국에 높은 반덤핑관세를 지속적으로 부여할 경우 중국 수출경기에 부정적인 영향을 미칠 수밖에 없다.

중국은 선진국과의 통상 및 외교관계가 더욱 격앙될 것을 고려해 앞으로 아시아인프라투자은행(AIIB) 가속화, 주변국과의 우호적인 외교관계 형성 등에 초점을 맞출 공산이 크다. 이미 도널드 트럼프 미국 대통령 당선인의 정권이양 과도기를 틈타 남미·동남아 등과의 관계 회복과 신 실크로드 가속화 등 외교행보를 빠르게 진행 중이다.

(2) 중국 희토류와 선진국들의 마찰

중국은 지난 2009년 국내 제조업 기반을 강화하기 위해 희토류 수출을 제한하기 시작했다. 2012년 3월 미국과 유럽연합(EU), 일본 등은 중국의 희토류 수출 제한은 WTO 규정을 위반한 것이라며 세계무역기구(WTO) 분쟁 중재를 요청했다. 2014년 3월 WTO 분쟁 해결 패널은 중국의 희토류 수출 제한은 WTO 규정을 위반했다고 판정했다. 중국은 항소했고, WTO 항소패널은 2014년 8월 7일 휴대폰과 하이브리드 자동차, 평면 TV 등 첨단 제품에 사용되는 희토류에 대한 중국의 수출통제는 국제무역 규정을 위반했다는 1심 판정을 유지했다. WTO 항소패널은 이날 중국이 희토류에 적용한 수출쿼터가 정당함을 보여주지 못했다며 중국 측의 주장을 받아들이지 않았다.

이후 2015년 1월 6일 중국이 자원전쟁의 무기로 활용했던 희토류에 대한 수출쿼터제를 폐지했다. 2014년 12월31일 중국 상무부는 수출쿼터 품목을 의미하는 '2015년 수출허가 관리상품 목록'을 발표하면서 희토류를 제외했다. 수출쿼터제가 폐지됨에 따라 중국내 희토류 수출업자는 별도의 승인서류 없이 수출할 수 있게 됐다.

(3) 중국과 인도의 마찰

중국과 인도군의 국경 대치가 두 달째 이어지면서 양국 간 갈등이 무역전쟁으로 비화하고 있다. 인도 정부는 2017년 8월 9일 중국산 제품 93종에 대해 반덤핑 관세를 부과한 데 이어 중국산 IT 제품의 보안 위험에 대한 전면 조사에 착수했다. 관세가 부과된 제품은 중국산 석유화학 · 철강 · 비철금속 · 섬유 · 기계류 · 플라스틱 · 전자제품 등이다.

인도 정부는 자국시장에 진출한 21개 해외 스마트폰 브랜드에 대한 대대적인 보안 위험 조사에도 착수했다. 인도 정부가 중국 제품에 대한 보복성 조치를 취하자 중국은 반발했다. 중국은 8월 17일 "인도가 중국을 상대로 무역전쟁을 촉발하는 도발 행위를 하고 있다"고 비난했다.

지난해 중국의 대 인도 수출은 594억 3000만 달러였던 반면 인도의 대 중국 수출은 117억 5000만 달러로 양국의 무역 불균형은 심각한 상황이다. 중국은 전자통신설비, 공업기계 등 상대적으로 고부가가치 제품을 팔고 인도는 면화, 광석, 가죽 등 값싼 제품을 주로 팔면서 무역 격차가 커지고 있는 것이다. 특히 오포 · 비보 · 샤오미 등 중국산 스마트폰은 2017년 1분기 인도 시장에서 점유율 51.4%를 차지하는 중국산 IT제품이 인도에서 약진하고 있다.

중국 상무부에 따르면, 인도는 올 상반기 미국을 제치고 중국산 제품에 대해 가장 많은 무역제재조사를 벌렸다. 이 기간에 중국산 제품에 대한 무역 제재 조사는 15개국 37건이었는데, 이 중 인도가 12건으로 미국의 11건보다 많았다.

(4) 중국과 베트남의 마찰

2014년 중국과 베트남 간의 영토권 문제가 발발했다. 중국은 곧바로 베트남산 농산물 수입제재조치를 취했다. 당시 중국의 파라셀 제도(중국명 시사군도) 인근 석유시추장치 설치를 강행한데 따른 것이다. 베트남은 곧바로 이곳이 자국영토에 해당하므로 중국의 행위가 불법이라고 주장했고, 중국 역시 시사군도는 중국의 고유한 영토라고 맞받아치면서 촉발됐다. 이후 베트남과 중국의 선박 충돌로 인한 부상자 발생 등 양국 간 영토문제 갈등이 격화됐다. 특히 베트남 내 중국계 공장들을 대상으로 대규모 시위 및 폭동이 발생하면서 사망자가 발생하기도 했다.

중국은 베트남으로부터 수입되는 농산물에 대해 통관 절차 및 감독을 더욱 강화하는 등 베트남산 농산물 수입에 대해 제재를 가하기 시작했다. 이로 인해 베트남과 중국 국경에서 통관을 거부당한 트럭 및 컨테이너 등이 묶여있고 농산물 부패가 발생했다. 이 외에도 중국 관광객 감소 및 단체 여행객 취소가 잇따르면서 시내 5성급 호텔에 공실이 발생하고 매출에 악영향을 미쳤다.

베트남은 무역, 경제 분야의 중국 의존도 감소를 위한 방안을 모색했다. 베트남 유통업계는 중국산 수입 의존도를 줄이기 위해 한국 등으로 공급처 변경을 했으며 베트남 최대 유통사인 사이공쿱(Saigon Coop)은 한국의 식품전에 참가했다.

10) 중국의 철강 분쟁과 해외진출

중국은 2009년 글로벌 금융위기 이후 과잉 철강생산량이 1억 톤을 넘어서 2013년에는 1억 4천 만 톤을 초과하는 등 매년 증가추세로서, 과잉 철강재를 중국 내에서 해결하지 못하고 개발도상국을 중심으로 세계 전 지역으로 수출하고 있는 상황이다.

표 6-4	2008-2015년 중국과 세계의 조강생산량 변화		
연도	중국(만 톤)	세계(만 톤)	중국의 비중(%)
2008	51233	134342	38.1
2009	57707	123875	46.6
2010	63874	143343	44.6
2011	70196	153800	45.6
2012	73104	156013	46.9
2013	82200	165035	49.8
2014	82269	167014	49.3
2015	80388	159781	50.3

출처: 국제철강협회(Steel Statistical Yearbook)

결국 중국의 철강수출지역이 다변화되면서 동남아, 인도, 태국 등 개발도상국뿐만 아니라 미국, EU, 일본 등 선진국에서도 중국의 철강재에 대한 반덤핑관세 부과 등 무역규제를 강화하면서 통상마찰이 빈번히 발생하고 있다.

한 예로, 중국은 2012년 유럽연합과 일본의 강관(steel pipe)이 중국에서 부당하게 저렴하게 판매되고 있다며 반덤핑관세를 부과하기로 결정하자 이에 불복한 유럽연합과 일본 정부는 2013년 4월에, 유럽 위원회는 같은 해 8월 각각 패널 설치를 세계무역기구에 요구했었다. 용접 이음매 없는 스테인리스 강관은 석탄 화력발전소 등에서 사용되고 있는 고급강재에 속한다. 세계무역기구(WTO) 분쟁처리소위원회(패널)는 2015년 2월 13일 중국이 무계목 스테인리스 강관(Seamless Stainless steel Pipe, 용접 이음매 없는 강관)에 반덤핑관세를 부당하게 부과하고 있다며 유럽연합(EU)과 일본이 제기한 소송에서 양 진영의 승소판결을 내렸다. 세계무역기구는 중국의 WTO 위반을 인정하고 이에 관한 보고서를 작성하고, 중국에 시정조치를 요구했다.

그 밖에 2015년 호주(철근), 캐나다(유정용 강관, 콘크리트 철근), EU(전기강판), 인도(STS 열연), 태국(열연)은 중국산 강재에 반덤핑관세를 부과했으며, 미국, 말레이시아 등 다수 국가도 조사 중에 있다. 조강생산의 감소세 전환은 중국 철강산업 구조변화의 신호탄으로 중국 철강산업이 본격적으로 긴축경영에 진입했음을 의미하고, 중국정부의 지속적인 구조조정 정책이 실효를 거두기 시작했다고 볼 수 있다. 중국 철강기업들은 중국시장의 공급과잉에 따른 대안과 해결방안으로 해외생산기지 건설 및 수출판로 개척을 계획하고 있다. 해외투자 특징은 동남아, 아프리카 등 신흥국가에 대해서는 봉형강, 판재류를 위주로, 중앙아시아, 미국은 석유, 가스 등 강관사업을 위주로, 유럽, 한국은 자동차 강판 등 가공센터를 중심으로 투자를 한다는 점이다. 진출지역은 성장 가능성이 높고, 조강 자급도가 낮은 인도네시아, 말레이시아 등 동남아 지역을 중심으로는 단독투자보다는 합작투자 형태가 많다. 해외진출에 대한 주요 동인으로는 중국 내 과도한 철강생산 및 철강산업 발전을 지속적으로 추구하기 위한 자원개발, 대외 무역마찰을 해결하기 위한 현지 공장 건설 및 생산 등을 들 수 있다.

3. 한국에 대한 각국의 규제 현황

한국에 대한 각국의 수입규제는 해마다 증가하고 있는 추세이다. 조치유형별로 한국에 대한 수입규제 현황을 보면 반덤핑, 세이프가드, 반덤핑・상계관세 및 상계관세의 공동 조치를 들 수 있다. 전체적으로 보면, 2015년 6월 30일 기준으로 볼 때 반덤핑은 104(17)건, 세이프가드 48(14)건, 반덤핑・상계관세 및 상계관세 5(2)건으로 전체 157(33)건이었으나, 각 반기마다 조금씩 증가하여 2017년 상반기에는 전체적으로 190(47)건으로 증가하였다. 특히 반덤핑은 각 반기마다 증가하였으나 세이프가드는 감소추세를 보이고 있다. 2017년 상반기를 기준으로 보면 반덤핑 147건, 세이프가드 36건, 반덤핑・상계관세 공동 조치가 7건이며, 이 중 47건은 현재 조사 진행 중에 있다.

우리나라 수출품에 대해 2017년 6월말 기준, 반덤핑, 상계관세, 세이프가드 등의 수입규제조치를 시행하고 있는 국가는 모두 28개국이며, 조사 진행 중인 47건 포함하여 규제 건수는 총 190건에 달하고 있다. EU(유럽연합)와 GCC(걸프협력회의)는 각각 1개 국가로 집계되었다. 2016년 말 대비, 규제 국가 수는 동일하나 전체 규제 건수는 10건이 증가(신규 제소 21건, 규제종료 11건)하였고, 품목별로는 화학제품 5건과 철강, 섬유, 전기전자 각 2건씩 증가하였으며, 기타 제품은 1건 감소하였다.

표 6-5	조치유형별 대한 수입규제 현황

	반덤핑	세이프 가드	반덤핑 · 상계관세, 상계관세	계	국가 수
2015 .6.30	104(17)	48(14)	5(2)	157(33)	28
2015.12.31	109(16)	51(22)	6(3)	166(41)	30
2016. 6.30	118(24)	44(15)	7(3)	169(42)	29
2016.12.31	134(30)	39(13)	7(1)	180(44)	28
2017. 6.30	147(35)	36(12)	7	190(47)	28

자료: KOTRA, 2017년 상반기 對韓 수입규제 동향과 하반기 전망, 7월 31일, 매년 각 반기.

2017년 6월 30일 기준, 품목별로는 철강금속 89건, 화학 62건, 섬유 14건, 전기전자 8건, 기타품목 17건이다. 각 반기별로 볼 때, 철강금속과 화학은 증가추세이고, 반면 기타분야는 감소추세이다.

표 6-6	품목별 대한 수입규제 현황

	철강/금속	화학	섬유	전기전자	기타	국가 수
2015. 6.30	62(14)	50(9)	12	8(4)	26(8)	28
2015.12.31	74(19)	50(10)	11(1)	5(2)	26(9)	30
2016. 6.30	83(24)	47(7)	12(2)	6(1)	21(8)	29
2016.12.31	87(22)	57(15)	12(1)	6	18(6)	28
2017. 6.30	89(17)	62(21)	14(2)	8(2)	17(5)	28

주: 괄호 안은 조사 중인 건수 / 화학에는 플라스틱, 고무제품 포함. 기타에는 농산물, 자동차, 생활용품 등 포함
자료: KOTRA, 2017년 상반기 對韓 수입규제 동향과 하반기 전망, 7월 31일, 매년 각 반기.

2017년 6월 30일 기준, 규제 국가는 인도, 미국, 중국, 터키, 브라질, 태국, 캐나다, 호주, 말레이시아, 인도네시아, 베트남 등의 순이며, 이 중 미국, 캐나다, 일본, 호주, EU를 제외한 신흥국에서의 수입규제가 총 135건으로 전체 규제건수의 71.1%를 차지하고 있다.

표 6-7 주요 국가별/조치유형별 대한 수입규제 현황

기준 및 국가		반덤핑	세이프가드	반덤핑 · 상계관세, 상계관세	계
2016.12.31	미국	16(4)	0	7(1)	23(5)
	브라질	10	0	0	10
	인도	27(8)	5	0	32(8)
	중국	12(1)	1(1)	0	13(2)
	캐나다	9(1)	0	0	9(1)
	태국	8(3)	4(1)	0	12(4)
	터키	8(4)	2	0	10(4)
2017. 6.30	미국	21(7)	2(2)	7	30(9)
	브라질	11(1)	0	0	11(1)
	인도	28(5)	3	0	31(5)
	중국	13(3)	1	0	14(3)
	캐나다	10(1)	0	0	10(1)
	태국	8(3)	2	0	10(3)
	터키	10(4)	0	0	14(6)

자료: KOTRA, 2017년 상반기 對韓 수입규제 동향과 하반기 전망, 7. 31.
KOTRA, 2016년 하반기 對韓 수입규제 동향과 하반기 전망, 2017.2.28.

2017년 상반기 중 11개국에서 21건의 수입규제 신규 조사가 개시되었다. 미국 7건 등 11개국에서 21건의 신규 제소가 발생하였는데, 국가별로는 미국이 7건으로 역대 최다였으며, 터키(3건), 중국과 아르헨티나(각 2건), 말레이시아 · 베트남 · 브라질 · 인도 · 일본 · 캐나다 · 호주가 각각 1건으로 나타났다. 2017년 상반기에 신규로 조사 대상이 된 21건 중 반덤핑 제소가 16건에 달하며, 나머지 5건은 세이프가드 조사 건으로 나타났다.

품목별로는 화학제품 9건(반덤핑 7건, 세이프가드 2건), 철강제품 7건(반덤핑), 섬유 2건(반덤핑), 전기전자 2건 및 기타 제품이 1건(세이프가드)이다.

표 6-8 주요 국가별/품목별 대한 수입규제 현황

기준 및 국가		철강/금속	화학	섬유	전기전자	기타	계
2016.12.31	미국	18(3)	2(2)	1	2	0	23(5)
	브라질	10	0	0	0	0	10
	인도	9(3)	19(4)	3(1)	0	1	32(8)
	중국	1	8(1)	2	0	2(1)	13(2)
	캐나다	8(1)	0	0	1	0	9(1)
	태국	11(4)	0	0	0	1	12(4)
	터키	1	4(3)	3	0	2(1)	10(4)
2017 .6.30	미국	21(3)	2(2)	3(2)	4(2)	0	30(9)
	브라질	3	6(1)	1	1	0	11(1)
	인도	8(1)	19(4)	3	0	1	31(5)
	중국	1	9(3)	2	0	2	14(3)
	캐나다	9(1)	0	0	1	0	10(1)
	태국	10(3)	0	0	0	0	10(3)
	터키	1	6(4)	4	0	3(2)	14(6)

자료: KOTRA, 2017년 상반기 對韓 수입규제 동향과 하반기 전망, 2017.7.31.
KOTRA, 2016년 하반기 對韓 수입규제 동향과 하반기 전망, 2017.2.28.

제 7 장 지역주의의 확산

제7장 지역주의의 확산

1. EU(유럽연합)

1) 개요

유럽연합은 유럽연합 국가들 간 유일하게 경제적이고도 정치적인 동맹국이다. 유럽연합은 제2차 세계대전 이후에 창설되었다. 처음에는 경제협력을 강화하는 것이었는데, 그 아이디어는 서로 다른 경제적 상호 의존성을 가진 국가들이 경제적 상호 의존성을 갖고 갈등을 피할 수 있다는 것이다. 그 결과 1958년 벨기에, 독일, 프랑스, 이탈리아, 룩셈부르크, 네덜란드 등 6개국 간의 경제협력을 증진하기 위한 유럽경제공동체(EEC)가 출범했다. 그 이후로 거대한 단일시장이 형성되어 잠재력을 향해 계속 발전하고 있다. 첫 발자국을 순수한 경제연합으로 시작하여 기후, 환경, 건강, 그리고 외부 관계, 보안, 정의 및 이민정책 영역으로 발전해 왔다. 1993년 유럽경제공동체(EEC)에서 유럽연합(EU)으로의 명칭 변경이 이것을 말해준다.

유럽연합은 법의 지배를 바탕으로 회원국들이 자발적으로 그리고 민주적으로 합의한 조약에 의거하여 이루어진다. 유럽연합은 또한 유럽의회와 유럽연합 이사회, 여기서 대표하는 회원국들과 함께 민주주의의 원칙에 의해 지배되고 있다.

유럽연합은 반세기 이상의 평화, 안정성, 번영을 가져다주었고, 생활수준을 높이고 유럽 단일 통화를 시작했다. 2012년 유럽연합은 유럽의 평화, 화해, 민주주의, 인권의 대의를 증진시킨 공로로 노벨 평화상을 수상했다.

유럽연합 국가들 간의 국경 통제의 철폐 덕분에, 사람들은 대부분의 대륙에서 자유롭게 여행할 수 있다. 그리고 유럽에서 해외로 여행하고, 일하고, 이동하는 것이 훨씬 쉬워 졌다.

단일 또는 '내부'시장은 EU의 주요 경제엔진으로서 대부분의 재화, 서비스, 돈, 사람들이 자유롭게 이동할 수 있게 해준다. 또 다른 중요한 목표는 유럽인들이 EU로부터 최대한의 이익을 끌어낼 수 있도록 에너지, 지식, 자본시장 같은 다른 분야에서도 거대한 자원을 이끌어내는 것이다.

EU의 주요 목표 중 하나는 전 세계적으로 인권을 증진시키는 것이다. EU의 핵심 가치는 자유, 민주주의, 평등, 법치, 인권존중들이다.

확대된 EU는 정부기관들을 보다 투명하고 민주적으로 만드는 데 초점을 맞추고 있다. 직접 선출된 유럽의회에 더 많은 권한이 주어졌고, 국가 의회는 유럽기관과 협력하여 더 큰 역할을 수행하고 있다.

2) 회원국

유럽연합은 오늘날처럼 큰 규모는 아니었다. 유럽국가들이 1951년에 경제협력개발기구에 협력하기 시작했을 때는 벨기에, 독일, 프랑스, 이탈리아, 룩셈부르크, 네덜란드만이 참여했다. 이후 점점 더 많은 국가들의 참가가 이루어졌고, EU연합은 2013년 7월 1일 크로아티아가 가입하여 현재 규모의 28개국에 도달했다.

- Brexit : 당분간 영국은 여전히 EU의 완전한 회원국으로 남아 있게 되고, 완전 탈퇴 전까지 영국은 계속해서 회원국으로 정상적으로 유지되게 된다.

3) 유로화

(1) 유로화의 목적

유로화는 현금결제와 회계목적으로 1999년 1월 1일에 가상화폐로부터 시작되었다. 2002년 1월 1일에 Banknotes(지폐)와 동전들이 소개되었다. 단일 통화는 환율변동과 환율을 없애는 것과 같은 많은 이점이 있다. 기업들이 국경을 초월한 교역을 하게 되고 경제가 더 안정적이기 때문에 경제가 성장하고 소비자들은 더 많은 선택권을 갖게 된다. 세계적인 수준에서 유로화는 미국 달러 이후 두 번째로 중요한 국제 통화이기 때문에 유럽연합에게 더 많은 영향력을 준다. EU의 경제와 통화정책은 경제와 재정정책, 공통통화정책과 유로화를 공통통화로 조정하는 것을 포함한다.

(2) 유로화의 관리

유럽 중앙은행은 유럽연합의 재정문제를 담당하고 있다. 주된 목표는 물가안정을 유지하는 것이다. ECB는 또한 유로 지역에 대한 다수의 주요 관심사를 설정한다. 비록 세금이 여전히 EU의 각각의 국가들에 의해 부과되고 각국들은 자국의 예산을 결정하지만, EU의 공공 재정은 별도로 운영된다.

(3) 유로화 사용국가

유로(Euro)화는 EU 회원국 28개국 중 19개국이 공식적으로 보유하고 있는 화폐이다. 이러한 국가들은 유로화지역으로 통칭된다. 그 국가들은 다음과 같다.

표 7-1 EU회원국의 유로화 사용 여부(2017년 8월 현재)

	국 가
유로화 사용국(19개국) (Euro-zone)	오스트리아, 벨기에, 키프로스, 에스토니아, 핀란드, 프랑스, 독일, 그리스, 아일랜드, 이탈리아, 라트비아, 리투아니아, 룩셈부르크, 몰타어, 네덜란드, 포르투갈, 슬로바키아, 슬로베니아, 스페인
유로화 미사용국(7개국)	불가리아, 크로아티아, 체코공화국, 헝가리, 폴란드, 루마니아, 스웨덴
옵트 아웃(opt-out)이 가능한 국가(2개국)	덴마크, 영국

자료: EU, Which countries use the euro?
(https://europa.eu/european-union/about-eu/money/euro_en)

4) 솅겐지역과 회원국

솅겐지역(Schengen)은 유럽연합의 가장 큰 업적 중 하나이다. 그곳은 시민들이 국경을 초월하여 자유롭게 돌아다닐 수 있는 지역이다. 1985년 이래로 솅겐지역은 점차적으로 확대되었고 오늘날의 거의 모든 EU 국가들과 연합국들을 포함하고 있다.

각 국가들이 내적 국경을 폐지하는 동안, Schengen States는 Schengen지역의 거주자들의 안전을 보장하기 위해 Schengen Rules을 기초로 하여 공통된 외부 국경을 강화했다.

셍겐 지역의 국가들은 다음과 같다.

- 오스트리아, 벨기에, 체코 공화국, 덴마크, 에스토니아, 핀란드, 프랑스, 독일, 그리스, 헝가리, 아이슬란드, 이탈리아, 라트비아, 리히텐슈타인, 리투아니아, 룩셈부르크, 몰타어, 네덜란드, 노르웨이, 폴란드, 포르투갈, 슬로바키아, 슬로베니아, 스페인, 스웨덴, 스위스
- Schengen Area : 사람들의 자유로운 이동은 EU에 의해 시민들에게 보장하는 근본적인 권리이다. 그것은 유럽연합의 모든 시민들에게 특별한 절차 없이 유럽연합에 여행하고, 일하고, 사는 것을 허용한다. 셍겐협력은 시민들이 국경 검문을 당하지 않고도 내부 국경을 넘어 국경을 넘나들 수 있게 함으로써 자유를 강화한다. 국경 없는 자유 통행권 지역은 유럽 연합 회원국, 기업가, 관광객, 그리고 EU 영토에 합법적으로 존재하는 다수의 EU 시민들에게 자유롭게 이동할 수 있고 자유로운 이동을 보장하는 지역이다.
  원래 유럽 노동자들이 유럽연합내에서 자유롭게 이동할 수 있도록 하는 것이었다. 1995년에 시작된 셍겐협정은 처음에는 7개 EU 국가들이 참여한 이래로 시작되었다. 정부 부처 간 합의로 탄생한 이 제도는 현재 유럽연합을 지배하고 있다. 오늘날 이 셍겐협정은 EU, 크로아티아, 키프로스, 아일랜드, 루마니아, 영국을 제외한 대부분의 EU국가들을 망라하고 있다. 하지만, 불가리아와 루마니아는 현재 Schengen 지역에 합류하는 과정에 있다. 유럽연합 비회원국 중 아이슬란드, 노르웨이, 스위스, 리히텐슈타인이 Schengen 지역에 합류했다.

5) EU가입

EU의 일원이 되는 것은 복잡한 절차를 거친다. 일단 신청국이 회원자격 요건을 충족하면, 모든 지역에서 EU 규정과 규범을 이행해야 한다. 회원자격 요건을 충족하는 국가는 적용할 수 있다. 이러한 조건들은 '코펜하겐 기준'으로 알려져 있으며, 자유시장경제, 안정된 민주주의, 법치주의, 그리고 유로화를 포함한 모든 EU 법률에 따르게 된다.

유럽연합 가입을 희망하는 국가는 위원회에 가입신청 신청서를 제출하여 위원회가 코펜하겐 기준에 부합하는 신청자의 역량을 평가할 수 있도록 한다. 만일 위

원회의 의견이 긍정적이라면, 위원회는 협상의 원칙에 동의해야 한다. 그 후에 협상은 주제별로 공식적으로 공개된다.

각 국가별로 상당히 많은 EU 룰과 규정들이 있기 때문에 각 후보국은 국가법으로 채택되어야 하는데, 협상은 완료되는 데 시간이 걸린다. 예비선거 기간 동안 후보자들은 재정적으로, 행정적으로, 그리고 기술적으로 지원을 받는다.

현재 이러한 국가들은 EU 법을 국가법에 따라 처리하는 과정에 있다. 그 국가들은 알바니아, 몬테네그로, 세르비아, 전 유고슬라비아 공화국, 터키 등이다.

6) 예산

유럽연합 예산은 각 회원국의 국민 총소득의 일정 비율을 자금으로 조달받는다. 유로화는 대부분의 EU 국가들의 공통된 통화이다.

예산은 EU의 장기적인 지출 우선순위와 한계를 설정하여 집행한다. 농촌지역 개발에서부터 외부 경계 보호와 인권 증진을 위한 환경보전 활동 등에 쓰인다. 의회는 예산의 크기와 배분 방식을 결정하는 발언권을 가지고 있지만 지출을 책임지는 것은 위원회이다. 유럽연합 국가들과 위원회는 예산의 약 80%에 대해 책임을 지고 있다.

매년 예산편성은 복수금융체계로 알려진 계획에 따라 합의된 금액을 명시한다. 이것은 유럽연합이 수년 전부터 자금조달 프로그램을 효과적으로 계획할 수 있도록 해 준다. 현재의 프레임워크는 2014년부터 2020년까지 운영된다.

예산 배분에 대한 궁극적인 책임은 위원회에 달려 있다. 그러나 각 국가정부는 EU 기금의 약 80%를 관리한다. 과도한 지불이 이루어진 경우, 위원회는 그 돈을 회수하기 위해 유럽연합 국가들과 협력한다. 투명성을 확보하기 위해서 EU 기금을 받는 기업과 기업체들은 공식적으로 기록되고 있다.

7) 유럽연합법

EU 법은 '제1차 법'과 '제2차 입법'으로 나뉘어져 있다. 조약(기본 입법)은 모든 EU 조치에 대한 기본적이거나 기본적인 원칙이다. 2차 법률은 규정, 지침 및 결정을 포함하며, 조약에 명시된 원칙과 목표에서 나오게 된다.

(1) EU 조약

유럽연합은 법치에 기반을 두고 있다. 이것은 EU에 의해 취해진 모든 행동은 EU 회원국들이 자발적으로 승인하고 민주적으로 승인한 조약에 기초하고 있다는 것을 의미한다. 예를 들어 정책영역이 조약에서 인용되지 않는다면, 위원회는 그 지역에서 법률을 제안할 수 없다.

조약은 EU 회원국 간의 결속협정으로 EU의 목표, 유럽연합의 규정, 의사결정에 의한 결정, EU와 회원국 간의 관계를 설정하는 것이 목표이다.

조약 개정은 새로운 회원국들을 보다 효율적이고 투명하게 만들고 단일 통화와 같은 새로운 협력 관계를 도입하기 위할 때 개정된다.

(2) 규제

'규제'는 구속력 있는 입법 행위이다. EU는 EU 전체에 걸쳐 적용되어야 한다. 예를 들어 EU가 유럽연합 밖에서 수입품에 대한 공통적인 세이프가드 조치가 있는지 확인하기 위해서는 규제를 채택해야 한다.

(3) 지시서

'지시'는 모든 EU 국가들이 이루어야 할 목표를 정하는 입법 행위이다. 하지만, 이러한 목표에 도달하는 방법에 관한 자국만의 법을 고안하는 것은 개별 국가들에게 달려 있다. 예를 들어, 유럽연합의 소비자 권리장전은 유럽연합의 소비자들에게 숨겨진 협의와 비용을 절감하고 소비자가 판매 계약에서 이탈할 수 있는 기간을 연장하는 등 EU의 권리를 강화한다.

(4) 의사결정

'의사결정'은 예로, EU 국가나 개인회사를 다루는 사람들에게 구속력이 있다. 그리고 직접적으로 적용된다. 예를 들어, 위원회가 다양한 반테러 단체의 업무에 참여하는 EU에 관한 결정을 내릴 때, 그 결정은 오직 EU와 관련된다.

(5) 추천 사항

'추천'은 구속력이 없다. 위원회가 유럽연합의 법 집행기관들이 사법서비스를 개선하기 위해 화상회의를 개선하는 것을 돕는다는 권고안을 발표했을 때, 이것은 법적인 결과가 전혀 없었다. 권고안은 기관들이 그들의 견해를 알려 줄 수 있도록

하고, 그것을 제기한 사람들에게 법적 의무를 부과하지 않고 행동 라인을 제안할 수 있도록 한다.

(6) 의견들

'의견'은 기관들이 언급한 사람들에게 아무런 법적 의무도 부과하지 않고, 다른 단어들을 언급하지 않고, 다른 말로 표현할 수 있는 수단이다. 의견은 꼭 일치하지는 않는다. 그것은 유럽연합(Commission), 의회, 사무국, 지역위원회, 유럽경제사회위원회가 제시할 수 있다. 법이 제정되는 동안, 위원회는 그들의 특정지역 혹은 경제적, 사회적 관점에서 의견을 제시한다. 지역위원회가 유럽의 깨끗한 공기정책 패키지에 대한 의견을 발표할 수 있는데, 그것이 한 예다.

8) EU의 주요 활동 분야

EU는 광범위한 주제에서 벗어나 인권과 무역에 이르기까지 다양한 분야에서 활발하게 활동하고 있다. 아래의 사항들은 EU가 수행하는 주제들이다.

- Agriculture(농업)
- Audiovisual and media(시청각 및 미디어)
- Budget(예산)
- Climate action(기후조치)
- Competition(경쟁)
- Consumers(소비자)
- Culture(문화)
- Customs(세관)
- Development and Cooperation(개발 및 협력)
- Digital economy & society(디지털 경제 및 사회)
- Economic and monetary affairs(경제 및 금전 문제)
- Education, training and youth(교육, 훈련 및 청소년)
- Employment and social affairs(고용 및 사회 문제)
- Energy(에너지)
- Enlargement(확대)
- Enterprise(기업)

- Environment(환경)
- EU citizenship(EU 국적)
- Food safety(식품 안전)
- Foreign and security policy(대외 및 안보 정책)
- Fraud prevention(사기 방지)
- Health(건강)
- Humanitarian aid and Civil Protection(인도주의적 원조와 시민 보호)
- Human rights(인권)
- Institutional affairs(제도적 문제)
- Justice and Home Affairs(법무 및 내무)
- Maritime affairs and fisheries(해양 수산업)
- Multilingualism(다중언어주의)
- Regional policy(지역 정책)
- Research and innovation(연구 및 혁신)
- Single market(단일시장)
- Space(공간)
- Sport(스포츠)
- Taxation(과세)
- Trade(무역)
- Transport(운송)

2. NAFTA(북미자유무역협정)

1) 추진배경 및 목적

NAFTA(North American Free Trade Agreement)는 미국, 캐나다, 멕시코 간에 무역의 장해요인을 제거하기 위한 자유무역협정을 말한다. 1단계로, 미국과 캐나다 간에 1989년 1월 실질적으로 모든 재화와 서비스에 대한 모든 관세를 1999년까지 폐지하는 것을 내용으로 하는 자유무역협정이 발효되었다. 북미 3개국 간의 자유무역협정인 NAFTA는 1992년 12월 조인되었으며 추가적인 부속협정이 마련된 후 1993년 11월 미국의회의 인준이 이루어졌다. 이 협정은 협정 발효 후 15년 간에 걸쳐 각 상품별 자유화 일정에 따라 무역장벽 완화를 시행하는 것을 주된 내용으로 하고 있다.

미국이 NAFTA를 주도적으로 추진하게 된 것은 유럽통합의 가속화에 따른 경쟁압력에 공동 대응하고 GATT Uruguay Round의 타결을 간접적으로 촉진하는 한편 부수적으로 1985년경 시행된 멕시코의 경제자유화를 확고히 하기 위한 것이었다. 미국과 세계 최대의 양자 간 무역관계를 가지고 있는 캐나다의 입장에서는 미국시장에 대한 유리한 접근을 확보하고 무역분쟁을 해결할 수 있는 장치를 마련함과 동시에 멕시코를 잠재적 시장과 생산기지로 활용하고자 하는 것이었다. 멕시코 또한 미국시장에 대한 접근을 주요 목표로 하면서 관세의 대폭 인하와 비관세장벽의 획기적 완화, 가격 규제철폐 등 경제자유화정책에 상응하는 대외정책 조치로서 이 협정에 참여하였다.

3국 모두 경제주권의 상실과 일부 산업 노동자의 피해에 대한 우려에 기초한 국내의 정치적 반대와 저항에 직면하면서 추진되었다. 캐나다의 경우 미국 문화산업의 무차별 공격과 고용에 대한 불안 등이 제기되었으며, 미국에서는 주로 저기술산업 중심의 노조와 환경단체 중심의 반대가 거세었다. 멕시코로 생산기지가 이전되는 경우 환경파괴가 가속화되고 미국산업의 생산과 고용이 위축되는 데 대한 우려가 핵심을 이루고 있었다. 멕시코에서는 주요기업의 해외매각 가능성에 대한 민족주의적 정서와 국내산업 기반이 와해될 가능성에 대한 우려가 강하였다.

NAFTA 체결 이후 단기적으로 역내교역이 증가하는 무역창출과 무역전환 현상이 가시화되고 있다. 특히 캐나다가 대미 수출증가로 가장 혜택을 누리고 있으며, 미국과 멕시코 간에 효율성 이익(efficiency gain)을 확보하기 위한 산업 구조조정 효과가 나타나고 있는 것으로 평가된다. 또한 NAFTA의 체결과 시행은 라틴아메리카 국가들의 자유무역협정과 지역통합을 자극하는 부수적 효과를 거두고 있다.

2) 운영기구

(1) 자유무역위원회

북미자유무역협정(NAFTA) 파트너들의 대표자들로 구성되어 있다. 협정의 구현과 관련하여 이행 및 추가적인 합의를 주관하고, 그 해석으로 인한 분쟁을 해결한다. 또한 북미자유무역 협정(NAFTA) 위원회, 워킹 그룹, 기타 자회사의 업무를 감독한다.

(2) NAFTA 조정자

NAFTA 조정자는 각 국가별로 지정된 고위급 무역부서 공무원들로 구성되어 있으며, 북미자유무역협정(NAFTA) 이행의 일상적인 관리책임을 맡고 있다.

(3) NAFTA워킹 그룹 및 위원회

NAFTA에는 30개 이상의 실무 그룹과 위원회가 있으며, 무역과 투자를 촉진하고 NAFTA의 효과적인 이행과 관리를 보장하기 위해 만들었다. 주요 업무영역에는 상품무역, 원산지, 관세, 농산물 교역, 보조금, 표준, 정부 조달, 투자 및 서비스, 국경 간 이동, 그리고 대안적인 분쟁해결방안 등이 포함된다.

(4) 북미자유무역협정 사무국

각 회원국의 "national section"으로 구성되어 있다. 제14조, 제14장 제1장과 제20장에서 분쟁해결절차를 관리하고, 관리할 책임이 있다. 또한 투자에 관한 11장 분쟁해결조항과 관련된 특정책임도 있다. 위원회는 패널, 위원회 및 재판 위원회와 관련된 등록부를 유지하고, 과거와 현재의 분쟁에 대한 최신 정보를 포함하는 3개국 웹 사이트를 유지 관리한다.

(5) 노동협력위원회

노동협력위원회는 회원국 간의 노동문제와 노동법의 효과적인 집행에 대한 협력을 촉진하기 위해 만들어졌다. 이사회는 각 국가별로 행정 각부를 구성하고, 행정적, 기술적 지원을 제공하고, 그리고 매년 업무를 수행하며 직무를 담당하는 사무국으로 구성되어 있다.

(6) 환경협력위원회

환경협력위원회는 북미자유무역협정(NAFTA)을 이행하고 대륙 간 자유무역협정에 의해 제시된 환경적 도전과 기회에 대한 특별한 관심을 기울여 NAFTA 파트너들과의 협력을 도모한다. 여기에는 위원회(각 국가의 환경부 장관), 공동체 자문위원회(15명의 회원국), 환경협약에 관한 자문 위원회(15명 회원국) 및 사무총장(행정, 기술 및 운영 지원 등)으로 구성되어 있다.

3) 주요 취급분야

북미자유무역협정(NAFTA)은 캐나다, 미국, 멕시코 간의 국제 무역과 투자에 대한 규칙을 정하는 포괄적인 협약이다. 본 계약은 8개 섹션(eight sections), 22장(22 chapters), 그리고 2,000 페이지를 포함하는 복잡하고 길고 긴 문서이다. 가장 중요한 조항 중 일부는 다음과 같다.

(1) 상품시장 접근

- 북미 내의 국경을 넘는 수천개의 상품에 대한 관세 철폐
- 9단계의 관세 인하는 현재 농업, 자동차, 직물 및 의류 제품에 대한 완전한 규칙과 특별한 규정이 있음
- 북미자유무역협정(NAFTA) 서비스 제공자 및 광범위한 분야의 광범위한 이용자들에 대한 권리
- 통신 및 금융 서비스에 관한 특별한 약속
- 북미자유무역협정(NAFTA)의 해석이나 적용 과정에서 발생하는 차이를 해결하는 데 도움이 되는 공식 분쟁 해결 프로세스

(2) 외국인 투자 보호

- 각 해외 투자자들의 대우와 NAFTA의 영역 내에서의 투자는 그들이 국내 투자자들보다 더 유리한 것은 아니다.
- 북미 이외의 외국인 투자자들에게 외국인 투자자들에게 주어진 최상의 대우를 제공하기 위한 노력
- 투자를 다루기 위해 특별히 고안된 투명하고 구속력 있는 분쟁해결 메커니즘

(3) 지식재산권 보호

- 다양한 지식재산권(특허, 상표권, 저작권, 산업 디자인 등)의 적절한 보호 및 시행을 보장하는 한편, 이러한 권리를 적용하는 것은 적법한 거래 장벽이 되지 않도록 보장하기 위해서다.

(4) 비즈니스 여행자를 위한 간편한 액세스

- 수백 개의 다른 전문직 종사자들을 위해 쉽게 접근할 수 있게 하여, 그들이 대륙 전역을 여행할 수 있도록 해 준다.

(5) 정부 조달에 대한 접근

- 캐나다, 멕시코, 미국의 연방 차원에서 정부 조달 기회에 대한 접근 기회를 제공

(6) 원산지 규정

- NAFTA 규칙은 북미자유무역협정(NAFTA)에서 특혜를 받을 자격이 있는지 여부를 결정하기 위해 사용된다.
- NAFTA가 발효된 이래 다양한 시점에서, 파트너들은 특혜를 받을 자격이 있는 상품의 목록을 자유화하거나 확대하기 위한 조치를 시행할 수 있다. 예를 들어, NAFTA 파트너들은 북미자유무역협정을 이행하기 위해 무역자유화 업자들이 북미자유무역협정에 대해 더 쉽게 받아들일 수 있도록 하기 위하여 변화를 단행했다.

(7) 사이드 협정

북미자유무역협정(NAFTA) 파트너들은 또한 북미환경협력협정과 북미노동협력협정에 관한 북미협정을 체결하였다.

① 환경에 대한 약속

북미자유무역협정(NAFTA)은 환경협력협정(NAAEC)에 관한 북미협정(NAFTA)을 다루는 병렬 협정에 서명했다. 미국, 캐나다, 멕시코 등은 환경보호를 위해 각 당사자들이 환경법을 효과적으로 시행할 수 있도록 환경을 보호하기 위해 노력하고 있다.

이러한 환경적 의무를 충족시키지 못하는 당사자는 북미자유무역협정에 포함된 동일한 유형의 분쟁해결 메커니즘을 적용한다. 게다가, NAAEC는 어떠한 시민이나 비정부기구들이 환경법을 효과적으로 시행하지 못하는지에 대하여 감시할 수 있는 메커니즘을 만들었다. 이와는 대조적으로 상업적 의무는 이러한 유형의 독립적인 검토 대상에 속하지 않는다.

NAAEC는 또한 역내 환경문제를 해결하기 위해 협력하기로 합의했으며, 다른 것들과 같이 효과적인 시행을 촉진하고, 환경법의 효력을 증진시켰다. 이러한 약속을 이행하기 위한 당사자들의 노력을 돕기 위해, 당사국들은 국제기관, 환경협력위원회를 창설하였다.

② 노동조합에 대한 약속

북미자유무역협정(NAFTA) 파트너들은 노동법과 노동법규의 효력을 증진시키고 노동문제에 대한 협력을 촉진하기 위한 노동협약에 서명했다.

북미노동조합은 각료협의회와 사무국으로 구성된 노동조합위원회(the National Advisory Committee for Labor Provisions of U.S. Free Trade Agreements, NAC)를 설립했다. NAC는 NAALC(the North American Agreement on Labor Cooperation)의 이행을 위해서 각 국가는 국가 행정관(NAO)을 지원한다. 노동협력을 위한 현 업무프로그램은 직업 안전과 건강, 고용, 직업훈련, 노동법, 근로자의 권리와 생산성에 초점을 맞추고 있다.

4) 분쟁해결

NAFTA는 북미기업들의 상업적 교류에 관여해야 하는 경우, 공정성과 예측 가능성을 보장하기 위한 공정하고 규칙적인 분쟁해결 메커니즘을 설치한다. NAFTA하에서 기업들은 공정거래를 보장받기 위해 규칙이 존재하는 것을 알고 있으며, 드물게 발생할 경우라도 공정한 분쟁을 해결하기 위한 절차를 마련하고 있다.

오늘날 NAFTA에서 이루어지는 대부분의 무역과 투자에 대한 분쟁은 북미자유무역협정과 세계무역기구의 명확하고 확립된 규칙에 따라 해결된다. 분쟁이 좀처럼 발생하지는 않지만 NAFTA는 북미자유무역협정 위원회, 워킹 그룹이나 다른 협의를 통해 그들의 의견 차이를 해결하기 위해 노력하고 있다. 상호 합의된 솔루션이 발견되지 않는다면 NAFTA는 다음과 같이 특정 공식 메커니즘을 제공한다.

(1) 제19장 반덤핑 및 상계관세 부과 의무

19장은 수출업자와 국내 생산자에게 효과적이고 객관적인 조사를 제공하고, 패널이 설치되기 이전의 독립적이고 객관적인 거래 결과를 호소할 수 있는 효과적인 경로를 제공하고 있다. 이러한 과정은 법원의 판결이 나기 전 사법적 재검토의 대안이라고 볼 수 있다. 이 메커니즘은 3국의 조사당국이 수행한 무역구제조치 결정에 대해 효율적이고 공정한 검토를 제공하는데 효과적이었다. 지금까지 패널은 국내 조사당국에 의해 행해진 몇몇 결정들을 지지해 왔으나, 그렇지 않은 나머지는 재심을 청구했다. 북미자유무역협정 사무국은 제19장 분쟁해결절차의 행정업무를 담당한다.

(2) 제20장 일반분쟁 해결

제20장은 북미자유무역협정의 이행 또는 해석에 관한 분쟁을 해결하기 위한 3단계 과정을 제공한다. 첫 번째 단계는 분쟁 당사자들이 분쟁 당사자들의 의견을 공식적으로 논의하는 것이다. 만일 첫 단계에서 분쟁을 해결하지 못한다면, 장관들은 자유무역위원회 회의에서 합의로 도출할 것이다. 2차 단계에서도 분쟁이 해결되지 않을 경우, 불만사항을 검토하여 패널을 설치하고 구속력이 있는 결론을 내리게 된다. 북미자유무역협정 사무국은 제20장 분쟁해결절차의 책임을 맡고 있다.

(3) 제11장 외국인 투자에 관한 법률

11장은 투자자와 북미자유무역협정의 투자분쟁 해결을 위한 메커니즘을 확립한다. 이 프로세스는 국제적인 호혜주의 원칙에 따라 무차별대우와 재판 전 공정한 절차를 밟을 수 있도록 보장한다.

3. ASEAN(동남아 연합국가)

1) AFTA 의의

ASEAN의 모토는 "하나의 비전, 하나의 정체성, 하나의 공동체"이다. 아세안의 자유무역지대는 영문 머리글자를 따서 AFTA(ASEAN Free Trade Area)로 약칭하며, 아세안자유무역지대로도 부른다. 싱가포르 · 말레이시아 · 인도네시아 · 타이 · 브루나이 · 필리핀 등 동남아시아국가연합(ASEAN: 아세안) 6개국이 유럽의 단일시장화와 1994년 1월 발효된 북미자유무역협정(NAFTA) 등 세계경제의 블록화에 효율적으로 대응하기 위해 2003년 1월 출범시켰다. 원래 1994년부터 역내 관세장벽 등을 점차 낮추어 2003년까지 아세안자유무역협정을 출범시키기로 결정한 뒤, 우선 동남아시아국가연합 10개국 가운데 베트남 · 미얀마 · 라오스 · 캄보디아 4개국을 제외한 초기 6개 회원국(브루나이, 인도네시아, 태국, 싱가포르, 말레이시아, 필리핀)을 중심으로 공동실효특혜관세협정(CEPT)을 체결하고, 2003년 1월 1일부터 공식 발효되었다. 이후 초기 6개국은 2010년 1월부터 모든 적용품목의 관세를 철폐하였고, 나머지 4개국은 2015년 1월 1일부터 관세철폐를 시행하기로 하였다.

주요 내용은 역내 거래에서 공산품 등 관세인하 대상 상품 관세율을 평균 5% 이하로 낮추고, 이후 점차 관세율을 낮추어 궁극적으로는 무관세화를 실현하는 것이다. 그러나 농산물과 국가안보 관련 품목 등은 제외되었고, 그 밖에 다른 지역과의 자유무역협정 체결을 통해 역내의 산업별·업종별 무역장벽 철폐와 경쟁력 강화 등이다.

2) AFTA 진행현황

아세안은 1992년 공동유효특혜관세(CEPT) 협정을 체결하고 아세안자유무역지대(AFTA)를 1993년 1월 개시하였다. 이후 4개국(베트남·미얀마·라오스·캄보디아)이 추가로 가입하여 2003년 10개국 모두 참여하게 되었다.

2015년 기준 아세안 6개국(싱가포르, 인도네시아, 태국, 말레이시아, 브루나이, 필리핀)은 교역 상품관세의 99% 철폐하였고, CLMV(캄보디아, 라오스, 미얀마, 베트남)는 98.6% 철폐했으며, 일부 민감품목을 포함한 관세 철폐 시한을 2018년까지 유예한 상태이다. 역내 교역비중은 24.2%로 EU(59%), NAFTA(40%)에 비해 상당히 낮은 수준으로 회원국별 쿼터제, 사치세, 인허가제 등 각종 비관세장벽의 철폐와 국가별로 다른 수입절차 표준화가 시급한 상황이다.

표 7-2 아세안의 주요 일지

<table>
<tr><th></th><th>1967년</th><th>1984년</th><th>1995년</th><th>1997년</th><th>1999년</th><th>2002년</th><th>2008년</th><th>2010년</th><th>2015년</th></tr>
<tr><td rowspan="2">주요 일지</td><td rowspan="2">아세안 창설</td><td rowspan="2">회원국 확대</td><td rowspan="2">회원국 확대</td><td rowspan="2">회원국 확대</td><td rowspan="2">ASEAN 완성</td><td rowspan="2">AFTA 공식발효</td><td rowspan="2">ASEAN 헌장발효</td><td colspan="2">관세철폐</td></tr>
<tr><td>1단계</td><td>2단계</td></tr>
<tr><td>대상 국가</td><td>인도네시아
말레이시아
싱가포르
태국
필리핀</td><td>브루나이</td><td>베트남</td><td>라오스,
미얀마</td><td>캄보디아</td><td colspan="2"></td><td>인도네시아
말레이시아
싱가포르
태국
필리핀
브루나이</td><td>캄보디아
라오스
미얀마
베트남</td></tr>
<tr><td>회원국</td><td>5개국</td><td>6개국</td><td>7개국</td><td>9개국</td><td colspan="5">10개국</td></tr>
</table>

회원국 간의 서비스 거래 및 인력 교류 시, 2015년까지 외국인 지분율을 70% 이상 허용할 예정이었으나 항공서비스, 헬스케어, 전자상거래, 관광업, 운송업 등 5대 분야의 개방은 2015년 100% 달성을 이루지 못했다. 그것은 회원국 간 서비스산업 발전 격차가 크며, 후발국의 경우 역내 서비스산업 개방에 소극적이었기 때문이다. 또한 서비스 자격상호인증제도를 도입했으나, 소수의 전문적 직업군(의사, 간호사, 치의공, 건축가, 회계사, 엔지니어, 여행 관련 업종)으로 제한해 비숙련 노동자의 이동은 봉쇄된 상태이다.

표 7-3 아세안의 관세인하 · 철폐 계획

관세인하 · 철폐 계획		ASEAN 6	ASEAN 4
1993년~1998년 / 2001년		20%이하	
2003년~2010년		0~5%	
	2003년	5%이하	
	2006년		베트남 : 5% 이하
	2008년		라오스, 미얀마 : 5% 이하
	2010년		캄보디아 : 5% 이하
2010년(1999년 3차 비공식 정상회의 결정)		철폐	
2015년(1999년 3차 비공식 정상회의 결정)			철폐

자료: 한국무역협회, K-stat, KOTRA, 각국 대사관 및 무역 통계자료

2015년 11월 22일 말레이시아 쿠알라룸푸르에서 열린 제27회 아세안 정상회의에서 10개국 정상들이 '아세안 공동체 설립에 관한 쿠알라룸푸르 선언'에 공식 서명하면서 AEC(아세안경제공동체, ASEAN Economic Community: AEC)를 12월 31일에 출범한다고 선언하였다. 또한 이 자리에서 2007년에 채택한 AEC 청사진 2015에 이어 AEC 청사진 2025를 새롭게 채택함으로써 중장기 목표와 발전 원칙을 재정비하였다. AEC는 상품, 서비스, 인력, 자본의 역내 이동 자유화를 목표로 하고 있으며 단일시장 구축과 단일통화 실현을 통해 유럽의 경제 · 사회 발전을 촉진하는 EU식 경제통합과는 달리 개별 회원국의 주권과 독립성을 유지하는 방식으로 통합하기로 하였다. 2003년 정상회담에선 2020년까지 '정치안보공동체' '경제공동체' '사회문화공동체'를 설립하기로 합의했었던 것이, 2015년 말에 먼저 AEC가 발족해 지역통합으로 큰 걸음을 내디디게 되었다.

3) ASEAN 경제통합의 진로

(1) 무역 측면

아세안 경제통합의 시발점은 식민지시대 이후 미국, 유럽, 일본 등 선진국들을 중심으로 국제무역구조가 재편된 상황에서 지역주의 태동에 따른 NAFTA의 등장과 EU의 역내 단일시장 완성, 중국의 부상으로 인한 투자의 변환으로 인하여 ASEAN의 무역 증대 및 투자유치에 어려움이 따랐다.

이로 인하여 ASEAN은 AFTA의 체결에 합의하고, 1994년 공동유효특혜관세(CEPT) 협정발효로 회원국의 관세를 점차 낮추고 있으며, 철폐하는 중이다. 이의 효과로 CEPT가 발효되어 실질적인 관세인하가 시행된 1994년 역내 수출증가율은 40.3%를 기록하여 23%대의 역외 수출증가율을 크게 앞섰고, 역내 수입증가율 또한 역외 수입증가율을 상회하였다. 또한 ASEAN 역내교역은 1997~1998년 동아시아 외환위기 시에도 교역비중의 감소가 적었고, 20%대를 유지하였으며 이후 증가세를 보이고 있다.

표 7-4 ASEAN 회원국의 CEPT 관세인하 현황(2009)

구분	총품목수	적용품목(IL)					기타	일반적 예외 (GEL)	민감품목 (SL/HSL)	기타
		적용품목수	관세율 0%		5% 초과	0~5%				
			품목수	IL비중						
브루나이	8,300	8,223	7,239	88.0%	0	984	0	77	0	0
인도네시아	8,737	8,632	6,900	79.9%	7	1,725	0	96	9	0
말레이시아	12,335	12,239	10,157	83.0%	32	2,016	34	96	0	0
필리핀	8,980	8,934	7,354	82.3%	77	1,503	0	27	19	0
싱가포르	8,300	8,300	8,300	100.0%	0	0	0	0	0	0
태국	8,300	8,300	6,643	80.%0	13	1,644	0	0	0	0
ASEAN6	54,952	54,628	46,593	85.3%	129	7,872	34	296	28	0
캄보디아	10,689	10,537	755	7.2%	1998	7,784	0	98	54	0
라오스	8,300	8,214	5,844	71.1%	341	2,056	0	86	0	0
미얀마	8,300	8,240	4,992	60.6%	0	3,248	0	49	11	0
베트남	8,300	8,099	4,575	56.5%	90	3,434	0	144	0	57
CLMV합계	35,589	35,090	16,166	46.1%	2,429	16,522	0	377	65	57
ASEAN10	90,541	89,718	62,759	70.0%	2,558	24,394	34	673	93	57

자료: 한국무역협회, K-stat, KOTRA, 각국 대사관 및 무역 통계자료.

(2) 통화 측면

아세안은 EU처럼 공통된 단일통화를 만드는 것에 대한 의견이 있었지만, 적극적인 반응은 없다. 이는 환율의 변동에 타격을 그대로 입는 것을 말하는데, 이를 보충하기 위하여 아세안은 치앙마이 이니셔티브 다자화기금(CMIM : Chiang Mai Initiative Multilateralization), 일명 아시아 공동펀드를 통해 통화교환협정 방식을 중심으로 하는 동아시아 통화협력에 참여했다. 이는 1998년 외환위기 극복방안으로 동아시아 금융시장 안정화와 역내 외환위기 예방을 위해 제시된 치앙마이 이니셔티브(CMI)는 제한적인 역할담당과 개별적인 양자 간 통화스와프 체제인 기존 CMI의 경우, 지원 여부를 개별국가가 결정하므로 해당국이 지원을 거부하더라도 이를 제재할 수 없는 한계가 있어서다. 이후 세계경제위기를 다시 겪게 된 ASEAN 10개국 및 한국, 중국, 일본은 기존 CMI의 한계를 극복하는 다자 간 스와프체제 형성에 합의하였다. 2010년 3월 24일 발효된 아시아공동펀드의 총 스와프 규모는 1,200억 달러로 이 중 ASEAN은 20%인 240억 달러를 분담하고 위기가 있을 경우에는 631억 달러를 인출할 수 있게 된다. 나머지 960억 달러는 일본과 중국이 40%씩 우리나라가 20%를 분담했다. 이를 아시아판 IMF라 부르는 경우도 있다.

(3) 아세안 지역통합과 투자환경

지역주의가 본격화되고, 중국경제로의 투자 확대 등에 따른 새로운 국제환경에 직면하면서 아세안 역내통합이 확대되어 왔다. 아세안은 1998년 제6차 정상회의에서 아세안 Vision 2020 실천을 위한 '하노이 행동계획'을 채택한 바 있다. 또한 2003년 10월 7일 발리에서 개최된 제9차 아세안 정상회담에서 10개국 정상은 아세안 공동체(ASEAN Community) 달성을 위한 '발리협약 Ⅱ'에 전격 합의함으로써 큰 주목을 받았다. 정치 · 안보, 경제 그리고 사회 · 문화 등 3개 부문의 긴밀한 협력을 통해 아세안 공동체를 달성한다는 목표하에 아세안 경제통합을 위한 구체적인 실천방안을 제시하였다. 무엇보다 회원국 10개국 간에 경제적 수준, 문화 · 종교적 다양성이 존재하고 있다는 현실적인 측면을 존중하면서, 회원국들의 동등한 기회와 번영을 추구할 수 있도록 노력하기로 하여 아세안 경제통합 심화에 큰 전환점을 마련하였다.

그러나 동남아 국가들은 사회문화, 정치체제뿐만 아니라 인구, 면적, 국민소득 등 경제적인 측면에서 현격한 차이를 갖고 있어 순조롭게 역내통합과 상호발전이 가능할지 주목되고 있다. 무엇보다도 아세안 경제통합의 심화와 외연적 확대라는 측면에서 최근 아세안을 매개로 활발히 추진되고 있는 다양한 지역통합논의에서 한·아세안 FTA 추진은 동아시아 지역통합의 토대를 마련함과 동시에 기업의 진출환경 개선에 중요한 의미를 가지고 있다.

4) ASEAN 경제통합의 과제

(1) 역내교역의 낮은 비중

1958년 유럽공동체의 성립 당시 EEC 6개국의 역내교역 비중은 29%였다. 이는 ASEAN 역내교역에 비하면 높은 수치이다. 즉, ASEAN의 역내교역 비중은 1950년대 EU수준이다.

아세안 지역내 무역증가율 둔화의 주요 원인은 관세를 비롯한 무역 시스템이 협조적으로 작동하지 않기 때문이다. 예를 들어 AFTA에서 기업이 특혜관세 조치를 받으려면 자국 정부로부터 수출품목이 국내에서 만들어졌다는 사실을 증명하는 확인서를 획득해야 한다. 이 과정은 복잡하고 시간이 많이 걸리므로 기업들이 포기하는 경우가 많이 있었다. 이 문제의 해결을 위하여 아세안은 2010년 2월 28일 말레이시아에서 개최된 제16차 ASEAN 경제장관 회의(ASEAN Economic Ministers Retreat)를 통해 아세안 국가들는 수출업체가 직접 자사의 물품이 자국 내에서 생산되었다는 사실을 증명하도록 하는 새로운 법안을 도입할 계획이며 싱가포르와 말레이시아에서 가장 먼저 도입하였다.

(2) 제16차 ASEAN 정상회담

2013년 4월 8~9일 하노이에서는 제16차 ASEAN 정상회담이 성공리에 마무리되었다. 동기간 동안 아세안 정상들은

- 메콩 지역의 기초 인프라 확충과 경제발전을 위한 다각적 모색, 환경 보호를 위한 제 방안을 집중 논의했으며,
- 동해 해상에서의 안전과 평화유지 방안 강구,
- 조만간 아세안 국방부 장관 회의를 열어 서로 간의 우호 협력관계를 강화해 나갈 것,
- 2010 총선거를 통해 미얀마가 조속히 국제사회에 합류할 수 있도록 협조할 것,
- 법적으로 구속력을 수반한 범세계적인 기후변화협약 체결,
- 2008년 글로벌 경제위기 이후 실시해온 재정·통화 확대정책 축소,

- 2015년까지 인구 6억 명을 아세안공동체(AEC)를 출범시키기 위한 구체적 실행 계획을 마련할 것 등을 집중적으로 논의했다.

(3) 역내개발격차 현황

아세안 회원국 간의 역내 개발격차는 매우 현격한 차이를 보이고 있고, 국제적 금융위기를 맞아 경기침체가 심화되면서 역내 개발격차 문제는 보다 심화되고 있다. 무엇보다도 회원국 간 소득수준에서 차이가 극명한데, 싱가포르의 경우 1인당 GDP가 38,046달러이지만, 인도네시아는 2,236달러, 최빈국인 캄보디아, 라오스, 미얀마는 아직도 400~900달러 수준에 불과하다.

표 7-5 OECD / DAC의 수원국 기준과 ASEAN 역내국가의 분류(2007)

구분	최빈개도국	기타 저소득국	하위 중소득국	상위 중소득국
명칭	Least Developed Countries (LDCs)	Other Low Income Countries (OLICs)	Lower Middle Income Countries (LMICs)	Upper Middle Income Countries (UMICs)
분류기준	유엔지정	1인당 GNI 〈 935$	1인당 GNI ≤3,705$	1인당 GNI ≤11,455$
국가분류	캄보디아, 라오스, 미얀마	베트남	인도네시아, 필리핀, 태국	말레이시아

OECD 개발원조위원(DAC)의 수원국 리스트(DAC List of Recipient Countries: 이하 DAC List)에 따르면, 1인당 국민소득을 기준으로 수원국을 크게 4그룹으로 나누고 있는데, 아세안 회원국의 경우 DAC 분류기준에 따라 위에 표와 같이 분류된다. 최근 베트남의 경우 2008년 기준으로 일인당 GDP가 1,000 달러를 넘어서면서 저소득국에서 하위중소득국으로 이전하게 되고, 세계은행그룹의 IDA 자금 수혜를 졸업하게 되었다. 골드만 삭스는 베트남을 인도네시아와 함께 차세대 유망시장인 Next 11으로 지목한 바 있다. 특히 인도네시아의 인구는 약 2.6억 명으로 세계 4위이자 동남아 1위 규모이다. 생산가능 인구와 유소년 인구가 각각 전체의 67.2%, 27.5%로 높아 생산과 소비 양 측면에서 매력적인 인구구조를 갖고 있다. 고령인구 비중은 5.3%에 불과해 고령화 속도가 상당히 느린 편이다.

아세안 국가 중 후발가입국인 후발 4개국(캄보디아, 라오스, 미얀마, 베트남)은 체제 전환국으로서 전형적인 농업국가라고 할 수 있고, 도시인구 비율은 대체로 20~30% 수준에 불과하다. 빈곤지표를 비교해 보면, 아세안 6개국과는 큰 소득격차를 보이고 있는데, 국가빈곤선 이하의 인구비중이 캄보디아는 34.7%, 라오스 32.7%, 미얀마는 26.6%로서 절대빈곤 인구가 매우 높고, 경제개발 초기단계에 있는 베트남의 경우 19.5%를 기록하고 있다. 아세안 선발가입국 중에서도 인도네시아가 16.7%, 필리핀은 무려 30%에 달하고 있다. 이들 국가에 비해 태국과 말레이시아는 10% 미만으로서 절대빈곤 수준은 크게 낮은 수준이다. 아세안 국가 간의 개발수준을 비교하기 위해 국제연합 개발계획(UNDP)이 매년 각국의 교육수준과 국민소득, 평균수명 등을 조사해 인간개발 성취 정도를 평가하는 지수인 인간개발지수(human development index: HDI)를 주요 지표로 비교해 보면, 전 세계 182개국 중에서 베트남 116위, 캄보디아 137위, 미얀마 138위, 라오스 133위, 인도네시아 111위, 필리핀 105위 등의 순이다.

표 7-6 동남아 주요국의 빈곤과 인구관련 주요 지표 비교

구 분	빈곤인구 (국가빈곤선 이하)	빈곤인구	Gini계수	인간개발지수 (2009년 순위, 전체 182국)	도시인구비율 (2006년)
캄보디아	34.7(2004)	40.2(2004)	41.9(2004)	137	20
라오스	32.7(2003)	44.0(2002)	32.6(2002)	133	22
미얀마	26.6(2001)	-	-	138	31
베트남	19.5(2004)	21.5(2006)	37.8(2006)	116	27
브루나이	-	-	-	30	78
인도네시아	16.7(2004)	21.4(2005)	34.5(2005)	111	49
말레이시아	5.1(2002)	0.5(2004)	37.9(2002)	66	66
필리핀	30.0(2003)	22.6(2006)	44.0(2006)	105	63
싱가포르	-	-	-	23	100
태국	9.8(2002)	0.4(2004)	42.5(2004)	87	30

5) Master Plan on ASEAN Connectivity 2025(MPAC 2025)의 주요내용

2015년 11월 말레이시아 쿠알라룸푸르에서 열린 제27차 아세안 정상 회의에서 2010년 10월 28일에 채택된 ASEAN연계에 대한 마스터플랜의 후속문서인 Master Plan on ASEAN Connectivity 2025(MPAC 2025)을 발표하였다. MPAC 2025는 ASEAN Connectivity 2010의 미완성 계획안(52개)을 ASEAN Connectivity 2025에 포함시켜 수립되었다. 그 핵심내용은 다음과 같다.

ASEAN Connectivity 2025(MPAC 2025)에 대한 비전은 경쟁력, 포괄성, 그리고 공동체 의식을 촉진할 수 있는 완벽하고 포괄적이며 통합적인 ASEAN을 달성하는 것이다. 이 비전을 달성하기 위해 5개의 전략적 영역에 초점을 맞추었다.

① **지속 가능한 인프라** : 인프라 프로젝트 전반에 걸쳐 지원 제공
② **디지털 혁신** : 새로운 디지털 서비스 제공
③ **원활한 물류** : 시간과 비용절감을 위한 새로운 메커니즘 개발
④ **탁월한 규제관행** : 지역 내 규칙, 규정 및 절차의 준비, 채택 및 이행에 유리한 규제 관행(GRP) 정립
⑤ **아세안인들의 자유로운 이동** : 아직도 미흡한 아세안인들의 자유로운 이동성 확보

그리고 MPAC 2025의 효율적이고 강력한 이행을 위해 6가지 핵심영역을 제시하였다.

① **강력한 초점과 목표** : 우선순위가 있는 소규모 프로그램에 집중
② **명료한 관리와 ownership** : 성공적인 구현을 위한 능력 있는 리더와 리드기관 확보
③ **명확하고 정렬된 계획 수립** : 관련 정부 및 외부 이해관계자의 명확하고 정렬된 비전 확인, 협력 보완
④ **핵심기술 확보, 인센티브 제공을 위한 재정의 지원**
⑤ **프로그램 성공을 위한 능동적인 이해관계자 참여** : 정기적인 커뮤니케이션 및 진행상황 업데이트
⑥ **철저한 업무수행 관리** : 데이터 중심의 기반 프로세스, 우선순위 순서대로 해결하는 메커니즘, 5개 전략적 영역 각각에 대한 검토 ⇨ 특정 전략영역, 아세안 사무국, 국가 좌표 위원회, 국가안보기구, 그리고 관련 아세안 지부 의장을 대상으로 실시

6) 아세안의 미래

2016년 기준, 아세안은 중국, 인도에 이은 인구 6억 3,500만 명의 세계 3위 시장과 국내총생산(GDP)은 약 2조 6천억 달러(약 2천 927조원)로 세계 6위 규모이며, 아시아에서는 세 번째로 크다. 1967년 아세안이 창설된 이래 무분쟁 기록과 지역통합을 바탕으로, 지금 이 순간에도 비약적으로 발전하고 있다. 매년 600만 명에 달하는 인구가 증가하고 있고, 2,600만 명에 달하는 노동력이 늘어나는 등 떠오르는 세계경제의 엔진이다. 평균연령 30세로 한국보다 10세나 젊고, 2015년 출범한 아세안경제공동체(AEC)는 이들의 성장을 가속화시킬 것이라는 데 어느 누구도 이의를 제기하지 않고 있다.

그럼에도 불구하고 경제와 사회발전, 제조업 기지로서 경쟁력, 정치여건 등은 여전히 과제로 지적되고 있다. 무역장벽과 상품 · 서비스, 노동의 자유로운 이동을 용인하는 단일시장 창출 목표에도 불구하고 아세안 기업의 제약 여건은 여전한 것으로 지적되고 있다. 특히 EU 수준의 단일시장 형성이 이뤄지지 않아 회원국 내 비관세장벽이 여전히 높은 상황이다.

아세안은 한국 · 중국 · 일본과 자유무역협정(FTA)을 체결해 경제협력은 물론 무역을 확대하고 있다. 여기에 아세안과 아세안+3 회원국인 한국 · 중국 · 일본, 그리고 인도 · 호주 · 뉴질랜드 등 16개국이 참가하는 다자 간 메가FTA인 '역내포괄적경제동반자협정(RCEP)'도 추진 중이다. 아세안이 현재와 같은 성장 모멘텀을 유지한다면 2050년까지 세계 4위의 거대경제가 될 것이다.

4. MERCOSUR(남미공동시장)

MERCOSUR(남미공동시장)는 브라질, 아르헨티나, 파라과이, 우루과이 4개국으로 구성되어 있다. MERCOSUR는 1991년 자유무역지대로 출범하여 1995년 관세동맹 단계로 발전하는 등 개도국 간 경제통합체 중에서 제도적으로 가장 앞선 통합체이다. 2006년으로 출범 15년째를 맞이한 MERCOSUR는 역내교역 확대, 외국인 직접투자 유입 급증 등 괄목할 경제적 성과에 힘입어 개도국 간 경제통합의 대표적인 성공모델로 주목받아왔다. 특히 MERCOSUR는 1995년 이후 대외협상력 제고, 시장

규모 확대 등을 목적으로 역외국들과 FTA를 추진하는 등 외연적 확장에도 주력하고 있어, 광역시장으로서의 전략적 중요성이 더욱 제고되었다. MERCOSUR는 1996년 칠레와 FTA체결을 시발로 2003년 말 안데스공동체(CAN) 5개국과 FTA를 체결, 남미 10개국을 포괄하는 사실상의 남미자유무역지대(SAFTA)를 결성하였다. 또한 세계 최대 경제통합체가 될 미주자유무역지대(FTAA) 협상의 주축세력으로 참여하고 있으며, EU와도 1999년부터 FTA 체결을 목표로 협상을 진행 중에 있다.

1) FTA 추진현황

개방적 지역주의를 표방하고 있는 MERCOSUR는 1990년대 중반부터 규모의 경제실현 등 경제효과는 물론 FTAA 협상 등에서 협상력 제고를 위해 제3국 및 기타 통합체와 적극적인 FTA 정책을 추진해오고 있다. MERCOSUR는 1995년 관세동맹으로 발전하면서 본격적으로 대외 확장에 관심을 갖기 시작했다. 이 같은 MERCOSUR의 외연적 확장정책은 2000년까지 MERCOSUR의 총체적인 발전 비전을 제시한 "2000년 MERCOSUR 실천프로그램(Programa de Acción del MERCOSUR hasta el Año 2000)" Ä에 명시되었다. MERCOSUR가 관세동맹으로 발전하고 국제법상 법인체의 성격(Ouro Preto Protocol)을 갖게 됨에 따라 MERCOSUR는 제3국, 경제협력체 및 국제기구와 통합체의 이름으로 무역협상을 추진할 수 있게 되었다. 이에 따라 회원국들은 이제 대외무역정책에서 독자적인 입장을 버리고 공동의 입장을 취해야만 했다.

2) MERCOSUR의 대외협상 결정과정과 주요 행위자

(1) MERCOSUR의 조직

1991년 아순시온 조약(Asunción Treaty)에 근거해 설립된 MERCOSUR는 1995년 관세동맹 단계로 발전하며 제도적으로도 커다란 발전을 이룩했다. 현재 MERCOSUR 제도의 근간을 규정한 오우루 프레투 의정서(Ouro Preto Protocol)에 따르면 통합체내에서 정책결정 기능을 갖고 있는 기구는 공동시장위원회(Consejo Mercado Común, 이하 CMC), 공동시장그룹(Grupo Mercado Común, 이하 GMC), 무역위원회(Comisión de Comercio del MERCOSUR, 이하 CCM) 등 3개가 있으며, 이들은 행정사무국(Administrative Office: SAM)의 행정적 지원을 받는다. MERCOSUR는 그 밖의 자문기구로서 공동의회위원회(Joint Parliamentary Committee: CPC)와 사회경제자문포럼(Socioeconomic Advisory Forum: FCES)을 갖추고 있다.

① 정책결정기구

CMC는 명실상부한 MERCOSUR의 최고 의사결정기관으로서 MERCOSUR의 목표를 달성하고 의사결정을 하는 책임을 갖는다. CMC는 4개국의 외교 및 경제장관 혹은 그에 상응하는 관리로 구성된다. 회원국들이 6개월마다 돌아가면서 알파벳 순서로 CMC 의장직을 맡으며, CMC 위원들은 수시로 회합을 가지며, 최소한 1회기(6개월)당 한 차례의 회의를 개최해야 하며, CMC 회의에는 회원국의 대통령도 참석하여 정상회담의 성격을 갖는다. CMC의 의사결정은 회원국 대표가 모두 참석한 가운데 합의(consensus)라는 이름으로 만장일치로 이루어진다. 따라서 매우 정치적인 고려가 중시된다고 볼 수 있다.

최근 들어 CMC는 제3국 또는 지역과 협정체결 등 주요한 권한을 대폭 GMC에 위임했다. 이에 따라 CMC는 실질적인 대외정책을 논의하고 결정하는 장으로서보다는 통합체의 커다란 발전방향을 제시하고 역내외에 정치적 신호를 보내는 등 정치기구로서의 성격을 갖고 있다.

GMC의 주요 임무는 아순시온 협약의 이행과 CMC의 결정을 집행하는데 필요한 조치를 취하는 것이다. 또한 무역개방, 거시경제정책 조율, 비회원국 혹은 국제기구들과의 협상을 주도할 수 있고 MERCOSUR하에서 필요할 경우 분쟁조정, 분과소그룹의 조직・조정・감독, 주요 이해문제 해결을 위한 특별회의 소집 등의 역할도 수행하고 있다. GMC는 각 회원국 출신의 상임위원 4명과 호선위원(alternate members) 4명으로 구성되며 이들은 외교부, 경제부 혹은 이에 상응하는 산업, 외교, 경제관련 기구, 그리고 중앙은행을 대표한다. 특정 회원국가가 임명한 GMC 위원들은 GMC에서 그 특정국가의 국가섹션(National Section of the GMC)을 구성하게 된다.

GMC 역시 필요에 따라 수시로 회의를 개최하며, 회원국들의 합의가 있을 경우 알파벳 순서로 돌아가며 회원국에서 회의를 개최한다. 언제라도 특별회의가 소집될 수 있으며, 주최국의 대표단장이 회의를 주관하여 조직한다. GMC의 의사결정도 모든 회원국이 출석한 가운데 만장일치로 이루어진다.

GMC 산하에는 공식적으로 14개의 실무 소그룹(Work Subgroups)을 두며 의사록

(minutes of the decisions)을 작성하여 CMC에 제출, 심의하도록 하고 MERCOSUR에서 관심을 가지고 있는 구체적인 사안들에 대한 연구·조사를 실시한다. 소그룹 분과의 정기회의는 공동시장그룹 행정사무소나 알파벳순으로 회원국들에서 분기별로 개최된다. 주요 활동은 준비단계와 결정단계로 대별되는데, 준비단계에서는 소그룹 분과 위원들로 각 회원국 민간부문의 참여를 허용하지만 결정단계에는 회원국의 공식 대표들만 참석한다. 민간부문의 대표단은 소그룹 분과 활동과 연관된 상품의 생산, 분배, 소비 단계에 관련된 대표들로 회원국별로 최대 3명까지 허용된다.

CCM의 주요 기능은 회원국들에 의해 합의된 공동무역정책 제도들이 관세동맹 운영에 적용될 수 있도록 MERCOSUR 집행부의 기능을 보좌하는 것이다. MERCOSUR 역내 국가들과의 교역뿐만 아니라 제3국과의 교역 및 공동무역정책과 관련된 문제들을 다루고 있다. CCM은 각 회원국을 대표하는 4명의 상임위원과 같은 수의 예비위원으로 구성된다.

CCM 회의는 최소 월 1회 개최되며 회원국이나 MERCOSUR 집행기구의 요청이 있을 때마다 수시로 개최된다. CCM은 MERCOSUR에서 채택된 무역정책의 적용과 운영과 관련된 결정을 취할 수 있으며 필요할 시에는 관련부문의 규정에 대한 안을 집행부에 제시할 수 있다. 또한 기존의 MERCOSUR 무역 및 관세 문제와 관련한 내용 변경이나 새로운 가이드라인을 제안하기도 한다. 대외공동관세하의 특정 품목에 대한 수입관세의 조정도 이에 해당한다.

무역위원회는 ① 관세 및 상품분류, ② 관세문제, ③ 무역규범, ④ 경쟁왜곡 공공정책, ⑤ 경쟁보호, ⑥ 무역구제 및 세이프가드, ⑦ 소비자 보호 등 7개의 기술위원회의 지원을 받고 있다.

SAM(행정사무국)은 다른 MERCOSUR 기구들에 대해 지원·서비스 업무를 수행하며 문서를 보관하고 MERCOSUR 공보(MERCOSUR Official Bulletin)를 스페인어와 포르투갈어 판으로 출간한다. 또 SAM은 모든 회원국과 기구들의 수많은 결정사항들과 관련한 내용을 널리 홍보(Communicate)하는 책임을 맡는다.

② 자문기구

MERCOSUR의 대외정책 결정과정에 직접 참여하지는 않으나 자문이나 권고 등을 통해 비공식적으로 영향을 미치는 기구로는 공동의회위원회(CPC)와 경제사회협의포럼(FCES)이 있다.

먼저 CPC는 회원국들의 입법부를 대표하는 기구이다. CPC는 회원국별 16명의 현역의원으로 구성된 64명의 상임위원을 두며 같은 수의 예비위원으로 구성된다. 회의는 각 회원국을 대표하는 4명의 의장단에 의해 운영된다. CPC는 자문 및 의사결정 기능과 더불어 권고를 할 수 있는 권리도 갖는다. CPC의 임무를 요약하면 다음과 같다.

(a) 통합추이를 관찰하여 각국 의회에 정보 제공
(b) 미래의 MERCOSUR 의회 발족을 위한 필요 조치
(c) 바람직한 통합추진에 관한 권고서를 GMC를 통해 CMC에 통지

특히 CPC의 중요한 기능은 MERCOSUR 차원에서 협상된 결정을 각국의 국내법으로 통합시키는 가교역할에 있다. CPC 회의는 일년에 2회 정기적으로 개최되며 의장의 요청이 있을 때마다 비정기회의가 열린다. CPC의 결정은 의원들의 합의에 의한 다수 투표로 이루어진다.

마지막으로, FCES는 민간을 대표하는 자문기구로서 회원국들의 다양한 사회·경제부문의 이익과 의견을 대변한다. 따라서 대외협상의 준비단계 및 양허안 교환단계에서 중요한 역할을 수행할 수 있다. FCES는 4개 회원국 경제 및 사회분야 대표로 구성된다. FCES에서 제기된 사안은 권고형태로 공동시장그룹에 전달된다. 각 회원국 동수로 구성된 FCES는 이론상으로 협상과정에서의 시민사회의 참여 창구이다. 그러나 실제로 시민사회의 참여는 협상의 주요의제 개발에 대한 의견교환에 머물고 있다.

아래에서는 이 같은 조직에 대한 이해를 바탕으로 MERCOSUR의 대외협상이 어떤 과정을 거쳐 진행되는지를 살펴본다.

(2) MERCOSUR의 대외협상 결정과정

MERCOSUR의 대외협상 결정과정은 일반적으로 협상 참가자, 협상분야, 협상절차 등에 따라 다섯 단계로 대별할 수 있다.

먼저 협상의제 결정(agenda setting) 단계이다. 즉, 어느 상대국과 FTA 등 무역협상을 개시하겠다고 결정하는 단계로 주로 고위관리 등 정부가 기본적인 결정을 한다. 이 단계에서 기업의 역할은 미미하며 시장접근을 필요로 하는 특정 기업부문이 영향을 미친다.

두 번째 단계는 협상방식(rule making)의 결정 단계이다. 여기서는 협상시기 및 협상수단 등에 대한 결정이 이루어진다. 이 단계에서도 정부(공무원과 관료)가 협상을 주도하는 데 반해 민간부문과 협의는 간헐적이다.

세 번째 단계는 양허요청 및 양허(requests & offers) 단계이다. 이 단계에서는 그간 소극적이었던 업계가 활발한 활동을 전개하며, 정부와 민간부문 간의 협의도 빈번해진다.

네 번째 단계는 체결된 협정이 국내법으로 제정되는 단계(internalization of the agreement)로 의회가 중요한 역할을 한다.

마지막으로는 협정의 실행 단계(implementation and enforcement phase)이다.

(3) 대외정책 결정의 각국 주요 행위자

MERCOSUR는 국제법상 법인(legal personality of international law)의 성격을 띠고 있다. 이에 따라 MERCOSUR의 최고 의사결정기구인 CMC는 MERCOSUR의 이름으로 제3국, 국가그룹 및 국제기구와 협정을 체결할 수 있다.

그러나 MERCOSUR는 아직까지 초국가적 기구라기보다는 정부 간 기구의 성격이 강하여 통합기구의 결정은 각 회원국의 입장을 반영한 것에 불과하다.

최근 지방분권화정책에도 불구하고 경제통합 결정과정에서 공식적으로 지방정부가 참여하는 창구는 없다. 다만 MERCOSUR의 CPC 국가대표로 지방의원이 MERCOSUR 논의 과정에 참석할 수 있다.

또한 1999년 경제통합부가 폐지되면서 경제통합 및 무역정책에서 민간부문의 입장을 반영할 수 있는 유기적 채널이 사라졌다. 실제로 민간부문은 Pro Paraguay 위원회 참석, 산업무역부 기업인 자문위원회, 대통령 직속 경제자문위원회 참석 등 3개의 창구를 통해 대외정책 결정에 영향을 미칠 수 있을 뿐이다.

5. GCC(걸프협력회의)

1) GCC의 설립 및 진행과정

GCC는 페르시아만안협력회의(Gulf Cooperation Council)라고도 한다. 1979년 2월

이란 혁명으로 인한 왕정붕괴, 1979년 12월 소련의 아프가니스탄 침공, 1980년 9월 이란과 이라크 사이의 전쟁 발발 등 1970년대 말부터 1980년대 초에 걸프만 주변에서 발생한 정치적 불안에 대한 공동대응책을 모색하기 위해 사우디아라비아·쿠웨이트·아랍에미리트·카타르·오만·바레인 등 6개국 정상들이 아랍에미리트의 수도 아부다비에 모여서 결성한 단체이다. 상호 간의 경제 및 안전보장의 협력과 치안·국방면에서 결속할 것을 목적으로 한다.

석유의 생산·수출국일 뿐만 아니라 아랍어를 사용하고 이슬람교를 국교로 하며 세습왕정체제를 유지하는 동일 민족국가라는 점에서 공통점을 지니며 지리적으로도 인접해 있다. 그러나 사우디아라비아를 적대시하는 이란의 반발이 심해지자 동맹국 간의 보조가 흐트러져, 1982년 11월의 제3차 정상회담에서는 경제통합협정만을 조인하고 집단안전보장에 관한 결정은 유보하였다. 1983년 3월부터는 역내의 관세장벽 철폐, 여행제한의 해제 등을 실시하고 있으며, 2008년 1월 1일에는 공동시장을 출범시켰다.

6개국은 해마다 각국을 돌면서 정상회담을 개최하는데, 결성 이후 10년 동안 활동의 중심은 정치·군사적인 면보다는 경제협력에 있었다. 그러나 1991년의 걸프전쟁을 계기로 공동방위력의 증강 등 정치·군사적 협력에도 무게를 두고 있다.

2017년 5월말 카타르의 군주인 셰이크 타밈 빈하마드 알타니의 허위 연설을 올리기 위해 국영 언론사와 소셜 미디어를 해킹했던 사건 배후에 UAE가 있다고 사우디아라비아 등은 믿고 있다. 당시 유포된 영상에는 이란과 극단주의 이슬람 세력을 두둔하는 내용이 포함되어 있었다. 허위 연설이 담긴 동영상은 카타르가 가짜뉴스라고 해명했음에도 불구하고 인터넷에서 확산됐으며, 이후 아랍국가들이 카타르와 단교에 나서는 촉발제가 됐다.

2) GCC의 기구

GCC 기구에는 GCC 표준화기구(GCC Standardization Authority), 걸프산업컨설팅기구(Gulf Organization for Industrial Consultancy), GCC 회계감사기구(GCC Auditing and Accounting Authority), GCC 보건장관회의(GCC Council of Health Ministries), 걸프 라디오·TV 기구(Gulf Radio and TV Authority), GCC 교육훈련사무국(GCC Education and Training Bureau), GCC 노동사회부장관회의(GCC Council of Labor & Social Affairs Ministers), 걸프 축구토너먼트(Gulf Cup Football Tournament) 등이 있다.

3) GCC의 FTA 체결현황

2017년 기준 GCC는 싱가포르 및 유럽자유무역연합(EFTA)*과 FTA를 체결하여 발효 중에 있고, 뉴질랜드와는 협상은 타결되었으나 공식서명 및 승인 등의 절차가 남아 있다.

* EFTA(European Free Trad Association)은 아이슬란드, 리히텐슈타인, 노르웨이 및 스위스로 구성된 무역자유연합

GCC와 싱가포르는 2007년 1월 협상을 시작한 후 2008년 12월 15일 FTA를 체결하여 2013년 9월 1일 공식 발효가 되었다. 싱가포르 무역청에 따르면 싱가포르 수출품의 99%가 관세 철폐 대상이다.

싱가포르 회사는 GCC지역 내 건설회사, 법률회사 등의 기업에 대한 지분보유의 허용 범위를 확대할 수 있다. 법률회사의 경우 UAE는 2018년 9월 1일부터 100% 외국인 지분을 허용하고, 사우디아라비아는 기존 외국인 보유 범위를 확대하여 100%까지 허용하게 된다. 건설회사의 경우, WTO 기준 49%에서 UAE는 75%, 오만은 100%로 확대되며, 교육서비스 기업의 경우 UAE는 싱가포르 회사의 지점 및 분점에 대하여 100% 외국인 지분을 허용한다.

표 7-7 GCC의 FTA 체결 현황

진행상황	나 라	주 요 일 자
FTA 발효	싱가포르 EFTA	2008.12월 FTA 체결, 2013. 9월 발효 2009. 6월 FTA 체결, 2014. 7월 발효
협상 타결	뉴질랜드	2009.10월 타결
협상 중	중국	2016. 3월 협상 재개, 2016.12월 9차 협상 진행
협상 중단	인도 일본 터키 파키스탄 한국 호주 EU Mercosur	2006. 3월과 2008.9월 1·2차 협상 2007. 1월 1차 협상 2005.11월 1차 협상 2006년과 2008년 1·2차 협상 2006.10월~2007.1월까지 1~3차 협상 2007. 7월 협상 개시 후 2009. 6월까지 4차 협상 1990년 협상 개시 후 2008년 말까지 협상 지속 2005.11월 1차 협상

GCC와 EFTA는 2006년 2월 1차 협상을 시작으로 2008년 4월 24일까지 5차 협상을 진행한 후 2009년 6월 22일 노르웨이 오슬로에서 공식 서명하여 2014년 7월 1일 공식 발효가 되었다. 스위스 수출품의 90%가 즉각적으로 관세가 철폐되었고, 추가적으로 6%가 협정발효 후 5년 이내 관세가 철폐될 예정이다. 제조업 제품의 경우 방향제, 중고 상품 등 일부를 제외한 대부분이 FTA 발효와 동시에 관세가 철폐된다. EFTA 농산물은 양자협정을 통하여 제한적으로 허용하는데, 코코아 파우더 등 농산물의 1%가 FTA 발효시점에 관세가 철폐되었고, 27.7%는 5년의 유예기간 후 관세가 철폐된다. 담배 등 수출 농산물의 59%는 FTA 교역상품에서 제외되었다.

4) 기타 추진상황

뉴질랜드의 경우 2007년 1차 협상을 시작하여 2009년 10월 FTA 협상은 타결되었지만 협정문에 대한 승인 및 발효에 대한 협의가 남아있고, 2009년 전체적으로 협상이 중단된 상황에서 중국만 재개 진행 중에 있다. 중국은 2004년 7월부터 2009년 6월까지 5차례 협상이 진행되었고, 2016년 3월 협상이 재개되어 2016년 12월 9차까지 협상이 진행되었다.

우리나라를 포함하여 EU, 터키, 파키스탄, 인도, 일본, 호주 및 Mercosur와는 협상이 중단된 상태이다.

5) FTA 체결국과의 무역현황

FTA 체결국과의 무역현황을 살펴보면, GCC는 싱가포르에 원유수출 등을 통하여 무역수지 흑자가 발생하는 한편, EFTA와는 귀금속 등의 비원유 상품이 주로 거래되며 무역수지 적자가 발생하고 있다. 싱가포르와는 유가하락의 영향으로 싱가포르에 대한 수출(2014년 42억 → 2015년 229억 → 2016년 92억 달러)이 수입(2014년 82억 → 71억 → 26억 달러)보다 빠르게 감소하면서 무역흑자가 줄어들고 있다(2014년 420억 → 229억 → 92억 달러).

특히 싱가포르에 대한 사우디아라비아와 UAE의 수출이 크게 감소하였는데 사우디아라비아의 수출이 전년 동기대비 2015년 -108억 달러, 2016년에는 -41억 달러로 감소하였고, UAE의 수출은 전년 동기대비 2015년 -125억 달러, 2016년에 -53억 달러 감소하였다.

[그림 7-1] GCC와 싱가포르 간 무역추이

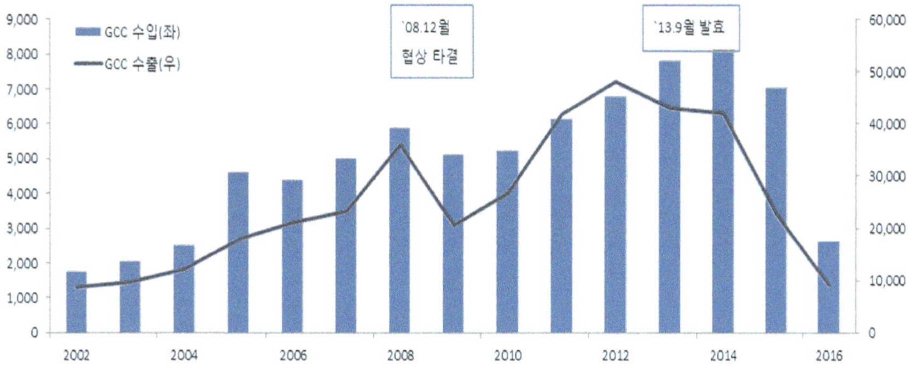

자료: 한국무역협회

표 7-8 GCC 회원국의 싱가포르에 대한 무역

(단위: 백만 USD)

	바레인	UAE	사우디아라비아	카타르	쿠웨이트	오만	합 계
수출							
2014(A)	329	15,396	14,645	7,780	3,419	511	**42,080**
2015(B)	198	8,173	7,939	3,636	2,673	293	**22,912**
2016(C)	59	2,888	3,889	1,250	1,004	117	**9,207**
(C)-(B)	-139	-5,285	-4,050	-2,386	-1,669	-176	-13,705
(C)-(A)	-270	-12,508	-10,756	-6,530	-2,415	-394	-32,873
수입							
2014	160	6,133	1,270	230	197	167	**8,157**
2015	152	5,276	1,027	191	176	239	**7,061**
2016	45	1,912	403	66	85	124	**2,635**
(C)-(B)	-107	-3,364	-624	-125	-91	-115	-4,426
(C)-(A)	-115	-4,221	-867	-164	-112	-43	-5,522

자료: 한국무역협회

2016년 EFTA에 대한 수출은 1.8억 유로 증가한 반면, 수입은 6.6억 유로 감소하며 무역수지 적자가 전년대비 8.4억 유로 감소(63.9억 유로→55.5억 유로)하였다. GCC와 EFTA의 주요 교역상품은 시계 및 귀금속 등으로 2016년 GCC 수출은 전년대비 각각 15.1% 증가한 반면 유가하락으로 인해 GCC 수입은 2016년 전년대비 8.7% 감소하였다.

2016년 기준 EFTA에 대한 GCC 수입의 94.1%, 수출의 88.5%가 스위스와의 교역에서 발생하는데, FTA 발효(2014.7) 이후 스위스에 대한 GCC의 수출이 2015년 45.7%, 2016년 16% 증가하였다.

표 7-9 GCC의 EFTA에 대한 주요 수출입 품목

(단위 : 백만 유로)

	2002	2006	2014	2015	2016	증가율 (14/15)	증가율 (15/16)
수출	462	792	1,009	1,203	1,384	19.2%	15.1%
귀금속	336	305	539	837	917	55.3%	9.6%
시계	49	44	92	120	176	30.4%	46.7%
아연 및 철강	0.3	1.2	5	8	46	60.0%	475.0%
알루미늄	11	33	20	33	35	65.0%	6.1%
원유 등	0	47	29	69	32	137.9%	-53.6%
기타	66	362	324	136	178	-58.0%	30.9%
수입	2,093	2,761	6,135	7,593	6,931	23.8%	-8.7%
시계	390	500	1,522	1,698	1,566	11.6%	-7.8%
귀금속	416	424	944	1,386	1,448	46.8%	4.5%
의약품	325	376	883	1,018	1,092	15.3%	7.3%
전기기계	225	352	547	660	684	20.7%	3.6%
장비류	216	307	409	452	530	10.5%	17.3%
기타	522	801	1,830	2,380	1,611	30.1%	-32.3%

자료: EFTA Int.

표 7-10 GCC의 EFTA 회원국에 대한 수출입 추이

(단위 : 백만 유로)

	2013	2014	2015	2016	증가율 ('14/'15)	증가율 ('15/'16)
수 출	755	1,009	1,203	1,384 (100.0)	19.2%	15.1%
스위스	698	725	1,056	1,225 (88.5)	45.7%	16.0%
노르웨이	55	255	145	110(8.0)	-43.1%	-23.9%
아이슬란드	1.3	30	2	49(3.5)	-93.3%	2,312.%
수 입	5609	6,135	7,593	6,931 (100.0)	23.8%	-8.7%
스위스	5,171	5,708	7,131	6,521 (94.1)	24.9%	-8.5%
노르웨이	421	420	458	407(5.9)	9.0%	-11.2%
아이슬란드	17	7.2	4	3.4(0.1)	-44.4%	-15.7%

자료: EFTA Int.

6. TPP(환태평양경제동반자협정, Trans-Pacific Strategic Economic Partnership)

1) TPP 추진경과

세계 최대 다자 간 자유무역협정(FTA)이 될 12개 나라가 참여한 환태평양경제동반자협정(TPP) 협상이 2015년 10월 5일 타결되었다.

TPP는 2005년 뉴질랜드 · 칠레 · 싱가포르 · 브루나이 4개국 간의 'P4 협정'에서 출발하였으나 2008년 미국이 호주, 페루와 함께 전격적으로 참여를 선언하면서 미국 주도의 다자 FTA로 바뀌었고, 2010년 베트남과 말레이시아, 2012년 멕시코와 캐나다가 각각 협상에 참여했으며 2013년에는 일본이 합류했다.

미국의 TPP 추진목표는 미국의 성장 · 일자리 확대, 아태지역에 미국식 시장규범 확립, 미국의 아태지역 영향력 강화 등이다. 또한 미국의 적극적인 추진배경은 아시아 국가들의 대 중국 경쟁력 강화 지원 및 중국경제를 미국식 경제체제로 전환

하는데 있다.

TPP는 2016년 2월 미국과 일본을 비롯해 캐나다, 멕시코, 말레이시아, 페루, 칠레, 베트남, 브루나이, 싱가포르, 호주, 뉴질랜드 등 12개국의 참여로 체결했지만, 트럼프 미국 대통령이 2017년 1월 탈퇴를 선언하면서 무산 위기에 처했었다. 이후 일본 등 참가국들은 미국을 뺀 채 협정을 일부 수정시켜서 협정을 발효시키기로 하고 논의를 진행 중이다.

2017년 7월 12~13일 참가국들은 일본 가나가와(神奈川)현에서 실무 협의를 벌여 조기에 협정을 발효시키기로 뜻을 모으고, 높은 수준의 무역 규칙은 유지하되 미국을 제외한 채 협정 발효를 서두르기 위해 내용 수정은 최소한으로 하기로 하고, 도널드 트럼프 정권 출범 이후 탈퇴한 미국의 복귀 가능성은 계속 열어놓기로 했다. 우선 11개국이 협정을 발효시키되, 나중에 미국이 합류할 수 있도록 규정을 마련하자는데 의견 일치를 본 상태이나 미국이 빠진 협정에 대한 각국의 이해관계가 얽혀 있어 낙관할 수는 없는 상태이다.

2) 규모

이들 국가의 국내총생산(GDP)은 전 세계 GDP의 37.1%에 달해 EU(24.4%)나 아시아 16개국이 포함된 역내포괄적경제동반자협정(RCEP: Regional Comprehensive Economic Partnership, 28.8%)의 크기를 능가한다. 또 TPP 참여국은 세계 교역의 25.7%, 인구의 11.4%를 차지하는 '메가' 경제공동체이다.

표 7-11 TPP와 RCEP의 비교

	TPP	RCEP
성격	다자 간 협정	다자 간 협정
인구	7억 9900만명(11.4%)	34억 2100만명(48.7%)
해당권역 총 GDP	27조7189억 달러(37.1%)	21조 6469억 달러(29.0%)
총무역규모	9조 4510억 달러(25.7%)	10조 6719억 달러(29.0%)
한국참여시 경제효과	10년 간 GDP1.7~1.8% 상승	10년 간 GDP1.21~1.76% 상승
협상상황	타결	19차 협상중(2017.7.24.-28)

자료: 산자부, 대외경제정책연구원
주: ( ) 안 숫자는 전 세계에서 차지하는 비중

그러나 미국이 빠진 TPP11의 GDP비중은 37.7%에서 12.9%로 줄어들고, 무역규모도 25.7%에서 14.9%로 줄어들어 RCEP에 비하여 상당히 작아진 모양새가 되었다. 현재 11개국 중 뉴질랜드, 호주, 캐나다, 멕시코, 싱가포르 및 일본은 현상유지를 희망하고 있고, 페루와 칠레는 중국의 참여를 희망하고 있으며, 베트남은 미국과 단독으로 FTA체결을 희망하고 말레이시아와 브루나이는 태도를 명확히 밝히지 않고 있다.

3) TPP 주요 타결내용

환태평양경제동반자협정(TPP)은 상품에 관한 무역은 물론, 관세와 무역의 기술적 장벽, 투자, 서비스, 전자상거래, 지식재산권, 노동, 환경 등 모두 30개 항목으로 구성된 방대한 합의 내용을 담고 있다. 인터넷이나 디지털 경제, 국제무역에서 국영기업의 역할 등 새로 떠오르고 있는 무역 이슈들도 모두 포괄하고 있다.

우선, 관세와 관련해 TPP 참여국들은 공산품에 대한 관세 및 비관세 장벽을 제거하고, 아울러 농산물에 대한 관세나 다른 규제정책들을 제거하거나 축소하기로 합의했다. 이를 통해 7억 9,900만 명의 거대한 시장에서의 무역이 증가하고, 12개 국가에서 질 좋은 일자리를 창출할 것이라고 참가국들은 주장했다. 특히 농업 분야에서 TPP 참여국들은 농업보조금 폐지 등을 포함하는 정책 개혁을 촉진하기로 합의했다. 그러나 이런 공개문 정도로는 논란이 됐던 유제품시장 개방 문제가 어느 선에서 타결됐는지 아직 파악하기는 어렵다.

막판까지 논란이 됐던 의약품 특허기간과 관련해서 참여국들은 혁신적이며 생명을 구조하는 의약품의 개발을 촉진하기로 합의하는 한편, 이러한 의약품 개발에 상당한 시간이 걸리는 점을 고려해 복제약품의 이용 가능성도 촉진하기로 합의했다. 이는 원칙적으로, 특허 보호기간을 늘리려는 미국과 이에 반대하는 개발도상국의 입장을 선언적 수준에서 모두 반영한 것으로 풀이된다. 미국은 의약품 특허보호 기간을 12년으로 정하자고 했으나 오스트레일리아 등이 5년을 주장하면서 팽팽히 맞섰다. 이에 따라 의약품 특허보호 기간은 '사실상 8년'으로 절충됐다.

아울러 지식재산권 항목에는 또한, 신약이나 농업화학 생산품의 판매 승인을 획득하기 위해 제출된 비공개 실험이나 다른 자료들의 보호와 관련된 공약도 포함하고 있다.

환경에 관한 규정이 강화되어 TPP 협정안은 회원국이 "멸종위기에 처한 야생

동·식물종의 국제거래에 관한 협약(CITES)"의 보호를 받는 야생 동·식물을 불법 밀거래로부터 보호하기 위해 반드시 관련법과 규제를 집행하도록 하고, 이를 따르지 않으면 경제제재까지 받을 수 있도록 했다. 야생 동·식물 밀거래에 연루된 국제 범죄조직에 대한 수사를 위해 회원국 사법당국은 수사정보를 공유하고, 국제적으로 협조해야 한다는 내용도 들어갔다.

노동권과 관련해, TPP 당사국들은 국제적으로 인정된 노동권을 촉진시키는 것의 중요성을 인정하고, 집회의 자유와 단체교섭권, 강제노동 폐지, 아동노동 폐지, 고용차별 폐지 등과 같은 기본적 노동권을 법률에 채택·유지하기로 합의했다. 또한 최저임금, 노동시간, 직업안전 및 건강과 관련된 법률을 제정하기로 합의했으며, 투명성과 반부패 조항에선 좋은 정부지배구조를 강화하고, 뇌물과 부패 등이 각국 경제에 미치는 부식효과를 해소하기 위해 노력한다는 내용도 담고 있다. 특히 자동차 분야는 미국이 80% 이상의 부품에 대해 수입 관세를 철폐키로 결정하였으며, 일본은 낙농품, 쌀과 쇠고기 등의 양허 범위를 늘리기로 한 점이 협상의 분수령이었다. TPP는 양자간 FTA 체결에 대한 부담이 큰 미국과 일본이 다자간 FTA를 통해 시장개방을 추진한다는데 큰 의미가 있다.

향후 2~3개월 간 12개국은 문구 조율 작업을 거쳐 최종 협정 문안을 만들 예정이다. 이후 각국이 협정에 서명을 한 후 의회 비준 절차를 거치면 협정은 정식 발효된다.

4) TPP와 국제관계

TPP는 중국을 견제하겠다는 버락 오바마 미국 대통령의 뜻이 고스란히 담겨 있는 것이기도 하다. 실제로 오바마 대통령은 "세계 경제질서를 중국과 같은 나라가 쓰도록 할 수 없다"며 미국이 세계 경제질서를 리드할 것임을 강조했다. TPP는 경제와 무역의 비중 못지않게 미국과 일본 입장에서는 중국 주도의 아시아인프라투자은행(AIIB)에 대응하는 성격을 띠는 등 아·태지역에서 중국의 부상을 견제하는 외교·안보적 의미도 지니고 있다.

표 7-12 TPP와 RCEP의 참여국 비교

	미일 주도 TPP만 참여하는 국가	TPP와 RCEP 모두 참여하는 국가	중국 주도 RCEP만 참여하는 국가
참여국	카나다 미국, 칠레, 멕시코, 페루	호주, 싱가포르, 베트남, 브루나이, 말레시아, 일본, 뉴질랜드	중국, 한국, 인도네시아, 미얀마, 인도, 라오스, 캄보디아, 필리핀

12개 TPP 협상 참가국들은 공동성명을 통해 "TPP가 투자와 무역을 자유화할 뿐 아니라, 참가국들이 21세기에 직면할 과제들을 다루고 있다"면서 "이 역사적인 협정이 경제성장을 촉진하며 양질의 일자리를 유지하도록 돕고, 혁신과 생산성, 경쟁력과 생활수준을 높이고 빈곤을 줄일 것이고, 또한 투명성과 좋은 지배구조를 형성하는 것은 물론 노동이나 환경의 보호 또한 강력해질 것"이라고 발표했다.

TPP가 가지는 위상을 감안할 때 향후 참여국가가 더 늘어날 가능성도 있다. 우리나라를 비롯해 대만, 태국, 필리핀 등 아시아 국가들과 콜롬비아, 코스타리카 등 중남미 국가들이 추가로 참여할 가능성이 있다. 최근에는 중국도 TPP 참여에 대해 열린 입장을 보이기도 했다.

한국은 애초 TPP에 소극적 입장을 보이다가 2013년 11월 관심을 표명한 뒤 현재 예비 양자협의를 벌인 상태로 참여를 결정하면 공식참여 선언, TPP 국가들의 승인, 공식협상의 수순을 밟아야 한다. 우리가 TPP 공식참여 선언을 당장 한다고 해도 가입에 시간이 얼마나 걸릴지는 불투명한 상황이다. 현재 한국은 TPP 가입에 적극적으로 관심을 보이고 있지만 미국이 한국에 TPP 참여를 요청했던 2013년 초에 한 차례 거절한 전력이 있다. 당시 정부가 한・미자유무역협정(FTA) 비준동의안 통과와 한・중FTA 체결이 더 시급하다고 판단했기 때문이다. 하지만 이런 판단 때문에 결정적 시기를 놓쳐 2017년 이후에나 TPP 가입이 가능할 것이란 전망이 나오고 있다. 우리는 TPP 참여 12개국 중 10개국과는 협정을 이미 체결한 상태다. 우리 수출에서 TPP 참여국들의 비중은 미국이 가장 높고, 일본, 싱가포르, 베트남 순이다. 2014년 기준 TPP 권역은 우리나라 전체 무역에서 32.4%를 차지한다.

TPP 가입국 중 일본, 멕시코를 제외한 10개국과 이미 양자 FTA를 체결한 데다 우리 경제가 수출로 외연을 넓혀 왔다는 점에서 TPP 가입은 불가피한 것 아니냐는 분석이 적지 않다.

현 시점에서 한국은 TPP협상 참가 여부조차 일본의 움직임에 맞춰가야 하는 실정이다. 일본을 제외한 11개국과의 사전협의를 끝냈지만, 일본의 승인절차를 받지 않은 상황이다. 이렇게 되면 한국의 협상 참가를 대가로 일본이 기존 회원국으로서 자국에 유리한 추가 혜택을 요구할 가능성도 배제할 수 없다

그동안 한국은 TPP가입을 머뭇거렸다. 중국 · 유럽연합(EU)과의 FTA 체결, 일본과의 외교 갈등과 반일 여론 등 여러 이유가 작용했지만 가장 큰 이유는 실효성이었다. 일본 내수 시장에서 한국산 제품이 자리를 찾지 못한 상황에서 미국 · 중국 · 유럽과 달리 한국 정부는 일본과의 FTA에 소극적일 수밖에 없었다. 그러나 TPP가 타결되면서 한국의 참여는 피할 수 없는 선택이 됐고 일본과의 '정면승부'가 시작됐다.

7. 세계의 FTA 및 주요 국가의 FTA

1) 세계 FTA

(1) 유형별 FTA

WTO가 출범한 1995년을 기점으로 지역무역협정(RTA: Regional Trade Agreement)은 더욱 큰 폭의 증가 추세를 보이고 있는데, 2017년 9월 7일 현재 누계기준으로 총 448건이 WTO에 통보되어 발효 중이다.

표 7-13 통지에 의한 포괄 RTAs

	Accessions(가입)	New RTAs	총계
GATT 24조(FTA)	3	228	231
GATT 24조(CU)	10	10	20
Enabling Clause(권능조항)	4	45	49
GATS 5조	7	140	148
총 계	**24**	**422**	**448**

자료: WTO, RTA database.

통지에 의한 포괄 RTAs를 보면 FTA가 231건, CU가 20건, Enabling Clause(권능조항) 148건 및 GATS 5조에 의한 협정이 147건으로, 전체적으로는 448건이 통보되어 발효 중이다.

표 7-14 협정형태에 의한 포괄 RTAs

	Enabling clause	GATS Art.V	Art XXIV	총계
Customs Union	8		10	18
Customs Union - Accession	2		10	12
Economic Integration Agreement		141		141
Economic Integration Agreement-Accession		7		7
Free Trade Agreement	15		228	243
Free Trade Agreement-Accession	1		3	4
Partial Scope Agreement	22			22
Partial Scope Agreement-Accession	1			1
총 계	**49**	**147**	**250**	**448**

자료: WTO, RTA database.

유형별로는 GATT 제24조에 의거한 상품무역협정이 277건(자유무역협정 247건, 관세동맹 30건)으로 가장 많은 비중(61.8%)을 차지하고 있으며, 그 밖에 GATS 제5조에 의거한 서비스무역협정(EIA: Economic Integration Agreement)이 148건(33.0%), 개도국 간 특혜협정(PSA: Partial Scope Agreement)이 23건(5.1%)이다.

표 7-15 RTA 포괄 범위에 따라 분류

분 류	협정 수
Goods	140
Services	1
Goods and Services	140
총 계	**281**

자료: WTO, RTA database.

RTA 포괄 범위에 따라 분류하면 상품에만 적용되는 협정이 140건(49.8%)이고, 서비스에만 적용되는 협정이 1건(0.35%), 그리고 상품 및 서비스를 포괄하는 협정은 140건으로 49.8%를 차지하고 있다.

2000년 전후부터 현재까지 FTA가 크게 확산된 것은 WTO 체제하에서 다자 간 무역자유화 협상이 별다른 성과를 보이지 못하고 있기 때문으로 볼 수 있다. 이에 경제적 이해관계가 부합하는 국가 간의 양자 무역협상 또는 경제블록 추진이 점차 증가하면서 지역주의가 확산되었으며, 역외 국가가 받게 될 반사적 피해를 입지 않으려는 국가들이 이러한 흐름에 합류하면서 FTA 체결이 더욱 가속화되었다.

(2) FTA 추진 동향

글로벌 통상 체제의 중심축은 다자주의→양자주의→거대 블록화로 옮겨가고 있다. 미국·EU·중국 등 경제대국을 중심축으로 주변 국가들을 연결해 광역 경제권을 구축하려는 구상이다. 이는 164개 회원국을 거느린 WTO(세계무역기구) 중심의 다자 간 자유무역협정인 도하 라운드(DDA)가 2001년 협상을 시작했지만 16년이 지나도 타결을 보지 못한 채 빈사상태에 빠져 있기 때문이다. 다자주의 모델의 성사 가능성에 회의를 품은 각 나라들은 두 나라 간 또는 인접 국가끼리 소규모로 FTA를 진행해왔지만, 최근엔 보다 많은 나라와 넓은 지역을 대상으로 FTA를 확장하고 있다.

이 같은 광역화 추이에는 몇 가지 요인들이 자리 잡고 있다.

첫째는 동시다발적 FTA 체결에서 오는 스파게티볼 현상(Spaghetti Bowl·삶은 국수가 그릇에서 복잡하게 얽히고설키는 것) 때문이다. 즉, 원산지나 통관 혹은 표준 등에 있어서 FTA별로 상이한 규정과 절차 때문에 교역 비용이 오히려 증가하는 현상을 광역 FTA를 활용하여 해소해 보자는 것이다. 둘째는 FTA 회원국을 늘리면 생산 네트워크를 보다 효과적으로 구축하여 산업 고도화를 추진할 수 있을 뿐 아니라 역내 소비시장을 확대시켜 경제성장을 촉진할 수 있다는 판단이다. 셋째는 국제사회 헤게모니를 둘러싼 외교·안보전략의 일환으로 거대 지역통합체의 구축을 추진하는 경우이다.

글로벌 무역시장에서 유리한 위치를 선점하려는 주요 경제권 간의 통상협상이 급물살을 타고 있다. 2012년 11월 20일 캄보디아 프놈펜에서 열린 동아시아 정상회의에서 한국과 중국·일본의 통상장관들은 한·중·일 FTA의 협상 개시를 선언하였다. 같은 날 ASEAN 10개국과 한·중·일·호주·뉴질랜드·인도 등 총 16개국을 묶는 광역 통상협정인 역내포괄적경제동반자협정(RCEP)의 협상개시 선언도 뒤따랐다.

표 7-16 주요국의 RTAs 체결 현황(2017년 7월 27일 현재)

	Goods notifications (RTAs)	Goods notifications (Accessions)	Services notifications (EIAs)	Services notifications (Accessions)	Physical RTAs
한국	18	1	14		18
중국	14	1	13		14
일본	15		14		15
미국	14		13		14
EU	38	1	15	1	39
싱가포르	22		19		22
스위스	29	1	11		29
칠레	28		20		28
멕시코	16		11		16
터키	22				22
인도	16	2	5		16
페루	17	1	12	1	17

자료: WTO, RTA database.

동아시아 경제권의 연대 움직임에 자극받은 미국과 유럽연합(EU)은 2013년 2월 13일 공동성명을 통해 미국·EU 간의 FTA인 범대서양무역투자동반자협정(TTIP)의 첫 실무 협상을 6월 이전에 시작한다고 발표했다. 일본도 이에 질세라 2013년 4월 아베 총리가 현재 11개국이 참여하고 있는 미국 주도의 환태평양경제동반자협정(TPP)에 참여한다고 전격 선언했었다.

TPP는 미국을 포함한 12개국이 애초에 2015년 광범위한 합의에 이르면서 진행돼왔지만 2017년 1월 새로운 미국 대통령이 된 도널드 트럼프가 탈퇴를 선언하면서 혼란을 빚었다. 결국 미국을 뺀 11개국이 협상에 나서기로 한 것이다. 2017년 5월, 11개국은 베트남에서 열린 아시아·태평양경제협력체(APEC) 통상장관 회의 때 별도로 만나 향방을 논의한 바 있다. 현재는 일본의 주도로 진행이 되고 있고,

2017년 8월 12일부터 3일간 미국을 제외한 첫 실무협의가 열렸다.

세계 각국은 보호무역주의 극복과 상대국 시장선점을 위하여 FTA체결에 뛰어들고 있다. 그중에서도 대외지향적 경향이 강한 국가일수록 FTA에 관심을 쏟고 있는데, 주요국의 RTAs 체결 현황에서 보는 바와 같이 체결이 경쟁적으로 이루어지고 있다. WTO에 통지된 RTAs는 EU가 가장 많고, 스위스, 칠레, 싱가포르, 터키, 한국 순으로 체결이 많이 이루어졌다.

2) 주요국의 FTA 추진 동향

(1) 중국

중국은 홍콩 및 마카오와의 CEPA(Closer Economic Partnership Agreement)를 비롯하여 ASEAN, 칠레, 파키스탄, 뉴질랜드, 싱가포르, 페루, 코스타리카와의 FTA를 발효 중이며, 대만과 ECFA(Economic Cooperation Framework Agreement)도 체결하였다.

중국은 2001년 WTO 가입을 계기로 장기적인 전략적 고려에 따라 FTA 친화적인 정책을 적극적으로 추진 중이며, 초기에는 중화권 및 아시아 국가들을 중심으로 FTA를 체결하였으나 이후 대상국가 범위를 넓히고 있다.

중국은 세계 22개국(지역)과 14건의 FTA를 체결했으며 15건의 FTA를 추가로 추진 중이다. 2017년 4월 기준, 중국은 '한-중 FTA', '중-호주 FTA', '중-아세안 FTA' 등 14건의 FTA가 발효된 상태이며, 중국 정부는 개방 수준을 제고하기 위해 스위스, 페루, 뉴질랜드, 칠레 등과 FTA 개정 협상을 적극적으로 추진 중에 있다.

중국은 2015년 11월 22일 중국은 '중-아세안 FTA' 개정 협상을 타결하였는데, 이는 중국이 최초로 기존 FTA를 개정한 사례이다.

표 7-17 중국의 FTA체결 현황

대상국	협상 개시일자 및 타결일자	추진 현황
호주	개시: 2005.4.18. 체결: 2015.6.17.	ㅇ2014년 10월까지 제21차 FTA협상을 완료했으며 화물 무역, 투자와 서비스 분야를 중점적으로 협상 ㅇ2015년 12월 20일 자유무역협정 정식 발효 ㅇ2017년 3월 24일 중-호주 양국 발전 협력 강화 양해각서 체결
한국	개시: 2012.5.2. 체결: 2015.6.1.	ㅇ2014년 11월까지 14차례 협상을 거친 후, 2015년 6월 1일 한-중 자유무역협정 정식 서명 ㅇ2015년 12월 20일부로 정식 발효 ㅇ2016년 12월 한-중 FTA 협동위원회 의견 수렴 시작
스위스	개시: 2011.4. 체결: 2013.7.6.	ㅇ2년 간 9차례의 회의를 거친 후, 2013년 7월 6일 자유무역협정 체결 ㅇ2009년 11월 30일 합동 연구단이 결성돼 연구를 진행(2010년 8월 13일 연구완료) ㅇ2011년 4월~2013년 2월 8차례의 협상을 거친 후 2013년 7월 6일 자유무역협정 정식서명 ㅇ2014년 7월 1일 정식 발효 ㅇ2017년 1월 17일 중국-스위스 FTA 개정 선언
아이슬란드	개시: 2007.4.12. 체결: 2013.4.15.	ㅇFTA 세율 인하 모델, 원산지 규정, SPS/TBT, 서비스 무역 등을 중점적으로 협상 ㅇ2014년 7월 1일 정식 발효
코스타리카	개시: 2009.1.19. 체결: 2010.4.8.	ㅇ2011년 8월 1일 중-코스타리카 FTA 정식 발효 ㅇ중-코스타리카 각각 90% 이상의 상대국 수입품에 대해 관세 철폐 ㅇ2016년 8월 중-코스타리카 FTA위원회 제4차 의견 수렴 실시
페루	개시: 2007.9.7. 체결: 2009.4.28.	ㅇ2007년 11월 12~13일 베이징에서 중국-페루 FTA 자유무역 협상 개최 ㅇ2008년 1월 21~24일 제1차 협상 개최 ㅇ2009년 4월 28일 '중국-페루 FTA 의정서'체결 ㅇ2010년 3월 1일 중국-페루 FTA 정식 발효 ㅇ2016년 11월 21일 중국-페루 FTA 개정 협상 정식 시작
싱가포르	개시: 2006.10.26. 체결: 2008.10.23.	ㅇ2008년 10월 23일, 중-싱가포르 FTA 1차 협상 완료 ㅇ2012년 7월 6일 중-싱가포르 양국 은행 사업 개방 촉진 협정 서명 ㅇ2015년 1월 20~22일 싱가포르에서 중-싱가포르 FTA 제5차 연합회의 개최
뉴질랜드	개시: 2004.12.6. 체결: 2008.4.7.	ㅇ상품무역, 서비스무역, 투자, 지식 재산권, 원산지규정, 동식물 검역(SPS) 등에 대해 중점적으로 협상 ㅇ2008년 10월 1일 정식 발효 ㅇ2015년 3월 24~25일 뉴질랜드에서 중-뉴질랜드 제6차 연합회의 개최 ㅇ2016년 11월 20일 중국-뉴질랜드 FTA 개정 협상 정식 시작
칠레	개시: 2004.11.18. 타결: 2005.10.16. 체결: 2005.11.18. *2010.8.1 서비스무역협정	ㅇ2006년 10월 1일부로 중국은 칠레의 7,550개(HS 코드 8단위 기준) 품목에, 칠레는 중국의 7,902개 품목에 대해 10년 동안 단계적으로 관세 철폐 ㅇ2015년 5월 25일 중국-칠레 양국 FTA 개정 양해 각서 체결 ㅇ2016년 11월 22일 중국-칠레FTA 개정 정식 시작
파키스탄	개시: 2005.4.5. 타결: 2006.11.10. 체결: 2006.11.24. *2009.2.21. 서비스무역협정 체결	ㅇ2007년 7월 1일에 정식 발효돼 관세 대상품목의 85%에 대해 5년 동안 단계적으로 관세 인하 ㅇ2015년 8월 3~5일 파키스탄에서 중-파키스탄 FTA 제2단계 5차 회의 개최됨 ㅇ2015년 11월 11일부터 중-파키스탄 FTA 은행산업 개방 의정서 정식 발효
아세안	개시: 2001.11.6. 타결: 2002.11.4.	ㅇ2005년 7월 아세안과 '상품무역협정'을 체결. 7,000여 개 품목에 대해 단계적으로 관세 철폐 ㅇ2009년 8월 15일 아세안과 '투자협정'체결 ㅇ2010년 1월 1일부로 정식 발효 ㅇ2014년 8월 26일 중-아세안 개정 협상 정식 개시 ㅇ2015년 11월 23일 중-아세안 개정 협상 타결
CEPA	중국-홍콩 타결: 2003.6.29. 중국-마카오 타결: 2003.10.17.	ㅇ2004년 10월 27일 중국-홍콩 CEPA에 대한 보충 협의 체결 ㅇ2004년 10월 29일 중국-마카오 CEPA에 대한 보충 협의 체결
아세안 ('10+1')	개시: 2014.8.26. 타결: 2015.11.22.	ㅇ2014년 8월 26일 중-아세안FTA 개정 협상 정식 개시 ㅇ2015년 11월 22일 중-아세안 FTA 개정 협상 타결

자료: 中国自由贸易区服务网, KOTRA 베이징 무역관, 산업통상자원부 자료.

표 7-18	중국의 FTA 추진현황	
RCEP	개시: 2012.11.20.	ㅇ2012년 11월 20일 캄보디아에서 RCEP 협상 정식 시작 ㅇ2017년 3월 6일 고베에서 제17차 협상이 개최
걸프협력회의 (GCC)	개시: 2005. 4.23.	ㅇ2016년 12월 19~21일 리야드에서 중-GCC 제9차 협상 회의 개최
한중일	개시: 2013. 3.26.	ㅇ2012년 11월 21일 협상 개시 선언 ㅇ2013년 3월 26~28일 서울에서 제1차 협상 회의 개최 ㅇ2017년 1월 11일 베이징에서 제11차 협상 회의 개최 ㅇ2017년 4월 13일 도쿄에서 제12차 협상 회의 개최
스리랑카	개시: 2014. 9.16.	ㅇ2014년 9월 16일 중-스리랑카 협상 개시 ㅇ2017년 1월 16~19일 콜롬보에서 중-스리랑카 FTA 제5차 협상 회의 개최
파키스탄	개시: 2011.3.10 ~11.	ㅇ2015년 4월 20일 중-파키스탄 FTA 은행 산업 개방 의정서 서명 ㅇ2015년 11월 11일 중-파키스탄 FTA 은행 산업 개방 협정 발효 ㅇ2016년 12월 6~7일 이슬라마바드에서 중-파키스탄 제2단계 협상 제7차 회의 개최
몰디브	개시: 2015.12.21.	ㅇ2015년 2월 4~5일 중-몰디브 FTA 타당성 연구 개시 ㅇ2017년 3월 7일 말레에서 중-몰디브 FTA 제5차 협상 회의 개최
조지아	개시: 2016. 2.22.	ㅇ2016년 7월 18-22일 중-조지아 FTA 제3차 협상 회의 개최 ㅇ2016년 10월 5일 중-조지아 FTA 협상 양해각서 체결
이스라엘	개시: 2016. 9.28.	ㅇ2016년 9월 28일 중-이스라엘 FTA 협상 개시
노르웨이	개시: 2008. 9.18.	ㅇ2007년 6월 19~20일 중국-노르웨이 FTA 타당성 연구를 위한 제1차 회의 개최. 같은 해 9월 13~19 일 개최된 타당성 연구 제2차 회의에서는 상품 무역, 서비스 무역, 투자에 대한 영향과 경제협력에 대한 의견 교환 ㅇ2010년 9월 14~16일 오슬로에서 8차 협상 개최

자료: 中国自由贸易区服务网, KOTRA 베이징 무역관, 산업통상자원부.

현재 FTA 공식협상을 진행 중인 국가는 SACU(남아프리카 관세동맹, 보츠와나, 레소토, 나미비아, 남아프리카공화국, 스와질랜드 5개국), 아이슬란드, GCC(GCC 6개국은 사우디아라비아, 쿠웨이트, 바레인, 카타르, UAE, 오만), 노르웨이, 호주, 스위스이며, 2012년 5월에는 한국과 FTA를 개시하여 2015년 12월 20일부터 발효 중이다.

(2) 일본

일본은 싱가포르, 멕시코, 말레이시아, 태국, 인도네시아, 브루나이, 필리핀, ASEAN, 스위스, 베트남, 인도, 페루와의 EPA(Economic Partnership Agreement) 등 총 12건과 칠레와의 FTA를 발효 중에 있다. 일본은 상품, 서비스 중심의 FTA보다 투자, 인적교류 확대 등을 포함하는 EPA를 적극적으로 추진하는 경향이 있으며,

ASEAN 개별국과도 EPA를 별도로 체결한 경우가 많다.

현재 일본이 협상을 추진 중인 국가는 GCC, 몽골, 호주이며, 한국과의 FTA는 2004년 11월 6차 협상을 끝으로 중단된 상태이고, 그 밖에 캐나다, 한·중·일, 콜롬비아, EU와의 FTA를 추진 중에 있다.

그 중 EU와는 2017년 7월 6일에 일·EU EPA(Economic Partnership Agreement) 기본합의(agreement in principle)를 발표하였다. 자동차(EU), 치즈(일) 등 민감품목으로 인해 협상이 길어졌으나 이 품목들에 대해서도 상당한 합의를 이룬 상황이다. 일본과 EU는 EPA 발효 즉시 각각 86% 및 96%, 15년 내 각각 97% 및 99%의 품목에 대한 관세를 폐지하고, 주요 산업에서 동일한 국제표준을 따르는 등 비관세장벽도 폐지하기로 합의하였다.

특히 EU 측 민감품목인 자동차 및 자동차부품의 경우 평균 8.66%인 대일 수입관세를 발표 즉시~7년 내에 걸쳐 폐지하고, 일본측 민감품목인 농산품 및 가공농산품의 경우 품목에 따라 발효 시~15년 내 폐지·인하하기로 합의하였다. 또한 일본은 자동차, 의약품, 섬유 등의 산업에서 EU가 따르고 있는 국제표준 및 기술규제를 따르기로 하는 등 EU 기업계에서 강하게 요구해온 비관세장벽 폐지에도 합의하였다. 양측은 EPA의 연내 체결 및 2019년 초 발효를 목표로 협상이 진행 중이다.

(3) ASEAN

ASEAN은 2010년 1월을 기점으로 주변의 경제대국인 중국, 일본, 한국, 인도, 호주, 뉴질랜드와의 FTA를 모두 발효하였다. ASEAN은 현재 발효 중인 FTA를 바탕으로 ASEAN + 3(한·중·일)와 ASEAN + 6(한국·중국·일본·호주·뉴질랜드·인도)의 아시아 지역 경제통합(RCEP: Regional Comprehensive Economic Partnership)을 추진하고 있다.

ASEAN 회원국 중 적극적인 개방정책을 추진하던 싱가포르 외에 말레이시아, 인도네시아, 베트남, 태국 등 개별 회원국 차원의 FTA가 점차 활발해지고 있으며, EU와의 FTA 역시 이러한 개별국 추진 방식으로 이루어지고 있다.

(4) 미국

미국은 1985년 이스라엘과의 FTA를 시작으로 NAFTA(캐나다, 멕시코), 요르단, 싱가포르, 칠레, 호주, 모로코, 바레인, CAFTA-DR(CAFTA-DR은 미국, 코스타리카, 엘살바도르, 과테말라, 온두라스, 니카라과, 도미니카공화국 7개국임), 오만, 페루, 한국, 콜롬비아와 FTA를 체결하여 현재 총 19개국과 FTA가 발효 중이며, 파나마와의 FTA는

2007년 6월 정식서명을 마친 상태이다.

미국은 NAFTA를 중심으로 다양한 국가들과 FTA를 체결하고 있으며, 특히 미국과 경제적 유대관계가 깊거나 성장 잠재력이 높은 국가들과의 FTA에 적극적이다.

세계 경제력의 절반을 차지하는 미국·EU 간의 TTIP에는 미국발 글로벌 금융위기와 유로존 재정위기를 겪으면서 추락한 위상을 복원하겠다는 미국과 EU의 의지가 함께 작용하고 있다. 확대일로에 있는 중국·인도·브라질 등 신흥국들의 정치적 영향력에 제동을 걸고 선진국 중심의 국제무역 질서를 복구하려는 시도로도 볼 수 있다. 미국과 EU는 위생·검역과 기술 장벽, 비관세장벽이 심한 화장품·화학·자동차·의료장비·제약 산업 관련 규제의 기준을 선진국 수준으로 강화해 신흥국들을 견제하겠다는 속내를 갖고 있다. 또 지식재산권, 환경, 노동, 경쟁정책, 국영기업 등에 대한 공통의 무역규범을 마련함으로써 향후 다자 간 혹은 지역 무역협상에 있어서 글로벌스탠더드를 선점하겠다는 생각이었다.

오바마(Obama) 행정부가 들어선 이후 신규 FTA 협상을 개시하지는 않고 있으나, 더 많은 국가들과 더욱 높은 수준의 지역협정을 체결하기 위해 TPP의 확대 협상을 주도하고 있었다. 하지만 트럼프가 집권하자 '미국 우선주의'를 추구하는 트럼프 대통령은 2017년 1월 취임 이후 환태평양경제동반자협정(TPP)을 폐기하고, 기존에 타결되어 발효중인 FTA에 대해서도 재협상 및 재검토를 하겠다고 공언하고 있다.

특히 TTIP는 버락 오바마 전 미국 대통령 재임 시절 협상이 시작됐지만, 트럼프 행정부가 들어선 뒤 논의가 중단된 상태다.

(5) EU

2015년 10월에 발표된 EU의 신통상정책은 새로운 세계무역환경에 맞추어 EU가 지향해야 할 새로운 통상정책의 방향을 담고 있다. 그 주요 내용은 글로벌 가치사슬(GVC: Global Value Chain) 활용의 극대화, 고용 및 성장 간의 연계성, 해외서비스 시장진출 및 투자확대 등을 목표로 정하고, 적극적인 대외통상정책을 전개해 나갈 것임을 천명하고 있다. 또한 신통상정책에서 양자 간 FTA는 EU의 신통상정책의 핵심과제를 달성하기 위한 중요한 수단으로 인식되고 있다.

EU는 2006년 신통상정책 발표 이후 차세대 FTA의 모범적 사례로서 우리나라와 FTA를 들고 있다. EU는 그동안 지중해권, 과거 식민지 지역 등 역내 및 인근 국가와의 FTA 또는 관세동맹을 활발하게 추진해 왔으나 2011년 7월부터 한국과의 FTA를 발효하고 페루, 콜롬비아, 중미 국가들과 FTA를 타결하는 등 협상 대상국의 범위를 점차 확대하는 추세이다. 그 외 싱가포르와 FTA를 서명하였고, 캐나다 및 베트남과 FTA 협상을 타결하고, 미국, 인도, 말레이시아, ANDEAN[볼리비아(Bolivia), 콜롬비아(Colombia), 에콰도르(Ecuador), 페루(Peru), 베네수엘라(Venezuela) 등 5개국 간의 산업 및 해외투자 정책을 조정하기 위한 경제 협력체] 등과는 협상을 진행하고 있다. 또한 개도국을 대상으로도 과거 176개 국가에 적용하던 일반특혜관세(GSP: Generalized System of Preference)를 개혁하여, 2014년 1월부터 적용대상 국가를 92개국으로 축소하고 제외된 국가 중 일부와는 FTA 또는 EPA(Economic Partnership Agreement) 형식으로 특혜무역관계를 전환할 예정인바, FTA의 활용범위를 확장하고 있다. 일본과는 2013년 협상 개시 이래 양측은 18회의 공식협상을 거쳐 2017년 7월 6일 일・EU EPA(Economic Partnership Agreement) 기본합의(agreement in principle)를 발표했다. 이 기본합의는 현재까지 합의된 사항에 대한 발표로서 양측은 EPA의 연내 체결 및 2019년 초 발효를 목표로 협상에 박차를 가하고 있다. 미국과의 교역관계 개선에 어려움을 겪고 있는 양측은 G20 정상회의의 목전에 기본합의를 발표함으로써 미국발 보호주의에 반대하는 목소리를 높이고자 하였다.

또한 EU는 아프리카, 카리브해, 태평양 연안 지역 국가들과 EPA를 적극적으로 체결하고 있는데, 이는 이들 국가의 빈곤 퇴치와 개발을 돕는 동시에 상호주의에 입각한 상품자유화를 추진하기 위해서이다. 또한 CARIFORUM(카리브 공동체 14개국 + 도미니카 공화국) 및 ESA(아프리카 동부 및 남부 지역 12개국)와도 EPA가 발효 중에 있다.

※ CARIFORUM(The Caribbean Forum of African Caribbean and Pacific States)에 속하는 국가는 앤티가바부다, 바하마, 바베이도스, 벨리즈, 도미니카연방, 도미니카공화국, 그레나다, 가이안, 아이티, 자메이카, 세인트키츠네비스, 세인트루시아, 세인트빈센트그레나딘, 수리남, 트리니다드토바고이며, ESA(Eastern and Southern Africa) 대상국은 지부티, 에리트레아, 에티오피아, 소말리아, 수단, 말라위, 잠비아, 짐바브웨, 코모로, 모리셔스, 마다가스카르, 세이셸이다.

(6) 한국의 FTA

한국은 1999년 12월 칠레와의 FTA 협상을 개시하면서 본격적인 FTA 정책을 추진하기 시작했다. 우리나라는 2017년 5월 현재까지 총 58개국과 FTA를 타결, 이 중 54개국과 총 15건의 FTA가 발효 중에 있다.

2004년 한・칠레 FTA가 발효된 이후, 싱가포르, EFTA, ASEAN, 인도, EU, 페루, 미국, 터키, 호주, 캐나다, 중국, 뉴질랜드, 콜롬비아 등 다수의 FTA가 발효 중이며, 한・중・미 FTA 협상이 타결된 상태이다.

이외 한・중・일 FTA, RCEP, 한・에콰도르 SECA, 한・이스라엘 FTA가 협상 중이며, 멕시코, GCC, MERCOSUR, EAEU 국가들과 협상 재개 및 여건 조성 중이며, 또한 기 체결 FTA 중 한・ASEAN FTA, 한・인도 CEPA, 한・칠레 FTA는 개선협상을 진행 중이다. 주요 내용은 다음 표와 같다.

표 7-19 발효(15건) 및 타결(1건) 국가

상대국	추진현황	의의
칠레	1999년 12월 협상 개시 2004년 2월 발효	최초의 FTA, 중남미 시장의 교두보
싱가포르	2004년 1월 협상 개시 2006년 3월 발효	ASEAN 시장의 교두보
EFTA	2005년 1월 협상 개시 2006년 9월 발효	유럽시장 교두보
ASEAN	2005년 2월 협상 개시 2007년 6월 상품무역협정 발효 2009년 5월 서비스협정 발효 2009년 9월 투자협정 발효	거대경제권과 체결한 최초의 FTA
인도	2006년 3월 협상 개시 2010년 1월 발효	BRICs 국가, 거대시장
EU	2007년 5월 협상 개시 2011년 7월 잠정발효 2015년 12월 전체 발효	세계 최대 경제권
페루	2009년 3월 협상 개시 2011년 8월 발효	자원부국, 중남미 진출 교두보
미국	2006년 6월 협상 개시 2012년 3월 발효	거대 선진경제권
터키	2010년 4월 협상 개시 2013년 5월 발효 (기본협정, 상품무역협정)	유럽, 중앙아시아 진출 교두보
호주	2009년 5월 협상 개시 2014년 12월 발효	자원부국, 오세아니아 주요 시장
캐나다	2005년 7월 협상 개시 2015년 1월 발효	북미 선진 시장
중국	2012년 5월 협상 개시 2015년 12월 발효	우리의 제1위 교역대상
뉴질랜드	2009년 5월 협상 개시 2015년 12월 발효	오세아니아 주요시장
베트남	2012년 8월 협상 개시 2015년 12월 발효	우리의 제3위 투자대상국
콜롬비아	2009년 12월 협상 개시 2016년 7월 발효	자원부국, 중남미 신흥시장
중미(6개국)	2015년 6월 협상 개시 2017년 3월 가서명	중남미 신시장 창출

주: 중미 6개국(파나마, 코스타리카, 과테말라, 온두라스, 엘살바도르, 니카라과)
자료: FTA 강국, KOREA(http://www.fta.go.kr/main/situation/kfta/ov/)
산업통상부.

표 7-20 협상진행 국가(4건)

상대국	추진현황	의의
한중일	2012년 11월 협상 개시 총 12차례 공식협상 총 5차례 실무협상	동북아 경제통합 기반 마련
RCEP	2012년 11월 협상 개시 총 17차례 협상	동아시아 경제통합 기여
에콰도르 SECA	2015년 8월 협상 개시 총 5차례 협상	자원부국, 중남미 시장 진출 교두보
이스라엘	2016년 5월 협상 개시 3차례 협상	창조경제 모델 국가

주: RCEP: 한국, 중국, 일본, 인도, 호주, 뉴질랜드, ASEAN.
자료: FTA 강국, KOREA(http://www.fta.go.kr/main/situation/kfta/ov/)
산업통상부.

표 7-21 개선 협상(3건)

상대국	추진현황	의의
한·ASEAN 업그레이드	2016년 7월 제 14차 이행위원회 개최	교역확대 및 통상환경 반영
한·인도 업그레이드	2016년 10월 제1차 협상 개최	교역확대를 위한 주력수출 품목 양허, 원산지 기준 개선
한·칠레 업그레이드	2016년 11월 협상 개시 선언	통상환경 변화 반영

자료 : FTA 강국, KOREA(http://www.fta.go.kr/main/situation/kfta/ov/)
산업통상부.

표 7-22	협상 재개, 여건 조성(4건)	
상대국	추진현황	의의
멕시코	2007년 12월 기존의 SECA를 FTA로 격상하여 협상 재개 2008년 6월 제2차 협상 개최 후 중단	북중미 시장 교두보
GCC	2008년 7월 협상 개시 2009년 7월 제3차 협상 개최 후 중단	자원부국, 기업선호도 1위
MERCOSUR	2016년 11월 예비협의	남미 최대 시장
EAEU	2016년 8월 민간공동연구 완료	성장잠재력과 지정학적 가치가 높은 신흥시장

주: GCC: 사우디, 쿠웨이트, UAE, 카타르, 오만, 바레인.
MERCOSUR: 아르헨티나, 브라질, 파라과이, 우루과이, 베네주엘라.
EAEU: 러시아, 카자흐스탄, 벨라루스, 아르메니아, 키르키즈스탄.
자료 : FTA 강국, KOREA(http://www.fta.go.kr/main/situation/kfta/ov/)
산업통상부.

우리나라의 FTA 발효 대상국 교역비중은 한·칠레 FTA 이후 꾸준히 증가하고 있으며, 2015년 한·중 FTA 발효 후 급격하게 증가하고 있다. 2015년 한·중 FTA 발효시 대 FTA 발효국 교역비중은 67.3%로 2014년 40.2%에 비해 27.1% 증가하였다. 다만 2016년 FTA 발효 대상국 교역비중이 67.8%로 향후 협상 중인 FTA 및 협상 진행 중인 FTA를 통해 FTA 대상국 교역비중을 더 높일 필요가 있으며, 우리나라 교역이 보다 많은 FTA 혜택을 받기 위해서는 신규 FTA 발굴이 필요하다.

향후 FTA 타결국가(중미 6개국), FTA 협상 중인 국가(일본, RCEP(16개국), 에콰도르, 이스라엘 등), FTA 협상여건 협상재개 중인 국가(멕시코, GCC), 협상준비 공동연구가 완료된 FTA인 EAEU 등과 향후 FTA를 체결했을 경우, 발효국 교역비중은 88.9%가 될 것으로 추정된다.

협상 여건 조성 중인 국가와의 빠른 FTA 추진 또한 중요하지만, 기존에 검토되지 않았던 국가와의 신규 FTA 또한 중요한 과제이다. 한국무역협회 국제무역연구원은 신규 FTA 우선협상국 발굴을 위해 다양한 기준으로 대상국을 분석한 결과, 향후 신규 FTA를 다음과 같이 추진하는 것이 바람직하다고 결론을 내리고 있다.

- 단기적으로 SACU, 우즈베키스탄, 코트디부아르에 대한 FTA 추진 가능성을 타진하고 조속한 협상 추진을 검토할 필요가 있음

- 중앙아시아 및 아프리카 국가들은 주로 EU와 무역협정을 체결하고 있고 아직 미국, 중국, 일본과 같은 우리나라의 주요 경쟁국과는 FTA를 체결하고 있지 않은 상황에서 선도적인 시장 개척이 필요함
- 특히, 우즈베키스탄은 우리나라와의 무역협정을 적극적으로 원하고 있는 상황에서 우선적인 추진을 검토해볼 필요가 있음

• 중기적으로 방글라데시, 가나, 볼리비아, 알제리 등과의 FTA을 염두에 두고 해당 국가의 시장을 모니터링할 필요가 있음

• 마지막으로 장기적으로는 나이지리아, 이라크, 예멘과의 FTA가 적합하다는 결과가 나타났지만, 이들 국가는 아직 정치·사회적으로 불안정한 상태임
  - 그러나 이라크, 나이지리아의 경우 풍부한 자원을 보유하고 있어 이들 국가의 정세를 지속적으로 모니터링하여 향후 FTA를 체결할 수 있는 여건이 되었을 때 적시에 추진할 수 있도록 준비를 해야 함

(7) 한·중·일 FTA 협상

한·중·일 자유무역협정(FTA) 체결을 위한 3국 간 1차 공식협상이 2013년 3월 26일 서울에서 열렸다. 국내총생산(GDP) 기준으로 북미자유무역협정(NAFTA), 유럽연합(EU)에 이은 세계 3대 경제블록 형성을 위한 첫 걸음을 뗀 셈이다. 3국의 역내 명목GDP 규모는 2011년 기준으로 14조 2840억 달러를 기록, 전 세계의 20.5%를 차지했다. 공산품 및 농산물 시장개방은 물론 무역·투자 규범, 서비스시장 개방, 기술표준 단일화 등도 협상의제에 포함된다. 동북아시아 경제통합을 위한 물꼬는 일단 텄지만, 3국 간 정치·경제적 이해관계가 복잡하게 얽혀있는데다 한·중·일 FTA에 접근하는 각국의 속사정도 제각각이어서 협상타결까지는 난항이 예상된다. 한·중, 한·일 FTA 협상 과정에서 불거졌던 농산물시장 개방이 첨예한 협상쟁점으로 떠오를 것으로 보인다.

제12차 한·중·일 자유무역협정(FTA) 공식 협상이 2017년 4월 10일부터 13일까지 일본 동경에서 열렸다. 제12차 협상에서는 상품 협상지침(모댈리티), 서비스 자유화 방식, 투자 유보협상 등 핵심 쟁점분야에서 진전방안을 지속 모색하고, 지난 협상 때 논의한 금융·통신·자연인의 이동 외 전자상거래·지재권·정부조달·경쟁 등 분야 협상도 추가로 개최하는 등 협정 전반에 걸쳐 논의를 심화하였다.

표 7-23	한 · 중 · 일 3국 경제규모(2011년 기준)
무역규모	6조 3,990억 달러(전세계 17.5%)
인구	15억 2,100만 명(전세계 21.8%)
명목 GDP	14조 2,830억 달러(전세계 20.5%)

① 한국의 입장

한 · 중 · 일 FTA에 적극적인 중국과 일본에 비해 한국은 상대적으로 느긋하다. 세계 2대 경제권인 미국, 유럽연합(EU)과 이미 FTA를 발효시킨데다 아시아 지역 내 경제주도권을 놓고 경쟁하는 중국과 일본의 신경전에 굳이 휩쓸릴 필요가 없다는 입장이다. 정부는 느슨한 형태의 한 · 중 · 일 FTA가 향후 진행될 한 · 일 FTA 협상의 기본적인 협상 뼈대가 될 것으로 기대하고 있다. 산업통상자원부 관계자는 "한 · 중 · 일 FTA 협상은 역내 무역관세를 바로 철폐하는데 초점을 맞추기보다 3국 간 무역자유화의 기본 프레임을 짜는데 집중할 것"이라며 "한 · 중 · 일 FTA라는 큰 우산을 우선 펼쳐놓고, 그 우산 밑에서 각국 간 양자 FTA로 세밀하게 보완한다고 생각하면 된다"고 설명했다. 한국은 2013년 4월 5차 협상이 진행되는 한 · 중 FTA와 한 · 중 · 일 FTA 협상을 동시에 이끌어가는 '투 트랙' 전략을 구사했었다.

정부는 한 · 중 · 일 FTA보다 아세안 10개국과 한 · 중 · 일, 호주, 뉴질랜드, 인도 등 16개국이 참여하는 역내포괄적경제동반자협정(RCEP)에 주력할 계획이다. 중국과 일본을 비롯해 아세안까지 한국의 1~3위 교역대상국이 모두 참여하는 만큼 다자 간 FTA 체결에 따른 기대효과가 훨씬 클 것이란 판단이다.

② 중국의 입장

중국은 한 · 중 · 일 FTA의 조기 체결을 강조하고 있다. 중국은 2008년 글로벌 금융위기 이후 미국 등 주요 수출 대상국의 수요둔화에 대응하기 위해 주변국과의 FTA 체결에 적극 나서고 있다. 역내 교역규모가 급증하고 있는 한국, 일본과의 무관세 동맹을 통해 아시아 내 경제적 영향력과 정치적 입지를 강화하겠다는 전략이다. 2011년 체결한 아세안과의 FTA와 한 · 중 · 일 FTA를 묶어 동남아에서 동북아로 이어지는 초대형 아시아 경제블록을 만들겠다는 구상을 세워놓고 있다.

미국을 견제하고 있는 중국은 한·미 FTA가 발효되고, 미국이 주도하는 환태평양경제동반자협정(TPP)에 일본이 참여하기로 결정하면서 한·중·일 FTA 추진 고삐를 바짝 당기고 있다. 한·중 FTA든, 한·중·일 FTA든 미국이 끼지 않는 FTA로 아시아 경제패권을 유지할 수 있다면 어느 쪽이든 좋다는 게 중국의 속내다. 그리하여 한국과는 한·중 FTA를 체결하여 2015년 발효가 되었다.

중국이 고수하고 있는 기본적인 FTA 협상 방식은 협상국들이 개방을 꺼려하는 분야를 제외하고 상호 희망하는 분야만 미리 발효시키는 이른바 '조기수확'(early harvest) 전략이다. 중국은 일단은 협상을 시작한 뒤 구체적인 실행안을 마련하는 방식으로 FTA파트너를 급속히 늘려가고 있다.

③ 일본의 입장

'FTA 후진국'인 일본은 한·중·일 FTA, 일·EU 경제동반자협정(EPA) 등 동시다발적인 FTA 추진을 통해 경제회생을 꾀하고 있다.

수출 경쟁국인 한국이 미국, EU와 FTA를 발효하면서 주요 선진국 시장에서 자동차, 전자제품 등 공산품 부문의 가격경쟁력을 잃고 있는데다, 한국과 중국이 양자 간 FTA를 타결하고 발효를 시작하면서 위기감을 더 느끼고 있다. 한·중·일 FTA에 참여하는 일본의 속내도 이런 초조함과 무관치 않다는 게 전문가들의 지적이다.

일본은 한·중·일 FTA와 동시에 미국이 주도하는 TPP 협상에도 참여했다. TPP는 미국, 캐나다, 호주 등 12개국이 참여하는 환태평양 경제블록이다. 또 EU와는 FTA 전 단계인 EPA 협상을 벌이기로 합의했다.

하지만 농산물 분야 시장개방에서 한국보다 더 폐쇄적인 입장을 보이는 일본의 FTA 전략이 얼마나 탄력을 받을지는 미지수다. 특히 미국이 중국을 견제하기 위해 추진하고 있는 TPP는 미국과 호주 등 일부 국가를 제외하곤 참여국들의 시장개방 의지가 낮아 협상이 장기간 표류할 가능성이 높다. 더구나 2017년 1월 미국이 발을 빼면서 일본이 주도하고 있으나 각국의 이해관계로 어려운 상황이다.

제 8 장 국제통상 관련기구(1)

제8장 국제통상 관련기구(1)

1. 무역거래 관련기구

1) WTO(세계무역기구)

WTO(세계무역기구)는 우루과이라운드 다자 간 무역협상의 타결로 마련된 세계무역기구 설립을 위한 마라케시협정(Marrakesh Agreement Establishing The World Trade Organization)에 근거하여 1995년 1월 1일 발족되었다. 기존의 관세 및 무역에 관한 일반협정(GATT)을 흡수, 통합해 명실 공히 세계무역질서를 세우고 UR협정의 이행을 감시하는 역할을 하는 국제기구이다. 그리하여 국제무역 분쟁에 대한 중재권과 세계무역자유화 역할을 강화시켜 정식 국제기구로 탄생한 것이다.

(1) 협상배경

① 국제무역기구(International Trade Organization: ITO)의 실패

제2차 세계대전 이후 미국은 IMF, IBRD 및 ITO 3개 국제기구 설립을 통해 환율안정, 부흥개발기금 제공 및 자유무역체제(소위 Bretton Woods System) 확립을 추진하였다. 그러나 하바나헌장(Havana Charter)에 대한 미국 의회의 강력한 반대로 동 헌장이 발효하지 못하게 됨에 따라 ITO 설립은 무산되었다. 이에 따라 하바나헌장의 내용을 대폭 축소하여 각국의 합의가 이루어진 부분만을 발췌하여 이를 잠정적으로 수용한 것이 현재의 GATT 체제로 1948년 1월 1일 GATT가 정식 발효되었다.

② GATT체제의 문제점

GATT는 법적 국제기구로서의 성격을 갖추지 못했을 뿐더러 권한도 극히 제한되어 있었다. 그리하여 GATT는 당초 잠정적으로 채택되었으며(제29조 제2항), 많은 예외규정을 두고 있어 협정 참여국들의 불공정행위 및 자위적 행위를 효율적으로 규제하기 어려워 국제협정으로서의 법적 구속력이 약했다. 이러한 GATT 체제는 경제 강대국의 불공정 행위 및 자의적 행위를 효율적으로 규제하는데는 부적절한 기구였다.

③ 다자 간 무역기구(MTO) 설립 추진

1986년 개시된 UR 협상은 현행 GATT체제의 제반 문제점을 해결하고자 GATT체제를 다자 간 무역기구로 발전시키는 작업을 UR협상의 교섭과제 중의 하나로 채택하고, 수년 간에 걸친 UR협상 참가국 간의 토의를 거친 후 1991년 12월 던켈 초안(Dunkel's Draft Final Act)에 다자 간 무역기구(MTO) 설립 협정안이 포함되어 제시되었다. 당초 '세계' 대신 '다자 간'이란 뜻을 담고 있는 'multilateral'이란 말을 붙여 다자 간 무역기구(MTO)로 명명됐었다. 하지만 미국은 자국의 통상분야에서의 주권침해 가능성을 우려 MTO 설립을 계속 반대하였으나, 1993년 12월초 EC와의 최종 협상과정에서 MTO 설립에 합의하였다.

1993년 12월 15일 최종 수석대표회의시 미국측은 동 기구 명칭을 MTO에서 세계무역기구(WTO)로 변경할 것을 수정 제안하였고, 동일 개최된 무역협상위원회(Trade Negotiations Committee, TNC)에서 채택되어 설립이 되었다.

(2) 주요 내용

① 협정문의 구성

세계무역기구의 범위 · 기능 · 구조 · 사무국설치 · 예산 · 지위 · 의사결정 · 가입 · 발효 · 탈퇴 등에 대해서는 서문, 16개 조문 및 4개의 부속서로 구성된 세계무역기구 설립을 위한 마라케시협정에 상세히 규정되어 있다.

세계무역기구는 WTO설립협정, 17개(부속서 1~3)의 다자 간 무역협정, 4개(부속서 4)의 복수 국가 간 무역협정의 관리 · 운영을 위한 제도적인 틀을 제공하게 된다.

동협정의 부속서 1에 포함된 1994년 GATT, 농업에 관한 협정, 보조금 및 상계조치에 관한 협정, 반덤핑에 관한 협정, 긴급수입제한조치에 관한 협정 등 13개로 구성된 상품무역에 관한 협정과 서비스무역에 관한 협정 및 부속서, 무역관련 지식재산권에 관한 협정, 부속서 2에 분쟁해결규칙 및 절차에 관한 양해, 부속서 3에 무역정책검토제도 등 다자 간 무역협정은 모든 회원국에 대해서 적용된다.

반면 부속서 4의 민간항공기 무역에 관한 협정, 정부조달에 관한 협정, 국제낙농협정, 국제우육협정 등 4개의 부수 국가 간 협정은 개별협정을 수락하는 회원국 간에만 적용된다.

② WTO 협정과 부속협정과의 관계

제2조에서 WTO 협정과 부속협정과의 관계에 대하여 다자 간 무역협정(17개)은 WTO 협정의 불가분의 일부를 구성하고, 복수국 간 무역협정(4개)은 수락국에 한하여 WTO협정의 일부를 구성하도록 하고 있으며, 1994년도 GATT와 1947년도 GATT는 법적으로 구별됨을 명시하고 있다.

③ WTO의 기능

세계무역기구는 동협정의 부속서에 포함된 협정 및 관련 법적 문서와 관련된 사항에 관하여 제3조에서 회원국 간 무역관계의 수행을 위한 공동의 제도적인 틀을 제공한다. 하나는 WTO 설립협정 및 다자 간 무역협정의 이행, 관리 및 운영을 위한 틀을 제공하고, 다른 하나는 다자 간 무역관계에 관한 협상의 장 및 동 협상 결과 이행을 위한 틀을 제공하는 것이다.

④ WTO의 구조

WTO의 구조는 다음과 같다.

각료회의는 WTO의 기능 수행을 위하여 필요한 조치를 이행하고 다자 간 무역협정의 모든 사항에 대하여 결정권한을 보유하고 있으며, 최소 2년에 1회 개최하도록 되어 있다.

또한 일반이사회는 각국 분담금 등에 관한 재정규정 및 연간 예산안을 채택하며 산하에 상품교역에 관한 이사회, 서비스교역에 관한 이사회, 지식재산권이사회 등 3개의 특별이사회가 설치되어 있다. 일반이사회는 각료회의 비회기 중 각료회의의 기능을 수행하는데, 모든 회원국의 대표로 구성되고 필요에 따라 개최된다.

일반이사회는 또한 분쟁해결기구, 무역정책검토기구로서의 역할을 수행한다. 상품무역이사회, 서비스무역이사회 및 무역관련 지식재산권이사회는 일반이사회의 지도에 따라 운영되며 필요에 따라 개최된다.

무역개발위원회, 국제수지제한위원회 및 예산·재정·관리위원회는 각료회의에

의하여 설치되고 WTO 설립협정 및 다자 간 무역협정 그리고 일반이사회가 부여하는 기능을 수행한다.

⑤ 사무국 설치

제6조 및 제16조에서는 WTO 협정 발효시 현재 GATT사무국은 WTO사무국으로 자동 전환되며, 각료회의에서 사무총장을 임명하고, 사무총장의 권한, 의무, 임기 등에 관한 규정 채택하고 있다. 단, WTO 각료회의 개최 시까지 GATT 사무총장이 WTO 사무총장직 수행한다.

⑥ 예산 및 분담금

제7조의 재정관련 규정은 GATT 규정과 관행을 준용(분담금은 각국이 세계무역량에서 차지하는 비율에 따라 산정)한다.

⑦ WTO의 지위

WTO의 제8조 지위에서 WTO는 법인격과 기능수행에 필요한 법적 능력 보유를 명시하고 기능수행에 필요한 특권 및 면제 향유, 그리고 본부협정 체결 가능에 대하여 규정하였다.

⑧ 의사결정

WTO 제9조 의사결정은 GATT의 관례를 따라 전원 합의방식을 유지하되, 회의 참가국의 명백한 반대가 없으면, 만장일치로 채택된 것으로 간주한다. 컨센서스가 이루어지지 않을 경우, 원칙적으로 투표국의 과반수로 결정하는데 각 회원국에게 하나의 투표권을 부여한다. 협정해석의 채택 및 회원국의 의무면제(Waiver)에 대한 결정은 회원국 4분의 3 다수결에 의한다(GATT규정: 투표국의 2/3 다수결). 회원국은 1995년 1월 1일 WTO설립협정 발효 시 가입한 76개국의 원회원국과 그 이후 추가로 가입한 일반회원국 88개국 등 총 164개국(2017년 8월 현재)이다.

⑨ 개정

최혜국대우, 의무면제, 양허표 관련조항의 개정은 모든 회원국의 찬성 필요하다. 그 외의 규정에 대한 개정안은 회원국 2/3 다수결로 회원국에게 수락을 위하여 제출되며, 회원국의 권리와 의무를 변경시키는 성격의 개정은 회원국 2/3의 수락으로 수락회원국에게만 발효되며, 기타 성격의 개정은 회원국 2/3의 수락으로 전회원국에게 발효된다.

⑩ 원회원국(제11조)

현 GATT 회원국 중 협정 발효일 현재 동 협정을 수락하고 이행계획서를 제출한 국가는 원회원국이 된다.

⑪ 가입과 탈퇴

제12조 WTO 가입은 각료회의에서 회원국 3분의 2 다수결에 의해 결정되며, 1997년 1월 1일 이후 가입되는 회원국은 가입 작업반 설치 또는 별도의 양허협상이 필요하다. WTO회원국은 6개월 전에 통지로서 탈퇴가 가능하다. 각 회원국은 자기 나라의 법률규정, 행정절차를 부속협정에 규정된 자기 나라의 의무에 합치시켜야 한다. 신규 회원국의 WTO 가입은 가입협상을 거쳐 각료회의 2/3 다수결로 결정한다.

⑫ 수락, 발효 및 수락서 기탁(제14조)

WTO 설립협정은 1995년 1월 1일까지 또는 그 이후 가능한 한 조속히 발효한다. WTO 설립협정 발효일 이전 비준절차를 완료하지 못한 원회원국이라 하더라도 발효일로 부터 2년 이내에 비준할 경우 별도의 가입절차를 밟지 않고 WTO 협정수락이 가능하다. 제14조 제1항은 "이 협정은 서명 또는 다른 방법에 의하여 이 협정 제11조에 따라 세계무역기구의 회원국이 될 자격이 있는 1947년도 GATT 체약당사자 및 구주 공동체의 수락을 위하여 개방된다." 이러한 수락은 이 협정 및 이 협정에 부속된 다자 간 무역협정에 적용된다. 이 협정과 이 협정에 부속된 다자 간 무역협정은 우루과이라운드 다자 간 무역협상 결과를 구현하는 최종 의정서 제3항에 따라 각료들이 결정하는 날 발효하며, 각료들이 달리 결정하지 않는 한 그날로부터 2년의 기간 동안 수락을 위하여 개방된다. 이 협정 발효 이후의 수락은 수락한 날로부터 30일째 되는 날 발효한다." 그러나 이 경우에도 발효일로 부터 자국에 대해 발생되는 모든 의무는 WTO협정 발효시 가입했던 것과 같은 수준으로 이행된다. 제2항에서는 "이 협정 발효이후 이 협정을 수락하는 회원국은 이 협정 발효와 함께 개시되는 기간에 걸쳐 이행하여야 하는 다자 간 무역협정의 양허 및 의무를 이 협정 발효일에 이 협정을 수락한 것처럼 이행한다."

⑬ 국내법의 WTO 협정에의 일치

제16조 제4항에서는 WTO 회원국에게 국내법을 WTO 협정에 일치시킬 의무를 부여하고 있다. 즉, "각 회원국은 자기나라의 법률, 규정 및 행정절차가 부속 협정

에 규정된 자기나라의 의무에 합치될 것을 보장한다."

또한 제16조 제5항에서 WTO 설립협정 어느 조항에 대해서도 유보를 할 수 없도록 규정하고 있는데, "이 협정의 어느 규정에 대하여서도 유보할 수 없다. 다자간 무역협정의 규정에 대한 유보는 동 협정에 명시된 범위 내에서만 할 수 있다. 복수국 간 무역협정의 규정에 대한 유보는 동 협정의 규정에 따른다"고 하고 있다. 다만, 일부 부속 협정에 대해서는 명시된 범위 내에서 부분적 유보가 허용된다. 그러나 이 경우에도 모든 회원국들의 동의를 조건으로 하고 있어 유보가 사실상 불가능하게 되어 있다.

※ 유보가능협정

- 무역에 대한 기술장벽에 관한 협정(회원국 전원 합의 필요)
- 반덤핑 협정(회원국 전원 합의 필요)
- 관세평가 협정(회원국 전원 합의 필요)
- 수입허가 절차에 관한 협정(회원국 전원 합의 필요)
- 보조금 및 상계조치에 관한 협정(회원국 전원 합의 필요)
- 무역관련 지식재산권에 관한 협정(회원국 전원 합의 필요)

(3) 평가

미국은 UR 협상 전 과정을 통해 다자 간 무역기구(WTO) 설립에 강력한 반대의사를 견지해왔다. 이러한 미국의 입장은 법인격을 가지고 보다 강화된 법적 구속력을 지닌 다자 간 무역기구가 국제무역문제를 관할하게 될 경우, 미국 의회의 대외 통상 권한이 약화될 것을 우려한 의회측의 반대에 기인한다. 특히 미국은 각국 국내법의 WTO 규정 일치 의무가 301조의 계속 유지에 영향을 미치지 않는다고 해석하고 있어 향후 논란의 소지가 상존하고 있는 상태이다.

특히 법인격을 갖는 상설기구 설치, 국내법의 WTO 규정 일치 의무 및 다수결에 의한 의사결정에 대한 미국의 강력한 반대에 따라 UR협상 최종 순간까지 WTO 설립여부가 불투명하였으나, 1993년 12월 미국과 EC 간 협의를 통해 아래와 같은 타협안에 합의함으로써 WTO 설립이 가능했다.

① 법인격을 갖는 상설기구를 설립하되, 국내법의 WTO 규정일치 의무에 대한 표현을 약화하고, 의사결정시 원칙적으로 현행 GATT의 컨센서스 제도를 계속 유지한다.

② 단, 컨센서스가 불가능할 경우 다수결에 의해 결정하는 방안에 관해 미국측

이 양보는 하였으나, 표결에 의한 결정을 예방하기 위해 컨센서스의 형식을 최대한 활용하게 될 것으로 예상된다.

③ 조부조항(祖父條項, Grandfather Clause)은 철폐하되 예외적으로 미국의 Jones Act 관련 내용만 5년 간 잠정 인정하나, 일본측 주장에 따라 동 기간 중 매2년마다 존속여부를 검토키로 합의함으로써, 기존 GATT 체제하에서 인정되었던 주요 선진국들의 조부조항을 불인정하는데 성공하였다.

※ Jones Act(1920년 제정 해운법 : Merchant and Marine Act) 제27조
: 미국 연안해운에 있어서는 미국 내 건조선박만 영업 허용

선진국과 개도국 간 이견이 있었던 환경문제에 대한 작업계획과 '무역환경위원회' 설치는 94년 4월 마라케쉬 각료회의에서 설치키로 결정하였고, 또한 94년 4월 마라케쉬 각료회의에서 채택된 WTO 준비위원회 결정문(8-C-Ⅲ항)에 따라 WTO 준비위원회에서 추가 의제를 논의할 수 있게 되었으며, 새로운 이슈에 대한 다자차원에서의 본격적인 협상은 WTO체제 출범이후 빠른 시일 내에 개시될 것으로 전망이 된다.

추가 의제 대상(마라케쉬 각료회의 의장 폐회사에서 열거)은 노동, 이민정책, 경쟁정책, 투자, 지역주의, 무역과 금융정책과의 관계, 무역과 경제개발, 국내법의 역외적용 등이다.

2) UNCTAD(유엔 무역개발회의)

(1) UNCTAD의 탄생 배경

1950년대에 있어서 남북 간의 경제적 격차는 무역과 경제성장에 의해 더욱 심화되었다. 선진국의 무역은 계속 증가하는 추세였으나, 개발도상국의 수출은 1차 상품이 주종을 이루고 있어 1차 상품 수출의 경우 교역조건의 악화는 물론 국제수지의 적자로 계속 악화되는 추세였다. GATT에서 개도국의 무역확대를 저해하는 요인으로 선진국측의 수입제한과 고율관세 등을 지적하고 이의 완화 내지 철폐를 권고하였으나 별다른 성과를 거두지 못하였다. GATT는 개발도상국의 무역문제에 대한 해결에 미온적이었으므로 개발도상국들은 선진국 위주의 GATT체제를 비난하고 남북문제를 UN에서 정식으로 논의하기에 이르렀다.

프레비쉬는 자신의 보고서에서 후진국의 선진국에 대한 농산품 수출에 의해 소득

증대방안을 촉구하고, 후진국의 공산품 수출에 대한 선진국의 관세특혜조치를 촉구하였다.

UN 경제사회이사회는 개도국의 취지를 받아들여 선진국의 동의를 얻어 준비위원회를 구성하고, 1964년 프레비쉬 보고서의 발표 후 UNCTAD가 탄생·개최하게 되었다.

(2) UNCTAD의 성과

GATT가 국제무역질서를 관장하여 세계후생의 증진에 기여하는데 주목적이 있는데 반하여, UNCTAD는 선진국과 개발도상국 간의 소득재분배를 다루고 있는 것이 특징이다. 개도국 및 후진국에 대한 저개발의 책임소재에 관한 선·후진국 간 인식차이는 좁혀지지 않았으며, 선진국은 GATT를 고수하는 반면에 저개발국은 UNCTAD를 고수하는 등 기존 국제무역질서에 대한 입장차이도 계속되었다. UNCTAD의 성과라면 일반특혜관세제도(GSP)와 개도국의 입장을 대변하는 역할을 하였다는데 의미가 있다.

3) UNCITRAL(유엔 국제무역법위원회)

UNCITRAL(United Nations Commission on International Trade Law)은 국제 간에 거래되는 무역과 거래에 관한 상법을 제정하는 국제연합(United Nations, UN) 총회의 보조기관이다. UNCITRAL은 1966년 UN 제21차 총회의 결의에 의해 국제상거래법의 전진적인 조화와 통일을 목적으로 하여 설립되었다. 설립 당시에는 UN총회의 선거에 의하여 아프리카 7개국, 아시아 5개국, 동유럽 4개국, 라틴아메리카 5개국, 서유럽 및 기타 8개국 등 29개국으로 구성되었다. 위원회는 제1차 총회를 1968년 뉴욕에서, 제2차 총회를 1969년 제네바에서 개최한 후, 뉴욕과 제네바에서 교대로 해마다 총회를 열고 있으며, 그 보고서는 그 해의 UN총회에서 심의된다. 1996년 6월에는 전자상거래 모델법(UNCITRAL Model Law on Electronic Commerce)을 채택하고 국제 간 거래에 있어 전자상거래의 사용을 합법화할 법률적 기초를 제공하고 있다.

회원국은 UN총회를 통해 선출된다. 2010년 현재 UN총회에서 선출된 60개국으로 구성되어 있으며 본부는 오스트리아 빈에 있다. 지리적으로 아프리카 14국, 아시아 14국, 동유럽 8국, 라틴 아메리카 10국, 서유럽 14개국으로 이루어져 있다.

회원국의 임기는 6년으로, 3년마다 반수가 다시 선출된다.

위원회는 연 1회 뉴욕의 국제연합 본부(짝수 년)와 빈의 비엔나 국제센터(홀수 년)에서 교대로 회기를 연다. 위원회에는 담당업무를 수행하기 위해 아래의 여섯 개의 워킹 그룹이 설치되어 있다. 각 워킹 그룹은 1년에 1회 또는 2회 회기를 여는 것이 통상이며, 이것도 뉴욕과 빈에서 교대로 개최된다.

워킹 그룹 I 조달
워킹 그룹 II 중재 및 조정
워킹 그룹 III 온라인 분쟁 해결(online dispute resolution)
워킹 그룹 IV 전자 상거래
워킹 그룹 V 도산법
워킹 그룹 VI 담보권

위원회가 작성한 조약, 모델법 등의 문서에는 다음과 같은 것이 있다.

(1) 국제상사 중재・조정

: 워킹 그룹 II가 담당하고 있다.

- 외국 중재 판단의 승인 및 집행에 관한 조약(뉴욕 조약, 1958년)
- UNCITRAL 중재 규칙(1976년)
- UNCITRAL 상사 조정 규칙(1980년)
- UNCITRAL 중재 규칙에 근거하는 중재에 관계된 중재 기관 및 그 외의 관련 기관을 지원하기 위한 권고(1982년)
- 국제상사 중재에 관한 UNCITRAL 모델법(1985년)
- 중재 수속의 조직에 관한 UNCITRAL 각서(1996년)
- 국제상사 조정에 관한 UNCITRAL 모델법(2002년)
- 개정 UNCITRAL 국제상사 중재 모델법(2006년)
- 1958년 외국 중재 판단의 승인 및 집행에 관한 조약의 제II조 제2항 및 제VII조 제1항의 해석에 관한 권고(2006년)
- UNCITRAL 중재 규칙(2010년)

(2) 국제물품매매 및 관련하는 거래

: 워킹 그룹 I~VI의 업무와 관련 있다.

- 동산의 국제적 매매에 있어서의 제한 기간에 관한 조약(1974년)
- 국제물품매매 계약에 관한 국제연합 협약(1980년)
- 불이행에 임해 지불해야 할 약정액에 대한 계약 조항에 관한 통일 규칙(1983년)
- 국제 담보 무역업무에 관한 UNCITRAL 법률 가이드(1992년)

(3) 담보권

: 워킹 그룹 VI가 담당하고 있다.

- 국제거래에 있어서의 수취 계산의 양도에 관한 유엔 조약(2001년)
- 담보거래에 관한 UNCITRAL 입법 가이드(2007년)
- 담보거래에 관한 UNCITRAL 입법 가이드 : 지식재산권에 있어서의 담보권에 관한 추가 보충(2010년)

(4) 도산(지불 불능)

: 워킹 그룹 V가 담당하고 있다.

- 국경을 넘은 지불 불능에 관한 UNCITRAL 모델법(1997년)
- 도산법에 관한 UNCITRAL 입법 가이드(2004년)
- 국경을 넘은 지불 불능에 대한 협력에 관한 UNCITRAL 실무 가이드(2009년)

(5) 국제결제

: 워킹 그룹 I~VI의 업무와 관련 있다.

- 국제 환어음 및 국제 약속어음에 관한 유엔 조약(1988년)
- 국제 입금에 관한 UNCITRAL 모델법(1992년)
- 독립 보증 및 스탠바이 신용장에 관한 유엔 조약(1995년)

(6) 국제물품운송

: 워킹 그룹 I~VI의 업무와 관련 있다.

- 유엔 해상물품 운송 조약(Hamburg Rules, 1978년)
- 국제적인 운송 및 책임에 관한 여러 조약에 있어서의 책임 제한의 조정을 위한 통화 단위 조항 등의 조항안(1982년)
- 국제 상거래에 있어서 운송 터미널 · 오퍼레이터의 법적 책임에 관한 유엔

조약(1991년)

- 전부 또는 일부를 해상에 의한 국제 물품 운송을 위한 계약에 관한 유엔 조약(Rotterdam Rules, 2008년)

(7) 전자상거래

: 워킹 그룹 IV가 담당하고 있다.

- 컴퓨터 기록의 법적 가치에 관한 권고(1985년)
- 전자상거래에 관한 UNCITRAL 모델법(1996년)
- 전자서명에 관한 UNCITRAL 모델법(2001년)
- 국제계약에 있어서의 전자통신의 사용에 관한 유엔 조약(2005년)
- 간행물 「전자상거래에의 신뢰의 촉진 : 전자 인증 및 서명 방법의 국제적 사용에 관한 법적 문제」(2007년)

(8) 조달 및 인프라 정비

: 워킹 그룹 I가 담당하고 있다.

- 국제적 공업 시설 건설 공급 계약에 관한 UNCITRAL 법률 가이드(1987년)
- 물품 및 공사의 조달에 관한 UNCITRAL 모델법(1993년)
- 물품, 공사 및 서비스의 조달에 관한 UNCITRAL 모델법(1994년)
- 민간 융자 인프라 정비 프로젝트에 관한 UNCITRAL 입법 가이드(2000년)
- 민간 융자의 인프라 정비 프로젝트에 관한 UNCITRAL 모델 입법 규정(2003년)

4) ICC(국제상업회의소)

ICC(International Chamber of Commerce)는 세계 133개국의 기업이 회원으로 가입된 민간 국제경제기구로 국제 간 상업거래의 정상화와 민간기업의 이익을 국제적으로 대변하고자 설립되었다. 1919년 미국 상공회의소가 전 세계의 상공회의소의 결합을 제창하여 이듬해 1920년에 프랑스 파리에 본부를 창설하였다. 한국은 1959년에 가입하였으며, 북한은 1999년에 가입했다. 세계상공회의소는 세계 경제의 발전 촉진, 전 세계 기업계의 이익 대변, 자유롭고 공정한 경쟁을 바탕으로 한 세계무역 및 투자촉진, 무역관행의 일치화 추구, 기업활동에 필요한 실무서비스 제공 등을 목적으로 한다.

그동안의 주요 활동으로는 국제중재재판소를 통한 국제거래에 따른 분쟁 해결과 신용장 통일규칙, 복합운송증권 통일규칙, 계약보증에 관한 통일규칙, 중재에 관한 통일규칙, 추심에 관한 통일규칙 등 국제 간 거래에 필요한 규칙을 제정하였다.

ICC는 2년에 1회 열리는 총회를 비롯 이사회 · 집행위원회 · 전문위원회 · 사무국 등과 부설기구인 국제중재재판소 · 국제중재위원회 · 상공회의소 국제사무국 등의 조직으로 이루어져 있다. 최고기관은 정기총회로 2년마다(짝수 해) 다른 나라에서 개최되며 이때 일반정책과 활동방침을 결정한다. 관리운영기관은 각국의 국내위원회의 대표자로 구성되는 이사회이며, 사업의 집행기관으로 5개 부문의 위원회가 설치되어, 상업 · 금융기관 · 생산과 분배 · 운수와 통신 · 법률과 상관습 및 지역관계의 각 분야의 조사 · 연구 활동을 실시하며 신용장통일규칙 · 거래통일규칙의 책정에 노력한다. 국제상업회의소의 중재재판소는 국제 간의 상공업 분쟁에 관여하여 신속한 해결의 수단을 제공하는 것으로 널리 인정받고 있다.

ICC 산하기관에는 국제중재재판소(ICC, International Court of Arbitration)와 세계상공회의소연맹(WCF, World Chambers Federation) 등이 있는데, 국제중재재판소는 중재, DOCDEX(신용장분쟁 전문규칙) 등을 통해 국제상업 분쟁을 합리적으로 해결하는 세계 최대의 국제중재기관이다. WCF는 통관절차의 신속, 간편화를 위한 아타카르네 제도 운영 및 전 세계 상공회의소를 네트워킹으로 연결하는 WCN(World Chambers Networks)구축 등의 활동을 펼치는 상공회의소만의 공동협의채널로 현재 140여개 국가의 상공회의소가 가입되어 있다. WCF는 2년마다 세계상공회의소총회(World Chambers Congress)를 개최하며, 2001년에는 서울에서 2차 총회가 개최되어, 전 세계 130여 개 국 271개 상공회의소에서 1,200여 명의 주요인사가 참가하였다. 본부는 프랑스 파리에 있다.

한국은 1951년 가입하여 1959년 ICC 한국위원회(Korea National Committee)를 설립하였다. 또한 1985년 제6차 연차총회(Conference)를 서울에 유치, 전 세계 40여 개 국가 350여 명의 각국 대표들이 모여 “세계 경제성장의 원동력으로서의 아시아 태평양 지역”을 주제로 토론하였다. 2002년 11월에는 박용성 상공회의소 회장이 동아시아지역에서는 처음으로 ICC부회장으로 선임되었으며, ICC정관에 따라 2년 후에 자동적으로 ICC회장직을 역임했다.

5) WCO(세계관세기구)

WCO(World Customs Organization)는 벨기에 브뤼셀에 본부를 두고 있는 국제기구이다. 현재 전 세계 총 174개 회원국이 참여하고 있으며 관세 커뮤니티의 대변인 역할을 담당하고 있다. 관세에 관한 국제협약 개발, 상품분류, 관세평가, 원산지, 관세 세입징수, 물류 공급망 안전, 국제무역 원활화, 관세 조사 감시, 위조방지 등 지식재산권 보호, 세관 공무원 청렴성, 세관 현대화를 위한 능력개발 등이 주된 업무이다. 또한 세계관세기구는 국제통일상품분류협약(The International Convention on the Harmonized Commodity Description and Coding System)과 세계무역기구(World Trade Organization)의 관세평가 협정(Agreement on Customs Valuation), 그리고 원산지협정(Agreement on Rules of Origin)의 기술 부문을 담당하고 있다.

(1) 역사

유럽의 13개 국가는 1947년에 관세 및 무역에 관한 일반협정(GATT) 중 관세에 관한 사항을 논의하기 위해 스터디 그룹을 결정하였다. 이러한 노력은 1950년 관세협력위원회(Customs Co-operation Council)의 채택으로 이어졌고, 1953년 1월 26일 마침내 17개 회원국이 관세협력위원회를 정식으로 창설하였다. 이후 회원국이 전 세계로 확대됨에 따라 1994년부터는 현재의 명칭인 세계관세기구를 사용하였다. 오늘날 세계관세기구는 전 세계 물동량의 98% 이상에 관한 관세사항을 총괄하고 있다.

(2) 비전과 목표

세계관세기구는 관세분야에 관한 국제적인 이슈의 개발과 전파, 세관 현대화 작업 등을 주도하고 있다. 즉, 세관 행정의 모범 사례를 제시함으로 회원국의 필요에 부응하고 있다. 세계관세기구의 기본 목표는 세입확충, 국가안전, 무역원활화, 공동체 보호, 무역통계 작성 등을 통해 회원국 세관 행정의 효율성과 효과성을 제고함으로 국가발전에 기여하는 것이다.

(3) 협약

세계관세기구는 목표를 달성하기 위해 아래의 협약을 운용하고 있다.

① **국제통일상품분류협약**(The International Convention on the Harmonized Commodity Description and Coding System)

동 협약은 1983년 채택되고 1988년부터 발효된 것으로 체계적인 상품분류를 통해 관세율 책정과 국제 무역 통계작성에 관한 기반을 제공하고 있다. 즉, 5000여 개의 개별상품 각각에 대해 6단위의 코드를 체계적으로 부여하여 무역정책, 원산지 분류, 통제물자에 대한 모니터, 내국세 과세, 화물에 대한 관세, 교통통계, 가격정보 수집, 국민계정 통계작성, 경제조사와 분석 등에 활용하도록 하고 있다.

② **세관절차의 간소화 및 조화에 관한 국제협약**(The International Convention on the Simplification and Harmonization of Customs Procedures)

동 협약은 1974년에 채택되고 1999년에 개정된 것으로(개정 협약은 2006년 발효) 여기에는 세관절차 간소화에 대한 다수 원칙을 규정하고 있다.

i) 관세행정의 투명성과 예측성

ii) 통관절차 및 서류의 표준화와 간소화

iii) 공인된 사업자에 대한 간소화된 절차의 적용

iv) 정보기술의 최대한 활용

v) 세관 통제의 최소화

vi) 위험관리 및 감사 기능의 활용

vii) 여타 국경관리 기관과의 협력

viii) 무역부문과의 파트너쉽 등이다.

즉, 동 협정은 무역 원활화와 효과적인 세관 행정을 위한 기본적인 기준을 제시하고 있다. 참고로 동 개정교토협약은 유엔이 도입한 기후변화에 관한 교토협정과 명칭이 유사하나 다른 것이다.

③ **물품의 일시수입을 위한 일시수입통관증서에 관한 관세협약 및 이스탐불 협약**(ATA Convention and the Convention on Temporary Admission)

동 2건의 협약은 일시적으로 국경을 통과하는 물품에 대해 관세 및 세금의 유예를 허용하여 원활한 무역을 도모하는 것으로 ATA carnet(까르네) 증서에 의해 보장된다.

④ **세관의 청렴성에 관한 아루샤 선언**(The Arusha Declaration on Customs Integrity)

동 선언은 1993년에 채택되고 2003년에 개정된 것으로 비록 회원국에 대한 구속력은 없으나 세관공무원의 청렴성을 제고하고 세관행정의 부패를 방지하기 위한 기본원칙들을 담고 있다.

⑤ **무역안전과 원활화를 위한 세이프 프레임웍**(The SAFE Framework of Standards to Secure and Facilitate Global Trade)

동 프레임웍은 9·11 테러 이후 국제물류 안전이 핵심 이슈로 부상함에 따라 세계관세기구가 이를 수용하여 2003년 채택한 것이다. 동 프레임웍은 민간 사업자와의 협력을 강화하는 가운데 세관이 정한 일정한 기준을 충족하여 물류안전에 관한 공인인증을 받은 사업자(Authorized Economic Operator)에 대해서는 통관절차를 간소화함으로 공정무역을 촉진하고, 다른 한편으로 위험이 높은 부문에 대해서는 세관의 감시를 강화하는 것을 주된 내용으로 하고 있다.

(4) 행정조직

세계관세기구에는 실무를 담당하는 사무국(Secretariat)이 있고 사무국의 총괄 책임자인 사무총장은 회원국의 투표로 선출되며 현재 일본 출신의 구니오 미쿠리야(Mr. Kunio Mikuriya)가 2009년부터 담당하고 있다. 현 사무총장 미쿠리야는 효율적인 의사소통, 능력배양, 그리고 리서치 역량 강화를 중시하고 있다. 세계관세기구의 최고 의사결정기구는 전체 회원국이 참가하는 연차총회(연중 1회, 6월에 개최됨)이며 총회의장은 비상임직으로 회원국에 의해 선출된다. 아울러 산하에 있는 정책위원회(Policy Commission), 예산위원회(Financial Commission) 등은 주요 세부적인 의제를 논의한다. 이 밖에도 세계관세기구에는 상기에 전술한 협약들을 개정하고 발전시키기 위한 여러 개의 분과위원회를 두고 있다. 품목분류위원회(Harmonized System Committee), 상임기술위원회(Permanent Technical Committee), 관세평가위원회(Technical Committee on Customs on Valuation), 원산지위원회(Technical Committee on Rules of Origin), 능력배양위원회(Capacity Building Committee), 세이프 작업반(SAFE working group) 등이 그것이다.

2. 금융거래 관련기구

1) IMF(국제통화기금)

(1) 개요

IMF(International monetary Fund, 국제통화기금)는 1944년 체결된 브래튼우즈협정에 따라 1944년 12월 27일, 첫 29개 참가국의 동의서와 함께 공식적으로 인정되었다. 1947년 3월 1일부터 국제부흥개발은행(IBRD)과 함께 업무를 개시한 국제금융기구다. 이 두 기구를 총칭하여 브래튼우즈 기구라고도 하며, 국제연합과 협정을 맺어 전문기관이 되었다. 법정상 목표는 1944년 당시 때와 같다. 2017년 기준 가입국은 총 189개국이고, 148개국 2700명이 근무하고 있으며, 본부는 미국 워싱턴에 있다. 국제통화기금의 총재는 현재 프랑스인인 크리스틴 라가르드(Christine Lagarde)가 2011년 7월부터 업무를 수행하고 있으며, 2012년 3월 22일 중국인 경제학자 린젠하이(林建海)가 IMF의 사무총장으로 임명되어 업무를 수행 중이다.

총회・이사회・사무국과 그 밖에 20개국 재무장관위원회, 잠정위원회, 개발위원회 등이 있다. 최고기관인 총회는 각 가맹국이 임명하는 대표 1인과 대리 1인으로 구성되며, 회합은 연차회합과 임시로 열리는 특별회합이 있다.

IMF는 100억 달러로 출발해 여러 차례 증자를 통해 1970년 10월 30일부터 총액 289억 510만 달러가 되었다. 2016년 9월 현재 쿼터량은 668억 달러이며, 가맹국은 일정한 할당액에 따라 25%를 금으로, 75%를 자국 통화로 납입하도록 되어 있었으나 1978년 4월 신협정에 따라 금에 의한 납입은 SDR(Special Drawing Rights)로 납입하게 되었다. IMF가 인정할 경우, 다른 회원국 통화 또는 자국 통화로 납입할 수 있다. 할당액은 각 가맹국이 IMF의 자금을 이용할 때 대출한도를 정하는 기준이 된다. 특별인출권은 SDR(Special Drawing Rights)로 표시한다.

(2) 목적 및 활동

국제통화기금은 세계무역의 안정된 확대를 통하여 가맹국들의 고용증대, 소득증가, 생산자원개발에 기여하는 것을 궁극적인 목적으로 한다. 이를 위하여 다음과 같은 활동을 하고 있다.

① 외환시세 안정

제2차 세계대전 전 평가절하 경쟁이 세계경제를 혼란으로 빠뜨린 경험이 있어, IMF를 설립할 때는 외환시세의 안정을 중요하게 여겼다. 외환시세의 기초가 되는 각국 통화 환평가는 금 또는 미국 달러가치를 기준으로 표시한다. 각 가맹국은 IMF평가의 상하 각 1% 이내로 외환시세를 안정시킬 의무를 진다. 다만 가맹국의 경제에 기본적 불균형이 있을 경우에는 절상·절하 등 평가 변경을 인정하며, 10% 이내면 IMF의 사전 승인을 필요로 하지 않으나, 10% 이상이면 사전 승인이 필요하다. 그러나 이러한 원칙은 1971년 통화위기 때 무시되어 다각적인 평가조정이 이루어졌다.

② 외환제한 철폐

가맹국은 IMF의 목적을 달성하기 위하여 외환제한을 철폐할 의무가 있다. 첫째는 경상적 지불에 대한 외환제한의 철폐다. 가맹국은 IMF의 승인이 없는 한 상품무역이나 용역거래를 위한 지불에 제한을 해서는 안 된다. 둘째는 차별적인 통화조치의 철폐다. 쌍무적 무역협정이나 복수환율제 등 다른 나라와 다른 결제방법을 사용하거나 다른 외환시세를 적용해서는 안 된다. 셋째는 외국인 자국통화 보유 잔액의 교환성이다. 외국인이 보유하는 자국통화의 잔액을 요구하는 대로 금, 미국 달러, 상대국 통화로 교환해 주어야 한다. 이러한 외환제한의 철폐에 관해서는 IMF협정 제8조에 규정되어 있으며, 이를 승인한 나라를 IMF 8조국이라고 한다.

③ 자금 공여

가맹국의 국제수지가 일시적으로 불균형(적자)이 되었을 경우, 평가절하·수입제한을 피할 수 있도록 IMF가 외화자금을 공여할 수 있다. 이 경우 외화자금의 공여는 관계국 통화당국에 대해서만 이루어지며, 대가로 자국통화를 IMF에 지불한다. 이는 일반적으로 경상거래를 위한 지불에 필요한 경우에 한하며, 한 나라가 이용할 수 있는 외화자금의 양은 그 나라의 출자액의 125%까지고, 3~5년 이내에 상환하여야 했다.

1980년 IMF·IBRD 합동 연례총회에서 비산유 개발도상국의 부채 격증에 따른 국제수지 악화를 집중 논의하면서 IMF 융자한도 600% 확대, 개발도상국에 대한 경제구조 조정차관 확대 등을 합의하였다. 그러나 1981년에 열린 IMF·IBRD 합동 연례총회에서 선진국들이 긴축정책을 더욱 강화하기로 합의하여 빈국들에 대한 원조증대의 기대가 무산되었다.

(3) 운영자금

국제통화기금은 각국의 국제무역 규모, 국민소득액, 국제준비금보유량 등에 따라 회원국 정부의 출자로 이루어진다. 회원국은 일시적인 국제수지 불균형이 있을 경우 필요한 외환을 IMF로부터 자국통화로 구입할 수 있다. 또 회원국들의 일시적인 국제수지 불균형을 지원하기 위한 방편들도 마련하고 있다. 1952년 대기성 차관협정(Standby Arrangements)을 도입하여 회원국이 실질적 필요를 예상해서 미리 대출한도액을 협상할 수 있도록 하였다.

1961년에는 10개국이 대기성 차관(standby credit)을 제공하는 일반차입협정(General Arrangements to Borrow)을 체결하였다. 1963년에는 수출변동에 대한 보상금융제도(Compensatory Financing of Export Fluctuations)를 도입하여 개발도상국이 갑작스런 수출액 감소에 직면했을 때, 외환을 통제하거나 극심한 불황을 겪지 않고도 이에 대처할 수 있도록 해주는 방법이다. 국제거래의 규모가 확대되고 금융위기가 잇달아 발생함에 따라 국제수지 안정을 위해 쓰일 추가 준비금이 필요해지자, 1969년 10월 IMF 연례회의에서 국제유동성 공급을 영구적으로 확대하는 SDR 창설을 승인하였다. SDR로 인해 금이나 회원국들의 자국통화를 추가로 출자하지 않고도, 사실상 회원국들의 할당액이 증가하는 효과가 나타났다. 1986년부터는 IMF는 IBRD와 함께 빈곤한 나라들을 원조하기 위한 수십 억 달러의 공동대출자금을 새롭게 조성하였다. 각 회원국들은 국가별로 할당된 특별인출권(SDRs)의 지분만큼 투표권을 가진다. 주요국의 지분은 다음과 같다.

표 8-1 주요 국가의 특별인출권 지분

회원국	지분
미국	17.41%
일본	6.46%
중국	6.39%
독일	5.59%
영국	4.23%
프랑스	4.23%
이탈리아	3.16%
인도	2.75%
대한민국(16위)	1.80%

(4) SDR의 구성

중국의 위안화가 2016년 10월 1일 국제통화기금(IMF)의 특별인출권(SDR) 바스켓에 편입되었다. 위안화가 SDR를 구성해온 달러, 유로화, 엔화, 파운드화(영국) 등 기존의 주요 국제통화와 같은 위상을 갖게 됐다는 의미가 있다. 이번 편입은 5년마다 SDR 구성 통화를 평가 조정하는 IMF 집행이사회의 2015년 11월 30일 결정에 따른 것이다. SDR 바스켓 비율은 달러(41.73%), 유로화(30.93%), 위안화(10.92%), 엔화(8.3%), 파운드화(8.1%)로 구성되어 있다.

2) World Bank Group(세계은행그룹)

세계은행 그룹(World Bank Group, WBG)은 5개의 국제기관을 통칭하는 말이다. 세계은행 그룹은 회원국에게 경제개발 및 빈곤문제 해결에 대한 자문 및 경제적 지원을 담당한다. 세계은행 그룹은 비영리 국제기관이며, 회원국이 공유하는 형태를 취하고 있다. 현재 본부는 미국의 워싱턴 D.C.에 위치하고 있으며, 2017년 현재 189개 회원국이 있고, 170개국 이상에서 파견되어 근무하고 있으며, 해당국가에는 국가 소재의 사무소가 마련되어 있다. 현 총재는 김용이다.

(1) IBRD(국제부흥개발은행)

IBRD(International Bank for Reconstruction and Development)는 세계은행 그룹을 구성하는 5개 기구 중 하나이다. IBRD는 본래 제2차 세계대전 이후 황폐화된 국가들의 재건 비용을 조달해주기 위해 만들어진 국제기구였다. 현재는 그 역할이 확대되어 빈곤상태의 국가들을 구제하기 위한 역할도 수행하고 있다. IBRD의 재원은 그 회원국들이 지불하는 자금이다. 1944년 7월 1일에서 7월 22일까지 미국 뉴햄프셔 주 브래튼 우즈에서 행해진 UN 통화 재무 회의에서 이루어진 결의 사항에 따라 1945년 12월 27일 설립되었다.

IBRD는 2017년 9월 현재 189개의 회원국으로 구성되어 있으며, 국가와 공기업에 자금을 대출해 주는데 항시 정부(주권국)의 보증이 따라야 한다. 대출의 자금은 일차적으로 국제자금시장에서 융통되는 세계은행 채권으로 이루어지며 통상 연 120~150억 달러 수준이다. 이러한 채권들은 AAA(최상위)로 평가되는데, 이는 IBRD 회원국에 의해 후원되며 채무국의 보증이 있기 때문이다. 이러한 IBRD의 신용등급 덕분에 상대적으로 저금리에 자금을 대출할 수 있다. 하지만 대부분의 개발도상국은 신용등급이 낮은 경우가 많아서 IBRD는 운영상 간접비를 포함하여 보통 이율에 대해 1% 정도의 추가 이율을 적용하여 자금을 대출해준다.

(2) IDA(국제개발협회)

IDA(International Development Association)는 개도국의 경제개발을 돕기 위해 설립된 국제금융기관이다. 국제투자보증기구(MIGA)와 함께 구조조정을 지원하는 IBRD의 3대 산하기구 중 하나이다. IBRD의 자매기구로서 저소득 국가에 대한 경제개발과 생산성 향상을 돕기 위해 1960년 9월에 설립되었다. 세계은행이라고도 부르는 IBRD보다 좀 더 좋은 조건으로 융자해주기 위한 것인데 회원국이 되려면 먼저 세계은행에 가입해야 하며 임원진도 세계은행의 임원이 겸임한다. 재원은 부유한 회원국들의 기부금과 세계은행의 수익금을 전환하여 충당하며 본부는 미국 워싱턴에 있다. 융자대상국은 1인당 국민총소득 USD 1,165 이하의 최빈개도국으로 35~50년 거치 무이자로 융자를 해준다. 주요 수혜대상 국가들은 인도, 방글라데시, 파키스탄, 이집트, 인도네시아 등이 수혜하고 있다. 상환기간은 주로 50년으로 10년 거치 후, 다음 10년 간은 매년 원금의 1퍼센트, 나머지 30년 간은 3퍼센트씩 갚으며, 무이자에 매년 0.75퍼센트의 수수료만 물면 된다. 또한 차입국 국제수지에 미치는 영향을 고려하여 차입국 통화로 상환할 수도 있다. 한국은 1961년에 가입하였으며 2017년 현재 173개국이 가입하고 있다. 본부는 미국 워싱턴에 있다.

(3) IFC(국제금융공사)

IFC(International Finance Corporation)는 1956년 7월에 설립되었으며, 국제연합의 전문기구이다. IBRD의 자매기관으로 IBRD 가맹국은 가입할 수 있다. 개발도상국의 민간부문의 발전과 민간자본의 국제적 이동을 촉진하여 세계은행의 활동을 지원하기 위해 설립되었다.

정부의 지불보증 없이도 대출이 가능해 IBRD를 보완해 준다. 민간기업에 직접 투자하거나 융자해주고 주식에도 투자한다. 융자기간은 7~15년이며, 이자는 6~7%이다. 융자금액은 적지만 담보가 없어도 융자를 해주어 민간기업이 쉽게 대출을 받을 수 있다. 상환조건은 사정에 따라 융통성 있게 연장해주며 금리도 위험성, 수익성 등의 조건에 따라 결정된다.

융자는 개발도상국의 농업, 공업, 금융업 분야를 대상으로 하며 아시아, 라틴아메리카 지역에 대해 집중적으로 자본을 투자하기도 하였다. 투자와 융자 실적은 라틴아메리카 쪽이 60% 정도로 많았으나, 1989년 폴란드에 투자와 융자를 하여 동구권 시장 경제를 발전시키는데도 기여하였다.

IFC는 가맹국들의 대표로 이루어지는 총회와 세계은행의 이사, 이사 대리로 구성된 이사회가 있으며, 총재는 IBRD 총수가 겸하고 있다. 한국은 1964년 3월에 가입하여 1960~1970년대 많은 자금을 지원받았다. 가입국은 2017년 현재 184개국이다. 본부는 미국 워싱턴에 있다.

(4) MIGA(국제투자보증기구)

MIGA(Multilateral Investment Guarantee Agency)는 다자 간 투자보증기구라고도 하며, IBRD, IDA 및 IFC 등과 함께 세계은행으로 불린다.

국제통화기금(International Monetary Fund: IMF)과 국제부흥개발은행의 합동 연례총회가 1985년 10월 11일 한국 서울에서 개최되었을 때 이 기구의 설립을 서울협약으로 채택하고, 1986년 9월 IMF잠정위원회에서 만장일치로 그 세칙을 합의하여 1988년 설립하였다. 가입국 대표로 구성되는 총회와 이사회 등이 있다.

비 상업적 위험을 보증하고 투자를 크게 늘려 개발도상국에 대한 투자를 촉진하는 것이 목적이다. 비 상업적 위험이란 이전위험, 권리박탈위험, 계약위반위험, 전쟁 및 내란위험 등을 말한다. 그 밖에 정보기술 제공, 투자촉진협정 체결, 관련국 사이의 분쟁해결 등도 담당한다. 2017년 현재 181개 회원국이 가입되어 있고, 본부는 미국 워싱턴에 있다.

(5) ICSID(국제투자분쟁해결기구)

ICSID(International Centre for Settlement of Investment Disputes)는 1966년 국가와 다른 국가의 국민 간에 일어난 투자분쟁해결에 관한 협약(Convention on the Settlement of Investment Disputes between States and Nationals of Other States, ICSIDConvention)에 따라 설립된 세계은행 산하의 국제기구로, 본부는 미국 워싱턴 D.C.에 있다.

국가와 개인 간의 투자분쟁 해결에 필요한 여러 가지 편의를 제공하고자 하는 목적으로 만들어졌다. 주로 분쟁조정 절차를 관장하며, 연구 및 자문 업무를 한다. 운영위원회, 사무국, 조정위원회 및 중재위원단으로 구성되어 있으며, 운영위원회 의장직은 세계은행 회장이 겸직한다. 조정 및 중재 비용은 분쟁 당사자가 부담하며, 기구 유지비는 IBRD 출자지분에 비례하여 가맹국이 부담한다. 우리나라는 1967년에 가입하였으며, 2017년 현재 회원국은 161개국이다.

3) BIS(국제결제은행)

BIS(Bank for International Settlements)는 국제금융 안정을 목적으로 각 국가 중앙은행의 관계를 조율하는 국제 협력기구이다. 세계 각 국가가 금융기관의 안정성을 측정하는 지표로 사용하는 BIS 자기자본비율(BIS capital adequacy ratio)을 정해 발표하는 곳이기도 하다. 세계경제에 미치는 영향력이 커 '중앙은행의 중앙은행' 이라는 별칭도 갖고 있다. 국제결제은행이 처음 세워진 것은 1930년이다. 제1차 세계대전이 끝나고 서유럽과 미국 등 전쟁 승전국이 당면했던 문제는 독일로부터 배상을 받는 것이었다. 승전국들은 1930년 헤이그협정을 체결하고 독일로부터 배상금을 받아 이를 배분하는 전담기구로 국제결제은행을 세웠다. 국제결제은행은 설립 초기 결제기관 역할을 주로 하다가 제2차 세계대전 이후 각국 중앙은행의 협력관계를 돕는 기구로 성격이 바뀌었다. 1980년대 이후에는 경제위기를 겪었던 브라질, 아르헨티나 등 남미 국가들의 위기극복을 위해 자금을 대출하는 역할도 맡았다.

국제결제은행은 BIS 자기자본비율을 정하는 곳으로도 널리 알려져 있다. 자기자본비율은 은행이 가지고 있는 위험자산에 비해 자기자본이 어느 정도 되는지를 %로 나타낸 것이다. 자기자본비율이 높다는 것은 상대적으로 안정성이 높다는 뜻이며 반대로 이 비율이 낮으면 자기자본에 비해 위험자산이 지나치게 많아 은행 경영이 위험에 빠질 수도 있다는 뜻이다. 국제결제은행은 1988년 은행의 자기자본비율에 대한 기준치, 즉 BIS 자기자본비율을 발표했다. 처음 발표된 기준수치는 8%였다. 최소한 자기자본이 위험자산의 8% 이상이 돼야 건전한 은행으로 판단할 수 있다는 뜻이었다. 이때 발표된 기준을 '바젤 1'이라고 부른다. 한국은 이 제도를 1997년부터 의무화했다.

'바젤 1'은 2004년 발표된 '바젤 2'(시행은 2008년)와 2010년 발표된 '바젤 3'으로 이어졌다. '바젤 2'와 '바젤 3'에서는 BIS 자기자본비율을 8%로 유지하는 대신 위험자산의 계산 방식을 바꾸거나 기본 자기자본비율과 보통주 자본비율 등을 상향 조정함으로써 은행의 건전성 기준을 강화했다. 바젤Ⅲ는 국제결제은행(BIS)이 합의한 것으로, 2013년부터 2019년까지 금융기관이 단계적으로 충족해야 할 자기자본비율의 기준에 관한 국제금융협정을 말한다. 바젤Ⅲ의 주요 내용은, 금융기관의

BIS 기준 자기자본비율을 8% 이상 유지하되, 이 가운데 보통주 자본비율은 4.5% 이상, 기본자본(Tier 1) 비율은 6% 이상이어야 하며, 위기발생 가능성에 대비해 BIS 기준 자본과는 별도로 보통주 자본을 추가로 쌓도록 한 '완충자본', 위기 시 감독당국이 임의로 추가자본 확보를 지시할 수 있는 '경기대응 완충자본', 자본을 총자산으로 나눈 레버리지 비율을 기본자본 기준 3% 이상 유지하도록 하는 '레버리지 규제' 등으로 이루어져 있다.

만약 BIS 비율을 맞추지 못하면 은행의 대외 신인도가 크게 떨어진다. 또 은행끼리 합병할 때에도 불리한 위치에 놓이게 돼 각국의 은행들은 BIS 비율을 맞추는 것에 사활을 걸고 있는 실정이다. 2017년 현재 60개국의 중앙은행 등이 가입되어 있으며, 본부는 스위스의 바젤에 있고 홍콩과 멕시코 멕시코시티에 지부를 가지고 있다.

세계 금보유량

우리나라 금 보유량이 세계 34위이며, 보유량은 외환보유액의 1.3% 수준인 것으로 나타났다. 1일 KB금융경영연구소가 분석한 세계금위원회(WGC) 자료에 따르면 작년 12월 기준으로 한국의 금 보유량(중앙은행 기준)은 104.4t으로 국제결제은행(BIS)에 이어 34위다. 이는 작년 11월 말 외환보유액(3,685억 달러)의 1.3%(장부가 기준) 수준이다. 한국은행은 2011년 13년 만에 처음으로 금 40t을 사들인 것을 시작으로 2012년 30t, 2013년 20t을 매입했다. 그 후로는 추가 매입에 나서지 않았다.

세계 금 보유 1위는 미국으로 한국 보유량의 약 78배인 8,133.5t을 갖고 있다. 2위인 독일(3,381t)을 큰 차로 따돌린 압도적 1위다. 국제통화기금(IMF)이 2814t으로 3위, 이탈리아가 2451.8t으로 4위, 프랑스가 2,435.5t으로 5위다. 중국(1,722.5t), 러시아(1,370t), 스위스(1,040t), 일본(765.2t), 네덜란드(612.5t)가 6~10위권을 형성하고 있다. 러시아는 작년 3분기에만 77t을 사들여 전 세계 중앙은행 금 매입량의 44%를 싹쓸이했다. 이 기간에 중국도 50t(29%)을 매집해 몸집을 키웠다. 한편 작년 3분기에 국제 금값이 온스당 1160달러(2010년 7월 수준)를 밑돌면서 우리나라 개인들도 금 매입을 늘린 것으로 나타났다. 작년 3분기 한국인들의 금 매입량은 전년 동기보다 31% 증가했다.

(서울 신문, 2016.01.01)

제 9 장 국제통상 관련기구(2)

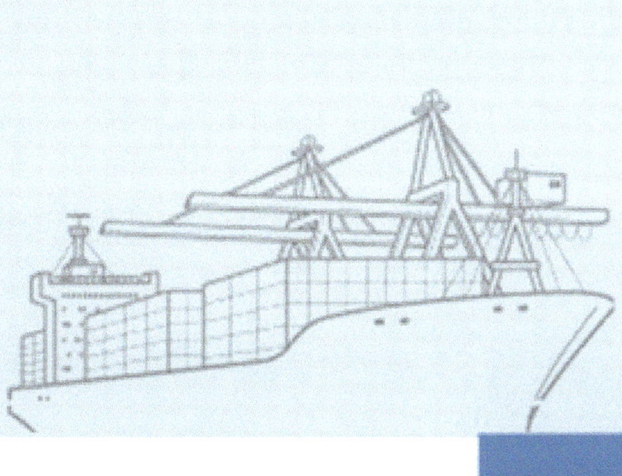

제9장 국제통상 관련기구(2)

1. 경제협력 관련기구

1) OECD(경제협력개발기구)

(1) OECD 설립과정

OECD의 명칭은 경제협력개발기구(Organisation for Economic Co-operation and Development)의 약자로 1961년 9월 30일 공식 출범했다.

제2차 세계대전 직후 미국은 유럽의 경제부흥을 목적으로 마샬플랜을 실시하고, 이의 효과적 수행을 위해 1948년에 16개 서유럽국가들로 구성된 유럽경제협력기구(Organization for European Economic Co-operation, OEEC, 파리)를 설립하였다. OEEC는 생산의 증가, 생산설비의 현대화, 무역의 자유화, 화폐의 태환성, 그리고 화폐가치 안정을 공동의 과제로 삼아 경제적 측면에서의 집단안보체제 기능 수행하였다. 군사적 측면의 집단안보체제 기능을 수행하는 북대서양조약기구(NATO)와 상호보완관계를 유지함으로써 대서양 동맹(Atlantic Alliance)의 양대 지주를 형성한 것이다.

OEEC 설립 이래 미국과 유럽 간의 협조 여건이 변화함에 따라 OEEC 개편의 필요성 대두 되었다. 전후 경제회복 기간 동안 유럽의 달러 부족 현상이 극복되고, 1958년 대부분 유럽국가의 통화가 태환성을 회복함으로써, 유럽내 지역적인 무역자유화 촉진만을 규정한 OEEC 규정의 개선이 필요해진 것이다.

전후 자유세계에 대한 원조를 단독으로 수행해 오던 미국의 국제수지 적자가 50년대 후반 급증하게 되고, 서유럽국가들도 후진국 원조에 참여할 필요성이 증대됨으로써 피 원조기구로 출발한 OEEC의 성격변화가 불가피해졌다. EC(1958)와 EFTA(1960)의 발족으로 이들 그룹을 포괄하는 복합적 기능의 경제협력체 수립 필요성이 제기되고, 또한 서유럽과 북미에 속하지 않는 새로운 국가들의 가입도 허용하는 보다 개방적 형태로의 OEEC 개편 필요성 증대되었던 것이다. 그리하여 1960년 12월 18개 OEEC 회원국 및 미국, 캐나다 등 총 20개국이 OECD의 창설 회원국으로서 OECD 설립협정에 서명하고 1961년 9월 협정문이 발효됨으로써 설립이 된 것이다.

(2) OECD의 확대 및 발전

1964~73년 간 일본(1964)이 가장 먼저 가입을 했고, 이어서 핀란드(1969), 호주(1971) 및 뉴질랜드(1973)의 추가가입이 이루어졌다. 1989년 이후 비선진국권으로 협력관계가 확대되면서 아시아・중남미의 중진국 및 구공산권의 전환기 경제들과의 정책대화를 내용으로 하는 각종 비회원국 협력사업(outreach programme)이 실시되었다.

1997년 9월 '비회원국협력위원회'(Committee for Co-operation with Non-Members, CCN)가 설치되었고, 1998년 1월 '비회원국협력센터'(Centre for Co-operation with Non-Members, CCNM)가 설치가 되었다.

1994년 이후 신흥공업국 영입 및 동구 체제전환국의 시장경제편입을 지원하기 위해 멕시코(1994.5월), 체코(1995.12월), 헝가리(1996.5월), 폴란드(1996.11월), 한국(1996.12월) 및 슬로바키아(2000.12월) 등 6개 국가의 신규가입이 이루어졌다.

또한 구리아(Angel Gurría) 사무총장 취임 이후 OECD의 외연 확대를 위해 적극적으로 노력하여 칠레(2010.5월), 슬로베니아(2010.7월), 이스라엘(2010.9월), 에스토니아(2010.12월) 등 4개 국가도 신규 가입하여 총 34개국으로 확대되었다.

현재는 러시아 연방과의 논의가 진행되고 있고, 2013년 5월, 이사회는 콜롬비아와 라트비아와의 새로운 협의회를 열기로 결정했다. 2015년 4월에는 공식적인 OECD가입을 공식화하기 위해 코스타리카와 리투아니아를 초청했다. 그 결과 라트비아는 2016년 7월 1일에 OECD회원국이 되었다. 라트비아가 2016년에 가입하여 현재 회원국은 35개국이 되었다.

오늘날 35개의 OECD회원국들은 당면문제를 식별하고, 논의하고, 분석하고, 그것들을 해결하기 위한 정책을 추진하기 위해 정기적으로 논의한다. 몇 십 년 전만 하더라도 여전히 세계무대에서 극소수의 국가들만이 참여하고 있었다. 최근 브라질, 인도, 그리고 중국은 새로운 경제대국으로 부상했고 그 국가들은 기구의 핵심 파트너이다. 인도네시아와 남아프리카 공화국 등도 지속적이고 포괄적인 방식으로 업무에 기여하고 있다. 그 국가들을 포함하여 OECD는 세계 무역과 투자의 80%를 차지하는 40개국을 가지고 있으며, 세계경제에 직면한 도전과제를 해결하는데 중추적인 역할을 하고 있다.

전체 회원국(35개국)은 다음과 같다. : 오스트리아, 벨기에, 캐나다, 덴마크, 프랑스, 독일, 그리스, 아이슬란드, 아일랜드, 이탈리아, 룩셈부르크, 네덜란드, 노르웨이, 포르투갈, 스페인, 스웨덴, 스위스, 터키, 영국, 미국, 일본, 핀란드, 호주, 뉴질랜드, 멕시코, 체코, 헝가리, 폴란드(1996), 한국(1996), 슬로바키아(2000), 칠레(2010), 에스토니아(2010), 이스라엘(2010), 슬로베니아(2010), 라트비아(2016).

(3) OECD의 목적

OECD의 목적은 전 세계의 경제와 사회 복지를 개선하는 정책을 추진하는 것이다. 그리하여 OECD는 정부 간 협력을 통해 공유하고 공동의 문제들에 대한 해결책을 모색할 수 있는 포럼을 제공한다. 또한 경제적, 사회적, 환경적 변화를 이끌기 위해 회원국 정부에 이해와 협력을 하고 있다. 그리고 OECD는 생산성과 투자의 흐름을 측정한다. OECD는 미래의 추세를 예측하기 위해 데이터를 분석하고 비교한다. OECD는 농업과 세금뿐만 아니라 화학 물질의 안전에 이르기까지 광범위한 분야에 국제표준을 정립했다.

또한 OECD는 모든 사람들의 일상생활에 직접적인 영향을 끼치는 이슈들을 연구한다. 얼마나 많은 사람들이 세금과 사회 보장금, 그리고 얼마나 많은 여가 시간을 가질 수 있는지 등이다. OECD는 또한 학교제도, 젊은이들의 미래에 대한 준비, 그리고 다른 나라의 연금제도를 통한 노년기의 수혜 등을 비교 연구하고 있다.

(4) 구성

① 사무총장

현재 OECD 사무총장은 Angel Gurrí(멕시코 前외무장관/재무장관)이다. 2006년 6월 취임후 5년 재임을 했고, 2010년 9월에 연임이 결정되어 2011.6월~2016.5월이 임기였지만, 2015년 5월 26일 사무총장의 임기를 갱신하여 현재 임무를 수행 중에 있다.

② 의회

결정권은 OECD이사국에 의해 결정된다. 의회의 구성은 회원국마다 한명이고 유럽 위원회의 대표자로 구성된다. 이사회는 정기적으로 OECD 상임 대표단의 수준에 맞추어 회의를 열고 합의에 의한 결정을 내린다. 이러한 회의들은 OECD 사무총장이 주재한다. 위원회는 또 1년에 한 번씩 장관급 회담을 열어 주요 현안을 논의하고 OECD의 우선순위를 정한다. 이사회가 위임한 업무는 OECD사무국이 수행한다.

③ 위원회

OECD는 경제, 무역, 과학, 고용, 교육 또는 금융 시장과 같은 특정 정책분야에서 아이디어를 검토하고 진행상황을 검토하기 위해 전문위원회가 있으며, 35개국이 전문위원회에서 회합을 갖는다. 약 250개의 위원회와 실무 그룹, 그리고 전문가 그룹이 있다. OECD사무국에 협조하는 약 4만 명의 각국 고위관리들은 OECD사무국이 착수한 업무를 요청하고 검토하고 기여하기 위해 매년 OECD위원회 회의에 참석한다. 그들이 자국으로 돌아오면, 그들은 문서에 온라인 접속을 하고 특별한 네트워크를 통해 정보를 교환할 수 있다.

④ 사무국

현재 OECD 사무국장인 앙헬 구리아는 각 국가의 대표단과 사무국 사이의 연계를 제공하는 위원회 의장을 겸임하고 있다. 파리의 사무국은 위원회의 활동을 지지하는 약 500명의 직원들로 구성되어 있으며, OECD는 변호사, 과학자, 그리고 다른 전문가들을 포함한 전문가들이 우선순위에 대응한다.

OECD는 정부가 경제성장과 경제적 안정을 통해 빈곤과 빈곤을 조장하는 것을 돕기 위해 광범위한 주제에 관한 정보를 광범위한 주제에 활용한다. OECD는 경제적, 사회적 발달의 환경적 영향을 고려하는 것을 돕는다.

(5) 의사결정 과정과 방식

① 의사결정 과정

원칙적으로는 35개 회원국 정부의 전원합의(consensus)에 의하며, 최종 의사결정체인 이사회는 산하 위원회들로부터의 건의 및 그에 대한 심사에 입각하여 결정한다.

2006년 OECD는 거버넌스 개혁(2006년 6월 1일부터 시행)을 통해 의사결정 대상이 되는 OECD 이슈를 4가지 범주로 구분하여 각기 다른 의사결정방식(컨센서스, 가중다수결 등)을 적용하기로 하였다.

사무국은 이사회 및 위원회에 대한 집행부서이자 하부구조이나 전문적 분석과 각종 문서의 작성 및 회원국 간 중개자 역할을 통해 큰 영향력을 행사하고 있다.

② 의사결정 방식

의사결정방식은 컨센서스 방식인 상호합의(mutual agreement), 2004년 도입한 조건부 다수결(qualified majority voting, QMV) 메카니즘 및 'a' point 방식으로 분류할 수 있다.

- mutual agreement : 어떠한 국가의 반대도 없는 상황[각 회원국이 제안에 명시적으로 반대하지 않는 수준까지도 포함한 컨센서스(침묵도 동의로 간주 가능)를 의미]
- QMV : Part I 예산의 60%를 분담하는 회원국들의 찬성으로 결정이 채택될 수 있으되, 최소한 Part I 예산의 25%를 대표하는 3개국 이상의 반대가 없어야 함.
- 'a' point 방식 : 이사회 직속 기관의 제안으로 상정된 제안이 이사회에서 토론 없이 채택될 수 있는 방식

※ 이사회 토론절차를 거치는 방식은 'b' point라 한다.

의사결정 대상을 아래 4개의 이슈 카테고리로 구분하여 서로 다른 의사결정 방식을 적용한다. 특정 이슈의 해당 카테고리 여부 해석은 일반 사안(normal case)으로 운영(카테고리별 구체 이슈 목록 명시)한다.

(가) 근본 이슈(fundamental issue)

- 정치적 성격 또는 회원국에 의무 부과 등 이사회에서 컨센서스로 결정해야 할 사안
- 상설위원회, 소그룹 또는 이사회 스스로 제안 가능

- 대부분 이사회 토론을 거치는 'b' point 방식으로 상정

(나) 위임 및 상호합의 이슈(delegated & mutual agreement issue)

- 상설위가 이사회로부터 위임을 받아 컨센서스로 최종 결정하는 사안

(다) 특별 사안(special cases)

- 이사회 및 관련 상설위에서 조건부 다수결을 통해 결정 가능한 사안과 상설위가 위임을 받아 조건부 다수결로 최종 결정할 수 있는 사안(2004년 허용시보다 범위가 대폭 확대)

(라) 일반 사안(normal cases)

- 상기 3개 카테고리를 제외한 모든 사안으로서, 상설위에서 상당한 지지 확보 후 'a' point 방식으로 이사회에 상정
- 회원국 보호를 위해 "전체 회원국의 15% 이상이 요청 시 이사회의 재토론 메커니즘" 및 "회원국의 중요한 이익 침해 시 특별 이사회를 통해 논의하는 안전장치 메커니즘(safeguard mechanism)" 도입

(6) 회원국의 의무

① 신규회원국 가입관련 규정

OECD 협정문 16조에 의거, 가입의 결정은 "이사회의 초청에 의하여 전 회원국의 만장일치를 요하며", 가입효력(정식 가입)은 "가입서를 프랑스 정부에 기탁"함으로써 발생한다.

② 회원국의 의무

(가) OECD 가입을 위한 기본 자격요건

- 다원적 민주주의 국가(pluralistic democracy)로서 시장경제체제(market economy)를 보유하고 인권을 존중하는(respect for human rights) 국가

(나) 회원국으로서의 일반적인 의무

- 일반적 의무

OECD 설립 목적의 지지

OECD의 제규범의 원칙적 수락

예산의 분담

- 권고적 의무

GATT 제11조국 및 IMF 제8조국으로의 이행

GATT 11조는 수출입에 수량제한을 폐지하고, 국내산업 보호를 위해서만 관세를 인정한다는 원칙으로 우리나라는 1990년 1월 GATT 11조국으로 이행하였다. IMF 8조는 경상외환 지급에 대한 제한 폐지, 복수 환율제도의 적용 등 차별적 통화조치 철폐, 외국보유 자국통화의 교환의무 등 외환거래와 관련한 것으로 우리나라는 1988년 12월 IMF 8조국으로 이행, 개도국에 대한 일정수준 이상의 원조를 제공하고 있다. GNP의 0.7% 이상의 개발원조 제공의무가 있으나 법적 강제성은 없고 권고적 효력만 지니고 있다.

③ 자유화 의무

국가 간 서비스 및 자본거래의 자유화 의무를 규정하고 있는 "경상무역외거래 자유화 규약" 및 "자본이동자유화 규약"(소위 양대자유화 규약)을 준수해야 하는 의무가 있다. 다만 가입국의 경제여건에 따라 일부 규약의 유보 또는 면제가 가능하다.

(7) OECD 활동의 유형

① 정책대화(policy dialogue)

공통관심 쟁점의 파악에서 모범사례(best practice)와 대응방안의 도출 및 이행에 이르기까지 단계별로 회원국 간 경험과 의견을 교환하여 결론을 도출한다.

② 학제적(inter-diciplinary) 정책연구

경제사회의 거의 모든 분야에 걸쳐 전문위원회를 두고 정책대화를 운영. 이에 따른 정책처방도 학제적이며 특히 경제의 구조적·제도적 문제들을 종합적으로 검토한다.

③ 실증적·전문적 분석

정책대화의 근거와 방향 및 결론은 회원국들의 경험과 이에 대한 사무국 전문가들의 과학적 분석에 의해 제시되고 유도한다.

④ 공동보조의 모색

공통된 가치관과 정책대화에서 도출된 기준에 입각해 상호 정책개선 촉구 및 국제적 정책조정을 추진한다.

⑤ 동료압력(peer pressure)의 행사

정책지침, 정책권고 혹은 국제협약을 도출하고 이에 입각해 개별 회원국의 제도와 정책을 상호 검토하고 그 과정에서 잘된 것은 칭찬하고 잘못된 것은 비판함으로써 정책개선 혹은 정책조정을 유도한다.

⑥ 비회원국으로의 전수

개발도상국 및 전환기 경제국들과도 다양한 형태로 정책대화사업을 전개함으로써 OECD내 누적된 정책경험과 OECD가 추구하는 가치관 및 각종 기준을 전수한다. 또한 국제 정치경제구조의 변화를 반영하여 신흥경제국 등 비회원국과의 적극적인 관계강화를 통해 OECD 및 OECD 정책의 적실성 제고를 추진한다.

⑦ 시민사회로의 전파

회원국내의 기업, 노동조합 등을 대표하는 주요 국제 NGO들과의 정책토론을 통해 다양한 의견 수렴 및 보고서의 광범위한 보급을 통해 OECD의 기준과 정책을 전파한다.

⑧ 출판

OECD 간행물은 기관의 지적 출력을 보급하기 위한 최고의 수단이다. OECD는 정기 간행물, 연례 개요, 비교 통계를 발표한다.

(8) 예산

OECD는 회원국들로부터 자금지원을 받고 있다. 국가별 기부금은 각 회원의 경제규모를 고려한 공식을 기반으로 한다. 국가들은 또한 OECD프로그램에서 재정적 지원을 재정적으로 지원하기 위해 자발적인 기부를 할 수도 있다.

OECD예산의 규모와 예산 프로그램은 회원국들의 2년 단위로 결정된다. 조직의 계획, 예산 및 관리는 모두 결과기반시스템에 연계되어 있다.

기관회계 및 재무관리의 독립적 외부 감사는 이사회가 임명한 OECD회원국의 최고 감사 기관에 의해 수행된다. 세계은행이나 국제통화기금과는 달리, OECD는 보조금을 지급하거나 대출을 하지 않는다.

2017년에는 사무총장의 기본 연봉은 연간 EURO 218,147이다. 사무부총장 급의 기본 연봉은 연간 192,350달러이다. 기본 급여는 연금, 의료보험, 사고보험 제도에 대한 기여도에 따라 지급된다. 또한 다른 직원들은 가구, 아동, 종속 및 국외 수당, 그리고 개인의 고용조건에 따라 특정수당을 부여받을 수 있다.

표 9-1 OECD 회원국의 경제지표(2014년 기준)

국가명	가입연도	GDP (10억불)[1]	1인당 GDP (미불)[1]	인구 (천명)[2]	수입액 (10억불)	수출액 (10억불)	실업률 (%)	국가부채 (%/GDP)[3]
호주	1971	1,095.2	46,281	23,490	216.6	232.0	6.1	33.9
오스트리아	1961	407.5	47,693	8,503	217.0	201.7	5.6	84.5
벨기에	1961	487.8	43,724	11,284	409.6	405.3	8.5	106.6
캐나다	1961	1,600.4	45,025	35,711	506.6	521.7	6.9	87.9
칠레	2010	392.0	21,980	17,711	132.4	126.6	6.4	15.1
체코	1995	328.2	31,188	10,525	275.1	253.1	6.1	42.6
덴마크	1961	259.6	46,000	5,597	138.6	122.8	6.5	45.2
에스토니아	2010	37.0	28,113	1,316	31.0	29.8	7.4	10.4
핀란드	1969	222.2	40,684	5,465	84.0	86.0	8.7	59.0
프랑스	1961	4,604.2	39,357	64,360	747.2	795.1	10.3	95.6
독일	1961	3,757.1	46,394	80,914	1,717.9	1,464.9	5.0	747.6
그리스	1961	291.9	26,795	11,381	95.4	102.9	26.6	177.1
헝가리	1996	247.3	25,061	9,843	220.7	202.7	7.7	177.1
아이슬란드	1961	14.4	43,993	325	7.7	6.8	5.0	82.5
아일랜드	1961	228.0	49,402	4,610	259.2	217.4	11.3	107.6
이스라엘	2010	276.9	33,718	8,186	89.4	84.8	5.9	67.1
이탈리아	1962	2,153.1	35,419	61,418	636.0	573.4	12.7	132.1
일본	1964	4,650	36,581	126,949	825.1	969.7	3.6	246.2
한국	1996	1,683.9	33,395	50,424	852.7	762.9	3.5	36.0
룩셈부르크	1961	54.8	98,110	497	111.3	93.6	6.1	22.1
멕시코	1994	2,160.4	18,046	119,71	704.2	724.0	4.8	49.8
네덜란드	1961	813.8	48,256	16,918	674.6	581.8	7.4	67.9
뉴질랜드	1973	170.1	37,509	4,510	47.6	46.4	5.8	30.4
노르웨이	1961	337.5	65,705	5,137	130.5	99.5	3.5	28.1
폴란드	1996	960.2	24,952	38,037	455.6	443.3	9.0	50.1
포르투갈	1961	299.1	28,760	10,419	119.8	118.7	14.1	130.2
슬로바키아	2000	153.5	28,327	5,416	141.0	135.4	13.2	53.6
슬로베니아	2010	62.7	30,405	2,062	48.0	43.0	9.7	80.8
스페인	1961	1,562.9	33,638	46,464	508.7	469.7	24.5	97.7
스웨덴	1961	439.2	45,298	9,698	195.5	179.4	7.9	43.8
스위스	1961	487.5	59,536	9,689	195.5	179.4	7.9	43.8
터키	1961	1,502.5	19,610	76,903	416.8	483.6	10.0	33.6
영국	1961	2,598.6	40,227	63,650	734.2	783.4	6.2	89.4
미국	1961	17,348	54,353	318,85	2,341.9	2,871.9	6.2	104.8

주: 1) PPP기준, 2) 추계인구, 3) 에스토니아, 일본, 스웨덴, 스위스는 추정치
자료: 외교부

2) APEC(아시아태평양경제협력체)

(1) APEC의 개념

APEC(Asia Pacific Economic Cooperation)은 1989년 1월 호주의 보브 호크 당시 총리의 제안에 따라 환태평양지역의 주요 경제 실체 간 경제협력과 무역증진을 목표로 결성된 아시아 태평양 지역 최초의 범정부 간 협력기구이다. APEC은 80년대 세계경제의 블록화 추세에 맞서 이 지역 국가들도 어떤 형태로든 서로 협력할 수 있는 논의체를 만들자는 취지 아래 출발했다. 현재 회원국은 한국, 미국, 중국, 일본, 러시아, 베트남, 페루 등 21개국으로, 협력 초기 단계에서부터 경제기술협력을 중시해 왔으며 회원국 간 경제 불균형을 해소하고 역내 경제와 사회적인 복지를 개선함과 동시에 회원국들의 지속적인 성장과 균형된 발전을 도모하는데 목적을 두고 있다. APEC의 7대 과제에는 자유무역증진, 반부패, 지식기반 경제의 혜택공유, 민간안보, 중소기업 및 여성지원, APEC 지원, 문화 간의 이해와 증진이 선정되었다.

(2) APEC의 특징

첫째, APEC은 전 세계 GDP의 58%, 교역량의 42%를 점하는 최대의 지역협력체이다. 둘째, 회원국들의 자발적인 협력을 기초로 하고 회원국 대표의 전원 합의로 의사를 결정한다. 셋째, 회원국의 주도하에 각급회의를 운영하고 사무국의 역할을 최소화하며, 단계적인 제도화를 통하여 협력분야를 확대함으로써 효율적인 조직운영을 추구한다. 넷째, 정상, 각료 및 고위관리들의 격식 없는 협의를 통하여 인간적인 관계 형성을 도모한다. 다섯째, 기업인 자문회의(ABAC)와 최고경영자회의(CEO Summit) 등 민간부문과 정상 간 대화채널 구축과 함께 태평양경제협력위원회(PECC), 태평양경제협의회(PBEC) 등 지역 차원의 민간기구와의 협력을 추구한다.

(3) ASEM(아시아유럽정상회의)과 APEC의 연계

시장경제의 세계적 확산, 무기체계의 급격한 발전과 이에 따른 전역 개념의 확대, 정보·통신 관련 과학기술의 발전에 따른 국제사회의 통합 추세, 테러, 마약, 환경 등 새로운 안보 위협, 소위 초국가적 문제들의 등장과 같은 국제환경의 급격한 변화는 근대 주권국가의 전통적 위상을 축소시키는 결과를 보여주게 되었다. 그러나 이러한 위상의 축소에도 불구하고 초국가적 문제들의 등장은 국가의 외교

활동 범위를 대폭 확대시킴으로써 국제사회의 구성이 과거의 국가 간 관계만이 아니라 국가와 지역과의 관계, 지역 간 관계 등으로 중층·복합적 구조를 갖게 되었다. 아시아의 국가들도 이러한 국제사회의 변화에 따라 지역 차원에서의 교류 협력은 물론, 지역 간 교류 협력을 위한 다양한 제도, 절차 과정을 모색하여 왔다. 이 중에서도 특히 괄목할 만한 진전을 보이고 있는 것은 APEC과 ASEM으로서 전자는 경제협력을 주 의제로 하고 있는 반면에 후자는 포괄적 의제를 다루고 있다는 대화 수준의 차이를 보이고 있음에도 불구하고, 시장경제의 확산, 즉 시장 개방과 자본 기술의 공여 문제 등을 둘러싼 선진국과 개도국 간의 협력이라는 차원에서는 상당한 공통점을 갖고 있는 것이 사실이다. 이러한 측면에서 보았을 때, ASEM의 출범은 동아시아 국가들, 특히 개도국들에게 긍정적 영향을 준 측면이 적지 않다. 유럽의 국가들이 EU라는 지역 협력체를 결성하여 동아시아 국가들과의 대화를 요구하는 상황에서 그 동안 EU 같은 수준의 지역 협력체를 구축하지 못한 동아시아 국가들은 뒤늦게 지역 차원에서의 협력과 이견 조정 등이 필요함을 인식하게 된 것이다.

특히 그 동안 APEC을 결성하여 북미와의 협력을 도모했던 동아시아 국가들은 미국의 주도와 시장개방 압력 등에 개별적으로 반응하는 현상에 어느 정도 회의를 느끼고 있었으며, 동아시아 국가들의 공동 입장과 이해관계를 분명히 마련하여 제시하지 못하고 있었기 때문에 ASEM에서의 동아시아 국가 간 협력이 갖는 의미는 전혀 새로운 것이 될 수밖에 없었다.

더욱이나 APEC이 경제문제에 국한된 의제를 취급하는 것과는 달리 정치, 안보, 경제, 사회, 문화 등 모든 의제를 포괄적으로 다루는 ASEM의 협력 구도는 그 동안 APEC에서 경제적 이해관계만 고려하던 동아시아 국가들로 하여금 동아시아의 정체성(East Asian Identity), 즉 독자적 공동 이해관계에 대한 새로운 인식을 갖게 하는 데에 중요한 계기를 마련하여 주었다. 특히 ASEAN이 ASEM에서 아시아 측을 주도하게 되자 중국, 일본, 한국 등 동북아 3국은 소지역 다자협력에 대한 필요성을 공감하고, 나아가 동북아와 동남아를 포함하는 동아시아 지역 협력체를 결성하여 ASEM에서 유럽측의 EU와 상대할 필요성을 절감하게 된 것이다. 이러한 정체성과 독자성에 대한 동아시아 국가들 간의 공동인식은 ASEM과 같이 APEC도 지역 간 협력이라는 점을 인식하는 계기를 마련해 주고 있으며, 동아시아 지역 협력체를 결성할 경우 유럽과의 협상은 물론이고 북미와의 협상에서도 지역 차원에서의 공동 이익을 추구할 수 있음에 유의하게 된 것이다. 즉, APEC과 ASEM의 주요

의제들 중에는 무역자유화와 시장개방만이 아니라 마약, 환경, 국제범죄 등 냉전 이후 등장한 세계적 문제 등이 중복되어 있어 이에 대한 동아시아 국가들의 입장에 일관성을 유지할 필요성이 있고, UN 등 국제기구와 WTO, IMF, ABD, IBRD 등 국제 경제・금융 기구들과의 관계 설정과 대 개도국 지원에 관한 중복성에 있어서도 이를 조정・조절해야 되기 때문에 동아시아 국가들의 공동 입장이 그 어느 때 보다도 필요하게 된 것이다.

동아시아 국가들의 정체성과 독자성 추구 움직임을 비롯하여 동아시아 지역 협력체 또는 공동체 결성 움직임은 ASEM에서의 지역 간 협상은 물론이고 APEC에서도 점차 지역 간 협상의 경향을 증대시켜 나가게 될 것이며, ASEM과 APEC의 제도화가 진전됨에 따라 동아시아・유럽・북미 간의 3각 체제가 구조화・체계화될 것이다. 특히 ASEM에서의 정치・안보 대화가 진전되면 이에 대한 APEC의 대응 움직임이 있을 가능성이 크며, 동아시아가 요구하는 독자성과 정체성이 어느 정도 받아들여지면 3각 체제를 구성하는 연계망이 구축되는 것은 거의 필연적이라 할 수 있다. 유럽에서의 지역 다자안보 협력체 결성이 냉전시대의 진영 간 세력균형 체제를 대치한 것과 같이 동아시아에서도 지역 협력을 바탕으로 한 지역 다자안보 협력체가 결성되면, 양 지역에 공히 관여하고 있는 북미를 연계점으로 하여 새로운 세계질서, 즉 협력 안보의 질서가 구축될 수 있는 것이다. 유럽에서 미국이 NATO를 활용하여 협력안보체제를 구축한 것과 같이 동아시아에서도 미국은 동아시아 국가들과의 동맹관계를 활용하여 협력안보체제를 구축하려 할 것이며, 신뢰구축과 군비감축 등 군비 통제가 동아시아 주둔 미군의 성격과 역할을 결정하게 될 것이다. 이처럼 동아시아가 냉전구조를 해체해 나가는 데 있어서 ASEM의 역할은 유럽의 경험을 동아시아에 파급하는 것만이 아니라 동아시아의 안보체제와 유럽의 안보체제를 연계함으로써 과거 냉전시대 서방진영을 주도하던 미국으로 하여금 유럽과 동아시아와 함께 전 세계적 협력안보체제를 구축하는데 그 비전의 중요성이 있는 것이다.

(4) APEC에 대한 주요국의 입장

① 미국

냉전시대의 미국의 통상정책은 서방진영의 결속을 통해 사회주의 진영의 확장을 억제하려는 것이었다. 그 결과로 GATT를 중심으로 하는 다자주의와 자유무역의 원칙하에 개방된 시장을 제공함으로써 일본을 위시하여 신흥공업국들의 수출주도형 경제성장을 이룩하는데 유리한 환경을 조성해 주었다. 그러나 냉전체제의 붕괴 이후 군사·외교적 측면에서의 미국의 이해가 감소됨에 따라 경제적 실리를 추구하는 경향이 강화되었다. 특히 1970년대 이후 대내적으로 재정적자의 누적과 대외적으로 국제수지의 악화, 달러의 가치 하락 등으로 인해 경제재건을 가장 큰 목표로 삼고 있다. 따라서 미 행정부는 외국의 시장개방과 미국의 기업과 상품의 공정한 경쟁 여건을 확보하기 위한 방법으로 ① 주요국에 대한 수퍼 301조 등 압력 수단, ② 환경과 무역, 투자 등 다자 간 국제규범의 정립 및 분쟁해결 절차에의 제소, ③ 지역주의적 경제협력의 강화 등을 여건에 따라 적절히 선택하여 구사하고 있다. 그러므로 APEC에 대한 미국의 입장은 처음에는 아시아에서의 미국을 배제하는 경제권의 성립을 방지하는데 있었다. 그러나 국제적으로 UR협상의 타결이 어려워지자 1990년대 초 APEC은 미국의 매우 중요한 대외정책 대안으로 부각되었다. 특히 미국의 '신태평양공동체' 선언과 시애틀 정상회담을 계기로 미국은 APEC에서 견인차적 역할을 수행하기 시작했다.

② 일본

일본은 자국의 경제력에 상응하는 국제적 지위를 확보하는 것이 가장 큰 대외정책의 목표이다. 그래서 UN 상임이사국 진출 문제, PKO(Peace Keeping Operation) 활동, 개도국에 대한 경제적 지원 등 대외 위상을 위한 노력을 계속하고 있다. 그러나 역할증대를 위한 가시적인 노력뿐만 아니라 지역협력 강화, 쌍무 간의 무역마찰 해소 등의 노력도 필요하다. 일본 엔화가치의 상승으로 지역 간의 산업구조 조정의 속도가 빨라지면서 상호 의존관계 또한 가속화되고 있다. 동아시아에서의 일본경제가 차지하는 중요성은 앞으로도 더욱 커질 전망이다. 그러나 일본을 중심으로 하는 경제블록이 동아시아 지역에서 형성되는 것은 미국의 사활적 이익에 걸리는 문제이기 때문에 미국의 강력한 견제가 있을 것이다. 따라서 일본은 지역 내 경제 협의의 발판으로 삼아 역내 제반 경제교류를 더욱 확대하여 경제관계를 뒷받침해 주는 협력체제로써 APEC에 대한 입장을 견지할 것이다.

③ 중국

중국의 국내산업의 안정을 위한 개방의 필요성은 다자 간의 관계증진 쪽으로 유도하여 APEC에 참여하도록 하였다. 당시 WTO 회원국 가입에 난항을 겪고 있는 중국으로서는 ① 교역 대상국의 대부분을 차지하는 아·태지역 국가들에서 수출

시장을 제공받고 있었고, ② 미국과 일본의 관계 개선을 이끌 수 있으며, ③ 선진국들의 통상 압력에 대해 역내 개도국들과 공동대응 가능성의 이점이 있었다. 따라서 중국은 APEC을 통해 경제적 문제 뿐 아니라 대만과의 통일 문제, 남지나해의 주권 문제 등 외교・안보 분야에 대해서도 기대를 가지고 있다. 그러나 APEC이 미국 주도의 지역 무역 블록으로 발전하여 통상 압력이 거세질 가능성은 배제하고 있다.

④ ASEAN의 합의된 입장(쿠칭합의)

ASEAN 내에서도 ASEAN의 주체성과 결합력은 지속되어야만 하며 상대국 또는 제3국과의 협력관계가 APEC에 의해서 결코 희석되어서는 안 된다는 입장이다. APEC은 평등, 공정, 호혜주의 원칙에 따라야만 하며 역내 회원국의 사회・정치체제와 경제발전단계의 상이성을 충분히 반영하여야 한다. APEC은 내부 지향적이거나 무역 블록의 형태를 띠어서는 안 되며, 개방적인 다자 간 경제・무역 체제를 강화해야 한다. APEC은 어떤 경제문제에서도 토론의 장이 되어야만 하며 일부 회원국에 의한 강제성을 띠어서는 안 된다. APEC의 기구화는 점진적이며 합의에 의해 진행되어야 한다.

(5) APEC의 문제점

첫째, 회원국들 간의 크나큰 경제적 격차는 APEC이 무역자유화와 원활화를 적극 추진하는데 걸림돌로 작용하였으며, 무역자유화와 개발협력 사이의 우선순위를 놓고 회원국들 간 갈등이 지속적으로 존재하였다. 둘째, APEC은 너무 성급하게 회원 확대에 나섰기 때문에 자신의 정체성 확립에도 실패했고, 역내 경제통합을 전진시키는 데에도 별다른 성과를 거두지 못했다. 셋째, APEC은 독립된 사무국이 뒤늦게 생겨나고 규모도 형편없이 작다는 사실에서도 확인되듯이 제도로서 제대로 성숙되지 못했다. 확실히 APEC 정상회의는 리더들을 의사결정 과정에 참여시킴으로써 관료들 간의 회합으로는 풀 수 없는 난제에 대해 손쉬운 해결책을 모색할 수 있다는 장점을 가지고 있다. 그러나 정치 지도자들은 미디어의 주목을 받기 위해 전시효과만을 노린 의제에 관심을 집중시키는 문제점을 노출하였다. 따라서 소리만 요란했지 실속은 별로 없는 상황이 초래되었다. 넷째, 대부분의 회원국들은 주권 상실에 대한 우려로 인해 제도로서 APEC의 권한이 강화되는 것에 대해 거부감을 가지고 있다. 그리고 합의원칙에 근거한 의사결정방식으로 인해

APEC은 모든 회원국들이 합의할 수 있는 최소한의 부담 밖에 부과할 수 없다. APEC의 규범이나 합의사항은 법적 책임을 부과하지도 않으며, 제3자에 의한 분쟁 해결장치도 마련되어 있지 않다. 다섯째, 최근 들어 APEC은 자신의 의제를 안보 영역으로 확대시키고 있다. 그러나 1989년 출범 이후 지역경제협력체로서 자기 정체성 확립에 실패하고, 핵심 의제인 무역자유화에서도 가시적인 성과를 거두지 못한 상태에서 의제를 안보문제까지 확대하는 것은 그다지 긍정적인 발전이라고 보기 어렵다. 여섯째, APEC이 본격적인 권력장치의 장으로 변질될 우려가 커지고 있다. 앞으로 중국이 ASEAN과의 긴밀한 동반자 관계를 바탕으로 APEC의 의제 형성에 강력한 영향력을 행사하게 되면, 미국이 주도하는 무역 자유화와 원활화, 그리고 안보의제 제기 등에 대해서 대립각을 형성할 가능성이 있다. 이에 덧붙여 APEC 내에서 개도국과 선진국 블록 사이의 갈등이 첨예화될 수도 있으며, 일본과 중국 사이에 아시아의 맹주 자리를 놓고 충돌할 가능성도 상존하고 있다. APEC이 이런 여러 가지 근본적인 한계를 가지고 있기 때문에 EU와 같은 경제공동체로 발전할 가능성은 현재로서는 거의 없다. 이런 상황에서는 APEC에 대해 과도한 기대를 하기 보다는 현실적인 목표를 가지고 장기적인 관점에서 점진적인 접근이 필요하다.

(6) 향후 APEC의 과제

① 무역·투자의 자유화 및 원활화(TILF)

1993년 시애틀 정상회의에서는 무역·투자자유화를 통한 아·태공동체에 대한 비전이 제시됨과 동시에 무역·투자위원회(CTI)가 창설되는 등 APEC 차원에서 무역·투자자유화 및 원활화가 추진되는 계기가 마련되었으며, 특히 오사카 행동지침, 마닐라 실행계획의 채택으로 본격적인 무역·투자자유화 및 원활화가 추진되고 있다. 또한 정상 및 각료회의에서는 정보기술협정(ITA)에 대한 APEC 차원의 지지를 재확인함으로써 동 협정이 타결되는 기초를 마련하는 등 APEC은 세계무역자유화를 선도해 나가는 역할을 계속 수행하고 있으며, 역내 무역·투자 및 경제성장에 긍정적인 영향을 가져올 수 있는 조기 자유화 분야를 선정하라는 정상들의 지시에 따라 조기 자유화 대상 분야 선정문제가 중점 협의되었고, 이 분야는 계속해서 논의되어야 할 부분이다.

② 경제 · 기술협력(Ecotech)

APEC은 협력 초기단계부터 경제 · 기술협력에 중요성을 부여하여 왔으며, 경제 · 기술협력을 추진하는 목적은 회원국 간 경제 불균형을 해소하고 역내 경제 · 사회적 복지를 개선함과 동시에 회원국들의 지속적인 성장과 균형된 발전을 도모하고 있는데 있다. APEC에서의 협력은 선 · 후진국 간의 공여자와 수혜자 간의 협력이 아니라 동반자적인 대등한 관계에서 추진되고 있는 것이 특징이며, 이러한 협력관계는 오사카 행동지침(OAA)상의 협력원칙에 잘 나타나 있다. 경제 · 기술협력분야는 경제 인프라 개발 및 지속 가능한 성장분야에서 가시적인 성과를 기대하고 있는데 계속해서 논의되고 있는 분야이다.

③ 민간기업 부문의 참여 확대 및 심화

APEC의 핵심과제 중 하나인 개별 실행계획의 이행 및 개선과 관련 분야별 조기자유화 대상 분야 선정과 관련해서도 해당업계의 지지가 중요 요소의 하나로서 간주되고 있으며, 아울러 경제 · 기술 협력분야의 사업추진에 있어서도 민간부문의 의견제시가 중요시되고 있다.

3) ASEM(아시아 유럽 정상회의)

(1) 개요

아시아와 유럽의 정상들이 참여하는 ASEM 정상회의는 1996년 발족한 이래 총 10차례 개최되면서 국제사회의 주요 이슈에 대해 아시아와 유럽 간의 대화 · 협력체 역할을 수행해왔다. ASEM은 출범 당시 아시아 10개국(ASEAN + 한 · 중 · 일)과 EU 15개국(+E U 집행위원회) 간에 개최되었으나, 이후 EU의 중 · 동부유럽 확대 및 ASEAN의 외연 확대, 호주, 러시아, 인도 등 대양주 및 유라시아, 서남아시아 국가들이 참여하면서 총 51개국, 2개 지역협의체가 참가하는 대규모 협의체로 발전하였다.

ASEM은 정치, 경제, 사회 · 문화의 3대 영역에 걸쳐 ① 동등한 동반자적 관계에 입각한 상호존중, ② 합의의 원칙, ③ 비공식주의의 원칙에 따라 협력을 추진해왔다.

(2) ASEM의 중요성

① 아시아 · 유럽 양 지역의 평화와 번영에 기여한다. 양 지역의 공동발전과 번

영을 추구하고자 하는 지역 간 협력체제로서 두 지역 국가들에게 상호이익이 되는 공동협력 사업을 모든 분야에서 포괄적으로 추진하고 있다.

② 주요 국제문제 해결과 세계평화에 기여한다. 회원국 간 문제뿐만 아니라 인류공동의 주요 국제문제에 대한 토의의 장으로도 활용되고 있다.

③ 외교의 다변화를 추구한다. 회원국과의 정치·안보 대화와 협력을 증진시키고, 나아가서 한반도문제에 대한 국제사회로부터의 지지를 확보하는데 기여할 수 있다. 또한 아시아·유럽 간의 경제협력 증진은 우리에게 양 지역 간 경제적 상호보완성을 보다 적극적으로 활용할 수 있는 기회를 부여한다.

④ 세계경제로의 진출을 확대한다.

(3) ASEM의 출범 배경

아시아-유럽 정상회의(Asia-Europe Meeting: ASEM)는 아시아와 유럽의 정상들이 모여 상호 관심사에 대해 의견을 교환하고 협력을 모색하는 비공식적인 포럼이며 프로세스이다. ASEM은 싱가포르의 고촉통(吳作棟) 수상이 프랑스 방문 시 처음 제의하였으며, 이에 EU와 ASEAN 회원국, 한·중·일이 호응함으로써 방콕에서 출범하게 되었다. ASEM 구상이 대두하던 1990년대 초·중반기는 동아시아 경제가 역동적으로 급속히 발전해 나감으로써 세계경제의 한 축으로 부상하여 자리잡아가던 때이다. 또한 이러한 급속한 경제발전을 바탕으로 하여 ASEAN을 중심으로 한 동아시아 국가 간 지역협력 움직임도 활성화되고 있었다. 1989년 출범한 아시아·태평양 경제협력체(Asia Pacific Economic Cooperation: APEC)를 통해 북미와 아시아 국가들 간 지역협력이 가속화되고 있던 시기에 소외감을 느낀 유럽은 아시아와 연결고리(missing link)를 구축할 수 있는 방안으로서 ASEM의 유용성을 인식했을 것이며, 아시아 국가들로서도 유럽과의 경제적 연계를 통해 세계경제의 한 축으로서의 입지를 강화하고 경제관계의 다변화를 모색하고자 했을 것이다. 정치적 측면에서도, 1990년대 초·중반기는 유럽이 냉전 종식 후 미국에 대한 의존도를 줄여가고 다극화 체제를 지향해 나아가기 시작한 때이다. 이러한 상황에서 아마도 유럽은 동아시아에서 정치적 입장을 강화해 보자는 의도도 있었을 것으로 추정된다. 아울러, 양 지역에는 일찍이 고대문명이 발전하였고, 비단길(silk road) 등을 통해 오래전부터 서로 문명교류가 있었음에 비추어 ASEM의 출범은 과거의 아시아와 유럽 간 역사적·문화적 연계의 복원을 의미한다고 볼 수 있다.

(4) ASEM의 진행 경과

싱가포르 고촉통 총리에 의해 제기되었으나 초창기 유럽에서는 유보적인 입장을 취하였다. 독일을 비롯한 유럽의 주요 국가들은 회의적인 반응을 보였으나 미테랑 대통령과 발라뒤르 수상의 설득으로 ASEM이 추진되었다. ASEM의 추진에 있어서 ASEAN이 주도적인 위치에 있으며 ASEM의 출범으로 원조자와 수혜자의 입장에 있었던 아시아와 유럽의 관계가 근본적으로 변화하는 계기를 맞게 되었다. ASEAN이 유럽의 구상에 적극적으로 동의하면서 ASEM이 출발하게 되었으며, EU와 동북아 3개국은 이러한 ASEAN의 주도를 묵시적으로 수용하면서 제1차 ASEM이 개최되었다.

(5) ASEM의 비전과 지역 간 협력의 체계화

① ASEM의 비전

제1차 ASEM 회의 개최와 그 후의 후속 조치로 아시아·유럽은 양 지역 간의 정치·경제적 협력 긴밀화와 교역 활성화의 계기를 마련하는데 성공하였다. 특히 EU측 지도자들은 아시아의 유럽시장 접근 강화 필요성을 공개적으로 인정하는 등 낙관적이고 우호적인 분위기 조성에 기여하였다. 이러한 노력의 결과 두 지역 간의 문화·교육·지적 교류와 빈번한 접촉을 통해 상호 인식상의 단절현상이 많이 제거되고, 아시아의 사회상과 잠재력에 대한 이해 부족이 해소되는 등 유럽과 아시아는 상대방을 대등한 동반자로서 진지하게 고려하기 시작하였다. 방콕에서 개최된 제1차 ASEM 정상회의는 회의개최 자체가 갖는 의미 부각이 중요하였기 때문에 회의의제 선정 과정과 결과가 비교적 의례적 성격을 갖게 되었다. 특히 회의의 성격이 포괄적이라는 점을 반영하여 "정치대화 증진, 경제협력 강화, 기타 협력 증진"이라는 주제를 채택하는 한편, "ASEM의 장래"라는 장기적 성격의 주제를 첨가하여 참가국 정상들의 자유로운 의견 교환을 강조하였다. 런던에서 개최된 제2차 ASEM 정상회의는 당시의 아시아측 외환위기를 반영, 금융협력이 주요 의제가 되었으나 1차 회의에서 논의된 의제들과 후속사업 승인 등이 포함됨으로써 좀 더 발전적이고 지속적인 정상 간의 대화를 가능하게 하였다. 특히 유럽의 대 아시아 금융 지원은 아시아의 외환·금융 위기 해결에 크게 기여함으로써 ASEM의 존재의미는 물론 유럽과 아시아 간 협력의 기반을 확고히 한 것으로 평가되었다. 서울에서 개최된 제3차 ASEM회의는 새 천년과 21세기를 맞이하는 첫 해에 개최되는 만큼 시기적으로 그 중요성이 크며, 2차 회의에서 결정한 비전과 목표 등에 관한 연구의 결과를 토대로 '포괄적 아시아·유럽 협력 지침서'(Comprehensive Asia-Europe Cooperation Framework)를 채택하였으며, 앞으로 ASEM의 발전에 이정표를 제시하였다. 이를 위하여 한국이 제안하고 또 의장국으로 되어 있는 ASEM 비전 그룹은 "For Better Tomorrow"라는 보고서를 이미 제출한 바 있으며, 3차 회의에서 이를 토대로 ASEM의 발전 방향을 논의하도록 되어 있기 때문에 한국으로서는 회의 개최국만이 아니라 비전 주도국으로서 중요한 역할을 수행하고 있었다.

3차 회의는 지난 2년 간 경제위기를 극복한 아시아의 각국들이 고유의 경제적 역동성을 발휘, 1·2차 정상회의의 성과를 바탕으로 아시아와 유럽 간 협력을 본격화하는 계기를 마련한다는 차원에서 정상회의 주제를 준비하였다. 한국을 비롯한 회원국들은 ASEM의 설립 취지와 시기적 중요성을 감안하여 21세기 세계 발전을 위한 아시아와 유럽의 역할을 모색하고, 양 지역의 공동 번영을 위한 다각적 방안에 관한 의제를 마련하였다. 그러나 ASEM이 포괄적 협력을 지향하고 있고, 현실적으로 실천 가능한 의제를 준비하고 있기 때문에 장기적 비전보다는 아시아와 유럽 관계 강화를 위한 당면 과제들이 제시되는 경향에서 크게 벗어나지 않았다. 당시 거론되고 있는 의제로서는 첫째, 교육·문화 교류 강화를 통한 상호 이해 증진, 둘째, 지식 정보화 사회 도래에 따른 협력 강화, 셋째, 세계화에 따른 국가 간·개인 간 빈부격차 완화 등이며, 이러한 사회·문화적 협력 이외에도 시장 자유화의 확산 등 경제협력 방안들과 ASEM의 제도화와 ASEM 협력의 격상 등에 관한 의제들도 적절한 수준에서 준비되었다. 그러나 '포괄적 대화'라는 ASEM의 설립 취지와는 달리 정치·안보에 관한 의제는 유럽측의 요구에도 불구하고 중국과 일부 동남아 국가들의 인권, 민주화 문제 등으로 회원국들의 합의 도출이 쉽지 않기 때문에 의제로서의 채택은 물론 논의의 수준에 대한 사전 조정에 적지 않은 어려움이 있었다. 인권문제는 ASEM 준비과정 때부터 까다로운 현안으로 부각되어 정상회담 성공의 전제조건이 되다시피 하였으나, 결국 '인권 준수와 함께 내정불간섭' 조항을 삽입하는 방식으로 조심스럽게 문서화한 바 있다. 유럽 측은 공식석상보다는 양자 간 회담에서 이 문제를 거론하기로 하였음에도 불구하고 독일과 벨기에 등 국내 여론의 압력이 심한 국가들이 강도 있게 거론하였다. 유럽 측은 아직 미국과 같은 정도로 교역과 인권 등을 연계시키는 정책을 추구하지는 않고 있으나, ASEM의 전반적인 목표가 두 지역의 정치·경제적 이해관계를 합치시키는 것임에 비추어 볼 때, 향후 인권문제를 취급하는 데에 있어 결코 제1차 ASEM에서

처럼 조심스럽게 비켜 가지는 못했다.

② ASEM의 제도화

ASEM은 외관상 유럽과 아시아 간의 지역 차원에서의 협력체라는 형태를 갖고는 있으나, 내용적으로는 EU와 ASEAN 간의 협력에 동북아 3국이 개별적으로 참여하는 다층·중복적 구조의 다자지역협력협의체라 할 수 있다. 현실적으로 EU와 ASEAN은 각자의 사무국을 가지고 있는 반면, ASEM 자체는 전혀 제도화되어 있지 않고, 의제도 특정되어 있지 않기 때문에 이를 국제협력기구 또는 협력체로 보기보다는 '포괄적 협력'을 위한 개방적 대화의 장 또는 참가국 간의 자유로운 의견교환의 장으로서의 성격이 강하다. 이처럼 ASEM이 지역 간 협력을 모색하는 초기단계에 있기 때문에 제1차에서는 협력의 의지 확인, 제2차는 당시의 현안이었던 아시아 금융 위기 논의가 주된 협의사항이었으나 최근의 아시아 경제상황 호전으로 좀더 구체적이고 실효성이 있는 지역 간 협력과 ASEM의 구조적 발전에 대한 요구가 제기되고 있다. ASEM은 비록 지역 간 협력이라고는 하지만, 아시아 국가 간의 지역 협력 경험이 일천하고 문화의 동질성, 경제발전 수준 등에서의 지역 간 비대칭성 때문에 협력에 필요한 합의는 물론 구체적 성과 도출이 어려운 것이 사실이다. 특히 아시아의 경우 중국과 동남아 일부 국가들의 체제 문제를 비롯한 인권과 민주주의 문제는 ASEM에서의 정치대화에 커다란 제약요인이 되고 있으며, 이는 지역 간 협력의 격상에 걸림돌이 되고 있다. 더욱이 ASEM은 아시아 측의 구성에서 볼 때, 명목상으로는 ASEAN이 주도하고는 있으나 실질적 능력은 동북아 3국, 특히 일본의 역할이 중요함에도 불구하고 이러한 문제를 해결할 수 있는 장치의 미흡으로 추진 구조의 제도적 취약성이라는 문제점을 드러내고 있다.

이는 ASEM의 제도화와 관련이 있는 문제로서 EU의 의장국 제도 등의 도입을 비롯하여 상설 사무국 설치 등 가장 기본적인 제도 마련과 합의 도출에 필요한 회원 각국 간의 의견조정 장치에 대한 필요성이 제기되고 있다. ASEM은 단지 두 지역 간의 협력방향을 선언한 것이므로 이를 구현하려면 EU와 아시아 측이 각각 내부적으로 구체적 조치에 합의해야 하는바, EU는 복잡한 정책과정 때문에, 그리고 아시아 측은 상이한 입장차이 등으로 이것이 매우 어렵게 되어 있다. ASEM은 외견상 유럽과 아시아 지역 간 협력체 또는 양 지역 국가 간 협의체로 보이기는 하나, 포괄적 협력을 위한 개방적 대화의 장이라는 성격이 강하여 구체적 성과를 도출하기 어렵고, 회원국 간의 이견과 격차의 폭이 적지 않기 때문에 그 효율성을 증대시킬 수 있는 구조적 · 제도적 발전이 필요하다. 이를 위하여 첫째, 아시아 측의 구성국 간에 나름대로의 대화 채널을 마련할 필요성이 있다. ASEM은 발상과 준비 과정에서부터 ASEAN이 주도하였기 때문에 실질적인 지역 간 관계는 EU · ASEAN 간이라고 할 수 있다. 따라서 이에 개별국으로 참가하는 한국과 중국, 그리고 일본은 현실적으로 ASEAN을 통하지 않고는 EU와 지역차원에서 관계를 설정했다고 보기 어려운 측면이 있다. 특히 아시아 측은 실제로 ASEAN, 한국, 일본, 중국 등 개별국들, 즉 4자(4 entities)로 되어 있기 때문에 이들 간의 대화와 협력이 제도화되어 있지 않은 상황에서 EU와의 지역차원 협상은 아시아 국가들에게 불리하게 작용할 것임은 구조적으로 자명하다. 더욱이나 ASEAN 회원국들과 EU 회원국들 간의 관계가 과거 식민지와 식민모국 관계를 바탕으로 발전해 온 특수 관계임을 감안하면, 한국 등 동북아 3국의 입장은 동남아 국가들보다 유리하다고 할 수는 없을 것이다. 특히 태평양전쟁 당시 동남아의 대부분을 차지하였던 일본이 패전으로 철수하기는 하였으나, 나름대로 그 잔재가 남아 있는 상황에서 지난 15년 간 대 ASEAN 관계 발전에 주력해 왔음을 고려할 때, ASEM은 ASEAN을 앞세운 일본의 대 EU 관계강화 노력에 한 · 중이 들러리서는 듯한 인상을 강하게 심어 주고 있다.

이러한 아시아 측 구성국 간의 다양한 이해관계와 대 유럽 관계에서의 차이점들은 ASEM에서의 아시아 측 입장 정립에 적지 않은 장애와 난관을 조성할 가능성이 있다. 따라서 이 문제를 해결하기 위해서 우선 아시아 측의 대화 채널을 마련하는 한편 아시아 측의 입장 정립 절차, 즉 민주적 의사결정 과정을 마련하여야 할 것이며, 이 경우 EU의 경우와 유사한 '차등 민주 의사 결정권'의 도입 여부에 대한 검토가 있어야 할 것이다. 둘째, ASEM은 외견상 비록 지역 간 대화 채널이라고는 하지만, 실질적으로는 EU와 4개의 별개 대화 주체가 한자리에 참석한 양상을 띠고 있기 때문에 EU가 그 동안 유지해 온 아시아 각국과의 쌍무 관계가 희석되기보다는 강화되는 방향으로 ASEM을 발전시킬 필요성이 있다. 특히 한국의 경우 최근 강화되고 있는 EU와의 쌍무 관계를 감안할 때, ASEM이 기존의 한 · EU 관계에 미칠 영향에 대하여 신중히 검토할 것이 요구된다. EU의 입장에서 볼 때(특히 프랑스의 TGV 등), 유럽과 아시아를 연결하는 대륙 간 · 지역 간 육로에 대한 비전 때문에 한국이 중요하다. 따라서 ASEAN 중심의 지역 간 해로 연결은 EU의 한국에 대한 관심과 인식에 부정적으로 영향을 줄 가능성이 있다. 더욱이나 ASEM의 출발로 기존의 한 · EU 간 쌍무 관계의 중요성이 희석될 가능성이 있으며, ASEM이 중국 등 비민주국가들 때문에 아시아의 민주화 · 자유화를 거론하기 불편하게 될 경우 한국의 대북한 인권·민주화 정책에 역기능적으로 작동할 소지가 있다. 따라서 한국은 ASEM이 실질적으로 그 존재를 정립하기 전에 한국의 국가 이익과 직접적으로 상관이 있는 분야, 즉 양 지역 간의 육로 개설, 체제 간의 공존과 협력 방법 등을 구체적으로 ASEM의 비전과 존재 의미로서 제시, 이를 관철시킬 필요성이 있다.

③ 지역 간 협력의 체계화

제3차 ASEM 정상회의는 개최 시기와 장소(서울)를 감안할 때, 새로운 21세기의 아시아·유럽 간의 협력이 동북아, 특히 한국에서 비롯되었다는 역사적 평가와 연관될 수 있기 때문에 1, 2차 때와는 좀 색다르고 좀 더 발전한 의제와 분명한 역사관과 세계관을 마련할 필요성이 있다. 그 동안 정치안보 대화가 활성화되지 못하고 될수록 이를 회피한 것은 아시아 지역의 다자 안보 협력에 대한 지역 국가 간의 합의가 어렵고, 중국과 동남아 일부 국가들의 체제가 경제발전의 단계와 연관되어 인권, 민주주의에 대한 유럽 국가들의 요구에 부정적 반응을 보였기 때문이다. 그러나 최근 유럽에서의 다자안보협력이 점차 제도화되고, Kosovo 사태의 경우처럼 실질적 역할을 담당하게 되자 아시아에서도 유사한 움직임과 긍정적 평가가 있게 되었으며, 아시아의 인권과 민주주의도 아시아적 특성에 대한 주장이 유럽 등 국제사회에서 어느 정도 받아들여지는 경향을 보여주고 있다. 따라서 회의에서는 협력의 격상에 필수적인 정치 안보 대화를 또 다시 회피하기보다는 지역 간 안보 협력의 틀 속에서 지역 안보 협력을 모색한다는, 즉 유럽의 지역 안보 협력의 경험을 아시아에 적용할 수 있도록 하는 한편, 인권과 민주주의도 아시아적 특성과 발전단계를 강조함으로써 아시아의 민주주의를 '발전 도상의 민주주의'로 규정, 현실을 인정하고 발전방향을 제시하는 선에서 정치대화를 추진할 필요성이 있다. 이 경우 한국이 주창하고 있는 '생산적 복지' 개념은 유럽과 아시아 간, ASEM 회원국 간, 각 회원국 사회의 계층 간 빈부격차 해소 문제와 더불어 중국 등 아시아의 잔존 사회주의 체제의 논리를 어느 정도 수용할 수 있기 때문에 정치대화의 주제를 좀 더 포괄적이고 발전적으로 진행하는 데에 기여할 것이다. 특히 안보 협력에 관한 대화는 ASEM의 비전과 관련, 아시아·북미·유럽 간의 '3자 간 균형과 조화'라는 신세계 정치·경제 질서 모색과 직결되어 있는 문제일 뿐만 아니라 한반도 문제 등 아시아 지역 현안과도 관련이 있는 만큼 이를 의제로 적극 제시할 필요성이 있다. 미국으로서도 신세계 질서와 새로운 안보 위협의 대처에 지역 또는 다자 협력의 중요성을 강조하고 있고, 중국도 미국의 독주보다는 유럽과 아시아가 이에 대한 발언권을 갖는 것에 반대할 이유가 없기 때문이다. ASEM의 문제점은 아직 대화와 의견 개진이라는, 부연하면 초기 단계에서의 구체성 결여라는 사실을 감안, 역동성과 시의성을 가미하기 위한 세기적·세계적 프로젝트를 제의할 필요성과 이의 구체적 실천방안에 관한 의제를 마련하는 것도 바람직할 것이다. 예컨대 한국이 제안한 아시아·유럽 간 초고속 통신망 건설을 비롯하여 러시아가 최근 북한에게 요구했다는 북한통과 철도망의 연결과 유사한 맥락에서 유럽과 아시아 간 육로 교통망 등 인프라 구축을 의제로 채택할 수 있을 것이다.

ASEM은 APEC과 달리 경제문제 이외에 정치·안보·사회·문화 등 포괄적 의제를 다루게 되어 있다. 따라서 아시아와 유럽 간의 협력관계를 격상한다는 차원에서 정치·안보 대화가 필요하기 때문에 새로운 안보 위협으로 등장한 마약, 테러, 국제범죄, 환경문제 등에 관한 대화를 모색, 세계질서와 관련된 양 지역의 발언권을 확보, 유지할 필요성이 있다. 이러한 제도적 발전과 협력관계의 격상은 현실적으로 아시아 지역 국가 간의 협력이 유럽에 비하여 그 경험과 제도가 일천하고 미비하기 때문에 우선 지역 간 협력에 필요한 아시아 지역 협력의 제고가 급선무이다. 따라서 우선 아시아 국가 간의 다자 협력과 지역주의 발전을 위한 지역 협력의 제도화와 협력의 격상이 필요하며, 이를 위하여 자유무역지대 설치를 비롯하여 경제공동체 결성 등 지역 차원은 물론 지역 간 차원에서의 구체적 프로젝트 마련이 시급하다. 이러한 지역 간 다국적 프로젝트의 추진은 이를 전담할 구체적 협력기구의 창설과 지역 간 차원에서의 자본과 기술의 통합적 운용을 비롯하여 부수적으로 각국의 개방과 자유화에 기여할 것이기 때문에 ASEM의 제도화는 물론 협력의 토대 마련에 크게 기여할 것이다.

특히 역내, 그리고 지역 간 도로망과 통신망 구축에 필요한 기술과 인력을 확보하고 있는 한국으로서는 이러한 ASEM 차원에서의 인프라 사업에 북한이 참여할 경우 일석이조의 국가적 이익을 추구할 수 있을 것이다. 즉, 이러한 사업에서 한국의 건설업체가 참여할 수 있는 몫이 적지 않을 것임은 물론이고, 한국의 자동차 관련 산업 발전, 나아가 남북 교류 협력과 신뢰 구축 등에도 크게 기여할 것이기 때문이다. 이러한 필요성을 염두에 두고 우선 ASEM에 대한 EU와 미국의 입장을 '세계 전략'이라는 측면에서 살펴보고, 이 연장선상에서 ASEM의 비전과 APEC과의 연계, 즉 장차 한국이 EU와 미국 등 세계질서의 주요 행위자들과 협력할 수 있는 분야와 그 가능성을 살펴보고, 이를 바탕으로 기존의 협력체 간의 관계를 체계화함으로써 한국 외교의 방향을 모색할 필요성이 있다.

(6) 최근 동향

2014년 10월 밀라노에서 개최된 제10차 ASEM 정상회의에서는 '지속가능한 성장과 안보를 위한 책임 있는 협력'을 주제로 아시아와 유럽 간의 연계를 강화하기 위한 논의가 이루어졌다. 이번 정상회의는 그 어느 때보다 연계성, 동반자 관계가 강조된 것이 특징이며, 운영측면에서도 자유토론 세션의 도입을 통해 상호 간의 이해관계를 증진시키고 자연스러운 토론 분위기를 강조하였다. 박근혜 대통령은 자유토론 세션에서 북핵문제와 인권 등 한반도 문제에 대한 국제여론의 관심을 환기시켰으며, 지역 간 연결성을 강조한 유라시아 이니셔티브를 소개하였다.

한편 2016년 7월 15일~16일 이틀 간 몽골의 수도 울란바토르에서 제11차 정상회의가 있었다. "ASEM 정상회담"은 몽골 울란바토르에서만 두 번째로 개최되었다. 이번 정상회의는 'ASEM 20주년 : 연계성을 통한 미래 파트너십'이라는 주제로 자유토론을 하였다. 정상들은 그 간 ASEM이 이루어낸 성과와 앞으로의 비전, 아시아-유럽 간 연계성 증진 방안 등을 논의했다. 제12차 ASEM회의는 2018년 벨기에의 브뤼셀에서 개최된다.

ASEM이 향후 열린 협의체로서의 한계를 극복하기 위해서는 보다 구체적인 의제를 발굴할 필요가 있으며, 우리 정부도 ASEM 내 리더십 확보에 노력을 배가할 필요가 있다. ASEM은 회원국 간의 국력, 경제수준 및 정치적 이해가 매우 상이한 가운데, 공통분모를 찾기 어려운 현실 속에서 그동안 합의의 내용이 규범적 차원에 그치고, 협력사업의 일관성과 지속성이 부족하다는 비판을 받아왔기 때문에 이에 대한 극복이 과제이다.

4) G20

(1) G20의 정의

G20(Group of 20, G20 major economies, Group of Twenty Finance Ministers and Central Bank Governors)는 산업화된 국가들의 기구이다. 회원국은 G7의 국가와 신흥국가를 포함한 20개 국가로, 19개 경제 선진국과 유럽연합(EU)이다. 결국 G20은 세계금융 정상회담이라고 할 수 있다. 각국의 국가 재무장관, 중앙은행 총재 등이 참여하여 세계경제를 논의한다. G20은 G7 국가 재무장관들이 모여서 세계금융 문제와 위기를 극복하기 위하여 만든 조직이다.

(2) G20 창설배경

1997년도 아시아 외환위기 이후에 국제 금융시장의 불안정한 상황 속에서, 세계 안정을 위한 협의 필요성이 부각됐다. 1999년 9월 IMF 연차총회 당시에 개최된 G7 재무장관 회의에서 G7 국가가 그 외 주요 신흥시장국이 참여하는 G20창설에 합의하였고, 1999년 12월에 독일 베를린에서 제1차 회의를 개최하였다. 2008년 11월 세계금융, 경제위기 발생 이후에 향후 위기극복을 위하여 G20 정상회의가 창설되었고, 이 회의는 연 1회 정례적으로 개최되는 G20 재무장관회의 이외에 정상회의 직전 재무장관 회의가 추가로 개최된다.

(3) G20 설립목적

세계경제에 있어서 중요한 국가 간의 경제 및 금융에 관한 정책 및 동향, 현안에 대한 정보교류 및 대화를 확대하고, 세계경제 성장과 안정을 위하여 지속적인 협력을 증대하기 위하여 설립되었다.

(4) G20 정상회의의 연혁

구 분	개 최 국	개 최 월
제 1차 정상회의	미국	2008년 11월
제 2차 정상회의	영국	2009년 4월
제 3차 정상회의	미국	2009년 9월
제 4차 정상회의	캐나다	2010년 6월
제 5차 정상회의	대한민국	2010년 11월
제 6차 정상회의	프랑스	2011년 11월
제 7차 정상회의	멕시코	2012년 6월
제 8차 정상회의	러시아	2013년 2월
제 9차 정상회의	호주	2014년 11월
제 10차 정상회의	터키	2015년 11월
제 11차 정상회의	중국	2016년 9월
제 12차 정상회의	독일	2017년 7월
제 13차 정상회의	아르헨티나	2018년 예정
제 14차 정상회의	일본	2019년 예정

(5) G20 참가국

G20의 참가국에는 기존 G7 국가인 미국, 일본, 영국, 프랑스, 독일, 캐나다, 이탈리아를 포함하며, 이외의 신흥국가인 아시아의 한국과 중국, 인도, 인도네시아, 사우디아라비아와 중남미의 아르헨티나와 브라질, 멕시코가 참여하고, 아프리카의 남아프리카공화국, 유럽의 러시아와 터키, 호주, EU 의장국이 참여한다. EU 의장국은 6개월의 임기를 갖는 EU 국가에서 순번제로 운영된다.

표 9-2 G20 회원국

분 류	국 가
아시아	한국, 중국, 인도, 인도네시아, 사우디아라비아
중남미	아르헨티나, 브라질, 멕시코
유럽 및 기타	러시아, 터키, 호주, EU 의장국
아프리카	남아프리카 공화국
G7	미국, 영국, 프랑스, 독일, 이탈리아, 캐나다, 일본

(6) G20 역대 정상회의의 주요내용

□ 제1차 워싱턴 G20 정상회의

금융위기의 실물경제로 전이 방지를 위해 국제공조하에 고강도의 금융, 재정정책 등 경기부양책 시행, 금융위기 극복을 위한 자유무역 활성화의 중요성 인식 공유, 향후 12개월 간 무역과 투자에 대한 신규 무역장벽 설치, 수출제한 등을 동결(standstill)하자는데 합의(이명박 대통령 제안), 금융개혁을 위한 5개의 공통원칙에 합의, 47개 중, 단기 이행과제 설정.

□ 제2차 런던 G20 정상회의

거시경제 정책공조 관련 통화, 재정정책 공조를 통한 세계수요증진 및 고용창출 필요성에 대해 공감대 형성, 금융시장 안정 관련 금융부실에 의한 불확실성 지속으로 은행 부실자산의 조속 처리 필요성 공감, 신흥국에 대한 유동성 공급 확대를 통한 세계경제 성장 촉진 및 무역금융의 중요성 강조.

□ 제3차 피츠버그 G20 정상회의

위기 이후 세계경제의 수요 부족 및 저성장 문제 대응과 중장기적으로 지속 가능한 균형성장을 위한 G20 차원의 협력체제에 합의, 금융규제 개선 관련 금융기관의 과도한 위험부담 방지 등 4개 과제에 대한 조치에 합의 국제금융기구 개혁 관련 IMF 및 세계은행 개혁방안 마련 G20을 세계경제협력을 위한 주 논의의 장(premier forum)으로 지정하고, G20 정상회의의 연례적 개최 결정.

□ 제4차 토론토 G20 정상회의

금융분야 개혁 관련 자본유동성 규제 및 시스템적으로 중요한 금융기관(SIFIs) 규제에 대해 서울정상회의에서 최종 결론을 도출키로 합의, 무역, 투자분야의 신규 장벽 동결(standstill) 등 보호주의 저지 약속을 2013년 말까지 3년 연장 개발 실무그룹(WG) 설치에 합의하고, 서울정상회의에서 채택할 개발 어젠다 및 다년 간 행동계획(development agenda and multi-year action plans) 마련을 지시.

□ 제5차 서울 G20 정상회의

강하고 지속가능한 협력체계 구축 관련 G20의 정책공조 방안과 개발국가별 정책약속들을 종합한 Seoul Action Plan 합의, 금융규제 개혁 관련 은행자본, 유동성 규제(바젤 III), 체계적으로 중요한 금융기관(SIFIs) 규제 등에 승인 개발 관련 단순한 재정원조를 넘어 개도국 능력배양(capacity building)을 통한 자생력 확충을 중심으로 하는 "서울 개발 컨센서스"에 합의, 성장과 연관된 분야(인프라, 인적자원개발, 무역·투자, 개발경험 공유 등) 다년 간 행동계획(Multi-Year Action Plan) 채택, 비즈니스 SUMMIT의 개최 환영 및 지속적 개최를 기대함으로써 한국의 이니셔티브가 향후 G20 정상회의에서도 지속되는 계기를 마련 아웃리치 관련 비G20 회원국 및 국제기구와의 협의를 확대하기로 합의함으로써 G20의 신뢰성과 대표성 제고.

□ 제6차 깐느 G20 정상회의

거시경제 공조 관련 단기적인 신뢰회복과 성장지원을 위한 각국별 정책 명시, 중장기적으로도 구조조정 등 성장기반 강화를 위한 개혁과제 합의, 무역 관련 2013년까지 보호무역조치 동결(standstill) 및 신규 무역제한 조치 원상회복 원칙에 대한 기존 합의 재확인, 국제경제협력의 최상위 포럼으로서 G20의 독보적(unique) 지위 확인, 대형금융기관(SIFIs) 종합규제체계 마련, 금융안전위원회(FSB)에 대한 법인격 부여 및 기능 강화, 농업, 에너지, 고용, 반부패 등 분야별 실무그룹 및 장관회의에서 채택한 결과물 승인.

□ 제7차 로스카보스 G20 정상회의

유로존 경제위기 극복을 위한 정치적 의지 결집, 세계 경제위기 대응을 위한 4,560억불의 IMF 재원 조성, 보호무역주의 동결(standstill) 약속을 2014년까지 연장 녹색성장, 인프라, 식량안보를 중심으로 개발의제 진전, 반부패 약속 이행 의지 확인, 자금세탁방지기구(FATF)의 강화된 기준지지.

□ 제8차 상트페테르부르크 G20 정상회의

지속가능하고 균형잡힌 경제 성장과 양질의 일자리 창출을 위해 공동의 노력을 기울여 나가기로 합의, G20 국가들의 잘 조율된 행동이 금융위기를 극복하고 세계경제를 회복시키는데 핵심적 요소임을 강조, 미국의 출구전략 시행에 따른 금융시장 불안을 최소화하기 위해 파급효과(spillover)를 관리하는 등 공조를 강화하기로 합의함.

□ 제9차 브리즈번 G20 정상회의

향후 5년 간 회원국들의 국내총생산(GDP) 규모를 현 성장추세 대비 2.1% 제고하고 세계 경제의 성장을 위해 향후 15년 간 사회기반시설에 70조 달러를 투입하기로 합의, 논란을 빚었던 기후변화 대응과 관련해서는 회원국들이 유엔 녹색기후기금(GCF) 등에 출연해 기후변화 문제에 효과적으로 대응한다는 선에서 가까스로 합의, 다국적기업의 조세회피 방지책 마련, 에볼라 확산에 대한 공동 대응, 여성 노동참여 확대 등에도 합의함.

□ 제10차 안탈리아 G20 정상회의

2015년 제10차 G20 주최국 터키는 주요 의제로 포용성(Inclusiveness), 투자(Investment), 이행(Implementation) 등 3개의 'I'를 제시했다. 기존 공약의 결단력 있는 "이행", 강력한 성장 동력인 "투자"의 촉진, 성장 혜택을 모두 함께 누리는 "포용성"의 증진이라는 포괄적 의제를 채택하였다. 터키 안탈리아에 모인 G20 정상들은 첫 출범 이후 최초로 경제가 아닌 국제정치를 주제로 별도 성명을 채택하기도 했다. 회의 시작 불과 이틀 전에 프랑스 파리에서 발생한 연쇄 테러로 전세계가 충격에 빠진 당시 각국 정상들은 대테러 연대 강화 의지를 담은 '테러리즘 대응에 관한 G20 성명'을 발표했다. 테러리즘은 모든 G20 국가들의 우선순위에 있음을 강조하며 유엔 중심의 테러 진압·예방 협력 강화를 약속했다.

□ 제11차 항저우 G20 정상회의

2016년 중국 항저우에서 열린 G20 정상 회의에서는 영국의 유럽연합(EU) 탈퇴(Brexit·브렉시트) 이후 확산되고 있는 보호무역주의 기조와 경제 잠재성장률 저하와 저성장 고착화 대응 방안을 두고 논의했다. 미국과 중국을 중심으로 한 양 축이 지속 가능하고 포용적인 개발의 필요성을 강조하면서 개발도상국과 아프리카 빈곤국가의 사회기반 건설 지원계획을 발표한 것, 그리고 파리기후변화협정에 G20 주요국들이 적극 협력하는 등의 의제를 제시했다는 높은 평가를 받기도 했다. 회담에 참석한 정상들은 세계경제 회복세가 기대에 미치지 못하는 수준이라 진단하고 재정지출·통화정책·구조개혁 등의 정책수단을 활용하겠다는 내용을 골자로 하는 선언문인 '항저우 컨센서스'를 채택했다.

□ 제12차 함부르크 G20 정상회의(2017년)

세계경제 회복력 강화와 국제재무 건전성 강화, 기후환경 보호와 지속 가능한 에너지 공급, 난민문제 해결과 후진국 개발 지원 등의 의제가 주로 토론되었다. 주요 합의 내용은 다음과 같다.

① 경제·금융 회복력을 제고하는 동시에 지속가능하며, 균형잡힌 포용적 성장을 이루기 위해 다함께 통화, 재정 및 구조개혁 정책 등 가용한 모든 정책수단을 활용

② 모든 불공정 무역관행을 포함한 보호주의 배제, 시장을 왜곡하는 보조금과 정부 및 유관기관의 다른 유형의 보조를 없앨 것 촉구

③ 국제적으로 인정된 기본 틀에 따라 노동, 사회, 환경 기준 및 인권의 이행 장려

④ 전산화된 생산, 물품과 서비스를 위한 시장과 산업주도의 국제기준 개발 및 활용 장려

⑤ 국제통화기금(IMF)을 중심에 둔 글로벌 금융안전망과 국제금융체제 강화

⑥ 국제조세협력과 금융투명성, 보건위기 대응을 위한 보호조치 및 보건 시스템 강화, 항생제의 신중한 사용, 수의학 분야에 항생제 사용을 오직 치료목적에만 한정하도록 노력, 지속가능한 에너지원, 청정에너지 기술 및 인프라

에 대한 투자 증대가 혁신, 지속가능 성장, 경쟁력, 그리고 고용창출의 기회임을 강조

⑦ 미국의 파리협정 탈퇴 결정에 주목하고 미국의 국별결정기여(NDC) 이행을 즉시 중단한다라고 발표. 경제성장을 지지하며 에너지 안보 수요를 개선하면서 온실가스 배출을 저감시키는 접근법에 대한 강한 의지 재확인

⑧ 포용적 금융을 위한 글로벌 파트너십(Global Partnership for Financial Inclusion)의 진행 중인 노력지지, 또한 2017 G20 포용적 금융 행동 계획의 채택, 여성의 노동시장 접근 개선, 농업생산량과 회복력 향상, 물과 물 관련 생태계 보호, 관리 및 효율적 활용

⑨ 해양폐기물 방지 및 저감

⑩ 아프리카 국가들의 기회 및 도전요인에 대한 인식하에 G20 아프리카 파트너십을 마련, 2017-18 G20 반부패 행동계획의 완전한 이행을 지속할 것

(7) G20 정상회의와 한국

G20 기구의 성격은 임시 협의체이며, 한시적 기구의 성격을 가지고 있었다. 그러나 2010년 두 차례의 회의를 가지며, 2011년 이후부터는 매년 1회의 G20 정상회의를 개최하기로 합의하였다. 이전까지 세계경제에 관하여는 G8에서 이끌어 왔으나, G8을 대체하여 세계경제 및 금융 전반의 협의 및 논의, 결정을 주관하는 조직으로 인정받을 수 있게 되었다. 그 중에서도 한국이 2010년 11월에 20G 정상회의를 개최함으로써 가장 중요한 시기에 주도적인 입장에서 참여할 수 있었다는 것은 커다란 의미를 갖는다. 이것은 국제사회의 지배구조가 바뀐다는 것을 의미하며, 힘의 중심이 서방 선진국에서 신흥경제권을 가지고 있는 일본, 중국, 한국 등의 아시아 국가로 이동하는 계기가 될 수 있다는 것을 의미한다.

한국은 G7 국가에 속하지 않으면서도 G20 정상회의를 개최하는 최초의 국가가 되었다. 이것은 국제사회에서의 위상을 높일 수 있는 기회가 되었고, 회의를 주도적으로 진행할 수 있었으며, 논의를 결정하고 협의하는데 중요한 역할을 할 수 있었다. 국제사회의 중요 결정문제에 영향력을 발휘할 수 있게 되는 것이며, 국제사회가 한국에서 개최하는 것은 높아진 한국 이미지를 반영한 것이라고 할 수 있다.

(8) G20 정상회의의 해결과제

① 각 회원국들의 금융관련 문제와 관련하여 입장차를 조율해야 한다.

② 현재 G20은 경제현안 중심기구로써 세계적으로 인정받고 있지만, 기존의 G8이 여전히 국제관계나 외교정책의 중심을 논의하는 기구로 남아있다. 이것은 G20의 역할을 방해할 뿐만 아니라, G20의 정상회의와의 대립을 야기시키는 원인이 될 수 있다. G20의 역할을 강화하고 각국의 협의가 필요하다.

③ 기존의 서방 선진경제국가들이 현재 금융위기로 인하여, G20의 설립을 내세웠지만, G20의 지배구조는 아직까지 서방 선진경제국가들에게 있다. 향후 계속적으로 신흥국가들이 중요국가로 참여하기 위해서는 새로운 대책과 협의가 필요하다.

④ 국제금융관련 힘은 서방에서 아시아 신흥 경제국가로 이동하고 있다고 하나, 계속적인 이동은 어려운 상황이다. 미국과 유럽 국가들의 경제위기가 많이 극복되고 있으며, 각 국가의 세력과 목소리가 점차 높아지고 있는 상황이다. G20 정상회의에서는 이러한 각국의 목소리를 하나로 통합할 수 있는 협의가 이루어져야 할 것이며, G20 회의를 일부 소수국가가 진행하고 결정하는 것이 아니라, 모든 회원국의 합의와 논의로 도출될 수 있도록 중대한 역할을 수행 하여야 한다.

2. 기타 국제통상 관련 기구 및 조직

1) WIPO(세계지식재산권기구)

세계지식재산권기구(World Intellectual Property Organization, WIPO)는 세계지식재산권을 관장하는 UN전문기구이다. 1886년 발효된 저작권 관련 베른조약과 1883년 발효되어 산업재산권을 다루는 파리조약의 합동사무국이었던 국제사무국연방(BIRPI)의 후신으로 1970년 설립되었다. 1967년 스톡홀름에서 서명되고 1970년 발효된 세계지식재산권기구 설립조약에 그 근거를 두고 있으며 1974년 UN전문기구가 되었다.

WIPO는 지적소유권의 국제적 보호의 촉진과 국제협력을 목적으로 하며, 이를 위하여 조약의 체결이나 각국 법제의 조화를 도모하고, 개발도상국에 대해서는 지적소유권에 관한 법제·기술면에서의 원조도 실시한다. 또한 산업재산권(특허,

실용신안, 상표, 의장 등) 및 저작권・저작인접권(방송, 실연, 인터넷상 저작권보호 등)에 관한 24개 국제조약의 관리기능을 담당하고 있다.

WIPO 예산수입은 2016년~2017년 사이에 회원국이 승인한 지출액의 약 94%는 마드리드 및 헤이그 시스템인 PCT를 통해 국제등록시스템의 이용자들이 제공하는 요금 선불서비스에 의해 창출된다. 나머지 예산수입의 6%는 회원국 분담금으로 충당된다. 유엔기구들 중에서 이례적으로 운영된다고 할 수 있다.

본부는 스위스의 제네바에 있고 뉴욕의 국제연합본부에도 연방사무국을 두고 있다. WIPO의 정책결정기관인 총회는 3년마다 소집되고, 그때마다 회의가 열린다. 그 밖에 당사국회의(Conference), 조정위원회(Coordination Committee) 등이 있으며, 특허법, 정보기술, 상표・의장・지리적 표시, 저작권, 지재권 개발협력 등의 5개 분과 상설위원회(Standing Committee)를 두고 정기회의를 개최하고 있다. 그리고 유명상표의 도메인 네임 선점에 관련한 국제적인 분쟁처리기구와 절차의 필요성이 증가함에 따라 지난 1999년 12월 인터넷 도메인 분쟁조정기구가 WIPO에 설치되어 주로 .COM, .NET, .ORG 등의 도메인 이름과 관련된 분쟁을 다루어오고 있다.

2017년 8월 말 현재 회원국수는 189개국이며, 우리나라는 1973년부터 옵저버로 참석, 1979년에 정식으로 가입했으며 북한은 1974년에 가입하였다.

한편 지식재산권 관련 국제조약은 크게 3부류로 나누어 볼 수 있는데, ① 지식재산권국제보호조약(파리협약, 마드리드 협정, 상표법 조약, 나이로비 조약, 특허법 조약, 베른협약, 로마협약), ② 국제등록조약(특허협력 조약, 마드리드 협정, 리스본 협정, 부다페스트 조약, 헤이그 협정, 마드리드의정서, 음반 불법복제 방지 제네바 협약, 통신위성 송신 프로그램 신호 배분에 관한 브뤼셀 협약), ③ 분류제도관련조약(스트라스부르그 협정, 니스 협정, 비엔나 협정, 로카르노 협정)이 그것이다.

2) PECC(태평양경제협력회의)

PECC(Pacific Economic Cooperation Conference)는 1980년 오스트레일리아 수도 캔버라에서 아시아 11개국 대표가 참석한 민간 차원의 태평양공동체 세미나 당시 오스트레일리아 수상 존 말콤 프레이저(John Malcolm Fraser)와 일본 수상 오히라 마사요시(大平正芳)의 주장으로 구체화되기 시작해 1982년 방콕회의에서 탄생하였다.

PECC는 정부・경제계・학계 인사로 구성된 민간 주도의 태평양 국가 간 협의체로서, 각국 대표단은 3원적(三元的) 참여를 원칙으로 하며, 자원・투자・무역・기술

협력 등을 주제로 회원국이 돌아가면서 총회를 개최한다. 총회와 상임위원회, 7개의 특별분과위원회로 조직되며, 회원국마다 위원회가 따로 있고, 개발도상국 학자들의 지원을 위해 필요한 자금을 조성하는 태평양경제협력회의 센트럴 펀드와 태평양 섬나라 특별분과위원회가 있다.

PECC는 아시아태평양경제협력체(APEC)와 함께 태평양경제협력의 추진 모체로서, 총회는 2년마다 열린다. 1985년 서울총회, 1986년의 밴쿠버총회, 1989년 웰링턴총회, 1991년 싱가포르총회, 1992년 샌프란시스코총회를 거쳐 1999년에는 필리핀 마닐라에서 총회가 열렸다. 최근 제23차 PECC 총회가 2015년 9월 필리핀 마닐라에서 '21세기 성장 동력 : 균형성장, 포괄적이며 지속 가능한 성장 달성'(Growth Engines for the 21st Century: Achieving Balanced, Inclusive, and Sustainable Growth)을 주제로 개최되었다.

회원국 간의 경제성장 촉진, 사회 발전, 과학기술 발전, 환경문제 해결에 초점을 맞추어 공동 관심사에 대한 적극적인 협력을 이끌어 내는 한편, 무역·어업·광업·농업·에너지·교통·통신 협력을 비롯해 다른 국제기구·지역기구와도 긴밀한 협조 체제를 유지하고 있다.

2017년 8월 말 현재 회원국은 아시아·태평양 지역 23개국과 협력국인 프랑스 그리고 제도적 구성원인 태평양무역개발회의(Pacific Trade and Development Conference, PAFTAD), 태평양경제위원회(Pacific Basin Economic Council, PBEC) 등 총 26개국이다.

3) OPEC(석유수출국기구)

(1) OPEC의 설립목표

OPEC(Organization of Petroleum Exporting Countries)은 회원국들의 석유정책 조정을 통한 이익의 확보와 국제석유시장의 안정을 유지하기 위해 설립되었다. OPEC의 성격은 석유수출국 정부들 간의 국제 생산자 카르텔을 형성하는 것으로 볼 수 있다.

(2) OPEC의 회원국

석유수출국기구(OPEC)는 1960년 9월 이란, 이라크, 쿠웨이트, 사우디아라비아, 베네수엘라 등 5개국이 협정을 체결, 이라크 바그다드에 설립되면서 창립국가가 되었다. 이 국가들에 이어 카타르(1961년), 인도네시아(1962년), 리비아(1962년), 아랍에미리트 연합국(1967년), 알제리(1969년), 나이지리아(1971년), 에콰도르(1973년), 가봉(1975년), 앙골라(2007년), 최근 적도 기니공화국(2017년)이 합류했다.

에콰도르는 1992년 12월에 회원 자격을 박탈당했으나, 2007년 10월에 OPEC에 재합류했다. 인도네시아도 2009년 1월에 탈퇴하였으나 2016년 1월 OPEC 총회에서 합류하였고, 2016년 11월 30일 OPEC 총회에서 회원자격을 포기하기로 결정했다. 가봉 또한 1995년 1월에 회원자격을 끝냈으나 2016년 7월에 조직에 다시 합류했다. 따라서 현재 OPEC의 전체 회원국은 14개국이다.

(3) 사무국

OPEC사무국은 석유수출국기구의 행정기관이다. 비엔나에 위치한 이 기구는 또한 OPEC법령의 조항에 따라 조직본부의 본부 역할을 한다.

사무국은 회의에서 통과된 모든 결의의 이행과 이사회가 내린 모든 결정을 이행하는 것을 책임진다. 또한 의사결정에 핵심적인 의견을 구성하는 연구결과를 제시한다. 사무국은 조직의 최고경영자인 사무총장과 조직의 운영에 필요한 일반 사무직원들 뿐만 아니라 법무부, 연구부, 지원 서비스부로 구성되어 있다.

연구부서는 데이터서비스, 석유 연구소, 에너지연구부서로 구성된다. 지원서비스 부서에는 홍보 및 인적 자원, 재정 및 인적 자원 관리부 등이 포함되어 있다. 사무국은 원래 1961년 스위스 제네바에서 설립되었다. 1965년 4월, 8번째(특수) OPEC회의는 1965년 9월 1일에 기구를 비엔나로 옮기는 오스트리아 정부와의 호스트 계약을 승인했다.

사무총장은 2년 임기에 중임이 가능하며, 2017년 현재는 Mohammad Sanusi Barkindo가 사무총장직을 맡고 있다.

(4) OPEC Fund for International Development(OFID)

OFID는 알제리, 에콰도르, 인도네시아, 이란, 이라크, 쿠웨이트, 리비아, 나이지리아, 카타르, 사우디아라비아, 아랍에미레이트연합, 베네수엘라에 의해 1976년 1월 설립되었다. OFID의 재원은 주로 OFID의 자원봉사와 OFID의 투자 및 대부금에 의해 얻어진 소득의 자발적인 기여로 구성된다. OFID의 운영은 1976년 8월에 약 8억 달러의 초기 재원으로 시작되었다. 이 금액은 그 이후로 4배가 되었다.

표 9-3 OFID의 재원

Resources(January 1, 2016)	US$m
Contributions	4,262
Reserve	2,601
Total resources	6,863

모든 비 OPEC 개발도상국들은 원칙적으로 OFID지원을 받을 자격이 있다. 다만, 개발도상국과 기타 저소득층은 우선순위가 부여된다. 수년 간 OFID는 67개국, 아시아의 43개국, 라틴아메리카, 그리고 카리브해, 그리고 유럽 7개국에 걸쳐 자금을 지원했다.

(5) OPEC의 원유 매장량 구성비

[그림 9-1] OPEC의 원유 매장량

OPEC share of world crude oil reserves, 2016

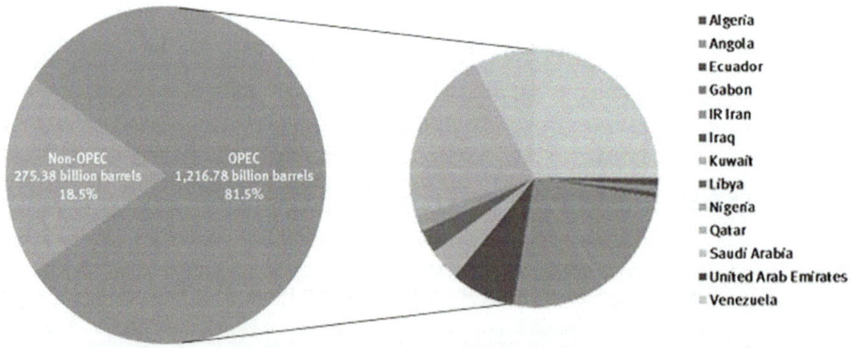

OPEC proven crude oil reserves, at end 2016 *(billion barrels, OPEC share)*

Venezuela	302.25	24.8%	Kuwait	101.50	8.3%	Qatar	25.24	2.1%	Gabon	2.00	0.2%
Saudi Arabia	266.21	21.9%	United Arab Emirates	97.80	8.0%	Algeria	12.20	1.0%			
IR Iran	157.20	12.9%	Libya	48.36	4.0%	Angola	9.52	0.8%			
Iraq	148.77	12.2%	Nigeria	37.45	3.1%	Ecuador	8.27	0.7%			

Source: OPEC Annual Statistical Bulletin 2017.

2016년 기준, OPEC의 원유 매장량은 전 세계 매장량(1492.16 billion barrels)의 81.5%를 점유하고 있으며, 그 중에서도 베네주엘라 24.8%, 사우디아라비아 21.9%, 그리고 이란과 이라크가 각각 12.9%, 12.2%를 기록하고 있다. 비 OPEC는 275.38 billion barrels로 18.5%에 그치고 있다.

4) USTR(미국통상대표부)

USTR은 United States Trade Representative의 약자로서 미국 무역대표부를 가리킨다. 국제기구는 아니지만 국제통상에 상당한 영향력을 미치는 미국 무역대표부는 미국의 국제통상교섭을 담당하는 대통령 직속기관으로 1963년 1월 통상교섭특별대표부(Office of the Special Representative for Trade Negotiations)로 발족, 1980년 1월 카터대통령이 이를 개조하면서 이름이 바뀌었고, 1988년에는 미국 무역대표부가 무역에 관한 대통령의 중요 조언자 역할을 담당하게 하는 법령을 제정했다.

미국의 통상정책을 담당하는 주요 정부기관에는 USTR외에 상무부, 국무부가 있으나 USTR은 이들 관계부처와 협의, 미국의 무역정책을 총괄적으로 수립, 집행하며 대외교섭 창구로서의 역할을 하고 있다. 특히 종합무역법 301조에 의한 불공정무역행위에 관한 조사와 관련 상대국과의 협상, 보복조치를 집행하고 있다. 또한 USTR은 자국의 '74년 통상법' 제181조에 의거하여 해마다 '국가별무역장벽보고서(NTE)'를 발행한다. 매년 3월 31일까지 미국의 교역 및 해외직접투자에 있어 실질적 장벽이 되는 교역상대국의 법·정책·관행 등을 파악하고 분석해서 대통령과 의회에 제출한다. USTR 대표는 각료급이며 사무소는 미국 워싱턴(Washington, D.C)과 스위스 제네바 두 곳에 있으며, 워싱턴, 제네바에는 차석대표 1명씩을 둔다. 워싱턴 사무소에서는 전반적인 대외 무역정책인 양국 간의 협상이나 다국 간의 협상, 금융인 해외투자와 같은 특수한 일 외에도 여러 일을 관할하고 있으며, 제네바 사무소에서는 세계무역기구의 일반적인 일인 무관세 협정, 농업정책, 생활필수품에 관한 정책 등의 일을 한다.

미국 무역대표부는 미국의 국제 간의 교역, 생활필수품, 직접투자정책을 개발하고 상호 협조하는 일과 그러한 사업으로 인한 외국과의 협상을 주도하거나 지휘하는 일을 하는 기관이다. 구성원인 각 기관은 내각으로 구성되는데 그들은 중요한 교역현황에 조언하고, 무역정책에 상호협력하여 이견을 좁히며, 무역이나 투자에 관한 일 등에 관해 대통령을 대신하는 대변인 역할 및 대통령의 결정을 돕기 위해 문제점 등을 지적한다.

또한 세계무역기구(World Trade Organization, WTO), 관세 및 무역에 관한 일반 협정(General Agreement on Tariffs and Trade, GATT), 우루과이라운드 다국 간 협약(Uruguay Round Multilateral Trade Negotiation), 경제협력개발기구(Organization for Economic Cooperation and Development, OECD), 국제연합무역개발회의(United Nations Conference on Trade and Development, UNCTAD) 등과 같은 중요 무역기구에서 협약을 주도하고 있으며, 전문성을 발휘하기 위하여 미국의 무역정책을 제시하기도 한다.

제 10 장 국제원자재와 원자재 가격

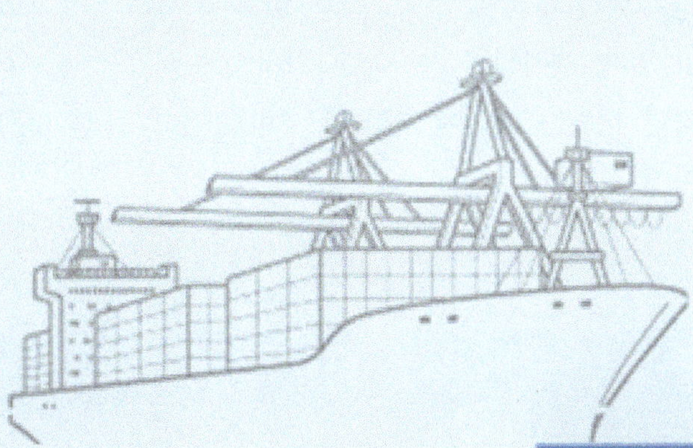

제10장 국제원자재와 원자재 가격

1. 국제유가

과거 5년 간 100불 수준을 유지하던 유가가 2014년 하반기부터 급격하게 떨어지기 시작해 2016년 2월 26달러까지 바닥을 찍고, 2017년 6월 현재 46달러 수준에 머물러 있다. 국제유가가 계속 떨어지면서 "60달러 이하로는 안 떨어진다.", "40달러가 바닥이다." 등등의 추측이 많았지만, 2015년 말에는 30달러 이하의 수준까지 하락했었다. 그러면 유가는 앞으로는 어떻게 변화할 것인가?

1) 국제원유의 종류

(1) 세계 3대 원유

현재 세계 70 여개 국에서 생산되는 원유는 수십 종이나 있다. 그러나 국제유가 수준을 측정하는 지표는 크게 3가지 유종으로 나누어진다. 미국 서부 텍사스 지역에서 생산되는 텍사스유(WTI), 영국 북해에서 생산되는 브렌트유(Brent), 그리고 아랍에미레이트 두바이 지역에서 생산되는 두바이유(Dubai)가 있다. 3대 유종이 국제 원유시장의 기준 유종으로 자리 잡은 이유는 생산량이 많고, 특정 생산자가 생산을 독점하지 않아 가격형성이 투명하기 때문이다. 기본적인 분류는 지역에 따라 나뉘며, 원유의 품질 및 운반비 등을 고려하여 가격이 결정된다.

텍사스유는 미국 서부 텍사스와 오클라호마주(州) 일대에서 생산된다. 대표적인 경질유(API도 39.6)이자 저유황유이며, 미국 국내와 아메리카 지역의 기준 유종이다. 거래는 미국 내에서 주로 현물거래와 선물거래로 이루어질 뿐, 국제시장으로는 반출되지 않는다. 그럼에도 세계 3대 유종 가운데 국제유가를 결정하는 가격지표로 활용된다. 이는 세계 최대 선물거래소인 뉴욕상품거래소(New York Mercantile Exchange: NYMEX)에 상장된 중심 유종이기 때문이다.

브렌트유는 영국 북해지역에서 생산되는 원유로서 유럽과 아프리카 지역에서 거래되는 원유 가격을 결정하는 기준 원유이다. 서부 텍사스유보다는 원유의 품질을 결정하는 API도가 낮고 유황 성분이 많아 보통 2~3달러 낮게 가격이 형성되나 두바이유보다는 품질이 뛰어나 2~3달러 정도 비싸다. 거래는 런던의 국제석유거래소(IPE)에서 주로 선물로 거래된다. 이와 달리 텍사스유는 미국 뉴욕상업거래소(NYMEX)에서 선물・현물로 거래되고, 두바이유는 중동 권역과 싱가포르에서 현물로 거래된다. 가격은 보통 텍사스유보다 2시간 정도 늦은 오전 4시 30분경에 결정된다. 두바이유의 가격 결정보다는 하루 정도 빠르다. 하루 산유량은 75만 배럴 정도이다.

두바이유는 중동의 아랍에미레이트에서 생산되는 원유로, 중동지역을 대표하기 때문에 중동산 두바이유로 불린다. 두바이유는 유황 함량이 많고 질이 떨어져 브렌트유보다 2~3달러, 서부텍사스유보다 5달러 정도 낮게 가격이 형성되고 중동권과 싱가포르에서 현물로 거래되는 것이 특징이다. 또 미국의 뉴욕상업거래소(NYMEX)에서 거래되는 텍사스유나 영국 런던의 국제석유거래소(IPE)에서 거래되는 브렌트유가 주로 선물거래로 이루어지는 것과 달리 중동권과 싱가포르에서 현물로 거래되는 것이 특징이다. 사우디아라비아・쿠웨이트 등 중동 국가의 원유가격 역시 두바이유의 가격에 따라 움직인다. 보통 한국 시간으로 오후 6시 무렵에 현물가격이 결정되기 때문에 각각 오전 2시 30분과 4시 30분경에 가격이 결정되는 브렌트유와 텍사스유에 비해 하루 늦게 가격이 반영된다. 이로 인해 가격하락과 상승이 두 원유와 다르게 나타나기도 한다.

한국은 원유 수입의 78%를 중동지역에서 수입하기 때문에 두바이유의 가격이 국내경제에 미치는 영향은 아주 크다. 더욱이 중동지역은 정치・외교・종교적 갈등으로 인한 분쟁이 그치지 않아 국제 원유가격에 많은 영향을 미친다. 그 중에서도 운반비가 원유가격에 가장 큰 영향을 미친다. 가끔은 원유가격이 종류에 따라 반대 방향으로 움직이는 경우도 있다.

표 10-1 국제 원유가

(단위 : U$/bbl)

유 종	2017.06.15.(목요일) 현재
WTI	44.46
Brent	46.92
Dubai	45.37
Oman	45.74
환율(원/U$)	1,125.60

자료: 한국석유공사

원유의 품질은 석유 내 탄소 비중(낮으면 좋음) 및 황 함유량(낮으면 좋음)에 따라 구분되는데, 텍사스유가 고품질유, 브렌트유가 중품질유 그리고 두바이유를 저품질유로 볼 수 있다. 원유품질에 따라 용도가 달라지며, 고품질은 가정 난방용, 중·저품질유는 산업용으로 많이 쓰인다.

[그림 10-1] 세계 3대 유종

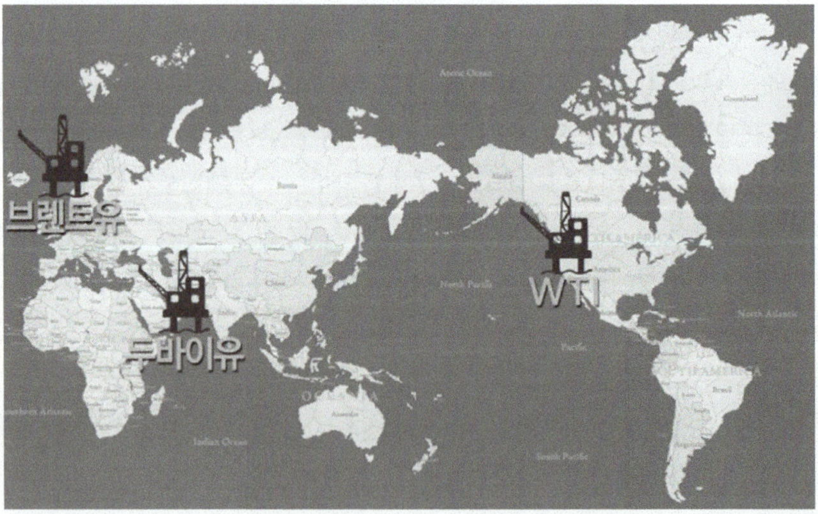

(2) 셰일가스

최근 유가전쟁을 발생시킨 트리거(Trigger)를 생각한다면, 단연 셰일가스(Shale gas)가 먼저 떠오른다. 셰일가스는 오랜 세월 동안 모래와 진흙에 쌓여 단단하게 굳은 탄화수소가 퇴적암(셰일) 층에 매장되어 있는 가스를 의미한다. 즉, 땅 속 깊이 매장되어 있는 석유를 대체할 수 있는 자원이라고 볼 수 있다. 과거에는 땅을 깊게 파는데 많은 비용이 발생해 셰일가스를 생산하는 것이 경제성을 얻지 못했다. 즉, 땅 파는 비용이 셰일가스를 시장에 판매하는 비용보다 높았다. 최근 기술의 발전과 더불어 셰일가스 생산비용이 하락하게 되면서 생산을 시작하게 되었는데 이것을 셰일혁명이라고도 부른다.

셰일가스의 등장은 원유 생산국들, 특히 중동 산유국들에게 상당한 위기요소로 작용하였다. 셰일혁명이 막 이슈화되었을 때, 셰일가스의 최저 생산비용이 배럴당 40달러라는 이야기가 많았다. 따라서 원유가격이 40달러 이하로 떨어지면 셰일가스는 경제성을 확보하지 못하고, 그러한 상황이 지속되면 셰일가스 생산업체가 망하게 된다. 그 후에 원유가격을 정상 수준 혹은 그보다 높은 수준으로 회복시켜 수익을 추구할 생각을 하게 된 것이다.

OPEC은 국제 원유시장의 수요와 공급을 보고 증산 또는 감산 결정을 하게 된다. 원유 공급과잉으로 가격이 떨어지는 경우에는 감산 결정으로 공급을 줄여 원유가격 상승을 유도하는 것이다. 그런데 셰일가스라는 원유 대체재가 등장하자 셰일가스 생산업체를 경제적으로 압박하여 기득권을 유지하고자 하는 것이다.

셰일혁명이 일어난 곳, 셰일가스 기업이 있는 곳은 미국이다. 이러한 관점에서 미국과 중동의 경제적 싸움이 진행되고 있는 것이다. 셰일가스 기업들은 추가적인 생산비용 감소를 위해 기술개발 등을 진행하고 있으며, 중동 주도의 OPEC은 감산을 하지 않고 낮은 원유가격 상태를 유지하면서 셰일혁명의 실패를 유도하고 있다.

여기에 추가적으로 중국이 셰일가스 생산을 시작한 것이다. 아직은 기술 경쟁력이 약해 생산단가가 비싸지만, 원유의 대소비국인 중국이 자체적으로 셰일가스를 생산하여 사용한다면 장기적인 관점에서 유가전쟁의 흐름이 달라질 수도 있다.

2) 원유시장의 수급 불균형

원유가 기본적으로 시장에서 거래되는 만큼, 시장의 공급과 수요에 따라 가격이 결정된다. 원유의 수요는 경제상황에 따라 변동성이 있기는 하지만, 지속적으로 필요한 자원이다. 따라서 수요는 일정하다는 가정하에 공급의 변동을 통해 가격이 조정되게 된다. 현재 상황은 공급과잉 상태가 유지되고 있기 때문에 가격이 지속적으로 떨어졌다고 볼 수 있다.

공급과잉의 첫 번째 이유는 'OEPC의 감산 실패'이다. 셰일혁명 실패를 유도하기 위해 유가가 비정상적으로 하락함에도 불구하고 OPEC은 감산을 결정하지 않았다. 낮은 유가가 지속되는 것은 셰일가스 업체에게도 손해지만, 중동 산유국에게도 엄청난 손해를 야기하였다. 결국 누가 손해를 오래 버틸 수 있는지 힘겨루기를 하고 있는 것이다. 이러한 상황은 중동 국가 간의 갈등도 야기하고 있다.

두 번째는 '이란 경제제재 해제'이다. 2015년 7월, 미국을 비롯한 6개국 및 이란의 핵협상이 타결됨에 따라 이란의 경제제재 해제는 예상된 일이었다. 다만, 그 시기가 다소 앞당겨짐에 따라 이란의 생산원유가 시장에 추가적으로 공급될 경우 공급과잉은 지속될 것으로 전망되고 있다.

세 번째는 '세계 경기의 둔화'이다. 최근 중국의 경기 둔화로 인해, 세계경제가 휘청거리고 있다. 중국 주식시장은 서킷브레이커가 여러 번 발생할 정도로 변동성이 커지고 있는 상황이다. 서킷브레이커는 주식시장의 안전장치 중 하나로, 등락폭이 전일 대비 5%에 도달하면 15분 간 주식시장을 정지시키는 장치다. 주식시장의 충격으로 폭락이 지속될 경우 강제로 주식시장을 닫아 진정시키는 것이다. 중국 시장의 경제성장 속도는 눈에 띄게 느려지고 있다. 이에 따라 전 세계의 경제성장도 함께 둔화되고 있다. 이러한 상황은 원유 수요를 감소시키고 원유가격을 하락시키는 요인으로 작용하고 있는 것이다.

네 번째는 '지구 온난화, 전 세계적 엘리뇨 현상'이다. 언급한 요소들보다는 시장에서의 효과가 적을 수 있으나, 지구 온난화와 전 세계적 엘리뇨 현상도 원유 수요 감소를 부추기고 있는 것은 분명하다. 최근 몇 년 간 한국과 세계 각국은 겨울동안 이상기온을 겪어왔다. 한국의 겨울은 지구 온난화 현상의 가속화와 엘리뇨로 인한 따뜻한 기후로 에너지 소비가 상당히 감소할 수 있는 상황이라고도 한다. 역사상 가장 더웠다는 2015년 겨울이 그리고 앞으로의 겨울 기온이 얼마나 유가 변동에 영향을 줄지는 아무도 알 수가 없을 것이다.

3) 세계 석유매장량

세계 석유매장량의 분포를 보면, 6개 지역(중동, 중남미, 북미, 유럽&러시아CIS, 아프리카, 아시아태평양)별 확인매장량 비율에서 중동지역이 지난 20년 간 매장량 분포비율이 다소 하락하기는 하였으나, 여전히 전 세계 매장량의 절반 수준을 차지하고 있다. 특이한 점은 2004년 이후, 10년 사이 중남미지역의 매장량 분포비율이 10% 이상 증가하였다는 사실이다. 이는 베네수엘라 오리노코(Orinoco)벨트와 브라질 암염 하부층 심해유전 등의 발견에 기인하고 있다.

그룹별 석유 매장량의 편재는 더욱 심각하다. 34개의 선진국 그룹인 OECD국가의 2014년 기준 매장량비율은 고작 15%에 불과하나, 12개의 산유국 그룹인 OPEC 국가의 매장량 비율은 71.6%에 이른다. 특정지역에 집중된 석유 매장량의 편중에도 불구하고, 세계경제가 원활히 운영되기 위해서 지난 한 해 동안 매일 일평균 약 9,200만 배럴의 석유가 생산되고, 원유와 제품 기준으로 일평균 약 5,700만 배럴 규모의 엄청난 물량이 국가 간 또는 지역 간에 수송되어졌다. 석유의 편중은 정치·경제적 상황과 맞물려서 국가 간, 지역 간에 이해관계 상충을 형성하는 근본적인 원인이 되곤 한다. 산유국들의 자원민족주의, OPEC의 공급량 조절, 석유가격의 급등락 등 다양한 실제 형태로 표면화되기도 한다.

표 10-2 세계 10대 원유 매장량 국가

(단위: 억 배럴, %)

순 위	국 가	매장량
1	Venezuela	3,009
2	Saudi Arabia	2,666
3	Canada	1,722
4	Iran	1,578
5	Iraq	1,431
6	Russia	1,024
7	Kuwait	1,015
8	UAE	978
9	United States of America	550
10	Libya	484
	세계전체	16,976

주: 2015년 기준.
자료: British Petroleum, BP Statistical Review of World Energy, 2016.

표 10-3 세계 10대 원유 생산국(2016년 기준)

순 위	국 가	생산량(bbl/day)
1	러시아	10,551,000
2	사우디아라비아	10,460,000
3	미국	8,875,000
4	이락	4,451,000
5	중국	3,990,000
6	이란	3,980,000
7	카나다	3,662,000
8	아랍에미레이트	3,106,000
9	쿠웨이트	2,923,000
10	브라질	2,515,000

자료: List of countries by oil production From Wikipedia, the free encyclopedia.
"Monthly Energy Review"(PDF). U.S. Energy Information Administration. 25 May 2017. Figure 11.1a. Retrieved 28 May 2017.

2. 국제 곡물

1) 국제 곡물 현황 및 가격 변화

곡물 파동의 위기는 2007년 이후 빈번하게 발생했다. 3~4년을 주기로 전 세계가 극심한 가뭄을 겪음에 따라 곡물 생산량 급감의 공포가 도사리고 있다. 2008년 리먼 브라더스 사태로 인한 세계 금융위기와 2012년 미국내 극심한 가뭄에 따른 주요 곡물 생산량 급감으로 곡물가격은 사상 최고치로 솟구쳤다. 그 외 러시아의 곡물생산 부진과 내수시장의 수급 불균형에 따른 수출 제한 조치로 곡물가격은 가파른 상승 곡선을 그린 바 있다.

2013년 이후 국제 곡물시장은 안정을 되찾으며 수급 불균형이 상당 부분 해소되면서 곡물가격은 하향 안정화됐다. 하지만 최근 국제 곡물가격은 롤러코스터를 탄 듯 급격히 오르고 내림을 반복하고 있다. 2017년 2월 중반 이후 곤두박질치던 곡물가격이 3월로 접어들면서 수직 상승하는 등 여느 때보다 변동성이 확대되는 모습을 보였다.

남미시장을 중심으로 곡물 생산 증가 전망과 주요 곡물 생산국들의 안정적인 수급으로 인해 곡물가격이 안정을 되찾는 듯 했지만, 새로운 이슈가 제기되면서 수급 불안정 우려가 곡물가격의 상승을 견인했다. 미국의 바이오연료 정책변화 가능성이 제기되면서 시장분위기를 바꿔놓았다. 미국은 2000년대 중반부터 신재생에너지 연료 혼합의무화제도(RFS)를 시행했으며 곡물 특히 옥수수를 활용한 바이오에탄올 정책의 확대를 추진했다.

올해 초 트럼프 새 정부가 들어서면서 친화석 연료 에너지 정책의 확대를 강조함에 따라 신재생에너지 사업이 위축될 것이라는 우려가 팽배했다. 그럼에도 불구하고 최근 트럼프 정부가 바이오연료 확대 정책에 대한 행정명령을 내릴 것이라는 루머가 나돌면서 한순간 옥수수 및 대두 가격이 폭등했으나 미국은 곧바로 부인하는 해프닝이 발생했다. 여전히 시장분위기는 고조되어 있으며 바이오연료용 옥수수 및 대두 소비가 크게 늘어날 것으로 전망해 가격 하락을 제한하고 있다.

그 밖에 미국 북서부 지역의 곡물 선적지연 문제로 걸프 항만으로 선적물량이 몰리면서 프리미엄 상승으로 옥수수 현물가격이 상승했다. 브라질에서는 대두 수확이 본격적으로 전개되고 있는 가운데 최근 폭우로 일부 운송로가 차단되어 북부 수출항으로의 공급이 지연되는 사태가 발생했다. 브라질 북부 지역을 중심으로 향후에도 많은 양의 비가 내릴 것으로 예보되어 곡물 운송과 선적지연 문제가 곡물가격 하락의 걸림돌로 작용할 전망이다. 아르헨티나에서도 항만 노동자들이 파업을 일으켰다는 소식이 전해져 남미의 곡물 공급 불안정이 계속해서 국제 곡물시장에 영향을 미치고 있다.

옥수수 및 대두 가격 급등으로 소맥가격 역시 상승 흐름을 탔다. 미국 주요 겨울밀 산지가 상당히 건조해 수분 부족으로 생육에 지장을 줄 것이라는 우려 역시 소맥가격에 영향을 줬다. 한편 세계 최대 소맥 수입국인 이집트가 단일 규모로는 3년 만에 가장 많은 소맥을 일시에 구매(53만 5,000톤)했다는 소식이 전해져 해외 수요 증가 기대감이 소맥가격의 하락을 제한했다.

대외적 측면에서 2017년 중으로 미국의 기준금리 인상이 유력시되면서 달러화 가치가 상승한 반면 미국의 원유 및 셰일 오일 생산 증가 전망 등으로 국제유가가 약세를 보여 곡물가격의 추가적인 상승을 억제했다. 대내외적으로 상승과 하락 요인이 맞물리면서 곡물가격의 변동성은 확대되고 있는 가운데 앞으로 미국 농무부의 세계 곡물 수급 전망 발표 결과가 중요한 영향을 미칠 전망이다. 시장에서는 미국 내 옥수수의 에탄올용 소비와 수출 증가로 기말 재고가 줄어들 것으로 예상한다. 한편 브라질의 곡물 생산량은 크게 늘어날 것으로 보고 있어 품목 간의 수급 변화가 곡물가격 형성에 중요한 요인이 될 것이다.

곡물시장은 소수의 수출국이 생산·공급하고 다수의 수입국이 소비하는 공급자 우위 시장을 형성하고 있으며 자국소비 우선인 필수재화로 전체 생산량의 15%만이 무역을 통해 거래되고 있다. 즉, 연간 전 세계 곡물 생산량 24.4억 톤 중 3.6억 톤 가량이 무역을 통해 공급 및 소비되는 구조이다. 곡물 거래시장은 폐쇄적인 족벌 경영체제를 유지한 곡물메이저에 의해 지배받고 있으며 남미, 미국, 유럽을 주무대로 하는 Cargil, ADM, Bunge, LDC 4대 곡물메이저가 전체 시장의 70%를 점유하고 있으며, 물류기능 확보를 통한 유통뿐 아니라 종자, 비료, 가공, 바이오연료 등 전체 밸류체인에서 활동하고 있다. 이와 같이 국제 곡물시장은 생산량 대비 거래 비중이 작고 다수의 소비자가 소수의 생산자 및 유통구조에 의존하는 특성상 일시적인 수급 변화에 가격이 크게 변동하는 특징이 있다.

FAO는 2022년 식량가격지수를 2013년 대비 22.1% 상승 예상(인플레 반영 실질가격 변화 미미)하고 있다. 다만, 기상이변 발생 빈도 증가, 주요 곡물 생산국의 곡물 자원보호 정책, 투기수요 등에 따른 곡물가격의 단기 변동성 확대 및 급등 가능성을 배제할 수 없다고 보았다.

2) 국제 곡물 생산량과 가격에 영향을 주는 요인

(1) 세계 곡물 생산량

2015년 10월 USDA 보고서에 따르면 전 세계 곡물 생산량은 24억 4천만 톤에 이른다. 그 중에서 14.8%인 3억 6천만 톤이 국제간에 교역된다. 우리나라 한해 쌀 소비량이 약 400만 톤 정도인데, 그것에 약 90배 정도가 거래되는 것이다.

세계 3대 곡물은 밀, 쌀, 옥수수인데, 땅이 넓은 국가들이 주로 많이 생산하고 있다. FAOSTAT(Food and Agriculture Organization of the United Nations, STAT) 2014는 2012년 기준으로 세계 주요 곡물 생산량을 발표했는데 다음과 같다.

표 10-4 세계 밀 생산량 순위

순위	국가	생산량
1	중국	1억 2102만t
2	인도	9488만t
3	미국	6168만t
4	프랑스	4030만t
5	러시아	3772만t

표 10-5 세계 옥수수 생산량 순위

순위	국가	생산량
1	미국	2억 7382만t
2	중국	2억 561만t
3	브라질	7107만t
4	인도	2226만t
5	멕시코	2207만t

표 10-6 세계 쌀 생산량 순위

순위	국가	생산량
1	중국	2억 424만t
2	인도	1억 5780만t
3	인도네시아	6906만t
4	방글라데시	5050만t
5	베트남	4366만t

표 10-7 세계 대두 생산량 순위

순위	국가	생산량
1	미국	8205만t
2	브라질	6585만t
3	아르헨티나	4010만t
4	인도	1467만t
5	중국	1305만t

국제 곡물시장은 생산량 대비 교역량 비중이 작은 엷은 시장(thin market)으로 일부 생산국의 수출에 시장이 좌우되는 구조이다. 국제 곡물시장은 자국 소비가 우선인 곡물의 특성으로 인해 전체 생산대비 교역비중이 작으며, 소맥은 전 세계 생산대비 19~22%, 옥수수는 11~12%만 교역되고 있다. 일부 수출국에 의존하는 시장구조로 인해 생산국의 작황 악화, 수출규제 등이 곡물 수급불안과 가격 급등을 초래할 수 있는 것이다. 소맥 생산은 상위 5개국의 수출 비중이 2013/14년 기준 65.5%이며, 자국 내 소비가 많은 중국과 인도를 제외한 EU, 미국, 러시아 등이 주요 수출국이다.

옥수수는 신흥국의 육류 소비 증가, 바이오 연료용 수요 증가 등으로 생산이 늘어나고 있으며, 미국은 2013/14년 기준 전 세계 옥수수 생산의 36.1%, 수출의 40.6% 비중을 차지하고 있다. 대두는 소맥이나 옥수수에 비해 생산대비 교역비중은 높으나 생산 및 수출 상위 5개국의 집중도는 90%에 육박하고 있다.

곡물의 생산과는 별도로 주요 과일의 생산은 연간 약 8,000만톤 정도로 추정되고 있는데, 주요 생산국은 다음 표와 같다.

표 10-8 세계 주요 과일 생산국

과일	최대 생산국	2위 생산국
살구	터키	이란
바나나	인도	중국
망고	인도	중국
코코넛	필리핀	인도네시아
사탕수수	브라질	인도
포도	중국	이탈리아
오렌지	브라질	미국
파파야	인도	브라질
복숭아	중국	이탈리아
사과	폴란드	미국
파인애플	필리핀	태국
아몬드	미국	스페인
구스베리	러시아	폴란드
고구마	중국	탄자니아
레몬	멕시코	인도
라즈베리	러시아	폴란드
핵과(Stone Fruits)	이란	중국
딸기	미국	스페인
블루베리	미국	캐나다
키위	이탈리아	뉴질랜드
커런트(Currant)	러시아	폴란드
대추야자(Date)	이집트	이란
체리	터키	미국
아보카도	멕시코	칠레
수박	중국	이란
구아바	인도	중국

(2) 국제 곡물가격에 영향을 주는 요인

곡물은 대표적인 비탄력적인 상품이다. 공급량에 관계없이 수요량은 매년 거의 특별한 사유가 없는 한 일정하다. 여기서는 세분화해서 살펴보고자 한다.

첫째, 공급적인 측면에서는 곡물의 파종면적, 단위생산, 작황 등을 들 수 있다. 파종면적은 특히 옥수수와 대두의 경우 절대적인 영향을 미친다. 파종시기의 가뭄이나 잘못된 공급예측으로 인하여 파종면적이 줄어들 수도 있다. 또한 농업기술이나 시비량, 토질, 기후는 면적당 생산되는 곡물의 양에 상당한 영향을 미친다. 수확기에 비가 많이 온다거나 생육기에 냉해를 입을 경우 곡물의 품질이 떨어져 작황에 영향을 주기도 한다.

둘째, 수요적인 측면도 영향을 줄 수 있다. 곡물수요의 증가는 소비의 증가라고 할 수 있다. 소비증가를 이끄는 것은 인간, 가축 그리고 자동차를 들 수 있다. 1804년 전 세계 인구가 10억명 정도였는데, 1960년에 30억 명을 돌파하고, 2012년에 70억 명을 돌파하였다. 앞으로 2024년에 80억 명, 2048년에는 90억 명을 돌파할 것으로 예상되고 있다. 인구의 증가는 소비의 증가를 이끌 것임에 분명하다. 육류소비가 증가한다는 것은 중산층이 증가하는 것이다. 각국이 경제성장을 함에 따라 중산층은 늘어나고, 그에 따라 단백질 섭취량도 늘어나게 되는데, 바로 고기의 섭취를 통해 이루어진다. 게다가 곡물은 최근 바이오연료로 사용하기 위한 산업용소비가 증가하고 있다. 곡물이 바이오 에탄올과 같은 에너지원으로 쓰이고 있다는 점이다.

셋째, 외부요인에 의해 곡물가격에 영향을 주는 요인들을 들 수 있다. 그러한 요인들로는 환율, 투기자본, 정부정책 그리고 기타 요인으로 파업이라든가 가축전염병 등을 들 수 있다.

원자재는 주로 달러로 거래가 이루어진다. 그래서 원자재 가격은 달러 환율과 밀접하다. 달러화 가치가 올라가면 원자재 가격은 약세를 보이고, 달러화 가치가 내려가면 원자재 가격은 강세를 보인다. 미국 선물시장의 곡물가격에 큰 영향을 주는 또 다른 요소는 헷지펀드 등 투기자본이 있다. 엄청난 자금력을 바탕으로 실제 곡물시장의 수급을 왜곡시키면서 가격을 움직이거나 영향을 증폭시킨다.

각국 정부가 부과하는 수출세, 보조금, 쿼터제, 각종 수입제한조치 등은 곡물의 유통을 인위적이지만 크게 흔들 수 있다.

마지막으로 트럭운전자나 항만 노동자들의 파업으로 물류차질이 빚어진다거나, 구제역이나 조류독감 등 가축전염병의 발생 또한 곡물가격에 단기적으로 영향을 주는 요소이다.

(3) 곡물 메이저

전 세계 곡물교역량의 대부분은 우리에게는 잘 알려지지 않은 몇 개의 회사들이 독차지하고 있다. 곡물 메이저라 하면 흔히 미국의 카길(Cargil), 콘티넨탈(Continental)과, 프랑스의 루이 드레파(Louis Dreyfas), 스위스의 앙드레(Andre),

아르헨티나의 벙기(Bunge) 등 5개사를 가리킨다. 국제 곡물업계의 경쟁이 심화되면서 콘티넨탈(Continental Grain)이 1998년 곡물부문을 카길에 매각하고 곡물사업에서 철수하게 된다.

이들은 전 세계의 곡물 생산지와 수요처에 거미줄 같은 지점망을 설치, 운영하면서 다른 기업과는 전혀 제휴관계를 맺지 않는 독특한 경영전략을 고수하고 있다. 이들 5개사는 모두 비공개 기업이며, 7개 가문이 경영권을 쥐고 있는 족벌경영 체제로 지극히 폐쇄적이다. 카길의 카길가와 맥밀런가, 콘티넨탈의 프라이버그가, 벙기의 허시가와 본가, 루이 드레퓌의 드레퓌스가, 앙드레의 앙드레가 등이 세계 곡물시장을 지배하고 있는 7개 가문이다.

[그림 10-2] 세계 주요 곡물업계 2016년 매출액 현황

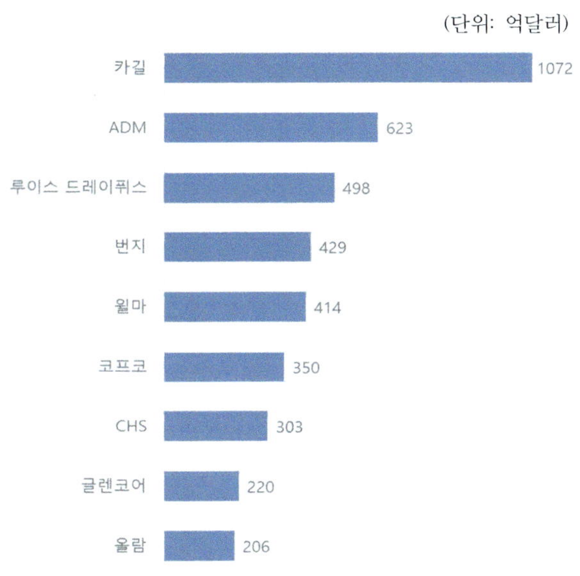

자료: 월스트리트저널

곡물 메이저들이 주로 취급하는 상품은 옥수수, 밀, 콩 등 유통물량이 많은 농산물이며, 미국 쌀의 경우 코넬 사와 퍼미 사 등 규모가 작은 전문회사들이 주로 취급하고 있다. 세계 최대의 쌀 수출국인 태국의 경우엔 중국계 곡물상들이 상권을 장악하고 있는 것으로 알려져 있다.

한편 ABCD로 불리는 4개 곡물 메이저는 곡물사업 분야에서 100년 이상의 역사를 이어오며 독점적인 지위를 유지하고 있다. 아처 대니얼스 미들랜드(Archer Daniels Midland), 벙기(Bunge), 카길(Cargil), 루이 드레퓌(Louis Drexfus Commodities) 등 글로벌 메이저 업체의 점유율은 전체 시장의 80~90%를 차지한다. 곡물 메이저들은 주요 곡물 생산지역에서 매입, 수송, 저장, 가공, 수출 등 전 산업 체인에서 영향력을 행사하고 있고, 최근에는 전통적 사업영역인 곡물유통뿐 아니라 종자, 비료, 바이오연료, 금융 등 전 방위적으로 사업영역을 확장하고 있다.

일본 종합상사인 마루베니(丸紅), 미쓰이(三井) 뿐 아니라 중국 최대 국영식품 무역업체 COFCO(中粮)도 해외 곡물 무역회사 인수에 나서면서, 최근 아시아 지역의 급증하는 곡물수요를 기반으로 신흥 곡물 메이저들의 약진이 눈에 뛰고 있다 (중국의 코프코가 2014에 네덜란드 곡물 유통회사를 합병함).

식량을 무기화한 사례는 카길(Cargill) 등 국제 곡물 교역량의 80% 정도를 장악한 '곡물 메이저'에게서도 찾을 수 있다. 지금은 카길과 합병한 콘티넨탈(Continental)의 경우 1976년 아프리카의 자이르(현 콩고민주공화국)가 경제난 때문에 소맥대금 지불을 1년 간 미루자 소맥의 공급을 줄여버렸다. 그러자 빵집 앞에는 사람들이 장사진을 쳤고, 밀가루의 매점매석 등 사회혼란으로 이어졌다. 결국 자이르 정부는 지금까지의 소맥 미수대금을 매달 갚으면서, 앞으로의 소맥대금은 중앙은행에서 현금으로 지불하고, 수입하는 밀가루는 미국 콘티넨탈이 독점한다는 요구사항에 굴복하게 된다.

3) 우리나라의 현황 및 대응방안

2015년 우리나라의 곡물 수입량은 약 1600만t으로 국내 생산량 약 500만t의 3.2배에 달했다. 이 때문에 곡물자급률은 23.8%에 그쳤다. 주식인 쌀 자급률은 101%로 큰 문제가 없었지만, 쌀을 뺀 자급률은 3% 정도에 불과했다. 밀이 0.7%, 옥수수는 0.8%에 그쳤다. 그나마 사료용을 뺀 식량자급률은 쌀 풍년에 힘입어 겨우 50.2%를 기록했다. 칼로리 자급률 역시 형편없다. 한국농촌경제연구원에 따르면 2009~2011년 기준 우리나라 칼로리 자급률은 경제협력개발기구(OECD)에 가입한 34개국 중 33위이다. 최근 자료인 2014년 기준 식량자급률은 49.8%, 곡물자급률은 24.0%이고, 2015년 식량자급률은 50.2%, 곡물자급률은 23.8%에 불과했다. 꼴찌 수준이다. 식량이 부족하면 외국에서 사다 먹으면 된다는 경제논리가 자급률을 이 수준까지 오게 만들었다.

그럼에도 불구하고 과거의 경우와 같이 예상치 못한 기후변화로 세계 곡물생산 급감에 따른 곡물 가격폭등 우려는 항상 발생할 수 있다. 기상 이변에 따른 곡물 수급 불균형 문제가 언제 어떻게 발생할지 모르는 상황이기 때문에 우리나라를 비롯한 일본·중국 등 아시아 국가들의 식량안보는 그 무엇보다 중요한 사안이다.

우리나라는 카길 등 4대 곡물메이저를 통한 곡물 수입의존도가 60~70%에 달한다. 식량자급률이 낮고, 이미 초국적 농식품기업의 시스템에 깊숙이 편입된 한국은 국제적인 흉년이나 분쟁 등으로 국제 곡물공급에 문제가 생기면 큰 위험에 노출될 가능성이 농후하다.

국제 곡물교역은 전 세계적 기상이변으로 인한 공급 불안정과 함께 소수 국가의 수출과 다수 국가의 수입이라는 과점적 교역체제 중심으로 운영되고 있다. 우리가 필요로 하는 물량을 필요한 때 적절한 가격으로 쉽게 수입할 수 있는 여건이 보장돼 있지 않은 것이다. 따라서 식량을 안정적으로 공급하기 위해서는 국내 생산기반의 유지·강화와 함께 필요한 식량을 해외에서 효과적으로 확보하는 일이 매우 중요하다. 특히 필요한 식량을 모두 국내에서 충당할 수 없는 상황에서 국민들에게 안정적으로 식량을 공급하려면 궁극적으로 해외농업개발을 활성화해 식량 자주율을 꾸준히 높여 나가야 한다.

우리나라는 2009년 이후 3년마다 10년 단위로 해외농업개발에 관한 장기적이고 종합적인 계획을 수립하고, 활성화 전략 및 진출 방안을 모색하고 있다. 이러한 노력의 결과로 28개국에 161개 기업이 진출해 28만 4000t 규모의 식량을 확보했다. 하지만 해외농업진출 기업 대부분이 사업 초기단계여서 생산성과 가격경쟁력이 낮은데다, 저율관세할당(TRQ) 물량으로 국내 반입이 안 되고 있는 상황이어서 고전을 면치 못하고 있다. 해외에서 곡물을 생산해 국내로 반입하는 해외농장 개발형 사업은 속성상 오랜 기간이 소요되는 고위험·저수익 사업이다. 그런데 해외농업개발 사업체 대부분이 상대적으로 위험이 높은 저개발국 지역에 진출하는 고위험 투자방식을 택하고 있어 성장에 근본적 한계를 보이고 있다.

따라서 해외농업개발의 활성화와 지속적 성장을 위해서는 개발방식의 다양화가 필수적이다. 무엇보다 진출국가의 토지를 임차하거나 토지 사용권을 획득해 현지에서 1차 농산물을 생산하는 해외농장 개발형 위주의 운영방식에서 탈피해야 한다. 저장·가공·물류시설 등 유통거점 확보나 현지 기업과의 합작투자 같은 다양한 방식으로 위험을 줄이면서 수익모델을 창출해야 할 것이다. 정부의 정책지원도 단지 국내 부족 식량 작물 위주의 농장개발형 민간기업에 치중하는 단편적 지원방식에서 벗어나 농업 및 농업 관련 전후방 산업의 해외진출과 한국 농업의 세계화라는 측면에서 이뤄져야 한다. 이를 통해 해외농업개발 사업의 개념과 범위를 넓혀야 한다.

해외농업개발 사업을 세계적 차원의 식량자원 부족과 식량위기 상황에 대비한 식량안보체계 구축의 한 방안으로 개념화해야 한다. 사업 범위 또한 식량자주율 향상뿐 아니라 궁극적으로 우리 농업의 세계화와 신성장 동력원으로서의 기반 구축이라는 큰 틀에서 접근해야 한다. 해외에서 개발한 식량자원의 국내 반입만을 목표로 추진하기보다는 국내 농업과 관련하여 전후방 산업의 해외 동반 진출 활성화에 기여할 수 있는 연계전략이 요구된다.

3. 기타 국제원자재와 가격의 변화

최근 국제원자재 가격의 상승은 지속적인 감소세에서 벗어나 회복세를 보이고 있다. 원자재 주요 생산국인 호주의 경우, 자원 수출 비중(전체 수출의 약 60%)이 높은 만큼 이 같은 변화에 수혜를 입을 것으로 예상된다. 특히나 양질의 호주 석탄의 경우, 최근 가격이 100.00달러를 넘어 2012년 광산 붐 가격 수준에 근접하고 있다.

국제 원자재가격은 2014년 6월 이후 공급과잉, 주요국 경기 부진 등으로 하락세를 지속하다가 2016년 들어 반등이 되기 시작하였다. 에너지, 금속 등 대부분의 품목에서 가격이 상승하거나 하락세가 완화되는 등 광범위한 범위에서 가격 회복세의 모습을 시현하고 있다. 특히, 2014년 이후 국제원자재 가격의 하락과 반등은 주로 원유를 포함한 에너지 가격의 변동이 주도하였다.

2014년 6월 대비 2016년 12월 가격변동률을 보면 금속 -13%, 식품 -17%, 에너지 -49%이다. 비철금속 가격은 2016년 1월에 저점을 기록한 이후 전반적인 상승세를 보이고 있다.

2016년 12월 평균 기준으로 동, 알루미늄, 아연 가격은 전년 말 대비 각각 15.4%, 22.0%, 74.4% 상승하였으며 품목별로 상승폭은 상당한 차이가 있다. 2016년 중 비철금속의 초과공급 규모가 알루미늄, 아연을 중심으로 2015년 대비(1~10월중) 660천 톤 감소하여 수급이 상당 폭 개선된 것으로 나타났다.

공급측면에서는 대규모 동 알루미늄 생산업체인 Freeport, Glencore 등이 2016년 생산량 목표를 감축하였으며 호주의 센츄리 광산 등 대형 아연광산이 폐쇄되었기 때문이다. 수요측면에서는 중국이 재고비축 목적으로 비철금속 수입을 확대한 가운데 미국의 트럼프 대통령 당선으로 인프라 투자 기대가 확산되었기 때문이다.

따라서 동 및 알루미늄의 경우 공급과잉이 예상되는 반면 아연은 공급부족이 나타날 전망이다. 동 및 알루미늄은 가격상승에 따라 주요 업체들이 감산을 중단하고 생산량을 늘리면서 공급과잉을 지속할 것으로 예상되고 있다. 특히 알루미늄은 순수출국인 중국이 비철금속 산업 발전계획(16~20년)을 통해 생산 확대를 추진하고 있어 당분간 공급과잉이 심화될 우려가 있다. 아연의 경우 주된 수요 산업인 자동차 산업의 호조와 중국의 제조업 개선세로 공급부족이 이어질 전망이다.

또한 중국의 일대일로 프로젝트, 미국의 인프라투자확대 공약 등으로 비철금속에 대한 투자심리가 개선되고 수요가 증가할 전망이다.

다만, 글로벌 경기 회복세가 뚜렷하지 않는 가운데 원자재시장을 견인하고 있는 원유시장의 불확실성이 높은 것은 상당한 부담이 될 수 있다. 원유가격은 감산이행 준수 여부, 미 통화정책의 정상화 및 달러화 강세 가능성, 미 셰일가스 증산 등에 따라 상당한 변동성이 있을 가능성이 크다.

1, 2차 석유위기(oil crisis)

1973년과 1979년의 두 번에 걸친 유가 급상승이 가져온 국제 석유시장 및 에너지 수급에 있어서의 격변과 그에 의한 각국의 경제적, 사회적, 정치적 혼란을 각각 제1차 및 제2차 석유위기라고 부른다.

제 1, 2차 석유위기의 공통점으로는 산유국의 정치적 사태가 초래(4차 중동전쟁 및 이란 혁명), 원유 공급위기 발생[OPEC에 의한 금수 및 이란의 컨소시엄(consortium) 해체로 인한 메이저의 조달가능 원유 부족], 유가의 급격한 상승(4배 및 2배), 산유국 정부 및 국영 석유회사의 결정권 신장 초래 등을 들 수 있다.

일반적으로 국제유가는 단기적으로 석유시장에서의 수요와 공급(기본 공급량, 소비국의 경제성장 속도, 계절적 요인, 정유 산업의 병목현상, 지정학적 불안정 등이 작용)에 좌우되고, 장기적으로 석유산업에 대한 투자 수준에 따라 좌우되는 것으로 설명되나, 2007-2008.7 간의 유가 급등에 대해서는 금융자본의 원유시장 개입도 적지 않은 영향을 준 것으로 분석되고 있다.

2008년의 경우, OPEC 산유량이 세계 산유량의 약 45%, 거래량의 54%를 차지하므로 OPEC이 산유량 조정을 통해 유가의 등락에 상당한 영향을 미치고 있는 것은 사실이며, 특히 non-OPEC의 경우 민첩한 산유량 조정이 구조적으로 쉽지 않아 OPEC의 영향력은 더욱 다대했다.

이러한 석유위기의 재현 가능성에 대해서는 긍정하는 견해와 석유시장 구조의 변화를 들어 부정하는 견해가 있으나, 국지적인 위기 재발 가능성에 대해서는 의견이 일치되고 있다.

세계 주요 광물자원의 매장량

1. 주요 에너지원

□ 원 유(oil)

(단위 : 억 배럴, %)

순위	국가	매장량	점유율
1	Venezuela	3,009	17.7
2	Saudi Arabia	2,666	15.7
3	Canada	1,722	10.1
4	Iran	1,578	9.3
5	Iraq	1,431	8.4
6	Russia	1,024	6.0
7	Kuwait	1,015	5.8
8	UAE	978	3.2
9	United States of America	550	2.8
10	Libya	484	2.2
	세계전체	16,976	100

주: 2015년 기준.
자료: British Petroleum, BP Statistical Review of World Energy, 2016.

□ 천연가스(natural gas)

(단위 : 조 입방미터, %)

순위	국가	매장량	점유율
1	Iran	34.0	18.2
2	Russia	32.3	17.3
3	Qatar	24.5	13.1
4	Turkmenistan	17.5	9.4
5	United States of America	10.4	5.6
6	Saudi Arabia	8.3	4.5
7	UAE	6.1	3.3
8	Venezuela	5.6	3.0
9	Nigeria	5.1	2.7
10	Algeria	4.5	2.4

주: 2015년 기준.
자료: British Petroleum, BP Statistical Review of World Energy, 2016.

2. 6대 전략광물

□ 동(copper)

(단위 : 백만 톤, %)

순위	국가	매장량	점유율
1	Chile	210	29.2
2	Australia	88	12.2
3	Peru	82	11.4
4	Mexico	46	6.4
5	United States of America	33	4.6
	세계전체	720	100

주: 2015년 기준.
자료: U.S. Geological Survey, 2016.

□ 철광석(iron ore)

(단위: 백만 톤, %)

순위	국가	매장량	점유율
1	Australia	54,000	28.4
2	Russia	25,000	13.2
3	Brazil	23,000	12.1
4	China	23,000	12.1
5	United States of America	11,500	6.1
	세계전체	190,000	100

주: 2015년 기준.
자료: U.S. Geological Survey, 2016.

□ 아 연(zinc)

(단위: 천 톤, %)

순위	국가	매장량	점유율
1	Australia	63,000	31.5
2	China	38,000	19.0
3	Peru	25,000	12.5
4	Mexico	15,000	7.5
5	United States of America	11,000	5.5
	세계전체	200,000	100

주: 2015년 기준.
자료: U.S. Geological Survey, 2016.

□ 우라늄(uranium)

(단위: 천 톤, %)

순위	국가	매장량	점유율
1	Australia	1,706	30.0
2	Kazakhstan	679	11.5
3	Russia	506	8.6
4	Canada	494	8.4
5	Niger	405	6.9
	세계전체	5,903	100

주: 2013년 기준.
자료: OECD NEA & IAEA, 2014.

□ 석 탄(coal)

(단위: 백만 톤, %)

순위	국가	매장량	점유율
1	United States of America	237,295	26.6
2	Russia	157,010	17.6
3	China	114,500	12.8
4	Australia	76,400	8.6
5	India	60,600	6.8
	세계전체	891,531	100

주: 2015년 기준.
자료: British Petroleum, BP Statistical Review of World Energy, 2016.

□ 니 켈(nickel)

(단위: 천 톤, %)

순위	국가	매장량	점유율
1	Australia	19,000	24.1
2	Brazil	10,000	12.7
3	New Caledonia	8,400	10.6
4	Russia	7,900	10.0
5	Cuba	5,500	7.0
	세계전체	79,000	100

주: 2015년 기준.
자료: U.S. Geological Survey, 2016.

3. 6대 준 전략광물

□ 크 롬(chromium)

(단위: 천 톤, %)

순위	국가	매장량	점유율
1	Kazakhstan	230,000	47.9
2	South Africa	200,000	41.7
3	India	54,000	11.3
4	United States of America	620	0.1
	세계전체	480,000	100

주: 2015년 기준.
자료: U.S. Geological Survey, 2016.

□ 망 간(manganese)

(단위: 천 톤, %)

순위	국가	매장량	점유율
1	South Africa	200,000	32.3
2	Ukraine	140,000	22.6
3	Australia	91,000	14.7
4	India	52,000	8.4
5	Brazil	50,000	8.1
	세계전체	620,000	100

주: 2015년 기준.
자료: U.S. Geological Survey, 2016.

□ 텅스텐(tungsten)

(단위: 천 톤, %)

순위	국가	매장량	점유율
1	China	1,900	57.6
2	Canada	290	8.8
3	Russia	250	7.6
4	Vietnam	100	3.0
5	United Kingdom	51	1.6
	세계전체	3,300	100

주: 2015년 기준.
자료: U.S. Geological Survey, 2016.

□ 리 튬(lithium)

(단위: 천 톤, %)

순위	국가	매장량	점유율
1	Chile	7,500	53.6
2	China	3,200	22.9
3	Argentina	2,000	14.3
4	Australia	1,500	10.7
5	Portugal	60	0.4
	세계전체	14,000	100

주: 2015년 기준.
자료: U.S. Geological Survey, 2016.

□ 희토류(rare-earth)

(단위: 천 톤, %)

순위	국가	매장량	점유율
1	China	55,000	42.3
2	Brazil	22,000	16.9
3	Australia	3,200	2.5
4	India	3,100	2.4
	세계전체	130,000	100

주: 2015년 기준.
자료: U.S. Geological Survey, 2016.

□ 몰리브덴(molybdenum)

(단위: 천 톤, %)

순위	국가	매장량	점유율
1	China	4,300	39.1
2	United States of America	2,700	24.6
3	Chile	1,800	16.4
4	Peru	450	4.1
5	Canada	260	2.4
	세계전체	11,000	100

주: 2015년 기준.
자료: U.S. Geological Survey, 2016.

4. 기타 광물

□ 금(gold)

(단위: 톤, %)

순위	국가	매장량	점유율
1	Australia	9,100	16.3
2	Russia	8,000	14.3
3	South Africa	6,000	10.7
4	Indonesia	3,000	5.4
5	United States of America	3,000	5.4
6	Peru	2,800	5.0
	세계전체	56,000	100

주: 2015년 기준.
자료: U.S. Geological Survey, 2016.

□ 다이아몬드(diamond)

(단위: 백만 캐럿, %)

순위	국가	매장량	점유율
1	Australia	220	31.4
2	Congo, Dem. Rep.	150	21.4
3	Botswana	130	18.6
4	South Africa	70	10.0
5	Russia	40	5.7
	세계전체	700	100

주: 2015년 기준.
자료: U.S. Geological Survey, 2016.

□ 은(silver)

(단위: 톤, %)

순위	국가	매장량	점유율
1	Peru	120,000	21.1
2	Australia	85,000	14.9
3	Poland	85,000	14.9
4	Chile	77,000	13.5
5	China	43,000	7.5
6	Mexico	37,000	6.5
	세계전체	570,000	100

주: 2015년 기준.
자료: U.S. Geological Survey, 2016.

□ 코발트(cobalt)

(단위: 천 톤, %)

순위	국가	매장량	점유율
1	Congo, Dem. Rep.	3,400	47.9
2	Australia	1,100	15.5
3	Cuba	500	7.0
4	Zambia	270	3.8
5	Philippines	250	3.5
	세계전체	7,100	100

주: 2015년 기준.
자료: U.S. Geological Survey, 2016.

제 11 장 민족주의의 변화

제 11 장 민족주의의 변화

1. 자원민족주의

1) 자원민족주의의 개념

자원민족주의라는 개념은 국제적인 합의는 없지만 대체로 자원의 공급과 개발이 경제적 합리주의에 의해 형성되거나 추진되기보다는 자국의 이익을 극대화하기 위해 자원의 가격을 일방적으로 인상한다든가, 정부가 개입하여 외국기업의 활동을 제한하는 행위, 또는 대외 정책에서 자원을 이용하여 상대국보다 우위를 점하려는 행위 등을 일컫는 것이다.

자원민족주의가 발동하는 것은 근본적으로 '자원의 희소성'이라고 하는 인식에서 출발한다. 즉, 국가이익으로 통칭되는 다양한 정치적, 경제적, 외교적 목적을 달성하기 위해 정부가 천연자원의 소유, 탐사, 개발, 생산, 저장, 운송, 정제, 판매 및 그에 따른 소득흐름에 대해 개입을 확대하는 정책이 곧 자원민족주의인 것이다. 자원분야 경제활동에 대한 국가 개입 확대가 '민족주의'라는 이름으로 불리는 이유는 그것이 주로 자원에 대한 외국계 자본의 접근을 제한하는 형태로 발현되기 때문이다. 즉, 선진국의 경제적 종속에서 벗어나기 위해 민족주의가 대두되었으며, 특히 자원을 무기로 했다는 점에서 자원민족주의라 한다.

2) 자원민족주의의 발생원인과 과정

자원민족주의는 풍부한 자본과 기술을 지닌 선진국으로부터 경제적 독립을 달성하기 위해 상대적으로 자원이 풍부한 후진국은 자원을 전략적 무기로 이용하게 되었으며, 이러한 기조를 자원민족주의라 한다.

특히 중남미에서 대두된 자원민족주의는 이후 중동지역의 산유국으로 확산되고, BRICs를 중심으로 하는 거대 국가들의 산업화가 진행되면서 세계적인 에너지 수요가 급증하였고, 그 수요를 따라가지 못하는 에너지 생산 증대 속도로 인해 국제 에너지 시장의 급격한 변동 및 불안정성이 유발되었다. 자원을 확보하기 위한 국가 간 경쟁이 시작되었으며, 그 과정에서 세계의 에너지 보유국과 비보유국 국가 간 관계가 기존의 정치적, 경제적 관계와는 다른 새로운 형태의 관계로 변화한 것이다. 특히, 세계의 자원 보유국들이 자신들의 자원을 통해 이익의 극대화를 추구하는 국가 발전전략을 채택하면서 이전과는 다른 '특수한 규칙(예를 들면, 러시아의 전략적 매장지 지정)'을 임의로 정하는 경향이 뚜렷해졌다. 자국 내의 에너지 및 자원에 대한 투자조건을 까다롭게 하거나, 또는 아예 자국 기업에만 매장지의 개발 기회를 제공하거나 하는 일이 빈번해졌다.

러시아, 라틴아메리카, 중앙아시아, 아프리카 등의 자원 보유국들은 약간의 시차를 두고 자국의 자원을 통해 정치적, 경제적 이익을 확보하는 전략, 즉 자원민족주의 정책을 채택하기 시작하였다. 이러한 상황에서 수요에 비해 공급이 부족한 환경 하에서 자원 확보를 전통적인 수단인 자본과 기술에만 의존하는 것은 한계를 가질 수밖에 없다. 자원 확보를 목적으로 하는 국가가 경쟁적으로 많아지고 있는 이상 결국 국가들 간의 관계를 규정하는 가장 중요한 요인은 '자원'이 될 수밖에 없기 때문이다.

자원민족주의가 강화되기 시작한 역사적 시점은 1962년으로 이때 UN이 천연자원은 그 보유국에 속하며 자원보유국의 발전과 국민의 복지를 위해 사용돼야 한다는 '천연자원에 대한 항구 주권에 관한 결의'를 처음으로 채택하면서 자원에 대한 자원보유국의 항구적, 자주적 이용권리가 대두되었다. 이후 자원에 대한 개도국의 권한이 강화된 새로운 안이 1966년에 UN에서 의결됨으로써 천연자원은 그것을 산출하는 나라의 것이라는 인식이 산유국 등 자원보유국을 중심으로 강화되었다. 1970년대에 확산되었던 자원민족주의는 1980년대에 들어서 유가 하락과 함께 급속히 약화된 경험이 있다. 2000년대 들어 중국 등 신흥국의 석유수요가 급증하

표 11-1 한 · 중 · 일 3국의 주요 에너지지표 전망

		한국	중국	일본
1차 에너지수요 (백만 toe)	2002년	199.7	1,118.6	504.4
	2010년	241.3	1,776.7	538.4
	2020년	303.5	2,345.1	569.1
	2030년	351.7	3,096.4	585.8
순에너지 수입비중(%)	2002년	84	0	82
	2010년	82	6	81
	2020년	79	11	80
	2030년	77	18	78
순석유 수입의존도(%)	2002년	100	22	100
	2010년	100	44	100
	2020년	100	57	100
	2030년	100	70	100

자료: APERC(Asia Pacific Energy Research Centre), *APEC Energy Demand and Supply Outlook 2006 Economic Review*, 2006

면서 유가가 폭등하자 새로운 자원민족주의 시대가 다시 전개되었다. 즉, 석유나 가스로 생긴 자원민족주의인데, 석유로 인한 자원민족주의는 베네수엘라 차베스 정권 등 일부 라틴아메리카 좌파정권과 푸틴의 러시아가 주도하고 있다. 특히 이들은 자원을 무기화하면서 과격한 방식을 보이고 있다. 이러한 자원민족주의화 경향은 전 세계 상당수 산유국에서 발견되고 있고, 심지어 영국 같은 선진국도 지난 2006년 유전개발 기업에 대한 부가세율을 10%에서 20%로 인상했고, 호주 역시 생산된 LNG의 15%를 미래 국내소비를 위해 비축하는 조치를 단행하였다. 이렇게 유가 폭등으로 비롯된 자원민족주의는 중국이 공격적으로 자원 확보를 하게 만들었다. 중국의 지속적인 경제발전은 안정적인 자원 확보에 달려있기 때문이다. 그러므로 중국은 어쩔 수 없이 미국이나 다른 강대국과 에너지 자원 확보 경쟁을 할 수밖에 없는 상황이 왔고, 이러한 상황을 극복하기 위해서는 중국만의 독특한 자원민족주의가 생길 수밖에 없었다. 즉, 최근의 중국의 자원민족주의는 중동이나 서방국가들이 중국에게 석유나 가스로 인해 에너지 경쟁을 벌인 것에 보복이라도 하는 듯이 희토류라는 희소광물을 독점적으로 생산하며 다른 에너지 경쟁확보에

도 희토류를 이용하여 이점을 얻고 있는데 중국의 종합적인 국익을 위해 자원민족주의가 발생하는 상황이라 볼 수 있다.

2. 신자원민족주의

전 세계적인 고유가 추세가 있을 때 마다 산유국을 중심으로 자원민족주의가 다시 부상하고 있다. 앞으로 고유가 현상이 다시 재현될 경우 우리 경제를 압박할 것으로 전망되는 가운데, 유가 상승 및 희소자원의 생산과 가격 변동의 한 요인으로 자원민족주의의 재등장이 지목되고 있다.

2000년대 중반 이후 대두하고 있는 자원민족주의는 인도와 중국 등 신흥개발도상국의 석유수요 급증에 따라 고유가가 지속되고 유전 개발 경쟁이 치열해지면서 남미와 러시아에서 발생하였다. 베네수엘라, 볼리비아 등 사회주의 성향을 지닌 정부와 신흥 산유국들 중 개발독재정부가 유전개발과 원유수출에 대한 정부 통제를 강화하고 확대된 이익을 국민에게 나눠주는 정책을 추진하기 시작한 것이다. 이러한 자원민족주의의 재등장은 외국기업의 유전개발 비용을 상승시킴으로써 고유가의 주요 원인으로 작용하고 있다. 최근 발생하고 있는 신자원민족주의의 특징을 살펴보고 지속 가능성과 국제유가 및 해외유전개발에 대한 영향을 살펴보도록 한다.

1) 신자원민족주의의 등장

고전적 자원민족주의와 신자원민족주의를 거론할 때, '천연자원에 대한 항구 주권에 관한 결의'를 1962년과 1966년에 UN이 채택·강화하면서 개도국을 중심으로 대두되었다. 1960년대 후반부터 1970년대 초반까지 중동을 중심으로 발생한 자원민족주의는 본래의 경제적 취지보다는 강대국들의 식민통치와 제국주의의 영향을 종식하기 위한 민족자립과 자주독립이라는 이데올로기가 강조되면서 외국계 석유회사의 자산 몰수, 강제 국유화, 석유수출 중단 등 과격한 모습으로 나타났다.

그러나 1980년대 이후 고유가에 의한 대체에너지 개발과 석유수요 둔화, 생산능력 확대, 현물 및 선물시장 발달 등에 의해 산유국의 가격결정 영향력이 감소함에 따라 고전적 형태의 자원민족주의는 퇴조하면서 중동지역 산유국으로 축소된다.

최근 베네수엘라와 러시아를 중심으로 등장한 신자원민족주의는 유가상승에 따른 산유국의 경제적 이익 극대화를 강조하고 경제적 수단을 활용하고 있으며, 소비국에서도 국가의 자원산업 개입 강화라는 새로운 자원민족주의를 낳고 있다.

2) 신자원민족주의의 특징

경제적 목적보다 강대국의 식민통치 종식이라는 정치적 목적에 더 치우쳤던 과거의 자원민족주의와 달리, 최근에 대두되고 있는 신자원민족주의는 산유국의 수익 분배 몫 확대라는 경제적 목표에 더 큰 비중을 두고 있다.

저유가 기조가 유지되어 온 2000년대 초반까지만 해도 남미와 러시아 등 산유국들은 생존을 위해 석유산업을 개방하고 석유메이저기업의 투자유치에 열을 올렸다. 그러나 2000년대 중반 이후 3년 간 유가 상승세가 지속됨에 따라 이들은 해외자본에 대한 기존의 우호적 입장을 바꾸기 시작했으며 석유메이저기업들이 가지고 있던 유전을 인수하고 국내 국영석유기업에게 석유공급의 독점적 지위를 부여하는 등 자원민족주의 색채를 나타내기 시작했다.

신자원민족주의의 목적은 고유가에 따른 경제적 이익을 극대화하려는데 있다. 따라서 과거에 나타났던 자산몰수, 강제 국유화 등의 과격한 진행과정은 나타나지 않으며 유전에 대한 산유국의 정부 지분 확대, 석유산업에 대한 각종 세율 인상, 외국계 석유회사와의 재계약 거절 및 계약조건 강화 등 경제적 수단을 활용한 통제에 주력하고 있다. 또한, 각 산유국들은 석유자원에 대한 통제를 강화하면서도 첨단기술이 필요한 심해유전 및 노후유전 개발, 중질유(重質油) 분해, 천연가스 액화 등에서는 여전히 외국계 석유회사의 참여를 환영하고 있어 외국자본에 대한 무조건적인 배척을 추구했던 1970년대의 자원민족주의와는 다른 모습을 보이고 있다.

이들 정부는 유입되는 오일달러를 빈곤 퇴치와 보건환경 개선 등 사회 인프라 건설과 복지 개선에 투자하면서 국민들로부터 높은 지지를 받고 있다. 남미의 대표적인 좌파정부인 베네수엘라의 차베스 대통령은 1990년대에 경험한 경기침체와 빈부격차 심화를 미국이 내세운 신자유주의의 폐단이라 지적하며 외국자본을 몰아내고 빈곤층을 살리는 포퓰리즘 정책을 추진하였다. 러시아에서는 푸틴 대통령이 천연가스 수출 통제를 통해 주변국과 서방에게 외교적 영향을 행사하면서 국민들로부터 인기를 얻고 있으며, 차기 대통령으로 유력한 메드베데프 제1부총리는 집권 후 러시아의 사회복지 개발에 주력할 것을 공언하고 있다. 구소련 독립국가들 중 산유국들인 카자흐스탄, 우즈베키스탄, 아제르바이잔 등에서도 사회복지 증진을 토대로 개발독재 정권의 집권 장기화 움직임이 강화되고 있다.

3) 신자원민족주의의 확산

이러한 신자원민족주의는 아프리카와 아시아 산유국들로 점차 확산되고 있다. 그 동안 높은 개발비용으로 관심을 끌지 못했던 아프리카와 아시아 지역 유전들이 고유가로 주목을 받고 개발경쟁이 고조됨에 따라 이들 지역에서도 신자원민족주의가 나타나고 있다. 아프리카에서는 나이지리아, 알제리 등이 외국계 기업의 유전개발에 대해 로열티를 인상하고 국영석유기업을 내세워 유전 개발사업에 대한 권한을 강화하고 있으며, 아시아에서는 베트남이 자원개발에 대한 합작회사 설립 요건을 강화하고 경영참여를 제한하면서 참여가능 분야를 좁히고 있다. 중앙아시아에서도 카자흐스탄과 아제르바이잔이 외국계 석유회사의 참여가능 범위와 유전개발에 대한 지분 보유율을 줄이면서 통제력을 강화하는 모습을 보이고 있다.

특히 우리 기업이 이미 많이 참여하고 있는 카자흐스탄의 경우 2007년 10월에 계약조건에 관한 정부의 권리가 강화되었고, 12월에 국영석유기업의 민간석유기업에 대한 지분이 확대되는 등 신자원민족주의가 최근 강화되고 있기 때문에 예전보다 많은 주의가 필요하다.

또한 이러한 신자원민족주의의 대두와 확산은 소비국에서도 국가의 자원산업 개입 확대라는 새로운 자원민족주의를 낳고 있다. 유전개발에 대한 접근이 어려워지자 생산국에서만 나타났던 과거와 달리 전 세계 석유소비의 10%를 차지하는 중국과 3%를 차지하는 인도 등 석유 소비국에서도 자원민족주의 움직임이 감지되고 있는 것이다. 소비국의 자원민족주의는 석유수급을 안보적 차원에서 접근하려는 정부로부터 막대한 재정 지원과 외교적 지원을 받은 국영석유기업들이 해외유전 개발 프로젝트에서 낮은 수익성을 감수하거나 시장가격보다 터무니없이 높은 가격으로 유전을 인수하는 등 해외유전 개발에 전념하는 경우를 뜻한다.

실제로 중국은 국영석유기업을 집중 육성하고 아프리카와 중앙아시아 등 해외유전 개발에 참여하면서 부채탕감, 원조자금 제공, 복지인프라 구축 등의 조건을 제시하고 있으며, 러시아의 경우도 마찬가지로 기술 전수와 인프라 제공 등을 약속하면서 아프리카와 남미로 해외유전 개발 확대를 시도하고 있다.

표 11-2 지역별 신자원민족주의 현황

지역	국가	내 용
남미	베네수엘라	32개 석유광구의 기존계약을 폐기하고 정부가 60% 이상 지분을 확보, 로열티와 소득세 인상
	볼리비아	국영석유기업의 개발과 수출 등에 독점 권한 부여, 외국계 기업으로부터 천연가스 사업권 인수
	에콰도르	석유기업의 수익금 절반을 세금으로 부과, Occidental과의 아마존 유전 채굴계약 무효화
	아르헨티나	새 국영기업(ENARSA) 설립하고 탐사와 정제 부문에 총괄 권한 부여
구소련	러시아	석유 및 천연가스 국영기업 대형화, 외국계 기업의 유전 유럽에 대한 에너지 공급 중단, 가스 카르텔 추진, 점유권 인수, 자원 독자개발 추진,
	카자흐스탄	외국계 기업과 맺은 계약에 대한 정부의 파기 권한 입법화, 사트파예프 유전에 대한 정부 지분 확대추진, 국영석유기업의 민간기업 지분 확대
	아제르바이잔	신규 개발유전에 대한 국영석유기업의 지분 확대 추진
아프리카	알제리	국영석유기업의 석유 탐사 및 개발 권한 강화
	차드	국영석유기업 설립, 정부의 광구지분 확대 추진
	나이지리아, 적도기니 등 기타	국영석유기업의 지분 확대 추진, 신생산유국의 경우 국영석유기업 설립 고려
아시아	베트남	자원 및 에너지산업 통제 강화, 외국. 기업의 합작투자회사 지분율을 49%로 제한하고 참여 가능분야 축소

주: 중동지역은 1970년대부터 자원민족주의를 고수해 옴.
자료: 한국은행, 에너지경제연구원 등 자료 종합

4) 신자원민족주의의 장기화

지난 1970년대에 고양된 자원민족주의는 1980년대에 들어서 유가 하락과 함께 급속히 약화된 경험이 있다. 따라서 최근 산유국 전반으로 확대되고 있는 신자원민족주의의 향후 전망은 고유가의 고착, 독자적인 유전개발 능력 보유 여부 등에 따라 좌우될 것으로 보인다.

먼저, 장기적으로 고유가의 가능성을 들 수 있다. 앞으로 고유가의 지속적인 상황이 온다면 유가상승의 혜택을 국부창출로 연결시키려는 산유국들로 하여금 신자원민족주의에 집착하게 만들 것으로 예상된다. 신흥개도국의 경제성장세 유지 및 석유수요 급증에 따른 국제유가의 상승세가 지속된다면 신자원민족주의는 다시 발현될 수 있다. 하지만 수급불안의 주요 결정요인인 나이지리아 등에서의 지정학적 위험이 어느 정도 해소되었고, 이란 문제의 해결에 따른 원유증산으로 인한 공급의 확대, 달러화 약세 움직임, 셰일가스의 증산 등에 의해 국제유가의 급격한 상승은 어려울 전망이기 때문이다. 더욱이 세계 석유공급의 40%를 담당하는 OPEC의 적극적인 증산 의지는 유가의 약세행진을 부채질할 것으로 보인다. 미국의 셰일 생산량은 OPEC 회원국들의 시장 점유율을 빼앗아왔고 원유가격을 낮췄다. 글로벌 원유시장에서 OPEC의 비중은 지난 1970년대 55%에서 2017년 8월 현재는 40%로 줄었다.

OPEC 회원국 간 감산협조가 과거에 비해 잘 이루어지지 않고 있고 세계 석유공급의 60%를 차지하고 있는 비 OPEC 산유국의 석유생산이 2002년 이후 감소세를 보이다 유가상승으로 생산량이 늘어나고 있으며, 셰일가스의 등장과 증산에 힘입어 가격이 하향 안정화되어 있고, 구소련 산유국들의 석유생산 증가세도 점차 증가되고 있는 상황이다. 더구나 OPEC의 감산정책은 2016년 11월 30일 OPEC이 원유가격을 밀어올리기 위해 하루 원유 생산량을 120만 배럴 감산하는 데 합의했었다. 감산에 합의한지 8개월이 지난 2017년 8월 현재, 심각한 재정 부족 문제로 회원국들이 감산 약속을 지켜내지 못하고 있다. OPEC 회원국들의 수출은 지난해 10월 대비 하루 12만 배럴 줄어드는데 그쳤을 뿐이다.

회원국들은 국민들을 계속해서 만족시켜 주고 군사비용을 감당하기 위해 정부지출을 상향 조정했는데, 원유로부터 발생하는 재정수입 감소에 대응할 만한 완충재를 지니고 있지 않은 상태이다. 이들 국가의 제한된 재정능력은 높은 원유가격을 통해서만이 만회될 수 있는데, 유가가 낮다면 이들은 더 많은 원유를 생산할 필요가 있다. 이같이 생산량을 통제하지 못하는 무능은 잠재적으로 OPEC의 영향력에 존재의 위협을 가하고 있다는 지적이다.

또한 산유국의 유전개발 능력 향상 역시 외국계 석유회사를 배제하고 자원독점을 유지하려는 신자원민족주의의 버팀목으로 작용할 가능성이 높다. 그 동안 산유국들은 고유가를 통해 벌어들인 자본을 국영석유기업에 투자해 대형화를 이룩하였고 석유 메이저기업과의 합작회사를 통해 유전개발 기술을 습득하였다. 이 결과 산유국들의 국영석유기업은 규모의 대형화와 독자적인 유전개발 기술을 보유하게 되었다. 물론 노후유전 증산이나 심해유전 개발 등과 같은 첨단기술이 필요한 분야에서는 여전히 석유 메이저기업들이 우위를 유지하고 있지만 국영석유기업들이 대규모 자금을 바탕으로 인수·합병을 통한 첨단기술 습득에 노력을 기울이고 있어 기술수준 격차는 점차 줄어든 것으로 추정된다. 아직까지 상대적으로 크게 뒤쳐져 있는 아프리카와 아시아 지역 국영석유기업들의 유전개발 기술 역시 산유국 간 유전개발 협력이 늘어남에 따라 점차 향상될 것으로 보인다.

5) 신자원민족주의와 국제석유시장

신자원민족주의의 가능성이 존재하면서 국제석유시장에도 변화가 불가피할 전망이다. 신자원민족주의는 장기적으로 OPEC의 감산정책의 지속적인 유지와 세계 경기의 회복으로 석유수요의 증가를 유발하게 된다면 유가의 상승 가능성은 언제든지 이루질 것으로 전망된다.

신자원민족주의를 고수하고 있는 산유국들은 신속한 유전개발과 시설증대를 통한 생산 확대보다는 개발 시기를 조절하여 이익 극대화를 추구하겠다는 전략을 가지고 있다. 따라서 이 국가들이 생산능력 확충에 적극적으로 나서지 않음에 따라 국영석유기업들의 생산 확대를 위한 재투자 저조로 석유생산 증가 폭이 점차 감소하고 있다.

IEA가 베네수엘라, 나이지리아, 이란, 이라크 등의 산유국에서 2012년까지 석유 증산이 이뤄지지 않을 것이라는 비관적인 전망을 내어 놓았을 때 향후 원유공급이 불안정할 것이라고 예상되었고 유가도 높은 수준에 머물렀다. 실제로 중동과 남미의 산유국들은 카르텔 조직인 OPEC을 통해 국제석유가격에 대한 영향력 강화를 추구하고 있기 때문에, 석유 증산에 대한 불확실성은 더욱 고조되었었다.

그러나 국제 수급환경의 변화와 고유가 기조 고착에 대비해 미국, 일본, 프랑스 등 선진국들과 중국, 인도 등 신흥개도국들의 대체에너지 개발 및 에너지 효율성 제고에 따른 노력으로 현재 국제유가는 하향 안정화되어 있는 상태이다. 단기에 큰 성과가 나타날 가능성은 낮지만 당분간은 유가에 대한 수요탄력성이 낮은 수준에 머무를 것으로 보이기 때문에 석유수급의 균형은 중단기적으로 지속될 것으로 예상된다.

장기적으로 신자원민족주의의 발현은 유전개발 및 생산비용을 상승시켜 유가상승에 영향을 미칠 것으로 예상된다. 산유국들은 유전개발 접근제한을 통해 해외개발자에게 시장가격보다 높은 유전 매입가격, 사회간접자본 건설 지원 등을 요구할 가능성이 있어 유전개발 비용이 증가할 수도 있다. 그리고 유전개발 접근 제한은 석유 메이저기업들을 심해유전, 오일샌드 등의 자원개발로 몰아내고 있어 탐사, 채굴, 수송, 정제 등에서 생산비용을 상승시킬 수 있다. 물론 기술개발에 따라 생산비용이 줄어들고 있지만 한정된 자원의 영향으로 한계가 올 수도 있다. 따라서 신자원민족주의의 확산은 산유국의 유전개발 비용과 석유 메이저기업의 생산비용을 증가시키는 요인으로 작용하면서 유가상승에 영향을 미칠 것으로 예상된다.

최근에는 신자원민족주의 산유국에서 석유소비가 급증함에 따라 석유수출량 감소에 대한 우려도 제기되고 있다. 남미와 구소련 지역 산유국들의 석유수요는 세계 석유수요 대비 10%를 기록하고 있어 중국의 비중보다 1%포인트 높다. 또한, 중동지역 산유국까지 포함할 경우 산유국의 석유수요는 세계 석유수요 대비 17%로 EU에 필적하는 규모이다.

세계 석유수요에서 이미 큰 비중을 차지하고 있는 산유국들은 고유가 시대에도 내수시장에 저가로 석유를 공급하고 있어 에너지 절약과는 거리가 멀다. 또한 좌파정부와 개발독재정부가 국민들의 변함없는 지지를 유도하기 위해 자국의 석유가격 인상을 꺼리고 있으며, 인접 국가와의 관계 향상을 위해 국제유가보다 싼 수출가격으로 주변국에게 석유를 공급하고 있기도 하다. 더욱이 석유가격이 싼 산유국에서 국민들의 소득증가는 자동차 구입으로 이어지고 있어 향후 석유수요는 더욱 빠르게 증가할 것으로 예상된다. 베네수엘라와 러시아의 경우 석유수요는 세계평균 증가율보다 훨씬 상회하고 있고, 카타르, UAE, 에콰도르 등은 중국보다도 수요증가 속도가 빠르게 증가하고 있으며, 알제리와 카자흐스탄 등 다른 산유국들도 정부의 저가 석유공급 정책 고수에 따라 국내 석유소비가 빠르게 증가하고 있다. 하지만 이러한 예상과 결과에도 불구하고 현재의 상황은 국제유가가 안정화되어 있는 상황이다.

신자원민족주의가 계속 확산되면 산유국 국영석유회사 간의 유전개발 협력도 확대될 것으로 보임에 따라 비산유국의 해외 유전개발 참여는 상대적으로 더욱 어려워질 전망이다. 신흥 산유국들은 석유 메이저기업과 상업적 관계를 구축함과 동시에 개도국의 국영석유회사와는 전략적 관계 구축을 원하고 있다. 신자원민족주의를 표방하는 산유국들은 유전개발에 있어서 산업개발, 복지개선, 인프라 확충 등 석유개발과 상관없는 부문까지도 요구하고 있는 것이다. 그러나 석유 메이저기업들은 이익 극대화 추구 고수 및 국제유가의 하향 안정화로 이러한 산유국들의 요구를 거절하고 있다. 이렇다보니 장기적으로 고유가를 희망하는 산유국은 소비국 입장을 대변하는 민간 석유회사 보다 이해관계가 같은 타 산유국의 국영

석유회사를 선호하는 측면이 있다.

그 결과 비교적 유전개발 기술수준이 낮은 신흥 산유국들은 경험이 있고 자금력이 뒷받침되면서 서로의 입장을 수월히 이해하여 높은 리스크와 낮은 수익률을 감수할 수 있는 다른 산유국 국영석유기업과의 유전개발 협력을 선호하고 있다. 노르웨이의 Statoil, 브라질의 Petrobras 등이 대표적인 해외유전 개발 참여 국영석유기업이다. Statoil과 Petrobras는 심해유전 탐사 기술 수준이 석유 메이저기업과 겨룰 정도로 높아 유전개발 협력 상대로 각광받고 있다.

최근에는 경제적, 정치적, 군사적 협력을 추진하면서 산유국 간 결속이 더욱 강화되고 해외유전개발 참여 범위가 기업적 차원에서 범국가적 차원으로 확대되고 있다. 향후 유가상승을 이끌기 위해서는 산유국 국가 간 동맹관계가 지금보다는 한층 강화될 것으로 예상되기 때문에 산유국의 국영석유기업 간 유전개발 협력은 더욱 늘어날 것으로 전망된다.

2007년 12월에 남미은행을 출범시킨 남미의 경우, 미국 등 서방에 대한 자본 의존에서 탈피해 독자적인 경제발전을 도모하고 있다. 중앙아시아의 경우에는 중국과 러시아가 상하이협력기구(SCO)를 통해 중앙아시아 국가들과 문화협력, 경제협력, 군사협력 등에서 결속을 다지고 있다. 아프리카에서는 중국이 중국-아프리카 포럼을 열어 30억 달러의 우대차관 제공, 50억 달러의 발전기금 조성 등 결속 다지기에 적극 나서고 있다.

장기적으로 유가의 상승은 우리 기업의 수입물가와 원유수입에 부담이 되는 등 비용상승의 문제를 유발할 수 있다. 따라서 이와 같은 변화 속에서 우리 정부와 기업들은 효율적인 에너지 이용방법 모색, 대체원료 개발, 에너지 절약 등 전통적인 대응책들과 더불어 신재생에너지와 청정개발체제 개발 등에 대한 노력이 필요하다.

물론 신자원민족주의로 어려워진 해외유전 개발 참여를 확대하기 위해서는 기업들만의 노력뿐만 아니라 정부의 경제발전 경험 전수 등 자원외교 강화, 산유국의 인프라 개발을 위한 건설업체와의 동반진출, 국부펀드 등 각종 펀드를 통한 자금력 강화, 자원 확보를 위한 주요 산유국과의 FTA 추진 등 다각적인 접근도 필요하다.

3. 경제민족주의

1) 경제민족주의의 개념

경제민족주의(Economic Nationalism)는 경제적 이익의 극대화를 위한 극단적인 자국 중심적 경제활동을 의미한다. 자국의 사기업을 국유화하는 경우 정책적 판단 때문인지 경제민족주의의 결과인지 애매한 경우도 있다. 어쨌든 최근 경제 애국주의(Economic Patriotism), 자원민족주의 등도 경제민족주의의 한 양상으로 볼 수 있는 사례들이 많아지고 있다. 경제민족주의에 포퓰리즘까지 가세하면 그 정도는 더욱 거세지는 경향을 보인다.

경제민족주의는 기업의 소유 구조나 자원 조달 문제까지 영향을 끼친다. 이런 점에서 글로벌 사업을 하는 기업에게는 단순한 보호무역주의보다 훨씬 위협적이다. 최초로 국제적 파장을 일으킨 경제민족주의적 사건은 1970년대 석유자원의 무기화였다. 그 효과는 즉시 오일 쇼크로 나타나면서 전 세계 경제에 충격을 주었고, 세계는 경제민족주의가 국제경제에 미치는 막대한 영향력을 절감하였다. OPEC는 산유국들이 석유메이저에 대항하기 위해 결성한 조직이었고, 석유파동의 주요원인도 흔히 남북문제라 불리는 선, 후진국 간 경제적 갈등이었다. 당시만 해도 경제의 글로벌화가 확산되면 이런 갈등은 점차 줄어들 것으로 예상되었다.

그러나 21세기 들어 경제민족주의는 오히려 유럽, 아시아 등지로 확산되는 추세이다. 심지어 프랑스, 스페인 등의 EU 국가들에서도 발생하고 있다. 경제민족주의의 사례에는 선, 후진국에 대한 구별이 없다. 실행방법 면에서는 선, 후진국 간에 다소 차이를 보인다. 선진국에서는 M&A 저지 등 기업/사업권 인수 여부에 영향을 주는 경우가 많았다. 반면 후진국에서는 투자유치 이후 제도적 규제를 강화하는 사례가 주로 나타난다. 민영 에너지 산업을 강제로 국유화한 베네수엘라, 볼리비아가 좋은 예이다. 특히 조세 감면 축소, M&A 제한 등으로 외자 우대정책에서 후퇴하는 중국의 최근 움직임은 우리 기업들이 주목해야 할 부분이다.

2) 최근 경제민족주의의 특징

글로벌 경제시대에 경제민족주의가 오히려 증가하는 원인은 무엇일까? 일차적으로는 세계적인 에너지 문제, 선진국의 저성장, 국가 간 소득 불균형 등 상존하는 글로벌 경제 이슈가 갈등의 도화선이 되고 있다. 이를 바탕으로 외국인 노동자 유입에 따른 자국민 실업 증가, 국부 유출에 대한 우려, 정치권의 선거용 이슈화 등 국내 경제 이슈들이 불씨 역할을 하면서 경제민족주의가 갈수록 확산되는 것으로 보인다.

이같이 최근 확산되는 경제민족주의는 과거와 다른 특징을 보인다.

첫째, 선진국 시장에서도 나타나고 있다. 70년대 자원민족주의 당시에는 중동지역 국가들이 주축이 되었다. 그러나 현재는 미국, EU 국가들과 같은 선진국들도 안보, 경제애국주의 등을 내세워 경제민족주의적 행태를 보이고 있다. 여론 또한 실업문제 등을 우려하여 일련의 정부조치들을 지지하고 있다. 이는 국제적인 에너지 수급의 불균형과 자산가격 인상, 선진국들의 저성장 기조 고착 우려, 국가 간 소득 불균형 등을 배경으로 하고 있다. 이것이 저임금 외국인 노동자 유입에 따른 자국민 실업 문제, 국부유출 우려, 정치적 이슈화로 이어지면서 선진국에서도 나타나게 된 것이다.

둘째, 전기 · 통신 등 일부 전략산업에 제한적으로 적용되던 투자장벽이 모든 산업분야에서 나타나고 있다. 20세기에는 주로 석유 등 에너지 자원시장에서 경제민족주의가 횡행하였다. 그런데 지금은 제조업, 서비스업, 금융업 및 식품업 등 산업분야를 가리지 않고 광범위하게 일어나고 있다. 프랑스의 식품기업 인수에 대한 개입이나 중국의 철강, 조선업종 투자 제한, 다수의 EU 국가 간 은행인수 갈등 등은 과거와 달리 경제민족주의가 다양한 업종에 걸쳐 나타남을 잘 보여주고 있다.

셋째, 다양한 개입방식이 동원되고 있다. 과거 경제민족주의의 주 실행방안은 자원공급 규제, 계약의 강제변경 등이었다. 그러나 요즘은 단순히 수출입을 규제하던 보호무역주의를 넘어서서 기업 인수나 소유권 제한, 투자조건의 사후적 강제변경, 사기업 및 외자기업의 국유화 등 다양한 수단이 사용되고 있다. 예를 들어 남미 국가들의 에너지 설비 국유화는 자주 거론되는 사례들이다. 또한 자국 내 기업들에 대한 외국기업의 인수에 뒤늦게 개입한 유럽 각국의 사례들도 많이 있다.

표 11-3 유형별 경제민족주의 사례

발생시기	유형	발생 국가(지역)	주요 내용
투자 이전	기업 인수 제한	미국	아랍에미리트 DPW의 미국 내 6개 항만 운영권 강제 매각(2006년) 중국 CNOOC의 유노칼 인수 저지(2005년)
		프랑스	이탈리아 ENEL의 SUEZ 인수 저지(2006년) 펩시코의 다농 인수 저지(2005년) 카지노, 식품 등 11개 주요 산업의 외국자본 투자 제한(2005년) 독일 지멘스의 알스톰 인수 저지(2004년)
		독일	프랑스 탈레스의 아틀라스 엘렉트로닉 인수 저지(2005) 폴크스바겐의 해외 매각 저지를 위한 특별법(일명'폴크스바겐법') 제정(2004년)
		이탈리아	네덜란드 ABN AMRO의 안톤베네타 인수를 방해한 혐의로 유럽사법재판소 피소(2005년)
		스페인	독일 E-on의 엔데사 인수를 방해한 혐의로 유럽연합 개입(2006년)*
		폴란드	이탈리아 우니크레디트의 자국 은행 BHP 인수 저지(2005년)
		중국	**상무부의 외국계 기업 M&A에 대한 포괄적 제한 기준 적용(2006년)** 칼라일의 쉬공 그룹 인수 저지(2006년)* 홍콩PCCW의 해외 매각 제동(2006년) 중권사의 해외매각 불허 해제시한 연장(2006년)*
		룩셈부르크	프랑스, 스페인의 지지로 Mittal Steel의 Arcelor 인수 반대(2006년)**
	투자 제한	중국	**철강, 조선 등 주요 산업에 대한 외국 기업의 M&A금지(2006년)** **기존 외자 유치 제도와 상반되는 특별법 제정으로 일부 업종의 개방 제한 및 외자지분률 제한(2006년)**
		미국	1987년 첨단산업의 해외 매각 금지 목적으로 제정한 엑손-플로리어법 적용 활성화(2005년)
투자 이후	사기업의 유럽화	러시아	국영 아에로폴로트의 주요 항공운송업체 인수 추진* 국영 유나이티드 에어크래프트를 신설하여 주요 항공기 제작사 통합 인수 촉진(2006년)* 국영 에너지 기업 Gazprom의 민영 시브네프트 인수 및 로스네프트와 합병(2005년) 최대 석유기업 유코스 강제 해체 후 국영 로스네프트가 주요 부문 인수(2004년)
		베네수엘라	다국적 기업 소유의 32개 유전 사업 계약 변경(외자지분률 0%~40%로 축소)으로 에너지 산업 국유화(2006년) 통신, 전력 산업으로 국유화 확대 추진(2006년)*
		볼리비아	미국 엑손, 프랑스 토탈, 스페인 렙솔, 브라질 페트로브라스 등 외국계 에너지 기업이 보유한 총 35억 달러 상당의 천연가스 생산 설비 국유화(2006년)
	투자 조건 변경	볼리비아	스페인 렙솔, 브라질 페트로브라스 등에 부과하는 세율 32% 추가 인상(2006년) 에너지 생산 수익률을 변경하여 수익 대부분(60~80%)을 자국 몫으로 배정(2006년)
		중국	**외자기업 세재 해택 축소 추진(2006년)*** **노동운동 관련 정책 변화 추진(2006년)***
		러시아	Sakhalin Ⅰ, Ⅱ 등 주요 에너지개발 사업의 투자조건 변경(지분 매각을 강요하여 지배구조 변경)을 통한 주도권 확보(2006년)
		아르헨티나	2006년 현재 24개 다국적 기업들이 세계은행 산하 국제투자분쟁조정센터(ICSID)에 42건 재소*
		한국	**론스타 펀드의 외환은행 매각 건 제소(2006년)***
	지역 분리 우려	세계 각지	앙골라 Cabinda 지역의 분리주의 활동으로 향후 유전 소유 및 수익 분배에 대한 신규 계약 가능성 제기(2006년) 기타 지역으로 동유럽, 이탈리아, 그루지아, 아제르바이잔, 투르크메니스탄, 세르비아, 스페인, 벨기에의 지역 분리 추천 분위기 지속(현재)

주: 진한색 부분은 우리나라와 직접적으로 관계된 사례임
*: 2007년 진행중인 경우, ** :투자가 성사된 경우, *** :여론형성 등으로 향후 발생 우려

해외 의존도가 높은 우리나라 경제의 특성상, 국내기업의 다양한 해외 수익원 개발과 글로벌 사업망 확장은 필수적이다. 사업 전개과정에서 경제민족주의와 직면할 가능성을 완전히 회피할 수는 없다. 따라서 우리 기업들이 글로벌 사업 개발과정에서 반드시 고려해야 할 또 하나의 경제적 변수로 경제민족주의를 추가해야 할 것이다.

3) 경제민족주의의 동향

(1) 트럼프의 미국 우선주의

① 트럼프의 경제민족주의

트럼프는 미국의 패권을 포기하는 대신 국내 실물경제(국민경제)의 발전을 최우선하는 경제민족주의를 실행하려 하고 있다. 지금까지의 패권우선 체제하에서, 의도적으로 외국에 무상공여되어 왔던 "미국민에게 상품을 팔 권리"를 미국민을 고용하는 미국기업의 손으로 되돌리려하고 있다. 지금까지 미국으로 대량수출을 통해 돈을 벌어 온 중국에 대해서 "미국에서 더 사지 않는다면, 대만을 외면하는 '하나의 중국원칙'을 지키지 않겠다"고 위협하는, 비상식적인 강대국 논리를 전개하고 있다.

미국의 패권 운영자인 트럼프는 미국의 발전과 미국민의 행복을 뒷전으로 생각하고 있는게 아니냐는 극단적인 주장을 펴는 반대파의 주장도 거세게 일고 있다. 미국 정치권에서는 "국제주의=인터내셔날리즘"은 미국 자신을 중시하는 "민족주의=미국 제일주의"를 "고립주의"로 배척해, 패권에 몰려드는 세력(투자은행, 국제기업, 군산복합체 등)의 이익을 최우선으로 하는 개념이다 .

트럼프의 승리 배경에는 세계화 과정에서 소외된 백인 중산층과 노동자들의 분노를 조직한 경제민족주의가 있다. 트럼프의 핵심 참모 배넌(Bannon)은 자신을 경제민족주의자라고 주장했다. 트럼프는 취임사에서 "세계 각국이 자국 우선주의 정책을 취할 권리가 있다는 것을 이해한다."고 밝혔다. 이는 세계사적 흐름과 질서가 현실적으로 각국의 경제민족주의를 기반으로 바뀌어나갈 것이라는 인식을 바탕으로 한다.

트럼프는, 다른 나라에도 유사한 전대미문의 뒤흔들기 태세를 갖추어 나가고 있다. 지금까지 미국이 의도적으로 소홀히 해 온 국내산업의 진흥을 트럼프가 진행해, 외국기업과 미국의 국제기업이 아닌 미국 내의 토착기업이 돈을 벌게 되는 정책이 성공한다면, 미국경제는 놀라운 성장을 시작할 수도 있다.

중국을 필두로 대미수출로 돈을 벌어온 나라들은, 내수를 확대하지 않는 한, 국내 경제의 성장이 둔화될 수밖에 없다. 트럼프의 미국이 경제민족주의를 중시하기 시작함과 동시에, 미국에서 중국 등 신흥시장 국가로 유입하던 투자 자금이 미국으로 역류하기 시작하고 있다. 그 결과 달러는 강세, 위안화는 약세가 계속되어, 중국 정부는 자금유출과 위안화 약세를 막으려고 필사적이 되어있다.

트럼프의 패권포기와 경제민족주의는, 지금까지 패권운영의 뒷면에서 경시되어 온 미국의 제조업 등 실물경제에 성장을 가져올 것 같다. 하지만, 미국의 금융버블의 규모는 실물경제의 몇 십 배가 된다. 트럼프 정권이 버블을 연명시키는 책략에 실패해서 금융위기가 재발하게 되면 실물경제의 발전 등은 쉽게 날아가 버릴 수도 있다는 분석이다.

② 트럼프의 무역정책

미국 행정부는 새로운 접근법으로 무역과 같은 개별 이슈에서 파트너 각각에 대한 영향력 극대화를 시도하고 있다. 그렇지만 그러한 시도 또는 조치들이 국제적인 안정이나 복합적인 지정학적 이슈에 어떤 전체적인 영향을 미칠 것인지에 대해서는 이해가 부족한 것으로 보인다. 하지만 최근의 2017년 5월 미·중 정상회담 사례처럼 작용점(leverage points)을 파악하고 적절한 전략을 구사한다면 기민한 협상력과 의지로 상생하는 결과를 낳을 수 있다.

트럼프 행정부는 '미국 우선주의'에 기반한 무역정책을 주창하며 기존 자유무역협정의 정당성을 문제 삼는 일련의 무역 관련 행정명령으로 논란을 몰고 왔다. 한국 정부의 지나친 간섭이 시장을 왜곡한다고 주장하며 한국산 철강 파이프 수입에 논란이 큰 조항을 처음으로 적용해 반덤핑관세를 부과했다. 또한 한·미 자유무역협정(한·미FTA)과 북미자유무역협정(NAFTA)을 포함한 무역협정을 폐기하거나 재협상하겠다고 위협했다. 한국과 미국은 2017년 8월 22일 서울에서 미국 측의 FTA 개정 요청을 논의하기 위한 한·미 FTA 공동위원회를 열었다. 미국은 조속한 시일 내에 FTA 개정 협상에 나서자고 압박한 반면, 한국은 FTA의 효과에 대한 공동 조사·분석·평가가 선행돼야 한다고 주장했다. 한국이 이러한 조치에 대응하려면 사안별 시비곡직(是非曲直)을 가릴 설득력 있는 협상 논리를 개발하고 미국에 전략적·포괄적 방식으로 접근해야 한다.

현재 경제민족주의 진영의 학문적 지주인 피터 나바로가 국가무역위원회(NTC) 위원장을 맡고 있다. 나바로는 하버드대 경제학 박사 출신으로 캘리포니아대 어바인캠퍼스에서 강의한 경제전문가지만, 보호무역주의를 주창하는 경제학계의 이단아다. 특히 『웅크린 호랑이(2015)』, 『중국에 의한 죽음(2011)』 등 저서에서 중국에 대한 적극적인 경제제재를 주장해 왔다. 게리 콘 국가경제위원회(NEC) 위원장을 중심으로 한 자유무역주의 진영과의 충돌에서 고립되고 있지만, 트럼프 자신은 아직 보호무역주의를 완전히 포기하지는 않은 것으로 보인다.

(2) 시진핑의 중화주의를 이용한 경제정책

정치적 자유보다는 중화(中華)의 드높은 위상을 더 갈구하는 것이 오늘 날 중국의 젊은 세대다. 그 가운데 시진핑은 오직 '힘에 의한 외교'(power politics)만 추구하고 있다. 중국몽(中國夢)을 내건 시진핑의 근본적 시각을 보면, "전 우주의 중심에 중국이 존재해 있다. 주변 국가들은 관리대상일 뿐 동등한 파트너가 아니다."라고 한다. 물망국치(勿忘國恥-치욕의 전 세기를 잊지 말자)를 슬로건으로 내세우면서 오직 '파워 폴리틱스'만 추구한다.

중국명으로 댜오위다오열도라 불리는 센카쿠열도의 영유권을 두고, 중국과 일본은 지난 2012년에 심각한 충돌을 겪었다. 당시 중국 정부는 일본행 관광상품 판매를 전면 중단시켜 중국 여행사들이 1년 가까이 상품을 판매하지 않았다. 이에 아베 정부는 비자발급 규제를 완화하고 면세점도 확대했다. 중국 대신 한국과 동남아 관광객을 유치하러 나섰다.

사드설치에 대한 보복으로 롯데처럼 소비자의 표적화를 통해 고사시키는 방식은 지난 2008년 까르푸 불매운동과 유사하다.

경제제재는 민족주의 정서를 자극하는데, 민족주의는 양날의 칼과 같아서 통제가 어렵고 정치안정에도 충격을 줄 수 있다. 잦은 경제제재는 중국 투자환경의 불확실성을 높이고, 국외 투자 유치에도 마이너스 영향을 줄 수가 있다.

한편, 중국은 지난 2004년 희토류 수출쿼터제를 도입한 후 2010년 환경보호를 이유로 쿼터를 40%로 축소하고 관세를 대폭 올렸으며 이로 인해 희토류 국제시세가 10배로 뛰었다. 희토류는 휴대폰과 하이브리드자동차 생산 등에 필수적인 광물로 희토류 공급량의 90%, 생산량의 23%를 중국이 차지하고 있다.

표 11-4 중국의 보복당사국 및 내용

보복국가	보복이유	조 치	결 과
프랑스	2008년 사르코지 대통령 달라이 라마 접견	에어버스 150대 구매 취소 고위층 방문 취소 까르푸 불매운동	2009년 "티베트는 중국영토" 성명 중국 제재해제
일본	2009년 센카쿠 열도 침범 중국어선 나포	희토류 수출 중단 도요타 자동차 뇌물혐의 조사	하루만에 중국인 선장 석방 일본 WTO제소 승리 희토류 수입 다각화
노르웨이	2010년 반체제인사 류사오보 노벨상 수여	연어수입 통관 강화 비자발급 제한	수출선 다각화로 추진 2016년 양국관계 정상화
필리핀	2013년 남중국해 영유권 국제상설중재재판소에 제소	바나나, 망고 수입금지	두테르테 신임 대통령 친중정책 선회 관계정상화
몽골	2016년 달라이 라마 9번째 초청	통관차량 통행세부과 광산 단전 차관 취소	외무부장관 방문 및 유감 표명 중국제재 해제

중국이 희토류 수출쿼터제를 2015년 1월 1일부터 폐지하고 수출관세는 5월 2일까지만 부과하고 폐지하였다. 표면적인 이유는 무역 갈등확산 차단이다. 중국이 희토류를 자원무기화하자 미국·일본·유럽연합(EU) 등은 중국이 자국 기업을 보호하려는 조치라며 세계무역기구(WTO)에 제소했고 지난해 8월 WTO 상급위원회는 희토류 수출쿼터제가 협정 위반이라는 최종 판정을 내렸다. 물론 중국은 수출쿼터제가 환경 및 자원보호를 위해 필요하다고 반발했지만 수용되지 않았다.

이번 쿼터제 폐지는 일단 WTO의 결정을 수용하고 동시에 무역갈등을 최소화하겠다는 중국 정부의 의지가 담긴 것으로 해석된다. 또 희토류 수요감소에 따른 자국 기업의 타격이 크지 않다는 판단도 작용하고 있다는 분석이다. 최근 희토류 수출수요는 점차 줄어드는 추세로 수출쿼터제 폐지가 희토류 가격 변동을 초래하지 않아 중국 기업의 충격도 미미할 것이라는 것이 업계 관계자의 분석이다. 지난해의 경우 희토류 수출쿼터는 3만 611톤이었지만 11월까지 수출량은 이에 못 미치는 2만 4,866톤으로 집계됐다.

하지만 갑작스러운 중국 정부의 희토류 수출쿼터제 폐지의 속내는 다른 데 있다는 게 전문가들의 분석이다. 이미 수출쿼터제 폐지에 대비해 자원세 등을 대폭 올리기로 결정했고 특허권 소송 등을 통해 비관세무역장벽을 높여놓았다는 것이다. 중국의 희토류 자원세는 2011년 4월 희토류 종류별로 톤당 0.4~30위안이 시범 도입된 후 그 해 11월 2배 가까이 올랐다. 2015년 희토류 자원세는 세륨 등 경희토류의 경우 톤당 60위안, 디스프로슘 등 중희토류는 톤당 30위안이었다. 2017년 9월 현재 중국은 환경오염을 이유로 6대 희토류 기업 외에는 채굴 및 생산을 금지하고, 생산량을 연 10만 5천 톤으로 제한할 뿐만 아니라 자원세를 최대 27%까지 부과하는 등 수출규제도 시행하고 있다.

4) 기업경영에 미치는 영향

이러한 경제민족주의는 글로벌 사업을 활발하게 전개 중인 국내 기업들에게도 큰 영향을 줄 수 있다.

첫째, 기업의 성장전략 실행에 커다란 장애물이 될 수 있다. 글로벌 사업망 확장이나 자원개발 등의 새로운 투자기회에 대한 접근 자체를 막기 때문이다. 예를 들어 포스코는 중국 내 철강업 진출로 아시아 시장에서 입지를 강화하려 했다. 그러나 중국 정부가 철강산업의 해외 M&A를 불허하여 가시적인 성과는 거두지 못하고 있다.

둘째, 사업 포트폴리오의 전략적 조정을 곤란하게 한다. 시장진입과 철수에 심각한 제약조건으로 작용하기 때문이다. 2006년 아랍에미리트의 항만물류회사 두바이포트트월드(DPW)는 영국 기업 P&O를 인수했다. P&O가 가진 미국 내 6개 항만 사업권에 눈독을 들였기 때문이다. 그러나 당연히 가질 수 있는 사업권을 결국 포기할 수밖에 없었다. 미국 의회의 안보 논란제기로 사업권을 매각해야 했던 것이다.

셋째, 이미 영업 중인 사업의 수익성이 크게 악화될 수 있다. 차라리 검토 단계에서 정부의 불허로 투자기회를 갖지 못했다면 사업위험도 없을 것이다. 그러나 투자완료 후 규제강화 등으로 사업환경이 변한다면 기업입장에서는 진퇴양난에 빠지게 된다. 경우에 따라서는 기업의 존립여부를 결정하는 치명적인 문제가 될 수도 있다. 특히 사회간접자본 구축 등 대규모 초기투자가 요구되는 분야에서는 위험성이 더욱 크다. 미국 에너지기업 AFP는 20세기 초반 중남미 각국의 우대정책에 힘입어 11개국에 걸쳐 사업망을 대규모로 확대한 바 있다. 그러나 설비 구축 후 각국 정부의 간섭으로 장기간 고전하다가 주요 자산을 남미 기업들에게 넘기면서 결국 시장에서 도태되었다.

5) 경제민족주의 대비책

문제는 경제민족주의적 행동에 대한 사후적 해결책이 별로 없다는 데 있다. 사후적 대응책이라 봐야 국제사법재판소, 국제분쟁조정기구 등에 제소하는 것이 거의 유일하다. 그러나 이 방법은 해결기간도 장기화되고 해결보장도 없어 효과적이지 않다. 예를 들어 1996년 시작된 아르헨티나와 세계적 수자원 관리 기업 베올리아(Veolia, 구 비방디) 간의 분쟁은 10년 이상 지난 현재에도 미해결 상태로 남아 있다.

따라서 국내기업들은 각국의 투자환경과 사업기회에 대한 검토를 엄밀히 진행할 필요가 있다. 구체적인 대응책들은 사업 선택, 사업구조 수립, 운영 전략, 파트너 활용, 비상계획 수립 등 5개 분야로 나누어 볼 수 있다.

(1) 경제민족주의 리스크가 작은 사업 선택

원론적으로 위험성과 사업성을 비교하여 사업을 잘 선택해야 할 것이다. 위험성이 크지만, 수익도 이에 못지 않게 크다면 경영진의 성향에 따라 투자를 단행할 경우도 많다. 그러나 단순히 위험의 확률 분포와 기대 수익만을 가지고 사업을 선정한다면 향후 곤란해질 공산이 크다. 가능성이 아무리 작더라도 경제민족주의의 파급효과는 기업의 존립을 위협할 정도로 크기 때문이다. 따라서 가급적 경제민족주의와 무관한 사업을 추진하는 것이 최상의 선택이다.

가령 외국 정부에 지나치게 의존하는 사업은 소위 One Customer Risk에 노출될 수 있다. 현지인들을 상대로 한 B2C 사업도 수익 송금/재투자에 대한 현지 논란과 문화적 갈등, 여론의 공격에 노출될 수 있다. 이런 면에서는 현지기업들을 상대로 하는 B2B 사업이 유리할 수 있다. 그 예로 과거 중남미 시장에서는 유료도로개발사업(B2C)보다 전력발전사업(B2B)이 더 안정적이었다. 이 사업은 관련 업종 중 B2C 사업인 전력공급 소매업과 달리 여론의 향방에 크게 좌우되지 않았다. 부수적으로 사업포트폴리오상 어느 한 부문 또는 특정지역에 대한 지나친 의존도를 방지하는 것도 위험 감소에 도움이 된다.

(2) 독창적인 사업모델 구축

사업의 안정성을 위한 창의적인 사업 모델을 도출, 적용해야 할 것이다. 인프라개발 등 정부 의존적인 사업이라도 사업모델을 잘 짜면 위험방지 효과가 클 수 있다. 특히 사업화 전례가 드문 경우에는 더욱 그러하다. 1900년대 초, 중남미 국가들의 교통망 구축사업에서는 요금 변경을 둘러 싼 미국 기업들과 중남미 정부들 간의 갈등을 수습할 사전장치가 별로 없었다. 그 결과 여론 악화, 정부의 개입 등으로 갈등은 커졌고 미국 기업들은 사업에서 퇴출되었다. 그러나 오늘날 민자 인프라 프로젝트는 일정 수준의 수익을 정부가 보장하도록 계약하여 위험을 최소화시키고 있다.

사업모델을 만들 때에는 먼저 재무구조를 정교하게 구성하는 것이 중요하다. 예를 들어 지분투자를 줄이고 채권을 인수하는 식으로 사업체를 설립한다면 정부의 지나친 간섭을 방지할 수 있을 것이다. 직접 주주로 참여하는 것보다 채권자로 참여하는 것이다. 부채규모가 커지면 정부는 그만큼 부채상환 부담을 우려하여 국유화 시도를 하지 않을 것이다. 또한 채권형태로 투자하면 사업철수라는 최악의 경우에도 투자금 회수의 가능성을 좀 더 높일 수 있다. 유사 시에는 채권자 권리가 주주 권리보다 더 유리하기 때문이다. 전환사채 등의 주식 관련 채권으로 투자한다면 주주가 될 수도 있어 선택권이 더 넓어진다.

각종 권리에 대한 계약을 분리해 놓는 것도 유용하다. 예를 들면 경영 관련 계약과 설비 소유권을 미리 분리하는 것이다. 이 경우 기업은 경영에만 책임지고 설비 등 자산은 정부가 소유하게 해서 향후 문제의 소지를 줄일 수도 있다.

경우에 따라 통상 패키지 딜(Package Deal)이라 불리는 사업방식도 적용해 봄직하다. 가령 종교적 영향력이 큰 이슬람권에서 지역 내 유력한 이익집단에 인프라 구축 등을 대가로 사업권을 획득하는 것이다. 이렇게 하면 중앙정부의 입김을 최소화할 수도 있을 것이다. 종합 플랜트 사업처럼 공정이 복잡한 사업의 경우, 자사만이 가동할 수 있는 설비를 도입하여 사업의 안정성을 확보할 수도 있다.

(3) 치밀한 운영전략 수립

기업 운영의 최우선 목표가 수익성 제고라는 점은 분명하다. 그러나 때로는 수익회수 방안과 자금부담 문제를 적정선에서 타협할 필요가 있다. 국민 정서상 단기에 고수익을 거두는 전략보다 장기에 걸쳐 수익을 나누어 회수하는 전략이 나을 수도 있다는 것이다. 예를 들어 해외 투자가들은 론스타 펀드의 외환은행 매각건을 과다한 수익회수와 조세 형평성 문제가 여론 악화로 이어진 사건으로 이해하는 경향이 있다. 이런 위험을 회피하기 위해 제조업에서도 Project Finance 기법을 응용해 볼 수 있을 것이다. 일정 기간 동안 수익 창출 후 사업 매각, 철수를 단행하여 현금 회수를 극대화하는 방안이 그것이다.

환경변화에 따른 각종 변경 사안도 가능하면 사전에 합의하는 것이 유리하다. 사회 인프라사업 등에서는 요금인상 문제가 물가상승, 국부유출 논란 등으로 이어진 경우가 많다. 또 요금 문제가 설비확장 투자와 직결되어 갈등을 낳을 수도 있다. 과거 중남미 국가들의 인프라 사업에 진출한 다국적기업들은 모두 이런 논란에 휩싸였던 바 있다. 교통망 개발, 에너지 등에 투자한 다국적기업들은 정부가 요금인상을 억제하자 적절한 추가투자를 망설였다. 당연히 서비스가 악화되고 여론은 불만으로 들끓었다. 그리고 다국적기업들은 결국 사업권을 박탈당했다. 일부 상하수도 기업들도 투자는 하지 않고 요금만 폭등시킨다는 혐의로 퇴출된 바 있다.

(4) 사업 파트너 활용

대상 국가의 국내 파트너나 유력한 글로벌 파트너와 동반 진출하는 것도 사업의 안정성 확보에 도움이 된다. 이를테면 대상 국가의 국영기업과 함께 투자하면 정치적 위험을 줄일 수도 있다. 최근 러시아의 산업 국유화를 빗댄 "정부와 함께 투자하라"란 러시아 증권시장 내 격언은 이런 의미로도 이해될 수 있다. 또한 해당 국가에 영향력이 큰 글로벌 파트너를 동반하는 것도 유력한 방안이 될 수 있다. 이들은 유사 시 국제적 압력을 행사하는 훌륭한 조정자 역할을 수행할 것이다.

또 지역 파트너를 대상 사업의 대리인으로 둘 수도 있다. 직접투자가 어려운 경우, 역내 기업을 통해 간접투자하는 것이다. 특수목적기업(SPC)을 설립하는 식으로 응용할 수도 있다. 물론 직접투자보다 효율성은 다소 떨어질 수 있다. 그러나 외견상 연관성을 줄이는 장점도 커서 그만큼 수익 확보의 안정성을 추구할 수 있을 것이다. 차선책이긴 하나 정부에 사업의 공기업화를 먼저 제안하는 방안도 있다.

(5) 비상계획과 분쟁해결장치 수립

유사 시 결정조치 등의 비상계획(Contingency Plan)을 미리 준비해야 한다. 비상계획은 자연재해에 대한 내용 외에도 각종 정변이나 민족, 지역 간 분쟁 등 사회적 소요 상황에 대비한 계획도 포함하여야 한다. 앙골라 등 아프리카나 구소련 연방의 중앙아시아 지역은 풍부한 자원의 보고로 알려져 있다. 그러나 이에 못지 않게 민족적, 종교적 문제로 심각한 분리 가능성도 안고 있다. 이 지역의 투자계획에는 언제 발생할지 모르는 국가 분리 상황에서의 사업권 확보, 재계약 문제 등에 대한 사전 시나리오가 있어야 할 것이다. 또한 보험가입, 국제기구나 각국 정부의 보증확보 등 여러 가지 분쟁해결장치들을 미리 준비해야 할 것이다.

이외에도 기업의 사회적 책임(CSR, Corporate Social Responsibility)활동 강화를 통한 우호적인 여론 형성이나 현지 정부와의 관계유지 등 다각적인 안전장치를 마련할 필요도 있다. 그러나 가장 중요한 것은 경제민족주의에 대한 경계를 늦추지 말아야 한다는 점이다. 최근 추세에서 보이듯이 경제민족주의는 이제 선, 후진국을 가리지 않고 나타난다. 따라서 국내 기업의 글로벌 사업에는 항상 경제민족주의의 위협이 도사리고 있음을 명심해야 한다.

4. 신민족주의의 확산

1990년대 소련사회주의권의 붕괴와 함께 혼란을 겪던 러시아는 2000년 푸틴의 등장과 함께 새로운 대 러시아 민족주의를 추구하고 있다. 1000년 이상의 전통을 가지고 있고, 국민 75% 정도가 신도인 러시아 정교와 결합해 강력한 러시아 건설을 내세웠다. 1978년 덩샤오핑(鄧小平)의 개혁·개방정책 이후 급속한 경제성장을 이룩한 중국은 2002년 후진타오(胡錦濤)의 등장과 함께 동북공정(東北工程) 등 패권적 민족주의 경향을 보이다, 2012년 시진핑(習近平)체제에서는 중화민족주의라는 좀 더 이론화되고 적극화된 공세적 민족주의 성향을 보이고 있다. 또한 1990년대 이후 소위 잃어버린 20년이라는 경제침체기를 겪은 일본은 2012년 아베의 등장과 함께 '보통국가 건설' 등 강경보수 민족주의적 정책을 앞세우고 있다.

이 같은 21세기 신민족주의 성향은 세계 곳곳에서 다양한 양상을 띠면서 분출되고 있다. 이는 중동지역 터키 에도르안의 투르크민족주의, 인도 모디 총리의 힌두민족주의의 득세를 통해서도 확인되고 있다. 최근에는 지난해의 브렉시트 사태를 통해 자유민주주의의 본고장 영국에서도 민족주의 성향이 성장하고 있음을 보여주었고, 급기야 미국에서 경제민족주의를 앞세운 트럼프 정부의 등장과 함께 21세기 신민족주의의 다양한 양상을 보여주고 있다.

21세기 신민족주의의 특징은 첫째, 경제적 국익의 증대를 앞세우는 경우가 많다. 경제민족주의를 앞세운 미국 트럼프 정부가 대표적이다. 미국의 국내 및 외교·

안보 정책을 이해할 때 핵심 키워드 또한 경제민족주의다. 트럼프의 수석전략가인 스티브 배넌 백악관 선임고문은 스스로를 경제민족주의자라고 칭한다. 또한 "다른 나라의 경제민족주의자들을 존중한다"(I have admired nationalist movements throughout the world)고 밝힌다. 배넌은 세계사적 흐름과 질서가 경제민족주의를 바탕으로 바뀌어갈 것이라는 인식을 갖고 있다.

둘째, 20세기 종족적 정체성에 기반한 패권적 민족주의 및 저항적 민족주의와는 구별된다. 대부분 근대국가의 틀과 연관된 문화적 정체성과 애국주의와 결합된 운동 또는 정책으로 표출된다. 물론 신민족주의 흐름 속에는 종족민족주의 · 인종주의 등의 부정적 요소가 섞여 있기도 하다.

반면, 세계사 전개과정에서 중국은 공산당 주도로 경제민족주의적 발전 국가의 길을 걸어왔다. 중국은 공산당 주도 아래 권위주의적이고 패권주의적인 민족주의 양상을 띠고 있다. 이는 반도체 · 철강 · 조선산업 등에 대한 정부 보조금의 대폭 지원, 구글 · 카카오 등 해외 첨단업체의 중국시장 진입 차단, 최근 한국의 안보 차원의 사드(THAAD, 고고도미사일방어)체계 배치와 관련한 각종 경제보복조치 등에서 확인된다. 이 같은 점을 고려하면 중국은 자유무역, 공정무역과는 거리가 먼 '경제민족주의적 패권주의' 국가라고 할 수 있다. 특히 2013년 시진핑 체제 등장 이후 군사적 차원의 공세로 확대되고 있다. 대표적으로 남중국해 인공섬 조성을 통해 태평양 지역 해양 헤게모니를 추구하는 것과 동북아시아에서 미국의 영향력을 약화하기 위한 반 접근 지역거부(Anti Access Area Denial) 전략으로 사드 한국 배치를 반대하고 있다. 이에 대해 트럼프는 "중국이 미국 무역적자의 주범이고, 북핵문제에 대해서도 거의 행동을 취하지 않고 있다"고 비판한다. 트럼프의 전략가 배넌은 향후 수년 내에 미국과 중국 간의 전쟁이 불가피하다고까지 말한 바 있다.

트럼프는 취임사에서 "세계 각국이 자국우선주의 정책을 취할 권리가 있다는 것을 이해한다"고 밝혔다. 이 발언은 실질적으로는 경제민족주의적 정책을 추진하면서도 표면적으로는 자유무역을 앞세우는 중국의 이중적 태도와는 대조적인 것이다. 트럼프가 미국은 자국우선주의 정책을 취할 것이며, 다른 나라도 자국우선주의 정책을 취할 권리가 있다는 점을 인정한 것은 합리적 상호관계를 정립하자는 견해라고 할 수 있다. 이 같은 트럼프의 태도를 '21세기 신(新)민족주의'라고 말할 수 있다.

이러한 미국 트럼프 정부의 경제민족주의와 중국 시진핑 정권의 중화민족주의 간의 충돌 가능성은 한반도 정세를 심각한 위기국면으로 몰아가고 있다. 현 단계에서 그 경쟁의 이념적 무기는 미국 트럼프 정부의 경제민족주의와 중국 시진핑 정권의 중화민족주의라고 할 수 있다.

제 12 장 주요국가의 상관습(1)

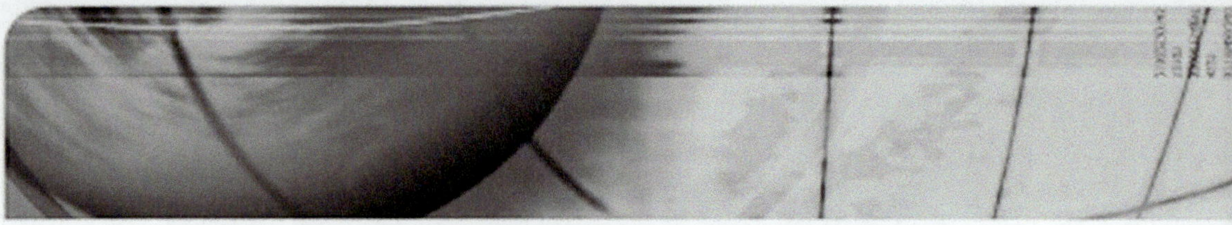

제 12 장 주요국가의 상관습(1)

국제무역을 성공적으로 실행하기 위해서는 일반적인 국제 상관습은 물론 국가별 상관습을 잘 알아야 한다. 현지의 상관습에 대한 이해 부족으로 의도치 않게 바이어에게 결례를 범하게 되고, 계약의 성사가 어려워질 수도 있다.

국가별 특정 상관습에 대한 지식을 습득하지 않고서는 효율적인 마케팅을 수립하기가 불가능할 정도다. 즉, 그 나라의 전통과 관습들을 미리 확인하고 맞추어서 실행한다면 한결 수월해진 비즈니스 성사가 이루어질 수 있다.

우리나라는 감사의 뜻으로 전하는 꽃으로 카네이션이 사용되지만 프랑스와 러시아 등 국가에서는 장례식에 주로 쓰인다. 대체적으로 동양에서는 흰색이 죽음을 뜻하고 서양에서는 검정색이 죽음을 뜻하지만 멕시코에서는 노란색, 브라질은 자주색이 죽음을 뜻하여 그 색깔에 있어서도 상징하는 바가 다르다.

중국에서는 뜻은 다르나 소리가 같은 해음현상에 따라 '우산(雨伞, yǔsǎn)'이라는 말이 이별(离散[lísàn])을 뜻하는 말과 발음이 같아 선물하지 않으며, '종' 또한 '끝내다', '죽음'을 상징하는 '終(종)'을 연상시키므로 괘종시계를 선물하지 않는다. 일본에서는 칼이 관계의 단절을 의미할 수 있기 때문에 이를 선물하지 않는다. '죽음'을 연상시키는 흰색종이로 선물을 포장하는 것도 삼가야 한다.

중동지역 국가의 경우 국가 의전행사 때 여성을 동반하는 경우가 드물며, 모스크(mosque)에서 예배를 보는 장소도 남성과 여성의 공간을 엄격히 구분하는 반면 서구문화에서는 여성에 대한 우대가 특별하다.

서양의 의전은 어떤 의미에서는 '여성 존중'(lady first)에서 유래된 측면도 있다. 이처럼 지역별, 나라별로 상이한 관행과 문화의 차이에 따른 상거래에 필요한 상관습을 이해해야 좋은 결과를 얻을 수 있다. 여기서는 일반적인 관행과 상관습을 중심으로 살펴보기로 한다.

1. 아시아

1) 중국

우리나라의 제1수출국 지위를 14년째 유지하며 상생하는 중국과의 비즈니스에서는 관계로 통칭되는 꽌시(关系), 즉 연줄을 찾는 것이 중요하다. 중국과의 무역, 사업투자, 공무의 수행 또는 시장정보의 수집뿐만 아니라 광활한 중국 땅에서 지방여행을 하는 경우에 중국인과의 꽌시를 잘 활용하면 기대 이상의 성과를 효율적으로 달성할 수 있다.

국내업체가 꽌시를 만들기 위해서는 중국 바이어와 지속적으로 관계를 다지는 등 양측 간의 신뢰감이 형성되어야 하는데 이때는 한국인 통역사를 활용하는 편이 유리하다. 중국인 통역사나 조선족 통역사는 우리말을 충분히 이해하지 못해 오역하는 경우가 발생하기 때문이다. 또 일부 중국 바이어는 계약을 체결해 놓고도 취소하는 경우가 있어 국내업체는 끝까지 마음을 놓지 말아야 한다.

또한 지역별로 다른 중국의 상관습도 알아두어야 한다. 수도인 베이징에선 남방 지역보다 소비에 보수적이고 상품에 대한 정보가 많아 고급제품만 골라 구입하는 경우가 많다. 상하이의 경우 소비자가 외관과 디자인을 중시하는 편이어서 의복, 액세서리, 개인용품에 대한 소비 비중이 상대적으로 높다. 구매패턴이 서구화되어 중국에서 가장 까다로운 시장으로 평가받는다. 광저우에선 식품, 음료, 오락에 대한 지출 비중이 의복 지출보다 높다. 상하이보다 국제화가 덜 되어 있어 소비자가 상하이에 비해 깐깐하게 따지지 않는다. 중국 기업은 경영 및 회계의 투명성이 낮으므로 초기 거래 시 KOTRA, 무역보험공사, 국내외 민간 신용평가기관 등을 통해 신용조사를 하는 것이 안전하다. 중국의 상거래 관행에 대하여 분야별로 살펴보도록 하자.

(1) 상담 관행

중국인들은 상담 시 먼저 상대방을 치켜세우거나, 거래의 장미빛 전망을 설명하여 상대방의 호감을 산후 상담을 진행한다. 따라서 외국인은 냉정한 태도 유지하에 철저한 사업 준비와 계획서를 갖고 거래에 임해야 한다.

아직 많은 기업인들이 시장원리보다 인간관계를 우선하는 관습이 농후한데, 최근 들어 중국 자체에도 상거래에 문제가 많이 발생하자 끼리끼리 모여 하나의 단체를 형성하여 단체 내 회원 간 거래는 신용중심으로 하고, 단체 외 거래는 철저한 경제원리에 의존하는 경향이 나타나고 있다.

중국의 업체들은 시황이 좋지 않을 경우 종종 신용장이나 계약서, 원산지 증명서의 잘못된 부분과 오타를 문제 삼아 계약내용을 변경한 다음에 가격요구조건이 수용될 경우 거래대금을 지불한다.

또한 중국인들은 거래만큼은 냉정하게 임하며, 이해득실의 계산에도 빠르며 친한 사람과도 손해 보는 장사는 하지 않으며, “내가 생각해 주는 만큼 상대방도 알아주겠지”하는 우리 식의 정서는 아주 친한 친구관계가 아닌 한 통하지 않아 담담한 마음으로 대상을 주의 깊게 살필 수 있는 자세가 기본적으로 요구된다.

(2) 상사분쟁 예방수칙 및 유의사항

우선적으로 최초 접촉단계부터 철저히 준비가 필요하다. 무역분쟁의 경우 대부분이 수출대금 회수불능에서 기인하는 것이므로 사전에 물품인수와 대금지불 간의 연계방법을 강구할 필요가 있다.

첫째, 계약서는 반드시 전문 표준계약서양식을 활용해야 할 것이다. 중국어와 영문 외에 한국어로 된 계약서도 같이 작성하여 계약 내용을 정확히 이해하고 수시로 점검할 필요가 있다. 계약서 작성단계부터 법률전문가(변호사)의 도움을 받는 것이 오히려 비용을 절감하는 방법일 것이다.

둘째, 상대방의 신용 및 인물 등에 대한 정보를 최대한 파악한 후 사업을 시작하여야 한다. 정보 확인방법은 중국의 전문신용평가기관, 한국대사관 및 각종 정부투자기관, 한국 및 중국의 동종업종 종사자, 같은 지역에서 오랫동안 사업을 한 경험자 등을 통하면 된다.

셋째, 통역을 사용할 경우에 충분한 의사전달이 되었는지 반드시 확인해야 한다. 통역이 중간에서 잘못 전달하여 분쟁이 발생하는 경우가 많으며, 통역을 하면서 사업내용을 잘 알게 된 것을 계기로 중간에서 사업을 가로채는 경우도 있다.

중국에서 장기적으로 사업을 하려면 어느 정도까지는 직접 중국말을 배워서 사용할 줄 알아야 한다.

넷째, 분쟁의 소지가 엿보일 때 전문가를 찾아가서 상담료를 지불하고서라도 먼저 상담을 하는 것이 현명하다.

다섯째, 한국 사람은 좋은 것이 좋다는 식으로 대충대충 주먹구구식으로 처리하려는 경향이 있으므로 철저한 모습을 보여주어 '함부로 무시해서는 안 될 사람'이라는 인상을 심어주어야 한다. 전체적인 안목에서 그냥 넘어갈 것은 넘어가되 따져야 할 것은 반드시 하나하나 꼼꼼히 계산하고 따져야 한다. 사전에 철저히 하는 것이 사후 분쟁의 소지를 없앨 수 있으며 상대방과의 장기적인 거래관계 유지에도 유리하다.

여섯째, 상대방에게 믿음을 주되 언제나 경계하는 마음을 잊어서는 안 된다. 특히 중국어로 언어소통이 되지 않는 경우에 중국측과의 접촉, 회사경영 등 모든 것을 조선족에게 맡기는 경우가 있는데 이 경우 나중에 배신을 당하여 후회하는 경우가 많다.

일곱째, 시간을 끌어 외국인을 지치게 한 다음 스스로 물러나게 하는 현상이 중국에서는 더욱 두드러지게 나타나는데 문제가 발생했을 때 절대로 초조하게 행동해서는 안 되며, 문제가 해결되지 않는 한 절대 물러서지 않는다는 인상을 주어야 한다.

여덟째, 내가 약점을 보이게 되면 상대는 나를 무시하는 마음이 생기기 쉬우며, 사기를 쳐도 별다른 마음의 부담을 느끼지 않게 된다. 특히 조선족과의 관계에서 사업상의 비밀사항이나 떳떳치 못한 사항 등이 알려짐으로써 해고를 당하게 되거나 상호 관계가 악화될 경우에 이를 이용하여 협박을 당하는 경우도 있으므로 주의가 요망된다.

(3) 결제방법 관련 유의사항

국제관례상 신용장거래는 수출입계약과 독립되어 은행의 신용을 담보로 이루어지는 서류상 거래라고 하지만 현재 중국의 상황으로 볼 때 많은 수입자들은 화물을 인출한 후 상품의 하자를 이유로 개설은행에 인수 거절할 것을 요구하고, 개설은행은 수입자의 요구에 따라 서류상 작은 흠집이라도 트집을 잡아 인수 거절하는 사례가 종종 발생하고 있다.

예를 들면, 신용장 특히 Usance L/C 개설 시 중국은행들은 수입자로부터 100%

예치금을 받지 않고 대개 30% 정도의 예치금을 받아놓고 있다가 신용장 만기에 수입자가 전액 갚지 않으면 L/C 대금을 미지급하는 경우가 많다.

L/C 거래는 반드시 은행을 통하여 선적서류가 전달되어야 함으로 수입자의 요청이 있더라도 B/L을 수입자에게 직접 선 송부해주는 것은 자제해야 할 것이며 또한 수출품목이 쿼터관리품목일 경우 수입자가 쿼터량을 확보하고 있는지 여부를 확인해야 할 것이다.

(4) 가격체계의 불일치

중국에서는 상품의 가격체계가 통일돼 있지 않다. 지역마다 유통구조가 다르다 보니 가격이 다 다르다. 하물며 국내와 해외가격은 차이가 많은 경우가 대부분이다. 중국의 지속적인 해외 소비가 갈수록 커지고 있는 원인을 가격요소 때문이라고 분석할 수 있다. 주류의 경우, 중국 국내외 평균 가격차가 64%, 최고 80%에 달했으며 시계는 33~83%의 가격차를 보였다. 패션, 가방, 화장품도 30% 가량의 가격차이가 났다. 해외만 나가면 펑펑 물건을 사들이는 바람에 해외에서는 중국인을 '걸어 다니는 지갑(行走的钱包 xíngzǒu de qiánbāo)'이라고 부른 지 오래다. 매년 소비자의 날에 제기됐던 중국 상업계의 사기 속임수를 줄이는 일이라고 소비자들은 보고 있다.

(5) 불신을 전제로 한 일상의 거래문화

중국에서는 상거래 등 모든 일상적인 경제활동이 불신을 전제로 이루어지고 있고, 또 중국인들도 이를 당연한 것으로 여기고 있다.

"시엔자오야진(先交押金, 먼저 보증금을 내세요)", 중국에서 흔하게 듣는 말 중의 하나다. 불신을 기초로 한 거래문화의 대표적인 것이 보증금(押金, yājīn)과 선납(预付, yùfù)제도다. 상대를 믿을 수 없기 때문에 미래에 발생될 수 있는 경제적 손해를 감안하여 보증금을 받거나, 미리 선납을 받은 후에 비로써 물품이나 서비스를 제공하는 것이 관행화되어 있다. 특히, 오랫동안에 걸쳐 뿌리 깊게 정착된 보증금 문화는 여기에 익숙하지 않은 우리들을 당혹스럽게 할 때가 많다. 이러한 보증금 제도는 중국에서 일상적 다반사로 이루어지고 있는 관계로 특히 병원이나 호텔 투숙시 보증금이 없다면 낭패를 볼 수 있다. 위조 신분증이 횡행하는 중국에서, 서비스나 물품을 제공하는 경영자로서는 상대가 어떤 사람인지 알 수가 없고, 또

억지를 부릴 경우 불필요한 분쟁을 피하기 위해 본인의 경제적 손해를 충분히 대신할 수 있는 수준의 보증금을 받아 놓는 것이 오래된 사회적 관행으로 굳어져 있다.

우리나라에는 찾아보기 드믄 선납관행 또한, 중국에서는 일상생활의 하나로 정착되어 있다. 핸드폰은 미리 요금을 충전해야 통화가 가능하고, 임차주택의 경우는 가구집기 파손에 대비한 보증금 외에도 3개월이든 6개월이든 월세를 미리 선납해야 선납분 기간만큼 살 수 있다. 전기・가스료의 경우, 대련에서는 후불제이지만, 중국에서는 북경을 비롯해 선납제로 운영되는 곳이 많다. 즉, 은행에 가서 전기사용량에 해당하는 요금을 선납하고 전기카드에 충전을 받아, 계량기에다 꼽아야 집에 전기가 들어온다. 전기사용량이 소진되면 자동적으로 전기가 단전되기 때문에 엄동설한에는 미리미리 얼마나 남아 있나 확인이 필요하다.

상대에 대한 불신을 전제로 하고 움직이는 경제활동은 물건을 사고파는 상거래에서 더욱 철저하게 적용된다. 중국에서 의류를 제조하여 내수판매를 하는 어느 한국인 사장은 여러 해 동안 원단을 구매하는 친숙한 단골 직물점 상인들도 현찰을 미리 주지 않으면 절대로 물건을 팔지 않는다며 혀를 내두른다.

(6) 현찰거래 상거래의 원칙

중국 내수판매의 리스크로 가장 자주 지적되는 것이 '판매대금 회수'다. 중국의 상거래문화에 익숙하지 못한 외국투자기업들이 대표적으로 곤란을 겪는 문제이다. 한국 기업인들 중에도 용감하게 내수에 뛰어 들었으나, 공장에서 출하된 제품을 여기저기 위탁판매를 했다가 판매대금을 못 받고 흑자 도산하는 경우가 비일비재하다. 신용거래 제도가 정착되지 않은 중국시장에서 현찰판매가 가능할 정도의 경쟁력을 지니고 있거나, 또는 충분한 안전장치를 마련하지 않은 채 밀어내기식 판매활동에 나서는 것은 길가는 사람에게 자선행위를 베푸는 것이나 다름없는 짓이다. 현찰판매를 하더라도 상대에게서 보증금을 받을 필요가 있는 곳이 중국이다.

중국에서도 치열한 경쟁을 전제로 하는 자본주의 시장경제가 성숙해 짐에 따라, 신용카드 사용도 확산되고 상거래 시 신용공여도 점차 늘어나고 있다.

(7) 중국인의 언어습관

중국에서 일상적으로 쓰는 말에 존칭어가 별로 없지만 '인사치레 말(客气话)'이 많다. 이는 체면을 중시하는 언어습관이므로 그대로 해석하면 안 된다. 중국인들은 공식석상에서 이런 말을 주고받는 것이 일상화되어 있다. 그러므로 조금은 무의미한 말일지라도 가능하면 상대방이 듣기 좋아할 수 있는 칭찬의 인사치레 말을 준비할 필요가 있다.

또한 한국어만큼 위아래가 분명하지는 않아도 품위 있는 중국어가 있다. 중국에서 어느 기관이나 회사를 방문하여 공식 접견을 할 때, 한국식 단어인 방문(访问)이라고 말하는 경우가 있는데, 이럴 경우에는 拜访(bàifǎng)이라고 해야 '찾아뵙는다'라는 예의 있는 말이 된다.

일반적으로 중국인은 고도의 표정관리가 가능하고 'NO'라는 의사표시를 잘 하지 않는다. '考虑(kǎolǜ, 고려하겠다)'는 말은 일반적으로 'NO'라는 표현인 경우가 많고, '好(좋다)'라고 답변할 때도 상대방의 표정과 상황을 잘 살펴야 'YES'인지 'NO'인지 알 수 있다.

중국 사람은 여유(慢慢的, 만만디)문화에 익숙하며 말할 때도 의사표현이 완곡한 편이어서 빙빙 돌려서 이야기하는 화법이 발달해 있다. 그러므로 중요한 협상에서 중국인을 상대로 성급하게 직설적으로 의사를 표현하는 것은 조심해야 한다. 한 예로 "미안하다"는 의미의 "对不起(duìbuqǐ)"란 말이 있는데 중국인들이 이 말을 하는 경우를 거의 없다. 대신 "내가 고의로 이렇게 하려고 하지 않았는데, 어쩌다 보니 이렇게 되어버렸다"는 뜻의 "不好意思(bùhǎoyìsi)"란 말을 한다. 또 중국인들은 "일보러 간다(办事去了, bànshì qù le)", "친구 만나러 간다(去见朋友了, qù jiàn péngyou le)" 와 같이 행선지와 만나는 사람이 누구인지를 말하지 않는다. 말속에 항상 일정 부분 여지를 둔다고 보는 것이 정확하다고 할 수 있다. 다들 잘 아는 "차뿌뚜오(差不多, 차이가 없는, 거의, 대략..)"와 "콰이(快, 빠른, 곧, 금방)"처럼 많은 의미가 있는 단어들이다.

이해관계가 대립되는 문제로 상대방과 대화할 때 한국 사람은 버럭 화부터 내는 경우가 많은데 이러한 태도는 매우 침착하고 냉정한 편인 중국 사람과의 협상에서 승산이 없다. 특히 언어가 이해되지 않으면 오해가 생길 수 있는데 이를 극복하기 위해 차분한 대화가 필요하다.

(8) 중국인과의 상거래 시 기타 유의사항

- 상대방에게 신뢰감을 주어야 한다(三思而后行, 貨比三家). 의심이 많은 중국인에게는 '내사람(自己人)'이 되어야 하기 때문이다. : 朋友 一 好朋友 一 老朋友, 三顧草廬(삼고초려)

- 꽌시(关系)를 이용할 것. 연줄만 찾으면 불가능은 없다. 한국 업체들은 고위직 관리나 퇴직자를 급여를 주고 고문으로 두고 있다. 꽌시도 중요하지만, 진실성이 없는 가식적 꽌시는 더욱 싫어한다는 것을 명심해야 할 것이다.
- 조바심은 금물이다. 의연하게 임해야 할 것이며 절대로 한 곳에만 매달리지 말아야 한다. 선택의 여지가 없는 것을 알면 상대방은 절대 양보하지 않는다.
- 자신이 중국어를 못하면 가급적 한국인 통역을 활용해야 한다. 한국인 통역은 중국어 실력이 조금 낮더라도 정확하게 전달하려고 하고 이쪽의 의사를 충분히 전달하려고 노력하기 때문이다.
- 끝까지 확신하지 말아야 한다. 계약까지 체결해 놓고도 취소되는 사례가 많다.
- 자신의 답변은 애매모호하게, 상대방의 답변은 정확하게 이해해야 한다. 중국말 자체에 애매모호한 단어가 많다. 예를 들면 '可以(가능하다, kěyǐ)', '应该没问题(당연히 문제없다, yīnggāi méiwèntí)'라고 표현하지 절대 '没问题(문제 없어요)'라고 하지 않는다는 것이다. 이런 말은 우리 측에서 많이 사용해야 한다.
- 말로 중국 사람을 이기려 들지 말아야 한다. 한국인은 감정이 격하면 주먹을 사용하는데 일반적으로 중국인은 손을 쓰는 경우를 지는 것으로 간주하고 있다.
- 분쟁해결은 약간 손해를 보더라도 협상이나 꽌시(关系, 관계)를 이용하는 것이 바람직하며, 소송은 외국인에게 불리하다는 것을 명심해야 한다.
- 시간도 있고 돈도 있고 포기해도 좋다고 생각이 될 경우에 재판을 청하는 것이 좋다.
- 술자리에서는 최대한 호탕한 모습을 보이고, 업무 이야기는 낮에 사무실에서 하는 것이 효과적이다. 술자리를 통해 진짜 친구를 만들 수가 있으나 술주정은 무례한 일로 간주됨을 명심하여야 한다.
- 깐베이(干杯) : 서로 술을 권할 때는 '깐베이'라고 말하며 건배제의를 한다.
- 담배는 인정을 느끼게 해주는 윤활유라고 생각하는 경우가 강하다. 일부 중국인은 담배를 돌려 피움으로써 공유감과 소속감을 느끼려고 한다는 점을 염두에 둘 필요가 있다. 최근 담배를 피우지 않는 사람들이 늘고 있는데 정보 입수도 중요하다.
- 적당한 선물 준비는 필수이다. 종류는 별로 상관이 없으나 금기 시 되는 선물이 있으므로 이는 피하는 것이 좋다. 우리 쪽에서 선물하는 것은 꽌시를 만드는 데 많은 도움이 되는 것이다. 좋은 선물은 1대1로 전달하도록 한다. 선물을 주고 나쁜 인상을 만들 필요는 없다.

- 선물은 상대방에 따라 여러 가지 형태가 있을 수 있으나 대체로 고급 손목시계, 넥타이 핀, 홍삼, 인삼, 한국 특산품 등이 무난하다.
- 거래선 방문 시 소형 계산기, 손목시계, 녹음기 등 가볍고 실용적인 선물이 좋다.
- 선물포장은 길하다는 것을 의미하는 붉은색이나 숭고함을 나타내는 황색을 사용하는 것이 좋다. 흰 봉투에 검은 글씨는 부의금에 사용됨으로 피해야 한다. (300위안 이하의 축의금은 금물, 축의금의 개념이 한국보다 훨씬 크다)
- 대부분의 중국인은 짝수를 좋아하며 그 가운데서도 특히 숫자 8(bā)을 선호한다. 이는 발음이 发字[發, fā)財: 재산이 발전하다. 즉, 돈을 많이 번다는 의미]와 비슷한 데서 비롯된 것이다.
- 중국인 부인을 칭찬하지 말아야 한다. 부인에 대한 허례성 인사는 자제하는 것이 좋다.
- 중국인과 식사할 때 음식은 반드시 짝수로 넉넉하게 시키는 것이 좋다.
- 대화주제로 가족과 관련된 얘기는 적합하지 않다. (예를 들면, 먼저 아버지가 무슨 일을 하시는지 물어본다거나 하는 등)
- 중국은 휴일에 일하는 것에 굉장히 민감하기에 휴일에 약속을 잡거나 미팅을 하는 등의 행위는 굉장히 예의에 어긋난 것이라는 점을 명심하자.
- 중국 비즈니스 파트너와 이야기하거나 계약을 할 때에는 제대로 중국어로 된 서류를 가져다주는 것이 좋다.
- 보통 한국 사람이 생각하는 중국인에 대한 이미지가 예의가 없고 시끄럽다는 인상이 강한데 사실은 그렇지 않다. 중국인은 문화적 특성상 낯선 사람은 경계하고 예의 없이 대하는 경우가 있다. 그러나 상대방이 나에게 위험한 사람이 아니라 서로 이익이 되는 파트너 혹은 친구라는 것을 인지하게 된 순간 매우 친절해진다.

2) 일본

2016년도 한국의 대일본 수출액은 243.5억 달러로, 홍콩(327.8억 달러)은 물론 베트남(326.3억 달러)에도 밀려났다. 이에 따라 일본은 2014년 한국의 3번째 수출국에서 2016년에는 6번째 수출국으로 떨어졌다. 하지만, 여전히 일본은 중요한 시장이다. 지리적으로 가까울뿐더러 시장 규모도 커서 기존 일본 바이어와 오랫동안 거래하는 국내 업체도 상당수 있다.

(1) 기본적인 이해

먼저 일본 바이어와 비즈니스 만남을 진행할 때는 시간을 반드시 지켜야 한다. 약속 시간보다 최소한 10분 전에 미리 도착하거나 업체 방문 시에도 5분 전에 도착하는 것이 기본이고 약속을 할 때는 사전 약속이 필수다.

명함에 일본어로 표기된 일본 바이어의 이름은 한국과 마찬가지로 성이 먼저 나오고 뒤에 이름이 나오지만, 영어로 표기될 때는 이름이 먼저 나오고 성이 나중에 오게 된다.

기계부품 업체를 운영하는 P사장은 일본 기계업체와의 거래를 목표로 일본을 처음 방문했다. 당시 일본 업체가 적극적이었고, 첫 대면도 부드러운 분위기에서 시작됐다. 그러나 P 사장이 일본 기계업체 기무라 가즈오 사장을 "가즈오 사장"이라고 불렀는데 그럴 때마다 옆에 있던 한 일본인이 이상하다는 듯한 표정을 지었다. 동석한 무역관 직원은 P사장이 기무라 사장의 성과 이름을 반대로 착각하고 있다는 것을 알고 P씨에게 호칭을 바로 잡도록 전하는 동시에 기무라 사장 및 동석한 일본인 관계자에게도 설명을 하고 양해를 구했다.

(2) 일본 비즈니스의 내면

한・일 간의 제반 사항을 표면적으로만 보면, 다방면에 있어 유사점이 많은 것처럼 보이나 실제로는 그렇지 않은 점도 있다. 특히, 상거래와 상담(商談)에 대해 그 내막을 깊숙이 고찰하면 상이한 점이 눈에 많이 띈다.

일본인에게는 마음에서 우러나오는 말인 '혼네(本音 : 속마음)'과, 마음에도 없으면서 겉치레로 하는 소리인 '다테마에(立前 : 겉치레)'가 있다는 것쯤은 보통의 한국인이라면 잘 알고 있는 사항이다. 그러나 이 점의 이해만으로 일본인과의 상거래나 상담(商談) 시의 관행을 간파하기는 힘들다.

한국인은 "저 사람은 사쿠라야!"라는 말을 자주 내뱉는다. 여기서 사쿠라는 변절, 내지 변절자의 이미지로 한국인에게 각인이 되어있다. 즉, 일본의 국화(國花)를 벚꽃으로 인식하여 일본인과 벚꽃을 등식화한 점과 또 하나는 일본인은 의사를 분명히 하지 않고 모호하며 태도를 잘 바꾼다는 점이다. 이 양자가 결합하여 한국인의 사쿠라에 대한 인식이 정착되었다고 짐작된다. 일본의 국화(國花)는 법으로 정해진 것은 없으며, 단지 황실가문의 상징이 국화(菊花)이다. 게다가 일본인이 태도를 잘 바꾼다는 점의 변절은 일본인의 의식 세계를 잘 모르기 때문에 나온 말이라 생각된다.

위의 예시를 통해 본 한국인은 흑(黑)이 아니면 백(白)을 명확히 하고, 중도론이 없는 양극 의식, 즉 흑백이론이 강하다는 것을 의미한다. 또 '흑백을 가리다'라는 말도 양극 의식을 뒷받침한다고 할 수 있다. 일본인도 한국인과 같은 흑백의 대립축을 형성하는 어구는 가지고 있다. '흑백을 가리다'와 동일한 의미인 '白黒つける(시로쿠로츠게루)'라는 어구에서도 찾아볼 수 있다.

그러나 실제로 일본인은 흑백의 어느 쪽에도 속하지 않는 회색(灰色) 존(Zone)을 더 강하게 가지고 있다. 이 회색 존은 흑백의 존보다 훨씬 더 넓은 영역을 차지한다. 덧붙이자면 전근대의 오행설에서는 회색의 개념이 없었고, 또 흑과 백은 상극이 아니라 상생의 색채였다.

(3) 일본 상거래 시 표현의 해석

일본인은 좀처럼 예스(Yes) 또는 노(No)라는 명확한 대답을 잘 하지 않는다. 일본인의 '하이(はい)'는 예스가 아니고, 듣고 있다는 정도의 의미로 생각하지 않으면 안 된다. 또한, 흑백의 어느 쪽으로도 해석할 수 있는 애매한 회색적인 대답을 하는 경우가 많다. 예를 들어 상담 시 '前向きに検討します(마에무키니 겐토시마스).'라는 말은 일본인의 대표적인 회색 존의 대답이라 하겠다. 한국어로 말하면 '적극적으로 검토하겠습니다.'라는 의미가 될 것이다. 이 대답에 대해 한국인은 긍정적인 것으로 생각하지만, 일본인은 긍정적이라기보다는 오히려 부정적인 대답으로 인식한다. 그리고 일본어에는 玉虫色の答弁(다마무시이로노 토벤)이라는 표현이 있다. 이 또한 예스와 노의 어느 쪽으로도 해석을 할 수 있는 회색 존의 대답이다.

일본인들은 거절할 일이 있을 때 "좀", "~지도 모른다", "생각해 보겠다", "~하고는 싶은데" 등의 애매모호한 표현 형식을 쓴다. 이러한 첨가 표현이나 중립적인 표현은 부정을 암시하며 화자의 거절 의사를 완곡한 표현으로 바꿔주는 것이다.

한국인은 이 예시에서 본 일본인의 대답에 대해 긍정으로 간주하는 경우가 많다. 한국인은 일본인의 대답이 부정이라는 것을 알게 되면 태도를 바꾸는 일본인, 즉 사쿠라라고 비난한다. 게다가 일본인은 일상생활에서 '~하고 싶다고 생각합니다.'라는 말을 많이 사용한다. 흑백 의식이 강하고 예스, 노를 확실히 하는 한국인에게는 격화소양(隔靴搔癢)[1]인 표현이다. 그런데 일본인의 이런 점을 알아야 그들

1) "신[화(靴)]을 신은 채 발바닥을 긁는다" 즉, 뜻한 바의 효과를 얻지 못하여 안타까움을 뜻하는 고사성어다.

의 의식을 제대로 파악하고 있다고 할 수 있으며, 상거래나 상담 시에 도움이 되지 않을까? 한국인의 가치관만을 가지고 일본인과의 상거래나 상담을 하면 실패할 확률이 높다고 하겠다.

그러나 무엇보다도 일본인과의 상거래나 상담 시, 회색에 가까운 반응으로부터 실질적인 대답을 듣기 위해서는 아래와 같은 점에 유의해야 한다.

첫째, 지킬 수 없는 약속을 해서는 안 된다. 예를 들면 상거래를 성립시킬 욕심이 앞서 맞추기 어려운 납기(納期)를 약속하는 것은 금물이다.

둘째, 푸짐한 접대로 거래를 성사시키려고 하면 성공하지 못하는 경우가 많다. 일본인은 아무리 훌륭한 대접을 받아도 상거래나 상담 시, 미흡한 점이 있으면 거래를 하지 않는다.

셋째, 일본에서는 비록 기업의 CEO라고 해도 상거래나 상담 시, 언제나 저자세(低姿勢)로 일관한다. 이에 따라 상대방도 겸손하고 낮은 자세로 임해야 한다. 특히, 통역을 동반할 경우, 통역자를 낮은 사람으로 취급하는 것은 상담의 마이너스 요인이 된다.

넷째, 항상 솔직하고 모순이 없는 언행으로 일관해야 한다. 시장의 잡상인처럼 갑자기 가격을 깎아 준다든지 하는 것은 신용을 떨어뜨린다.

다섯째, 철저하게 자료를 준비하고 정확한 설명을 해야 한다. 특히 상담 시 철저하게 자료를 준비해서 상대방이 납득할 수 있는 구체적인 설명을 곁들여야 한다.

위에서 언급해 온 것과 같이 속내를 잘 보이지 않고 회색 존을 가지고 있는 까다로운 일본인인 반면, 한 번 상거래에 합의하게 되면 특별한 사정과 이유가 없는 한 거래를 파기하는 일은 드물다. 지속적인 관계의 유지나 새로운 상거래와 상담 시 이와 같은 일본인의 의식을 알고 신뢰를 구축해 가면 일본시장은 물론이거니와 나아가 세계의 시장도 석권할 수 있을 것이다.

3) 인도

중국에 이어 세계 2번째로 인구가 많은 인도는 2015년 대만을 제치고 한국의 7번째 수출(127.8억 달러)국이 됐다. 국내업체가 인도 바이어들을 상대할 때는 실제 오더(Order) 및 대금결제까지 많은 시간과 비용이 필요해 느긋한 마음을 가져야 한다. 특히 정부 공무원과 업무를 하는 국내업체는 데드라인을 항상 여유 있게 잡아야 무리가 없다.

현재 인도의 종교인구 구성 분포는 힌두(약 83%), 이슬람(11%), 불교, 기독교(각 1% 내외) 외에 경제적으로 큰 영향력을 가지고 있는 시크교(약 600만), 자이나교 등 복잡한 종교적 구성을 가지고 있고, 각종 교도별 비즈니스 마인드 및 관행도 상이하므로 이에 대한 사전지식 확보가 비즈니스를 원활히 끌어 나가는 데 큰 도움을 주는 경우가 많다.

인도는 가부장적 사회이고 의사결정은 최고경영층에서 이루어진다. 인도에서 상거래 시 훌륭한 가문과 관계를 맺는 것은 아주 도움이 된다. 따라서 최고경영층과 접촉을 시도하고 중간경영층은 당신의 관심사와 제안을 상부에 전달하도록 가교로서 활용할 수 있다.

(1) 비즈니스 에티켓

인도 비즈니스맨이 가지고 있는 사업관행과 한국인이 가지고 있는 일반적 사업관행의 괴리에서 발생하는 문제에 특히 유의해야 한다. 인도 바이어들을 직접 상담한 후 바로 거래에 연결될 것 같은 느낌이 들어도 실제 오더 및 대금결제까지 많은 시간과 노력이 소요되므로 느긋한 마음으로 임해야 한다. 특히 정부 부처나 공기업과 거래 시 이러한 점을 필히 유념하고 접근해야 한다.

인도인들은 시간엄수를 높이 평가하지만 스스로는 잘 실천하지 않는다는 점을 유의하며 언제든지 약속이 바뀔 가능성이 있다는 것을 염두에 두고 스케줄을 유동성 있게 잡을 필요가 있다. 인도인들은 말이 많은 편이며 상대방도 자신과 대화를 많이 하길 바란다. 인도인들은 직접적으로 상대방의 제안을 거절하지 않기 때문에, 거절 의사를 파악하려면 신경을 많이 써야 한다. 서두르거나 조급해 하지 말아야 하며 인내심을 가지고 접근해야 한다.

특히 대외 비즈니스를 하는 인도인들의 경우 문화적, 인종적으로 자부심이 대단한 경우가 많으며 카스트제도 신분상 상류층에 속해 있는 경우가 많다. 제3세계 비동맹 맹주로서의 자부심도 크다. 따라서 카스트, 빈부격차 등 부정적 측면과 사이가 좋지 않은 파키스탄에 대한 언급은 하지 않는 것이 좋다. 인도인들은 종교를 매우 진지하게 받아들이고 있으므로 종교적 의식에 대해서 경멸이나 비난의 말을 절대로 하지 말아야 한다. 사회활동과 비즈니스 활동에 막대한 영향을 미치고 있기 때문이다.

성명에서 나타나는 카스트 내 신분, 나이, 대학 학위 그리고 직업 순위가 지위를 결정하는 요소로 박사, 석사 같은 학위와 직함이 명함에는 꼭 들어간다.

방문할 때 선물을 준비해 가지고 가는 일은 그리 흔하지는 않으나, 선물을 준비해도 무방하다. 선물은 도자기, 크리스탈, 향수, 위스키, 코냑 등 외제품을 선호한다. 가정 및 사업처 방문 시 선호되는 한국산 선물은 시계 등 소형 전자제품류다. (한국 전통식품의 경우 이들의 취향에 맞지 않는 경우가 많으나 인삼제품의 경우 중산층 이상의 사람은 한국산 인삼에 대한 국제적 지명도를 알고 있어 선물로 유망함)

천천히 머리를 한 번 흔드는 것은 "Yes"를 의미하고 빠르고 부정적인 몸짓은 "No"를 뜻한다. 인도인에게서 직접적으로 "No"라는 말을 듣기는 그리 흔치 않다. 예의상 상대방의 의사에 반하는 표현을 하지 않기 때문이다. "No problem"이라는 말은 "알아 들었다"라는 의미일 뿐, 앞으로의 상황에서 전혀 문제가 없음을 뜻하는 것은 아니다.

(2) 문화적 금기사항

인도에서는 손을 엉덩이 근처에 올린 채 서있는 것은(Arms akimbo) 화가 났다는 의사 표시이므로 피해야 할 행동이다. 인도사람들은 보통 턱으로 사람을 가리킨다. 손가락으로 사람을 짚는 것은 결례이다. 이 밖에 발은 청결하지 못한 것으로 인식되므로 절대 자신의 발이 다른 사람에게 닿지 않도록 주의하고 만약 닿았다면 사과하는 편이 좋다.

일반적으로 인도에서 왼손은 용변 등 지저분한 일을 처리하는 데 사용되므로 왼손으로 음식에 손대거나 가게 물건을 만져서는 안 되며 다른 사람에게 무언가를 건네 줄 때도 오른손을 사용하는 것이 바람직하다.

꽃다발(화환)을 주는 것은 존경보다는 환영의 표시이다. 꽃다발을 던져 버리거나 아이들 외의 다른 사람에게 주어서는 안 된다.

인도인의 전통 의상을 함부로 입어 본다든지, 신발이 상대방의 몸에 닿는 일은 피해야 한다. 카스트제도는 법률상으로 이미 폐지되었지만, 아직도 사회생활의 전반을 지배하고 있다.

(3) 비즈니스 관리

① 수입관행

인도인의 상술에서 유래되는 측면이지만 일부 예외를 제외하고 대인도 수출 마진율은 여타국에 비해 매우 적다는 것이 한국 및 서구 기업의 일반적 평이다.

대부분의 인도 바이어의 경우 장기적 거래를 통한 거래의 안정성 및 상호 단기적 이익 확대를 추구하는 경향이 강하다. 일시적으로 양호한 거래조건을 제시하는 신규 공급선이 있을 경우, 손쉽게 바꾸는 경향이 매우 강하여 우리나라 및 여타 서구의 기업이 인도에서의 사업이 여타국보다 어렵다고 하는 주요인의 하나로 지적되고 있다. 수출대금 미결제 사고 및 합작 파트너 간 상호분쟁 비율도 상대적으로 높은 것으로 평가되고 있다. 특히 D/A, D/P조건의 거래는 대금지체, 미지급으로 연결되는 확률이 매우 높은 점 필히 주의 요망되는 사항이다.

이에 따라 일반적으로 인도시장은 여타 시장여건이 나쁠 때 물량을 소화하는 시장으로서의 성격이 강한 것으로 평가된다. 이러한 시장요인 및 수송비 등의 요인으로 일부 특수한 요인을 가진 물품을 제외하고는 대인도 수출은 우리나라 물품의 경우 대중국 수출에 비해 채산성이 매우 떨어지는 것으로 알려져 있다.

또한 넓은 국토와 정보화의 미흡으로 최종 소비자의 직수입보다는 Dealer나 Agent를 통한 수입 비중이 여타국에 비해 매우 높은 특징을 가지고 있다.

② 거래 시 유의사항

결제조건에 특히 유의해야 한다. 결제방식으로는 신용장(L/C)이나 송금(T/T) 방식을 권하는데 인도 바이어들이 정상거래를 하다가도 외상거래로 전환되자마자 문제가 발생한 경우가 많기 때문이다. 첫 거래의 경우 예외 없이 At-Sight L/C가 필수적이다. L/C 조건으로 수년 간 협조적인 관계가 지속되다가도 D/A 등 결제조건의 변경 후 대금 송금 지연, 중단 등의 사례가 매우 많으므로 이 점에 특히 유의해야 한다. 인도 은행의 경우 대부분이 국영, 또는 주정부의 소유, 운영 은행이거나 최근 증가하고 있는(RBI-인도 중앙은행-의 사전심사, 허가절차를 득한 후 설립) 인도 민간은행, 또는 외국계은행으로 중남미 등에서 볼 수 있는 유령은행 형태는 없다.

인도에서는 합법적인 모든 거래를 위해서는 정부의 허가가 필수적이므로 필요한 서류를 반드시 구비하여야 하며 그렇지 않으면 허가가 지연된다. 상담 시 거래조건을 철저하고 면밀하게 검토해야 하며 원칙을 고수함으로써 전체적인 흐름을 유리하게 이끌어 나갈 필요가 있다. 인도인들은 상대방의 실수나 어려운 상황을 절대 이해하지 않으며 이를 오히려 그들의 좋은 기회로 활용하는 편이므로 주의할 필요가 많다고 하겠다.

계약에 관한 문화는 비교적 잘 발달되어 있으므로 계약서를 작성할 때에는 상당한 주의가 요망되며, 계약의 주요 내용이 아닌 사안에 대한 통보나 요청도 반드시 문서로 남겨 둘 필요가 있다.

인도에서는 공개입찰인 경우 대리인을 통하는 것이 관례화되어 있다. 또한 회계연도가 시작되는 3월 말경에는 신용장 개설이 거의 이루어지지 않는다는 점을 유의하여야 한다. 이들과 상거래를 이행할 경우 결제조건에 유의할 필요가 있다. 인도내의 시장개척을 위한 에이전트 선정도 특별한 경우를 제외하고는 인도 전국을 커버하는 독점권을 부여하는 문제는 신중히 고려해 보아야 한다. 재 전매 가능성이 있기 때문이다.

제품의 성능 등에 대해서도 그 기준을 명확히 해야 한다. 애매한 표현은 화를 자초하거나 제품 수령이 거절되는 빌미를 제공하게 되는 탓이다. 예를 들어 국내업체가 바이어에게 농산물 선별 기계의 성능을 두고 99% 선별력을 갖는다고 설명했는데, 나중에 바이어가 기계의 성능을 손으로 직접 확인해본 결과, 98%밖에 되지 않아 제값을 받지 못한 사례도 있었다. 계약상 위반 상황이 발생하면 한국 측이 절대적으로 불리하므로 만일의 경우를 대비해 중재국을 제3국으로 해두는 방편도 고려해 볼 만하다.

③ 시장조사 및 신용조사

해외시장조사와 거래선 신용조사를 사전에 충분히 하여 무역거래의 안전성 확보와 인도 시장의 상황을 정확히 파악하는 것이 바람직하다. 현재 인도에서는 대부분의 소비재 완제품을 수입제한 품목으로 분류하고 있으며, 수입 시 수입허가를 받도록 하는 등 엄격히 통제하고 있다.

인도시장에 효과적으로 진출하기 위해서는 직접적이고 공격적으로 해외 세일즈 활동을 전개하여야 한다. 이를 위해서는 지속적이고 유력한 전문전시회에 참가하여야 하고 코트라가 주관하는 시장개척단 및 해외 세일즈 활동 등을 통하여 시장 개척 및 진출을 확대하여야 한다.

인도시장에서는 유력한 에이전트 선정 및 관리를 강화하여야 한다.

인도에서는 시장 특성상 수입대행업체를 통한 수입이 성행할 뿐만 아니라 각 지역 경제권역 별, 산업별 에이전트가 유통에서 매우 중요한 역할을 수행하고 있다.

일본의 경우에는 독점 에이전트를 발굴하여 부품공급 및 관리 및 애프터서비스, 광고 및 교육훈련 등을 통해 4-5년에 걸쳐 유능한 에이전트로 육성하고 있고 주요지역 경제권역별 판매거점, 유통망 및 체계적인 A/S 망을 구축하고 있다. 따라서 우리나라도 에이전트를 육성하고 독자적으로 판매 거점망과 유통망 및 체재구축을 통하여 지속적인 시장관리가 필요하다.

④ 협상

협상 중에는 서두르거나 조급해 하지 말아야 하며 인내심을 가지고 꾸준히 접촉해야 한다. 따라서 다음과 같은 점에 유의하여야 한다.

첫 번째, 협상 시 제일 힘겨운 상대는 첫째가 일본인들이고, 두 번째가 인도인이라고 할 수 있고, 세 번째 어려운 상대는 프랑스인일 것이라고 한다.

인도인은 우선 영어를 우리보다 자유자재로 더 잘하지만 영국식 영어에다가 그들만의 특유한 악센트로 또 너무 빨리 말하고 말이 너무 많아 정확한 의도를 간파하기 어렵다. 자기 의사를 분명히 하지 않고 빙빙 돌려 얘기하며 핵심적인 사안에서는 빠져 나가 버리고 조금 전에 한말도 따지고 들면 부정하고 그런 뜻으로 얘기하지 않았다고 딱 잡아뗀다. 반면 남의 말꼬리를 잘 물고 늘어지는 버릇이 있어 불쾌하기도 하다.

두 번째, 일반적으로 협상할 때에 주고받는(give and take) 것이 원칙인데 오직 받는 것 밖에 모르고 자기의 이익만을 항상 계산하는 버릇이 있다. 속담에 세상에서 장사를 제일 잘 하는 사람이 유태인이라고 한다. 그 유태인도 아랍 상인보다는 못하고 아랍상인도 인도상인한테는 매번 당했다고 한다.

세 번째, 대부분의 접대는 호텔이나 전문 음식점에서 이루어지며 일반적으로 부인이 초대 된다. 어떤 음식은 오른손으로 먹는 경우가 많다. 독실한 힌두교도들은 쇠고기를 먹지 않으며, 이슬람교도들은 돼지고기, 햄, 베이컨 등을 먹지 않으며 술도 마시지 않는다. 많은 사람들이 육류, 생선, 달걀 등을 먹지 않는다. 그리고 음식을 먹기 전에 손을 꼭 씻고 식사를 끝낸 다음에 입을 헹구는 것이 이들의 일반적인 습관이다.

네 번째, 인도 비즈니스맨이 가지고 있는 사업관행과 한국인이 가지고 있는 일반적 사업관행의 괴리에서 발생하는 문제에 특히 유의해야 한다. 인도 바이어들은 직접상담을 하고 난 후 바로 성사가 될 것 같은 느낌이 들어도 실제주문이나 대금결제까지는 많은 시간과 노력이 소요된다. 그러므로 인도시장을 개척하기 위해서는 무엇보다도 마음의 여유를 가지고 느긋한 마음으로 임해야 하며, 그들이 국제사회에서 신용이 떨어지는 사람임을 계산에 넣고 상담에 임해야 실수가 없을 것이다.

4) 베트남

2015년도 일본을 제치고 처음으로 한국의 4번째 수출국이 된 베트남은 최근 제3국 진출을 위한 투자 대상지로 평가받고 있으며, 우리나라와는 2015년 12월 20일자로 한-베트남 FTA가 발효되어 국내업체들의 진출이 활발한 시장이다.

(1) 비즈니스 에티켓

① 인사 및 호칭

베트남의 인사말은 '신 짜오(Xin Chào!)'로서 만날 때나 헤어질 때, 아침/점심/저녁을 구분하지 않고 항상 사용할 수 있는 인사로 아직 베트남어에 익숙하지 않다면 '신 짜오'라고 인사하는 것이 가장 무난하며 올바른 선택이 될 것이다. 다만 베트남에는 존칭에 따른 경어법이 존재하는바 주의를 요한다. 사회적 지위, 연령에 따라 수십 가지의 존칭이 존재한다고 알려져 있으나 일반적으로 아인(Anh) : 사회적 지위나 연령이 높은 남자(오빠나 형), 찌(Chi) : 사회적 지위나 연령이 높은 여자(언니나 누나), 엠(Em) : 사회적 지위와 연령이 낮은 남자 또는 여자(남녀 구분없이 동생에게 사용), 또이(Toi, 나) 등 4-5개의 존칭이 주로 쓰인다. 존칭 때문에 불필요한 오해를 불러일으키고 싶지 않다면 Mr.000, Ms.000과 같이 상대방의 이름을 직접 불러주는 것도 한 방법이다.

② 복장매너

비즈니스맨들 사이에서는 양복이 보편화되어 있다고 할 수 있다. 기후가 연중 무더운 호찌민 등 남부지역에서는 일상적인 업무 시 넥타이와 재킷을 입지 않고 있는 경우가 많다. 그러나 공식적인 행사에는 가급적 넥타이와 재킷을 입는 것이 예의에 어긋나지 않는다.

다만 관공서의 고위직이나 부유층일지라도 옷차림이나 외모는 수수하다 못해 초라한 경우도 많으므로 절대로 외모로 보고 이들을 판단해서는 안 되고 진지하게 대화하고 상대방의 능력을 면밀히 파악하는 노력과 자세가 필요하다.

③ 방문매너

베트남에서는 더운 날씨로 인해 오전 업무보다 오후 업무에 소홀히 하는 경향이 있으므로 베트남 바이어와 현지에서 미팅 약속을 할 때 날씨를 고려해야 한다.

방문 일정은 가능한 한 오전 시간으로 하는 편이 좋으며 오후 방문의 경우 점심 및 낮잠 시간을 고려해 오후 2시 이후부터가 무난하다.

일반적인 베트남인들의 경우에는 시간약속을 지키지 않는 경우가 종종 있으나, 잠재적인 비즈니스 파트너라 할 수 있는 기업인, 고위 공무원들의 경우에는 시간약속을 잘 지키는 편이다. 베트남인들의 경우 NO라고 직접적으로 말하는 것이 예의에 어긋난다고 생각하는바 우선은 YES라 대답하는 경우가 굉장히 많으므로 중요한 사항은 가급적 문서화하는 것이 좋다.

④ 식사매너

베트남에서는 보통 손님에게 차나 음식을 대접하는 데 이를 거부하는 것은 무례한 행동으로 오해받을 수 있다.

베트남의 경우 이슬람교도는 거의 없는 편이므로 음식에 대한 특별한 규제는 없다. 대부분이 불교도이며 일부 천주교, 까오다이교(高臺教, Cao Đài, 프랑스 식민지배 당시에 생긴 전통 신앙)이다. 음식과 함께 맥주 등 술을 곁들어 즐겨 마시는 편인데 음주문화가 우리나라와 다소 다르기 때문에 주의를 요한다. 우리나라의 경우 상대방이 본인의 잔을 다 비운 다음에 술을 따라주는 것이 매너라고 생각하는데 베트남에서는 상대방이 술을 마실 때마다 술을 따라주어 항상 상대방의 잔을 꽉 찬 상태로 만들어 준다. 상대방에게 술을 권하고 같이 마심으로써 우의를 다지는 것은 우리나라와 비슷한 점이다.

⑤ 선물매너

비즈니스 진행 시 칼이나 가위 등 뾰족한 제품과 흑백 이미지 제품이나 4종 선물세트 등은 피해야 한다. 일부 기업에서는 스카프나 넥타이 등이 속박의 뜻을 담고 있다고 보기도 한다.

베트남인들의 경우 일반적으로 과시욕이 많아 소비성향이 매우 크다고 할 수 있다. 따라서 선물의 경우에도 가급적 비싸고 고급스러운 것을 주는 것이 좋다. 특히 외국 유명브랜드에 대한 선호도가 매우 높은바 비용에 구애받지 않을 수 있는 상황이라면 아주 고가의 선물을 하는 것도 비즈니스에 어느 정도 도움이 될 수 있다. 또한 한국 홍삼제품이 매우 인기가 있으므로 선물한다면 무난한 선택이 될 것이다.

⑥ 숫자에 대한 관념

베트남에서는 홀수의 숫자를 기피하는 숫자로 여긴다. 다만 9는 숫자 중에서 가장 좋은 숫자로, 10은 너무 좋아서 그 이상은 없고 다시 1로 돌아와 버리므로 좋지 않다는 의미가 있기 때문이며, 9는 아직 위가 남아있고 제일 만점에 가깝다는 단순한 이유이다. 3은 홀수 중에 제일 싫어하는 숫자로 3명이 사진을 찍는 일은 일반적으로 금기 시 한다. 3이라고 하는 숫자는 신성한 숫자로 장례식 때나 절 또는 사원에서 축제 때에 홀수의 공양을 하는데 이곳에서부터 전해 오는 것 같다. 또한 음력 3일이나 7일에 일상의 행사나 여행, 이사, 결혼 등은 기피하고 있다. 그렇지만 최근에는 젊은 사람들을 중심으로 조금씩 그러한 경향이 변화되고 있다. 짝수의 숫자는 일반적으로 좋은 숫자로 여기고 있다. 베트남에서 4는 좋은 숫자에 해당하고, 7은 좋아하는 숫자가 아니라고 한다.

(2) 비즈니스 관리

① 상거래 관행

베트남의 상인들은 상거래 행위에 있어서 조금은 독특한 관행을 가지고 있다. 일반적으로 단골이 되면 서비스도 더 잘 해 주고 대량으로 물건을 구입하면 얼마간의 할인을 해 주는 것이 일반적인 상거래이다. 하지만 베트남의 상인들 특히, 소매상인들은 단골에게 오히려 더 비싸게 값을 요구하며 대량으로 구매를 하면 오히려 물건 값을 더 요구하기도 한다. 물론 현재 베트남도 시장경제 논리에 따라 점차 바뀌어 가고 있는 상황이지만 관행이 완전히 바뀌려면 시간이 많이 걸리므로 현지에서 이러한 경우를 당하더라도 잘 이해하고 대처하여야 한다.

또한 베트남의 기업인들 상당수가 첫 번째 만남인데도 불구하고 베트남 시장에서의 제품의 특성, 가격, 경쟁력 등을 분석하기 보다는 일단 독점 에이전트를 받아 놓고 보자는 식의 독점권을 요구하는 경우가 많다. 이런 경우에는 베트남 예상 파트너의 판매 능력, 자금 능력 등을 충분히 밝힐 것을 요구하는 등 전후 사정을 잘 고려하여 때에 따라서는 단호한 입장을 보여야 한다.

② 계약문화와 절차

베트남 기업은 70~80%가 국영기업이기 때문에 의사결정에 상당한 기간이 소요되므로 느긋한 자세로 임하는 것이 필요하다. 이 밖에 시장변화에 따라 가격변동이 심한 품목은 바이어 측에서 일방적으로 계약을 취소하는 경우가 많으므로 시황에 민감한 품목을 다루는 국내 업체는 이에 대해 대비를 하면서 계약을 추진해야 한다.

한국 기업이 베트남과 거래 시 표현하는 애로사항은 계약문화와 절차이다. 계약서 및 관련 서류 구비가 중요하다는 점을 인식해야 한다. 베트남 바이어들은 소규모 수출입 거래도 계약서 작성에 매우 충실하며, 계약서 작성 외에도 관련 절차 또한 엄격하다. 따라서 베트남에 수출을 원하는 기업은 베트남 바이어가 원하는 계약서 작성은 물론 원활한 통관을 위해 수출 관련 서류 준비에 최선을 다해야 한다. 간혹, 베트남 바이어의 요구에 한국 기업의 안일한 대응으로 베트남에서의 통관상의 곤란함과 벌금을 지불하는 상황이 발생해 한국 업체와 거래를 재검토 등의 문제가 발생하기도 한다. 베트남 바이어들은 사소해 보일 수 있는 자신들의 계약문화와 절차에 익숙해지면 신뢰도가 축적되고 재거래 가능성을 키울 수 있다고 한다.

베트남의 신용조사는 직접 만나 관계를 쌓고 신용도를 파악하는 것이 필요하다. 특히, 수출 시 선불 및 과도한 샘플 요구, 베트남 시장에 대한 독점권을 요구하는 경우가 많이 있으므로 사전에 충분한 신용조사를 하거나 소액거래를 실시한 후 협상에 임하는 것이 좋다. 또한, 각종 상표의 불법 도용은 물론 최근에는 외국상표를 선 등록하여 외국기업의 진출을 방해하는 사례도 발생하는 만큼, 반드시 사전에 지식재산권에 대한 보호조치를 해두어야 한다.

외국인 투자가 금지되는 업종, 외국인 투자허가 지연, 또는 외국기업에 대한 이중가격제(조세, 전기료 등) 회피를 목적으로 현지인을 명목상의 사업주로 내세우게 되는 경우 거의 대부분 사업을 베트남인에게 빼앗기게 되며, 법적으로 이를 되찾을 방법도 없으므로 절대적으로 피해야 한다.

또한 베트남은 사회주의 국가이며, 복잡한 법 규정을 갖고 있으므로, 현지 법규를 철저히 이해하고 이를 준수해야만 어떤 문제 발생 시에 법의 보호를 받을 수 있다.

③ 기업문화 및 기타 유의사항

외국투자기업(합작의 경우)은 출자비율에 관계없이 사장과 제1부사장 중 1인은 반드시 베트남 측 인사로 선출해야하기 때문에 합작투자의 경우 경영권 마찰 가능성에 대비할 필요가 있다. 또한 외국투자기업의 이사회는 기업의 최고의사결정기관이며, 사장, 제1부사장의 임면, 정관의 수정과 같은 중요사항은 만장일치제를 채택하고 있어 실질적으로 베트남측은 중요사항에 대한 거부권을 행사할 수 있고 외국인 투자가는 경영권의 심각한 제약을 받을 수 있음을 유념해야 한다.

베트남은 구두계약은 물론 심지어 문서화된 계약도 파기하는 경우가 있으므로 상거래 시 모든 계약 및 약속은 필히 문서화해야 하며 중요한 계약서는 가급적 공증을 세우는 것이 바람직하다 할 수 있다.

또한 베트남인들은 자존심이 무척 강하고 명예를 소중히 하므로 이를 손상하지 않도록 해야 한다. 특히 아래 주요 사례는 유념해야 할 것이다.

· 머리를 손으로 만지는 것도 구타에 속함
· 근로자에 대한 심한 욕설은 피할 것
· 동료들이 보는 앞에서 잘못을 야단치는 것은 자제
· 통역을 통해 주의를 줄 경우도 세심한 배려를 할 것(남자 직원을 주의줄 때 여자 통역을 쓰는 것은 피할 것)
· 대화 시에는 허리에 손을 얹거나 팔짱을 낀다거나 지나치게 손가락질을 하는 것도 자제해야 한다.

2. 유럽

1) 영국

영국은 특히 다른 유럽국가와 달리 제조업체가 거의 없고 수입에 의존하는 경우가 많다. 영국 바이어는 업체와 상담할 때 가격, 품질(인증획득유무), 배송기간 등의 객관적인 지표에 집중한다. 일반적으로 CE마크 획득 여부를 가장 많이 문의하며 일부 제품은 영국표준협회(BSI)의 KITE 마크를 요구하는 경우도 있다. 영국 바이어와 초기 접촉시 가장 중요한 점은 영국인이 이해할 수 있는 올바른 언어로 작성된 자료를 준비해야 한다는 점이다.

불필요한 접대문화는 지양해야 한다. 대부분의 영국기업들은 거래 시 접대를 받지 않으며 선물을 주거나 식사, 유흥을 제공하는 것은 뇌물로 간주한다. 또 이런 상황을 내부 보고해야 한다는 자체규정이 있어 블랙리스트에 올라 후에 연락이 끊기는 사례도 있다. 이 밖에 영국 바이어는 기존 공급업체 제품의 가격, 품질, 운송 및 A/S 지원 여부까지 세밀히 검토한 후 거래처를 정하기 때문에 철저한 준비가 필요하다.

낯선 사람과의 대화에 있어서 영국 사람들은 일반적으로 더 내성적이며, 미국인들보다는 외부인들을 따뜻하게 맞이하고, 그들과 편해지는데 시간이 더 걸리는 경향이 있다. 영국인들은 냉정하게 보일 수 있지만, 잘못되었거나 비우호적이라고 받아들여서는 안 된다.

(1) 비즈니스 에티켓

① 복장매너

영국에서는, 고전적이고 보수적인 복장이 남성과 여성 모두에게 표준이며 검정, 감청색, 차콜 그레이와 같은 어두운 색의 옷을 많이 입으며, 전통적인 세로의 가는 줄무늬도 자주 착용한다. 요즘은 금요일에만 스마트 캐주얼(Smart Casual)을 허락하는 회사들이 늘고 있으나 비즈니스 복장은 상하가 제천으로 만들어진 감청색, 회색의 슈트차림이 바람직하다. 일반적으로 고급 호텔이나 음식점에서 식사할 경우에도 재킷과 넥타이, 구두(운동화 금지)를 착용해야 하는 경우가 있으므로 예약을 한 후 dress code에 대해 기본적으로 문의를 하는 것이 좋다.

영국 사람은 넥타이를 중요시 한다. 소속 단체를 상징하는 넥타이나 보수적인 스타일, 출신학교, 클럽 등을 나타내는 점잖은 넥타이를 많이 맨다. 넥타이의 의미를 꼬치꼬치 물어보는 것은 실례다. 여성들의 복장은 패션보다 품위와 격식을 중요시하여 거의 보수적인 정장차림이다. 지위가 높을수록 남성의 정장과 비슷해진다. 공식만찬 등 중요행사에는 ‘블랙 타이’, 정장차림 등이 지정되어 오는데 대여해주는 곳이 있으므로 초대장의 드레스 코드에 맞추어 준비를 하면 된다.

② 인사매너

영국인들은 제3자를 통해서 소개받는 것을 좋아하나 만약 그것이 불가피한 경우 스스로 소개를 하는 것이 좋다. 보통 남성끼리는 자연스레 악수하며 상대여성과는 주로 유럽식 인사(뺨을 대는 인사)나 가벼운 악수를 건넨다.

무슬림, 유대인 등 종교적, 민족적으로 다양한 영국사회의 특성상 특정문화에서는 이성 간 신체접촉이 불가하므로 비즈니스 석상에서도 악수 등을 청하기 전에 상대방에게 괜찮은지 먼저 물어보는 것이 예의다. 인사를 할 때에는 날씨와 같은 흔한 주제에 대해 간단한 코멘트로 짧은 담소를 나누는 것이 일반적이며, 사생활이나 인적사항에 대한 개인적인 질문은 피하는 게 바람직하다.

영국에서는 등을 두드리거나 껴안는 동작과 같은 신체적 감정표현은 바람직하지 않으므로 대화를 나눌 때도 상대방과 일정한 거리를 두도록 한다. 일상대화에서 영국인들의 독특한 전통과 관습, 영국의 왕가 등 영국인의 신념을 건드리는 대화는 삼가도록 한다.

③ 호칭

영국에서는 신분에 따른 호칭을 제대로 부르는 것이 매우 중요하다. 전문직이나 교직의 직함을 부르는 경우는 드물다. 예외적으로 박사, 의사, 성직자는 그렇지 않다. 그러나 권력기구 내에서는 직함이 여전히 중요하다. 예를 들어 기사칭호를 가진 사람을 만난다면, 이름 앞에 Sir.를 붙여야 한다.

영국인들 사이에서는 주로 이름을 부르지만, 처음부터 이름을 부르면 큰 실례이므로, 상대방이 이름을 부르자는 제안을 해올 때까지 기다리도록 한다. 여왕, 주교, 장군 등과 같은 신분에 따른 호칭이 있는 경우나 공식 행사의 경우(예: Mr. Chairman, The Commander-in-chief, The Prime Minister)를 제외하고는 대부분 명함에 나와 있는 이름을 부르도록 한다.

명함의 이름을 부를 때 영어 이름이 '이름', '성' 순으로 된 점을 주의하고, 일반적으로 남성의 경우는 Mr. 여성의 경우는 결혼 관계가 확실치 않을시 Ms.를 성을 붙여 사용한다. 작위를 받은 남성의 경우 'Sir', 부인은 'Lady'라는 호칭을 쓰며 작위를 받은 여성의 경우 Dame을 붙인다. 그 외 Dr, Professor 등의 타이틀이 있다면 그대로 칭하는 것이 예의다.

④ 약속

약속시간은 반드시 지켜야 한다. 사교를 위한 약속일 경우 영국인들은 약속시간 엄수보다는 시간보다 조금 늦게 만나는 것에 습관화되어 있다. 이러한 관행은 사업영역에까지 확장되어 일반적으로 출근, 회의, 점심에 10분 정도 늦는다. 최근 개혁추세에 따라 효율과 정확성, 품질운동을 벌이면서 시간약속도 정확히 지키려는 기업이 늘어나고 있다.

대부분의 회사들이 주 5일제 근무를 하며, 근무시간은 오전 9시부터 5시, 점심시간은 오후 12시에서 2시 사이이다. 약속은 보통 오전 11시에서 오후 4시내에 하는 것이 좋으며 약속을 하지 않고 직접 회사를 방문하는 것은 큰 결례이다.

또한 부활절(3월 말~4월 중순), 여름 휴가기간(7~8월)과 크리스마스와 새해(12월 중순~1월 첫째 주)에는 약속을 피하는 것이 좋다.

⑤ 선물매너

대부분 영국인들은 사업상 파트너나 동료들과는 선물을 주고받지 않으나, 계약을 체결한 후 이를 기념하기 위해 선물을 하는 경우는 있다. 이 경우에는 기념문구를 새긴 금, 은, 자기, 펜, 책, 와인 또는 샴페인 등의 품목부터 식사대접 및 공연티켓 등도 좋은 선물이 된다.

크리스마스, 연말연시의 경우 카드를 보내는 것이 좋으며, 만약 영국업체로부터 먼저 선물을 받았을 경우는 선물에 대한 감사카드를 보내는 것이 좋고 상황에 따라 업체가 부담스러워 하지 않을 선에서 저녁을 초대하거나 답례하도록 한다.

선물을 주는 것은 통상적인 일은 아니지만 식사초대나 같이 극장에 가는 것은 좋아한다. 꽃을 선물할 때에는 되도록이면 빨간 장미, 하얀 백합 또는 국화는 피하도록 한다.

영국인 가정에 머물 경우라면 한국에서 기념품을 미리 준비해 가는 것이 좋다. 미처 선물을 준비하지 못했다면 영국인 가정에 필요하거나 어울릴 만한 선물을 추후 우편으로 보내 주는 것도 좋은 방법이다. 또한 귀국한 후 영국인 가정에 감사 편지를 보내는 것도 예의이다. 영국인의 특성상 비싼 선물이 아니더라도 작은 선물에도 감동을 하는 경우가 많기 때문에 이처럼 사소한 것에 신경을 씀으로써 영국인들로부터 긍정적인 이미지를 얻어낼 수 있다.

⑥ 식사매너

비즈니스 접대는 대부분 레스토랑이나 바에서 이루어지며 서로 잘 알게 될 때까지 사업 파트너를 집으로 초대해서는 안 된다. 접대는 점심에 주로 하며 비즈니스 협상은 식사 후 사무실에서 이루어진다. 대부분의 영국기업들은 거래 시 접대를 받지 않으며 선물을 주거나 식사, 유흥을 제공하는 것은 뇌물로 간주하므로 불필요한 접대문화는 지양해야 한다. 또 이런 상황을 내부 보고해야 한다는 자체 규정이 있어 블랙리스트에 올라 후에 연락이 끊기는 사례도 있다.

식사 중 유의해야 할 점은, 나이프는 오른손에 포크는 왼손으로 사용하고, 씹는 소리를 요란하게 낸다거나, 스프나 커피와 같이 뜨거운 것을 소리 내어 먹거나 상대방 앞에서 트림을 하는 것은 피해야 한다. 한 가지 재미있는 점은 손수건으로 시끄럽게 코를 푼다거나 큰소리로 웃는 일들에 대해서는 비교적 관대하게 이해한다는 사실이다.

저녁식사 때 이야기 소재는 일상적인 것, 스포츠, 문화 등에 관한 것이 무난하다. 가능하면 종교, 정치, 왕실에 대한 비판이나 사업에 관한 얘기는 않는 것이 좋다.

대부분의 외식은 레스토랑, 팝(Pub), 카페 등에서 이루어진다. 팝에 갈 경우 보통의 경우 맥주 1파인트, 원할 경우 하프(1/2) 파인트를 주문한다. 보통 순차적으로 번갈아 가며 한 사람씩 돈을 지불한다. 한국과는 달리 선 채로 이야기하면서 마시는 것이 보통이며 푸짐한 안주보다는 가볍게 땅콩이나 감자칩(칩스 혹은 크리스프스)을 선호한다.

⑦ 유머감각

영국 비지니스맨은 유머감각이 있다. 영국인들은 감정이 없는 위트와 재치를 좋아한다. 비즈니스 상담에서 유머는 중요한 역할을 하며, 다양한 조크와 일화는 도움이 되므로 상담에서 이런 능력을 최대한 활용해야 한다. 상담 시 어색한 분위기는 유머로 깬다. 영국 비지니스맨의 유머를 받아줄 수 있으면 호감을 얻을 수 있다. 현대의 정주영 회장이 울산조선소 건설 시 영국에 돈 빌리러 갔다가 유머덕을 본 적도 있다. 영국측에서는 돈 빌리러 온 정회장이 조선공학 박사쯤이나 되는 줄 알고 학벌과 경력을 물었다. 정회장은 학벌은 국졸이다, 하지만 한국은 400년 전에 철갑선을 만든 나라라고 응수했다. 500원짜리 거북선 담배 포장에 그려진 거북선을 보여주면서 구사한 그의 유머가 차관도입을 성공으로 이끌었음은 물론이다.

⑧ 영국인의 성격

영국 비즈니스맨은 재촉 받는 것을 싫어함으로 처음 만남에서 결론을 얻기는 쉽지 않다. 상담결과에 대해서도 명쾌한 확답 대신 좋은 아이디어, 재미있는 계획이라고 간접적인 표현을 쓴다. 처음 만나면 격식을 차리지만 몇 번 만나면 바로 셔츠소매를 걷어붙이고 이름도 막 불러댄다. 북쪽 사람과 남쪽 사람이 다르기 때문에 켈트계 북쪽 비즈니스맨에게는 성실과 정직을 강조하고, 남쪽 잉글랜드계에는 교양과 교육, 문화적인 면을 강조해야 한다. 영국 경영자들은 프랑스만큼 권위주의적이지 않고 팀워크와 페어플레이를 중시한다. 특별히 어떤 부하 직원에게 애정을 보이는 일은 드물고 공정한 코치 역할에 충실한 편이다.

격식을 따지는 나라지만 일면 느슨한 점도 많다. 유럽 사람이면서 미국식을 지향하는 측면이 강하기 때문이다. 라틴계 유럽사람 만큼은 아니라도 가족을 중요시한다. 화제는 자녀, 가족, 휴가 이야기가 무난하다.

(2) 비즈니스 관리

① 협상문화

영국은 협상문화가 발달되어 있다. 오랫동안 식민지 국가들을 다스리면서 협상을 해 온 경험이 있다. 미국, 인도, 아시아, 아프리카와 대화를 통해 문제를 푸는 법을 아는 나라로 협상 시에는 인내심을 발휘해야 한다. 영국 비즈니스맨은 유머로 반대의사를 표시하는 경우도 많다. 독일 사람처럼 바로 본론으로 들어가지도 않고 미국사람처럼 단번에 결론을 내리지도 않는다. 영국업체들의 결재관행은 독일보다 느슨하고 날짜와 조건을 독일보다는 덜 지킨다. 비용이 들더라도 중요한 프로젝트는 변호사를 이용하는 것이 바람직하다. 기록을 남겨놓지 않으면 처음의 흥미와 조건이 느슨해질 수 있다. 상담 시 본론으로 들어가기 전에 숫자나 사실, 단정적인 것은 피하고 날씨나 다른 이야기로 분위기를 푼다.

이 밖에 영국 바이어는 기존 공급업체 제품의 가격, 품질, 운송 및 A/S 지원 여부까지 세밀히 검토한 후 거래처를 정하기 때문에 철저한 준비가 필요하다.

② 코치 같은 경영자

영국의 경영자는 권위보다는 합의를 지향한다. 여러 사람의 지지와 공감이 없는 일은 쉽게 시도하지 않는다. 징집제도가 없는 영국이기 때문에 군대식 리더십에는 덜 익숙하다. 구매업무 하나만 해도 적어도 세 사람의 동의를 거쳐야 한다. 전통과 직장에 대한 충성을 중시하는 영국의 기업문화지만 최근 젊은 세대들 간에는 충성의 기준이 달라지고 있다. 자기가 좋아하는 일, 재밌는 일, 환경이 맘에 드는 기업에 충성을 하는 경향이다. 영국경영자는 유머와 재치, 유연성을 가진 금융과 서비스 중심 경영이다. 학연이 사업관계에 큰 요소로 작용하고 사업을 위해서는 사람을 많이 사귀어야 한다. 경영자클럽, 사교클럽 등에 가입해 인맥형성에 노력해야 한다. 경영자의 보수는 성과급이 일반화되어 있다. 고정급 외에 보너스, 주식, 종업원지주제 등 성과급이 발달되어 있다. 큰 기업이나 금융회사는 의료보험, 연금보험, 자동차를 지원해준다.

영국기업에서 인기 있는 경영자는 권위보다는 회의를 잘 리드하고 부하직원들과 좋은 관계를 유지하는 사람이다. 격려, 지원, 후속관리를 하는 것이 상사의 역할이다. 기업내 승진은 업무성과가 최우선 사항이다. 지연, 학연 등 인연은 참고사항은 될 수 있지만 중요한 역할은 못한다. 그 자리와 인물이 일치해야 한다.

③ 다수의견 존중

회의는 중요한 기능을 하고 또 자주 한다. 일단 시작한 회의는 결과 없이 끝나지는 않는다. 하다못해 차기 회의 날짜라도 정한다. 회의 중 전화를 받거나 자리를 뜨는 일은 없으며, 참석자들 간의 불화는 피하려고 노력하며 합의가 중요하다.

어떤 사안을 관철하기 위해 사전에 개인 로비를 하는 경우는 드물다. 영국 사람들은 다수의 분위기에 반하는 주장은 않기 때문에 모든 사람이 참석한 회의에 가보기 전에는 자기의견을 정하기 어렵다. 로비가 잘 안 통하는 이유기 여기에 있다.

2) 독일

유럽경제의 중심지인 독일은 자동차, 건설장비, 산업용 설비 등에 중견기업뿐 아니라 특수한 제품만을 생산하는 중소업체가 상당수 있다. 한국의 부품 등 산업재 제조사에게는 진출의 기회가 많은 시장이다.

(1) 비즈니스 에티켓

① 호칭

집에는 여간해서 초대를 잘 안하지만 초대를 했다면 그것은 큰 신뢰와 우정을 갖고 있다는 표시이다. 박사학위 등 직함이 있으면 함께 불러주는 것이 좋다. 당신(Sie), 너(Du)의 호칭 중 여간 가까워지기 전에는 당신 칭호와 예의를 갖추어야 한다. 스페인, 중남미, 아랍 등에서 바로 너, 친구, 형제 등으로 호칭이 바뀌는 것과는 다른 모습이다.

② 인사매너

도착이나 출발을 할 때는 일반적으로 악수를 한다. 얼굴을 맞대고 눈을 보며 말하는 것이 신뢰감을 주며 아주 친한 사이가 아니면 결혼여부, 나이와 같은 개인적 사항은 묻지 않는 것이 좋다.

③ 선물매너

선물을 주는 것은 독일 비즈니스에 있어서 중요한 부분이 아니다. 비싼 선물은 되도록 하지 않는 게 좋다. 이는 뇌물로 비춰져 독일 비즈니스 문화에서는 모욕이 된다. 집에 초대를 받은 경우 꽃 선물은 홀수로 하되 13은 피하고 포장은 하지 않아야 하며, 백합은 장례식용이므로 하지 않는 것이 좋다.

뇌물관행은 없으므로 한국식 촌지, 한국식 청탁은 시도하지 말아야 한다.

④ 시간과 약속

독일에서 약속시간 준수는 필수다. 독일 비즈니스 문화에서 약속시간에 2~3분 늦게 도착하는 것도 결례이다. 금요일 2시나 3시에 업무를 종료하는 회사도 많으므로 금요일 오후에는 약속을 잡지 않아야 한다. 불가피한 상황이 발생하면 반드시 중간에 전화를 해야 한다. 법, 질서, 기준 준수는 필수다.

⑤ 제스처

한국과 독일의 문화와 관습은 차이가 있어 생각지도 못한 곳에서 오해의 상황이 발생할 수 있다. 손짓으로 오라는 표시를 한국식으로 하게 되면 독일에서는 가라는 의미로 받아들인다. 독일에서는 이쪽으로 오라는 표현은 한국과는 반대로 손바닥을 위로해서 손짓하기 때문에 이런 제스처에 불쾌하게 받아들일 필요가 없다. 또 한국인들이 흔히 혼자 골똘히 생각할 때 검지를 관자놀이 부분에 대는데 독일에서는 '생각 좀 하라'라는 뜻으로 받아들이므로 주의해야 한다.

(2) 비즈니스 관리

① 상담매너

독일인은 허세나 과장을 싫어하고 상담 시에도 거래에 있어서 상품에 대한 자세한 정보를 알기를 원한다. 회의 도중 다른 사람의 말을 자르지 않도록 유의하며 각각 자신의 의견을 말할 수 있도록 해야 한다. 독일인의 경우 사업상 신의를 중요하게 여기며 비즈니스파트너가 곤경에 처하더라도 계약기간 동안 다른 파트너와 계약하는 일은 없다.

영국 사람들이 상담 중 유머를 하는 반면 독일 사람들은 상담 시작부터 본론으로 들어간다. 상담이 다 끝나고 맥주 한 잔 할 때는 유머와 가벼운 이야기를 하지만 독일 사람들의 이야기는 별로 웃긴 이야기가 없다. 인생, 철학, 정치, 경제, 환경 등 딱딱한 주제가 이야기의 주요 내용이기 때문이다. 시종 진지한 대화 자세를 유지한다.

② 협상매너

독일 사람들은 미리 준비하여 가급적 상담시간 내에 결론을 내려고 하므로 사전에 의견조율과 업무분장을 철저히 한다. 자기 담당분야만 얘기하고 앉는 순서에도 질서가 있다.

철저한 검토와 합의제 결정관습에 따른 독일비즈니스는 속도가 느리다. 그러나 한 번 내려진 결정은 여간해서는 바뀌지 않는다.

이 밖에 독일 회사에서는 각 담당자의 업무와 책임 및 권한이 명확히 구분되어 있어 제품에 대한 평가와 선택은 사장보다는 담당자의 권한이 강하다. 즉, 담당자를 설득하지 못한다면 사장도 어쩔 수 없는 상황이 되기에 제품의 특성을 강조하는 것이 매우 중요하다.

독일 바이어는 정확성을 가장 중요시 여긴다. 약속시간 혹은 납기 등이 거래관계에 있어 적지 않은 영향을 미치게 된다. 심지어 독일 북부지방에서는 상대방이 약속을 일방적으로 어기는 것을 자신에 대한 모욕으로까지 생각하므로 주의가 필요하다. 독일 바이어는 자국 내 시장이 품질 및 브랜드 인지도를 중시한다는 것을 알기에 제품의 품질, 디자인, 포장을 가격보다 더 중요하게 여긴다. 고부가가치 제품의 경우 국내업체가 품질보증과 A/S에 만전을 기해야만이 좋은 결과를 얻을 수 있다.

③ 독일 사람들의 성격과 신용

사적인 이야기는 잘 하지 않는 것이 좋다. 라틴, 아랍, 동양적 성격과 다른 모습이다. 돈도 서로 잘 빌리지 않는다. 예스와 노가 분명하여 융통성이 부족하다는 말을 듣지만 마음에 없는 말을 하지는 않는다. 형식과 격식을 중요시하여 10년을 함께 근무한 동료에게도 존칭을 그대로 사용한다. 자기주장이 강해 목소리가 크다는 비난을 받지만 기업 내 계급이 높아질수록 목소리가 낮아진다. 톱 경영자의 목소리는 나지막한 목소리가 된다. 나지막한 목소리, 철저한 논리, 해박한 지식, 이것은 독일 톱 경영자가 풍기는 위엄의 향기다.

한번 잃은 신용은 복구하기가 어렵기 때문에 품질, 인도, 가격은 약속한대로 지켜야 한다. 처음에는 소량으로 시작하나 신뢰가 조성되면 대량주문을 한다. 한 번 친구가 되면 독일사람 만큼 친하게 사귀는 친구도 없다. 눈앞의 이익만 챙기는 한국적 비즈니스 관행은 독일 기업인에게 평가를 받지 못한다.

독일의 진리와 자유추구는 음울한 사색의 문화에서 나온 것으로 정직, 성실, 투명,

질서, 준법, 신용이 지배하는 독일 비즈니스 문화에도 배어있다. 대화 시에 주의해야 할 사항으로는 제2차 세계대전, 유대인 문제 등은 화제를 피하는 것이 좋다.

3) 프랑스

프랑스인들은 직설적이고, 의심이 많기 때문에 비즈니스를 할 때는 구체적이고 논리적인 전략이 필요하다. 열정적인 사업 논의에도 불구하고, 모든 사람이 당신의 의견에 동의한다고 생각하는 오류를 범하지 않아야 한다. 기본적인 프랑스어를 익혀서 사용하는 성의를 보이면 좋아한다.

(1) 비즈니스 에티켓

① 인사매너

공식적인 만남에서 일반적으로 인사는 남녀를 불문하고 악수를 한다. 악수를 할 때, 다른 손을 호주머니에 넣고 있어서는 안 되며, 서로 시선을 마주치며 몇 초간 성의 있게 손을 잡는다. 직책이 높은 사람부터 낮은 순으로 악수하는데, 악수는 간결하고 확신에 찬 모습을 보여주는 것이 포인트다. 한국처럼 두 손으로 악수를 하거나 악수할 때 고개를 숙여서 인사하거나 하는 것은 예의에 맞는 행동이 아니다.

남녀 간에 인사하는 경우, 서로 잘 아는 친숙한 관계이면 양 볼을 한 번씩 교대하는 프랑스식 인사인 비주(bisous)를 한다. 안면은 있으나 아주 친숙하지 않은 경우에는 악수를 하면서 양 볼을 맞대는 것이 일반적이다. 전혀 모르는 경우에는 악수만으로 끝내는 것이 예의이다.

모르는 사람과 마주치는 경우, 먼저 본 사람이 가볍게 인사말을 건네는 것이 매너이다. 문 입구, 엘리베이터나 좁은 공간에 들어 갈 때는 낮일 경우 “Bonjour(봉주르)”, 저녁에는 “Bon soir(봉수와)”라고 인사하며 떠날 때는 “Au revoir(오르부아)” 혹은 “Bonne Journée(본주르네)”라는 인사말을 교환한다. 이때 모르는 사람의 인사말에 응대를 하지 않는 것은 상대를 무시하는 것으로 오해 받을 수 있다. 프랑스에서는 ‘식사하셨습니까? 어디 가십니까?’ 등의 질문식 인사말은 실례가 된다.

② 호칭

친숙한 관계가 아니거나 상대편이 허락하지 않은 경우, 상대의 이름을 부르는 것은 실례이다. 성 앞에 "Monsieur(므시외) 또는 Madame(마담)" 등 존칭을 붙여 부르고, 직함이나 학위가 있는 경우에는 "Docteur(독뙤르) 또는 Monsieur le Directeur(므시외 르 디렉뙤르)"라고 예우해 부르는 것이 매너이다. 사소한 일에도 "고맙다(Merci: 메르시)"와 가볍게 부딪치거나 앞질러 갈 때(혹은 문을 먼저 통과할 때)에는 "죄송합니다(Pardon: 빠르동)"라고 미안함을 표현하는 것이 매너이다.

프랑스어로 미팅을 진행할 경우에는 상당히 친하지 않을 경우에는 존칭어 "Vous(부)"를 사용하지 않는 것이 바람직하다. 요즘 젊은 프랑스인들은 상대방의 나이가 많게 보이지 않는 경우 처음 보는 사람에게도 Tu를 사용하는 경우가 많아지고 있으나 상대방이 말을 낮추자고 정식으로 제안하기 전에는 존칭어를 쓰는 것이 유익하다.

③ 복장매너

프랑스인들은 생각보다 보수적이어서 비즈니스 미팅 시에는 청결하고 깔끔한 정장차림이 바람직하다. 특히 첫 만남의 경우 남성은 어두운 색의 슈트를, 여성의 경우에는 비즈니스 정장 혹은 깔끔한 원피스를 권장한다. 하지만 공장방문 일정이 있거나, 전문 사무직이 아닌 공장 관련 실무에 투입되는 사람들과 상담을 하는 경우에는 완벽한 정장차림보다는 노타이 등 세미정장이 더 어울린다.

드레스코드가 캐주얼이라고 해도 티셔츠나 반바지 수준의 가벼운 차림이 아닌 재킷과 타이를 착용하는 것이 일반적이다.

④ 식사매너

식당에 사전예약, 식당 수준에 맞는 복장은 필수적이다. 비즈니스 업무는 식후에 이루어지며 비즈니스 식사는 점심을 선호한다. 식사에는 와인을 보통 같이하므로 와인을 거절하지 말고 같이 마시는 것이 좋으며 사업상 술자리는 조용한 호텔 바에서 갖는 게 좋다.

프랑스인들의 식사매너는 까다로운 편이다. 좌석 배정 시에는 남녀가 옆자리 나란히 앉고, 남자가 옆 자리의 여자를 배려하면서 대화도 엮어나가고 음료수 및 음식 등을 서빙 해주는 것이 매너이다. 냅킨은 무릎 위에 얹어 놓고 목에 두르는 것은 삼가는 것이 좋으며, 양 손은 식탁 위에 올려놓아야 한다. 식당에서는 음식 전에 빵을 먹어도 상관없지만, 집에 초대받았을 때에는 삼가는 것이 예의이며 술도 음식을 먹은 후에 마시는 것이 예의이다.

집에 초대되었을 때에는 음식을 돌려가며 각자가 적당한 양을 덜어 먹는 것이 전통이다. 주인이 더 먹으라고 권유할 때, 처음에는 사양하는 것이 예의로, 두 번째 권유할 때는 사양하지 말고 받아서 조금만 덜어 먹으며, 초대한 여주인에 대한 예의에 어긋나지 않도록 덜어 먹을 때 양을 잘 조절해서 남기지 않도록 조심해야 한다. 그리고 맛없는 음식일수록 더 맛있게 더 먹어주는 것이 좋다.

뜨거운 스프 등을 입김을 불어 식히거나 나이프로 샐러드나 오믈렛이나 면을 자르는 것도 금기이다. 치즈 조각은 빵 위에 얹어서, 빵은 칼이 아닌 손으로 잘라 먹는 것이 예의이다. 식사가 끝나면 나이프와 포크를 가지런하게 접시 한쪽 위에 올려놓는데 포크 끝이 자기 쪽을 향하게 올려놓는 것이 예의이다. 이쑤시개의 사용은 금물이다.

식사 시 대화에 참석해야 한다. 식사자리에서나 여럿이 모인 자리에서 말없이 묵묵히 있으면 불만을 가졌거나 상대방이 무시한다고 오해받을 소지가 많다. 상대방이 고맙다거나 미안하다고 하면 “De rien(드 리앙 : 아무것도 아닙니다 라는 뜻)” 또는 “Je vous en prie(즈부정프리 : 천만에요 라는 뜻)”로 회답하는 것이 예의이다.

⑤ 선물매너

프랑스에서는 비즈니스와 관련하여 일반적으로 선물을 주지 않는 것이 관례이나, 부담이 없는 선물을 하는 것이 결례이지는 않다. 그러나 값비싼 선물은 뇌물로 오인되어 오히려 역효과를 가져올 수 있으므로 삼가는 것이 좋다. 특히, 상대가 공무원일 경우에는 100유로 이상의 선물은 상부에 보고 대상이 될 수 있으므로 특별히 주의해야 한다. 선물을 할 때는 받는 사람과의 관계에 적합한 선물을 골라야 한다. 선물을 주는 시기는 거래성사에 대한 고마움을 표시하는 의미로 나중에 하는 것이 좋으며 선물에는 명함을 넣지 않는 것이 에티켓이다. 프랑스 기업은 외국기업이 자사를 방문했을 때는 비즈니스 선물을 하지만 해외에서 외국기업을 방문할 때 선물을 하는 경우는 드물다.

프랑스에서는 비즈니스 접대 선물문화가 발달되지 않기 때문에 상대업체에게 선물이나 식사를 대접하고도 정작 본인은 대접받지 못하는 경우도 있는데 이는 선물 및 접대문화가 매우 간소한 비즈니스 문화로 이해하고 받아들이는 것이 좋다. 선물 시 주의사항으로는 명품 브랜드를 방불케 하는 선물, 크리스마스나 연말에 주는 선물 바구니 이외에 냄새나 맛이 자극적인 음식 선물, 빨간 장미나 카네

이션, 기호품인 향수와 프랑스에서는 흔한 와인도 피하는 것이 좋다,

특히 지식재산권으로 몸살을 앓고 있는 프랑스 기업들이 민감하게 반응하는 짝퉁성 제품은 기업 이미지를 실추시킬 수 있다. 집에서 하는 저녁식사나 사교 모임에 초대를 받았다면 다음날 감사편지를 전달해야 한다. 꽃을 보내거나 과일 바구니를 보내는 것도 좋다.

⑥ 시간과 약속

프랑스인은 약속을 매우 중요시하므로 회의 및 상담 약속은 반드시 사전에 잡아서 지킨다. 피치 못할 사정이 있어 약속을 변경할 경우에는 가능한 한 빨리 충분한 이유를 설명하고 양해를 구한다. 특히 마지막 순간에 약속을 취소하거나 사전 연락도 없이 약속을 어기는 것은 매우 무례한 행위로 간주되어 비즈니스가 이뤄지지 않을 수도 있다. 약속은 최소 2주 전에 하는 것이 좋으며 메일이나 서신 확인을 해두는 것이 상례이다. e-메일이 일반화되어 있지만, 대부분 스팸으로 처리되거나 열어보지 않는 경우가 있으므로 응답이 없을 경우 반드시 전화로 수신 여부를 확인할 필요가 있다. e-메일로 교신하기 전에 전화나 서신으로 자기소개 및 용건을 충분히 설명하는 것이 가장 효과적이다.

근무를 하는 직원이 많아서 8시 전에 출근하여 오후 4시에 퇴근하는 경우도 상당히 많으며, 대부분이 오후 5시에 퇴근하기 때문에 오후 4시 이후의 약속은 하지 않는 것이 예의이다.

개인적인 만남에서는 때와 장소에 따라 10-15분 정도 늦는 것이 허용되나, 비즈니스 미팅의 경우에는 5분 이상 늦는 것은 실례이다. 그리고 소규모 기업일 경우에는 회의실이 따로 없는 경우가 있기 때문에 너무 빨리 도착하는 것도 다른 직원들에게 방해가 될 수 있다. 상대방의 사정을 잘 가늠하여 3분 정도 늦게 방문하는 것도 바람직하다.

프랑스 근로자들은 5주의 휴가를 가지는데 7-8월에 3주 정도를 사용하는데 8월의 프랑스는 거의 휴업상태이다. 크리스마스나 부활절에도 회사가 사실상 휴업상태가 되므로 이 시기는 되도록 약속을 피하도록 한다.

(2) 비즈니스 관리

① 회의 문화

프랑스인들에게 회의는 비즈니스를 이끌기 위해서 빠질 수 없이 중요한 부분이

기도 하다. 프랑스 기업과의 성공적인 비즈니스 회의를 가지기 위해 알아야 할 것들은 다음과 같다.

첫째, 회의일정 조율

회의 날짜를 정하기 전, 프랑스에서는 법적으로 5주 간의 휴가가 의무적이라는 것을 미리 유념해야 한다. 프랑스의 법적 공휴일은 설날(1.01), 부활절 월요일, 노동절(5.01), 제2차 세계대전 종전의 날(5.08), 예수승천절 목요일, 성신강림축일, 국경일(6.14), 성모승천일(8.15), 만성절(11.01), 제1차 세계대전 휴전의 날(11.11), 성탄절(12.25)이다.

회의가 있기 몇 주 전부터 미리 회의일정을 이중으로 재점검하는 것이 중요하다. 제일 이상적인 회의시간은 늦은 오전이나 이른 오후로 보통 오전 11시부터 오후 3시 30분까지를 선호한다. 회의일정이나 행사는 미리 개인적인 일정을 조율할 수 있도록 최소 2주 전에는 알려주어야 한다. 회의일정을 잡는 방법은 전화나 서면 등 만나는 사람의 직위에 따라 달라지며, 주로 비서를 통해 진행된다.

미리 대답할 내용들을 세부적으로 준비해가는 것이 좋으며, 질문을 던지는 것은 상대방에게 관심이 많다는 의미이므로 많은 질문이 실례가 되지는 않는다.

둘째, 넉넉한 회의시간

하나의 주제라도 토론과 토론을 반복하는 전통적인 프랑스 기업일수록 평균 회의시간이 길다. 프랑스 회의는 예정된 것보다 길게 진행되며, 제시간에 시작하지 않는 경우가 더러 있기 때문에 스케줄을 여유롭게 잡는 것이 중요하다. 특정부분을 생략하고 지나치거나 여러 참여자들이 짧은 간격으로 회의를 조급하게 진행하는 것이 무례하게 비칠 수 있다.

셋째, 회의전략

프랑스인들은 직설적이고 의심이 많기 때문에 비즈니스를 할 때는 구체적이고 논리적인 전략이 필요하다. 프랑스어를 익혀서 사용하는 성의를 보이면 좋아한다.

넷째, 비밀유지 협약서

비즈니스 협의를 다 마쳤을 때 비밀을 유지해달라는 협약에 서명해달라는 요청은 성문화(成文化)가 일상화되어 있는 프랑스인으로서는 아주 당연한 것이다.

한국에서 중요한 것은 계약 당사자의 믿음이지 계약서는 형식적인 절차와 같이 간주된다. 그러나 프랑스 사람은 계약서에 자세하게 계약조건이 규정되어 있어야 안심한다.

② 전시회에서 비즈니스 기회 활용

프랑스에서는 매년 450개의 국제전시회가 개최되는데 그 중 320개는 산업전시회다. 해마다 이들 전시회에 16만개가 넘는 기업이 참가하며 1370만 명의 방문객을 끌어 모은다. 산업전시회의 경우 출품업체의 49%, 방문객의 31%가 제3국에서 온다. 프랑스의 한 여론조사기관이 대기업 1000곳을 대상으로 벌인 설문에 따르면, 응답기업 중 81%가 전시회를 효과적인 비즈니스 기회로 인식하며, 나아가 65%는 전시회 참가비용 등 투자 대비 실질적인 수익이 있는 것으로 조사되었다.

프랑스의 전시회들은 다양한 산업분야에서 최고의 자리에 있다. 이곳에서 한국의 기업들은 새로운 시장 트렌드를 파악할 수 있고 고객들을 직접 만나며 창의성과 노하우를 얻을 수 있다.

③ 기타 비즈니스 미팅 시 유의사항

- 담당 분야에 대한 지식은 많은 편이나, 다른 분야는 잘 모르는 경우가 많다.
- 논리적, 합리적인 사고방식으로 의사결정을 하며 본인이 틀렸다는 것을 논리적으로 설득시키지 못하면 자신의 주장을 양보하지 않는다.
- 대부분 사전에 준비를 해오기 때문에 미팅 시간 내에 결론을 도출하려고 한다. 미팅의 목적이 구체적이고 명확할수록 적극적인 태도로 대한다.
- 업무 미팅의 경우에는 업무협의만 하고 매듭을 지으려는 성향이 강하며, 개인적인 이야기는 금기시 한다.
- 프랑스인들은 직접적이고 진솔하며, 원하는 바가 있으면 명확하게 이야기하기 때문에 파트너의 실제 의도를 파악하고자 고민할 필요는 없다.
- 상대방을 설득하려면 객관적인 데이터나 그래프 또는 자료 등을 제시하는 것이 더 효과적이다. 프랑스인들은 논리적, 분석적 사고방식을 갖고 있기 때문이다.
- 바이어들은 가격을 중시하지만, 대부분 품질보장을 전제로 한다. 신속하고 질 높은 수리 등 A/S가 보장되어야 하며, 납기준수 등 신용성도 중시한다.
- 신체적 접촉을 싫어함으로 악수 외의 신체 접촉은 피해야 한다. 어깨나 등을 가볍게 치는 등의 친근감을 표시하는 행위는 삼가야 한다.
- 프랑스어를 유창하게 하지 못할 경우에는 차라리 영어로 대화하거나 유능한 통역을 활용하는 것이 유익하다.

- 프랑스인들은 자사 제품이나 서비스에 대한 칭찬을 기대하지는 않는다. 불평이 없으면 상대방이 만족하는 것으로 간주한다. 이는 제품이나 서비스에 불만이 있으면 말로 표현해서 시정을 요해야 한다.

4) 이탈리아

이탈리아는 역사적으로 소규모 공동체에 대한 애착이 강하기 때문에 가족경영 형태의 중소기업이 많다. 또한, 그들은 '피렌체 사람', '베네치아 사람'이라는 식으로 출신지역을 내세우기를 좋아한다. 이는 자치도시의 고유문화가 오랜 기간 발달했기 때문이다. 이탈리아에서는 이처럼 연고주의와 지역주의가 사회 곳곳에 자리 잡고 있다는 사실을 알아 두면 비즈니스에도 도움이 된다.

(1) 비즈니스 에티켓

① 인사

이탈리아인과 만날 때나 헤어질 때는 반드시 악수를 하는 것이 좋다. 그들은 스킨십이 많은 편이어서 조금만 친해지면 잦은 신체접촉(동성애적인 것이 아님)을 시도한다. 가까운 거리에서 대화를 하거나 신체접촉을 하더라도 이는 친분이 두터워졌음을 의미하는 징후이므로 너무 피하지 않도록 한다.

② 호칭

공식석장에서는 성을 부르는데 성 앞에 학위자격(Dottore, Enginiere 등)을 붙이거나 사장, 소장 등을 의미하는 Presidente, Direttore 등과 함께 부르면 무난하다. 서양 사람들끼리는 친하면 쉽게 이름을 부르지만 동양 사람과는 이름을 부르는 경우가 흔하지 않다. 여성의 경우도 호칭 방법은 마찬가지지만 비즈니스에서는 남편 성을 따르므로 명함에 적힌 대로 부르면 된다. 공식 직위가 없는 남자는 Mr.에 해당하는 Signore를 그리고 여자는 Mrs.에 해당하는 Signora를 성 앞에 붙여 주면 경칭이 된다.

이탈리아인들도 비즈니스를 할 때는 명함을 많이 사용하므로 부족하지 않게 넉넉히 준비하도록 하며, 한 면을 이탈리아어로 만들어 사용하면 좋은 인상을 심어 줄 수 있을 것이다.

③ 복장매너

비즈니스 복장은 유럽의 다른 나라와 크게 다르지는 않으나 인격이나 품위를 외관으로 평가하는 면이 있어 말쑥한 정장의 고급브랜드 옷이 바람직하다. 세계적인 패션국인 이탈리아의 비즈니스맨들은 남녀노소를 불문하고 옷을 우아하게 잘 입고 다닌다. 이탈리아에는 옷 못 입는 거지는 동냥도 안 준다는 말이 있을 정도이므로 적절하게 옷을 갖춰 입음으로써 파트너에 대한 존경심을 나타내야 한다. 이탈리아에서는 겉으로 보이는 외양이 내면의 가치를 반영하는 경향이 있음을 명심하는 것이 좋다.

④ 초대 및 선물

이탈리아인들은 손님을 집에 잘 초대하는 편이며, 집에 초대하면 반드시 식사대접을 한다. 비즈니스 상대를 가정에 초대한다는 것은 그들이 좋은 인상을 가지고 있음을 의미한다. 초대를 받아 가정을 방문할 때는 비싼 포도주 한 병이나 홀수의 꽃을 선물하는 것이 좋다. 단 국화꽃은 장례식에 쓰는 꽃이므로 피해야 한다.

이탈리아인들은 서두르지 않고 천천히 대화하며 식사를 즐기기 때문에 식사시간이 보통 2시간 이상 걸린다. 자리에 앉을 때는 주인이 먼저 앉으며 식사도 주인이 먼저 시작한다.

이탈리아인들은 칭찬(compliments)을 좋아하므로 맛있다는 칭찬을, 잘한다는 격려를, 상대가 무엇을 베풀어줄 때는 감사하다(grazie)는 말을 자주 한다면 이탈리아인과의 비즈니스를 한결 부드럽게 풀어나갈 수 있을 것이다.

⑤ 약속과 대화

약속은 미리미리 하는 것이 좋다. 통보식의 전화보다는 팩스나 편지 혹은 e-메일이 나을 수도 있다. 이탈리아에서는 약속시간에 좀 늦는 것에 관대한 편이므로 그들이 시간을 조금 어긴다고 해서 무례하다고 생각할 필요는 없다. 단 그들과의 약속은 직전에 다시 한 번 확인해 두는 것이 좋다.

전화나 팩스보다는 직접 만나서 일을 추진하는 것을 선호하는 이탈리아인의 성향을 배려한다면 수출이든 수입이든 간에 좀 더 효과적인 비즈니스가 가능할 것이다.

이탈리아인들은 장황하게 말을 늘어놓은 뒤에 비로소 핵심을 말하는 편이므로 이 같은 모습도 비즈니스에 있어서 유의해야 한다. 또한 문서가 아닌 식사를 하면서 주고받는 대화를 통해 거래가 결정되는 경우가 많다.

이탈리아인들은 업무지향적(task-oriented)이 아니고 관계지향적(relation-oriented)이다. 따라서 북미나 북유럽 사람들과는 달리 업무를 시작하기에 앞서 먼저 상대에 대해 알고 싶어 할 수도 있다. 이는 그들이 개인적인 관계 맺기를 중시하는 데서 오는 관습이다.

(2) 비즈니스 관리

① 비즈니스 회의

이탈리아인과 대화할 때는 항상 시선을 맞추도록 한다. 상대가 말하고 있을 때 눈을 아래로 향한다든지 다른 곳을 보면 그들은 자신의 이야기에 흥미를 못 느끼는 것으로 생각한다. 또 그들과 대화할 때 말을 가로막거나 동시에 말을 하고 있더라도 당황할 필요는 없다. 심지어 그들은 상대가 말하는 동안 미리 짐작해서 상대의 말이 끝나기도 전에 벌써 답을 하는 경우도 있다. 그 뿐만 아니라 한 테이블에서 동시에 여러 개의 소회의가 진행되는 것도 드문 일이 아니다.

② 비즈니스 태도

이탈리아 업체들은 단기적・충동적・유동적인 비즈니스 태도를 보인다. 자기에게 구체적으로 어떤 이익이 오게 될 지를 계산하므로 이탈리아인과 거래할 때 메시지를 가급적 개인적 차원으로 바꿔 전달해야 한다. 만일 이탈리아 파트너가 대답을 복잡하게 하거나 핵심을 피하고 주변을 맴도는 태도를 보이면 이는 부정적인 대답으로 보아야 한다. 불편함을 느끼거나 상대방의 생각에서 자기 자리를 찾기 어려울 때 이탈리아인들이 보이는 대응방식이다. 분명하게 대답을 하지 않아서 상호간의 이해가 어렵다.

이탈리아 사람은 처음 거래할 때 장사가 좀 될듯하면 매우 적극적으로 나온다. 전원에 있는 별장으로 초대할 정도로 가까워졌다가도 어느 날 갑자기 소식이 끊기고 전화통화도 쉽지 않을 만큼 상대방 접촉이 어려워진다. 처음에 뜨겁게 시작한 관계가 식어버리는 것이다. 오늘날 이탈리아의 자기중심적 가족주의는 이탈리아 사회의 중심적 원동력으로 작용한다. 외국인에 대한 태도도 이탈리아 특유의 모양이 있다. 처음 만날 때 친절하게 호기심을 갖고 대하지만 내심 관찰을 늦추지 않는다. 거래 상대방을 처음 대할 때 매우 현실적으로 관찰하지만 막연한 환상은 갖지 않는다는 점이다.

③ 가족 구성원화 노력

이탈리아에는 중소규모의 가족기업이 많다. 가족끼리만 터놓고 얘기할 수 있는 것이다. 일본처럼 종신고용이 일반화되어 있다. 비록 표면상으로는 친절하고 흥미있는 태도를 보이긴 하지만 자기소속 구성원이 아닌 타인을 대할 때는 의혹을 갖고 대한다. 이탈리아인이 모르는 사람과 거래 시는 소개 또는 추천을 통하는 것이 보통이다. 사업거래를 트기 위해서는 신뢰관계 구축만으로는 부족하고 진정한 우정, 가족 구성원화되는 노력이 필요하다. 인간관계, 커뮤니케이션의 중요성은 북쪽 밀라노보다 남쪽 로마 쪽으로 갈수록 심하다. 전반적으로 이탈리아 사람은 자기가 속한 공동체에 다른 사람이 들어오는 것을 꺼리며, 다른 사람의 공간도 인정해 준다. 이탈리아 사람들은 대화할 때 부정적인 표현들은 쓰지 않는다. 상대방에 대한 존중과 거리감을 유지한다. 물론 상대방에게도 이러한 태도를 기대한다. 개인과 개인의 관계가 절대적으로 중요한 요소로 들어있는 이탈리아 비즈니스 문화이다. 이러한 이탈리아 비즈니스를 관통하는 다섯 개의 문화코드가 있다.

첫째, 이탈리아 북부와 남부의 차이는 매우 크다. 장화처럼 생긴 이탈리아는 북부와 남부지역 간 빈부차, 성격차, 문화차이가 확연하다. 북부는 공업지역이 많고 남부는 농업지역이 많다. 북부는 전문인력이 풍부하고 생활수준이 높지만, 남부는 실업률이 50%를 육박하며 상대적으로 낙후되어 있다. 비즈니스에서도 남유럽 특성상 신뢰감이 많이 떨어지는 면이 있다. 주문사항을 바로 취소하거나 말을 바꾸는 경우가 종종 있으며 대금 지급 약속도 어기는 경우가 많다. 이 특징 또한 남쪽으로 갈수록 심해지니 염두에 두어야 한다.

둘째, 이탈리아 사람들은 말이 많고 제스처가 풍부하며 융통성이 많다. 평상시 뿐만 아니라 비즈니스 관계에서도 이탈리아 사람들은 한참 개인적인 이야기나 주제와 관계없는 딴 이야기를 하다가 한참 후에야 본론으로 들어가는 경우가 많다.

이탈리아에서 사업을 하거나 바이어를 만날 경우에는 이러한 이탈리아 사람들의 사고방식 혹은 관습을 이해해야 한다. 일반적으로 이탈리아 사람들은 융통성이 많고 정감이 풍부하고 친절하며 남이 잘못한 것을 관대하게 봐주는 경향이 있다. 그렇기에 일이 잘못될 경우 인정에 호소하면 일이 무마돼 넘어가는 경향이 있다. 이러한 원리원칙 없는 성향 덕에 이탈리아 사람과 거래할 때 많은 인내를 필요로 하지만 실은 휴가시즌이면 가장 오고 싶어 하는 나라가 이탈리아이기도 하다. 날씨가 좋아서도 그렇지만 이태리 사람들은 정감과 수다를 좋아하기 때문이다.

셋째, 이탈리아 가족기업 문화의 특징을 선박에 비유하자면 선장 혼자 모든 것을 결정하는 쾌속정에 비유할 수 있다. 이탈리아 기업의 가장 큰 단점은 사장이 혼자 결정하므로 직원들의 공감대를 얻지 못하거나 결정이 번복되는 경우가 있다는 점이다. 사장과의 직접 면담을 통해 거래를 결정짓되, 거래가 시작되면 실무진에게도 충분히 공을 들여 원만하게 절차가 흘러가도록 해야 한다.

넷째, 상담할 때 가족, 스포츠, 날씨처럼 가벼운 이야기로 시작하는 것이 좋다. 회사차원으로 비즈니스 거래를 이끌어가는 것보다는 상대방 개인의 이익에 초점을 맞추어 이야기하는 것이 설득력이 있고 또한 빠른 결과를 보기도 한다. 거래가격 또한 처음에는 좀 높게 불렀다가 낮춰주는 것이 좋으며 긴 시간을 두고 계약서를 준비하는 것이 이탈리아 바이어들의 또 다른 특징이라고 할 수 있겠다.

비록 언어는 다르지만 열린 마음으로, 비즈니스 파트너의 개념을 넘어 가족 구성원이 되기 위한 인간적인 접근으로 다가간다면 베니스 상인의 나라 이탈리아에서 또 다른 기회를 만날 수 있을 것이다.

5) 스페인

스페인은 각 지방마다 서로 상이한 문화가 다양하게 발전되어 왔다. 비록 스페인이 EU의 한 회원국이고 지리적으로도 유럽대륙 내에 위치하고 있지만 피레네산맥을 넘어서자마자 '유럽에 간다'고 말하고 있는 것에서 볼 수 있는 것처럼 스페인은 기타 유럽국가와는 이질적인 독특한 문화를 형성하고 있다.

흔히 "스페인 사람처럼 자존심 강한"이란 말이 있다. 스페인 사람은 명예에 살고 명예에 죽는다. 그들의 낮잠 자는 습관인 '시에스타'나 피흘리는 투우를 비판해도 괜찮지만 자존심과 권위를 손상시키는 말을 하면 못 참는다. 한때 세계를 주름잡던 나라답게 자존심이 강한 스페인은 극과 극의 나라다. 돈키호테의 이상주의와 산초판사(Sancho Panza)의 현실주의가 공존하는 국가이다.

스페인에는 엄격하게 정해진 인사법이 존재하지 않는다는 것을 염두에 둬야 한다. 즉, 모든 사람이 따라야만 하는 어떤 확립된 행동방식의 규범이 없다는 것이다. 인사하는 방법은 상황이나 당신이 만나는 사람에 따라 바뀔 수 있다.

(1) 비즈니스 에티켓

① 인사매너

인사할 때는 "엔칸타도"(Encantado)하고 악수를 하고 친한 사람끼리는 양 볼에 키스한다. 남성과 여성, 동성끼리도 마찬가지다.

스페인에는 두 뺨에 입 맞추기, 포옹하기 그리고 악수하기의 세가지 주된 형태의 인사가 존재한다. 인사의 형태는 친밀함의 정도, 친숙함 혹은 작업환경 같은 다양한 요소에 좌우된다. 남자들은 거의 모든 상황에서 악수를 하며 인사한다는 것을 안다는 것이 중요하다.

스페인에서 가장 공통적인 것은 각 뺨에 한 번씩 입맞춤을 하는 것인데, 처음에는 다른 사람의 오른 뺨에 입을 맞추면서 시작하여 나중에는 왼쪽에, 즉 만약 다른 사람의 앞에 있다면 처음에는 왼쪽으로 그리고 나중에 오른쪽으로 입 맞춘다.

그 입맞춤은 스페인에서 만나게 되는 일반적인 규범 같은 인사로 만약 한 친구 혹은 한 친지가 여러분을 어떤 사람에게 소개하면, "hola" "qué tal?"로 시작하고 두 뺨에 입 맞추면 된다.

포옹 역시 일반적이지만, 다른 사람에게 애정 어린 감정을 가지고 있다는 것을 그 사람에게 알게 하고 싶을 때 포옹을 하며 그렇기에 그것을 무척 소중히 생각한다.

마지막으로, 악수는 소개에 이어 작업환경에서의 만남 혹은 아주 경의를 표해야 하는 상황에서 하게 된다. 보통은 업무상 사업적인 관계를 갖게 될 누군가에게 인사할 때, 어떤 합의에 이르렀을 때 혹은 직업적인 소개를 할 때 악수라는 몸짓을 활용한다. 악수는 너무 세지도 않고 너무 약하지도 않은 어느 정도의 강도를 가지고 하는 게 낫다. 악수를 하는 시간은 1초에서 4초 사이를 지속한다.

② 호칭

스페인에서는 상대방에게 자신을 소개할 때 학위나 직책 등을 나타내는 칭호는 사용하지 않으며 명함에도 이를 기재하지 않는 게 보통이다.

③ 복장매너

옷은 정장차림이 좋다.

④ 식사매너

식사시간을 충분히 갖는 것으로 유명한데 점심은 보통 오후 2시부터 4시까지 저녁은 9시부터 11시까지 갖는다. 스페인인들이 삶에 대해 갖는 기본적인 태도는 '더불어 살아가라'는 것이다.

(2) 비즈니스 관리

① 스페인 사람들의 성격

스페인 사람들은 명예와 자부심속에 산다. 약자를 보호하고 로맨스를 위해 몸을 바칠 줄 안다. 비즈니스도 물건을 보여주기 전에 인간적인 유대관계가 형성되어야 한다. 자기를 알아주는 사람에게 충성을 다하고 신뢰를 다하기에 그들의 마음을 사면 거래와 협력은 지속될 수 있다. 이쪽에서 대해준 만큼 보답해줄 줄 알기 때문이다. 하지만 한 가지 그들의 자존심과 명예심은 건드리지 말아야 한다. 훌륭한 웅변가인 동시에 로맨티스트인 그들의 말솜씨에 화답할 줄도 알아야 한다. 접촉은 가까이 또 많이 할수록 좋다. 몸과 눈을 가급적 많이 접촉해야 한다. 동양 사람처럼 체면을 깎이면 모든 것을 잃는 사람들이다. 체면을 지켜줘야 비즈니스가 유지된다.

② 협상매너

기사도 정신, 예절준수가 중요하다. 특히 여성에 대해서는 그렇다. 비즈니스문화도 신사도, 남성적인 의리유지에 유의해야 한다. 친해지면 바로 말을 놓는다. 초대는 대개 식당에서 하지만 부자들은 전원에 별장이 있어 그곳으로 초대하기도 한다. 집으로 초대를 받으면 가기 전에 사람을 시켜 미리 부인에게 꽃을 보낸다. 선물을 좋아하는데 한국적인 향취가 밴 선물이면 좋다. 이야기 화제는 역사와 문화를 칭찬해주면 누구나 좋아한다. 바스크분리주의, 프랑코시절 이야기 등 민감한 화제는 피하는 것이 좋다. 스페인에서는 자기 자랑을 너무 많이 하지 말고 남에 대해 비방을 하지 말라는 속담이 있다. 시간약속에 대해서는 관대함을 보여야 한다. 협상은 제3자를 통하지 말고 직접 해야 한다. 인간관계 구축이 최우선이다. 너무 조급하게 결정을 재촉하지 말아야 한다. 점심과 저녁식사 등 기회만 있으면 서로 함께하는 시간을 가져야 한다. 서로 합의되었다고 해서 마음 놓지 말아야 한다. 언제든지 재협상을 요구해올 수 있기 때문이다. 사람 좋은 것과 비즈니스는 다르다. 상담결과는 서류로 남기는 것이 좋다.

③ 상거래 활동

스페인에서는 유럽 다른 나라들과는 달리 원칙적으로 모든 것을 말해도 별 하자가 없다. 문제가 발생하면 해결책이 모색되기 때문에 사람들은 그 문제에 대해 거의 염려하지 않는다.

스페인에서 상거래 활동 시 대금지불이나 지불조건과 관련해 처음부터 분명히 해두면 좋다. 일반적으로 비용견적을 제출하면 계약금이 지급되며 나머지 금액은 계약이행 상황을 봐가며 지급된다.

스페인에서는 개인적인 친분이 그 무엇보다 중요하고 새로 면식을 쌓기 위해서는 상당기간의 시간이 걸린다. 중요한 행사에서건 그렇지 않은 경우건 인색하지 않다는 인상을 주면 좋다.

④ **참고사항 및 주의사항**

- 스페인 현지 상황에 대해 결코 비판을 가하지 마라.
- 지키지 못한 약속은 변명을 하지 마라. 또한 급작스럽게 날짜를 정하지 마라. 협상도중에도 압력을 가하거나 해선 안 된다.
- 항상 협의할 준비가 되어 있음을 보여주라.
- 종교, 여성, 정치, 지역주의에 관한 문제를 대화의 소재로 삼지 마라.
- 스페인인들에게 어린이는 무척 소중한 존재이기 때문에 어린이를 싫어하는 듯한 인상을 결코 남기지 마라.
- 스페인의 전통적 행사인 투우에 대한 비판을 하지마라.
- 7월 20일부터 9월 15일까지, 부활절 주간이나 크리스마스 전후로도 협의가 거의 불가능하다는 것을 기억하라.
- 목소리 큰 것만 가지고 상대방의 교육수준 및 사회적 신분을 속단하는 것은 금물이다.

6) 러시아

러시아에서 약속시간을 받아내기란 아주 힘들기 때문에 집요함과 인내가 필요하다. 통상 단순한 팩스나 e-메일, 전화는 무시되는 경우가 허다하다.

다른 국가도 마찬가지겠지만, 러시아에서는 인간관계가 비즈니스 성패를 좌우한다고 해도 과언이 아니다. "러시아는 머리로 이해하지 못 한다"라는 러시아 속담이 있듯이, 실제로 러시아 사람들은 개인적이고 비공식적인 접촉의 기회를 가질 때 쉽게 가까워지고 신뢰를 얻을 수 있다. 비즈니스 미팅에 임할 경우 악수를 할 때 눈을 마주 보면서 하는 것, 가벼운 포옹, 개인적인 질문을 통해서 관심을 가지고 있음을 보여주는 것이 좋다. 또한, 사업상 문제가 발생하였을 경우에도 곧바로 계약서에 따른 옳고 그름을 따지는 것보다는 먼저 개인적인 관계를 통하여 상호 이해를 구하는 것이 좋은 방법으로, 러시아 사람들은 비즈니스에서도 개인적인 신뢰를 우선시하고 있다.

러시아는 빈부의 격차가 심하고 사회 변혁기에서 오는 혼란과 무질서가 있는 나라라는 것을 항상 명심해야 한다. 현지 출장 시 수수한 옷차림을 하고 다니는 것이 좋으며, 부자처럼 행동하거나 자랑하지 말아야 한다. 야간에 나이트클럽이나 카지노 출입을 삼가야 하며, 여권과 비자 등 증명서를 항상 소지하고 다니는 것도 잊지 말아야 할 것이다.

(1) 회사, 개인 그리고 국가

러시아 대기업의 경우 회사와 근무자 간의 이해가 일치하지 않은 경우가 많다. 즉, 경영자와 오너가 분리되어 있는 경우 경영자는 음성적 거래를 요구하는 경우도 있다. 구 사회주의 관습이 아직도 상당부분 남아 있으며, 국가(관료)는 기업 위에 군림하려는 경향이 있다. 특히 국영기업체인 경우 중요한 의사결정은 상부 정부 기관에 의해 좌우되는 경우가 많다.

마피아들은 주로 이윤이 많은 사업과 유통업의 상당 부분을 장악하고 있으며, 소위 '보호세'를 징수, 거래 관계가 어긋나게 될 경우(채무채권 관계가 발생) 법에 의지하기 보다는 주먹을 동원해 해결하려는 성향이 강하다. 특별한 문화적 금기사항은 없으나, 러시아인의 대부분은 러시아 정교를 믿거나 무신론자들이며, 러시아는 다민족으로 구성되어 있어 이슬람교 등 여타 종교주의자들도 있으므로 종교관련 언급은 되도록이면 피하는 것이 좋다.

또한 러시아인들은 다음과 같은 속성을 가지고 있다.

- 서구 문화와 동양 문화가 융합된 독특한 문화
- 가식을 기피하고 솔직함을 선호(외국인 시각에는 무례한 것으로 비쳐질 수 있음)
- 문화와 예술을 애호하며 문화 전통에 대한 자부심이 대단함
- 협상시에는 명분을 중시
- 권력지향적이고 감정적임

(2) 비즈니스 에티켓

러시아인은 명분과 형식을 중요시 여기므로 비즈니스 상담 시에는 필히 정장차림을 하고, 미팅은 사전에 구두 및 팩스로 확정을 받은 후에 방문하는 것이 좋다.

개방개혁의 과정에서 빠르게 적응하여 부를 축적한 사람들을 노브에 루스끼예라고 부르는데, 전체 인구의 약 10% 가량을 점유하고 있는 것으로 추정된다. 노브에 루스끼예는 비즈니스 감각에 기초하여 빠른 의사결정 및 행동을 보여준다. 반면 구 러시아인들은 여전히 사회주의 관념에 사로잡혀 있어 비즈니스 추진에 답답함을 느낄 수도 있을 것이다.

(3) 계약서

러시아 사람들은 문서를 좋아하며, 특히 직인(도장)이 찍혀 있어야 공식서류로 인정하는 경향이 있다. 한편 계약서가 체결되었다고 하더라도 실제로 이행된다고 믿기는 곤란하므로 철저한 계약서 이행 가능성 및 이행 추이를 지켜보아야 한다. 대부분의 경우 사무실에 보드카를 소장하고 있으며, 계약이 성사단계에 접어들었을 경우 보드카를 터뜨린다. 보드카를 잘 마시면서 인간적 유대관계를 더욱 친밀하게 하는 것이 중요하다.

(4) 수입 및 거래관행

러시아 바이어들은 대부분 영세업체들이며, 도소매상을 겸하는 경우가 많고, 대부분의 경우 세관원과 밀접한 유대관계를 맺고 있는 통관 브로커들을 이용하고 있다.

러시아의 불안정한 외환수급 상황을 고려할 때 되도록이면 외상거래를 피하는 것이 좋다.

- 독특한 대금결제 관행
  - 수입업체는 대부분 영세업체로써 U$4~5만의 소량주문, 2주 이내의 단기 딜리버리 선호
  - 외상 거래 및 현찰결제 관행
  - 은행제도의 미비 및 과중한 세금 회피 목적으로 은행 이용 기피(L/C 거래 기피 성향)
  - 계약 시 30% 선불, 나머지는 선적후 서류 인도시점 또는 물품 인도후 2개월 이내 결제가 보편적 관행
- 인맥이 중요한 상거래 관행
  - 인맥이 구축되어 있으면 안 되는 일이 없음
  - 서구적 합리주의 보다 인정과 친분관계에 의한 비즈니스 처리 관행
  - 언어소통과 러시아 문화, 예술에 대한 이해가 비즈니스 추진에 중요

러시아는 국제적인 거래관행이나 상거래에 대한 개념정립이 되지 않은 바이어들도 있기 때문에 끈기를 가지고 설명하는 것이 필요하다. 또한 바이어들의 대부분은 영어를 잘 구사하지 못하므로 통역원을 확보해야 하며, 가격조건에서는 CIF 조건을 요구하므로, CIF 기준가격을 사전에 준비해야 한다.

(5) 인간적 친분이 비즈니스의 성패를 좌우

러시아는 무엇보다도 개인적인 유대관계가 매우 중시되는 나라이다. 사회주의 계획경제하에서 70여 년 간을 지내 오다 보니 자본주의 시장경제의 효율성과 합리성을 쫓기보다는 인간적인 친소관계에 따라 모든 비즈니스의 성패와 추진속도가 결정되곤 하였기 때문이다.

아직도 러시아에선 '빠 블라투' 형식을 이용하여 일을 추진하는 경우가 비일비재하다. 지기나 연고 등 개인적인 친분관계를 이용하여 목적을 이루는 것을 일컫는 말로서 아무런 죄의식 없이 개인의 인맥을 자랑하는 말로 사용되곤 한다. 현지 실력자나 정부 고위관리 등과의 인간적인 유대관계를 확고히 구축할 경우 관련 비즈니스가 비교적 손쉽게 풀릴 것은 명약관화하다.

러시아 국민은 물질적으로 어렵게 살아가고 있기 때문에 잘사는 외국인에 대해 선망과 부끄러움을 동시에 느끼고 있다. 그러나 세계 강대국으로서, 세계 최고수준의 예술과 문화를 가지고 있다는 점에 대한 엄청난 자긍심을 갖고 있다. 러시아인과 비즈니스 상담 시 러시아의 세계 유일의 우주정거장, 세계 최고의 발레와 음악 그리고 문학 등을 칭찬하는 것이 분위기를 좋게 한다.

(6) 작은 일에도 감동하는 러시아인

러시아인은 감성이 풍부한 민족으로 예술과 문화를 사랑하는 만큼 그들의 보드카 사랑 또한 유별나다. 일단 친구가 돼서 흉금을 털어놓을 수 있는 사이가 되면 보드카를 마시자고 한다. 보드카를 한 잔 같이 마시고 나면 복잡하던 비즈니스 문제가 말끔히 해결될 때가 많이 있다.

감정이 풍부한 만큼 작은 일에도 매우 즐거워하고 감동하는 경우가 많다. 현지 직원들과 가까운 친구, 거래선들의 생일과 기념일을 축하하여 파티를 주선하고 정성이 담긴 작은 선물을 주고받는다면 훨씬 러시아인들과 가까워 질 수 있을 것이다. 러시아인은 가족에 대한 사랑이 남다르다는 것도 명심해야 할 것이다.

제 13 장 주요국가의 상관습(2)

제 13 장 주요국가의 상관습(2)

1. 미주

1) 미국

한국의 제2수출 시장인 미국에선 레퍼런스를 중요하게 여기므로 국내업체가 현지 바이어와 상담할 때 선진국 시장에 수출한 경력, 전문 제조기술 보유 등을 강조해야 한다.

전 세계 업체들이 미국 진출을 위해 연락하기 때문에 미국 바이어는 일반적으로 오더를 신중하게 진행하는 편이다. 이에 따라 국내 업체는 미국 바이어에게 자사의 제품이나 거래조건이 다른 공급자들에 비해 경쟁적임을 알리는 노력이 필요하다. 첫 주문량은 새로운 공급업체를 시험하기 위해 소량이 많으므로 향후의 대량주문을 위한 전초 단계라고 생각하는 것이 중요하다.

미국인들은 처음 본 사람들과 잡담하고 우호적인 대화를 나누는 것을 좋아한다. 이러한 문화는 심각한 대화 전에 담소를 나누고 날씨에 대해 이야기하는 비즈니스 문화로 이끌었다.

(1) 비즈니스 에티켓

① 호칭

존댓말이 없는 만큼 남성은 성 앞에 Mr. 여성의 경우는 결혼여부에 따라

Mrs, Miss와 같은 호칭을 명확하게 사용해 상대방이 불쾌한 감정을 지니지 않도록 하고, 이후에 상대방이 자신을 이름으로 불러달라고 부탁하면 그때부터는 호칭 없이 이름을 부르는 것이 기본 에티켓이다.

미국 사람들의 이름은 First name, Second name, Last name으로 구성되어 있다. 이 중 Second name은 사용하지 않으며, 명함 같은 곳에도 표기하지 않으므로 알 필요가 없다. 즉, 미국 사람 이름은 First name, Last name으로 구성되어 있다고 보면 무난하다. 따라서 처음 보는 미국 사람이 "What's your name?"이라고 물으면 What's your last name?이라고 생각하면 된다. 일행 중에 같은 성을 가진 한국 사람이 여러 명이 있는 경우에는 "My last name is Lee, and first name is Sunghwan."이라고 구분하여 이야기하면 된다.

명함이나 이름을 기재할 때에도 이성환을 Sung Hwan Lee이라고 쓰는 사람이 많은데 Sung-Hwan Lee나 Sunghwan Lee로 쓰는 것이 무난하다. Sung Hwan Lee이라고 쓰는 경우에는 Hwan을 Middle name으로 오인하는 경우가 많다.

명함에는 가능하면 영어로 자신의 직함을 밝혀 두도록 하며, 미국에서 일반적으로 통용되는 명함의 크기는 가로 8.9cm, 세로 5.1cm이다. 전화번호는 가급적 국가코드와 지역 코드를 기입해 두는 것이 좋다.

② 방문매너

회사나 가정을 방문하거나 면회할 때는 사전에 전화를 걸어 상대방의 승낙을 얻어야 한다. 약속 없는 방문은 실례가 된다. 미국인은 시간을 지키는 것을 상당히 소중하게 여기므로 약속시간은 철저히 지켜야 한다. 방문시간은 12시 조금 전 또는 저녁에는 피하는 편이 좋다.

"Let's have lunch together"와 같은 초대의 말은 인사치레인 경우도 있기 때문에 항상 진심으로 받아들일 필요는 없다. 그러나 실제로 초대를 받았을 경우에는 와인 정도의 선물을 준비하는 것이 좋다. 행사나 잔치에 초대받을 때 어린이를 동반하는 것은 사전에 초청자와 협의하는 것이 좋다. "Next time"이라는 말은 한국인에게 부정적인 이미지로 받아들여지지만, 미국인에게는 약속을 긍정하는 의미로 이해되므로 신중히 써야 한다.

③ 인사매너

인사는 상대방이 남성일 경우는 악수를 하지만 상대방이 여성일 경우는 여성 쪽에서 악수를 청하지 않는 한 손을 내밀어서는 안 된다. 미국 바이어와 무역협상에서 사전약속은 필수며 악수를 할 때는 힘을 주는 것이 좋다. 또 미국 바이어는 신뢰관계를 쌓기 위해 대화 시 상대방의 눈을 보면서 대화한다.

미국의 예절은 Lady First가 기본이 되어 있다. 출입이나 엘리베이터나 버스의 승하차도 여성 우선이다. 여성과 보도를 걸을 때는 여성은 안쪽에, 남성은 차도 쪽에서 걷는다. 엘리베이터에 여성이 타고 있으면, 남성은 모자를 반드시 벗어야 한다. 차를 탈 때는 여성 먼저 태우고 밖에서 도어를 닫아야 하고, 내릴 때는 먼저 내려 도어를 열어 주어야 한다. 여성이 짐을 들지 않도록 한다. 여성의 지위가 높고, 남녀동등 의식이 철저하다.

④ 식사매너

미국은 술 문화와 밀접한 식사보다는 아침, 점심, 저녁을 같이 하면서 비즈니스 미팅을 하는 것이 일반적이다. 미국인들은 저녁식사를 개인적인 관계를 위해 사용하는 경향이 강하므로, 대부분 비즈니스는 점심식사에 이루어진다.

(2) 비즈니스 관리

① 업무 미팅 시 유의사항

개인적인 친분을 쌓으려면 반드시 영어를 할 줄 알아야 한다. 처음 만나는 경우라도 서로 이름을 부르면서 대화를 시작하는 것이 보통이고 직함이나 직위는 별로 중요하지 않다. 구매자와 처음 미팅 시 과시하는 태도는 허용되나 지나치게 거만하게 구는 일이 없도록 하며, 개별 대화 시에는 상대방의 개인적 관심사가 무엇인지를 미리 알고 시작하도록 한다. 또한 지나친 감정표출은 예의에 어긋난 것일 뿐만 아니라 진지하지 못한 것으로 평가되므로 상대방과 이야기할 때에는 꼭 Could, Please, Thank you very much, May I 등과 같은 기본적인 예절을 지키는 것이 좋다.

미국인들은 자신의 문화적인 테두리 안에서는 상대방에게 우호적인 경향이 있다. 그러므로 상대방의 취미, 특기 등을 사전에 파악할 필요가 있다. 미국은 다양한 문화가 복합적으로 융화하여 형성된 사회임에도 불구하고, 때때로 바이어가 속한 인종, 문화 등을 적절히 활용할 경우 비즈니스 성공확률이 높다. 예를 들어 유태인과의 비즈니스에서 상대방에게 확신을 심어줄 때 I'm sure보다는 I swear by God와 같은 유태인에게 친근한 표현 등이 이에 해당된다.

미국인들은 권위주의를 싫어하고, 상식과 실용주의에 의해서 일 처리하기를 좋야한다. 또한 상대방의 연령이나 결혼, 수입, 주소, 신상 등 개인의 신상에 관련된 사항들을 묻는 것은 상대방에게 불쾌감을 줄 수 있기 때문에 가급적 삼가야 한다.

② 상담 및 계약 체결 시 주의사항

- 품목에 대한 상세한 설명과 함께 구매자에게 향후 비즈니스 파트너로서의 신뢰감 구축에 도움이 될 수 있도록 가급적 직접 대화를 하는 것이 좋다.
- 상담에 있어서는 정중하고 신중한 대화자세가 필요하며, 향후 잠재 구매자가 될 가능성이 있음을 감안하여, 상세하게 구매자와의 상담내용을 기록해야 한다.
- 계약서의 작성에 있어서는 표준 계약서와 첨가 계약서가 있는데, 특히 첨가 계약서는 당사자들끼리 협약하는 사항으로서 매우 주의해서 계약해야 한다.
- 기술제품이나 투자재의 경우 성공의 비결은 조작하기 쉬워야 하며, 제품은 요구 사항을 정확하게 충족시켜야 할 뿐 다른 사항은 신경 쓸 필요가 없다.
- 미국 사람들은 시간을 낭비하지 않고 능률적으로 진행하기를 좋아하므로 날씨와 같은 간단한 대화로 분위기를 좋게 한 후 상담을 바로 시작하는 것이 좋다. 상담내용은 간단한 것부터 복잡한 것에 이르는 것이 좋으며 만일 상대방이 잘 이해를 못할 경우에는 내용을 종이에 간단히 쓰거나 그림을 그리면서 핵심적인 사항을 이해시키는 것이 필요하다.

주의할 점으로는 첫째, 미국인들은 어려서부터 신용의 중요함을 배우고 있어 말로 한 약속도 계약서를 작성한 것과 동일하게 생각한다. 따라서 상대방이 요구하는 사항에 대해서 자신도 모르게 말로 승낙을 하지 않아야 한다. 둘째, 구매자의 서신에 대하여는 반드시 답장을 하는 것이 중요하다. 한국기업에 대한 많은 불만 중의 하나는 Letter(FAX) 발송에도 불구하고, 회신이 없는 경우이다. 반드시 이루어야 할 비즈니스가 있을 경우에는 사전에 정확한 정보교환 후 'Face to face'에 의한 상담이 성과가 높다. 셋째, 항상 구매자 입장에서 생각하면서 상담을 하는 것이 중요하다. 구매자와의 상담은 분명이 제로섬 게임을 하고 있는 것이지만 신뢰구축을 통한 상담이 장기적으로 구매자와의 거래관계를 이어가는 유일한 방법이다. 넷째, 최소 주문량을 높게 설정하는 것은 바람직하지 않을 수 있다. 대부분의 초기 주문은 Trial Order로서 다품종 소량주문일 가능성이 높으며, 거래 결과를 통해 추가 주문이 늘어나는 방식이 일반적이다. 다섯째, 가격정보를 보내면서 가격대비 품질이나 AS 또는 기타 가격 차이를 보완할 장점들을 함께 보냄으로써 가격에만 집중하지 않도록 유도해야 한다. 마지막으로 미국을 방문하기에 가장 적절하지 않는 시기는 추수감사절과 연말연시 기간이다. 동 기간에 직원들은 장기휴가, 업체들은 대부분 장기휴무에 들어가므로 방문계획 시 일정을 조율하여 업무에 차질이 생기지 않도록 한다.

2) 멕시코

멕시코는 33개 중남미 국가 중에서 가장 큰 수입시장으로 분류되지만, 거래가 성사되기까지는 상당한 기간이 소요되므로 끈기를 가져야 한다. 일반적으로 멕시코는 7~8월 및 12월은 휴가시즌이며, 부활절 기간도 대표적인 휴가기간이다. 또한 멕시코 사람들은 점심을 오후 3시경에 먹는다. 관공서를 비롯한 대부분의 직장이 아침 8시에 시작해서 오후 3시에서 4시 사이에 퇴근을 하는 경우가 많다. 현지 출장과 거래 상대방과의 미팅 시에 이 시기와 시간을 염두 해두어야 한다.

멕시코인들의 전반적인 기질은 대도시에 거주할수록 상당히 타산적인데 이는 미국의 영향이 크다. 중소도시나 시골에 거주하는 멕시코인들은 아직도 순수하고 정이 많은 전통적인 원주민 기질을 가진 사람들이 많으나 멕시코시티 사람들은 지나치게 셈이 밝고, 평소에 친분관계를 잘 유지하다가도 금전적인 문제가 대두하면 냉정하게 등을 돌리는 경우가 많아 주의가 요망된다. 참고로 지방 사람들은 멕시코시티 사람들을 칠랑고(Chilango)라고 부르기도 하는데 여기에는 다소 경멸하는 뜻이 있으므로 호칭에 유의한다.

(1) 비즈니스 에티켓

① 방문매너

멕시코인들은 약속이행에 대한 책임감이 별로 없어 약속장소에 늦게 나오는 경우가 다반사로 멕시코에서는 보편화한 일이므로 화를 내서는 안 되며 침착한 태도로 대화할 필요가 있다.

바이어를 처음 만나 악수할 때 너무 세게 손이 아플 정도로 꽉 쥐면 실례가 되지만 전혀 힘을 주지 않고 가볍게 악수하면 신뢰감을 주지 못하므로 반드시 적당한 힘을 실어 악수를 해야 한다.

② Lady First의 일반화와 유머

멕시코는 남성우월주의인 마치스모(Machismo)가 지배적인 사회이나, 매너에 있어서는 서양식의 여성존중 예절이 발달하여 Lady First의 관습이 보편화되어 있다. 먼저 도착했어도 상대가 여성이면 상대가 올 때까지 서서 기다려야 하며, 엘리베이터 등도 이와 같이 필수임을 기억하자.

비즈니스를 시작함에서 유머의 중요성은 아무리 강조해도 부족함이 없다. 특히, 멕시코인의 특성상 첫 대면에서 상담을 부드럽게 진행하기 위해서는 한두 마디의 유머가 꼭 필요한데, 유머는 곧 상술이다.

성공적인 상담 분위기를 연출해내기 위해서는 상담을 본격 시작하기에 앞서 멕시코의 훌륭한 기후조건, 문화유적, 카리브의 아름다운 해변, 친절성, 테킬라와 코로나 맥주의 한국 내에서의 인기, 멕시코 여성의 아름다움, 마리아치스의 낭만 등 다양한 소재를 이용한 이야기로 분위기를 부드럽게 바꾼 뒤에 본론으로 들어가는 것이 바람직하다.

③ 인사매너

멕시코 사람은 상대방의 기분을 맞추어 주는 인사치레의 말을 매우 즐겨한다. 하찮은 도움에도 "Muchas gracias"(Thank you very much)를 연발한다. 이는 어려서부터 몸에 밴 습관이며, 남을 기분 나쁘게 하는 일을 극히 꺼리는 문화에서 나온 산물이다. 따라서 이들의 눈에는 여간해선 고맙다는 인사를 하지 않는 동양인들이 무례한 사람들로 비치는 경우도 흔히 발생한다.

④ 선물매너

남의 집을 방문하거나 초대를 받으면 선물을 준비하는 것이 일반적이다. 통상 크리스마스 및 연말에는 친구, 친지, 거래처들에 선물을 돌리는 관행이 있으나 결혼식, 장례식 등 행사에 돈으로 부조하는 관습은 없다. 선물로는 인삼차나 품위가 있는 조그만 자개함, 전통인형, 토속적인 장식품이 좋다. 또한, 각 기업에서 통상 사용하는 기업의 로고가 인쇄된 만년필, 골프공 등의 선물도 좋다. 상대 고객의 비서나 안내원 등 실무를 하는 사람들의 도움을 받는 경우가 많은데 이런 때를 위해 조그만 지갑이나, 열쇠고리 등 작은 선물을 준비해 두면 요긴하게 사용할 수 있다.

⑤ 식사매너

식사 시에는 소리를 내면서 먹지 않는다. 멕시코뿐만 아니라 서양 사람들은 식사 할 때 후루룩 소리를 내면서 먹지 않는데 소리를 내면서 먹는 것은 교양 없는 행위로 여긴다. 그러나 한국인은 대체로 소리를 내면서 그것도 재빨리 먹어 치우는 경우가 많아 상대방을 당혹스럽게 하는 경우가 있다.

멕시코 사람들은 성격이 급하기는 하나 식사 시간만큼은 매우 느긋하다. 음식을 찬찬히 맛보며 즐기는 멕시코 문화와 서둘러 한 끼 때우는 한국의 문화 차이로 치부할 수도 있겠지만 상담을 성사시키거나 관계를 지속하기 위해서는 이들의 문화를 존중하고 이에 따르는 것이 바람직하다.

(2) 비즈니스 관리

① 에이전트 확보와 시장관리 및 제품관리 중요

멕시코에 진출하길 원한다면 전국적인 배급망을 지닌 안정적인 대형 에이전트 확보가 중요하다. 그러나 수출업체의 지원만 요구하는 수가 많아서 철저한 관리가 요구된다.

멕시코는 저소득층이 많아 일반적으로 가격시장을 형성하고 있으며 저가품 선호도가 높다. 따라서 저가품시장과 고가품시장을 분리하고 제품도 고가품과 저가품을 차별화해야 한다. 한국산은 무조건 싸다는 식이 아니고 이 모델은 무엇 때문에 싸고 저 모델은 무엇 때문에 비싼지 명확한 이유를 가지고 판매활동을 해야 한다.

② 스페인어 습득 필수

멕시코와 거래한다면 간단한 회화라도 스페인어로 대화를 나누면 한결 상담 분위기가 부드러워지므로 스페인어를 습득하는 것이 도움 된다. 멕시코는 미국과 지리적으로나 경제적으로 밀접한 관계를 유지하고 있으나 예상 외로 영어소통이 원활치 못하다. 따라서 대부분의 구매자가 외국 수출상과 상담을 하고자 할 때에는 스페인어 통역을 대동해 주기를 희망하는 경우가 많다.

(3) 계약 시 주의사항

① 잘못을 인정하지 않는 문화

멕시코 사람들은 여간해선 잘못을 인정하지 않는 습관이 있다. 이는 자신의 잘못을 인정하는 것을 큰 수치로 여기며, 잘못을 인정하면 자기 신상에 피해가 올 수 있다고 생각하는 식민지 시절부터의 뿌리 깊은 문화적 소산이라고 할 수 있다. 따라서 멕시코 바이어와의 거래 도중 문제가 발생하면 상대방에게 명백한 잘못이 있다 하더라도 잘못을 인정하도록 심히 추궁하는 것은 바람직하지 못하다. 상대방의 기분을 상하지 않도록 배려해 주면서 문제를 풀어나가려는 마음 자세가 필요하다.

② 불분명한 시간개념과 관행

멕시코 바이어와 접촉하다 보면 "아오리따"(Ahorita)라는 말을 흔히 듣게 되는데, 이는 "지금 즉시", "지금 바로"라는 의미로 번역되는 말이나 실제로는 그렇지 않은 경우가 많다. 아오리따라는 말을 액면 그대로 받아들이다간 사안이 급박한 경우에는 낭패를 볼 수 있기 때문에 상대방의 기분을 거스르지 않도록 하는 범위 내에서 시점을 명확히 파악해 두는 것이 필요하다.

멕시코 사람들의 신뢰도는 물론 사람 나름이지만 보편적으로 상당히 떨어지는 편이다. 약속 이행을 안 하는 경우가 많고 상담 시에는 곧 거래할 것 같이 말하다가 언제 그랬느냐는 식으로 묵묵부답인 경우가 많다.

또한, 멕시코 사람들은 No라는 대답을 별로 안 하는 편이다. 따라서 전화로 대답해 주겠다고 하고 전화를 하지 않고, 이쪽에서 전화하면 항상 자리에 없으며, 메시지를 남겨 놓아도 연락이 없는 경우는 대답이 No라고 보면 거의 틀림없다. 아울러 거래 시작을 위한 교신에서도 당장 본인이 급하지 않으면 회신하는 데 상당히 소극적이기 때문에 급한 성격을 보유한 한국인으로서는 다소 답답할 수 있으므로 이 점을 참고해야 한다.

멕시코 시장이 중남미 국가 중에서는 가장 큰 수입시장이지만, 미국 등 선진국 시장보다 소량주문이 많으므로 이에 대한 대응이 필요하며, 거래까지 성사되는데 상당한 오랜 기간이 소요되는 일이 많으므로 끈기를 가지고 거래에 임하여야 한다.

③ 신용조사 및 대금결제

멕시코인들은 값을 깎으려 하는 경향이 강한데 이를 전혀 들어주지 않으면 융통성 없는 사람이라고 다음부터 상대하려고 하지 않으므로 처음부터 가격을 고집해서는 안 된다. 가격을 제시한 후 가격인하 요구를 받으면 못 이기는 척 할인해주는 상술이 필요한데, 처음부터 터무니 없는 가격의 제시는 아예 상담을 포기할 수 있으므로 유의해야 한다. 또한 거래업체에 대한 사전 신용조사를 철저히 할 필요가 있다. 필요한 자료를 요청하여 조사하고, 의문사항은 업체에게 구체적인 답변을 듣는 것이 좋다. 만일의 사태에 대비하여 매매계약서, 발주서, 인보이스, 물품 인수증 등의 서류를 철저히 관리해야 한다.

멕시코는 신용장 개설이 까다롭기 때문에 대부분 바이어들은 외상거래를 우선 내세우는 경향이 크다. 멕시코는 높은 금융비용으로 D/A, D/P거래 방식을 선호하며, 통상 60~90일의 D/A를 요구하는 경우가 대부분이다. 그러나 많은 경우 T/T 방식의 선금거래에도 익숙하기 때문에 계약 시 50%, 선적 시 50% 등 T/T 방식으로 계약을 선금거래로 유도하는 것이 바람직하다.

3) 브라질

최근 지카바이러스 확산, 2016년 지우마 호세프 대통령 탄핵, 헤알화 폭락 등 정치·경제·사회 불안으로 현지의 상황은 좋지 않지만, 브라질은 인구와 면적이 세계 5위에 달하는 등 남미 최대 경제대국으로 꼽힌다. 브라질 구매자와는 처음에는 소량거래를 시작으로 신용을 쌓은 뒤에 물량을 늘리는데 이렇게 신뢰가 쌓이면, 웬만한 경우가 아니면 거래처를 바꾸지 않는다.

경제와 사회 측면에서 특징 중 하나는 친인척이 하나의 회사 또는 지역의 정치 및 경제를 주름잡는 이른 바 'Family'주도형 사회 모습을 띄고 있다는 점이다. 특히 비즈니스면에서는 친인척을 포함한 'family'와 경제-사회-교육적 배경이 상당히 중시되고 있는 상황이어서 어려운 거래라 할지라도 잘 짜여진 인맥을 활용하면 의외로 쉽게 해결할 수 있다.

(1) 비즈니스 에티켓

① 시간약속

비즈니스를 위한 시간 약속은 보통 2주전에 하되 식당이나 술집보다는 사무실을 선호한다. 단, 하루에 두 개 이상의 약속을 하지 않으려 하므로 오전 10시 경, 오후는 점심시간이 끝난 뒤 3시경이 좋다. 브라질 사람들은 대개 약속시간 개념이 희박한 것으로 알려져 있으나 상파울루와 같은 대도시의 비즈니스맨들은 시간엄수를 상대기업의 평가 잣대로 간주하기도 한다. 그러나 리우 데 자네이루의 경우 이따금 상대방을 약속장소에서 한 시간 이상 기다리게 하는 경우도 있다. 그들은 상대방이 약속시간에 늦는 것을 대체적으로 이해하는 편이지만 첫 거래 고객일 경우 가급적 시간을 엄수하는 것이 좋다.

아울러 휴일이나 축제기간에는 약속을 피해야 한다. 브라질은 연말부터 이듬해 2월 말까지 여름휴가와 카니발 축제기간이다. 평상시 브라질 비즈니스맨들은 금요일 오후부터 사실상 업무에서 손을 놓고 가족이나 친구들과의 약속을 정하거나 여행을 계획하므로 이럴 때 비즈니스 약속을 정하는 것은 사생활 침해처럼 받아들여 질 수 있다. 또한 사전 약속 없이 상대방의 사무실을 불쑥 방문하는 것은 예의에 어긋나는 행동이다.

② 식사매너

식당에서 만날 때는 항상 고급 식당을 예약하는 것이 좋다. 식사 중에는 가벼운 주제로 얘기하는 것이 좋으며 상대가 먼저 비즈니스 얘기를 꺼내지 않는 한 먼저 비즈니스 얘기를 하는 것은 좋지 않다. 소리 내어 음식을 먹는다거나 트림을 하는 것을 무척 싫어한다. 식사 전에 먼저 손을 씻으며 손으로 음식을 집는 일은 거의 없다. 포크와 나이프를 사용하되 음식을 먹을 때나 음료수를 마실 때는 냅킨을 이용하는 것이 좋으며, 식사 후나 공개석상에서 이쑤시개를 사용하는 것은 예의바른 행동이 아니다. 상대방을 파티나 식사에 초대할 때는 음식이나 음료수를 가져오라든가 제 시간에 맞춰오라든가 또는 파티가 언제 끝날 것인지를 사전에 알리는 것은 이곳에서는 예의가 아니다.

③ 복장매너

어떤 경우든 고급스러운 옷은 그 사람과 회사의 이미지를 높이는데 한 몫 할 수 있다. 브라질 여성들은 대체적으로 야한 옷을 입는 편이므로 여성의 경우 상대방과 너무 비교되는 보수적인 차림을 하는 것은 오히려 바람직하지 않다.

비즈니스 복장은 남성은 넥타이를 맨 짙은 색의 정장차림이 좋으며, 고위인사는 업무시간동안 three pieces를 즐겨 입는 반면 two pieces는 일반 직원들이 입는다. 구두나 손톱 등도 잘 다듬어 깨끗한 이미지를 주는 것이 좋다. 여성들은 직위고하를 막론하고 정장차림을 하는 것이 보편적이다.

함께 여행을 가거나 가족단위로 야외에서 만날 때는 운동화에 반바지 차림도 무난하다.

④ 인사 및 대화

여러 사람과 같이 만날 때는 가능한 한 그 자리에 있는 모든 사람과 각각 인사를 나누도록 한다. 브라질 사람들 사이에서는 형식을 갖춰 인사를 나누는 것이 습관화되어 있지 않고 또 차림새를 봐서는 사장이나 일반 직원을 구분하기가 쉽지 않을 때가 있다. 이따금 평범한 만남의 경우 고위직 인물이 오히려 평상복 차림을 할 때가 많다. 인사는 처음 만날 때는 남녀 모두 보통 악수를 나누며 친근해지면 여자의 경우 상대의 양 볼에 살 짝 키스를 나누고, 남자는 악수 또는 서로 껴안고 등을 토닥거린다.

주의사항으로는 상대와 가까이 앉거나 서서 대화 나누기를 좋아하므로 대화 시 거리를 유지하는 것은 피해야 한다. 일반적으로 축구 등 스포츠 얘기를 즐기지만 사람마다 다르고, 드물지만 축구를 싫어하는 사람도 있음을 기억해야 할 것이다. 아울러 종교나 정치얘기는 상대가 먼저 꺼내지 않는 한 하지 않는 것이 좋다.

⑤ 인맥 및 선물

브라질은 근본적으로 '가부장적 대가족' 국가라 할 수 있다. 즉, 각 지방의 정치와 경제계에는 기업가와 정치인들의 인맥이 무엇보다 중요하게 작용하고 있으며 이들과의 인맥형성은 비즈니스의 성공여부에 큰 변수가 되기도 한다. 예를 들어 지방유지 또는 정치인의 친인척에게 자사의 고위직을 제안하는 것도 하나의 방법이 된다.

브라질 사람들은 처음 몇 번 만날 때까지는 별로 선물을 교환하지 않는다. 너무 고가의 선물은 자칫 '다른 의도'로 비춰질 수 있음으로 가급적 피하는 것이 좋으며, 10달러 이하의 가격이 적당하다. 선물도 진심이 담긴 거라면 굉장히 좋아한다. 선물을 주는 시기는 초대받은 장소나 보통의 만남 때가 좋다. 선물의 종류로는 품질이 좋은 위스키나 포도주 또는 유명 메이커의 펜, 전자수첩, 한국 풍의 전통 공예품도 권할 만하다.

(2) 비즈니스 관리

① 협상 스타일 및 계약상 관행

브라질 사람들은 여타 라틴아메리카 사람들과 마찬가지로 접근하기는 쉬워도 상호신뢰 관계를 이루기에는 시간이 걸린다. 흔히 브라질 사람들이 친절하고 개방적이며 낙천적 성격을 가지고 있어서 쉽게 가까워질 수 있다고 하지만 그 이상의 관계발전을 위해서는 많은 시간과 노력이 필요함을 알아야 한다. 일단 신뢰가 구축되면 10년 이상이라 할지라도 한 counterpart만 고집할 정도로 우직한 면이 있으므로 상호 신뢰구축은 브라질에서도 비즈니스의 성공을 위한 지름길이 된다.

브라질 비즈니스맨들의 협상 태도는 자못 거칠게 느껴질 수 있다. 터무니없는 가격의 인하는 협상상대를 무시하거나 협상대상인 상품의 하자 때문이 아니라 상대방의 마지노선이 어디까지인가를 염탐하기 위한 것임을 명심해야 한다. 또한 이러한 자세에 말려들지 않기 위해서는 상품가격에 충분한 마진을 추가로 산정하여 제시하는 것이 좋다. 가격협상 동안 브라질 사람들은 자신들의 목적을 달성하기 위해 끊임없이 자기주장을 펴는 경향이 있으므로 충분한 인내와 시간을 가지고 임해야 한다.

국내업체가 상담을 마친 뒤 메일을 보냈는데 연락이 없다면 포기하지 말고 지속해서 연락을 취하는 것이 좋다. 브라질 사람은 남미 특유의 여유로움이 있어 업무처리가 신속하지 않은 관계로 수차례 연락해 겨우 회신만 받는 경우도 흔하다.

② 대금결재

계약 관행상으로는 브라질은 세계에서 이자율이 가장 높은 국가 중 하나로 외상거래가 일반화되어 있다. D/A, D/P 등과 같은 방식을 선호하는 것이다. 따라서 상담 시 융통성 있는 상담자세가 필요하며 초기 진출에는 현금거래를 추진하되 동시에 무역보험공사를 통한 보험가입을 병행해야 한다. 만일의 사태에 대비해 업체의 신용상태를 파악하는 것도 좋다.

③ 비즈니스 관습

브라질 사람들은 우리만큼이나 외양을 중시함으로 출장 시에는 가급적 좋은 호텔과 고급 차를 이용하고, 상대방과 직접 만나 사업 얘기하는 것을 선호함을 기억해야 한다. 팩스나 전화 또는 e-mail 등은 간단한 시간약속이나 안부인사 또는 간단한 서류송부용으로 제한하고 가격결정과 같은 중요한 의사결정은 직접 만나서 하는 것이 좋다. 비즈니스 상담 초기에는 자사의 규모나 능력을 과장해서 말하는 경향이 짙으며 자신의 요구사항에 대해서는 천천히 그리고 아주 집요하게 주장한다. 협상에 있어서는 상호 친분과 신뢰관계를 중요 시 하기 때문에 협상 팀을 자주 교체하는 것은 지양해야 한다. 친분관계를 중요 시 하는 만큼이나 서류도 중요시 함으로 계약할 때 모든 내용을 상세히 기록한다. 한편 계약서류 작성, 통관수속 등은 가급적 현지 브라질 대행업체(데스빠샨찌 Despachante)를 이용하는 것이 좋다. 브라질의 시장개방이 본격적으로 이루어진지가 불과 10여년 남짓하므로 무역절차의 상당부분이 아직 관료적이며, 브라질 수입업체 역시 자세한 무역절차를 모를 때가 많아 상당 부분 대행업체를 이용하고 있으며, 이 같은 제도가 사회전반에 걸쳐 활성화되어 있다. 또한 현지 수속대행업체 뿐만 아니라 법률자문이나 회계 등도 현지 브라질사람을 이용하는 것이 좋은데 이들은 여타 외국인 법률회사나 회계사에 대해서는 일종의 거부감을 갖고 있다. 아울러 오랫동안 식민 지배를 받으며 수탈 당해온 브라질은 단기 수익을 위해 브라질로 진출하는 기업에 대해서는 냉혹하리만치 홀대하고 있다는 점을 상기하여야 한다.

4) 기타 중남미

(1) 파나마

파나마는 과테말라, 엘살바도르, 온두라스, 니카라과, 코스타리카 등으로 이뤄진 중미경제통합 상설사무국(Secretaría de Integración Económica Centroamericana, SIECA)의 관문으로 거래가 성사되면 주변 중미 국가에도 수출되는 이점을 가진 시장이다. 우리나라 정부도 2016년 8월 SIECA와의 FTA 5차협상을 진행함에 따라 국내 업체의 관심이 높아지는 추세다. 우선 파나마는 나라가 협소한 관계로 미국 등 선진국보다 소량주문이 많아서 초반 거래의 경우 큰 규모의 거래는 기대하기 힘들다.

① 호칭

파나마 사람은 다른 대부분의 중남미 사람들과 마찬가지로 호칭을 중시한다. 현지에서의 호칭은 사회적 신분이며 자존심의 표상으로도 생각하는 사람도 있다. 파나마를 비롯한 중남미 국가나 스페인 등에서는 이름 앞에 반드시 학위를 붙여서 명함을 제작하며 이름을 부를 때 학위만으로 부르는 경우가 많다.

② 약속

시내 교통체증이 매우 심해 약속시간에 늦는 것을 현지에서는 당연하게 받아들인다. 적어도 약속시간 30분 정도까지는 기다려 주는 것이 좋으며 한 시간 이상 늦게 나타나는 경우도 다반사이니 이를 두고 확대해석할 필요는 없다.

③ 대금결재

결제방식으로는 D/A뿐만 아니라 D/P조건의 거래를 요구하는데 이런 거래는 주로 원단거래에서 많은 편이다. 원단을 거래할 경우, D/P 조건으로 계약을 체결한 뒤 보통 5~10% 정도의 선수금을 지급하고 수출상이 물건을 선적한 후 추심은행이나 현지 에이전트 등을 통해 B/L 등 서류와 수입대금을 교환한다. 국내 업체가 시장가격의 변화가 심한 품목을 D/P 방식으로 거래해야 한다면 가능한 한 선수금

20% 이상을 요구하는 것이 좋고 시장가격의 변화를 예의 주시해 물건을 선적하는 것이 필요하다.

(2) 베네수엘라

베네수엘라 시장은 규모가 그리 크지 않으며, 수입에 종사하는 사람들이 항시 필요한 정보를 교환하고 있는 관계로 신용상의 문제를 야기시킬 경우 해당기업은 말할 나위도 없고 동종기업들도 배척을 받는 경우가 많다. 따라서 베네수엘라의 거래에 대한 자세나 기질적 특성을 잘 파악하고 거래하는 것이 중요하다.

지정학적으로 미국 및 유럽산 제품에 익숙해져 있고 보수적인 편이므로 수입선을 쉽게 바꾸거나 처음부터 대량주문을 하는 경우가 거의 없으므로 소량주문을 통하여 시장을 익히고 품질을 현지시장에 인식시켜야 시장 확대가 가능하다. 베네수엘라에서는 가격이 우선시 되며, 대금 결재조건 및 납기일도 비즈니스를 결정하는 중요한 요건이다.

(3) 중남미 국가들의 전반적인 특성

① 가족기업 및 대인관계

대부분의 중남미 기업은 가족단위로 구성되어 있다. 아버지가 사장이면 아들은 부사장을 맡는 등, 회사 임원은 가족 및 친지로 구성되어 있다. 따라서 중남미 기업은 연줄, 인맥이 중요하다고 할 수 있어서 원만한 대인관계의 형성이 매우 중요하다. 중남미 사람들은 신뢰가 가야 사업을 할 수 있기 때문에 상대방과의 업무상 거래를 시작하려면 인간관계 구축을 위해 많은 투자를 한다.

하지만, 한번 신뢰관계가 형성되면 친해진 만큼 구두상으로 약속이 오고 갈 수 있으나 모든 것을 구두상으로 하지 않고, 큰 사업일 경우 문서상의 계약이 형성되어야 할 때에는 신중하게 계약서를 검토하는 관계로 빠른 것을 좋아하는 우리나라 사업가들로서는 인내심이 필요한 부분도 있다.

② 보수적인 중남미

앞서 언급한 바와 같이 중남미 사람은 보수적이라 할 수 있다. 물론 중남미도 세계화 물결로 인해 세계의 많은 물품을 보고, 사고, 느끼며 해외의 여행자도 많이 늘어나면서 세계에 개방되고 있지만, 아직까지는 보수적인 면이 더 짙다고 할 수 있기 때문에 새로운 것을 받아드리는데 시간이 많이 걸릴 수 있다. 모르는 것에 대한 경계심이 있기 때문에 중남미에 신제품을 선보이려 하려면, 상당한 시간의 홍보는 필수라 할 수 있다. 하지만 일단 이러한 경계심이 수그러지고, 가격과 제품의 품질이 인정된다면, 메이커에 관계없이 그 상품을 구입한다.

③ 커뮤니케이션

중남미 사람들도 말하는 것을 매우 좋아한다. 그러기에 대화 중간이 침묵이 흐르면 나쁜 쪽으로 오해할 수 있기에 이 점을 유의해야 한다. 요즘은 중남미 기업가도 해외 유학이나 해외여행 경험이 많기 때문에 영어를 잘 구사하는 사람도 있지만, 아직까지는 영어 구사를 잘 못하는 사람들이 더 많다. 자국의 전통 및 문화 보존에 대한 자부심이 강한 면이 많아 자국 언어(스페인어, 포루투칼어) 외에 외국어에 대한 관심도가 다른 지역 국가에 비해 많이 떨어지기도 하다. 그렇기 때문에 이들 기업가를 상대할 때 현지어를 구사한다면, 우선 중남미에 대한 관심도를 보일 수 있고, 대인관계 및 신뢰 형성을 구축할 수 있는 매우 중요한 기회일 수 있다.

하지만, 상대방이 영어를 구사할 수 있다면, 영어로 꾸준히 대화를 나누고, 상대방이 영어를 전혀 구사하지 못할 경우, 통역사를 통해 대화를 꾸준히 이어가는 것이 매우 중요하다. 언어를 더 풍부하게 하기 위한 제스처 사용도 매우 다양하다. 그렇기 때문에 감정표현의 폭이 넓다. 중남미인과 대화를 할 때 유의해야 할 점은 상대방과 대화를 할 때에 눈을 보며 얘기해야 한다는 것이다. 상대방의 눈을 보며 대화를 나누는 것은 서로 진지하고 진솔하게 얘기하기 때문에, 이런 시선을 부담스러워 다른 것을 보고 얘기한다면 신뢰구축에 문제가 생길 수 있다.

④ 식사매너

사무실에서의 업무가 끝나면 저녁식사 초대가 일반적이며, 대부분 레스토랑에서 식사를 하는데 중남미 기업가는 부인과 가족을 데리고 올 때도 있다. 이럴 경우 남자가 문을 열어주고, 여성이 먼저 들어가라는 신호는 주는 것이 예의이다. 중남미에서는 남성우월주의가 지금은 사회병폐로 부작용을 일으키는 부분도 있지만, 어떤 면에서는 여성에게 향한 배려로 표출된다. 식탁에 앉을 때에도 여성이 먼저 앉게 배려한다.

식사 시에는 많은 이야기를 나누는 것이 상대방의 신뢰를 쌓는데 많은 도움이 되지만 입에 음식물이 있는 상태에서 말하는 것을 중남미에서는 예의에 어긋나는 것으로 간주하기 때문에, 식사 중 이야기를 나눌 때 주의해야 한다.

⑤ 복장매너

중남미에서는 기후의 영향도 있지만, 유니폼(큰 기업)이나 정장, 캐주얼(너무 예의에 어긋나지 않는 것) 등 모두 허용한다. 그렇기 때문에 중남미 거래처 관계자가 반팔 셔츠에 청바지를 입고 미팅장소에 나올 수 있지만, 이것을 예의에 어긋난 것으로 오해하면 안 된다.

⑥ 업무시간

기후에 영향을 받아 시원한 오전 일찍 업무를 시작하고, 가장 더운 점심시간에 siesta(낮잠시간)로 활용하고, 다시 업무에 복귀하여 저녁에 퇴근하는 것이 일반적이다. 하지만, 급격히 변해 가는 요즘 시대에 중남미에서도 siesta가 전과 같이 행해지고 있지는 않다.

일반적으로 업무시간은 오전 8시에서 12시, 점심시간은 12시에서 2시 사이이며, 다시 2시에서 5시까지 근무한다. 사무업무는 대부분 5일 근무제를 시행하고 은행의 경우, 일부 국가에서는 오후 업무를 2시에서 7시까지, 토요일도 오전까지 근무를 한다. 보통 점심시간에도 교대로 근무하기 때문에 일반적으로 그 시간대에 업체를 찾아가도 사무실에 사람이 있다.

2. 중동

1) 이란

이란은 8,000만 인구의 큰 내수시장과 풍부한 천연자원, 완성차 등 제조업 기반을 갖추고 있어 중동 제1의 수출시장 및 진출거점으로 부상할 잠재력을 가지고 있다.

최근 경제제재가 해제[1]되면서 국내 무역사절단이 대규모로 방문했던 이란을 두고 아랍의 일부라고 생각하면 낭패를 보기 쉽다. 이란의 모국어인 페르시아어는 아랍어와 완전히 다를뿐더러 시아파 중심이기 때문에 수니파 중심인 타 이슬람 문화권과 다른 분위기가 존재한다.

1) 2015년 7월 미국 등 주요 6개국과 이란 간에 체결된 포괄적 공동행동계획이 발표되고, 2016년 1월 1일 경제, 금융 제재조치가 전격 해제됨.

이슬람 율법에 따라 남녀의 구별, 여성의 사회진출, 종교적 특성으로 인한 음식의 제한 등이 따른다.

(1) 비즈니스 에티켓

① 복장매너

이란은 이슬람 율법이 지배하는 나라로 외국인(여성)의 경우도 히잡(스카프)를 써야하며 상의는 종아리까지 오는 길이로 엉덩이를 가려야 하며 바지의 경우도 헐렁한 바지를 입어야 한다. 남성의 경우도 반팔은 허용되나 반바지는 허용이 되지 않는다. 남성은 넥타이, 여성은 히잡이 의상과 조화를 이룰 수 있도록 신경써야 한다. 또한 최근에는 덜하지만, 이슬람혁명 이후 넥타이를 매는 것을 금지하기 때문에 법원이나 관공서를 출입할 경우에는 외국인이라도 넥타이를 풀고 출입해야 한다.

② 식사매너

이란의 경우 철저한 이슬람 국가로서 호텔 내 식당 및 레스토랑에서도 돼지고기로 만든 음식 및 주류를 절대 판매하지 않는다. 주로 식사는 양고기 또는 쇠고기를 양파즙으로 양념하여 숯불에 구운 케밥류를 구운 토마토, 양파, 절인 오이, 요구르트, 박하 잎 등을 곁들여 먹는다. 또한 이란인들과 식사를 할 때에는 소리내지 말고 천천히 음식을 먹어야 하며 집주인이 먼저 수저나 포크를 들고 난 후 식사를 시작해야 한다. 식사하는 중에 함께 사회적 이슈에 관해 대화를 하는 것을 좋아하기 때문에 미리 사회적 이슈를 준비하고 식사에 참여하는 것도 좋은 방법이다.

약속된 초대는 지체없이 받아들이는 것이 좋지만 초대하는 측이 무안해 하지 않는 범위 내에서 몇 번은 사양하는 것이 좋다. 평소 관계에 비추어 과하다고 생각되는 호의는 이란 특유의 체면문화(터로프)로 이는 정중히 사양하는 것이 좋다.

③ 선물매너

이란인은 선물을 주고받는 것을 매우 좋아하기 때문에 처음 대면할 때 작은 성의를 보일 수 있는 선물을 준비하는 것이 좋다. 보다 부드러운 상황에서 상담을 하기 위한 식사를 같이하는 것도 좋은데 외국 음식보다는 현지식당(양고기, 케밥 등)을 더 좋아하므로 참고하면 좋다. 이란 관공서의 경우 일 처리가 다소 늦고 처리

과정이 복잡하며 공무원에 대한 뇌물성 선물은 금하므로 주의해야 하나 조그만 선물은 인간관계 형성에 도움을 줄 수 있으므로 태극부채, 열쇠고리 등 한국을 상징하는 선물을 제공하는 것은 무방하다.

(2) 문화적 금기사항

이슬람 교리상 여성은 외부 남성에게 유혹을 낳을 수 있는 부분을 차단하도록 되어 있다. 남편과 부모 외에는 신체를 보여서는 안 되기 때문에 외국인의 경우도 외출할 때에는 반드시 스카프를 쓰고 긴 코트를 입어야 한다. 여성의 노출이 심한 잡지나 카탈로그는 반입이 금지되며 Time지나 한국신문을 가지고 통관할 때에도 노출이 심한 부분은 지우고 통관되고 있을 정도로 규제가 심하다.

현지를 출장 갈 때 돼지고기 및 술의 반입은 절대 불가하므로 주의가 요망되며, 내국인의 경우에는 음주 적발 시 벌금형 또는 태형에 처해지고 있을 정도이다. 팁 문화가 발달된 나라로 호텔이나 식당 등에서는 요금에 팁이 포함되어 있지만 일반적으로 1달러 상당의 현지화를 팁으로 주는 것이 관례화되어 있다. 이란은 이슬람 율법이 지배하는 나라로 상담의 경우, 종교 및 내정에 대한 비판은 삼가야 하며 이슬람 율법을 준수해야 한다. 2500년 역사의 페르시아 후예답게 문화 및 자국에 대한 자부심이 강하므로 비판은 삼가는 것이 좋다.

(3) 비즈니스 관리

① 상담 시 유의사항

모든 것은 신에게 달려 있다는 인샬라 관습 때문에 매사에 느긋해 대부분 약속 시간도 잘 지키지 않으며 이를 중요하게 생각하지 않는 경향이 있다. 상술이 뛰어난 페르시아 상인의 후예라는 점을 잊지 말고, 비즈니스의 경우 모든 경우의 수를 따져서 철저히 대비하는 것이 바람직하며, 사소한 것일지라도 문서로서 증빙을 남겨 두는 것이 좋다. 전화 및 서신으로 일반적인 정보교류 후 비즈니스상의 중요한 결정은 대부분 직접 대면상담으로 결정되며, 특별한 사유가 없는 한 신규업체에 주문하기보다는 기존 거래선과의 거래를 유지하는 성향이 강하다.

거래협상이나 계약 시에는 개인적인 이익보다는 공동의 이익, 즉 사회, 기업, 가족 등의 이익을 중시하는 경향이 있어 협상에 임할 때는 공동의 이익에 대해서 이야기하는 것이 설득력이 있다. 그러나 제품광고에서는 개인에의 유용성을 부각시키는 것이 효과적이며 외국상표가 부착된 물건은 좋은 제품이라는 인식이 강하고 위험을 감수하는 경향이 있기 때문에 새로운 상품을 소개해 보는 것도 좋다.

최초 상담 시 이란 바이어들의 공통적인 요구사항은 가격인하이며, 이는 실제 가격의 합리성 계산에 앞서, 되면 좋고 안 되면 그만이라는 "인샬라(아랍어: ان شاء الله : 알라신의 뜻대로)"식의 사고에 기인한다.

② 계약 체결 시 유의사항

중국에 "만만디 문화"가 있다면 이란에는 "야보시(Slow) 문화"가 있다. 최초 상담 이후 거래성사에 이르는 평균 시간은 최소 1년 정도 고려해야 한다.

이란 시장은 가격, 브랜드, 안면시장으로 정의되곤 한다. 현지 에이전트를 통하지 않고는 진출이 여의치 않은 점을 이용, 현지 구매자들의 경우 최초 수입 상담 때부터 가격인하 조건을 서슴없이 내세우는 경향이 강하다. 일단 가격인하 조건을 수용하면 2, 3차에 걸쳐 계속적으로 가격인하를 요구하므로 최초 상담 시 가격인하 조건을 수용하기보다는 품질 우수성 등을 내세워 합리적인 가격 형성에 각별히 신경을 써야 한다. 이란 바이어의 가격인하 조건을 즉시 수용하더라도 계약 체결로 이어질 가능성은 불확실하다. 그러므로 가격인하 요구 수용보다는 구매자가 제시한 P/I상의 제품과 자사제품 간의 품질 차별화 등을 부각시키는 것이 효과적이다.

국내 공급업체가 가격인하 조건을 수용하고, 적극적으로 공략하더라도 거래 성사 가능성은 극히 낮지만, 현지 구매자가 수많은 공급업체를 상대해 본 후 공급업체 입장에서 바이어를 잊어먹을 만한 시점인 상당한 시간이 경과한 후에 국내 공급업체와 재접촉하는 경우, 거래가능성이 높다(시기적으로는 1~3월 간). 이것은 이란 구매자들이 취득한 I/L(Import License)의 유효기간이 특정거래를 제외하고는 주로 3월인 회계연도 내에 만료되기 때문이다. 만일 동 기간에 수개월 전 만난 구매자가 접촉을 하여, 약간의 가격인하 조건을 요구할 때 수용이 가능한 경우라면, 최소의 범위 내에서 수용 시 바로 신용장이 개설될 가능성이 높다.

참고로, 한국 공급업체는 대개 일정부분의 이윤을 포기하더라도 일단 거래를 성사시키려고 하나 이란 구매자 대부분이 자사창고에 다량의 재고를 보유하고 있어 수입상담의 경우 조급함을 보이지 않고 신중을 기해야 한다.

③ 특수거래(Under Value & Over Value)조건 대응요령

이란 비즈니스맨들과 상담을 하다 보면 부딪히는 문제가 Under Value 및 Over

Value 문제이다. 현지 구매자들의 경우 통상적으로 20~30%의 Over Value를 선호하는데 이 경우는 신용장을 Over Value 금액으로 개설한 뒤, 국내 공급업체가 대금 수취 후 Over Value 분의 금액을 해당 구매자에게 되돌려 줘야 한다. Refund는 주로 바이어의 3국 계좌 입금 또는 Cash 형태로 진행된다. Over Value 거래를 진행하는 국내 업체들의 일반적 대응조건은 아래와 같다.

- Over Value 금액 송금을 위한 은행수수료의 구매자 부담
- Over Value 금액을 기준으로 한 6~10%의 국내 법인세의 구매자 부담
- 국내 법인세가 25%대에 달하나, 상호 거래 파트너임을 감안, 최소한의 경비를 구매자에게 전가

④ 기타 유의사항

비즈니스 시 이란은 아랍의 일부가 아님을 반드시 기억해야 한다. 이란인을 아랍 사람과 동일시해서는 낭패를 보기 쉽다. 이란에서는 이슬람 이전의 아랍의 역사를 무지의 시대(Jahiliyya, 자힐리야)로 구분한다. 이란은 이슬람이 유입되기 전에도 고대 중동 역사의 중요한 축을 이루는 페르시아 문명을 보유하고 있었다. 따라서 이란인들은 국제정세 불안으로 지속된 경제 악화에도 페르시아 문명에 대한 자부심과 긍지를 내재하고 있다. 만약 이란 구매자를 자신보다 문화 수준이 한 단계 낮다고 여기는 아랍 문화권의 일부로 취급하면 거래가 성사되지 않을 가능성이 높다.

언어 역시 이란의 국어인 페르시아어(Farsi)는 아랍어(Arabic)와 완전히 다르다. 페르시아어가 아랍어의 문자를 차용한 후 알파벳 3개를 독자적으로 추가해서 문자 체계를 구성한 것은 사실이지만 이전에도 고유언어를 보유하고 있었기에 문법, 표현, 발음 등은 큰 연관성이 없다. 역사적·문화적·민족적 배경이 다른 사람들을 지리적·종교적 이유만으로 같은 아랍권으로 묶어서 인식하는 것은 상대방에 대한 큰 결례가 될 수 있다.

이란 비즈니스를 위해서는 혼동되는 여러 개념을 확실하게 파악할 필요가 있다. 아랍 혹은 아라비아라는 말은 민족적 개념에서 파생된 단어로, 아랍어를 사용하고 이슬람교를 국교로 정한 나라를 통칭한다. 같은 민족이라는 정신적 유대감을 바탕으로 아랍연맹을 만들어 결속하고 있다. 이슬람은 종교적 개념이다. 비아랍권 무슬림 국가도 분명 존재하므로 이슬람과 아랍을 동일시해서는 안 된다. 이란은 종교적으로 이슬람 국가이며 지리적으로 중동에 속하지만, 민족적·언어적

으로 아랍이 아니다.

우리 기업들은 안정적인 진출을 위해 무엇보다 호흡을 길게 가져갈 필요가 있다. 현지 시장상황과 특유의 비즈니스 관습, 문화를 제대로 이해해야 하며 그들이 정말 원하는 것이 무엇인지 고민하는 현지 경제상황에 맞춘 전략이 필요하다.

우리나라 정상이 현지를 방문했다고 해서 없던 성과가 갑자기 나타날 수는 없다. 이란인들은 중국 상인도 혀를 내두르는 페르시아 상인의 자손들이다. 절대 손해보는 장사는 하지 않는다. 자신의 요구조건, 구매력, 예상할 수 있는 미래의 실질 수익이 명확하지 않다면 누구와도 거래하지 않는다.

기존 거래선이 있다고 '이때다' 싶어 무턱대고 문어발식으로 거래선을 확장하는 것도 조심해야 한다. 이란의 비즈니스 문화는 '의리'를 중시한다. 한 번 맺은 관계가 틀어지지 않는 한 이들은 기존 관계를 유지 및 확장시켜 나가고 싶어 하며 이런 점을 비즈니스 덕목으로 친다.

페르시아 상인의 후손이라고 해서 셈에만 빠른 사람들이라고 생각하면 큰 착각이다. 몇몇 우리 기업은 기존 거래선이나 에이전트를 두고 새로운 파트너를 찾으려다가 이 소식이 기존 거래처에게 알려져 강력한 항의를 받는 등 곤욕을 치르고 있다. 수다스러운 페르시아 상인 사회는 소문 또한 빠르다는 점을 명심해야 한다.

2) 사우디아라비아

2016년 한국의 대중동 수출 국가 중 가장 큰 규모를 기록한 사우디아라비아는 이란과 달리 수니파 중심으로 이뤄져 있다. 이슬람 종주국을 자처하는 사우디는 이슬람 신앙생활을 해치는 돼지고기 판매, 고리대금, 간음 등과 같은 행위에 대해 엄격히 제한하고 있다. 심지어 해가 떠있는 동안 금식을 하는 '라마단'(Ramadan) 기간에는 음식, 음료, 흡연 등이 금지된다. 금식기간 중에 공공장소에서 흡연을 하거나 음료를 마실 경우 현지 무슬림에게 제재를 받을 수도 있어 주의해야 한다.

현지에서는 남자가 여성에게 말을 걸거나 사진 찍는 행동을 삼가야 하며 특히 기혼 여성에게 말을 거는 행위는 큰 문제를 야기할 수 있으므로 조심해야 한다. 현지의 모든 식당은 남성 독신자석과 가족석으로 구분되어 있으며 일부 대형 쇼핑몰에서는 여성전용 쇼핑 층을 마련해 놓거나 휴일 등의 특정 요일에 남성의 단독 입장을 금지하기도 한다.

사우디아라비아 구매자를 만날 때는 대면상담을 하는 것이 효과적이며 상담 시에는 제품에 대한 전문적인 지식, 사후관리 정책, A/S 등 상세한 정보를 제공해야 한다. 사우디 시장은 전 세계 상품이 모이는 완제품 수입시장으로 비슷한 스펙의 제품이 치열하게 경쟁하는 시장이기 때문에 가격에 특히 민감하다. 만약 가격이 맞지 않는다면 10년 간 계약을 해온 회사라도 거래처를 변경하기도 한다.

일반 소매품의 경우 이슬람 최대 명절인 라마단이나 하지(Haji)기간에 소비량이 급증하므로 이에 수입업자들은 명절대목에 맞춰 통상 3~4개월 전부터 수입을 위한 거래를 시작한다. 2015년 저유가로 인해 부채가 급증했지만, 사우디는 대외무역, 외환거래 등이 자유화되어 있고, 은행들의 신용도도 높은 편이다. 하지만 아랍계 은행들의 신용장은 조건이 매우 까다로우며 문구 하나 수정 시 70달러 정도의 하자 수수료를 청구하는 은행도 많다.

(1) 비즈니스 에티켓

① 복장매너

남성은 특별히 복장에 제한이 없으며 근무나 비즈니스 미팅을 할 경우 주로 정장을 착용하거나, 타이를 하고 비즈니스 캐주얼을 입는다. 사우디인은 상대의 복장으로 사회적 지위를 구별하는 경향이 있으므로 비즈니스 목적으로 방문할 때는 네이비, 차콜 그레이 등의 어두운 색의 정장을 착용하는 것이 바람직하다. 여성은 쇄골과 무릎 등을 노출해서는 안 되며, 몸에 딱 붙는 옷은 삼가야 한다.

사우디 남성의 경우 근무 또는 비즈니스의 경우 '토브'라고 불리는 흰색 전통 복장에 머리를 덮는 빨간 체크무늬 또는 흰색 등의 천뿐만 아니라 '쉬박'과 쉬박을 고정하는 검은 링인 '익깔'을 착용한다. 단, 해외 출장 시에는 정장을 착용하는 경우가 많다. 여성은 '아바야'라고 불리는 검은색 전통 복장에 니캅 또는 히잡 등을 머리에 착용한다.

② 인사매너

남성은 악수를 교환하는 것이 일반적인 인사법이다. 현지인들은 친밀도에 따라 가벼운 포옹도 가능하며 아주 친한 경우 양쪽 뺨을 대는 Cheek-Kiss를 하거나 코를 맞대는 '합 쿠슈'을 하기도 한다. 그러나 비즈니스 관계의 바이어라면 악수를 하는 것이 바람직하다. 왼손은 화장실에서 쓰는 손이기 때문에, 보통 악수를 할 때, 물건을 주고받을 때에는 오른손을 사용하는 것이 좋다. Ice Breaking으로 건강, 가족 등의 안부에 대해 얘기를 나눈 뒤 진행되는 경우가 많지만 여자 가족에 대해 묻는 행동은 삼가는 것이 좋다. 명함을 주고받을 때도 역시 오른손으로 건네주고, 명함 한편을 아랍어로 번역하는 것이 좋다.

③ 선물매너

현지 바이어는 비즈니스와 개인적인 친분을 별개로 간주하는 편으로 선물 전달의 효과는 미미한 편이나 간혹 효과를 발휘하는 경우도 있다. 아울러 뇌물은 이슬람에서 금기시 하기 때문에 첫 방문부터 값비싼 선물을 하는 것은 좋지 않으며, 친분을 쌓고 특별한 기회가 될 때 작은 선물을 주는 것이 바람직하다. 선물로는 인삼 제품(인삼차, 인삼 절편, 인삼 농축액 등), 한국전통문양이 들어간 수공예품 등이 적당하다. 또한 바이어의 부인이나 자녀들에게는 선물을 삼가는 것이 좋다.

④ 시간 및 약속

비즈니스 미팅 시 사전 약속은 필수적이며 3주에서 한 달 전에 미리 약속을 정하는 것이 바람직하다. 또한 약속시간을 잘 지키지 않는 경우가 많아 1시간 이상 늦는 경우도 있으며, 약속 자체를 잊는 경우도 있다. 따라서 약속을 정한 이후에도 정기적으로 확인해 약속을 지키도록 유도하는 것이 좋다. 전화, 모바일 폰, 문자 등으로 연락을 해도 안 받는 경우가 많으나 실례가 되지 않는 선에서 약속을 상기시켜주는 것이 좋다. 상대가 약속을 어긴다고 해도 우리나라 기업인들은 반드시 약속을 지키는 것이 좋다.

⑤ 식사매너

사우디 문화에는 손님을 초대했을 때 극진히 대접하는 것을 예의이자 미덕으로 생각해 세 번 이상 거절하는 것은 예의가 아니라고 한다. 통상 비즈니스 목적으로 만난 바이어의 경우, 외국인의 입맛에 맞는 식당으로 초대를 해 식사 대접을 하는 경우가 많다. 이 경우 특별히 유의할 부분은 없으며 식사를 하면서 자연스럽게 대화를 이어나가면 된다. 다만 식사 시 상대방의 사생활에 대해서는 묻지 않는 것이 좋다.

사우디인의 전통음식은 굽거나 삶은 양고기 또는 닭과 쌀을 조리한 '캅사' 또는 '만디'가 일반적으로 바닥에 앉아 맨손으로 식사를 하는 것이 특징이나 외국인들은 식기를 사용해도 문제없다. 다만 손으로 식사를 하는 경우 식사 전에 반드시 손을 깨끗이 씻어야 하며, 오른손으로만 식사한다. 만디는 양이 많으므로 남기더라도 예의에 어긋나지 않는다.

사우디인을 한국으로 초청해 식사를 하는 경우 개, 돼지, 맹수, 맹금류 등을 먹지 않으므로 메뉴에 신경을 써야 한다. 반드시 이슬람식 도축(할랄)이 된 고기만을 먹으며, 술을 권하는 것은 절대로 금지된다. 적절한 메뉴는 소고기, 닭고기, 생선, 채소류이다.

⑥ 방문매너

사우디인은 '사이'라고 불리는 홍차와 계피향이 나는 노란색 아랍식 커피 '카흐아'를 즐겨 마시며, 우리식 커피믹스인 '네스카페'도 즐겨 마신다. 사무실 방문이나 손님 접대 시에도 차를 적극적으로 권하며, 이는 상대방에 대한 친밀감의 표시이므로 가급적 거절하지 말도록 한다. 사무실에서 차나 커피를 마시다 보면 항상 서빙하는 직원이 옆에 대기하고 있다가 거의 무한정으로 권유를 하는데 더 이상 마시기가 거북할 때에는 빈 컵을 들고 좌우로 두세 번 흔든 다음 직원에게 빈 컵을 건네면 더 이상 따라 주지 않는다.

⑦ 제스처

다음은 사우디 사람들과 만날 때 몇 가지 주의해야 할 제스처들이다.

- 타인에게 이리 오라고 팔을 뻗어서 손짓을 할 때, 손바닥이 위를 향하면 모욕적인 표현이기 때문에 손바닥으로 아래로 흔드는 편이 좋다.
- 신발이나 샌들의 밑바닥을 상대에게 보여주는 것은 매우 버릇없는 행동이다.
- 앉을 때에 다리를 꼬지 않는 것이 좋다.
- 관례적으로 카펫이 깔려있는 방에는 들어가기 전에 신발을 벗어야 한다. 확신할 수 없다면 상대방이 리드하는 대로 따르면 된다.
- 턱을 가볍게 때리는 것은 매우 화난 상황에서 쓰이는 행동이다.
- 왼손을 내밀어서는 안 되며, 악수할 때도 두 손보다는 오른손만 내미는 것이 바람직하다.
- 엘리베이터 탑승, 건물, 방 입장 시 보통 오른쪽에 있는 사람에게 양보하는 것이 관례이다.

⑧ 거래진행 및 접촉

사우디 사람들의 의사결정 과정은 굉장히 더딘 편이며 거래 성사를 위해 결정을 재촉하거나 압박할 경우, 연락을 피하는 등 오히려 부작용으로 작용할 수 있다. 우리 입장에서는 적극적인 영업활동도 그들에게는 압박으로 비춰질 수 있으므로 주의해야 한다.

사우디를 비롯한 무슬림들은 '인샬라[알라(신)의 뜻]'를 흔히 사용한다. 이는 긍정도 부정도 아닌, '한 번 지켜보자' 정도로 해석하는 것이 좋으며, 비즈니스 시 긍정의 뜻이 아님에 유의해야 한다.

(2) 문화적 금기사항

사우디는 전역에 걸쳐 간음과 매춘행위, 음주, 돼지고기 판매, 이자놀이 등을 법으로 금하고 있으며, 무슬림 외의 타 종교 전교 관련 행위 및 신앙생활을 해치는 가무나 요란한 음악 등을 금하고 있다. 특히 간통죄는 처형(미혼자는 태형 후 추방), 음주죄는 태형으로 엄하게 다스리며 외국인도 예외가 없다. 또한 부부 이외의 남녀 간 교제나 상호 어울리는 것이 금지되어 있고, 여자 가족에 대한 안부나 관심도 허용되지 않고 있다.

① 외국인도 이슬람 규범 존중 필요

이슬람 사회의 모든 규범의 근원은 코란(Qur'an)이며, 코란을 바탕으로 한 샤리아법과 이슬람의 계율이 법으로 적용되고 있다. 사우디아라비아는 이슬람교의 종주국으로서 무슬림의 다섯 가지 의무를 포함한 이슬람의 계율을 사회규범으로 하고 이를 전국적으로 엄격히 지키고 있다. 사우디를 방문한 외국인이라도 반드시 지켜야 할 법이 있으며, 가급적 존중이 필요한 규범이 있다. 사우디아라비아를 처음 방문하는 경우 우리와는 다른 문화에 불편함을 느낄 수도 있지만, 이슬람이라는 종교를 존중하는 마음으로 받아들인다면 현지인을 이해하고 성공적인 비즈니스 관계를 구축하는데 도움이 될 것이다.

② 무슬림을 위한 에티켓

이슬람의 성월(聖月)이자 금식월인 라마단 기간에는 모든 무슬림들이 해가 떠있는 낮 동안 음식은 물론이고, 물을 마시지도 않고 흡연도 하지 않는다. 사우디를 방문한 외국인의 경우 강제적으로 단식을 해야 하는 것은 아니지만 아랍인 앞에서 음식을 먹거나, 음료를 마시거나, 흡연하는 것은 자제를 해야 한다.

사우디아라비아는 하루 5회의 예배시간(쌀라)이 있는데 보통 1회에 30분 정도이며, 이 시간동안 공공장소에서 예배를 보는 무슬림들도 쉽게 찾아볼 수 있으며, 모든 소매점 및 음식점이 영업을 중단하며, 은행, 공공기관 등도 문을 닫게 된다. 주의할 점은 예배중인 무슬림 주위에서 고성을 지르거나 흡연하는 행위, 기도하는 바로 앞을 가로 지르는 행위 등은 삼가야 한다는 것이다. 또한 사우디아라비아를 방문한 외국인은 이슬람교, 아랍인, 왕정에 대한 비판을 삼가야 한다, 현지 무슬림과 친분을 쌓았다고 해도 이슬람교나 현지문화, 정부제도 등에 비판을 하는 것은 바람직하지 않다.

사우디를 방문한 외국인이라도 반드시 지켜야 할 옷차림이 있다. 남자의 경우 무릎을 드러내는 반바지 등 노출이 심한 복장만 금할 경우 큰 문제가 되지 않는다. 하지만 여성은 손목과 발목 이상을 외부에 노출시켜서는 안 되며, '아바야'(Abaya)라고 불리는 전통 의복을 반드시 착용해야 한다. 사우디 내 전통 무슬림 여성들은 발까지 덮을 수 있는 아바야를 착용하며 장갑을 껴 손을 가리는 경우도 있다. 이를 어길 경우 종교 경찰(무따와)에 의해 제재를 받을 수 있다. 얼굴까지 가리는 것은 가정에 따라 조금씩 다르며, 거리나 상가에 있는 종교 경찰도 여성들이 스카프를 둘렀는지 까지만 확인한다. 최근 여성속옷 가게에 점원을 여성으로 교체하는 규제가 실시되는 등 엄격한 원칙이 적용되고 있다. 직장에서도 여성이 근무하는 경우 사무실에 여성과 남성을 격리해 놓는 것이 원칙이다. 또한 여성은 운전을 할 수 없었으나 2017년 10월 20일 살만 빈 압둘아지즈 알 사우드 사우디 국왕은 남성과 여성에게 동등하게 운전면허증을 발급하는 내용이 담긴 교통법규 조항을 2018년 6월 24일까지 시행하라고 선포함으로 인하여 사우디아라비아에서도 처음으로 여성운전이 허용된다. 도로에서 자전거도 탈 수 없다. 여성이라면, 쇼핑몰 등에서 굳이 남성과 직접적으로 눈을 마주치지 않는 것이 좋다.

③ 종교

사우디아라비아는 이슬람 외에 타 종교 전파행위를 엄격히 금지하고 있으므로 개신교, 천주교, 불교 등의 종교와의 비교 혹은 전파에 대해 언급하는 것은 삼가야 한다. 특히 이슬람교를 비판하는 것은 엄격히 금지되어 있으며, 이스라엘과 교역을 했다거나 이스라엘 원료를 사용해 만든 물건이라는 등 이스라엘과 관련된 사항은 언급하지 않는 것이 좋다.

✲ 라마단

라마단은 이슬람력으로 9번째 달로서, 한 달 동안 무슬림은 해가 떠있는 동안 음식, 음료, 흡연 등이 금지된다. 금식은 신자들에게 인내와 자제력을 가르치고 소외된 사람들을 돌아보게 하는데 목적이 있다. 해가 떠있는 중에는 일체의 음식을 먹거나 마시지 않아야 하고, 해가 진 이후에는 먹을 수 있다. 라마단 기간 중에 외국인은 무슬림 앞에서 음식을 먹거나, 음료를 마시거나, 흡연하는 등 종교생활에 거슬리는 행동을 삼가는 것이 좋다. 금식기간 중에 공공장소에서 흡연을 하거나 음료를 마실 경우 현지 무슬림에게 제재를 받을 수 있다. 금식기간 중에는 호텔의 Room Service도 원칙적으로 금지되어 있다.

④ 할랄

할랄(Halal)은 아랍어로 허용이라는 뜻으로, 주로 이슬람법에서 먹을 수 있는 것을 말한다. 이슬람법에서는 돼지고기, 동물의 피, 알코올성 음료와 취하게 하는 모든 음식, 육식동물과 맹금류 등이 금지되어 있다. 또한 허용된 동물이라도 이슬람식으로 도축된 것이 아니라면 먹을 수 없다. 이때 할랄은 이슬람식으로 도축된 것만 먹을 수 있다는 의미이다. 한국에서 무슬림들을 음식을 대접할 경우에는 할랄이 가능한 식당을 찾아 대접하는 것이 좋다.

[그림 13-1] 이슬람의 할랄 식품광고

3) 터키

터키의 비즈니스 에티켓은 서구와 중동식이 혼합되어 있다고 할 수 있다. 초대를 받거나 상대방의 사무실을 방문하여 커피나 차가 제공되면 적어도 한 잔 정도는 마셔야 한다. 일부 비즈니스맨들은 터키식 식사대접을 하는 경우가 있는데 터키 음식은 우리나라 사람들 입에 맞을 뿐만 아니라 터키인들도 자국음식에 대해 큰 자부심을 갖고 있기 때문에 음식 맛에 칭찬을 아끼지 않는 것도 중요한 에티켓이다.

(1) 비즈니스 에티켓

① 복장매너

소규모 구매자들은 보통 자유로운 복장으로 일하기 때문에, 반드시 양복을 입고 만날 필요는 없다. 하지만 신뢰감을 주기 위해서는 양복을 입는 것이 좋으며, 양복이 아니어도 단정한 차림새는 필수적이다. 대기업 직원들의 경우 대부분 양복을 입고 있으니 한국 업체 직원들도 깔끔한 양복을 갖추는 것이 좋다.

② 인사매너

터키인들은 처음 만난 사람과 주로 악수를 나눈다. 친근한 사이라면 동성 간에도 서로 포옹하고 양 볼에 입 맞추며 인사를 나누기도 하나, 비즈니스 상담 시에는 악수만으로 무난하다. 간단한 터키어 인사를 하는 것도 분위기를 부드럽게 이끄는데 도움이 될 수 있다. 일반 인사: 멜하바(Merhaba), 아침 인사: 규나이든(Günaydın), 오후 인사: 이이귄레르(İyi Günler), 저녁 인사: 이이악샴라르(İyi akşamlar), 밤늦게 헤어질 때: 이이게젤레르(İyi geceler).

③ 선물매너

처음 만나는 바이어에게 부담이 되는 선물보다는 한국에 대한 소개도 하면서 구매자도 부담없이 받을 수 있는 선물이 좋다. 주로 한국 전통무늬가 새겨진 열쇠고리나 휴대전화 액정 클리너 등 부피가 크지 않으면서도 귀여운 디자인의 물품들을 준비하여 대면하는 자리에서 건넨다면 상담을 훨씬 부드럽게 이끌어 갈 수 있으며 좋은 첫 인상을 남길 수 있다.

④ 약속매너

터키에서는 방문 전에 예약이 필수이며, 바이어들이 대부분 바쁘기 때문에 최소 방문 3-4 일 전에는 약속을 하는 것이 좋다. 또한 일부 대기업의 경우는 방문약속을 잡기까지 상당한 시간이 걸리는 경우가 많으므로 최소 1주일 전에는 약속을 확정하도록 한다.

⑤ 식사매너

터키에서의 식사 초대는 그 사람에 대한 호감의 표현이기 때문에, 초대를 받았을 경우에는 특별한 일이 없는 이상 즐겁게 받아들이는 것이 사업뿐만 아니라 개인적 친분을 위해 좋다.

(2) 문화적 금기사항

터키인들은 과거 오스만제국의 후손임을 자랑스럽게 여기고 있고, 국가적인 자부심과 자존심이 대단히 강한 국민이다. 따라서 터키와 터키 사회를 업신여기는 말은 바이어의 반감을 사고 상담결과에도 좋지 않은 영향을 미치므로 조심해야 한다. 또한 종교적인 주제에 민감하게 반응할 수 있기 때문에 피하는 것이 바람직하며 이슬람사회에서 금기 시 하는 돼지고기 요리 등은 권하지 말고 동석하는 한국인들 역시 먹지 않는 것이 좋다.

(3) 비즈니스 관리

터키인들과 상담 시에는 모든 것을 기록에 남긴 후 상대방에게 확인을 시켜야 하며 특히 상대방이 바이어인 경우 지나치게 가격할인을 요구하는 경우 왜 가격할인이 불가능한지를 진지하게 설명한 후 이해를 구하여야 한다. 주문부터 받아놓고 나중에 그 가격으로는 정상적인 상품을 보내지 못하고 불량품이나 함량 미달품목을 보내는 행위는 절대 피해야 한다.

상담을 마쳤으면 가급적 바이어 사무실이나 공장 또는 매장을 방문하는 것이 좋다. 특히 첫 거래인 경우 외상거래는 절대 금물이며 사전 신용조사를 해보고 거래를 시작하는 것이 좋다. 특히 일부 바이어들은 우리 업체들 간의 과당경쟁을 부추기는 경향이 있으므로 우리나라 업체들끼리 서로 손해보는 거래는 반드시 피하도록 하여야 한다.

① 대면상담 중요

터키는 바이어의 신뢰도를 객관적으로 확인할 수 있는 공신력 있는 기관의 정보서비스가 거의 없는 나라이기 때문에 바이어의 신뢰도는 대부분 상담하는 한국업체 스스로 파악해야 한다. 따라서 팩스나 이메일보다는 바이어 사무실이나 공장을 방문하여 직접 만나는 것이 바이어 정보파악 및 거래성사에 유리하다.

② 상담 언어

터키 바이어들의 경우 사람에 따라 영어구사 능력이 크게 차이가 난다. 대부분의 바이어들은 영어로 의사소통이 어려운 경우가 많으며, 특히 중소기업 담당자일 경우 영어 의사소통이 더욱 어려운 편이다. 따라서 방문 약속을 잡을 때 영어구사 여부를 반드시 확인하여 영어구사가 어려울 경우에는 방문하는 한국업체가 통역원을 준비하여야 한다.

③ 바이어 회사 방문

바이어 회사를 방문하여 회사 규모, 영업현황, 종업원 규모 등을 직접 확인하는 것이 중요하다. 이는 바이어의 신뢰도를 가늠할 수 있는 방법이며, 신뢰도에 따라 계약내용이 달라질 수 있기 때문이다. 터키는 무역사고가 많이 발생하는 지역으로 알려져 있다. 바이어의 신뢰도를 확인할 수 있는 객관적인 데이터를 입수하기 어려운 나라이기 때문에 직접 눈으로 확인하는 것이 아주 중요하다.

④ 독점요구에 대한 대응

터키 바이어는 입버릇처럼 독점을 요구하는 경향이 있다. 하지만 계약서에 독점권 명기 후 바이어 실적이 저조할 경우 다른 대안을 찾기가 어렵기 때문에 독점권 부여는 가급적 피하는 것이 좋다. 대신 구두약속을 통해 일정기간 동안 독점적으로 물품을 공급하겠다고 약속하는 것이 좋다.

⑤ 외상거래는 위험

첫 거래에서부터 외상으로 거래하는 것은 대단히 위험하다고 봐야 한다. 외상거래는 양측 간 신뢰가 충분히 쌓인 후에 조심스럽게 진행하는 것이 바람직하다.

터키에서 일하면서 가장 힘든 부분이 수금이다. 그럼에도 마케팅을 성공적으로 이끄는 비결은 지속적인 기술 혁신과 최고의 제품, 고객을 만족시키는 서비스에 있다. 물건은 먼저 써보고 돈은 나중에, 그것도 최대한 미뤄서 지급하고 싶은 것이 사람 심리이고 비즈니스 생리다.

3. 아프리카

아프리카 비즈니스 문화를 이야기할 때 '아프리카 전역에서 통용되는 대표적인 비즈니스 문화는 이런 것'이다 라고 단정 지어 일반화해서 소개하기란 거의 불가능하다. 아프리카 역시 각각의 나라마다 서로 다른 전통과 문화를 가지고 있고, 역사적으로 영국, 프랑스, 포르투갈 등 서구의 국가들로부터 오랜 기간 동안 식민 지배를 받았기 때문에 매우 다양한 비즈니스 환경을 가지고 있다. 또한 독립 이후에도 이전의 식민 지배국가와의 관계, 고유한 정치·경제적 정책의 개발, 주변국가와의 정치·경제적 환경에 따라 다양한 비즈니스 환경이 조성되어 있기 때문에 아프리카 비즈니스 문화를 살펴보는 것은 간단치 않다.

아프리카의 비즈니스는 지역사정에 따라 사업을 철수하거나 공격적으로 진출해야만 하는 매우 신속한 결정이 필요할 때가 있다. 예를 들어 북부 아프리카는 이슬람이라는 종교와 '재스민 혁명'이라는 정치적 상황에 따라 매우 긴밀하게 대처해야 한다. 서부 아프리카는 프랑스의 영향력, 이슬람, 쿠데타 등의 상황을 면밀히 분석해야 한다. 동부 아프리카는 '대 호수 지역'(Great Lake Region; 빅토리아 호수 연안 국가를 말함)의 지역협력 및 수단과 에티오피아에 대한 모니터링을 해야 한다. 남부 아프리카는 남아공의 위상과 역할 때문에 다른 지역들과 달리 매우 안정된 정치·경제적 상황과 인프라를 고려하고 접근해야 한다. 위와 같은 상황이 어떻게 전개되는지 지속적으로 인맥을 통해 모니터링하고 시나리오에 따라 어떻게 대처할 지 준비해야 한다.

아프리카 현지의 상인들이나 공무원들이 제기하는 질문 중 우리나라는 경제만 있고 다른 것은 없다는 것이었다. 아프리카인들이 한국에 대해서 잘 모르고 있다는 것이었고 한국과 거래해 보았거나 좀 알고 있다는 사람들은 한국 사람들이 아프리카에 대해서 잘 이해하고 있지 못하고 있다는 것이다. 아프리카가 지난 500년간 노예무역과 식민지배 그리고 독립 이후의 이전 식민지배 국가들의 영향력으로 인해 얼마나 자본주의 '경제공부'를 많이 했고, 또 얼마나 역사적, 사회적, 문화적 다양성을 가지고 있는지 모르고 있다는 지적이었다. 이런 이유 때문에 아프리카 비즈니스를 하려는 한국인들의 이야기가 아프리카인들에게 설득력을 얻을 수 없다는 것이었다.

즉, 지역사정과 해당 국가의 비즈니스 문화를 알고 있지 못하기 때문에 사업적 목적을 이루는데 실패할 수밖에 없다는 것이다. 한 예로 한국인들은 비즈니스 이야기를 끝마치고 나면 아무 이야기도 더할 수 없다고 한다. 그 나라 사람들의 역사와 문화를 모르니 당연히 그 나라 사람들에 대해 이야기를 더 할 수 없다는 지적이다. 즉, 일방적으로 하고 싶은 이야기만 하고 자리를 떠난다는 것이었다. 이러한 태도는 오히려 아프리카인들의 삶과 문화를 무시하고 있다는 인상을 줄 수 있다.

1) 에티오피아

이르면 2018년 내 한국섬유단지가 조성되는 에티오피아에서는 종교에 따라 협상하는 폭의 차이가 크다. 에티오피아는 정교와 이슬람이 비슷한 비율로 존재하며 같은 국가 내라도 종교에 따라 협상하는 방법이 매우 다르므로 이를 대비해야 한다. 또 에티오피아의 공권력은 매우 강하기 때문에 최대한 존중해야 하는 것이 좋으며 한국인들에게 호의적인 부분이 있어 이에 대한 긍정적인 영향도 있다. 하지만 은행 외환보유고가 부족해 서류상환불(CAD)이나 L/C 등의 추심이 제대로 이뤄지지 않은 것은 부담이다.

비즈니스를 수행하는 데 있어 중요한 것은 언어다. 에티오피아의 공식어는 암하릭(Amharic)어지만 무역언어로는 영어가 널리 사용되며 이탈리아어와 프랑스어도 통용되고 있다. 하지만 에티오피아의 공식어인 암하릭어를 몇 마디 구사하면 좋은 인상을 얻을 수 있으므로 조금 익혀 두는 것도 좋다.

알아두면 유용한 말로는 Tena Yistillign(테나 이스틸리젠: Hello), Ishi(이쉬: Yes), Yellem(옐렘: No), Sint new(신트 뉴: How much is this?) 등이 있다.

에티오피아 사람들과의 비즈니스 시 빠뜨려서는 안 될 것이 커피다. 에티오피아인들은 자신의 나라가 커피의 원산지라는데 커다란 자긍심을 가지고 있으며 커피 마시는 전통 또한 오래도록 계승해 오고 있다. 그들은 커피 마시는 것을 단지 마시는 행위로만 보지 않고 그 속에 사교나 의식과 같은 중요한 의미를 부여하고 있다.

에티오피아 사람들은 종종 친구, 이웃, 친척들을 초대해 사교나 접대의 모임을 갖는데 이런 자리에서 서로의 이야기를 나누고 이해의 폭을 넓히는 매개체가 되는 것이 커피다. 따라서 비즈니스를 위한 만남에서는 커피가 늘 함께 해야 한다는 것을 염두에 두도록 한다.

(1) 비즈니스 에티켓

① 복장매너

에티오피아 사람들의 일상생활은 종교와 매우 밀접한 관계를 맺고 있기는 하지만 각 지방에 따라 독특한 전통 생활양식을 유지하고 있다. 더운 날씨 탓에 일상생활에서는 캐주얼이 편하지만 에티오피아 사람들은 형식을 중요시하는 경향이 있어 복장에 있어서도 보수적이다. 따라서 비즈니스를 목적으로 사람을 만날 때는 반드시 정장과 넥타이를 착용하도록 한다.

② 인사매너

에티오피아 사람들의 인사법 중에는 우리와 유사한 인사법도 있다. 집에 어른

이 들어오면 우리나라에서처럼 고개를 숙여 인사를 하거나 손윗사람을 만나면 두 손을 벌려 머리 위로 하고 고개 숙여 인사를 하는 전통 인사법이 이에 속한다. 또 남녀를 불문하고 반가운 사람을 만나면 서로 왼쪽과 오른쪽 볼을 번갈아 맞대며 가볍게 입을 맞추는 시늉을 한다. 횟수에 대한 별도의 규정은 없으나 반가움의 정도가 클수록 많이 한다. 악수를 하려고 하는데 손에 기름이나 더러운 것이 묻어 있으면 손바닥 대신 팔목을 건네기도 한다. 이 밖에 남자들은 친한 친구를 만났을 때 서로 어깨를 부딪치며 인사를 하기도 한다.

(2) 우리나라와 유사한 에티오피아의 문화

① 앞서 살펴본 고개를 숙여 인사를 하는 전통 인사법이 있다.

② 에티오피아사람 역시 흰 옷을 좋아한다는 것이다. 암하리 족의 민속의상이 흰색인 까닭에 일요일이나 명절이 되면 거리가 온통 하얀색의 물결을 이룬다.

③ 손님을 집에 초대하면 한국과 같이 최대한 푸짐하게 차려 손님을 맞고 계속 권하는 것을 미덕으로 삼는다는 것이다. 이 밖에도 초상이 났을 때 동네 공터나 도로에 큰 천막을 치고 손님을 배불리 대접하는 것 등 손님을 대하는 풍속도 비슷하다. 따라서 비즈니스 관계로 에티오피아 사람을 만날 때 이 같은 공통적인 문화를 화제로 삼는다면 호의적인 분위기를 쉽게 만들 수 있을 것이다.

2) 케냐

케냐를 포함한 동아프리카 비즈니스의 특징은 아시안 아프리카, 즉 서남아시아 상인들의 영향력이 막강하다는 것이다. 주로 인도, 파키스탄, 스리랑카 그리고 방글라데시 등 서남아시아에서 동아프리카로 이주한 사람들로 이들은 와힌디(Wahindi)라고 불린다. 특히 인도인들은 영국 식민지 시절 케냐의 철도건설 노무자로 아프리카에 들어온 이후 동아프리카에 정착하여 뛰어난 상업 능력으로 현지 상권을 장악하고 있다. 케냐와 탄자니아의 경우 전체 상권의 약 70%를 장악하고 있으며 우간다에서도 약 60%의 상권을 장악하고 있어 동아프리카에서 비즈니스 수행을 위해서는 이들 인도계 상인들과의 연계는 필수적이다. 이들은 현지인들처럼 동아프리카에서 생활하고 있지만 그들만의 정체성을 지니고 있으며 공식적인 수치는 정확하게 파악되지 않지만 대략 20만 명이 동부아프리카에 거주하고 있다.

(1) 비즈니스 에티켓

① 언어

케냐를 중심으로 동아프리카는 다른 지역과 달리 '스와힐리어'(Swahili language)라는 교통어가 널리 사용되기 때문에 영어 이외에 스와힐리어를 통해 비즈니스 업무를 수행할 수 있다. 현지에서의 스와힐리어 사용은 신뢰감을 주는 하나의 방법이 되기 때문에 이 지역에서 비즈니스 수행 시에는 스와힐리어를 적절히 활용하는 것도 도움이 될 것이다.

② 복장매너

현지에서는 비즈니스 상담을 할 경우 복장이 중요한 역할을 한다. 이는 가난한 나라이기도 하지만 지위와 부를 나타내기 때문에 날씨도 더운 이곳에서는 넥타이 차림 복장을 해야 상대방에게 좋은 인상을 줄 수 있고 대접도 받는 분위기이다.

특히 관공서 방문 시에는 정장에 넥타이 차림은 필수적이다.

③ 시간약속

케냐 사람들도 다른 아프리카인들과 마찬가지로 시간관념이 적은 편이다. 약속시간을 지키는 경우는 매우 적으며 시간이 지체되어 만나도 가족 안부에서 날씨에 이르기까지 비즈니스 본론으로 들어가기 전에 많은 시간을 할애한다. 이러한 특성을 이해하지 못하면 케냐 사람들과의 원활한 비즈니스 수행을 하지 못할 것이다.

(2) 비즈니스 관리

① 대금결재

케냐 업체와 거래할 경우에는 신용장 거래가 가장 안전하고 일반적이다. 현지 시중은행들의 재정상태가 불확실한 경우가 많아 가능한 L/C 개설 시 우량은행 여부를 사전에 확인하는 것이 바람직하다. 일부 바이어들은 신용장 지불 보증기간을 90~120일까지 요구하거나 일시불을 원한다. 또 현지 은행금리가 15% 이상(2016년 말 15.56%)이기 때문에 화학 원료 등의 경우 대부분이 D/A, D/P 거래가 일반적이다. 현지 상권의 대부분을 무역업무에 상당한 수완을 가진 인도상인이 장악하고 있어 이에 대한 신중한 상담자세가 요구된다. 급한 오더일수록 함정이 많으므로 첫 거래인 경우 위험성이 높은 D/A는 가급적 지양해야 한다.

3) 남아연방공화국

남아연방공화국(이하 남아공)은 과거 소수의 백인이 다수의 유색인들을 인종차별법인 '아파르트헤이트'(apartheid) 정책으로 전 세계의 지탄을 받았었다. 이 정책은 1994년 남아공 최초의 다인종선거로 흑인인 만델라가 대통령으로 당선됨으로써 공식적으로 폐지되었지만 아직도 곳곳에 잔재가 남아있다. 따라서 남아공에서 비즈니스를 할 때에는 인종문제에 대해서는 신중한 입장을 견지해야 한다. 아직도 남아공인은 다른 인종에 대해 노골적으로 표출하는 인종주의자들도 있다.

그러므로 원만한 비즈니스를 위한 출발점에서는 공통관심사로 가볍게 대화를 시작하는 것이 중요하다. 남아공에서 운동은 대표적인 공통의 관심사로 오랜 기간 비즈니스 관계를 결속시킬 수 있다. 우연히 크리켓 경기나 럭비 시합을 좋아한다고 말한 것이 누군가의 초대를 받게 될 수도 있다. 이것은 일반적으로 남아공 사람들이 그들 나라 운동의 복잡함을 설명하는 것을 좋아하기 때문이다.

(1) 비즈니스 에티켓

① 복장매너

도시문화의 남아공인들은 일반적으로 서구적인 옷을 입는다. 흑인 여성들은 사리를 입는다.

보편적인 열대지방 의상의 수수함을 가지는 것은 매우 좋다. 남성은 흰색이나 가급적 밝은 빛의 셔츠를 입고 넥타이를 매는 것이 표준이다. 긴 소매의 셔츠도 괜찮다. 짧은 옷은 일과 후 일상적인 만남에서만 적당하다. 남의 집에서 식사할 때는 남성들은 재킷을 입고 넥타이를 매야 한다. 여성들은 조금씩 변화가 일어나고 있지만, 그래도 치마나 드레스가 전형적이다. 스카프는 인기 있는 액세서리가 될 수 있다. 시골 지역에서 여성들은 민소매 옷이나, 짧은 치마, 아니면 옷감을 드러내는 옷들은 피해야 한다.

겨울은 6월과 8월 사이인데 실내에는 중앙난방 장치가 거의 없으므로 출장 시에는 스웨터를 여벌로 준비해야 한다. 운동화는 체육관이나 테니스 코트에서만 신어야 한다.

② 인사매너

- 악수는 가장 일상적인 인사이다. 인종 사이에는 다양한 악수법이 있다.

• 사람들에게 직함과 성을 사용해서 말을 걸어라.

③ 식사매너

• 사업상 만남은 좋은 식당에서의 점심이나 저녁으로 계속할 수 있다.
• 백인 남아공 사람의 집에서의 식사는 브라이라는 바베큐를 포함한다.

④ 선물매너

• 선물을 주는 것이 사업의 기준은 아니다.
• 왼손으로 선물을 주지마라.
• 선물을 증정하고 줄 때는 두 손이나 오른손을 사용해라.

⑤ 언어 및 대화매너

대부분의 남아공 사람들은 영어와 네덜란드 말에서 유래된 아프리칸스를 사용할 줄 안다. 백인들은 일반적으로 영어와 아프리칸스를 자유자재로 구사한다. 특별히 초등교육밖에 받지 못한 흑인들은 그들의 종족언어를 사용할 것이고 아프리칸스와 영어는 미숙하다.

아래에는 남아공에서 비즈니스 수행 시 필요한 몇 가지 팁(tip)이 있다.

• 토론은 친절한 태도와 조용한 목소리 속에서 진행되어야 한다.
• 당신이 듣고 있다고 가정을 하면, 고개를 끄덕이고 때때로 말로 대답하는 것은 최고의 관심의 표시가 될 것이다.
• 일반적으로 남아공 사람들은 이야기하는 것을 좋아하고, 기운차다. 만약 대화중에 드물게 조용한 때가 있다면 그 상황이 어색하거나 무언가가 심각하게 잘못 되었다는 신호이다.
• 인종차별이나 성차별적인 대화에 참여하거나 시작하지 말라.
• 남아공 사람들은 본성이 따뜻하고, 친절한 사람들이고, 짧은 기간의 관계 후에도 개인적인 대화를 할 수 있다. 일반적으로 당신의 동료들은 당신의 모국과 당신이 남아공에 대해 생각하는 것에서 인생의 방법에 대한 진정한 관심을 가질 것이다.
• 남아공 사람들은 말할 때 육체적인 행동을 좋아한다. 당신은 많은 악수와 등을 치는 행위를 경험할 것이다. 게다가 손을 잡는 것은 친근감의 표시이다.
• 많은 흑인들은 영어를 강한 억양뿐만 아니라, 빠른 속도로 말을 한다. 그렇기 때문에 면밀한 관심을 보이는 것이 중요하다. 항상 그들 스스로 반복하게

묻는 사람들은 결국엔 무례한 사람으로 간주되어 진다. 그리고 보통의 음색, 음량, 속도로 대답하는 것은 피해야 한다. 너무 느리게 말하는 것은 이것이 생색을 낸다고 생각되어져서 듣는 사람에게 또한 모욕이 될 것이다.

- 일반적으로 남아공 사람들은 그들이 답을 모른다고 인정하는 것을 싫어한다. 이런 많은 경향은 호의적인 환대의 전통과 낙담하지 않으려는 욕구와 관계가 있다. 보통 차후의 접촉 사이에 정확한 정보를 얻을 것이다.
- 남아공 사람들이 대화중에 손을 움직이는 것은 결국 개개인이 특별한 화제나 제안에 대한 관심의 정도를 나타내는 좋은 지침이 된다.

(2) 비즈니스 관리

- 약속은 오전 9시부터 시작해야만 한다.
- 급하게 거래하지 마라. 남아공 사람들은 그들의 사업상의 거래에 매우 무관심하다.
- 사업상의 문서는 원본의 공식적인 교환을 하지마라
- 남아공 인들은 “win-win” 상황을 선호한다.

4) 나이지리아

나이지리아는 손을 흔드는 것이 받아들여지는 관행이며, 나이든 사람과 자신의 상관에게는 인사를 한다. 인사를 할 때는 항상 가족의 건강과 친척의 안부에 대해 묻는 것이 일반적이다. 또한 임신을 하거나 아이와 함께 있는 여자와 노약자는 대중교통이나 길에서 다른 사람들보다 편하게 있을 수 있도록 배려해준다.

식사 대접에 초대되었을 때는 꼭 칭찬을 해야 한다. 또 나이지리안 사람의 물건이나 옷을 공짜로 원한다면, 그들은 당신에게 그 물건을 공짜로 주어야 한다는 의무감을 느끼기 때문에 피해야 할 행동이다. 왼손 법칙이 적용된다. 왼손으로는 어떤 물건을 건네거나 음식을 먹는 것은 바람직하지 않다. 나이지리아가 문화적, 종교적으로 다양한 나라임을 항상 인지하고 있어야 한다.

(1) 문화적 금기사항

나이지리아는 250여 종족으로 구성되어 있는 다민족 사회이며, 일반 생활수준 및 문화수준이 낮고 여러 종족이 나름대로의 조화를 이루고 있어 약속을 잘 지키지 않고 일반적인 예의 또는 비즈니스 에티켓에는 매우 인색하다는 것 외에 상담 또는 거래 시 특별한 금기사항은 없는 편이다.

단, 종교 면에서 기독교인과 이슬람교인의 비율이 약 50 대 50 정도로 양분되어 있으며, 이슬람교도의 경우 대부분 매주 금요일에 전통 종교의식을 가지기 때문에 일반적으로 금요일에는 상담이 거의 진행되지 않으므로 주의해야 한다.

또한 민선 정부 집권 이후 호전됐던 치안문제가 나이저 델타 지역을 중심으로 악화되고 있으므로 나이지리아 방문 시에는 가급적 현지 교민의 안내를 받거나, 비즈니스 출장 시에는 KOTRA에 “해외출장지원서비스”를 신청해 현지 무역관의 지원을 받는 것이 안전하다. 무역관, 교민의 도움 없이 입국하였을 경우에는 최소한 믿을 만한 기존 나이지리아 거래선으로 하여금 공항에서 픽업할 수 있도록 사전 요청하는 것이 좋다.

대중교통 수단이 있긴 하지만 버스, 택시 등 일반적인 교통수단은 치안에 취약하기 때문에 대부분의 외국인이 거의 이용하지 않을 뿐 아니라 이용요금을 지나치게 높게 요구하는 것이 보통이다. 만약, 현지에서 무장강도(Armed robber)를 만났을 경우, 절대로 반항해서는 안 되며 시키는 대로 하되 말을 알아들을 수 없을 경우, 영어를 잘 이해하지 못함을 사전에 알리는 것이 좋다.

(2) 비즈니스 관리

① 수입관행

나이지리아는 소비재 완제품에 대해서는 자국산업 보호 및 개발을 명분으로 수입을 금지하는 조치를 취하는 한편 일부 품목은 고액의 수입관세를 부과하고 있다. 수입상들은 자국의 이러한 고율의 수입관세를 회피하기 위해 약 50%의 Under Value를 요청하는 것이 일반적이다.

이와 관련, 우리 업체가 주의해야 할 점은 다음과 같다.

첫째, 20% 선금 지급 후 아무런 회신도 없이 나머지 금액에 대해서 신용장 개설 등 송금을 보류하고 있다가 약 1~2개월 후(이 경우 국내업체는 바이어와의 접촉을 위해 최소 10~20차례의 국제전화, 팩스 및 메일을 송신) 회신 지연에 대한 장황한 사과의 편지와 함께 자금 사정으로 인해 가격을 약 30% 정도 인하해 달라고 요청함으로써 이미 제품을 생산해 놓은 국내업체는 불가피하게 가격인하에 응하게 되는 경우가 있으니 유의해야 한다.

둘째, 선금지급 및 신용장 개설을 완료하고, 물품 도착 후 송금하기로 한 약 30%의 잔금은 시간을 끌며 지급을 연기하다가 국내업체가 지쳐서 거의 포기하는 순간에 가격인하를 요구하여 10~20%의 가격인하 후 잔금을 송금하는 경우가 있다.

따라서 상기와 같은 나이지리아 수입상의 관행을 사전에 파악, 최초 계약 시 동 관행을 미연에 방지할 수 있는 대금결제 조건을 제시하는 것이 필요하다. 뿐만 아니라 나이지리아는 정부(연방정부 및 주정부) 차원의 대형 구매 프로젝트가 많은 편이며, 이러한 수백만 수천만 달러에 달하는 구매 프로젝트 발주 또는 구매계획 관련 정보는 외부에 공개하지 않고 있다.

이러한 정보는 주로 관련 고위인사 측근을 통해 외부에 제한적으로 알려지며 이들 측근을 통해 공급처가 물색되어 최종 계약까지 체결되는 형태가 일반적이다. 따라서 동일품목 구매 인콰이어리가 동시에 여러 에이전트를 통해 입수되며 저마다 가능성이 큰 실세를 연결하고 있다고 주장하나 실제 구매선은 주정부 또는 연방정부 1개 Source일 뿐이라는 점을 유의해야 한다.

② 거래 시 유의사항

나이지리아에서 개설되는 신용장은 제3국 은행의 지급보증을 받을 경우 어느 국가 신용장보다도 안전한데 그 이유는 다음과 같다.

나이지리아 수입상은 대부분 신용장을 개설할 경우 신용장 개설금액의 약 120%를 은행에 예치해야 하는 것이 일반적이다. 은행 문턱이 상당히 높아 수입상들이 은행의 눈치를 봐야 하는 입장이라 무리하게 Unpaid 등의 고의적 지급회피를 할 수 없고, 이를 은행에서도 방조하지 않고 있다. 제3국 유명 은행과 지급보증 계약 체결 시, 나이지리아 은행에 모든 조항이 불리하게 약정이 체결되어 있기 때문이다.

그러나 현실적으로 나이지리아 수입상의 신용도가 국제적으로 최하위 수준임은 틀림없는 사실이며, 따라서 나이지리아 수입상과의 거래를 할 경우에는 다음 사항에 대해 특히 주의해야 한다.

첫째, 신용장을 직접 DHL이나 우편으로 접수하지 말아야 한다. Confirmed L/C라도 제3국 유명은행의 국내 지점인 Advising Bank로부터 수령하지 않고 DHL이나 우편으로 직접 접수한 신용장은 가짜일 가능성이 매우 크다.

둘째, 신용장의 특별조항이 있는지 여부를 검토해야 한다. 동 조항이 있는 신용장은 사기를 목적으로 개설한 신용장인 경우가 많다.

셋째, 잔금이 지급될 때까지 B/L 사본이라도 수입상에게 제공하지 않아야 한다.

넷째, 복합결재 조건일 경우, 잔금 입금 시까지 은행 Nego를 최대한 지연해야 한다. T/T로 약 20%의 선금을 송금하고, 선적 직전 약 30%의 금액에 해당하는 신용장을 개설하며, 나머지 약 50%는 선적을 확인한 직후 제공한다는 조건의 계약을 맺을 경우, 잔금을 빨리 받기 위해 선적 직후 B/L 원본을 첨부하여 은행에 Nego하고 선적 사실을 수입상에게 통보하여 잔금 지급을 요청하는 것이 일반적이다.

그러나 이 경우 이미 B/L 원본이 은행을 통해 수입상에게 가고 있기 때문에 잔금 지급을 하지 않을 경우 대금회수가 어렵게 된다.

다섯째, 어떠한 경우라도 수표거래는 하지 말아야 한다. 수표거래는 수표의 진위여부를 떠나 사기사건에 거의 무방비 상태이므로 어떠한 경우라도 비록 유럽이나 미국의 유명은행 수표이더라도 수표거래는 하지 않는 것이 좋다.

③ 상담 시 유의사항

나이지리아는 인구 1억 3,000만 명 이상의 아프리카 최대시장이고 석유, 천연가스 등의 매장량이 많은 자원 부국이지만 품질보다는 가격을 더 중시하는 시장이기 때문에 구미제품을 대체할 수 있는 저가의 아시아산 제품이 더 선호된다. 나이지리아 등 아프리카의 특징은 소량주문이기 때문에 대량으로 주문할 경우 일단 주의가 요망된다. 때로는 국영석유 공사(NNPC) 등에서 대량주문이 있다고 유혹하여 샘플을 챙기고, 중앙은행(CBN)을 통한 해외 송금 시 세금 사전납부 필수 등의 업무절차를 빙자하여 동 세금액을 사취하려는 경우도 있으므로 대량 주문은 무역관을 통해 사전 확인하는 절차가 반드시 필요하다.

현지 수입상은 툭하면 “No problem”, “I will do it right now”, “I will come tomorrow with money” 등을 연발하나 상담을 진행할 경우라도 사후에 발생할지 모르는 바이어의 책임전가 행위나 클레임에 대비하는 것이 필요하다. 또한 현지의 복잡한 시내교통, 시내 전화통화의 어려움 등으로 약속시간을 지키지 못하는 경우가 허다함을 감안, 화를 내거나 조급해 하지 말고 느긋한 마음가짐으로 상담에 임하는 것이 바람직하다.

비즈니스 관계에서 적절한 예의와 타인을 배려한 자기표현은 필수적이며, 에티켓을 아는 것은 곧 자신의 경쟁력을 높이는 일이 된다.

(3) 비즈니스 에티켓

나이지리아는 비즈니스뿐만 아니라 일상생활 측면에서도 에티켓은 거의 찾아보기 어려운 나라이다. 자기중심적인 사고방식이 체질화되어 있어 질서, 약속 같은 것은 잘 지키지 않으며 특히 외국인에게는 기회만 있으면 접근해 구걸 또는 잡다한 제품을 강매하려고 한다.

비즈니스 상담뿐만 아니라 일상생활 중에 만나는 나이지리아인은 첫 대면부터 상대방을 "My friend!" 또는 "My brother!"라고 부르는 경우가 많으며, 이 경우 비즈니스 상대방에게는 가급적 같이 "My friend!" 등으로 응해주는 것이 좋다. 특히 국내 출장자 중 연령이 다소 높은 중소업체 사장들의 경우 20대의 나이지리아 바이어가 "My friend!"라고 부를 때 다소 불쾌한 감정을 표시하는 경우도 있으나 가급적 상담에 악영향이 없도록 현지의 문화를 이해해주는 것이 좋다. 실제로 이곳에서는 초등학생들이 중년 이상의 외국인들에게 My friend 라는 표현을 일반적으로 사용한다.

또한 비록 나이지리아인 자신들은 약속을 잘 지키지 않으나 상대방이 약속을 지키지 않는 것에 대해서는 아주 불쾌해 하는 경우가 많아 가급적 중요한 약속시간 등은 지키는 것이 바람직하다.

참고문헌

강상혁, 한 아세안 FTA 발효 10년간 교역 현황과 성과, 2017.06.01.

구해우, '트럼프 시대' 3大 특징과 한국의 미래, 新東亞, 2017년 03호.

글로벌 무역정보, 중국외자기업 지재권보호 추세 및 소송 사례를 통한 시사점, 2017.04.06.

김광수, 아프리카 비즈니스 문화에 대한 접근방법 : 지역사정과 아프리카인의 사회・문화에 대한 이해의 필요성, 2013.

김태호(일본 고난대학 교수), 일본 현지 비즈니스 관행 및 상관습 –상거래와 상담(商談)을 중심으로 –, 김경미(오사카무역관) 게시, 2014-07-24.

김흥종 외 4인, 신통상정책에 나타난 EU의 FTA 추진전략과 시사점, 대외경제연구원, 2016.12.30.

뉴시스, 구조조정 산 넘으면 통상 마찰 기다려…"IMF땐 조선업 승소, 하이닉스 패소", 2016.05.22.

동아일보, S&P 한국 국가신용등급 'AA'로 상향…G20 국가 중 4개국만 韓보다 높아, 2016.08.08.

매일일보, 국제유가, 원유 수출량 및 생산량 증가 등으로 하락…WTI 49.03달러, 2017.8.3.

머니투데이, 美・中 샌드위치 공세에 가전업계 '초긴장', 2017.03.09.

문화일보, '통상 마찰'도 격화 조짐… 美, WTO제소 올해만 3건, 2012.11.09.

미국 국제무역위원회(U.S. International Trade Commission) 자료.

미국무부・국제정보프로그램국, 미국의 경제개관, 주한미대사관(미국무부), 2012.

박광서 외, 세계화와 현대경제, 두남, 1999.

산업일보, 베트남, 무역・경제 분야 중국 의존도 줄여, 2017.03.28.

산업통상자원부, 2016 외국의 통상환경 보고서(제1권-제6권), 2017.02.16.

산업통상자원부, 2013-2014년도 통상백서, 2015.12.

산업통상자원부, 2016 외국의 통상환경 보고서, 2017.02.16.

산업통상자원부, FTA 강국, KOREA(http://www.fta.go.kr/main/situation/kfta/ov/).

산업통상자원부, FTA 홈페이지(통상・FTA)(http://www.motie.go.kr/motie/py/td/tradefta/bbs/bbsList.do?bbs_cd_n=72&cate_n=3.)

삼성경제연구소(www.seri.org), 각종 발간자료.

서상현, 동아프리카 : 케냐 비즈니스 문화, 2013.

서울경제, WTO 후쿠시마 수산물 수입금지 분쟁 7월 결론...韓 "日 손 들어줘도 상소", 2017.02.02.

송상현, 2015년 석유시장 분석과 전망, GCC Report biweekly, No.43., 2015.06.18.

수출입은행 해외경제연구소, 2017년 세계국가편람, 2017.

아시아경제, 코오롱・듀폰 '아라미드 악연' 6년?…30년전 이미 시작, 2015.05.02.

안병영, 세계화와 신자유주의 : 충격과 대응, 세계화와 신자유주의, 나남출판, 2000.

에너지경제연구원, 국제 석유시장 구조 변화, 에너지경제, 2017.05.02.

연합뉴스, OPEC '아 옛날이여'…국제 원유시장 영향력 최저, 2015.06.02.

연합뉴스, S&P, 한국 국가신용등급 사상 최고 'AA'로 상향…英・佛 수준, 2016.08.08.

연합뉴스, 브라질 호세프 정부 평가 여전히 '바닥'…69%가 부정평가, 2016.03.31.

오병열, MERCOSUR(남미공동시장)의 현황과 과제, Zoom in Trade 4월호, 2010.4.
외교부, APEC 자료
(http://www.mofa.go.kr/countries/regional/apec/outline/index.jsp?mofat=001&menu=m_40_70_20)
외교부, ASEAN 자료
(http://www.mofa.go.kr/countries/regional/asean/outline/index.jsp?mofat=001&menu=m_40_70_40)
외교부, ASEM 자료 (http://www.mofa.go.kr/countries/regional/asem/outline/index.jsp?mofat=001&menu=m_40_70_70)
외교부, EU 자료(http://www.mofa.go.kr/countries/regional/asem/outline/index.jsp?mofat=001&menu=m_40_70_70)
외교부, G20 자료(http://www.mofa.go.kr/countries/regional/g20/outline/index.jsp?mofat=001&menu=m_40_70_110)
외교부, OECD 각종자료(http://www.mofa.go.kr/trade/oecd/index.jsp?mofat=001&menu=m_30_110)
외교부, WTO 각종자료(http://www.mofa.go.kr/trade/wto/index.jsp?menu=m_30_100)
외교부, 미국 개황, 2009, 2014.
이광우, 고유가 시대와 신자원민족주의, LG Economic Research Institute, 2008.01.23.
이동훈 외 2인, 2012 국가브랜드지수 조사 결과, 삼성경제 연구소, 2013.1.10.
이투데이, [2016 다보스포럼] 한국, 4차 산업혁명 적응 준비 25위…, 2016.01.21.
日本 内閣部,「 中長期の経済財政に関する試算 」,2017.01.25.
장홍훈 외 1인, 세계상거래 문화, 형지사, 2015,02,20.
조선일보, 국제이슈(한국 사이에 두고 … 美・中 사생결단 시작), 2013.03.27.
조선일보, ChosunBiz, 셀트리온, 램시마 美 판매 특허분쟁 마침표…"레미케이드 물질특허 최종 거절", 2016.11.16.
조선일보, ChosunBiz, 인간과 神 경계 없어진다… 4차 산업혁명은 '기하급수적 변화', 2017.01.14.
조선일보, 일자리 창출의 핵심이 4차 산업혁명 준비와 추진이다(신수식 칼럼), 2017.08.14.
조선일보, ChosunBiz, 포스코, 中 반덤핑 조치에 행정소송.."작년 7월 방향성 전기강판에, 2017.03.07.
(http://biz.chosun.com/site/data/html_dir/2016/11/16/).
조선일보, 인도, 중국 IT제품 조사… 국경싸움이 무역싸움으로, 2017.08.18.
(http://news.chosun.com/site/data/html_dir/2017/08/18/2017081800097.html)
주간동아, 트럼프 정부의 새로운 對日 정책, 1076호, 2017.02.22.
주간무역, 국제무역의 새로운 화두, 디지털무역, 2016.12.9.
주간무역, 너도나도 '보호주의 정책 및 수입규제 조치 강화', 2013.08.19.
주 나이지리아대사관, 정책(http://nga-abuja.mofa.go.kr/korean/af/nga-abuja/policy/condition/index.jsp)
주 남아프리카공화국대사관, 정책(http://zaf.mofa.go.kr/korean/af/zaf/policy/situation/index.jsp)
주 독일대사관, 정책(http://deu.mofa.go.kr/korean/eu/deu/policy/overview/index.jsp)
주 러시아대사관, 정책(http://rus-moscow.mofa.go.kr/korean/eu/rus-moscow/policy/relation/index.jsp)
주 말레이시아대사관, 말레이시아경제(http://mys.mofa.go.kr/korean/as/mys/policy/condition/index.jsp)
주 미국대사관, 경제통상(http://usa.mofa.go.kr/korean/am/usa/policy/condition/index.jsp)
주 베트남대사관, 정책(http://vnm-hanoi.mofa.go.kr/korean/as/vnm-hanoi/policy/situation/index.jsp)

주 벨기에 유럽연합 대사관, 경제통상관계(http://bel.mofa.go.kr/korean/eu/bel/eu/trade/index.jsp)
경제통상동향(http://bel.mofa.go.kr/korean/eu/bel/news/economy/economy/index.jsp)
주 브라질대사관, 브라질정보(http://bra-brasilia.mofa.go.kr/korean/am/bra-brasilia/policy/info/situation/index.jsp)
주 사우디아라비아대사관, 정책(http://sau.mofa.go.kr/korean/af/sau/policy/index.jsp)
주 스페인대사관, 경제개황(http://esp.mofa.go.kr/korean/eu/esp/policy/condition/index.jsp)
주 싱가포르대사관, 한-싱 관계(http://sgp.mofa.go.kr/korean/as/sgp/koreannews/kosingnews/index.jsp)
주 에티오피아, 정책(http://eth.mofa.go.kr/korean/af/eth/policy/overview/index.jsp)
주 영국대사관, 정책(http://gbr.mofa.go.kr/korean/eu/gbr/policy/situation/index.jsp)
주 이란대사관, 이란경제/시장정보(http://irn.mofa.go.kr/korean/af/irn/policy/market/index.jsp)
주 이탈리아대사관, 경제정보(http://ita.mofa.go.kr/korean/eu/ita/relation/generaleconomy/index.jsp)
주 인도대사관, 정책(http://ind.mofa.go.kr/korean/as/ind/policy/situation/index.jsp)
주 인도네시아대사관, 경제(http://idn.mofa.go.kr/korean/as/idn/policy/condition/index.jsp)
주 일본대사관, 일본경제(http://jpn-tokyo.mofa.go.kr/korean/as/jpn-tokyo/economy/monitor/index.jsp)
한일관계(http://jpn-tokyo.mofa.go.kr/korean/as/jpn-tokyo/state /situation/index.jsp)
주 중국대사관, 경제통계(http://chn.mofa.go.kr/korean/as/chn/policy/tender02/index.jsp)
주 캐나다대사관, 정책(http://can-ottawa.mofa.go.kr/korean/am/can-ottawa/policy/overview/index.jsp)
주 케냐대사관, 정책(http://ken.mofa.go.kr/korean/af/ken/policy/overview/index.jsp)
주 태국대사관, 정책(http://tha.mofa.go.kr/korean/as/tha/policy/policysituation/index.jsp)
주 터키대사관, 정책(http://tur-ankara.mofa.go.kr/korean/eu/tur-ankara/policy/situation/index.jsp)
주 프랑스대사관, 정책(http://fra.mofa.go.kr/korean/eu/fra/policy/overview/index.jsp)
주 필리핀대사관, 정책(http://embassy_philippines.mofa.go.kr/korean/as/embassy_philippines/police /overview/index.jsp)
주 홍콩총영사관, 경제・통상(http://hkg.mofa.go.kr/korean/as/hkg/policy/normal/index.jsp)
중앙일보, 국제(트럼프, 중국에 '무역전쟁' 예고 카드…북한 문제 적극 나서라는 메시지?), 2017.08.15.
중앙일보, 구글・애플・페북 겨냥한 EU, 미국과 IT 주도권 전쟁, 2017.06.29.
중앙일보, 위안화 추락, 미・중 화폐전쟁의 전조, 2017.01.14.
진석용, 사업의 글로벌화, 경제 민족주의에 대비하라, LG Economic Research Institute, 2007.01.23.
최두호・나드림, 미국 독일 일본의 스마트 팩토리 전략, LG Economic Research Institute, 2016.12.28.
특허청(정부 브리핑룸 보도자료), 우리 기업의 해외 지재권 분쟁, 중국에서 가장 많아, 2015.06.24.
파이낸셜뉴스, "4차 산업혁명 주도권 잡은 중국의 비법을 벤치마킹하라", 2017.09.05.
파이낸셜뉴스, 퀄컴에 1조 과징금, 통상압력 불보듯, 2016.12.29.
하나금융경영연구소, 보호무역주의 확산과 국내 산업, 이슈분석, 2016.11.25.
하나금융경영연구소, 국제 곡물시장의 패러다임에 대한 이해와 곡물 상품가치 평가, 2014.01.03.
한국경제, 이슈(한・중・일 FTA협상 시작했지만…'동상이몽'), 2013.03.26.
한국수출입은행, 2017 세계국가편람, 2016.12.27.
한국조세 재정연구원, 재정동향, 2017.2.
헤럴드경제 인터넷판, 중국경제 경기둔화 가시화…"중국 리스크 대비책 마련 필요하다", 2016.08.07.
홍승호, Smart Manufacturing 기술 및 표준 동향, 2017.06.01.

화교, 전세계를 누비는 화교, ㈜살림출판사, 2004.02.10.

황의갑, GCC, 경제현황, GCC Report biweekly, No.55, 2015.10.29.

中国自由贸易区服务网(http://fta.mofcom.gov.cn/)

EBN, 김성천, 4차 산업혁명 소비자에 부정적 영향…"오작동 · 프라이버시침해 발생", 2017.08.19.

Economist - 한국의 "20조원 규모 경기부양책": 그 효과성에 관해…, 2016.07.03. (http://blog.naver.com/cgeorge07/220752539380)

KIEP, 아르헨티나, 메르코수르와 태평양동맹, 신흥지역 이슈, 2016.11.24.

KITA, 무역업계가 알아야 할 FTA 원산지 누적조항의 비교 및 시사점, TRADE FOCUS 2016년 18호, 2016.5.

KITA, 미중 통상분쟁의 전개방향과 우리수출 영향, 2017.02.17.

KITA, 베트남의 통상전략과 시사점, TRADE BRIEF No.34, 2016.11.16.

KITA, 보호주의 확산과 한국의 대응, TRADE FOCUS 2016년 36호, 2016.10.

KITA, 최근 우리나라의 대미국 무역수지 동향과 시사점, TRADE BRIEF No.18, 2017.06.30.

KITA, 신규 FTA 우선협상대상국 발굴 연구, TRADE FOCUS 16호, 2017.5.

KITA, NAFTA 재협상과 시사점, TRADE BRIEF No.11, 2017.04.07.

KMAC(한국능률협회컨설팅) 경영매거진 CHIEF EXECUTIVE Vol.175호.

KOTRA, 국가정보(미국, 중국, 일본, EU, 인도, 베트남, 영국, 독일, 프랑스, 이탈리아, 스페인, 러시아, 브라질, 파나마, 베네수엘라, 이란, 사우디아라비아, 터키, 에디오피아, 케냐, 남아연방, 나이지리아).

KOTRA, 김광수 일본 도쿄무역관, 일본은 미국이 빠진 TPP를 어떻게 이끌어 갈 것인가, 2017.05.16.

KOTRA, 김도연 벨기에 브뤼셀무역관, EU, 무역구제제도 강화 움직임, 2017.01.18.

KOTRA, 뉴델리 무역관, 인도, KOTRA국가정보, 정보수정일자: 2015.12.22.

KOTRA, 국가별 경제지표.

KOTRA, 뉴델리 무역관 임성식, 인도, 세관신고서 24시간 내 제출해야, 2017.04.24.

KOTRA, 멕시코시티 무역관, 멕시코, KOTRA국가정보, 2016.1.26.

KOTRA, 멕시코시티 무역관, 멕시코 수입규제 현황 및 우리 기업 애로사항, 2017.05.10.

KOTRA, 미 · 중 통상관계 전망과 시사점, KOCHI 자료 17-003, 2017.4.

KOTRA, 방지원 캐나다 토론토무역관, 캐나다-미국간 무역분쟁이 한국에 미치는 영향은?, 2017.05.19.

KOTRA, 베이징 무역관 발행 자료.

KOTRA, 사우디아라비아의 비즈니스에티켓(국가정보-사우디아라비아), 2013.06.30.

KOTRA, 상파울루 무역관, 브라질, 지우마 대통령 탄핵이 미치는 영향, Folha de Sao Paulo, O Estado de Sao Paulo, 2016.09.05.

KOTRA, 싱가포르무역관, 아세안 비관세장벽 ① - 현황, 2016.11.10

KOTRA, 이란의 비즈니스 에티켓(kotra 국가정보 - 이란), 2013.12.27.

KOTRA, 일본의 수입규제제도(kotra 국가정보 - 일본), 2013.12.20.

KOTRA, 임소라 워싱톤무역관, 디지털 무역 이해하기 I : 디지털 무역에서의 무역장벽, 2017.7.25.

KOTRA, 장수영 홍콩 홍콩무역관, 중국-홍콩 CEPA를 통한 중국 서비스시장 진출방안, 2016.12.26.

KOTRA, 정재희 중국 텐진무역관, 중국의 FTA 체결 동향과 한중FTA 활용 시사점, 2017.04.21.

KOTRA, 정지원 캐나다 토론토무역관, 미국 트럼프의 보호무역주의, 캐나다 어떻게 대응할까?, 2017.02.03.
KOTRA, 터키 상관습 및 거래시 유의사항, 2009/01/28
KOTRA, 2016 해외시장 권역별 진출전략, KOTRA자료 15-054, 2015.11.
KOTRA, 2016년 상반기 對韓 수입규제 동향과 하반기 전망, 7월 31일.
KOTRA, 2016년 하반기 對韓 수입규제 동향과 2017년 전망, 1월 31일.
KOTRA, 2017년 상반기 對韓 수입규제 동향과 하반기 전망, 7월 31일.
Malcolm Waters, 이기철 역, 세계화란 무엇인가, 현대미학사, 1998.

APEC, Meeting Papers(https://www.apec.org/Meeting-Papers/Leaders-Declarations)
APERC(Asia Pacific Energy Research Centre), *APEC Energy Demand and Supply Outlook 2006 Economic Review*, 2006.
ASEM, About US(http://www.asemduo.org/01_about/about_01.php)
British Petroleum, BP Statistical Review of World Energy, 2016.
EU, About the EU(https://europa.eu/european-union/about-eu_en)
EU, Which countries use the euro?
(https://europa.eu/european-union/about-eu/money/euro_en)
EU, EU law(https://europa.eu/european-union/law_en)
EU, Life and business in the EU(Import and export)
(https://europa.eu/european-union/business/import-export_en)
EU, Trade(https://publications.europa.eu/en/publication-detail/-/publication/9a2c5c3e-0d03-11e6-ba9a-01aa75ed71a1)
Gulf Cooperation Council [GCC]
http://www.globalsecurity.org/military/world/gulf/gcc.htm
http://www.gcc-sg.org/Economic.html
http://www.mea.gov.in/Portal/ForeignRelation/Gulf_Cooperation_Council_MEA_Website.pdf)
https://www.britannica.com/topic/Gulf-Cooperation-Council
ICC, About(https://www.iccwbo.uk/pages/about-us)
Policy(https://www.iccwbo.uk/pages/advocacy)
ICSID, About ICSID(https://icsid.worldbank.org/en/Pages/about/default.aspx)
ICSID, Process Overview(https://icsid.worldbank.org/en/pages/process/overview.aspx)
ICSID, Service(https://icsid.worldbank.org/en/pages/services/default.aspx)
IMD, IMD World Competitiveness Yearbook 2017, IMD WORLD COMPETITIVENESS CENTER, 2017.05.31. (http://www.imd.org/wcc/world-competitiveness-center-rankings/competitiveness-2017-rankings-results/)
IMD, IMD World Digital Competitiveness Yearbook 2017, IMD WORLD COMPETITIVENESS CENTER, 2017.05.31.
IMF Global Financial Stability Report 2016.4.
IMF, About the IMF(http://www.imf.org/en/About)

IMF, IMF Data(http://www.imf.org/en/Data)

Jeff Desjardins, Which States Get the Most Chinese Investment?, *Visual Capitalist*, on April 12, 2017.

NAFTA, About NAFTA(http://www.naftanow.org/about/default_en.asp)

NAFTA, Dispute Settlement(http://www.naftanow.org/dispute/default_en.asp)

NAFTA, The Agreement(http://www.naftanow.org/agreement/default_en.asp)

OECD, About the OECD(http://www.oecd.org/about/)

OECD, OECD.Stat(http://stats.oecd.org/)

OPEC, Annual Statistical Bulletin 2017.

Robert Anderson, GCC economic growth forecast to be less than 1% in 2017, Gulf Business. Tuesday 25 July 2017.

SIPRI, SIPRI Yearbook 2016(http://www.sipriyearbook.org)

UNCTAD, ABOUT UNCTAD(http://unctad.org/en/Pages/aboutus.aspx)

U.S. Energy Information Administration, "Monthly Energy Review"(PDF), 25 May 2017.

US International Information Programs(https://www.state.gov/r/iip/).

USITC(https://www.usitc.gov/trade_remedy.htm)

WTO(https://www.wto.org/english/res_e/res_e.htm)
(https://www.wto.org/english/thewto_e/thewto_e.htm)
(https://www.wto.org/english/thewto_e/whatis_e/tif_e/org2_e.htm)
(https://www.wto.org/english/tratop_e/tratop_e.htm)

WTO, Consumer products dominate discussions at standards and regulations committee, 2017. 3.29.~30.

WTO, THE WTO IN BRIEF: PART 1(The multilateral trading system—past, present and future)
(https://www.wto.org/english/thewto_e/whatis_e/inbrief_e/inbr01_e.htm)

WTO, UNDERSTANDING THE WTO: BASICS(Principles of the trading system)
(https://www.wto.org/english/thewto_e/whatis_e/tif_e/fact2_e.htm)

WTO, UNDERSTANDING THE WTO: THE DOHA AGENDA
(https://www.wto.org/english/thewto_e/whatis_e/tif_e/doha1_e.htm)

Ziltener, P. and G. D. Blind(2015), Switzerland's new Free Trade Agreements(FTA): Opportunities in Asia, Middle East and America for Swiss Exporters, Switzerland Global Enterprise.

https://www.bis.org/index.htm

http://bit.ly/2oFseWb

http://www.BSA.org

http://www.g20.utoronto.ca/

https://icsid.worldbank.org/en/

https://www.miga.org/

http://www.wcoomd.org/en/about-us.aspx

http://www.wipo.int/about-wipo/en/

http://www.worldbank.org/en/who-we-are

한글색인

ㄱ

ㄴ

ㄷ

ㅇ

영문색인

A

B

C

D

E

F

G

H

I

J

K

L

M

N

O

P

Q

R

S

저자 약력

성균관대학교 대학원 무역학과 졸업(경제학 박사)
동명대학교 교양교육원장
동명대학교 교무처장 역임
현재 동명대학교 경영대학 국제통상학과 교수

【주요 논문 및 저서】

〈논문〉
OECD회원국의 보험산업 국제경쟁력에 관한 실증연구
손해보험산업의 국제경쟁력 결정요인에 관한 연구
방카슈랑스 도입에 따른 대응방안에 관한 연구
무역조정지원 사례에 관한 연구,
농어업분야의 무역조정지원 프로그램과 절차에 관한 연구-한국, 미국 및 대만을 중심으로-
한국과 미국의 농어업분야 무역조정지원에 관한 연구
미국의 제조업분야 무역조정지원에 관한 연구
중국의 반덤핑관세부과 사례 연구
경제전문용어의 이해가능성에 관한 실증적 연구
EU의 세계화조정기금 연구
무역용어의 이해가능성에 관한 실증적 연구
미국과 EU의 무역조정지원 사례 연구 및 시사점 외 다수

〈저서〉
비즈니스의 이해
FTA(자유무역협정)
글로벌 비즈니스 매너의 이해와 활용
국제 비즈니스 매너 외 다수

국제통상환경

2018년 2월 15일 제1판 1쇄 인쇄
2018년 2월 25일 제1판 1쇄 발행

저 자 이 기 환
발행인 김 광 식
조 판 아 람 기 획

07285
발행처 서울특별시 영등포구 선유로3길 10, 617호
도서출판 **탑 북 스**
등 록 2009.12.21 제 2016-000101 호
전 화 02)365-2223 팩스 02)365-2224

정가 28,000원

ISBN 979-11-87343-58-5-93320